29110

Forschungsstelle für den Handel Berlin (FfH) e.V.
Trommsdorff (Hrsg.)
Handelsforschung 1996/97 – Positionierung des Handels

Forschungsstelle für den Handel Berlin (FfH) e.V.
Volker Trommsdorff (Hrsg.)

Handelsforschung 1996/97

Positionierung des Handels

Jahrbuch der Forschungsstelle
für den Handel Berlin (FfH) e.V.

GABLER

Herausgeber:

Forschungsstelle für den Handel Berlin (FfH) e.V.
Fehrbelliner Platz 3, 10707 Berlin, Tel.: 030 / 86 30 94-0
Wissenschaftlicher Direktor: Prof. Dr. Volker Trommsdorff
Geschäftsführer: Dr. Helmut Bunge

Schriftleitung:

Dipl.-Kauffrau Andrea Bookhagen

Die Deutsche Bibliothek - CIP-Einheitsaufnahme

Handelsforschung ... : Jahrbuch der Forschungsstelle für den Handel Berlin (FfH) e.V. - Wiesbaden : Gabler. Erscheint jährlich. - Früher im Physica-Verl., Heidelberg. - Aufnahme nach 1993/94 (1993)
Forts. von: Forschungsstelle für den Handel <Berlin, West>: FfH-Mitteilungen
ISSN 0931-5926
1996/97. Positionierung des Handels. - 1995

Positionierung des Handels / Forschungsstelle für den Handel Berlin (FfH) e.V. Volker Trommsdorff (Hrsg.). - Wiesbaden: Gabler, 1996
(Handelsforschung ... ; 1996/97)
ISBN 3-409-13510-3
NE: Trommsdorff, Volker [Hrsg.]; Forschungsstelle für den Handel <Berlin>

Der Gabler Verlag ist ein Unternehmen der Bertelsmann Fachinformation.

Lektorat: Annegret Heckmann

Textverarbeitung und Layout: Textverarbeitung N. Behrens, Berlin
Druck und Buchbinder: Lengericher Handelsdruckerei, Lengerich/Westf.
Printed in Germany

ISBN 3-409-13510-3

Vorwort des Herausgebers

Das elfte Jahrbuch der Forschungsstelle für den Handel Berlin (FfH) e.V. ist im Schwerpunkt einem wettbewerbs-erfolgsentscheidenden Thema gewidmet, der Verankerung einer Handelseinheit (Branche, Region, Einkaufszentrum, Unternehmen, Geschäft, Betriebsform, Betriebstyp, Handelssystem usw.) als attraktiv/nützlich/empfehlenswert/ günstig in den Köpfen der Zielkunden: **Positionierung des Handels**.

Gewinn ist Umsatz minus Kosten. Die Kosten stehen bei diesem Rahmenthema nicht im Vordergrund, vielmehr geht es um die Determinanten des Umsatzes. Umsatz ist Preis mal Menge; Menge ist Geschäftswahlwahrscheinlichkeit mal durchschnittliche Einkaufsmenge. Preisakzeptanz, Geschäftswahl und Einkaufsmenge bestimmt der Zielkunde. Seine Preiswahrnehmung bzw. Preiswürdigkeitsvorstellung, seine Geschäftspräferenz und seine Käufe im Geschäft sind in hohem Maße abhängig von seinen Wahrnehmungen und seinem Image. Diese sind Gegenstand der Positionierung des Handels.

Eine Handelseinheit positioniert sich durch Eindrücke der Zielkunden, vermittelt durch Maßnahmen, die diese Eindrücke hervorrufen. Das sind einerseits objektive Gestaltungsmaßnahmen der Preis- und Leistungspolitik, andererseits ist es die Kommunikation, welche diese Maßnahmen in die Köpfe transportiert. Somit fällt eine Vielzahl von Marketingaktivitäten des Handels auf unterschiedlichen Ebenen unter das Thema.

Die Veränderungstendenzen im Handel und in seinem technologischen, wirtschaftlichen, gesellschaftlichen, ökologischen und rechtlich-politischen Umfeld fordern strategische Überlegungen zur langfristigen Sicherung der Wettbewerbsfähigkeit der Handelseinheit heraus. Einige dieser Herausforderungen sind unter Stichworten wie Total Quality Management, Innovationsmanagement und Kundenorientierung inzwischen auch im Handel verbreitet, obwohl die Stichworte und Managementprinzipien meistens aus der Industrie gekommen sind.

So verhält es sich auch mit dem Thema „Positionierung". Ursprünglich, und heute noch überwiegend, wird von Markenpositionierung gesprochen. Aber der Positionierungsgedanke gilt in vollem Umfang auch für Handelseinheiten. Ihre Angebotsleistungen und ihre Kommunikation prägen die betreffende Position im Wettbewerb und damit ihre Rolle im Wirtschaftssystem. Der Handel hat Nachholbedarf. Das Jahrbuch trägt dem Rechnung und bringt die Handelsforschung damit hoffentlich ein Stück voran.

Die vorgestellten Beiträge sind gegliedert in fünf Rubriken zum Schwerpunktthema:

- Positionierungsmanagement im Handel
- Positionierung nach Betriebstypen, Betriebsformen und Systemen
- Positionierung nach Handelsbranchen
- Positionierung mit Marken
- Konsumentenverhalten und Handelspositionierung

Daran schließen sich drei Rubriken außerhalb des Schwerpunktthemas an:

- Internationales Handelsmanagement
- Hersteller-Handels-Beziehungen
- Informationsmanagement im Handel

BEITRÄGE ZUM SCHWERPUNKTTHEMA

Positionierungsmanagement im Handel

Woratschek, H., Die Positionierung von Handelsbetrieben: Ein Modell zur Unterstützung der Positionierungsentscheidung setzt bei folgenden Mängeln herkömmlicher (Joint-Space-) Modelle zur Positionierung von Handelsbetrieben an: Abgrenzung des relevanten Marktes, Vernachlässigung ökonomischer Variabeln sowie der Wettbewerberpositionierungen. Aus einem eigenen Marktabgrenzungsansatz und einer methodischen Auseinandersetzung mit herkömmlichen Positionierungsmodellen (insbesondere: Preis als Positionierungsmerkmal) entwickelt Woratschek einen eigenen Positionierungmodellansatz für den Handel, welcher psychische und ökonomische Daten über das Handelsgeschäft im Wettbewerbsumfeld integriert. Es ist ein Joint-Space-Vektor-Modell, ergänzt um eine Abbildung der Kaufentscheidungen und Einstellungen der Konsumenten. Die Angebotswahrnehmungsvektoren werden mit Indices gewichtet, die Preisniveaus und Marktanteile der Geschäfte reflektieren. Daraus werden „strategische Räume“ abgeleitet. Bei zusätzlichen Präferenzanalysen, z.B. mit Conjoint Measurement, liefert das Modell Signale über potentiell erfolgreiche Positionierungen. Typische Positionskonstellationen werden im Hinblick auf erfolgversprechende Strategieoptionen diskutiert.

Schröder, H., Benchmarkingorientiertes Positionierungsmanagement im Einzelhandel, untersucht, wie Benchmarking, bislang vornehmlich von Industrieunternehmen angewendet, dazu verhelfen kann, ein Einzelhandelsgeschäft erfolgreich zu positionieren - nicht durch Imitation einer hervorragenden Wettbewerberstrategie, sondern durch deren intelligente Auswertung ausgewählter externer und interner Vorbilder und durch Integration zu einer eigenständigen, im Wettbewerb überlegenen Positionierung. Dieses „entdeckungsorientierte“ Positionierungsmanagement ergänzt das „erfindungsorientierte". Erörtert werden Vor- und Nachteile, Möglichkeiten und Grenzen des Konzepts. Dann werden Anforderungen an das Benchmarking in mehrstufigen Handelssystemen aus deren Besonderheiten abgeleitet: Dienstleistungsdominanz, fehlende Schutzrechtsabsicherung, hohe Konkurrenzreagibilität und komplexer Informationsfluß. Der Benchmarkingprozeß wird, spezifisch für den Einzelhandel, nach wesentlichen Entscheidungskriterien beschrieben. Empirische Befunde zum Benchmarking in der deutschen Handelspraxis zeigen Ausprägungsschwerpunkte und Verbesserungsmöglichkeiten auf.

Töpfer, A., Kundenzufriedenheit durch klare Positionierung: Kundenzufriedenheit wirkt sich branchenspezifisch (abhängig u.a. vom Wettbewerbsgrad) unterschiedlich auf die Kundenbindung und darüber auf den Unternehmenserfolg aus. Beispiele und Untersuchungsergebnisse zeigen, daß die Zufriedenheit nicht von Betriebsformen oder Preisniveaus abhängt, sondern von einer Erwartungs-adäquaten Positionierung des Handelsgeschäfts. Töpfer erörtert diverse Positionierungsstrategien (Technologie- und Qualitätsführerschaft, Preis- und Kostenführerschaft, Outpacing, Produktvariantenstrategie, Trading-up, Trading-down, Konzentrations- und Nischenstrategie. Eine Positionierungslückenanalyse mit Hilfe der Dienstleistungsqualitätsskala SERVQUAL ergibt, daß die Servicequalität als Basis einer eigenen, im Wettbewerb erfolgreichen Positionierungsstrategie relativ große Chancen hat. Die Probleme der Umsetzung einer solchen Positionierung werden diskutiert. Zur Lösung des größten Problems, der Prägung der Mitarbeiter im Sinne von Servicequalität, werden konkrete Entscheidungshilfen und Managementmaßnahmen (Training, Zufriedenheitscontrolling) angeboten.

Meyer, A., Fend, L., Servicequalität im Handel, fokussieren die Serviceleistungen des Handels zur Positionierung eines Wettbewerbsvorteils. Die Servicebedeutung wird anhand von Fakten und Zahlen eindrucksvoll belegt. Nach einer Service-begrifflichen Grundlegung wird die Problematik „Messung der Servicequalität" durch zwei Ansätze gelöst: (1) über die Zufriedenheitsmessung auf der Basis des Standardskala SERVQUAL mit folgenden Kriterien: Materielles, Zuverlässigkeit, Entgegenkommen, Leistungskompetenz und Einfühlung, (2) über offene Befragungen mittels der Kundenkontaktpunktanalyse, der Critical Incident-Technik (spontan erinnerte Ereignisse) und der Blueprint-Technik, einer anderen Art der Erinnerungsbefragung. Wege zur Steuerung der Servicequalität sehen die Autoren (a) über Fähigkeiten und Bereitschaften des Handelsunternehmens und seiner Interaktion mit Kunden mittels des tangiblen Umfeldes und der Leistungskompetenz (Potentialqualität), (b) über Leistungskompetenz, Entgegenkommen und Einfühlungsvermögen (Prozeßqualität) und (c) über die Zuverlässigkeit (Ergebnisqualität). Zu allen drei Qualitätsdimensionen werden Kriterien und beispielhafte Maßnahmenkataloge in einem „Bezugsrahmen"-Modell zusammengefaßt.

Positionierung nach Betriebstypen, Betriebsformen und Systemen

Olbrich, R., Betriebstypenpositionierung im Zeichen von Verdrängungswettbewerb, fragt wie Einzelhandels-Betriebstypen (Konsumgüter, insbesondere LEH) unter

Bedingungen von Konzentration, Flächenausweitung, zurückgehender Flächenproduktivität, stagnierender Marktvolumina und des Verdrängungswettbewerbs wettbewerbsstark positioniert werden können. Grundlage ist die diffusionstheoretische Erklärung der Entwicklung, Ausbreitung und Sättigung neuer Betriebstypen. Im Mittelpunkt steht die Frage, ob Handelssysteme in Abhängigkeit von der kumulierten Verkaufsfläche Vor- oder Nachteile bei der Marktakzeptanz des Betriebstyps haben: Beeinflußt die kumulierte Verkaufsfläche eines Betriebstyps die durchschnittliche Flächenproduktivität? Haben verkaufsflächenstarke Betriebstypen eine andere Flächenproduktivität? Eine Reanalyse vorliegender Längsschnittdaten (1989-92), die über 90% des Umsatzvolumens ausgewählter Betriebstypen repräsentieren (Supermärkte und SB-Läden, SB-Warenhäuser und Verbrauchermärkte sowie Discounter) liefert Antworten: Die kumulierte Verkaufsfläche hat nur schwachen Einfluß auf die Flächenproduktivität, starken Einfluß dagegen hat die Imagepositionierung. Nicht die Größe, sondern das Positionierungskonzept bringt den Erfolg.

Rudolph, Th., Dautzenberg, Ph., Die Positionierung von Betriebstypen in Verbundgruppen: Der Beitrag will Verbundgruppenmanager bei der Betriebstypenpositionierung ihrer Mitglieder methodisch unterstützen. Ausgehend von der Bedeutung und von den Grundproblemen der Verbundgruppenarbeit wird die zweistufige Aufgabe der Betriebstypenprofilierung herausgearbeitet: Konzeption und Realisierung eines Betriebstyps. Der Artikel konzentriert sich auf die Konzeptionsphase. Vorausgehen muß eine Zielanalyse zwischen Verbundgruppe und Mitglied. Einem mehrdimensionalen Profilierungsansatz wird gegenüber der Beschränkung auf die beiden üblichen Dimensionen „Erlebnis/Versorgung" und „billig/teuer" der Vorzug gegeben. Man suche zunächst Positionierungsthemen, selektiere sie und ordne ihnen - wettbewerbsorientiert - Ausprägungen zu. Zur Umsetzung des Konzepts ist ein top-down- und bottom-up-Abstimmungsprozeß zwischen zentral definierten und dezentral realisierten Betriebstypenkonzepten erforderlich. Diese Methodik wird an einem praktischen Beispiel demonstriert, und der Artikel schließt ab mit einer Checkliste zur Bewertung von Betriebstypenkonzepten.

Krafft, M., Albers, S., Verbund von Produkt- und Betriebsformenwahl beim Einkaufen in der City, in Subzentren und auf der „grünen Wiese": Standortanalysen müssen die Betriebsform und das Sortiment beachten, Sortimentsstrategien dürfen nicht unabhängig vom Standort und der Betriebsform entschieden werden, Betriebsform-Entscheidungen müssen vom Standort und dem Sortiment abhängig gemacht werden. Bisher ist es üblich, für strategische Handelsentscheidungen nur eins der drei Kriterien (nämlich das dafür „betreffende") systematisch zu analysieren und die anderen beiden Kriterien nur implizit oder „außen vor" zu beachten. Die Autoren des vorliegenden Beitrags wenden sich der interessanten Aufgabe zu, ein multiples Einkaufskriterium zu entwickeln und empirisch zu testen. Kombiniert werden die Kriterien „Standort" (City, Subzentren, grüne Wiese), „Betriebsform" (Verbrauchermärkte, Fachgeschäfte, Fachmärkte) und Produktart. Auf der Basis von theoretisch aus der Literatur abgeleiteten Hypothesen werden in drei Einkaufsgebieten je 120 Passanten befragt. Die Antwortdaten werden in Zusammenhang mit den beobachteten Ausprägungen der genannten Kriterien einer loglinearen Analyse unterzogen. Die Ergebnisse (siehe Vorspann und Text des Beitrages) können zwar nicht als repräsentativ gelten und erlauben noch keine definitiven handelsstrategischen Entscheidungen, aber sie geben Impulse für die weitere wissenschaftliche Forschung und die praktische Handels-Marktforschung.

Ahlert, D., Reinke, B., Synergieorientierte Integrationsgestaltung in wachsenden Handelssystemen als Voraussetzung eines flexibilitätsorientierten Positionierungsmanagements: Wenn Handelssysteme wachsen, besonders bei Wachstumssprüngen durch Akquisitionen und Fusionen, können Synergien entfaltet werden, sofern die Integration gelingt. Nach einer Situationsbeschreibung im Einzelhandel (Konzentration, Systemwettbewerb, Polarisierung usw.) wird der Zwang zur Ausschöpfung von Synergien erörtert. Integrations- und Synergieformen werden kategorisiert. Die quantitative, qualitative und gemischte Messung/Bewertung von Synergien wird beschrieben. Eine exemplarische empirische Anwendung zeigt, daß Synergieeffekte eher im betriebswirtschaftlich-logistischen Bereich als im Management- und Verkaufsbereich zu realisieren sind. Dann werden die Herausforderungen des Positionierungsmanagement in Handelssystemen dargestellt. Hervorgehoben wird die Betriebstypenpositionierung im Systemwettbewerb auf den Dimensionen „Preisvorteil“ und „Leistungsvorteil“. Deren gleichzeitige Positionierung zu hybriden Betriebstypen bietet, analog zur Outpacing-Strategie von Herstellern, besondere Chancen. Diese strategische Stoßrichtung zur Schaffung von Wettbewerbsvorteilen wird durch konsequentes Synergiemanagement unterstützt.

Geppert, D., Greipl, E., Müller, St., Interaktives Fernsehen als Kommunikations- und Distributionskanal: Kenntnisstand, Interessen und Akzeptanz der Verbraucher, untersuchen mit der Methodik der Akzeptanzforschung, welche Chancen das (inzwischen gerade eingeführte) interaktive Fernsehen als Vertriebsform der Hersteller bzw. als Betriebsform des Handels hat. Nach einer Beschreibung des interaktiven Fernsehens als “Megatrend der neunziger Jahre” in seinen verschiedenen Facetten und Varianten und einer Beschreibung der Entwicklung des Home-Shopping, insbesondere in den USA, wird die Akzeptanzuntersuchung auf der Basis von 331 persönlichen Interviews im Raum Dresden vorgestellt. Danach wissen etwa je 1/3 der Befragten nichts, etwas und viel über das interaktive Fernsehen. Gut 40% zeigten sich interessiert, davon die meisten an Viedeo on Demand, die wenigsten an Home-Shopping. Die wahrgenommenen Vorteile und Nachteile des interaktiven Fernsehens, einschließlich des Home-Shopping, und des Mediums als Vertriebsweg geben Anhaltspunkte für das Marketing eines derartigen neuen Dienstes. Nach wahrgenommener Eignung des Mediums für die Information (gut/schlecht) und für das Bestellen (gut/schlecht) werden vier Konsumententypen gebildet. Die beiden dem elektronischen Bestellen gegenüber aufgeschlossenen Typen sind in der Stichprobe mit 86 (von 331) “Electronic Shoppern” (die das Medium auch für die Information akzeptieren) und mit 17 “Convenience Shoppern” (die sich nicht darüber informieren wollen) verteilt. Die Wahrscheinlichkeit, interaktives Home-Shopping zu nutzen, wird im Zusammenhang mit unterschiedlichen Liefergebühr-Annahmen ermittelt. Die Liefergebühr (zwischen 1 und 10%) erweist sich als äußerst einflußstarke Akzeptanzbarriere. Insgesamt meinen die Autoren, Teleshopping könne die notwendige kritische Masse für eine breite Diffusion nur erreichen, wenn es als moderne Form des Versandhandels positioniert werde.

Positionierung nach Handelsbranchen

Meffert, H., Wöllenstein, St., Burmann, Ch., Profilierung und Erfolgswirkungen von Betriebstypen im Automobilhandel widmen sich dem Betriebstypenmarketing (des Automobilhandels in Deutschland) als verstärkt bedeutsamem strategischen Wettbewerbsfaktor. Auf der Basis theoretisch abgeleiteter Dimensionen der Wettbewerbsstrategie im Einzelhandel (angewandt auf die besondere Situation des Automobilhandels) werden 345 Vertragshändler sowie Außendienstmitarbeiter der Hersteller befragt. Faktoranalytisch wurden die betriebstypkonstituierenden Profilierungsdimensionen ermittelt, nämlich je zwei Dimensionen der Sortiments- und der Kundendienstpolitik, drei der Preis- und Konditionenpolitik, zwei des personal selling, drei der Werbung/Verkaufsförderung und zwei der Betriebsstättengestaltung. Zusätzlich zu diesen Dimensionen wurde für eine Clusteranalyse der Betriebstypen das Merkmal Betriebsgröße verwendet. Es ergaben sich sechs Typen: Handels-Spezialist, Automobil-Center, Klassisches Autohaus, Ambitionierter Händler, Kundendienst-fokussierter Händler und Marken-Stützpunkt. Ihre unterschiedlichen Beiträge zur Typenbildung werden diskriminanzanalytisch quantifiziert. Die Leistungspolitik diskriminiert am stärksten, die Betriebsstättengestaltung am schwächsten. Schließlich wurden die Erfolgswirkungen der unterschiedlichen Typenprofilierungen nach diversen Kriterien untersucht, wobei das Kriterium „Kundenzufriedenheit“ keine klaren Aussagen gestattet. Das Automobil-Center und der Handels-Spezialist schneiden besonders gut ab, das klassische Autohaus besonders schlecht. Insgesamt zahlt sich eine konsequente Betriebstypenprofilierung aus.

Kleinaltenkamp, M., Schmäh, M., Umpositionierung im technischen Handel, ist ein Beitrag zu dem in der Handelsforschung sehr vernachlässigten Gebiet des Business-to-Business-Handels (im engeren Sinne: Produktionsverbindungshandel oder technischer Handel). Auf Basis einer Zwei-Wellen-Befragung (1994 und 1996) technischer Händler auf einer Fachmesse mit 55 bzw. 80 Interviews wird untersucht, ob eine Umpositionierung dieser Unternehmen in Richtung auf zunehmend integrierte „Anarbeitung“ (produktionsartige technische Wertschöpfungsarbeiten an den gehandelten Produkten) erfolgt. Es zeigt sich, daß bei Überlagerung der klassischen Handelsfunktionen die Anarbeitung zunehmend zur Kernkompetenz technischer Händler wird. Einer der Gründe für diese Tendenz liegt in den somit verbesserten Preisgestaltungsmöglichkeiten des Handels (u.a. durch bundling). Die Autoren typisieren technische Handelsbetriebe danach, wie stark sie die Anarbeitung integrieren und wie flexibel sie anarbeiten, und sie projizieren die Entwicklung in die Zukunft. Danach steigt die Integration, Anarbeitung wird von der Kann- zur Soll-Leistung. Die damit verbundene zunehmende Kundenorientierung erscheint als Ausweg aus dem zunehmend ruinösen Preiswettbewerb.

Zentes, J., Convenience Shopping - Ein neuer Einkaufstrend?: Convenience Shopping bedeutet nicht nur bequemes Einkaufen, sondern auch eine Realisierung der scheinbar gegensätzlichen Tendenzen von erlebnisreichem und billigem Einkaufen. Etwas Ähnliches ist auf der Herstellerseite als „outpacing"-Strategie zu beobachten (den Wettbewerb überholen durch Preissenkung bei hoher Qualität oder durch Qualitätssteigerung bei geringem Preis). Der Autor entwickelt die Trends aus Beobachtungen des Wandels im Einzelhandel, führt sie auf gesellschaftliche Grundströmungen zurück (Streßreduzierung, Rollenwandel der Frau, Neuorientierung in Zeit und Raum, Soziodemographie). Er konstatiert eine Parallele zwischen Convenience-Produkten und dem Convenience-Shopping. Exemplarisch wir die Entwicklung der Tankstellen-Shops mit Zahlen belegt. Die Zukunftsperspektiven des Convenience-Shopping entwickelt Zentes durch eine Stärken-Schwächen-Analyse von Einzelhandels-Betriebstypen. Die günstigen Aussichten der Tankstellenshops, der Nachbarschaftsläden, der („amerikanischen") Convenience-Läden und der Convenience-Konzepte bei großflächigen Betriebstypen werden aufgezeigt.

Positionierung mit Marken

Schmalen, H., Lang, H., Pechtl, H., Gattungsmarken als Profilierungsinstrument im Lebensmittel-Einzelhandel: Basishypothese des Beitrags ist, daß der Handel mit seiner Sortimentsstruktur bzw. Handelsmarkenpolitik auf das „hybride Kaufverhalten", also das gleichzeitige Rollenspiel der Konsumenten als Teuer-, Preiswert- und Billigkäufer reagiert. Das Phänomen wird am Lebensmitteleinzelhandel genauer untersucht, indem zunächst die Bedeutung der Eigenmarken für den Handel erörtert wird, insbesondere ihr Beitrag zur Profilierung des Handelsunternehmens. Die Untersuchung fand in einem Spar-Markt an der ersten und zweiten Generation der Handelsmarken dieses Unternehmens statt. Die Abverkaufszahlen vieler Warengruppen wurden danach analysiert, inwieweit sie zur Positionierung des Hauses beitragen. Interessant ist eine hohe Korrelation zwischen dem Präsenzanteil der Warengruppe im Sortiment und dem Marktanteil der Handelsmarke im Sortiment. Dieser Befund wird diskutiert und nach dem Preisniveau differenziert. Warengruppen, die sich für die Strategie der Handelsmarken-Profilierung des Unternehmens eignen, werden identifiziert. Dadurch werden Hinweise gewonnen, welche Produktgruppen sich für die Positionierung eines LEH-Unternehmens besonders eignen. Das sind - bei Spar - vor allem traditionelle No-name-Warengruppen, mit denen die Billigkäufer an das Unternehmen gebunden werden können.

Hammann, P., Tebbe, C., Braun, D., Die Führung und Etablierung transnationaler Handelsmarken als Instrument der Profilierung des Handels - unter besonderer Berücksichtigung des Lebensmittelhandels konstatieren nach einer Klärung des Begriffs „Handelsmarke", gestützt durch viele Beispiele, eine Tendenz zur Handelsmarken-Präferenzstrategie, zu Lasten der Imitations und der Discountmarkenstrategie. Die Autoren belegen, daß unter den Zielen, die der Handel mit eigenen Marken verfolgt, Profilierungsziele gegenüber Konsumenten und Kooperationsmitgliedern vernachlässigt werden. Im Rahmen der (nach Rendite, Konditionen und Skaleneffekten) bedeutsamen Internationalisierung werden Rahmenbedingungen und Erfolgsfaktoren der transnationalen Handelsmarke analysiert. Der Untersuchung zufolge sind Unternehmensstärke und zentrale Führung wichtig. Nach Länderwahlkriterien, insbesondere nach Marktstruktur, Geschmackspräferenzen und Handelsstruktur, lassen sich zwei Strategiegruppen bilden. Grundlage ist die Kategorie „Standardisierung/Differenzierung". Transnationale Handelsmarken werden überwiegend Land-nach-Land eingeführt und oben oder unten, nicht in der Mitte, positioniert. Der Beitrag liefert wesentliche Fundamente für eine erfolgreiche Etablierung internationaler Handelsmarken und die entsprechende Positionierung internationalisierender Handelsunternehmen.

Schweiger, G., Koppe, P., Der Lebensmitteleinzelhandel als Markeninnovator bei Bioprodukten - Ergebnisse einer empirischen Studie zu Handelsmarken in Österreich, wenden sich ebenfalls dem Profilierungsinstrument „Handelsmarke" zu. Die Handelsmarke wird begrifflich abgegrenzt und in ihrer Entwicklung und Bedeutung beschrieben, insbesondere auch in Österreich. Methodik und deskriptive Ergebnisse einer Befragung von 370 Konsumenten nach Kenntnissen und Beurteilungen von Handelsmarken werden vorgestellt. Danach erkennen die meisten Konsumenten Handelsmarken, und sie schätzen sie als qualitativ gleichwertig, aber billiger ein. Ausführlich wird als Fallbeispiel die erfolgreiche Einführung der neuen Bio-Handelsmarke (JA! NATÜRLICH) dargestellt. Über Marktdaten hinaus werden Akzeptanz- und Imagewerte („Erlebniswelten") aus der eigenen empirischen Untersuchung mitgeteilt. Die Positionierungsergebnisse dieser und einer weiteren Marke (O'LACY'S) werden korrespondenzanalytisch dargestellt. Danach war die Positionierung der innovativen Biomarke als „Handelsmarke der vierten Generation" erfolgreich.

Konsumentenverhalten und Handelspositionierung

Gröppel, A., Preiswürdigkeitsimages und Differenzierungsstrategien - Der Einfluß der am Point-of-Sale empfundenen Dominanz auf die Preisbeurteilung, befaßt sich mit den Chancen und Risiken von Handelsgeschäften, die, entsprechend Porters Differenzierungsstrategie, ihren Wettbewerbsvorteil durch hohe Qualität, hier insbesondere durch exklusive Ausstattung, und ein hohes Preisniveau zu realisieren trachten. Voraussetzungen für den Erfolg dieser Strategie sind entsprechend positive Wahrnehmungen bzw. Nutzenempfindungen der Konsumenten. Das Preisimage darf dabei nicht als überzogen empfunden werden. Die Autorin untersucht diese Erfolgsbedingungen durch eine umweltpsychologisch theoriebasierte empirische Studie. Danach hängen die Preisbeurteilung der Konsumenten, ihr Gesamturteil und ihre Verweildauer von ihrem Dominanzgefühl am POS ab, Gesamturteil und Verweildauer zusätzlich von ihren Lust- und Entspannungsgefühlen. Aus diesen Befunden werden konkrete Hinweise für die Ladengestaltung und das Handelsmarketing abgeleitet. Insbesondere warnt Frau Gröppel vor einer überzogen luxoriösen Ladengestaltung, weil sie das Dominanzgefühl senkt und die Preisbeurteilung verschlechtert.

Esch, F.-R., Billen, P., Förderung der Mental Convenience beim Einkauf durch Cognitive Maps und kundenorientierte Produktgruppierungen: Der Beitrag ist im Rahmen des „Mega-Themas Kundenorientierung" dem Bedürfnis der Einzelhandelskunden gewidmet, beim Einkaufen in einem Geschäft gut orientiert zu sein. Dieses Bedürfnis ist infolge der zunehmend verbreiteten SB-Konzepte und der gewachsenen Einzelhandelsverkaufsflächen je Geschäft immer wichtiger geworden. Die Autoren ziehen als theoretische Grundlage ihrer Arbeit die kognitive Psychologie, insbesondere die Theorie mentaler Landkarten (cognitive maps), als Teil der Umweltpsychologie heran, außerdem die Imageryforschung, die sich mit der Aufnahme, Verarbeitung und Speicherung von Bildinformationen befaßt. Ferner werden Grundlagen der Handelsforschung und der deskriptiven Entscheidungsforschung herangezogen. Der Beitrag liefert im Ergebnis zahlreiche Untersuchungsergebnisse zur Orientierung und zur Warenanordnung in SB-Warenhäusern. Konkrete Managementempfehlungen für die Handelspraxis werden gegeben, unter dem Vorbehalt einer näheren Prüfung der Ertrags- und Kostenwirksamkeit. Dazu ist noch weitere empirische Forschung wünschenswert.

Thelen, E.M., Woodside, A.G., Ein gedächtnispsychologischer Ansatz zur Erklärung des Geschäftswahlverhaltens der Konsumenten, setzen bei einer grundsätzlichen Kritik herkömmlicher Methoden der Einstellungsforschung an, die ja implizit unterstellen, daß Antwortreaktionen auf Image-Items äquivalent sind zu den in der Kaufsituation für die Wahlentscheidung abgerufenen Kognitionen. Aus gedächtnispsychologischen Erkenntnissen wird ein theoretisch angemesseneres Befragungsverfahren abgeleitet, bei dem die spontane Nennung einer Einkaufsstätte auf die Vorgabe einer Einkaufssituationsbeschreibung und eines Image-Items festgehalten wird. Das Verfahren erweist sich regressionsanalytisch als valider denn herkömmliche Verfahren mit der Vorgabe von Einkaufsstätten und der jeweiligen Abfrage von Imageprofilen. Hypothesen, welche die Überlegenheit des Verfahrens gedächtnispsychologisch erklären, konnten bestätigt werden. Die Erkenntnisse tragen zur Weiterentwicklung der Imageforschung bei. Zumindest sind künftig nach subjektiv relevanten Alternativen (evoked sets) segmentierte Analysen anzuraten, was übrigens seit zwei Jahren an der TU Berlin Standard ist.

BEITRÄGE AUSSERHALB DES SCHWERPUNKTTHEMAS

Internationales Handelsmanagement

Gamper, A., Marschner, H. F., Information als Erfolgsfaktor im internationalen Großhandelsunternehmen (International Trading-House - ITH): Der Großhandel, ganz besonders das internationale Handelsgeschäft, ist ein stark vernachlässigtes Gebiet der Handelsforschung. Gamper und Marschner liefern eine deskriptive empirische Analyse institutioneller, funktionaler und prozessualer Aspekte des Produktionsfaktors „Information" in internationalen Handelshäusern. Der Beitrag enthält nach einem informationstheoretischen Teil und operationalisierungsmethodischen Ausführungen zur eigenen Untersuchung zahlreiche und differenzierte Befunde über unterschiedliche Intensitäten und Qualitäten des Informationsmanagement von 106 schriftlich befragten Unternehmen. Darüber hinaus werden die deskriptiven Befunde zum Erfolg dieser Unternehmen in Beziehung gebracht. Damit legen die Autoren einen Grundstein für die Erfolgsfaktorenforschung an internationalen Handelshäusern.

Meyer-Ohle, H., Revolution in der japanischen Distribution? Großunternehmen des Einzelhandels in einer Phase der Neuorientierung. Dieser Aufsatz beleuchtet ein für den Einzelhandel zukunftsweisendes Land. Japan ist in Bezug auf leistungsstarke großflächige Einzelhandelsunternehmen Deutschland weit voraus. Gegenwärtig finden dort starke Veränderungen statt, insbesondere im Wettbewerberverhalten, in den Unternehmensstrategien und in der Internationalisierung. Der Autor kennzeichnet diese Veränderungen jedoch nicht als Revolution, sondern als druckvolle Evolution. Ein historischer Abriß der Einzelhandelsentwicklung in Japan ist die Grundlage: Regulierungen der Großflächen durch das Kartellrecht, Änderungen im Konsumenten- und Wettbewerberverhalten und in der wirtschaftlichen Prosperität mit der Folge sinkender Rentabilitäten im Handel. Die Neuorientierungen der Einzelhandelsstrategien werden beschrieben. Die wichtigsten Entwicklungen liegen in einer zunehmenden Betriebstypendifferenzierung, in der Machtstärkung des Einzelhandels gegenüber dem Großhandel und den Herstellern (Einkauf, Logistik, Produktentwicklung) sowie in der innerbetrieblichen Rationalisierung (Personalpolitik, Organisationsentwicklung zur dezentralen Gewinnverantwortung).

Hersteller-Handels-Beziehungen

Bruhn, M., Weber, St. M., Netzwerkartige Hersteller-Handel-Serviceanbieter-Beziehungen aufgrund moderner Informations- und Kommunikationssysteme - Eine transaktionsanalytische Untersuchung: Einführend wird ein Überblick über die Entwicklung der Informations- und Kommunikations-Infrastruktur gegeben, in die der Handel eingebunden ist (Technologien der Informationserhebung und -übermittlung, EDI, Informationsverarbeitungs- und IK-Standards, netzwerkartige Warenwirtschaftssysteme). Das Verfahren der Netzwerkanalyse solcher Strukturen wird beschrieben. Als wesentliche Netzwerkelemente werden Hersteller, Handel und Serviceanbieter (HHS) genannt. Die Entstehung von HHS-Netzwerken (HHSN) wird mit der Beibehaltung von Autonomie bei Realisierung von Zeit-, Kosten- und Kompetenzvorteilen begründet. Die Beziehungsstrukturen und Schnittstellen in HHSN werden beschrieben. Die Autoren benutzen die Transaktionskostenanalyse, in die zunächst allgemein eingeführt wird, zur Begründung der HHSN-Entstehung mit Transaktionskostensenkungspotentialen (Risiko, Verhandlungskosten, Innovation, Qualität). Die Existenz von HHSN hat Marketing- und wettbewerbstheoretische Implikationen. Darunter wird ein professionelles Beziehungsmanagement und Netzwerkcontrolling hervorgehoben. Dieser theoretische Beitrag liefert zwar keine empirischen Befunde oder formalen Modelle, unterstreicht aber die Relevanz des HHSN-Denkansatzes durch Bezüge zur Praxis.

Tomczak, T., Feige, St., Schögel, M., Strategien der handelsorientierten Markenführung - Ergebnisse einer empirischen Studie im deutschen Lebensmitteleinzelhandel befassen sich mit den Profilierungsmöglichkeiten der Markenartikelhersteller gegenüber dem Handel - mit dem Ziel, das strategische Marketing der Industrie gegenüber dem Handel zu verbessern. Der Artikel geht von drei Kernproblemen im Beziehungsmanagement zwischen Industrie und Handel aus (Zugang zum Endkunden, Funktionsaufteilung, Gewinnspanne) und analysiert die Zielkonstellation zwischen den Partnern, um dann die Potentiale eines komparativen Wettbewerbsvorteils aus Herstellersicht herauszuarbeiten. Die eigene empirische Untersuchung in Kooperation mit sechs deutschen Markenartiklern analysiert die Einkaufsentscheidungen des Handels anhand von schriftlichen Befragungen von 218 Einkaufsentscheidern und 60 persönlichen Experteninterviews. Eine Faktorenanalyse der Befragungsergebnisse lieferte vier zentrale Leistungsmerkmale von Marken, die die Listungsentscheidung prägen: Pull-Anreize, Kooperationskompetenz, Push-Anreize und unterstützende Leistungen. Eine Analyse der strategischen Erfolgsfaktoren der Markenartikler erbrachte neben der Feststellung situativer Erfolgsdeterminanten (Wettbewerbssituation, Lebenszyklusstellung, Markenstärke und Anbieterkonzentration) Typen von Marktführer- und Marktfolgerstrategien, die im einzelnen beschrieben werden. Unter diesen wurden vier Erfolgsstrateigen der Herstellerunternehmen identifiziert: kooperative Pull-Strategie, reine Pull-Strategie, professionelle Checklisten-Strategie und Mittelstandsstrategie. Diese Strategien werden näher beschrieben. Demgegenüber wurden zwei typische Mißerfolgsstrategien identifiziert und beschrieben: Konditionenstrategie und Null-Leistungs-Strategie. Insgesamt gibt der Artikel sowohl den Herstellern, aus deren Sicht hier analysiert wurde, als auch den Händlern, die ihnen als Kunden gegenüberstehen, wertvolle Hinweise für das strategische Marketing.

Informationsmanagement im Handel

Nach Redaktionsschluß des letzten Jahrbuchs ging ein weiterer Artikel zum Schwerpunktthema „Informationsmanagement im Handel“ ein, der die Perspektiven verhaltenswissenschaftlich und handelsbetriebslich erweitert. Der Herausgeber ist froh, daß der Beitrag von Herrn Professor Dr. Hans-Otto Schenk, selbst einmal wissenschaftlicher Mitarbeiter der Forschungsstelle für den Handel, nun als aktualisierte Version im FfH-Jahrbuch publiziert werden kann:

Schenk, H.-O., Informationsmanagement aus der Sicht der Handelspsychologie: Erst wird ein historischer Rückblick auf das Informationswesen im Handel gegeben, ohne das Handel gar nicht denkbar wäre. Bei der anschließenden Darstellung der gegenwärtigen Situation kommt zum Ausdruck, daß das Informationswesen im Handel in starkem Maße von psychologischen Bedingungen geprägt ist („Management-Phobien“). Es folgt ein systematischer Überblick über die Informationsflüsse von und nach innen und außen. Im Hauptteil strukturiert der Autor die psychologische Komponente des Informationsmanagement im Handel nach den drei seiner Meinung nach wichtigsten Theorierichtungen der Psychologie: Behaviorismus, Kognitivismus und psychoanalytisch begründete Ansätze. Beispielhaft listet er 18 informationsrelevante Handelsmanagement-Tatbestände auf und ordnet sie den zuvor erläuterten psychologischen Theoriebereichen zu. Den Abschluß bildet ein Abschnitt über „Psychotaktik und Psychostrategie im Informationsmanagement“, die sonstige Überbetonung der strategischen Ebene zurechtgerückt wird. Vertiefend geht Schenk auf Informationsflüsse durch nichtverbale Kommunikation ein. Der Beitrag ist ein Appell zur stärkeren Beachtung der Verhaltenswissenschaft im Handels(informations)management.

LITERATURDIENST

Den Abschluß bildet traditionell ein umfangreicher Literaturservice, den der Lehrstuhl Marketing I der Technischen Universität Berlin zusammen mit dem Herausgeber für das Jahrbuch erarbeitet hat. Von Jahr zu Jahr hat die Flut der Veröffentlichungen zur Handelsforschung weiter zugenommen. Der gestiegenen Input-Menge wollten wir aber bei der Output-Menge nicht folgen, sondern im Interesse der Leser stattdessen schärfer selektieren.

Ich danke meinen Mitarbeitern Margit BINSACK (ihr besonders auch für die gesamte Organisation des Literaturdienstes), Andrea BOOKHAGEN, Constanze HESS, Oliver JOST, Ulrich KOPPELT und Marcel PAULSSEN für diese „dienstliche Aufgabe“, die sie neben ihren Hauptaufgaben in Lehre und Forschung bereitwillig und engagiert übernommen haben.

WEITERE DANKSAGUNGEN

Mein Dank gilt besonders Frau Andrea BOOKHAGEN, die wieder die Schriftleitung mit großer Kompetenz und Sorgfalt bewältigt hat. Durch die gestiegene Zahl eingesandter Beiträge und durch die erstmals durch den Lehrstuhl selbst auszuführenden Layout-Arbeiten sind die Anforderungen noch einmal gewachsen. Danke, Andrea! Die Ausführung der Korrekturarbeiten und des Layouts hat Herr Norbert BEHRENS übernommen, ihm gebührt Dank für die professionelle Ausführung und terminliche Flexibilität.

Wieder hat die STIFTUNG BAYRITEX die Entstehung des Jahrbuchs finanziell unterstützt. Persönlich möchte ich dafür Herrn SAND herzlich danken. Einem weiteren Spender, der nicht namentlich genannt werden möchte, danke ich für den Druckkostenzuschuß, ohne welchen der Verlag den Ladenpreis hätte weiter erhöhen müssen.

Durch die Nennung am Schluß dieses „Dankeschön" möchte ich die AUTOREN besonders hervorheben. Die noch einmal gewachsene Resonanz auf den Call for Papers und die hohe Qualität der Beiträge zeigen mir nicht nur die Verbundenheit mit dem Fach, sondern auch mit der FfH und dem Herausgeber.

Verständnis erbitte ich von denjenigen Autoren, denen angesichts des begrenzten Umfangs des Bandes eine Publikationsabsage oder Verschiebung auf das nächste Jahr zugemutet werden mußte. Ich möchte diese und alle anderen Autoren ausdrücklich ermuntern, sich auch für die nächste Ausgabe „Handelsforschung 1997/98" zu engagieren.

Call for Papers „Handelsforschung 1997/98 "

Das 13. Jahrbuch der FfH Berlin ist dem Schwerpunktthema gewidmet:

Kundenorientierung im Handel

Es ist sehr schwer, mit dem Kopf des Kunden zu denken, schwer genug schon, mit dem eigenen Kopf zu denken. „Taking the role of the other" ist keine biologisch programmierte Eigenschaft, aber man kann sie entwickeln. Andererseits sind letztlich Erfolg und Mißerfolg einer Handelseinheit (Geschäft, Unternehmen, Region, Einkaufszentrum, Betriebsform, Betriebstyp, Handelssystem usw.) davon abhängig, Akzeptanz beim Kunden und den Wettbewerbsvorteil gegenüber anderen Einheiten zu finden. In Deutschland ist, zuletzt durch das deutsche „Kundenbarometer" 1996 verdeutlicht worden, daß im Dienstleistungs- und Handelsbereich enorme Verbesserungspotentiale der Kundenorientierung und der Kundenzufriedenheit bestehen, insbesondere im internationalen
Vergleich.

Kundenorientierung im Handel fängt mit der strategischen Ausrichtung auf Marktsegmente an (Marketing ist auch die Kunst, sich die richtigen Kunden auszusuchen), setzt sich fort in den strategischen Optionen einer Handelseinheit, z.B. der Standortpolitik, dem Positionierungsmanagement, der Sortimentspolitik und dem Logistiksystem, und Kundenorientierung endet nicht am Point of Sales, z.B. bei der Serviceorientierung und dem Verkäuferverhalten, sondern setzt sich im Nachkaufmarketing und im Beziehungsmanagement fort.

Wesentliche Fortschritte auf dem Weg zur kundenorientierten Handelseinheit sind aus unterschiedlichsten Bereichen der Handelsforschung zu erwarten. Beiträge mit betriebswirtschaftlichen, marktforschungsmethodischen, informations- und kommunikations-technischen, psychologischen, soziologischen, volkswirtschaftlichen, regionalpolitischen, technologischen, logistischen, verkehrswissenschaftlichen, ökologischen, anderen ethischen und juristischen Bezügen zur Kundenorientierung von Handelseinheiten sind zum Schwerpunktthema des Jahrbuchs Handelsforschung 1997/98 eingeladen.

Wie immer können auch andere aktuelle Themen aus der betriebswirtschaftlichen und volkswirtschaftlichen Handelsforschung veröffentlicht werden.

AUTORENHINWEIS

Aus gegebenem Anlaß möchte ich einmal besonders an die Kooperation der Autoren mit der Schriftleitung appellieren: Ein großer Teil der Redaktionsarbeit entsteht durch Abweichungen von den Regeln, die einem (auf Anforderung gern zugesandten) **Merkblatt** zu entnehmen sind. Die Abweichungen machen Nacharbeiten der Autoren notwendig, die den Erscheinungstermin verzögern. Insbesondere können Umfangsüberschreitungen - im Interesse der Leser, anderer Autoren und des Redaktionsteams - grundsätzlich nicht akzeptiert werden.

Auszug aus dem Merkblatt: Die Beiträge sollen einschließlich Literaturverzeichnis und Abbildungen 15 bis maximal 20 WinWord-Seiten lang sein (Times New Roman 12 Punkt, einzeilig, Seitenränder: links/rechts *3 cm*, oben *3,5 cm* unten *4 cm*, *kein* Blocksatz, *ohne* Trennung). Erbeten wird ein Ausdruck und eine Diskette, Texte in *WinWord*, Tabellen in *Excel*, Grafiken in *Corel Draw* oder *Power Point* - keine Graphiken im Postscriptformat.

Redaktionsschluß ist der 30. April 1997

Kontaktadressen:

Dipl.-Kffr. Andrea Bookhagen: E-Mail: a.bookhagen@ww.tu-berlin.de
Professor Dr. Volker Trommsdorff, E-Mail: v.trommsdorff@ww.tu-berlin.de
Technische Universität Berlin, Lehrstuhl Marketing I
Wilmersdorfer Straße 148, D 10585 Berlin
Tel. 314-22266 oder -25734, Fax -22664

Berlin, im Juli 1996 Volker Trommsdorff

Inhaltsverzeichnis

BEITRÄGE ZUM SCHWERPUNKTTHEMA

Positionierungsmanagement im Handel

Positionierung nach Betriebstypen, Betriebsformen und Systemen

Positionierung nach Handelsbranchen

Positionsmanagement im Handel

Die Positionierung von Handelsbetrieben: Ein Modell zur Unterstützung der Positionierungsentscheidung

Herbert Woratschek, Greifswald

Positionierungsentscheidungen im Handel bedürfen der Unterstützung durch geeignete Positionierungsmodelle. Deren erfolgreiche Anwendung setzt die adäquate Abgrenzung des relevanten Marktes voraus. Daher werden zunächst Ebenen der Marktabgrenzung diskutiert. Bisherige Positionierungsmodelle des Marketing werden den Besonderheiten von Handelsbetrieben nur bedingt gerecht, da sie weder ökonomische Variablen hinreichend berücksichtigen noch die Aufteilung der Kaufentscheidung auf verschiedene Handelsbetriebe abbilden. Das in dieser Arbeit im Mittelpunkt stehende Strategiemodell für den Handel ist im Gegensatz zu Joint Space-Modellen am Kaufverhalten orientiert und bildet Preise, die Allokation auf unterschiedliche Handelsbetriebe und die Effizienz von Diversifikationen ab.

1 POSITIONIERUNG VON HANDELSBETRIEBEN

Die Positionierung von Objekten im Markt ist eine strategische Entscheidung. Der Begriff Positionierung steht für die Gestaltung kaufrelevanter Eigenschaften eines Objektes. Objekte der Positionierung können Produkte, Marken, Geschäftsfelder oder Betriebe sein (Trommsdorff 1995, Sp. 2056).

In dieser Arbeit steht die Positionierung von Handelsbetrieben im Vordergrund. Eine erfolgreiche Positionierung setzt voraus, daß

1) die kaufrelevanten Eigenschaften der Handelsbetriebe erfaßt sind (zur Erfassung vgl. z.B. Müller-Hagedorn/Vornberger 1979),
2) die Substitutionsmöglichkeiten der Konsumenten (d.h. die Konkurrenten) vollständig aufgelistet werden,
3) die Ausprägungen der Eigenschaften aller Objekte der Wettbewerber im Zielmarkt erfaßt sind und daß
4) die Indikatoren für Präferenzen der Konsumenten erforscht sind.

Eine Positionierungsentscheidung erfordert auf der Metaebene eine Analyse der Marktchancen und die Auswahl von Zielmärkten, aus der sich die Planung von Positionierungsstrategien ergibt. Fragen nach den anzusprechenden Kundensegmenten und nach den konkreten Wettbewerbsbeziehungen sind für das Marketing einer Unternehmung zentral (Albach 1991). Trotzdem wird diesen Fragen in der Praxis nicht immer mit der nötigen Sorgfalt nachgegangen (Bauer/Herrmann 1992, S. 1342).

2 DER RELEVANTE MARKT

Die Positionierung eines Handelsbetriebes setzt die Abgrenzung des relevanten Marktes voraus. Die Gesamtmarktkonzeption der Hauptströmung der neoösterreichischen Schule und der Chicago-Schule verzichtet auf eine solche Abgrenzung, da alle Waren und Dienstleistungen um das Budget der Konsumenten konkurrieren (Böhler 1992, S. 149). Für die Positionierung von Handelsbetrieben ist diese Sichtweise unzweckmäßig. Dies gilt auch, wenn die Abgrenzung des relevanten Marktes mit Hilfe von Kreuzpreiselastizitäten (Triffin 1940, S. 98 ff.) bzw. von partiellen Elastizitäten unter Berücksichtigung eines Relevanzkriteriums (Lange 1933, S. 57) vorgenommen werden soll. Allein die Anzahl der zu messenden Elastizitäten verhindert eine praktikable Umsetzung. Zudem setzt die Verwendung des Konzeptes der Kreuzpreiselastizitäten die Kenntnis von Gesetzmäßigkeiten gegenseitiger Abhängigkeiten zwischen Einflußgrößen voraus, die für praktische Probleme nicht gegeben ist. Somit ist dieses Konzept für die empirische Marktabgrenzung unbrauchbar (Schneider 1985, S. 278 ff.).

Die Abgrenzung des relevanten Marktes sollte daher auf qualitativen Überlegungen beruhen, die punktuell durch quantitative Messungen abgesichert werden. Hierzu können anstatt Kreuzpreiselastizitäten auch die direkten Elastizitäten aufgrund implizierter Substitutionseffekte herangezogen werden, wie dies die Monopolkommission in Anlehnung an die Merger Guidelines vorschlägt (Monopolkommission 1984, S. 210). Die Konzentration auf die Preisreagibilität, wie sie traditionell in der amerikanischen Rechtsprechung überwiegt (Monopolkommission 1984, S. 198), genügt insbesondere im Handelsmarketing jedoch nicht, da Positionierungsstrategien sich nicht auf Preisstrategien beschränken.

Im Handelsmarketing müssen die Qualität der Handelsleistung prägende Merkmale berücksichtigt werden, die bei der Analyse von Machtverhältnissen auf dem Markt eine subjektive Rolle spielen. Entscheidend für die Abgrenzung des relevanten Marktes ist daher zum einen die Sicht des Anwenders und zum anderen der Zweck der Abgrenzung bzw. das Forschungsziel.

Konsumenten reservieren häufig einen Teil ihres Einkommens für bestimmte Warengruppen und Dienstleistungen, wie z.B. für Lebensmittel und Versicherungen. Mehrstufige Budgetierungsmodelle unterstellen separierbare Präferenzen und bilden dieses Verhalten (Kaas 1987, S. 230 ff.). Durch die realistische Annahme separierbarer Präferenzen erhalten Modelle der Haushaltstheorie eine Chance der empirischen Validierung (Kaas 1987, S. 231).

Die Vorstellung separierter Präferenzen drückt sich in der Handelspraxis durch die pragmatische Abgrenzung des relevanten Marktes nach der Eigenart von Produkten oder nach dem Verwendungszweck aus. Dabei wird die Abgrenzung häufig zu eng vorgenommen, so daß die Bedrohung durch Konkurrenten 'benachbarter' Märkte übersehen wird. Zusätzlich hat sich in der Praxis die Abgrenzung relevanter Märkte nach nationalen oder regionalen Kriterien etabliert.

Aus theoretischer Sicht sind jegliche Arten der Differenzierung mögliche Abgrenzungskriterien, da diese Unvollkommenheiten des Marktes darstellen. Unvollkommenheiten des Marktes bieten für einzelne Unternehmungen Wettbewerbsvorteile. Aus diesen leiten sich auch die Marktspannungen ab, deren Überwindung Transaktionskosten reduziert und die Existenz von Handelsunternehmungen sichert (Gümbel 1985, S. 168 ff.). Daher kann die theoretische Basis in der Umkehrung des Law of Indifference (Jevons 1871/1924) gesehen werden. Immer dann, wenn zeitliche, sachliche, räumliche oder persönliche Differenzierungen existieren, können diese dazu dienen, Märkte voneinander abzugrenzen.

Unternehmen sind durch potentielle neue Konkurrenten bedroht, die Mobilitätsbarrieren überwinden, Synergien nutzen oder bereits in der Vergangenheit andere Unternehmen integriert oder differenzierte Märkte bearbeitet haben (Porter 1983, S. 29 ff.). Positionierungsmodelle müssen daher auch in der Lage sein, Marktlücken aufzuspüren, die evtl. durch die Besetzung eines Newcomers bedroht sind. Daher ist stets zu überlegen, ob über eine Abgrenzung nach Eigenart von Produkten oder nach dem Verwendungszweck (sachliche Dimensionen) hinaus auch das Verhalten von Marktteilnehmern (persönliche Differenzierung) zur Abgrenzung relevanter Märkte herangezogen werden sollte.

Greift man die Grundidee der dynamischen Betriebsformentheorien auf, sind die Bedrohungen durch die potentielle Konkurrenz in Abhängigkeit des jeweiligen Standes im Lebenszyklus unterschiedlich (Nieschlag 1954). Ist der Markt nach Produkten abgegrenzt, sind in einem frühen Stadium des Lebenszyklus die Substitutionsmöglichkeiten durch andere Güter weniger bekannt, so daß der relevante Markt relativ weit definiert sein muß (Bauer/Herrmann 1992, S. 1343). Weitere Abgrenzungen auf zeitlichen Dimensionen liegen bei saisonabhängigen Geschäften auf der Hand.

Unterstützt werden die qualitativen, häufig pragmatisch vorgenommenen Marktabgrenzungen durch Methoden wie z.B. die Clusteranalyse, die Multidimensionalen Skalierung oder die Faktorenanalyse (Trommsdorff 1995, Sp. 2063 ff.). Die verschiedenen Ebenen der Marktabgrenzung sind in *Abbildung 1* gezeigt.

Die in der Praxis zum Einsatz kommenden Positionierungsmodelle setzen die Abgrenzung des relevanten Marktes voraus. Nur wenn die Abgrenzung sorgfältig vorgenommen wurde, kann ein realistisches Bild von den Wettbewerbsverhältnissen erstellt werden, auf dessen Basis geeignete Strategien abgeleitet werden können.

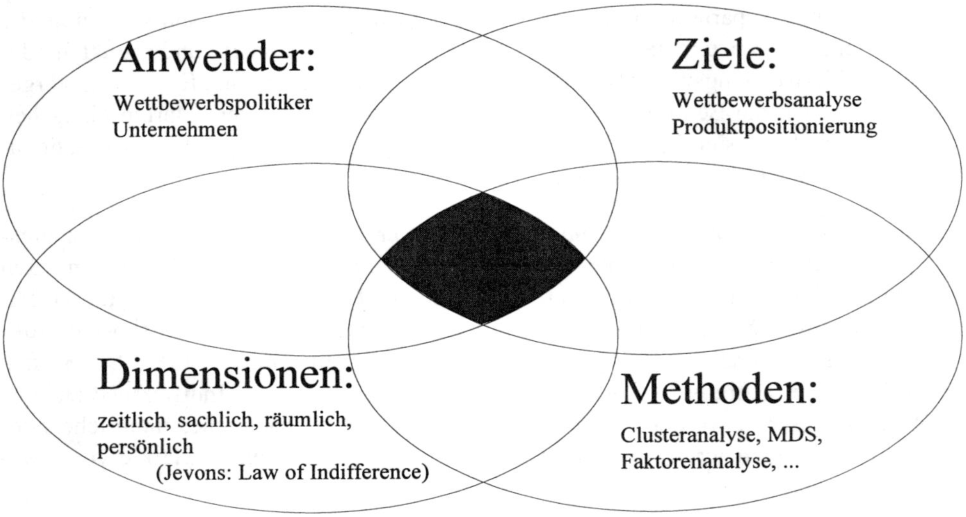

Abbildung 1: Ebenen der Marktabgrenzung

3 POSITIONIERUNGSMODELLE IM HANDELSMARKETING

Die Positionierung von Handelsbetrieben kann in Profilen, geometrischen Modellen und kausalgrafischen Modellen veranschaulicht werden (Trommsdorff 1995, Sp. 2059 ff.).

Kausalgrafische Modelle verwenden Ratings als Dateninput, die auf Basis theoretisch fundierter Hypothesen zu Wettbewerbsfaktoren verknüpft werden. Es werden Wettbewerbswirkungen von Imagedimensionen auf Einstellungen, Kaufabsichten und Marktanteile abgebildet (Trommsdorff 1995, S. 2061 ff.).

Profile bestehen aus übereinander gezeichneten Ratings, bei denen die Ausprägungen von Eigenschaften eines Betriebes oder einer Betriebsform durch eine Linie verbunden sind (Weinhold 1963, S. 27 f.). Prinzipiell können dabei subjektive Eigenschaften, wie z.B. Ladenatmosphäre, oder objektive Eigenschaften, wie z.B. Größe einer Verkaufsstätte, abgebildet werden.

Die Größe einer Verkaufsstätte kann zwar bei Ausmessung der Quadratmeterzahl „objektiv" festgestellt werden, da ein intersubjektiv einheitlicher Maßstab vorliegt. Aber sie kann durch die subjektive Wahrnehmung verzerrt, d.h. unterschiedlich empfunden und interpretiert werden. Man muß dann zwischen der objektiven Eigenschaft, die mit dem Metermaß gemessen wurde und den subjektiven Wahrnehmungen der Konsumenten unterscheiden. Entscheidend für das Image eines Handelsbetriebes und für die Kaufentscheidung sind ausschließlich subjektive Merkmale. Subjektive Merkmale umfassen sowohl technisch-objektive Eigenschaften als auch psychische Eigenschaften, die subjektiv wahrgenommen werden.

Die geometrischen Modelle stellen die Betriebe in einem n-dimensionalen Eigenschaftsraum dar. Die Distanzen zwischen den Betrieben können als Ähnlichkeitsmaß interpretiert werden (Gümbel 1987, S. 246 ff.; Trommsdorff 1995, Sp. 2060). Am bekanntesten sind die Joint-Space-Modelle, die eine Art „psychische Landkarte" entwerfen, auf der die konkurrierenden Objekte abgebildet sind (Coombs 1950, S. 145 ff.; Kroeber-Riel 1984, S. 206-209; Backhaus et al. 1994, S. 468 ff.; Kaas 1987, S. 229 ff.). Konkurrierende Objekte können Marken oder Handelsbetriebe sein.

In Joint-Space-Modellen können die Betriebe als Punkte in einem Wahrnehmungsraum abgebildet werden. Die Achsen des Wahrnehmungsraums repräsentieren dabei jeweils subjektive kaufrelevante Objektmerkmale, z.B. Erreichbarkeit oder Flexibilität. Die Distanzen sind Ähnlichkeitsmaße für die Images der Handelsbetriebe. Es werden gleiche Wahrnehmungen für das betrachtete Konsumentensegment impliziert.

Man erhält durch diese Darstellung eine „psychische Landkarte" (Wahrnehmungsraum), auf der die Handelsbetriebe als Punkte eingezeichnet sind. Fügt man nun die Präferenzen (Präferenzraum) einiger Kunden bzw. Kundensegmente hinzu, so wird daraus ein verbundener Raum (Joint Space).

Die Joint-Space-Modelle sind aus der sozialpsychologischen Einstellungsforschung heraus entstanden (Kroeber-Riel 1984, S. 158 ff.) und zeichnen sich gegenüber den in der Mikroökonomie entwickelten Nachfragemodellen (Lancaster 1966, 1971) durch die Berücksichtigung subjektiver Merkmale aus. Mikroökonomische Modelle bilden objektive Merkmale ab. Das mikroökonomische Kontraktmodell für Handelsbetriebe erfaßt die Unterschiede der Kontraktstruktur auf der Vor- und Nachstufe (Gümbel 1987, S. 244 ff.). Dieses Modell bildet zwar keine subjektiven Merkmale ab, erhebt aber nur geringe Anforderungen an das Datenmaterial, da die Eigenschaften der Kontrakte im Rechnungswesen der Handelsbetriebe dokumentiert ist. Im Kontraktmodell werden die Handelsleistungen aufgrund überbrückter Marktspannungen abgebildet. Die Ähnlichkeit verschiedener Handelsbetriebe wird über die räumliche Distanz gemessen (Gümbel 1987, S. 248).

Joint-Space-Modelle sind nur geeignet, die Auswahl eines einzelnen Handelsbetriebes durch den Konsumenten zu erklären. Im Handel stellt sich jedoch die zentrale Frage, „wie die Nachfrager ihr Budget auf die einzelnen Verkaufsstellen verteilen" (Müller-Hagedorn 1993, S. 100). Somit sind Joint- Space-Modelle für den Handel nur bedingt geeignet, das Kaufverhalten abzubilden. Der Konsument sucht in der Regel zur Dekkung seines Bedarfes mehrere Handelsbetriebe auf. Derartige Allokationsentscheidungen sind in Joint- Space-Modellen nicht abbildbar. Dies gilt im übrigen auch für das psychologische Marktmodell von Spiegel (Spiegel 1961).

Abgesehen davon ist die Berücksichtigung von Preisen nur unzureichend in dieser Modellgruppe lösbar. Preise können explizit allenfalls als 'normale' Eigenschaft mit einer eigenen Dimension im Koordinatensystem berücksichtigt werden. Dies wird aber dem Dualcharakter von Preisen nicht gerecht. Einerseits können Preise als Qualitätsindikator dienen (z.B. Kroeber-Riel 1984, S. 360 ff.), obwohl sie vollkommen unabhängig von der Qualität gestellt werden können. Andererseits sind sie als Opferkomponente zu verstehen. Je teurer ein Produkt ist, desto weniger kann der Kunde sich davon leisten oder aber auch für andere Dinge ausgeben. Wenn die Wahrnehmung der Merkmale eines Objektes mit den Preisen korreliert, kann nicht von der Unabhängigkeit der Preise von den Merkmalsdimensionen ausgegangen werden (Woratschek 1992, S. 172 ff.).

Der Wahrnehmungsraum kann mit Hilfe einer multiattributiven Einstellungsmessung und anschließender Faktorenanalyse erzeugt werden. Bei dieser Methode können Eigenschaften, die mit dem Preis in engem Zusammenhang stehen, in die Datenerhebung explizit einbezogen werden. Dies geschieht durch Befragung der Versuchspersonen nach der wahrgenommen Preiswürdigkeit oder Wirtschaftlichkeit. Die inhaltliche Interpretation des so konstruierten Joint Space bleibt dennoch unklar (Kaas 1987, S. 233). Die Abbildung im Modell als bloße Qualitätseigenschaft erscheint somit nicht sinnvoll. Es ist daher in der Literatur umstritten, ob man Preise als Dimension in Joint-Space-Modelle integrieren sollte (Kaas 1987, S. 233 ff.). Dies bedeutet, daß Modifizierungen für eine bessere Integration ökonomischer Variablen (Preise, Budgets) nicht nur in der Datenerhebung und der Datenverarbeitung zu suchen sind, sondern vor allem auf der Darstellungsebene im Modell.

Eine andere Möglichkeit, den Preiseinfluß bei der Entscheidung abzubilden, wird im Defender-Modell gewählt (Hauser/Shugan 1983). Die Achsen des Koordinatenkreuzes werden als subjektive Eigenschaften pro Geldeinheit definiert. Die grafischen Darstellung erfolgt analog zum Joint-Space-Modell. Es ist lediglich die Achsenbezeichnung entsprechend zu definieren (z.B. Flexibilität pro Geldeinheit).

So bestechend dieser Vorschlag auch auf den ersten Blick wirkt, ist diese Lösung für das Handelsmarketing ungeeignet:

1) Es setzt die Messung von Produktwahrnehmung auf ratioskalierten Merkmalsdimensionen voraus, d.h. der Konsument ist annahmegemäß imstande, Quotienten aus Eigenschaftsmenge und Preis wahrzunehmen (Kaas 1987, S. 234).
2) Selbst wenn die Annahme in Punkt 1 nicht impliziert wird, würde es bedeuten, daß der Entscheider seine Präferenzen nach der Rechenregel \`Eigenschaft geteilt durch den Preis´ bildet. Dies dürfte in der Regel wohl kaum der Fall sein.

3) Bedingt durch den Quotienten kann ein teures Produkt mit hoher Qualität den gleichen Platz auf der 'Landkarte' einnehmen wie ein billiges Produkt mit niedriger Qualität.
4) Ähnlich wie im Joint-Space-Modell kann auch hier das 'Kombinieren von Betrieben' im Kaufverhalten der Konsumenten nicht abgebildet werden.

Im folgenden wird ein Modell vorgestellt, das die Vorteile psychischer Positionierungsmodelle und mikroökonomischer Modelle verbinden soll (Woratschek 1992). Es werden zum einen psychische Variablen und zum anderen ökonomische Variablen integriert. Dadurch werden

1) kaufrelevante Imagedimensionen zur Konstruktion einer 'psychischen Landkarte des Marktes' eingesetzt,
2) Preise als Opferkomponente in Abhängigkeit von diesen Imagedimensionen berücksichtigt und
3) Allokationen der Budgets auf unterschiedliche Betriebe abgebildet.

4 EIN STRATEGIEMODELL FÜR DEN HANDEL

4.1 Grundlegende Annahmen und Dateninput

Die Handelsleistung besteht in der Ausübung von Handelsfunktionen, um die Marktspannungen zu überbrücken (Gümbel 1985, S. 95 ff.). Die Funktionen des Handels lassen sich um psychische Faktoren erweitern, z.B. Schaffung einer angenehmen Ladenatmosphäre (Woratschek 1992, S. 41 ff.). Die Handelsleistung ist über objektive und subjektive Merkmale beschreibbar und konstitutives Kennzeichen eines bestimmten Handelsbetriebes (Woratschek 1992, S. 26 ff.). Die Erstellung der Handelsleistung erfordert die Bereitstellung von Leistungspotentialen, so daß jede spezifische Handelsleistung bestimmte Merkmale eines Betriebes erfordert, wie z.B. bestimmter Flächenbedarf, Art des Standortes oder ein Mindestmaß an Sortimentsvielfalt. Leistungspotentiale werden hierbei nicht im physikalischen Sinne als potentielle Energie, sondern als Bereitstellung aller Komponenten definiert, die zur Erstellung der Handelsleistung dienen.

Die Eigenschaften eines Handelsbetriebes sind demzufolge das Ergebnis der Kombination von Handels- und Marketingfunktionen zu einer Handelsleistung. Die Eigenschaften des Handelsbetriebes werden vom Konsumenten wahrgenommen, so daß für dessen Auswahlentscheidung die subjektiven Merkmale relevant sind. Die Konsumenten bilden vor ihrer Auswahlentscheidung Erwartungen über die Qualität der Handelsleistung eines Betriebes. Die erwartete Qualität der Handelsleistung kann über die Eigenschaften des Betriebes beurteilt werden.

Dies führt zu den Kernannahmen des Modells:

1) Die Auswahlentscheidung der Konsumenten über die Handelsbetriebe wird aufgrund von Erwartungen über die Handelsleistung getroffen.
2) Die Erwartungen hängen vom wahrgenommenen Leistungspotential ab.
3) Das Leistungspotential ist ein mehrdimensionales theoretisches Konstrukt und durch die wahrgenommen Eigenschaften des Handelsbetriebes gekennzeichnet.

Die kaufrelevanten Eigenschaften eines Handelsbetriebes sind als Ergebnis einer Marktstudie Inputdaten für das Modell. Prinzipiell können auf der Metaebene des Modells alle strukturentdeckenden Verfahren für die Festlegung der relevanten Eigenschaftsdimensionen zum Einsatz kommen, wie z.B. die MDS oder die explorative Faktorenanalyse.

Entscheidend für den Modellaufbau ist die Verwendung einpoliger Rating-Skalen, da diese klarer interpretierbar sind. Einpolige Rating-Skalen besitzen den Vorteil, daß sie zwischen Indifferenz und Ambivalenz unterscheiden (Kaplan 1972, S. 361 ff.; Trommsdorff 1975, S. 86 ff.). Der geforderte Dateninput ist bis auf die Einschränkung, einpolige Rating-Skalen zu verwenden, mit dem Dateninput für Joint-Space-Modelle weitgehend identisch. Für Positionierungsmodelle genügt somit eine Darstellung des positiven Quadranten, wie dies in *Abbildung 2* der Fall ist. Die Abbildung der geäußerten Einstellung oder Präferenz in einem Positionierungsmodell ist problematisch. Das Kaufverhalten ist aus ökonomischer bzw. kaufmännischer Sicht von größerer Bedeutung. Was nützt es, wenn die Einstellung zum Mercedes positiv ist, aber das Budget für den Kauf nicht ausreicht? Selbstverständlich können auch andere Gründe für die Divergenz von Einstellung und Kaufverhalten ausschlaggebend sein, wie z.B. soziale Einflüsse. Es wäre also notwendig, die Abbildung der Präferenzen um die Abbildung des ökonomisch interessanteren Kaufverhaltens zu ergänzen oder zu ersetzen.

4.2 Integration von Kaufentscheidungen

Zunächst wird wie in den Joint-Space-Modellen ein Wahrnehmungsraum konstruiert. Dann wird im hier vorgestellten Modell der Wahrnehmungsraum um die Abbildung der Kaufentscheidung ergänzt. Zusätzlich können auch die abgefragten Einstellungen abgebildet werden, um Divergenzen zwischen der geäußerten Einstellung und dem tatsächlichen Kaufverhalten zu analysieren.

Hierzu ist es zunächst notwendig, die Darstellung der Handelsbetriebe im Modell zu ändern. Die Betriebe bzw. deren Leistungspotentiale werden nicht als Punkte wie in den Joint-Space-Modellen, sondern als Vektoren im n-dimensionalen Raum dargestellt. Die Eigenschaftsdimensionen sind somit als Einheitsvektoren interpretierbar, die den mehrdimensionalen Wahrnehmungsraum aufspannen. Die Ausprägungen der Eigenschaften sind dann ein Vielfaches der Einheitsvektoren. Die Leistungspotentiale sind eine Linearkombination der Einheitsvektoren und bilden somit selbst Vektoren im mehrdimensionalen Raum. Die Vektoren in *Abbildung 2* stehen somit für das wahrgenommene

Leistungspotential der einzelnen Betriebe. Sie repräsentieren die homogene bzw. durchschnittliche Wahrnehmung der Handelsbetriebe durch die Konsumenten. Geht man von heterogenen Wahrnehmungen aus, muß wie bei allen anderen geometrischen Positionierungsmodellen für jedes Wahrnehmungscluster ein eigener Raum konstruiert werden (zur Kritik vgl. z.B. Trommsdorff 1995, Sp. 2061).

Zunächst hat sich durch die Vektorendarstellung in *Abbildung 2* nicht viel geändert. Aber durch die Vektorendarstellung wird im nächsten Schritt eine Gewichtung der Leistungspotentiale durch ökonomische Variablen möglich. Ökonomische Variablen können so im Wahrnehmungsraum integriert werden.

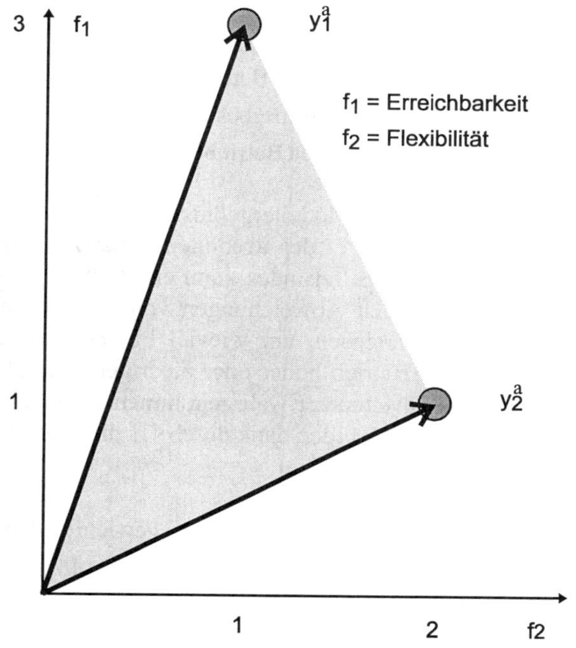

Abbildung 2: Angebotsvektoren der Handelsbetriebe im Wahrnehmungsraum

Die wahrgenommenen Preise sollen die Angebotsvektoren durch Beobachtung der Kaufentscheidung gewichten. Bei gegebenem Umsatz und Preisen wird ein Handelsbetrieb von der Gesamtheit der Konsumenten umso häufiger genutzt, je preisgünstiger das Angebot ist. Teure Betriebe können bei gegebenem Budget weniger häufig aufgesucht werden. Hohe Preise stauchen den Angebotsvektor und niedrige strecken ihn. Die Gewichtung erfolgt also durch die Mengenkomponente der Nutzungen des Angebots. Die Gewichtung kann auch als Mengenumsatz bezeichnet werden.

Die Nutzungen setzen sich aus unterschiedlichen Mengendimensionen zusammen, da die gekauften Warenkörbe der Konsumenten sich unterscheiden. Die individuell zusammengestellten Warenkörbe lassen sich aufgrund ihrer unterschiedlichen Dimensionalität nicht addieren. Zudem sind die Warenkörbe bzw. Leistungsbündel vor dem Kauf nur vage definiert.

Im Modell müssen heterogene Mengendimensionen, die Handelsleistungen, vergleichbar gemacht werden. Hierzu bezieht man die Umsätze auf hypothetische Preisindizes und hypothetische Mengenindizes, um die Preise der heterogenen Angebote vergleichbar zu machen.

Die Gewichtung des Angebotsvektores mit der Kaufentscheidung erhält man aus der Division von Umsatz durch den Preisindex eines Betriebes. Dies ist eine logische Konsequenz der Erlösdefinition:

$E_k = p_k \cdot d_k$ mit E_k = Umsatz(index) des Betriebes k
p_k = Preisindex des Betriebes k
d_k = Mengenindex des Betriebes k

Da bei der späteren Interpretation der Modellergebnisse lediglich die relativen Positionierungen eine Rolle spielen, kann statt des absoluten Umsatzes der relative Umsatz (Marktanteil) verwendet werden. Der Preisindex kann ermittelt werden, indem die Probanden Urteile über die prozentualen Abweichungen vom durchschnittlichen Preisniveau abgeben. Sie müßten also angeben, um wieviel Prozent ihre Ausgaben durchschnittlich in einem bestimmten Betrieb höher oder niedriger sind. Die Abweichungen liefern den Preisindex. Ein als 10% teuerer wahrgenommener Betrieb erhält den Index 1,1. Die Erlöse oder der Marktanteil werden dann durch 1,1 dividiert und man erhält den Mengenumsatz als Mengenindex d_k.

Die Angebotsvektoren werden mit dem Mengenindex gewichtet. Der Angebotsvektor des Handelsbetriebes y^a (*Abbildung 2*) wird daher mit d_k multipliziert. Daraus resultieren jeweils längere Vektoren y^{d_k} mit gleichen Steigungen (*Abbildung 3*). Das Eigenschaftsprofil ändert sich durch die Gewichtung nicht. Da sich die Gewichtung auf die aggregierten Kauf- oder Dispositionsentscheidungen der Kunden bezieht, werden die so ermittelten Vektoren Dispositionsvektoren genannt.

In *Abbildung 3* wurde für Betrieb 1 ein Umsatz von 4 und für Betrieb 2 ein Umsatz von 6 unterstellt. Der Preisindex p_1 beträgt 10/3 und p_2 beträgt 2,5. Daraus ergeben sich maßstabsgetreu die Dispositionsvektoren y^{d_k} in *Abbildung 3* mit den Längen 1,2 und 2,4.

Die Gesamtheit der Konsumenten hat sozusagen die Leistungspotentiale der Betriebe 1 und 2 im Verhältnis 1,2:2,4 genutzt. Die Eigenschaftsausprägungen der so ermittelten Vektoren würden auf der Individualebene nicht sinnvoll erscheinen. Als Heuristik zur

Gewichtung der aggregierten 'Marktentscheidung' ist diese Sichtweise jedoch zweckmäßig. Die konkreten Ausprägungen der so ermittelten Vektoren spielen, wie erwähnt, für die Interpretation der Modellergebnisse ohnehin keine Rolle. Wie noch gezeigt wird, sind lediglich die relativen Positionierungen entscheidend.

4.3 Marktstruktur im Wahrnehmungsraum der Konsumenten

Die Summe aller Umsätze ergibt das wertmäßige Marktvolumen des betrachteten relevanten Marktes, so daß auch Einflüsse der Ausgabebereitschaft der Konsumenten abgebildet werden, wenn man das Modell komparativ statisch auswertet. Zunächst werden zur Abbildung beobachteter Marktverhältnisse die Dispositionsvektoren der Konsumenten addiert, um das aggregierte Marktergebnis darzustellen. Das Ergebnis der Vektoraddition ist in Abbildung 4 als Vektor P* dargestellt. Im Sinne des Konzeptes der offenbarten Präferenzen (z.B. Varian 1989, S. 146 ff.) kann P* als durch den Kaufakt offenbarte Präferenz der Gesamtheit der Konsumenten des relevanten Marktes interpretiert werden. Im Durchschnitt wurde ein Eigenschaftsprofil mit den Steigungsverhältnissen des Vektors P* genutzt. Daher wird dieser Vektor als durchschnittlicher Präferenzvektor bezeichnet.

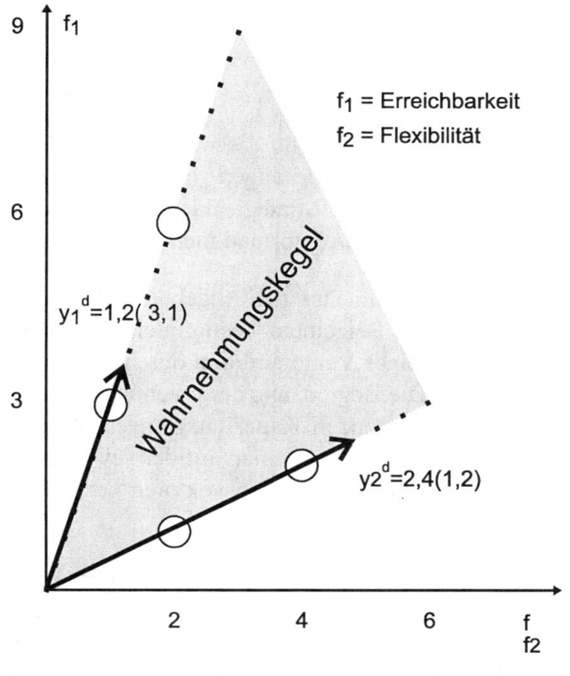

Abbildung 3: Dispositionsvektoren (gewichtete Angebotsvektoren)

Der durchschnittliche Präferenzvektor kann als Idealkombination der Eigenschaften interpretiert werden, der dann allerdings nicht auf Einstellungsdaten, sondern auf Kaufdaten beruht. Der Vektor beinhaltet somit restriktiv wirkende ökonomische Variablen. Würde man auch Einstellungsdaten bzw. Präferenzen im Modell abbilden, könnten Aussagen darüber gewonnen werden, wie Einstellung und Kaufverhalten voneinander abweichen. Die Idealpunkte und die Präferenzvektoren im Joint-Space-Modell würden hier aufgrund der fehlenden Preisindizes für nicht reale existierende Objekte als Idealstrahlen ohne Begrenzung abgebildet werden. Es ist unmittelbar einsichtig, daß der Präferenzvektor im hier vorgestellten Modell eine andere Bedeutung hat als der Idealvektor der Joint-Space-Modelle. Hier werden keine linearen Nutzenindifferenzkurven für die aggregierten Präferenzen impliziert. Die Form der Indifferenzkurven bleibt unbestimmt, es sei denn, man kann plausible Annahmen über deren Verlauf treffen. In diesem Spezialfall sind die aggregierten Indifferenzkurven im Modell abbildbar.

Es darf jedenfalls aufgrund des durchschnittlichen Präferenzvektors nicht darauf geschlossen werden, daß eine Umpositionierung in diese Richtung sinnvoll wäre. Eine Umpositionierung in Richtung des durchschnittlichen Präferenzvektors ist dann falsch, wenn dieser Durchschnitt dadurch zustande kommt, daß die Konsumenten entweder das Profil y_1 oder das von y_2, also extreme Profile, präferieren. Ein 'mittleres' Profil würde dazu führen, daß keiner dieses nachfragt. Durchschnittswerte sind also immer dann für Interpretationen gefährlich, wenn die Abweichungen vom Mittelwert groß sind. Dieser Fall sei als Durchschnittsfalle bezeichnet.

Die Länge der Dispositionsvektoren steht für die wertmäßigen Marktanteile der Betriebe. Auch sie könnten für Analysen der Wirkungen von Budgetänderungen der Haushalte hilfreich sein. Für die hier beabsichtigte Strategieableitung sind sie nachrangig. Die Betriebsvektoren enthalten die wichtigsten Informationen für eine weitere Analyse.

Die Betriebsvektoren sind ein Vielfaches der Angebotsvektoren und durch das wertmäßige Marktvolumen begrenzt. Bei einem bestimmten wertmäßigen Marktvolumen sind die möglichen Ergebnisse einer Vektoraddition durch die wahrgenommenen Preisniveaus der Betriebe begrenzt. Die Begrenzung der potentiellen Nutzungsmöglichkeiten, ungeachtet von tatsächlich existierenden Kapazitätsgrenzen, erhält man für jeden Betrieb, indem man das wertmäßige Marktvolumen auf den jeweiligen Preisindex bezieht. Die so ermittelten Vektoren werden als Betriebsvektoren bezeichnet (y_1 und y_2 in *Abbildung 4*).

Die für die Kunden möglichen Eigenschaftskombinationen im konstruierten Wahrnehmungsraum sind nun auf alle möglichen konvexen Linearkombinationen der Betriebsvektoren begrenzt (grau unterlegter Raum in *Abbildung 4*). Die Steigung der Betriebsvektoren gibt Aufschluß über das wahrgenommene Eigenschaftsprofil und die Länge über das wahrgenommene Preisniveau. Ein kurzer Betriebsvektor deutet auf ein schlechtes Preis-Leistungs-Verhältnis hin, da bei begrenztem Budget der Konsumenten die Leistungen eines teuren Betriebes weniger häufig beansprucht werden können et vice versa. Für Betrieb 1 ergibt sich die Länge 3 mit $p_1 \approx 3{,}3$ und für den Betrieb 2 die Länge 4 mit $p_2 = 2{,}5$.

Die in *Abbildung 4* gezeigte Marktstruktur ist dem aus der Mikroökonomie bekannten Lancaster-Modell ähnlich (Lancaster 1966). Allerdings werden im hier vorgestellten Modell psychische Variablen in Form subjektiver Merkmale berücksichtigt, deren Abbildung von Lancaster abgelehnt wird (Lancaster 1971, S. 114). Im Lancaster-Modell wird für gegebene Präferenzen und Budgets die Allokationsentscheidung ermittelt. Im hier vorgestellten Modell wird die Allokationsentscheidung beobachtet, um Rückschlüsse auf die unbekannten Präferenzen zu ziehen. Die Betriebsvektoren entsprechen im Lancaster-Modell den Konsumaktivitäten (Lancaster 1966, S. 132 ff.). Daher kann der durch die Betriebsvektoren aufgespannte und durch das Marktvolumen begrenzte Wahrnehmungskegel auch als Aktivitätenraum bezeichnet werden. Er umfaßt alle auf dem relevanten Markt realisierbaren Konsumaktivitäten, die die Handelsbetriebe ermöglichen.

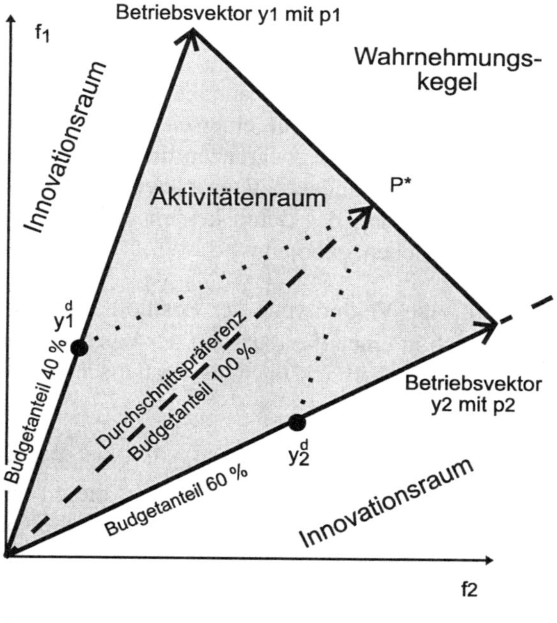

Abbildung 4: Marktstruktur und Marktergebnis - Kaufentscheidung der Konsumenten

Die außerhalb des Wahrnehmungskegels liegenden Aktivitäten können aufgrund der angetroffenen Marktverhältnisse aus Sicht der Konsumenten nicht realisiert werden. Würde ein Handelsbetrieb ein derartig neues Eigenschaftsprofil aufweisen, wäre dies aus Konsumentensicht innovativ. Dieser Raum kann daher als Innovationsraum bezeichnet werden (*Abbildung 4*). Diese Begriffsbildung gilt aufgrund ihrer Axiomatik auch für n-dimensionale Räume und erleichtert die Argumentation für n-dimensionale Räume (Woratschek 1992, S. 51 ff.).

Der Modellaufbau kann wie folgt zusammengefaßt werden:

1) Ermittlung der kaufrelevanten Merkmale auf Basis einpoliger Ratings
2) Zusammenfassung der kaufrelvanten Merkmale eines Handelsbetriebes im Angebotsvektor
3) Gewichtung der Angebotsvektoren durch Preis- und Umsatzindizes
4) Abbildung des Marktergebnisses durch Vektoraddition
5) Ermittlung der Betriebsvektoren und der Marktstruktur, d.h. der strategischen Räume (Wahrnehmungskegel, Aktivitätenraum, Innovationsraum).

4.4 Strategische Optionen im Modell

Die Handelsleistungen werden im Modell durch die wahrgenommenen Leistungspotentiale der Handelsbetriebe repräsentiert. Die Betriebsvektoren, die den Wahrnehmungskegel aufspannen, werden als Randaktivitäten bezeichnet. Im zweidimensionalen Eigenschaftsraum sind dies maximal 2 Vektoren. Bereits im dreidimensionalen Raum können hingegen unendlich viele Betriebsvektoren Randaktivitäten sein. Randaktivitäten sind strategisch wichtige Positionierungen, da sie einerseits nicht durch eine andere Linearkombination ersetzt werden können. Sie begrenzen die kundenseitig wahrgenommene Handelstechnologie des Marktes. Randaktivitäten bieten den Kunden ein einzigartiges Profil (Unique Selling Proposition), das durch keinen anderen Betrieb, auch nicht in Kombination mit anderen Betrieben, geboten wird.

Neue Strategien zielen auf eine Veränderung der Positionierung von Handelsbetrieben ab. Daher schlagen diese sich in einer Veränderung der Positionierung der Betriebsvektoren im Modell nieder. Einen Überblick über die strategischen Optionen bietet *Abbildung 5*.

Die Diversifikation von Handelsbetrieben ist im Modell durch eine Streuung von Vektoren im Wahrnehmungsraum der Konsumenten abbildbar, die zu einem Konzern gehören. Die Diversifikation ermöglicht eine Zangenstrategie, auf die später noch eingegangen wird. Die Kooperation ist nur mittelbar im Modell abbildbar, da sie auf Strategieabsprachen unterschiedlicher Konzerne beruht.

Die Preispolitik äußert sich in diesem Modell durch Längenvariationen der Betriebsvektoren. Eine Verlängerung bedeutet Niedrigpreispolitik und eine Verkürzung Hochpreispolitik. Eine dauerhafte Niedrigpreispolitik wird in der Literatur auch als Kostenführerschaft bezeichnet (Porter 1989, S. 32 ff.).

Eine Umpositionierung in den Innovationsraum wird Profilierung genannt. Sie entspricht in etwa der Differenzierungsstrategie von Porter (Porter 1989, S. 34 ff.). Eine

Bewegung in den Aktivitätenraum wird als Assimilierungsstrategie bezeichntet, da sie gleichzeitig eine Annäherung an einen der Konkurrenten bedeutet. Im Extremfall handelt es sich um eine Me-too-Strategie. Eine Umpositionierung in bislang unbekannte Eigenschaftsdimensionen wird als kreative Profilierung bezeichnet. Dies bedeutet, daß ein Handelsbetrieb Eigenschaften aufweist, die als neu wahrgenommen und als kaufrelevant erachtet werden. Die konkrete Benennung einer bislang unbekannten Eigenschaftsdimension kann ein Modell nicht liefern. Es können allenfalls Bedingungen aufgezeigt werden, unter denen es dringend geboten erscheint, in diesem Sinne kreativ tätig zu werden.

Welche der strategischen Optionen im konkreten Fall ergriffen werden sollte, hängt von den Präferenzen der Kunden und der spezifischen Kosten- und Erlössituation ab. Ökonomisch sinnvoll sind nur solche Positionierungen, die auch von Kunden präferiert werden.

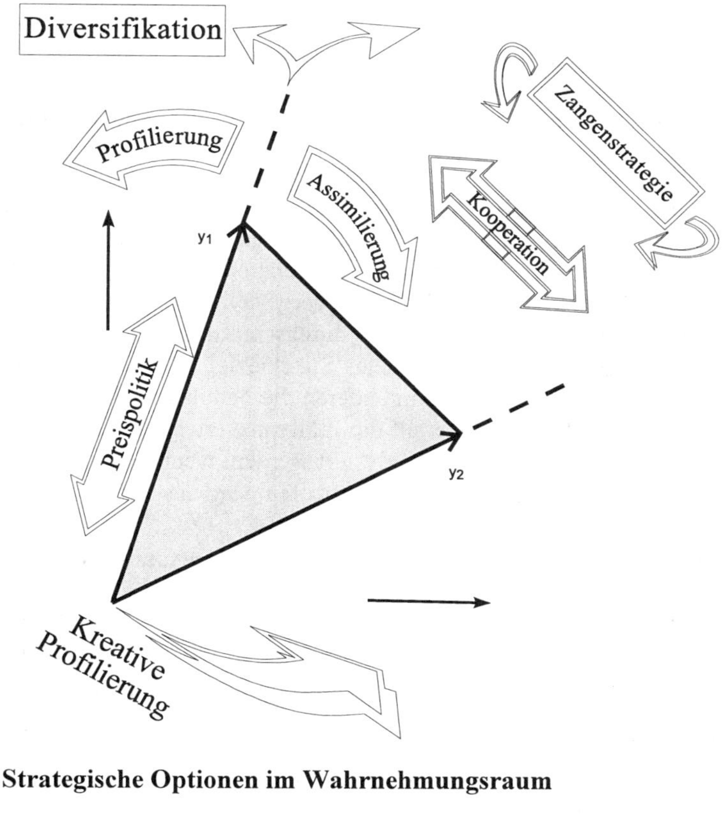

Abbildung 5: Strategische Optionen im Wahrnehmungsraum

Das Modell soll Signale geben, welche Positionierungen in Frage kommen. Daher müssen Rückschlüsse auf die Präferenzverteilung des Marktes gezogen werden. Dies geschieht zum einen durch die zusätzliche Abfrage der Idealvorstellungen der Konsumenten oder durch eine gesonderte Präferenzanalyse, wie sie z.B. durch das Conjoint Measurement (z.B. Thomas 1979; Backhaus u.a. 1994, S. 498 ff.) oder die diskrete Entscheidungsanalyse (McFadden 1974) möglich ist. Zum anderen geschieht dies durch eine genauere Analyse der Budgetverteilung des relevanten Marktes. Sowohl die diskrete Entscheidungsanalyse als auch die Analyse der Budgetverteilung stützen sich auf das bereits erwähnte Konzept der offenbarten Präferenzen.

Sind die Präferenzen als Funktion erfaßt, können diese leicht in das Modell integriert werden. Die abgebildeten Präferenzen der einzelnen Konsumentensegmente stellen dann die anzuvisierenden Strategieziele dar. Der kritische Punkt bei der Erfassung bestimmter Präferenzfunktionen liegt in der Unterstellung eines bestimmten Funktionstyps. Niemand weiß, ob der jeweils unterstellte Funktionstyp die Realität hinreichend gut beschreibt. In dem hier vorgestellten Modell können zumindest Diskrepanzen zwischen der ermittelten Präferenzfunktion und dem tatsächlichen Kaufverhalten aufgedeckt werden. Allerdings kann aus einer Diskrepanz zwischen ermittelter Präferenzfunktion und dem Marktergebnis kein sicherer Rückschluß auf die Nichteignung des gewählten Funktionstyps geschlossen werden, da die geäußerten Präferenzen vom tatsächlichen Kaufverhalten abweichen können. Nur wenn keine Diskrepanzen vorliegen, ist dies ein Signal dafür, daß die ermittelte Präferenzfunktion das Kaufverhalten hinreichend gut prognostiziert.

Von Vorteil kann es sein, im Sinne einer explorativen Forschung keinen bestimmten Funktionstyp für die Präferenzen zu unterstellen. Dann können probabilistische Rückschlüsse auf die Präferenzen durch das beobachtete Kaufverhalten gezogen werden. Das tatsächliche Kaufverhalten wird im hier vorgestellten Modell durch die Vektoraddition im Aggregat erfaßt. Allerdings ist der durchschnittliche Präferenzvektor nur unter spezifischen Bedingungen ein geeignetes Stategieziel, da er zum einen immer einer Assimilierung gleichkommt und zum anderen die bereits erwähnte Durchschnittsfalle darstellen kann. Um Rückschlüsse auf die Präferenzverteilung des Marktes zu ziehen, muß daher die Umsatzstruktur näher analysiert werden, wenn keine näheren Annahmen über den Verlauf von Präferenzfunktionen getroffen werden sollen.

4.5 Ableitung von Positionsstrategien aus der Umsatzstruktur

Der durchschnittliche Präferenzvektor kann durch unterschiedliches Kaufverhalten zustande gekommen sein. Es lassen sich zwei Extremfälle unterscheiden:

1) Die meisten Konsumenten verteilen ihr Budget auf mehrere Handelsbetriebe.
2) Die meisten Konsumenten disponieren bei einem bestimmten Handelsbetrieb.

Die beiden Extremfälle lassen sich durch folgende Verhaltensannahmen begründen (zu einer genaueren Budgetanalyse vgl. Woratschek 1992, S. 190 ff.):

1) Der durchschnittliche Präferenzvektor kommt dadurch zustande, daß die meisten Kunden das Durchschnittsprofil bevorzugen. Die Streuung um den Mittelwert ist gering.
2) Er kommt dadurch zustande, daß die meisten Kunden extreme Profile bevorzugen. Die Streuung um den Mittelwert ist groß (Durchschnittsfalle).

Den ersten Extremfall kann man als den Fall konzentrierter und den zweiten als den Fall polarisierter Präferenzen bezeichnen. Somit existieren, sofern man keine zusätzliche Präferenzanalyse im Modell integriert, zwei Indikatoren, die für die Ableitung von Strategien entscheidend sind:

1) Die wahrgenommene Markttechnologie bzw. der Wahrnehmungskegel und
2) die Budgetverteilung bzw. die Präferenzverteilung.

4.5.1 Positionierung einzelner Betriebstypen

Der erste Indikator kann die zwei Extremausprägungen schmal und breit annehmen. Der zweite Indikator kann die Extremausprägungen polarisiert und konzentriert annehmen. Betrachtet man die Extremausprägungen der Indikatoren in der Kombination, so können sich vier Konstellationen ergeben, die in *Abbildung 6* zusammengefaßt sind.

Bei polarisierten Präferenzen und einem schmalen Technologiekegel liegen die Präferenzen an den Randaktivitäten oder im Innovationsraum. Die Kunden präferieren extreme Profile. Die Durchschnittsfalle droht. Eine Profilierung in den Innovationsraum verspricht die höchste Kundenzufriedenheit. Gleichzeitig raubt die Profilierung potentiellen Anbietern die Chance einer Marktetablierung.

Wenn konzentrierte Präferenzen und ein breiter Kegel ermittelt werden, liegen die Präferenzen im Wahrnehmungskegel. Eine Assimilierung in Richtung des durchschnittlichen Präferenzvektors (und damit zwangsläufig eine Annäherung an die Konkurrenz) aufgrund der geringen Streuung um den Mittelwert scheint geboten.

Bei polarisierten Präferenzen und einem breiten Wahrnehmungskegel liegen die meisten Präferenzen wie im ersten Fall an den Randaktivitäten. Der Kegel deckt allerdings die meisten vorstellbaren Profile ab. Niedrigere Preise lösen aufgrund der relativ großen psychischen Distanz keine Konkurrenzreaktionen aus und bieten den Konsumenten Anreiz mehr zu kaufen.

Der letzte Fall beinhaltet konzentrierte Präferenzen und einen schmalen Kegel. Es besteht die Möglichkeit, mit der Konkurrenz durch Preisabsprachen zu kooperieren. Dies kann gegen die Wettbewerbsgesetze verstoßen. Eine Kooperation mit informellen Preisabsprachen (barometrische Preisführerschaft) erscheint als sinnvolle und naheliegende Strategie. Neben der Kooperation verbleibt der Versuch, neue Eigenschaftsdimensionen in das Bewußtsein der Konsumenten zu rücken. Diese Strategie wird als kreative Profilierung bezeichnet. Auf dem Benzinmarkt, der typisch für diese Konstellation ist, konnte man die kreative Profilierung in Form zusätzlicher handelstypischer Geschäfte beobachten (zur näheren Begründung der Strategiewahl vgl. Woratschek 1992, S. 185 ff.).

Wahrnehmungskegel / Präferenzen	schmal	breit
polarisiert	Profilierung	Preispolitik
konzentriert	Kooperation Kreative Profilierung	Assimilierung

Abbildung 6: Positionierungsstrategien einzelner Betriebe

Die zweidimensionale Betrachtung ist nicht sehr realitätsgetreu. Realitätsnäher wären höher dimensionierte Eigenschaftsräume. In mehrdimensionalen Räumen kann eine Assimilierung auf einer zweidimensionalen Projektion gleichzeitig mit einer Profilierung auf einer anderen Projektionsebene einhergehen (Vgl. Woratschek 1992, S. 202 ff.).

Besonders anfällig für eine Kooperation von Konkurrenten ist ein im Aktivitätenraum positionierter Handelsbetrieb. Generell besteht die Gefahr der Austauschbarkeit, da das Eigenschaftsprofil unter den getroffenen Annahmen durch eine gezielte Kombination konkurrierender Betriebe durch die Konsumenten ersetzt werden kann. Es sind dann allenfalls preisliche Vorteile, die das Überleben auf Dauer sichern können. Preisliche Vorteile können durch kooperierende Preispolitik der benachbarten Betriebe leicht vernichtet werden. Umgekehrt sind Randpositionen (Randaktivitäten) starke strategische Positionierungen, da diese nicht durch eine Kombination ausgeschaltet werden können. Darüberhinaus können Handelsbetriebe mit Randpositionen durch Kooperation mit einem Konkurrenten innenliegende Betriebe leicht durch eine Zangenstrategie ausschalten (vgl. zur theoretischen Fundierung Woratschek 1992, S. 80 ff.). Wenden Konkurrenten eine solche Zangenstrategie an, handelt es sich um eine Kooperation. Eine perfekte Kooperation wirkt wie eine Diversifikation (Wenn ein Konzern unterschiedliche Betriebe positioniert, spricht man von einer Diversifikation). Durch Diversifikation kann man ebenfalls eine Zangenstrategie zur Ausschaltung von Konkurrenten anwenden.

4.5.2 Betriebstypendiversifikation

Im Handel ist eine Konzentration von Handelsbetrieben beobachtbar, die häufig zu einer abgestimmten Marktbearbeitung über diversifizierende Ladenkonzepte führt. Dies ermöglicht einem Konzern die Bearbeitung unterschiedlicher Kundensegmente. Beispiele aus der Praxis für eine Betriebsformen-Diversifikation sind die 'Flaggschiffe' KaDeWe in Berlin bzw. das Alsterhaus in Hamburg für die gehobenen Ansprüche, die Hertie-Filialen für den mittleren Bedarf und die Bilka-Filialen für das Billigsegment oder Kaufhof zur Abdeckung des gehobenen Segments und Kaufhalle für die Bedienung der preissensitiven Kundschaft. Mit Hilfe des hier vorgestellten Strategiemodells kann die Entwicklung von Marktmacht die Diversifikation von Betrieben gezeigt werden.

Wenn auf einem Markt polarisierte bzw. heterogene Präferenzen festgestellt werden, dann bietet es sich an, für jedes Segment einen spezifischen Betrieb zu positionieren, der die jeweiligen Segmente anspricht. Auf diese Weise wird auch das Etablieren eines neuen Anbieters verhindert, der sich ansonsten im Innovationsraum positionieren könnte. Dies kann anhand eines einfachen Beispiels demonstriert werden.

Angenommen es existieren zwei Handelsbetriebe und eine vermutete Präferenzstruktur, wie sie in *Abbildung 7* durch die grau unterlegten Punkte angedeutet ist. Für Betrieb y_1 ergibt sich die Möglichkeit, durch die Positionierung eines zweiten Betriebes y_1' den Innovationsraum mit dem Präferenzsegment III zu besetzen. Dadurch wird der Konkurrent y_2 „in die Zange" genommen. Wie die gepunkteten Linien andeuten, entsteht durch die Kombination der Konzernbetriebe von Anbieter 1 ein Eigenschaftsprofil, das dem des Anbieters 2 entspricht. Wenn das Angebot des Konzerns zudem wie in *Abbildung 7* preisgünstiger ist, gibt es bei unterstellter Nichtsättigung bezüglich aller Eigenschaftsausprägungen keinen Grund, Betrieb 2 aufzusuchen.

Der Ausschaltungsgefahr kann Betrieb 2 allenfalls durch eine Niedrigpreispolitik begegnen. Aber auch hier genügt eine gleichgeschaltete Preispolitik des Konzerns, um diese Bemühungen zunichte zu machen. Zudem muß jeder Konzernbetrieb die Preise relativ schwächer senken als Betrieb 2, um eine effizientere Position aus Sicht der Konsumenten zu haben. Dies hängt mit der strategisch stärkeren Randposition zusammen (vgl. zur theoretischen Fundierung Woratschek 1992, S. 84 ff.).

5 FAZIT

Es wurde gezeigt, daß mit Hilfe des hier vorgestellten Strategiemodells einige Schwächen der grafischen Positionierungsmodelle überwunden werden können.

Hinweise für die Adäquanz der einzelnen strategischen Optionen erhält man aus den Indikatoren des Modells (Wahrnehmungskegel, Präferenz- und Umsatzstruktur). Das Strategiemodell setzt dabei die Abgrenzung des relevanten Marktes, die Erfassung kaufrelevanter Eigenschaften, die Ermittlung der Ausprägungen der kaufrelevanten Eigenschaften aller Handelsbetriebe im relevanten Markt und die Erforschung der Umsatz- bzw. Präferenzstruktur voraus. Dabei werden im Gegensatz zu den Joint-Space-Modellen

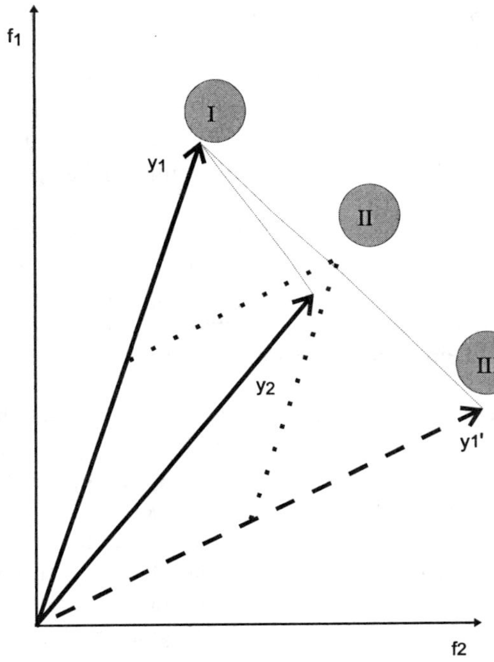

Abbildung 7: Diversifikation von Handelsbetrieben

1) ausschließlich einpolige Ratings verwendet,
2) der Preis als Opferkomponente berücksichtigt,
3) die Allokation der Budgets auf die Betriebe abgebildet,
4) der Möglichkeit der Kombination unterschiedlicher Betriebe durch die Konsumenten Rechnung getragen und
5) die Effizienz der Diversifikation von Betrieben belegt.

Das Modell dürfte aufgrund der aufgeführten Vorteile unter den diskutierten Positionierungsmodellen am besten für den Handel geeignet sein.

LITERATUR

Albach, H.: Strategische Allianzen, strategische Gruppen und strategische Familien, Zeitschrift für Betriebswirtschaft, 61 (1991), S. 663-670.

Backhaus, K. et al.: Multivariate Analysemethoden, 7. Aufl., Berlin u.a. 1994.

Bauer, H.H.; Herrmann, A.: Eine Methode zur Abgrenzung von Märkten, Zeitschrift für Betriebswirtschaft, 62 (1992), S. 1341-1360.

Böhler, J.: Betriebsform, Wachstum und Wettbewerb, Wiesbaden 1993.

Coombs, C.H.: Psychological Scaling Without a Unit of Measurement, Psychological Review (1950), S. 145-158.

Gümbel, R.: Funktionskalkül und Kostenzurechnung - Neue Wege zur Erfolgsmessung im Handel. In: Trommsdorff, V. (Hrsg.), Handelsforschung 1987, Heidelberg 1987, S. 243-252.

Gümbel, R.: Handel, Markt und Ökonomik, Wiesbaden 1985.

Hauser, J.R.; Shugan, S.M.: Defensive Marketing Strategies, Marketing Science (1983), S. 319-360.

Jevons, W.St.: The Theory of Political Economy, London 1871. Deutsche Übersetzung: Die Theorie der politischen Ökonomie, Jena 1924.

Kaas, K.P.: Nachfragemodelle im Marketing. Ein kritischer Vergleich, Marketing Zeitschrift für Forschung und Praxis, 9 (1987), S. 229-236.

Kaplan, K.J.: On the Ambivalence-Indifference Problem in Attitude Theory and Measurement, Psychological Bulletin (1972), S. 361-372.

Kroeber-Riel, W.: Konsumentenverhalten, 3. Auflage, München 1984.

Lancaster, K.J.: A New Approach to Consumer Theory, Journal of Political Economy (1966), S. 132-157.

Lancaster, K.J.: Consumer Demand, A New Approach, New York und London 1971.

Lange, O.: Die allgemeine Interdependenz der Wirtschaftsgrößen und die Isolierungsmethode, Zeitschrift für Nationalökonomie (1933), S. 52-78.

McFadden, D.: Conditional Logit Analysis of Qualitative Choice Behaviour. In: Zarembka, P. (Hrsg.), Frontiers of Econometrics, New York 1974, S. 105-142.

Monopolkommission: Ökonomische Kriterien für die Rechtsanwendung, Hauptgutachten V (1982/83), Baden-Baden 1984.

Müller-Hagedorn, L.: Handelsmarketing, 2. Auflage, Stuttgart u.a. 1993.

Müller-Hagedorn, L.; Vornberger, E.: Die Eignung der Grid-Methode für die Suche nach einstellungsrelevanten Dimensionen. In: Meffert, H.; Steffenhagen, H.; Freter, H. (Hrsg.), Konsumentenverhalten und Information, Wiesbaden 1979, S. 185-208.

Nieschlag, R.: Die Dynamik der Betriebsformen im Handel, Essen 1954.

Porter, M.E.: Wettbewerbsstrategie, Frankfurt/M. 1983.

Porter, M.E.: Wettbewerbsvorteile (Competitive Advantage): Spitzenleistungen erreichen und behaupten, Frankfurt/M. 1989.

Schneider, D.: Allgemeine Betriebswirtschaftslehre, 2. Auflage der „Geschichte betriebswirtschaftlicher Theorie", München und Wien 1985.

Spiegel, B.: Die Struktur der Meinungsverteilung im sozialen Feld, Bern und Stuttgart 1961.

Spiegel, B.: Nische - ein Begriff aus der theoretischen Biologie im Marketing, Thexis, 4 (1990), S. 3-10.

Thomas, L.: Conjoint Measurement als Instrument der Absatzforschung, Marketing Zeitschrift für Forschung und Praxis, 1 (1979), Heft 3, S. 199-211.

Triffin, R.: Monopolistic Competition and General Equilibrium Theory, Cambridge 1940.

Trommsdorff, V.: Die Messung von Produktimages für das Marketing, Grundlagen und Operationalisierung, Köln u.a. 1975.

Trommsdorff, V.: Positionierung. In: Tietz, B.; Köhler, R.; Zentes, J. (Hrsg.), Handwörterbuch des Marketing, 2. Auflage, Stuttgart 1995, Sp. 2055-2068.

Varian, H.R.: Grundzüge der Mikroökonomik, München und Wien 1989.

Weinhold, H.: Distributionsleistungen und Distributionsformen. In: Forschungsstelle für den Handel an der Hochschule St. Gallen (Hrsg.), Neuzeitliche Distributionsformen, Bern 1963, S. 9-33.

Woratschek, H.: Betriebsform, Markt und Strategie, Wiesbaden 1992.

Benchmarkingorientiertes Positionierungsmanagement im Einzelhandel

Hendrik Schröder, Münster

Benchmarkorientiertes Positionierungsmanagement im Einzelhandel verbindet das Lernen von erfolgreichen Unternehmungen mit dem Bestreben, die Einkaufsstätten in den Augen der Verbraucher attraktiver zu gestalten und gegenüber der Konkurrenz zu profilieren. Systematisches Benchmarking in Filialsystemen und Kooperationen des Handels bietet nicht nur Möglichkeiten, Wettbewerbsnachteile aufzuholen, sondern auch Chancen, eigene Wettbewerbsvorteile zu erzielen. Der folgende Beitrag zeigt das Spektrum auf, wie Handelssysteme von erfolgreichen Praktiken lernen können, und gibt einen Einblick in das Benchmarking der bundesdeutschen Handelspraxis.

1 EINKAUFSSTÄTTENPOSITIONIERUNG AUF DER BASIS VON BENCHMARKING?

Benchmarking ist keine geeignete Grundlage für die Positionierung von Einkaufsstätten im Einzelhandel. Zu diesem Fazit muß gelangen, wer folgende Interpretationen übernimmt: "Benchmarking ist reine Imitation. Benchmarking ist Gleichmacherei. Benchmarking ermöglicht kein Übertreffen des Besten. Benchmarking ersetzt eigene Kreativität und Innovation" (Hanser 1996, S. 38). Eine Einkaufsstätte kann also nicht für den Verbraucher attraktiv sein und sich von der Konkurrenz klar abgrenzen, wenn sich die Positionierung in der Imitation vorhandener Konzepte erschöpft (vgl. zur Positionierung von Einkaufsstätten Ahlert 1994a, Esch/Mayer 1995, S. 294 f., Rudolph 1993, S. 158 ff.).

Diese These trifft jedoch nur zu, wenn sich ein Handelsbetrieb ausschließlich an einem erfolgreichen Konkurrenzbetrieb orientiert und von diesem das komplette Betreibungskonzept als 1:1-Kopie übernimmt. In diesem Fall wird es kaum gelingen, das Vorbild zu übertreffen. Teilweise wird es noch nicht einmal glücken, das Vorbild zu erreichen. Denn während der Imitator damit befaßt ist, die erfolgreichen Praktiken des Konkurrenten umzusetzen, wird dieser daran arbeiten, sein Positionierungskonzept zu verbessern. Dann gilt tatsächlich die Aussage: Wer nur in die Fußstapfen des Besten tritt, wird ihn nie überholen. Ein solches Verständnis von Benchmarking greift jedoch zu kurz und wird weder seiner Zwecksetzung noch seinen vielfältigen Ausprägungen gerecht. Zudem dürften ganzheitliche Imitationen im Handel von weitaus geringerer praktischer Relevanz sein als in der Industrie. Dort haben sich Unternehmungen teilweise darauf spezialisiert, legal Nachahmerprodukte auf den Markt zu bringen, nachdem die Schutzrechte ausgelaufen sind, z.B. Ratiopharm auf dem Gebiet der Arzneimittelgenerika, oder sie verletzen bewußt gewerbliche Schutzrechte und kopieren erfolgreiche Markenprodukte. Im Einzelhandel stößt diese Vorgehensweise bei dem Markenartikel Einkaufsstätte sehr schnell an Grenzen. Selbst wenn es gelingt, die sachlichen Leistungskomponenten zu imitieren, so wird das Betreibungskonzept letztlich doch ein anderes bleiben müssen, da es mit anderen Mitarbeitern und an einem anderen Standort umgesetzt wird.

Die Antithese lautet daher, daß Benchmarking mehr ist als Imitation, daß es eine sinnvolle Grundlage für die Profilierung von Einkaufsstätten sein kann und daß es geeignet ist, Wettbewerbsvorteile zu erzielen. Dieser Beitrag zeigt die Perspektiven auf, die das Benchmarking dem Positionierungsmanagement im Einzelhandel bietet und gibt einen Einblick in das von deutschen Handelsunternehmungen praktizierte Benchmarking. Dabei konzentrieren sich die Ausführungen auf Filialsysteme und Handelskooperationen, die Groß- und Einzelhandelsstufe vereinen (mehrstufige Handelssysteme).

2 DAS HANDELSMANAGEMENT IM SPANNUNGSFELD ZWISCHEN ERFINDEN UND ENTDECKEN

Die Überlebensfähigkeit und damit der langfristige Erfolg einer Handelsunternehmung hängen entscheidend von der Geschwindigkeit ab, mit der sie sich den Umweltänderungen anpassen kann. Um die Anforderungen einer hohen Umstellungsflexibilität zu meistern, stehen dem Handelsmanagement grundsätzlich zwei Wege offen: Die Erfindung neuer Problemlösungen und die Entdeckung erfolgreicher Praktiken. Beide Möglichkeiten können sich auf die Marktpolitik (absatz- und beschaffungsmarktgerichtete Instrumente) und auf die Faktorkombinationspolitik (z.B. personalpolitische, flächenpolitische und warenbestandspolitische Instrumente) des Handels beziehen (vgl. zur Abgrenzung von Markt- und Faktorkombinationspolitik Tietz 1993, S. 74 f.). Nachahmungswürdige Vorbilder werden identisch als 1:1-Kopie übernommen (Adoption) oder müssen an die unternehmungsspezifischen Gegebenheiten angepaßt werden (Assimilation). *Tabelle 1* zeigt, daß sich nach der Art des Anpassungsungsverhaltens drei Grundtypen des Positionierungsmanagements unterscheiden lassen (ausführlich Schröder 1995, S. 31 ff.).

Bei Typ I sind genügend Einfalls- und Erfindungsreichtum vorhanden, um neue kreative Konzepte zu entwickeln und umzusetzen. Hier dominiert die Erfindung. Gleichzeitig kann eine unternehmungskulturell geprägte Ablehnung gegenüber Nachahmungen vorhanden sein, die einer sachlichen Auseinandersetzung mit Erfolgskonzepten anderer Unternehmungen entgegensteht.

Typ II verfügt über die individuellen und organisationalen Fähigkeiten, systematisch erfolgreich praktizierte Konzepte zu erkennen und nachzuahmen. Hier dominiert die Entdeckung. Müller-Stewens (1990, S. 61 ff.) betrachtet das Entdecken als einen Vorgang, bei dem etwas Vorhandenes - durch das Abklopfen von Rastern auf Vollständigkeit und Komplementarität hin - aufgespürt und für die eigene Unternehmung als Erfolgspotential, d.h. als Voraussetzung für die Erzielung langfristig überdurchschnittlicher Ergebnisse, nutzbar gemacht wird. Dafür liefert Tietz (1993, S. 1335 f.) folgendes Beispiel aus dem Lebensmittel-Einzelhandel: Die in den Augen der Kunden hohen Nutzen stiftenden Elemente des Fachdiscounters (übersichtliche Ladengestaltung), des Kiosks (gute Erreichbarkeit), des Supermarkts (breites und flaches Sortiment) und des Rack Jobbers (schnelle Versorgung mit Sortimentsneuheiten) sind zu einem neuen Betriebstyp (Frisch-Pick) kombiniert worden.

Tabelle 1: Grundtypen des Positionierungsmanagements

Typ I erfindungsorientiertes Positionierungs-management	Typ II benchmarkorientiertes Positionierungs-management	Typ III Kombination aus erfindungs- und benchmarkorientiertem Positionierungs-management
Dominanz des Erfindens	Dominanz des Entdeckens	Kombination aus Erfinden und Entdecken
• hohes Maß an Erfindungsreichtum • hohes Kreativitätspotential • wenige Nachahmungen	• hohes Maß an Entdeckungsstärke • hohes Nachahmungspotential • hohe Fähigkeit zur Kombination vorhandener Problemlösungen • wenige Erfindungen	• Nutzung des vorhandenen Kreativitätspotentials • Nutzung des vorhandenen Nachahmungspotentials • Fähigkeit zur Kombination vorhandener mit neuen Problemlösungen

Typ III verkörpert einen Mischtyp. Während in einigen Bereichen der Markt- und Faktorkombinationspolitik hinreichend Potential für kreative Konzepte vorhanden ist, wird in anderen Bereichen die Anpassung an Umweltänderungen durch die Nachahmung erfolgreicher Vorbilder bewerkstelligt. Dem Handelsmanagement obliegt es hier, sowohl das Kreativitätspotential als auch die Fähigkeiten des Entdeckens nachahmungswürdiger Vorbilder zu erkennen, zu fördern und in die richtige Richtung zu lenken.

Ein Beispiel für die Mischung aus Anpassung und Differenzierung liefert der Discounter *Lidl*, der sich bei einigen Leistungsmerkmalen bewußt an den Branchenführer *Aldi* anlehnt und bei anderen ebenso gezielt von ihm abhebt (o.V. 1995). Während *Lidl* bis zu 1200 Artikel führt (*Aldi* bis zu 600) und sich auf starke nationale Markenartikel konzentriert (*Aldi* führt überwiegend Eigenmarken), streben *Lidl* wie *Aldi* eine klare Preispositionierung durch Niedrigpreise an; hierzu zählt auch die Nachahmung der von *Aldi* im Jahr 1994 vollzogenen Preisabschläge. Zudem betreibt *Lidl* die gleiche Standortpolitik wie sein Konkurrent. Dazu gehört zum einen, bestehende Standorte von Wettbewerbern zu übernehmen; zum anderen siedelt sich *Lidl*, soweit es die vorhandenen Standorte zulassen, in der unmittelbaren Nähe seines Konkurrenten an, um von dessen hohen Bekanntheitsgrad und den damit verbundenen Kundenfrequenzen zu profitieren.

3 VOR- UND NACHTEILE EINES BENCHMARKORIENTIERTEN POSITIONIERUNGSMANAGEMENTS

Das Entscheidungsproblem, ob neue Konzepte entwickelt oder erfolgreiche Praktiken übernommen werden sollen, läßt sich an den Vor- und Nachteilen des benchmarkorientierten Positionierungsmanagements aufzeigen.

Vorteile bei der Übernahme erfolgreicher Praktiken sind niedrige Forschungs- und Entwicklungsaufwendungen, transferierbare Erfahrungen, reduzierte Unsicherheit über Nachfragevolumen und Nachfragebedürfnisse, geringere Fehlschlagrisiken sowie die Vermeidung von "Kinderkrankheiten". Diese von Schewe (1992 S. 6, 72 f.) für die Imitation technologischer Produkte genannten Aspekte gelten entsprechend für die Imitation von Handelsleistungen.

Des weiteren helfen Nachahmungen, finanzielle und personelle Engpässe zu überbrükken. Knappe Ressourcen können in der Weise verteilt werden, daß sich eine Unternehmung in der Forschung und Entwicklung auf ihre Stärken konzentriert, während auf schwächeren Gebieten bekannte Problemlösungen übernommen werden.

Schließlich verkürzt der Rückgriff auf vorhandenes Know-how die Zeit von der Planung und Entscheidung eines neuen Konzeptes bis zu seiner praktischen Umsetzung (Bischoff 1980, S. 180 f.). Mit einem bewährten Konzept kann dann auf Umweltänderungen schneller reagiert werden, als dies bei einer Neuentwicklung der Fall wäre.

Mögliche *Nachteile* bilden vor allem die Existenz von Markteintrittsbarrieren, die von Pionieren aufgebaut werden können, und die es dann zu überwinden gilt, die Etablierung des Pioniers als Marktführer, niedrigere Image-Gewinne, geringere Möglichkeiten, sich von der Konkurrenz abzugrenzen, die Abhängigkeit von etablierten Standards und die Verschlechterung des Verhältnisses zu den Wettbewerbern, deren Konzepte imitiert werden.

Ein weiterer Nachteil besteht in der Schwierigkeit, Problemlösungen Dritter in dem eigenen Handelssystem durchzusetzen, wenn die Mitarbeiter eines Filialsystems bzw. die Mitglieder einer Handelskooperation die Funktionsfähigkeit eines fremden Konzepts innerhalb des eigenen Systems in Frage stellen (Not Invented Here-Syndrom).

Darüber hinaus unterliegen Unternehmungen der Gefahr, erfolgreiche Konzepte unreflektiert zu übernehmen. Der Rückgriff auf bewährte Praktiken verlangt, die aktuellen Anwendungsprämissen zu überprüfen und dort Angleichungen vorzunehmen, wo identische Imitationen den unternehmungsinternen und -externen Anforderungen nicht gerecht werden. Unternehmungen, denen dies gelingt, verfügen über die strukturellen und personellen Voraussetzungen, um Änderungsnotwendigkeiten zu erkennen und sich den Wandlungen adäquat anzupassen (Dierkes 1994, S. 7).

Die mit der Übernahme erfolgreicher Praktiken verbundenen Lernprozesse bergen zudem Risiken, wenn sie zu langsam sind, mögliche kreative Lösungen unterdrücken und eher eine Präferenz zur Bequemlichkeit als zu realem Wandel hervorrufen (Sattelberger 1991, S. 18).

Die Entscheidung über ein erfindungs- oder ein benchmarkorientiertes Positionierungsmanagement soll am *Beispiel des Absatzbereiches* einer Handelsunternehmung verdeutlicht werden. Grundlage ist das in *Abbildung 1* illustrierte "Gesetz der Profilierungsdynamik im Handel" (ausführlich Rudolph 1993, S. 286 ff.). Es beschreibt den Zusammenhang zwischen der Profilierungsnotwendigkeit und dem durch eine Profilierungsmaßnahme erreichbaren Wettbewerbsvorteil.

Den Maßstab für die Profilierungs*notwendigkeit* bilden die Erwartungen der Verbraucher. Die Notwendigkeit, sich mit einer bestimmten Maßnahme profilieren zu müssen, ist gering, wenn die Verbraucher diese Maßnahme nicht erwarten. Die niedrige Erwartungshaltung rührt daher, daß bislang keine oder nur sehr wenige Handelsunternehmungen diese Maßnahme verwendet haben. Mit dem Konkurrenzverhalten ist zugleich der Maßstab für die Erlangung eines Wettbewerbsvorteils angesprochen. Das "Gesetz der Profilierungsdynamik im Handel" besagt nun, daß Profilierungsmaßnahmen zu einem hohen Wettbewerbsvorteil führen, wenn die Profilierungsnotwendigkeit gering ist und umgekehrt. Graphisch drückt dies die Gerade P in *Abbildung 1* aus.

Geht man davon aus, daß Nachahmungen des Typs A einen geringen, des Typs B einen mittleren und des Typs C einen hohen Neuheitsgrad für die Kunden aufweisen, dann läßt sich durch die Flächen A, B und C beispielhaft veranschaulichen, welche Nachahmungen sich zur Profilierung einer Einkaufsstätte empfehlen.

Nachahmungen mit einem geringen Neuheitsgrad (A) führen zu vergleichsweise geringen Wettbewerbsvorteilen, deren Obergrenze durch die Gerade P_1 dargestellt wird. Sie eignen sich vor allem, um die von den Verbrauchern als selbstverständlich angesehenen Leistungen zu erbringen, z.B. ein zeitsparendes Kassensystem im Lebensmittelhandel, das aus einem Scanningsystem und einer flexibel besetzbaren Anzahl an Kassenplätzen besteht. Der Bereich A zeigt aber zugleich, daß Nachahmungen mit einem geringen Neuheitsgrad die Verbrauchererwartungen bei sehr hoher Profilierungsnotwendigkeit nicht erfüllen können (Schnittpunkt der Geraden P_1 mit der Abszisse). In diesem Fall werden eigene Entwicklungen oder Nachahmungen mit einem höheren Neuheitsgrad benötigt.

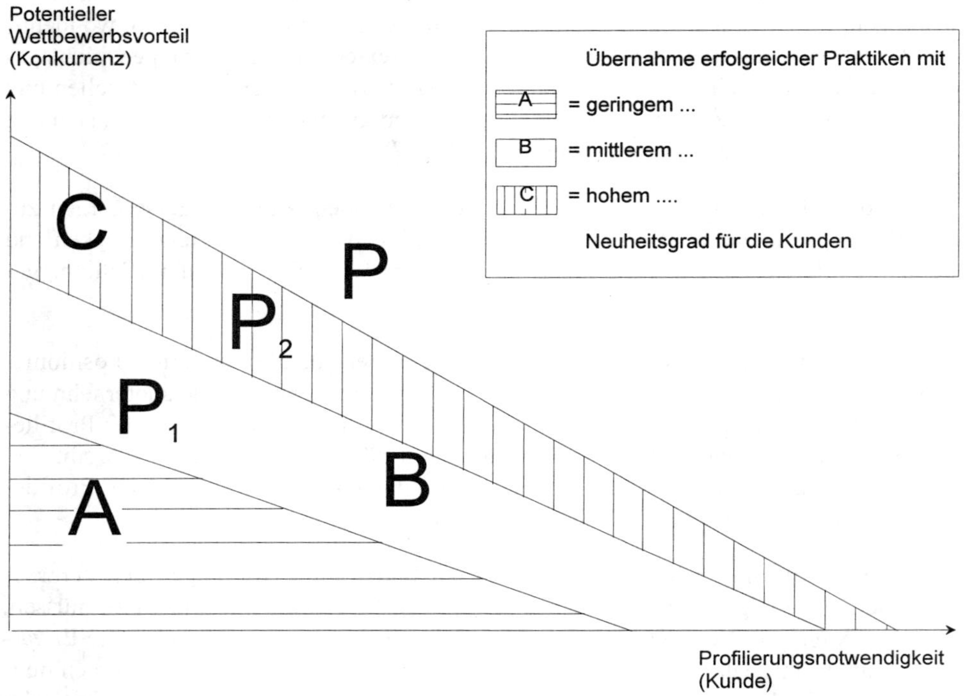

Abbildung 1: Das Gesetz der Profilierungsdynamik im Handel und die Eignung von Nachahmungen als Profilierungsmaßnahmen (Aufbauend auf Rudolph 1993, S. 289)

So eignet sich die Übernahme erfolgreicher Vorbilder mit einem mittleren Neuheitsgrad (B), um Vorteile bis zu der Geraden P_2 zu erreichen. Nachahmungen mit einem hohen Neuheitsgrad (C) können maximale Wettbewerbsvorteile erzielen, die auf der Geraden P liegen.

Strebt das Handelssystem Punkte auf der Geraden P an, dann müssen von den Profilierungsmaßnahmen überraschende Wirkungen ausgehen. Finden sich hierzu keine geeigneten Vorbilder, und lassen sich bewährte Praktiken auch nicht zu neuen Anwendungsmöglichkeiten kombinieren, so ist das Handelssystem gefordert, selbst kreative Lösungen zu entwickeln.

Ähnliche Überlegungen gelten für den *Beschaffungsmarktbereich und für den Hintergrundbereich mit seinen internen Systemen.* Verbesserungen dort lassen sich in Vorteile auf der Angebotsseite transformieren, wie z.B. Kosteneinsparungen in niedrigere Angebotspreise, kundenorientierte Personalentwicklungsmethoden in höhere Bedienungsqualität oder die Nutzung von Daten aus Warenwirtschaftssystemen in verringerte Fehlmengen.

4 ANFORDERUNGEN AN DAS BENCHMARKING IN MEHRSTUFIGEN HANDELSSYSTEMEN

An das Benchmarking als Informationsbasis des Positionierungsmanagements in mehrstufigen Handelssystemen sind zahlreiche Anforderungen zu stellen, die zum einen aus den Besonderheiten des Handels im Vergleich zur Industrie und zum anderen aus den Besonderheiten mehrstufiger Handelssysteme resultieren.

(1) Die Hauptleistung einer Industrieunternehmung sind ihre *physischen Produkte (Hardware)*, die sich durch technisch-funktionale, ästhetische und symbolische Eigenschaften auszeichnen. Sie können im Zuge des "Reverse Engineering" identisch kopiert werden (zu den Möglichkeiten, sich Zugang zu fremden Innovationen zu verschaffen, vgl. Hauschildt 1991, S. 259 ff.). Die für den Nachbau notwendigen Informationen kann der Imitator dadurch erhalten, daß er das Produkt erwirbt und analysiert. Im Unterschied zu Industrieunternehmungen stehen bei den "Produkten" des Handels, den Betreibungskonzepten, die *mit der Handelsware verknüpften Leistungskomponenten (Software)* im Vordergrund, z.B. Sortimentsstruktur, Bedienungsform und Kundendienst. Ein mit dem Erwerb physischer Produkte vergleichbarer Zugang zu Informationen über erfolgreiche Betreibungskonzepte ist hier nicht möglich. Informationen lassen sich zwar durch eigene Anschauung und Erfahrungen oder auch Fotografieren erlangen; die so gewonnenen Informationen sind jedoch subjektiver Natur (Anschauung, Erfahrung) und unvollständig (z.B. Zweidimensionalität von Fotos). Zudem reichen Informationen über die Leistungskomponenten nicht aus, um ein erfolgreiches Vorbild auch erfolgreich nachzuahmen. Da der Erfolg eines Betreibungskonzepts maßgeblich von den standortspezifischen Rahmenbedingungen abhängt, sind diese mit den eigenen Anwendungsvoraussetzungen zu vergleichen.

(2) Die *fehlende schutzrechtliche Absicherung der eigenen Betreibungskonzepte* setzt jede Handelsunternehmung dem Risiko aus, daß erfolgreiche Praktiken schnell nachgeahmt werden. Hierdurch entsteht ein hoher Bedarf an Informationen, um die bisherigen Konzepte weiterzuentwickeln und somit der drohenden Erosion von Erfolgspotentialen entgegenzuwirken. Gleichzeitig ist der fehlende Rechtsschutz für viele Handelsunternehmungen ein *erhöhter Anreiz, wenn nicht sogar ein Zwang, selbst erfolgreiche Konzepte nachzuahmen.* Denn ein Verzicht auf die Übernahme erfolgreicher Praktiken kann bedeuten, den Konkurrenten die Vorteile der Imitation überlassen zu müssen. Nachahmungen sind besonders dann notwendig, wenn die Verbraucher bestimmte Leistungen

als selbstverständlich erwarten. Die Erwartungshaltungen der Konsumenten liefern Informationen über erfolgreiche Praktiken, die zwingend übernommen werden sollten.

Die Tatsache, daß jede Handelsunternehmung selbst von Nachahmungen betroffen sein und zugleich erfolgreiche Praktiken nachahmen kann, stützt die Selbstverständlichkeitsthese eines systematischen Benchmarking im Handel.

(3) Handelsunternehmungen werden des weiteren mit einer *höheren Umstellungsflexibilität ihrer Konkurrenz* konfrontiert als Industrieunternehmungen, denn die in das Warenangebot getätigten Investitionen sind in der Regel unspezifisch und vergleichsweise niedrig (Hansen 1990, S. 615; Berekoven 1990, S. 316). Zudem ist die Mobilitätsbarriere des Produktionsfaktors Standort gering, wenn bisherige Geschäftsstätten leicht aufgegeben und neue übernommen werden können. Diese Bedingungen vermitteln den Handelsunternehmungen eine hohe Kosten- und Leistungsflexibilität, die sie in die Lage versetzt, ihre bisherigen Betreibungskonzepte schnell umzustellen. Hieraus erwächst ein hoher Anpassungsbedarf, der kurze Reaktionszeiten verlangt (Ahlert 1994b, S. 78). Der mit dem Rückgriff auf bewährte Konzepte verbundene Vorteil, Entwicklungs- und Testzeiten sowie damit die Reaktionszeit verringern zu können, läßt sich aber nur realisieren, wenn aktuelle Informationen über erfolgreiche Vorbilder einschließlich ihrer situativen Bedingungskonstellationen bereitgestellt werden. Hierzu wird ein *effizient arbeitendes Benchmarking* benötigt, welches das Handelsmanagement rechtzeitig mit den relevanten Informationen versorgt.

(4) Ein mehrstufiges Handelssystem sieht sich innerhalb und außerhalb des Systems *zahlreichen Informationsquellen* gegenüber, die potentielle Lieferanten für Informationen über erfolgreiche Vorbilder sind. Das Informationspotential wächst mit der Anzahl der Betriebsstätten (standortspezifische Informationen), der Anzahl der bearbeiteten Absatz- und Beschaffungsmärkte (branchen- und regionenspezifische Informationen) und der Anzahl der Vertriebslinien (leistungsspezifische Informationen). Entsprechend nehmen die Anforderungen an die *Koordination der mit dem Benchmarking verbundenen Informationsprozesse* zu.

Standortspezifische Informationen erhält z.B. das Verkaufspersonal, wenn es Anregungen der Kunden aufnimmt. Ihm fällt im Rahmen des kundenorientierten Lernens eine Schlüsselrolle zu. Die hier gewonnenen Informationen sind nicht nur in der Betriebsstätte zu sammeln und auszuwerten, sondern gleichfalls der Zentrale zur Verfügung zu stellen, um sie dort mit Informationen anderer Standorte vergleichen und daraus Maßnahmen ableiten zu können.

Von regionenspezifischen Informationen profitieren vor allem international tätige Handelssysteme. Zum einen sind ausländische Unternehmungen als Vorbilder geeignet, um sich optimal an die standortspezifischen Gegebenheiten im Zielmarkt anzupassen. Daß dies oftmals nicht geschieht und ursächlich für Mißerfolge ist, belegen zahlreiche Beispiele der Vergangenheit (Tietz 1990, S. 17). Zum anderen können die im Heimatmarkt erfolgreich praktizierten Konzepte hinsichtlich ihrer Übertragbarkeit auf ausländische Märkte überprüft werden. So haben z.B. *Aldi*, *Lidl & Schwarz*, *Schlecker* und *Tengelmann* (*kaiser's drugstore*) ihre Betriebstypen erfolgreich in das europäische Ausland exportiert (Dawson 1991, S. J72). Ebenso übernehmen ausländische Unternehmungen eine Vorbildfunktion für den Heimatmarkt. Dabei stehen bestimmte Länder und bestimmte Unternehmungen, wie z.B. *The Gap* (Bekleidung, USA) und *Home Depot* (Bau- und Heimwerkermärkte, USA), offenbar in dem Ruf, über ein besonders hohes Innovationspotential zu verfügen (vgl. Schröder u.a. 1994, S. 30).

5 BENCHMARKING IN MEHRSTUFIGEN HANDELSSYSTEMEN

5.1 Die Suche nach Vorbildern als Kernelement des Benchmarking

Mit dem Benchmarking im Handel haben sich unter der Überschrift "Erfolgsforschung" bislang nur wenige Arbeiten auseinandergesetzt (Ahlert/Schröder 1992, Ahlert 1994c, Schröder u.a. 1994, Krönfeld 1995, Schröder 1995, Ottenjann 1996). Der Prozeß des Benchmarking kann durch mehrere Grunddimensionen charakterisiert werden, die in der Frage zum Ausdruck kommen: Wer sucht wann in welchem geographischen Raum bei welchen Unternehmungen mit welchen Mitteln nach welchen erfolgreichen Praktiken? Die folgenden Ausführungen beschränken sich darauf, die Lernobjekte (Vorbilder) aufzuzeigen, an denen sich ein mehrstufiges Handelssystem grundsätzlich orientieren kann, und das Problem des Zeitpunktes zu diskutieren, ab dem nach Vorbildern gesucht werden sollte.

Benchmarking läßt sich nach der Herkunft der Erfahrungen in internes und externes Benchmarking unterscheiden, d. h. *Lernen aus eigenen und fremden Erfahrungen*. Inwieweit in einem mehrstufigen Handelssystem von internem oder externem Benchmarking gesprochen werden kann, ist, wie *Abbildung 2* verdeutlicht, eine Frage der Sichtweise.

Der einzelne Handelsbetrieb betreibt *internes Benchmarking*, wenn er auf die in seinem Betrieb gemachten Erfahrungen zurückgreift (siehe Pfeil 1). Internes Benchmarking einer Handelszentrale bzw. eines Handelssystems (siehe Pfeil 2) heißt zum einen, die Prozesse innerhalb der eigenen Zentrale zu untersuchen, und zum anderen, die zu dem System gehörenden Betriebe zu analysieren, ähnlich wie bei einem klassischen Betriebsvergleich (Müller-Hagedorn 1995, S. 333 ff.). Diese Betriebe können auch verschiedenen Vertriebsschienen angehören und damit einen branchen- oder betriebstypenübergreifenden Wissenstransfer speisen.

Externes Benchmarking bedeutet, aus den Erfahrungen anderer Betriebe zu lernen (siehe Pfeil 3), die entweder

- demselben oder einem anderen *Handelssystem*,

- *konkurrierenden* oder *nicht-konkurrierenden Handelsunternehmungen,*
- derselben oder einer anderen *Branche* oder
- einem *handelsfremden* Bereich angehören.

Entsprechende Überlegungen gelten für die Zentrale eines Handelssystems, wenn die Orientierung an Vorbildern über die Systemgrenzen hinausgeht (siehe Pfeil 4). So könnten bei der Entscheidung, ob Flächen nach dem Shop in the Shop-Prinzip angemietet werden sollen, Unternehmungen wie *Esprit, Görtz, Stefanel, WMF* oder *Mister Minit* als Vorbilder dienen. Der Einstieg in Großflächenprojekte kann mit dem Eintritt in die Position eines Betreibers von Einkaufszentren verknüpft sein. Hier wird man nach Unternehmungen suchen, die erfolgreich einen ähnlichen Weg gegangen sind, wie z.B. die *Melville Corporation* in den USA. Als Muster von Unternehmungen, denen es gelungen ist, ihre Betriebstypen zu differenzieren und damit verschiedene Käufersegmente anzusprechen, gelten z.B. *The Limited* (USA), *The Gap* (USA) und *Görtz* (D).

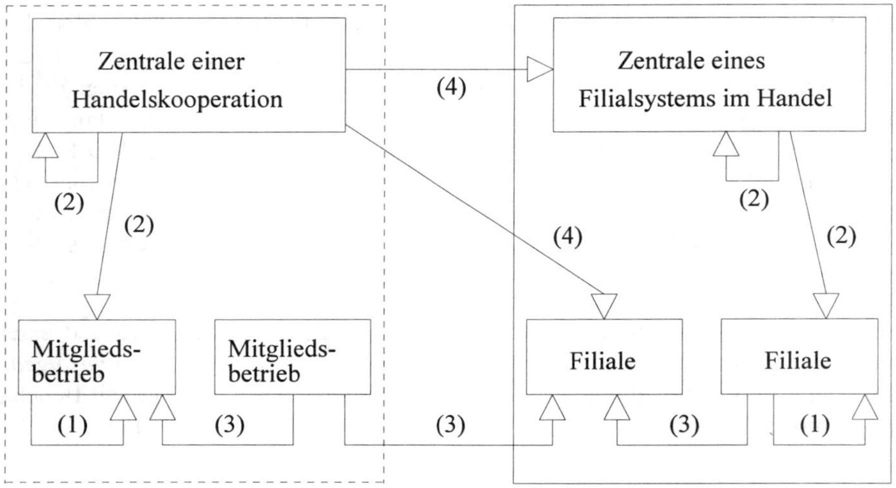

= Die Pfeilspitze zeigt auf das Lernobjekt.

(1) internes Benchmarking eines Mitgliedsbetriebs bzw. einer Filiale

(2) internes Benchmarking der Zentrale einer Handelskooperation bzw. eines Filialsystems

(3) externes Benchmarking eines Mitgliedsbetriebs bzw. einer Filiale

(4) externes Benchmarking der Zentrale einer Handelskooperation

Abbildung 2: Zu den Begriffen internes und externes Benchmarking im Handel

5.2 Wettbewerbsvorteile durch systematisches Benchmarking

Konsequentes Benchmarking zeigt einem Handelssystem bei der Positionierung seiner Betriebe *verschiedene Handlungsmöglichkeiten* auf, die sowohl additiv als auch alternativ genutzt werden können (Schröder 1995, S. 49 ff.).

(1) Zunächst wird von einem Handelssystem ausgegangen, das ausschließlich in einer Branche (z.B. Möbel) tätig ist und das sich beim Benchmarking auf ein Thema im Absatzbereich konzentriert (z.B. Kundendienst). Trennt man gedanklich die Erfolgsbeiträge, die internes und externes Benchmarking zu leisten vermögen, so sind Entwicklungspfade denkbar, wie sie *Abbildung 3* darstellt.

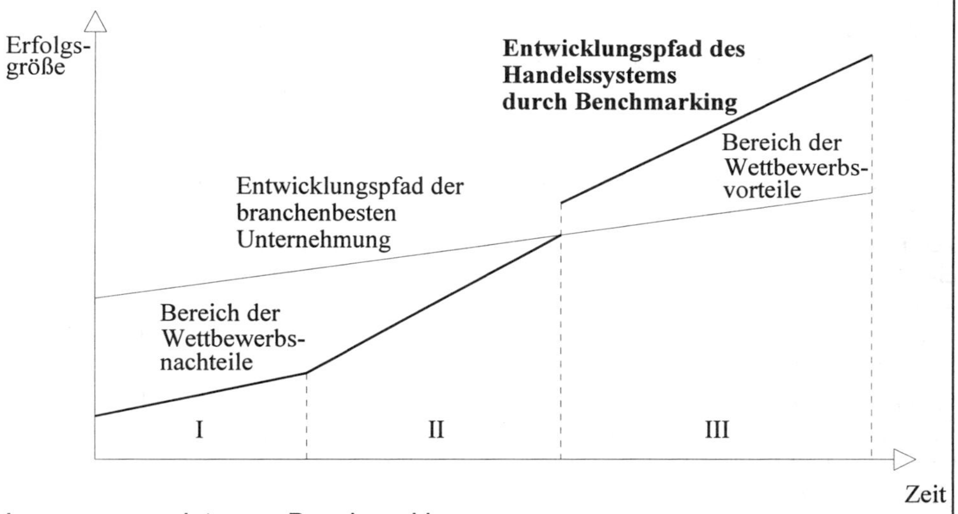

I = internes Benchmarking
II = externes Benchmarking in der eigenen Branche
III = externes BM bei branchen- und handelsfremden Unternehmungen

Anmerkung: Die Entwicklungspfade sind als Beispiele zu verstehen.

Abbildung 3: Entwicklungspfade durch internes und externes Benchmarking. Der Ein-Branchen-Ein-Themen-Fall

Orientierungsmaßstab ist eine Handelsunternehmung, die bei dem betrachteten Thema und unter Berücksichtigung der als relevant angesehenen Erfolgsgröße (z.B. Kundenzufriedenheit) als Branchenprimus gilt. Die aus dem Benchmarking resultierenden Handlungsvarianten zeigen exemplarisch, in welchem Umfang es gelingen kann, die Vorteile des Branchenbesten aufzuholen oder zu übertreffen.

Betreibt das betrachtete Handelssystem ausschließlich internes Benchmarking, so werden die schlechteren Betriebe ähnlich wie beim klassischen Betriebsvergleich (Müller-Hagedorn 1995) von den besseren lernen und das Niveau ihrer Leistungen anheben können. Das Gesamtniveau der von diesem Handelssystem angebotenen Leistungen wird dadurch steigen, es wird aber nicht das Niveau des Branchenbesten erreichen (I).

Ein an dem Branchenbesten ausgerichtetes externes Benchmarking wird allenfalls dazu beitragen, die Wettbewerbslücke zu dieser Unternehmung zu schließen (II), es sei denn, wovon in *Abbildung 3* nicht ausgegangen wird, daß es dem nachahmenden Handelssystem gelingt, die übernommene Praktik in einer besseren Weise umzusetzen, als dies der Vorbildunternehmung bislang gelungen ist.

Wettbewerbs*vorteile* lassen sich in der Regel erst durch ein auf branchen- oder handelsfremde Unternehmungen gerichtetes externes Benchmarking erzielen, wenn beste Praktiken übernommen werden, die für die eigene Branche eine Marktneuheit bedeuten und in den Augen der Kunden zu einer höheren Zufriedenheit führen als die von dem Branchenbesten angebotenen Leistungen (III).

(2) Zusätzliche Optionen besitzt ein Handelssystem, das seine Leistungen in mehreren Branchen anbietet, wie etwa *Asko* in den Bereichen Lebensmittel, Bau- und Heimwerkerprodukte, Bekleidung und Möbel. Diese Handelssysteme können von internen branchenübergreifenden Wissenstransfers profitieren (*Abbildung 4*).

Abbildung 4 unterstellt, daß es durch internes Benchmarking gelingt, den Wettbewerbsvorsprung des Branchenbesten (hier Möbel) zu übertreffen (I_b). Dies setzt voraus, daß in einer anderen Branche des eigenen Handelssystems Problemlösungen vorhanden sind (z.B. Bau- und Heimwerkerprodukte), die die gleichen Wirkungen erzielen wie im Fall des externen Benchmarking, das sich auf branchen- oder handelsfremde Unternehmungen richtet.

In dem Beispiel führt internes branchenübergreifendes Benchmarking (I_b) zu Maßnahmen, die einen maximalen Erfolg in Höhe von E1 erreichen. Danach läge es nahe, auf ein externes branchengebundenes Benchmarking (II) zu verzichten. Dies träfe aber nur dann zu, wenn alle relevanten Informationen über die erfolgreichen Praktiken in der Branche vorlägen. Ist dies nicht der Fall, tritt hier - wie im übrigen in allen Fällen unzureichender Informationen - das Problem auf, Kosten und Nutzen der Informationsbeschaffung bestimmen zu müssen (vgl. hierzu mit weiteren Nachweisen z.B. Böhler 1992, S. 28 f.). Solche Überlegungen sind für alle Handlungsmöglichkeiten des internen wie des externen Benchmarking anzustellen.

(3) Ein weiterer, bisher nicht berücksichtigter Effekt, soll im dritten Beispiel aufgezeigt werden. Abweichend von den bisherigen Annahmen möge ein Handelssystem nicht nur in einem, sondern in mehreren Themenbereichen Benchmarking betreiben (z.B. Kundendienst, Sortimentsgestaltung und Warenpräsentation). Dadurch eröffnet sich einem

Handelssystem die Möglichkeit, aus der Kombination einzelner Bausteine ein neues Ganzes zu bilden, dessen Wirkung größer ist als die Summe der Wirkungen der einzelnen Komponenten. Aus Vereinfachungsgründen wird ein Handelssystem betrachtet, das lediglich in einer Branche tätig ist (z.B. Möbel). Wie *Abbildung 5* exemplarisch zeigt, ist es auch in diesem Fall vorstellbar, daß bereits internes Benchmarking die Grundlage bildet, um den Branchenbesten zu übertreffen.

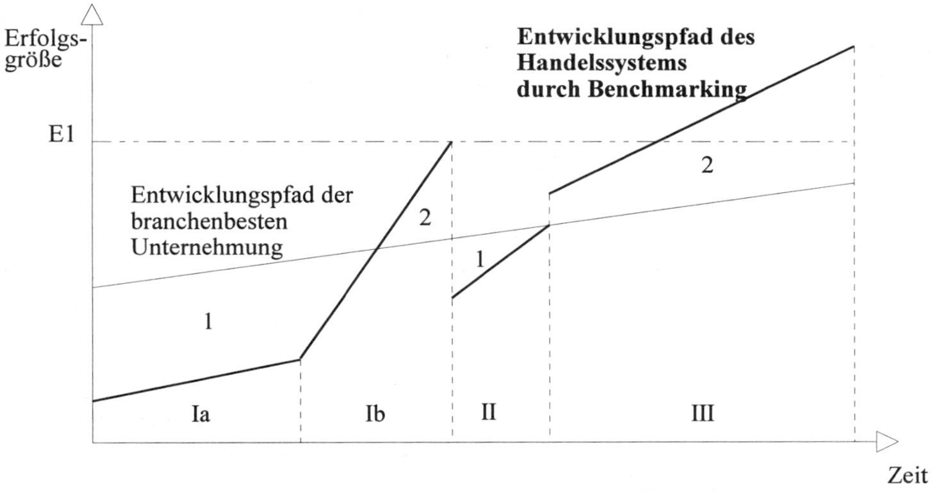

I_a = internes Benchmarking innerhalb einer Branche
I_b = internes BM in einer anderen Branche desselben Handelssystems
II = externes Benchmarking in der eigenen Branche
III = externes BM bei branchen- und handelsfremden Unternehmungen

1 = Bereich der Wettbewerbsnachteile
2 = Bereich der Wettbewerbsvorteile

Anmerkung: Die Entwicklungspfade sind als Beispiele zu verstehen.

Abbildung 4: Entwicklungspfade durch internes und externes Benchmarking. Der Mehr-Branchen-Ein-Themen-Fall

Aufgrund der Kombination verschiedener erfolgreicher Bausteine aus dem eigenen Handelssystem wird der bisherige Nachteil überkompensiert (I'). In den Augen der Kunden verliert der Vorteil des Branchenbesten an Bedeutung, wenn es dem betrachteten Handelssystem gelingt, sich nicht nur in diesem Bereich (z.B. im Bereich Kundendienst) zu verbessern, sondern darüber hinaus damit in Verbindung stehende Bestandteile des Leistungsspektrums attraktiver zu gestalten. Diese Chancen bieten sich vor allem kooperierenden Handelssystemen, sofern die einzelnen Mitgliedsbetriebe dezentral

Konzepte entwickelt und erfolgreich umgesetzt haben, die sie anschließend anderen Betrieben ihres Handelssystems zur Verfügung stellen. Internes Benchmarking stößt hier allerdings an Grenzen, wenn die Mitglieder nicht bereit sind, Erfolgskonzepte ihrer Kollegen zu übernehmen. Als Gründe für eine Ablehnung werden genannt, daß die Erfolgskonzepte personen- oder standortbezogen und damit nicht auf den eigenen Betrieb übertragbar sind. Hierin kommt das oben angesprochene Not Invented Here-Syndrom zum Ausdruck (Simon/Laker 1994, S. 174; Sattelberger 1991, S. 45; Leibfried/McNair 1992, S. 66, sprechen auch vom Not Created Here-Syndrom.).

Ein umfassendes Beispiel für Kombinationseffekte beim externen Benchmarking in der eigenen Branche ist aus dem Bekleidungsbereich einer Warenhausunternehmung bekannt. Bei der Preispolitik orientierte man sich an *K & L Ruppert*, einem bundesweit tätigen Filialsystem, das mit einem geringen Spektrum an Preislagen und daher mit einer für den Kunden klar erkennbaren Positionierung arbeitet. Die Filialisten *Bonita* und die Hertie-Tochter *Wehmeyer* dienten als Vorbilder für die Farbkonzepte der textilen Sortimente. Das Sortiment wurde an *Appelrath & Cüpper* ausgerichtet, einer Tochterunternehmung der Douglas-Holding für hochwertige Damenoberbekleidung. Das Limitsystem ist von dem Filialisten *MacFash* übernommen worden (Schröder et al. 1994, S. 28).

Überträgt man die vorstehenden Überlegungen zu den Kombinationseffekten auf Handelssysteme, die in mehreren Branchen tätig sind, dann verfügen sie prinzipiell über die größten Potentiale, um die internen Erfahrungen nutzbringend verwerten und in Wettbewerbsvorteile umsetzen zu können.

5.3 Einsatzzeitpunkte des Benchmarking

Ein Handelssystem steht vor der Entscheidung, ob es mit dem Benchmarking erst beginnen soll, wenn ein konkretes Problem aufgetreten ist, oder ob die Suche nach erfolgreichen Vorbildern eingeleitet wird, ohne daß bereits die Notwendigkeit zur Lösung eines bestimmten Problems gegeben ist. Beide Handlungsmöglichkeiten sind mit Vor- und Nachteilen verknüpft, die *Tabelle 2* zusammenfaßt.

(1) Eine von konkreten Problemen entkoppelte Suche nach erfolgreichen Vorbildern besitzt den Charakter einer strategischen *Frühaufklärung*, die u.a. darauf gerichtet ist, rechtzeitig Chancen zur Ausschöpfung neuer Erfolgspotentiale aufzuspüren. (Die Begriffe Früh*erkennung*, Früh*warnung* und Früh*aufklärung* werden in der deutschsprachigen Literatur nicht einheitlich ausgefüllt. Die hier gewählte Terminologie folgt Müller 1986, S. 248 f.). Nach Drexel (1984, S. 104) bezweckt die strategische Frühaufklärung "das ständige Initialisieren von bzw. das Aufmerksam-Machen gerade auch auf neue Erfolgsfaktoren, Ziele und Strategien, deren Realisierung die Ausschöpfung neuer, zukünftiger Chancen ermöglicht ...". Zwei Beispiele mögen dies verdeutlichen (Drexel 1984, S. 90 f., 97 f.):

Wenn von einigen Super- und Verbrauchermärkten im Ausland (USA, F, A) erfolgreich die elektronische Geldüberweisung in einer Geschäftsstätte mit direkter Belastung des Kunden-Bankkontos erprobt wird, kann hierin eine Chance zum Ausbau des Erfolgsfaktors "Dienstleistungsstärke" in inländischen Einzelhandelsgeschäften gesehen werden.

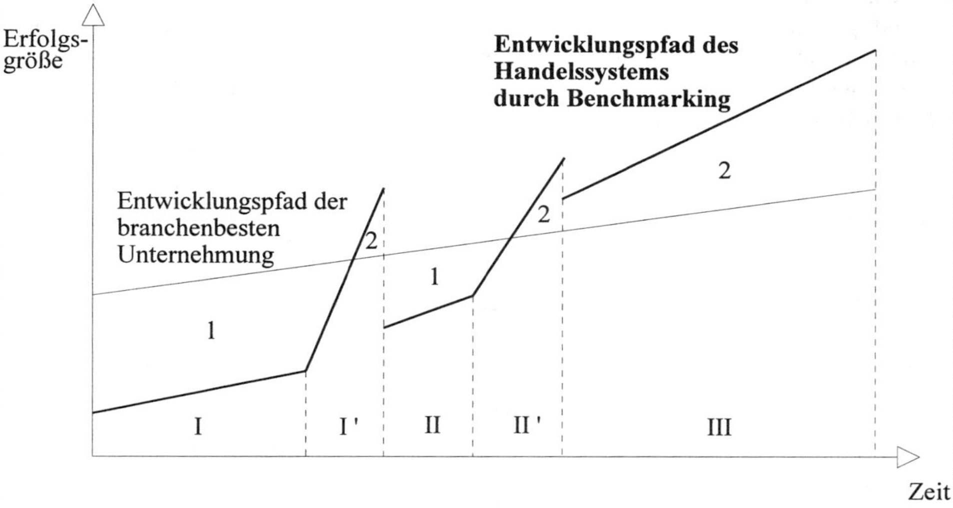

I = internes Benchmarking (ohne Kombinationseffekt)
I' = internes Benchmarking (mit Kombinationseffekt)
II = externes BM in der eigenen Branche (ohne Kombinationseffekt)
II' = externes BM in der eigenen Branche (mit Kombinationseffekt)
III = externes BM bei branchen- und handelsfremden Unternehmen

1 = Bereich der Wettbewerbsnachteile
2 = Bereich der Wettbewerbsvorteile

Anmerkung: Die Entwicklungspfade sind als Beispiele zu verstehen.

Abbildung 5: Entwicklungspfade durch internes und externes Benchmarking. Kombinationseffekte im Ein-Branchen-Mehr-Komponenten-Fall

Wenn eine Handelsunternehmung in einer Gemeinde die Genehmigung für die Errichtung eines großflächigen Einzelhandelsbetriebs (z.B. SB-Warenhaus) erhalten hat, dann lassen sich hieraus zwei Informationen gewinnen: Zum einen Hinweise auf die erfolgreiche Standortsicherungspolitik und zum anderen die Einschätzung einer Handelsunternehmung, die zudem ein direkter Konkurrent sein kann, über die Erfolgswirksamkeit eines bestimmten Betriebstyps.

Aus einem frühzeitig begonnenen Benchmarking ergeben sich daher folgende *Vorteile:* Da dem Handelssystem der konkrete Problemlösungsdruck fehlt, verlängert sich die für die Suche bis zur Übernahme erfolgreicher Vorbilder verfügbare Zeit. Dem als Radarsystem zu begreifenden Frühaufklärungssystem wird es infolgedessen möglich, einen weiten Suchraum abzutasten, in den auch Lösungen aus Themenbereichen einbezogen werden, für die bislang in dem Handelssystem noch keine konkrete Anwendungsmöglichkeit gesehen wurde. Gerade nicht naheliegende Konzepte eröffnen die Chance, Wettbewerbsvorteile zu erlangen, wenn sie vor anderen Mitbewerbern übernommen werden, wie etwa bei der Einführung neuer Zahlungssysteme, die sich im Ausland bewährt haben. Getragen werden solche Maßnahmen, die für das Handelssystem das Ausmaß eines Quantensprungs oder eines Strukturbruchs annehmen können, sowohl von der bewußt und systematisch vorgenommenen Adoption fremder Konzepte als auch von dem unterhalb der Bewußtseinsschwelle angesiedelten Nachahmungstrieb (Krampe/Müller 1981, S. 391).

Tabelle2: Vor- und Nachteile verschiedener Einsatzzeitpunkte des Benchmarking

Beginn des Benchmarking / Vorteile und Nachteile	vor Auftreten eines Problems	nach Auftreten eines Problems
Vorteile	• hohe Reaktionszeit • breit angelegter Suchraum • frühzeitige Entdekkung nicht naheliegender Erfolgspraktiken	• zweckgebundene Informationssuche • Aktualität der Informationen
Nachteile	• Problem der Verfügbarkeit zweckungebundener Informationen • Gefahr der Obsoleszenz von Informationen	• geringe Reaktionszeit • Suchraum bei hoher Problemlösungsdringlichkeit eher begrenzt

Neben die Vorteile eines problemunabhängigen Benchmarking treten mehrere *Nachteile*. Sie liegen zum einen in der zweck*un*gebundenen Suche nach Informationen. Können die vorgefundenen Informationen nicht unmittelbar einem Verwendungszweck zugeführt werden, entsteht das Problem, daß sie zu einem späteren Zeitpunkt nicht mehr vollständig oder nur in verzerrter Form verfügbar sind. Diese Problematik ist insbesondere dann gegeben, wenn die Ergebnisse der Informationssuche nicht umfassend dokumentiert wurden, wenn die mit der Suche beauftragten Mitarbeiter zwischenzeitlich das

Handelssystem verlassen haben oder sich nicht mehr an die Einzelheiten erfolgreicher Praktiken erinnern können.

Zum anderen besteht die Gefahr, daß die Informationen obsolet und damit unbrauchbar werden. Dies ist etwa dann der Fall, wenn sich die für den Erfolg eines Konzeptes maßgeblichen Anwendungsvoraussetzungen geändert haben und die Erfolgsaussichten einer Übernahme daher gravierend schmälern.

Die Schwierigkeit, sich einer strategischen Frühaufklärung zuzuwenden, faßt Müller-Stewens (1990, S. 117) wie folgt zusammen: "Auch hat gerade eine strategische Frühaufklärung noch sehr unter dem 'Stigma einer Spielerei' zu leiden. Ihr Nutzen ist - auch langfristig - nur bedingt nachweisbar, da Investitionen in diese Art der Aktivität wiederum nur äußerst schwierig gegenüber Dritten zu rechtfertigen sind."

(2) Folglich darf es nicht überraschen, wenn mit dem Benchmarking oftmals erst nach Auftreten eines konkreten Problems begonnen wird. Die Anlässe hierfür können intern oder extern induziert sein. *Interne Anlässe* sind z.B. fehlgeschlagene eigene Problemlösungen oder ein dringend zu lösendes Problem. *Externe Anlässe* resultieren z.B. daraus, daß fremde Problemlösungen weniger aufwendig sind oder daß der Marktführer Problemlösungen entwickelt hat, denen das Handelssystem glaubt, folgen zu müssen.

Die *Vorteile* einer solchen Vorgehensweise bestehen darin, daß die im Rahmen des Benchmarking gewonnenen Informationen unmittelbar überprüft werden können, ob sich die analysierten Konzepte für eine Problemlösung eignen. Zudem zeichnen sich die Informationen durch eine hohe Aktualität aus.

Die *Nachteile* ergeben sich aus den Vorteilen eines problem*un*gebundenen Benchmarking. Eine erst mit der Problementdeckung begonnene Suche nach Erfolgspraktiken verringert die zur Verfügung stehende Reaktionszeit (Böhler 1992, S. 26.). Ein hoher Problemlösungsdruck und eine vergleichsweise kurze Reaktionszeit dürften den Suchraum vielfach auf solche Lösungen beschränken, die in der Nähe des offenen Problems angesiedelt sind. Erfolgreiche Praktiken, die außerhalb der eigenen Branche oder außerhalb des Handels beheimatet sind, würden dann nicht berücksichtigt. Gerade Vorbilder aus diesen Bereichen können, wie zuvor gezeigt wurde, erfolgversprechende Problemlösungen verheißen, um in der eigenen Branche Wettbewerbsnachteile aufzuholen bzw. Wettbewerbsvorteile zu erlangen.

Für welche Vorgehensweise sich ein Handelssystem letztlich entscheidet, können nur individuelle Kosten-Nutzen-Analysen zeigen. Es ist jedoch anzunehmen, daß einem problem*un*gebundenen Benchmarking aufgrund des schwierig zu bestimmenden Nutzens weniger der Vorzug gegeben wird.

5.4 Die Suche nach Vorbildern in der deutschen Handelspraxis

In einer schriftlichen Untersuchung beantworteten Vertreter von 125 Filialsystemen und von 105 Handelskooperationen aus dem Non-Food-Bereich einen umfangreichen Fragebogen zum Benchmarking in ihrem Handelssystem (vgl. ausführlich zum Untersuchungsdesign und zu den empirischen Befunden Schröder 1995, S. 152 ff.). *Tabelle 3* veranschaulicht, daß die befragten Handelssysteme vornehmlich von den Betrieben des eigenen Systems und weniger aus ihrem direkten und weiteren Umfeld lernen, also stärker internes als externes Benchmarking betreiben.

Vergleicht man die Angaben der beiden Systemtypen miteinander, so fällt ein wesentlicher Unterschied auf. Während sich kooperierende Gruppen nur sehr wenig an anderen Handelsunternehmungen derselben Branche, also an ihrem unmittelbaren Umfeld orientieren, nennt über die Hälfte der Filialsysteme konkurrierende Handelsunternehmungen als Vorbilder mit hoher und sehr hoher Bedeutung. Zwar dominiert in Filialsystemen auch das interne Benchmarking, jedoch sind sie wesentlich offener für Entwicklungen der Konkurrenz als kooperierende Gruppen.

Das vorgefundene Suchverhalten läßt sich zunächst mit der *Erhältlichkeit von Informationen* erklären. Informationen über die Ergebnisse und die Prämissen von erfolgreichen Praktiken sind innerhalb des eigenen Handelssystems leichter zugänglich als Informationen über fremde Unternehmungen. Hiervon ist grundsätzlich in Filialsystemen und mit Abstrichen auch in kooperierenden Gruppen des Handels auszugehen, deren Mitglieder nicht per se zu einer Weitergabe von Informationen verpflichtet sind.

Des weiteren hängt die Richtung der Suche von der Notwendigkeit ab, eine Nachahmung anpassen zu müssen (1:1-Kopie oder Assimilation). Tendenziell ist der *Grad der Anpassung* um so höher, je weiter das Referenzobjekt inhaltlich vom Imitator entfernt ist. Das heißt jedoch nicht zwingend, daß die Suche sich automatisch von der eigenen Branche über andere Branchen des Handels bis hin zu handelsfremden Bereichen bewegen muß. Vielmehr kommt es darauf an, wie ähnlich erfolgreiche Vorbilder und potentielle Einsatzbereiche eingestuft werden. So kann es z.B. näher liegen, sich bei der Verbesserung eines Fachmarktkonzeptes in der Unterhaltungselektronik-Branche mit Fachmarktkonzepten anderer Branchen zu befassen, anstatt andere Betriebstypen der eigenen Branche zu analysieren.

Dieser Gedanke stellt auf die Ähnlichkeit von Situationen ab, wie er bereits von Stendenbach (1967, S. 241) für Lernprozesse in sozialen Subsystemen formuliert wurde: "Je größer die Ähnlichkeit der gegenwärtigen Situation mit früheren Situationen, desto größer ist die Wahrscheinlichkeit, daß das Verhalten, das in früheren Situationen geübt wurde, auch jetzt wieder praktiziert wird."

Allerdings erfährt die Regel, daß die Suche nach Problemlösungen mit dem Naheliegenden beginnt, eine Einschränkung. Denn nach dieser Regel wäre zu erwarten gewesen, daß sich bei den Handelssystemen, die intensiv internes Benchmarking betreiben, vor allem diejenigen Filialsysteme und kooperierenden Gruppen wiederfinden, die international tätig sind, die ihre Leistungen über mehrere Betriebstypen anbieten und die eher über eine große Anzahl an Einkaufsstätten verfügen. Dies ist jedoch nicht der Fall. Daher muß davon ausgegangen werden, daß ein Transfer von Informationen über erfolgreiche Praktiken zwischen verschiedenen Betriebstypen und zwischen In- und Ausland vielfach unterbleibt.

Tabelle3: Bevorzugte Vorbilder in mehrstufigen Handelssystemen

Handelssystem / Vorbilder	kooperierende Gruppen (Angaben in %) n = 105	Filialsysteme (Angaben in %) n = 125	alle Handelssysteme (Angaben in %) n = 230
intern Betriebe des eigenen Handelssystems	46,0	65,3	56,7
direktes Umfeld konkurrierende Handelsunternehmungen derselben Branche	19,8	50,4	36,7
nicht-konkurrierende Handelsunternehmungen derselben Branche	15,0	32,3	24,6
weiteres Umfeld branchenfremde Handels-unternehmungen	27,7	23,2	25,2
handelsfremde Unternehmungen	16,3	10,4	13,0
Die Angaben beziehen sich auf die Antworten "trifft ziemlich zu" und "trifft voll zu" auf einer fünfstufigen Skala mit einpoliger Formulierung.			

Darüber hinaus konnte festgestellt werden, daß sich das betriebstypenbezogene Benchmarking überwiegend auf solche Betriebstypen konzentriert, die das Handelssystem selbst vertritt. So wählen etwa Fachgeschäfte kaum Discounter und Warenhäuser als Vorbilder und umgekehrt.

Hinsichtlich der zeitlichen Dimension des Benchmarking zeigen die Befragungsergebnisse, daß die Suche nach erfolgreichen Vorbildern vor allem dann eingeleitet wird, wenn eigene Lösungen zu aufwendig sind oder das Handelssystem vor einem dringend zu lösenden Problem steht. Dies gilt für Filialsysteme noch stärker als für kooperierende Gruppen.

Viele mehrstufige Handelssysteme begegnen der Ungewißheit offenbar dadurch, daß sie Probleme erst bei ihrem akuten Auftreten lösen. Auf ein solches Verhalten weisen bereits Cyert und March (1963, S. 119) hin: "They [Organizations, d.V.] avoid the requirement that they correctly anticipate events in the distant future by using decision rules emphasizing short-run reaction to short-run feedback rather than anticipation of long-run events. They solve pressing problems rather than develop long-run strategies."

Die Suche nach erfolgreichen Praktiken setzt frühestens dann ein, wenn ein dringendes Problem wahrgenommen wird. Die kontinuierliche, ungerichtete Suche nach erfolgreichen Vorbildern, ohne daß ein konkretes Problem besteht ("Habe Lösung, suche Problem!"), ist folglich von geringerer Bedeutung.

Gleichzeitig wird Benchmarking unverzichtbar. Denn je größer der Problemlösungsdruck ist, desto eher werden schnell umsetzbare Lösungen benötigt. Unterstellt man, daß Nachahmungen weniger Zeit in Anspruch nehmen als die Entwicklung eigenständiger Problemlösungen, dann wird sich ein Handelssystem dem Benchmarking nicht entziehen können.

6 FAZIT

Systematisches Benchmarking bietet eine Grundlage, um Einkaufsstätten in den Augen der Kunden attraktiver zu gestalten und im Wettbewerb zu profilieren. Mit dem internen Benchmarking werden die Betriebe des eigenen Handelssystems darauf hin überprüft, welche Konzepte erfolgreich sind und für eine Multiplikation innerhalb des Systems in Frage kommen. Wenn es den weniger erfolgreichen Betrieben gelingt, die Erfahrungen der erfolgreich geführten Betriebe umzusetzen, dann steigt der Gesamterfolg des Handelssystems. Die Vorbilder aus den eigenen Reihen sind vor allem geeignet, um Wettbewerbs*nachteile* aufzuholen.

Ein hohes Lernpotential weisen Handelssysteme auf, die in mehreren Branchen tätig sind oder ihre Leistungen über mehrere Betriebstypen anbieten. Hier ist die Voraussetzung für einen umfassenden internen Wissens- und Erfahrungstransfer gegeben, bei dem z.B. erfolgreiche Praktiken von einer Vertriebsschiene auf eine andere übertragen werden. Internes Benchmarking bietet hier viele Optionen, um auch Wettbewerbs*vorteile* zu erzielen.

Der *zentrale Schlüssel für Wettbewerbsvorteile* liegt vornehmlich im externen Benchmarking. Es setzt sich mit erfolgreichen Vorbildern außerhalb des eigenen Handelssystems auseinander und analysiert neben den Konkurrenten auch branchen- und handelsfremde Unternehmungen. Gerade diese Unternehmungen bieten Anregungen für Nachahmungen, die in der eigenen Branche neuartig und für die Kunden von zusätzlichem Nutzen sein können.

Wird ohne sachliche Prüfung auf ein benchmarkorientiertes Positionierungsmanagement verzichtet, kann sich dies negativ auf die *Wettbewerbsfaktoren Qualität, Kosten und Zeit* auswirken. Es besteht das Risiko, daß selbst entwickelte Problemlösungen

- nicht das Niveau vorhandener Vorbilder erreichen (Qualität),
- mehr personelle und finanzielle Ressourcen binden als Imitationen (Kosten),
- die Forschungs-, Entwicklungs-, Test- sowie Durchsetzungszeiten verlängern und dadurch verhindern, daß eigene Wettbewerbsvorsprünge erzielt bzw. fremde Wettbewerbsvorsprünge aufgeholt werden können (Zeit).

Benchmarking liefert damit die Basis für verschiedene *Strategien der Einkaufsstättenpositionierung* (Ahlert 1994a, S. 288; Esch 1992). Das Naheliegende ist die Anpassung an die Bedürfnisse und Wünsche der Verbraucher, indem die eigene Einkaufsstätte in die Richtung der Idealvorstellungen der Verbraucher umpositioniert wird. Dies gelingt durch die Nachahmung von Konzepten, die von der Konkurrenz erfolgreich umgesetzt worden sind. Dabei besteht die Chance, daß die eigene Realisation als attraktiver wahrgenommen wird (Imitationsstrategie des "second but better").

Darüber hinaus können auch die Bedürfnisse und Wünsche der Verbraucher verändert werden, indem durch die Kombination erfolgreicher Praktiken neue Konzepte entstehen, die das Idealbild der Verbraucher von einer Einkaufsstätte verändern und die eigenen Einkaufsstätten als geeignet erscheinen lassen, diese Bedürfnisse zu befriedigen.

Die *Ergebnisse der empirischen Untersuchung* zeigen indes, daß nur wenige Handelssysteme die gesamte Bandbreite des Benchmarking nutzen. Das Hauptaugenmerk richtet sich auf das interne Benchmarking. Das Interesse, von branchen- und handelsfremden Unternehmungen zu lernen, ist sowohl bei Filialsystemen als auch bei Handelskooperationen sehr gering. Das Suchverhalten beschränkt sich vielfach auf naheliegende Gebiete. Dadurch bleiben Chancen ungenutzt, Imitationen mit einem hohen Neuheitsgrad auf die eigene Branche zu übertragen und sich damit gegenüber den Mitbewerbern zu profilieren. Benchmarking übernimmt zudem eher eine Feuerwehrfunktion, wenn dringende Probleme zu lösen sind. Eine proaktive Rolle wird ihm nur in Ausnahmefällen zugeschrieben.

LITERATUR

Ahlert, D. (1994a): Flexibilitätsorientiertes Positionierungsmanagement im Einzelhandel - Herausforderungen an freie, kooperierende und integrierte Handelssysteme. In: Meffert; Bruhn; Wehrle (Hrsg.), Marktorientierte Unternehmensführung im Umbruch, Stuttgart 1994, S. 279-300.

Ahlert, D. (1994b): Warenwirtschaftsmanagement und Controlling in der Konsumgüterdistribution - Betriebswirtschaftliche Grundlegung und praktische Herausforderungen aus der Perspektive von Handel und Industrie. In: Ahlert; Olbrich (Hrsg.), Integrierte Warenwirtschaftssysteme und Handelscontrolling, Stuttgart 1994, S. 3-114.

Ahlert, D. (1994c): Strategische Erfolgsforschung und Erfolgsgestaltung im Automobilhandel. In: Meinig, W. (Hrsg.), Wertschöpfungskette Automobilwirtschaft. Zulieferer - Hersteller - Handel. Internationaler Wettbewerb und Globale Herausforderungen, Wiesbaden 1994, S. 277-308.

Ahlert, D.; Schröder, H.: Strategische Erfolgsforschung im Handel - ein Forschungsprogramm, Arbeitspapier Nr. 15, Lehrstuhl für Betriebswirtschaftslehre, insb. Distribution und Handel, der Westfälischen Wilhelms-Universität Münster, Münster 1992.

Berekoven, L.: Erfolgreiches Einzelhandelsmarketing - Grundlagen und Entscheidungshilfe, München 1990.

Bischoff, A.: Die Strategie der Produktimitation in der Konsumgüterindustrie, Diss. Berlin 1980.

Böhler, H.: Marktforschung, 2. Aufl., Stuttgart u.a. 1992.

Cyert, R.; March, J.: A Behavioral Theory of the Firm, Englewood Cliffs, New Jersey 1963.

Dawson, M.: Deutsches Discount ein Exportschlager. In: Lebensmittelzeitung Journal Nr. 41 v. 11.10.1991, S. J72-J74.

Dierkes, M.: Ständige Anpassung und Weiterentwicklung. Organisationslernen - eine zentrale Herausforderung der neunziger Jahre. In: Blick durch die Wirtschaft Nr. 8 v. 12.01.1994, S. 7.

Drexel, G.: Ein Frühwarnsystem für die Praxis - dargestellt am Beispiel eines Einzelhandelsunternehmens. In: ZfB, 54 (1984), Heft 1, S. 89-105.

Esch, F.-R.: Positionierungsstrategien - konstituierender Erfolgsfaktor für Handelsunternehmungen. In: Thexis, 9 (1992), Heft 4, S. 9-15.

Esch, F.-R.; Mayer, S.: Umsetzung erlebnisbetonter Positionierungskonzepte der Ladengestaltung von Handelsunternehmen. In: Trommsdorff, V. (Hrsg.), Handelsforschung 1995/96 - Informationsmanagement im Handel, Wiesbaden 1995, S. 287-312.

Hansen, U.: Absatz- und Beschaffungsmarketing des Einzelhandels, 2. Aufl., Göttingen 1990.

Hanser, P.: Benchmarking: Von den Besten lernen. In: Absatzwirtschaft, 39 (1996), Heft 2, S. 32-41.

Hauschildt, J.: Innovationsstrategien und ihre organisatorischen Konsequenzen. In: Riekhof, H.-C. (Hrsg.), Strategieentwicklung, Stuttgart 1991, S. 255-270.

Krampe, G.; Müller, G.: Diffusionsfunktionen als theoretisches und praktisches Konzept zur strategischen Frühaufklärung. In: zfbf, 33 (1981), Heft 5, S. 384-401.

Krönfeld, B.: Erfolgsforschung in kooperierenden Handelssystemen, Diss. Frankfurt am Main u.a. 1995.

Leibfried, K.; McNair, C.: Benchmarking, A Tool for Continuous Improvement, New York 1992.

Müller, G.: Strategische Frühaufklärung - Stand der Forschung und Typologie der Ansätze. In: Marketing ZFP, 8 (1986), Heft 4, S. 248-255.

Müller-Hagedorn, L.: Die Fortentwicklung des Betriebsvergleichs zum Controlling-Tool. In: Trommsdorff, V. (Hrsg.), Handelsforschung 1995/ 96 - Informationsmanagement im Handel, Wiesbaden 1995, S. 333-347.

Müller-Stewens, G.: Strategische Suchfeldanalyse - Die Identifikation neuer Geschäfte zur Überwindung struktureller Stagnation, 2. Aufl., Wiesbaden 1990.

Ottenjann, M.: Lernende Unternehmungen im Handel - Konzeptionelle Grundlagen und empirische Befunde am Beispiel des Lernens von erfolgreichen Vorbildern im filialisierenden Bekleidungshandel, Diss. Frankfurt am Main u.a. 1996.

O.V.: Lidl - Erfolgsstory eines Discounters. In: Lebensmittel-Praxis (1995), Heft 17, S. 24-32.

Rudolph, T.C.: Positionierungs- und Profilierungsstrategien im Europäischen Einzelhandel. Diss. St. Gallen 1993.

Sattelberger, T.: Die lernende Organisation im Spannungsfeld von Strategie, Struktur und Kultur. In: Sattelberger, T. (Hrsg.), Die lernende Organisation, Wiesbaden 1991, S. 11-55.

Schewe, G.: Imitationsmanagement - Nachahmung als Option des Technologiemanagements, Stuttgart 1992.

Schröder, H.: Konzeption, Akzeptanz und Organisation der Erfolgsforschung in mehrstufigen Handelssystemen, (bislang unveröffentlichte) Habilitationsschrift, Münster 1995.

Schröder, H.; Alves, R.; Krönfeld, B.; Ottenjann, M.: Erfolgsforschung in bundesdeutschen Handelssystemen - Auf der Suche nach erfolgreichen Vorbildern, Forschungsberichte des Instituts für Handelsmanagement, Hrsg.: D. Ahlert, Münster 1995.

Simon, H.; Laker, M.: Management-Lernen von Konkurrenten. In: Simon; Schwuchow (Hrsg.), Management-Lernen und Strategie, Stuttgart 1994, S. 173-183.

Stendenbach, F.J.: Soziale Interaktion und Lernprozesse, 2. Aufl., Köln, Berlin 1967.

Tietz, B.: Strategien der Transnationalisierung und Globalisierung im Handel. In: Trommsdorff, V. (Hrsg.), Handelsforschung 1990 - Erfolgsfaktoren und Strategien, Wiesbaden 1990, S. 3-25.

Tietz, B.: Der Handelsbetrieb, 2. Aufl., München 1993.

Kundenzufriedenheit durch klare Positionierung

Armin Töpfer

Kundenzufriedenheit ist heute eine anerkannte Meßgröße. Der vorliegende Artikel zeigt anhand aktueller Unternehmensbeispiele auf, welche Strategien einem Unternehmen zur Verfügung stehen, um sich vom Wettbewerber zu differenzieren und damit zu positionieren. Ein Fokus liegt dabei auf der Servicequalität als erfolgsversprechendem Faktor zur Steigerung von Kundenzufriedenheit. Wie die Erfahrungen in der Unternehmenspraxis zeigen, bestehen in vielen Unternehmen erhebliche Defizite und dadurch große Umsetzungsprobleme bei der Messung von Kundenzufriedenheit. Deshalb wird ein geeignetes Meßinstrumentarium für die Servicequalität und Kundenzufriedenheit vorgestellt. Abschließend wird der Stellenwert engagierter und motivierter Mitarbeiter für die Kundenzufriedenheit herausgestellt und es werden Wege aufgezeigt, wie die Mitarbeiterführung und -steuerung ausgerichtet sein muß.

1 EMPIRISCHE BEFUNDE

Das Deutsche Kundenbarometer des Jahres 1995 zeigt ein hoch interessantes Ergebnis, nämlich eine unterschiedlich hohe Kundenzufriedenheit in Betriebsformen des Lebensmitteleinzelhandels und bei Drogeriemärkten. Wie *Abbildung 1* erkennen läßt, hängt die Zufriedenheit der Kunden nicht von der Betriebsform ab, sondern offensichtlich von der Fähigkeit, ein definiertes, den Kunden kommuniziertes und damit erwartetes Qualitätsniveau zu erfüllen.

Wie ersichtlich ist, hat Aldi als Kosten- und Preisführer eine deutlich höhere Kundenzufriedenheit aufzuweisen als der Filialist Tengelmann, der eher eine höhere Positionierung hinsichtlich der Qualität anstrebt. Bei Drogeriemärkten ist es genau umgekehrt. Der Spitzenreiter Douglas als ausgesprochener Qualitätsführer schlägt den Discounter Schlecker als Kosten- und Preisführer in der Kundenzufriedenheit eindeutig.

Damit ist also klar, daß nicht das gebotene Preisniveau und die Leistung sowie die Ausstattung der Geschäfte für die Kundenzufriedenheit entscheidend sind, sondern die Übereinstimmung der Erwartungen der Kunden mit der gebotenen Qualität, also mit dem von ihm in dieser Betriebsform akzeptierten Preis-/Leistungsverhältnis, mit der Ausstattung des Handelsgeschäfts, aber vor allem auch mit dem akzeptierten Serviceniveau und der von ihm geforderten Servicequalität der Mitarbeiter. Der Kosten- und Preisführer Aldi erfüllt demnach die reduzierte Serviceerwartung der Klientel, die sich nur auf den Basisnutzen bezieht, bei dem gebotenen günstigen Preisniveau voll und ganz. Die gehobene Ausstattung, der gute Service und das damit verbundene höhere Preisniveau bei Douglas werden in umgekehrter Weise von der Zielgruppe auch akzeptiert und honoriert. In der Konsequenz ist demnach eine stimmige Positionierung ausschlaggebend; d.h. die Ausrichtung, der Marktauftritt und die Kommunikation sowie vor allem auch das konkrete Verhalten vor Ort müssen überzeugend sein.

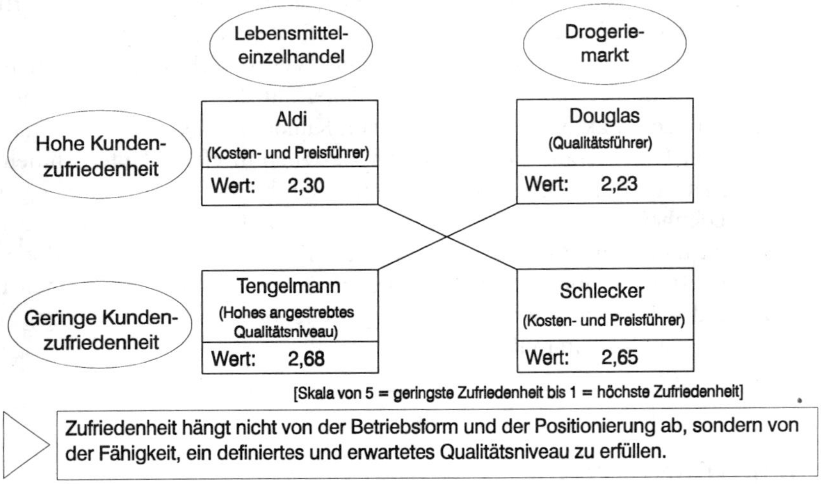

Abbildung 1: Stimmigkeit von definiertem Qualitätsniveau und gelieferter Qualität (Deutsches Kundenbarometer, Düsseldorf 1995)

Die Schlußfolgerung ist also, daß Qualität nicht absolut definiert werden kann, sondern nur relativ in Abhängigkeit vom strategisch angestrebten Niveau durch das Unternehmen und operativ akzeptierten Niveau durch die Kunden. Kosten und Preise sind in dieser Relation zu sehen und zu werten. Bei dieser Betrachtungsweise liefert Aldi also aus Sicht der zufriedenen Klientel eindeutig eine hohe Qualität. Das Unternehmen wird damit als herausragender Discounter zugleich zu einem Markenbegriff für dieses Qualitätsniveau und Preis-/Leistungsverhältnis.

Wissenschaftliche Untersuchungen (vgl. z.B. Goodman/Malech/Marra 1987, S. 172ff.; Biallo 1993, S. 40f.; Müller/Riesenbeck 1991, S. 67ff.; Reichheld/Sasser 1991, S. 108) belegen in verschiedenen Branchen, daß

- nur sehr zufriedene Kunden dem Unternehmen treu bleiben,

- 3/4 der Kunden, die zu Wettbewerbern wechseln, sich an mangelnder Servicequalität stören,
- nicht die Zufriedenheit allein ausschlaggebend ist, sondern erst in Verbindung mit einer positiven Emotion beim Kunden zu einer stabilen Loyalität und damit Bindung an die Einkaufsstätte bzw. das Unternehmen führt, (vgl. Stauss/Neuhaus 1996, S. 16 ff.)
- es bis zu 6 x teurer ist, einen neuen Kunden zu gewinnen als einen alten Kunden zu betreuen, und nicht zuletzt
- 5 Prozent mehr Kundenbindung, also weniger Abwanderung von Kunden, die Gewinne um 25-85 Prozent erhöht.

Rank Xerox hat bei 30 Unternehmen aus fünf verschiedenen Märkten, die durch unterschiedliche Wettbewerbsumfelder gekennzeichnet sind, den Zusammenhang zwischen Kundenzufriedenheit und Kundenbindung untersucht (Jones/Sasser 1995, S. 90 ff.). *Abbildung 2* zeigt, daß in Märkten mit hohem Wettbewerbsdruck, wie z.B. in der Automobilindustrie, ein leichter Rückgang bei der Kundenzufriedenheit zu einem relativ starken Rückgang bezüglich der Kundenbindung führt. Ist dagegen ein Markt stark reguliert, wie z.B. bei Telefongesellschaften, verfügt ein Unternehmen über eine eigentumsrechtlich geschützte Technologie oder über einen hohen Markenwert seiner Produkte, dann haben Veränderungen der Kundenzufriedenheit nur geringe Auswirkungen auf die Kundenbindung.

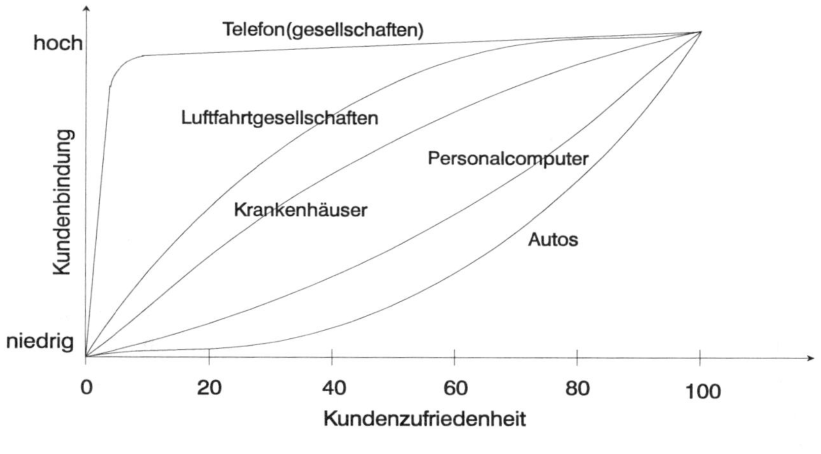

Abbildung 2: Wie das Wettbewerbsumfeld das Kundenzufriedenheits-, Kundenbindungsverhältnis beeinflußt (Jones, T.O., Sasser, W.E., Jr., 1995, S. 91)

Vor diesem Hintergrund sind Positionierungsstrategien sowie die Analyse und Steigerung der Kundenzufriedenheit zu sehen und zu bewerten.

2 ALTERNATIVE POSITIONIERUNGSSTRATEGIEN

Die vorstehenden Ausführungen haben bereits zwei Positionierungsstrategien angesprochen, nämlich einerseits die Technologie- und Qualitätsführerschaft, die beispielsweise bei Technologieprodukten der Unterhaltungselektronik oder Mikroelektronik von herausragender Bedeutung ist, sowie die Preis- und Kostenführerschaft andererseits, die für viele Branchen Gültigkeit besitzt. Es ist offensichtlich, daß gerade auch im Bereich PC und Unterhaltungselektronik Marktchancen als Preis- und Kostenführer vorhanden sind, wie das positive Beispiel Vobis belegt. Escom zeigt hingegen, daß es nicht leicht ist, eine derartige Position unter dem Kostendruck des Marktes und der Produkte zu halten. *Abbildung 3* zeigt zusätzlich noch drei weitere Strategietypen.

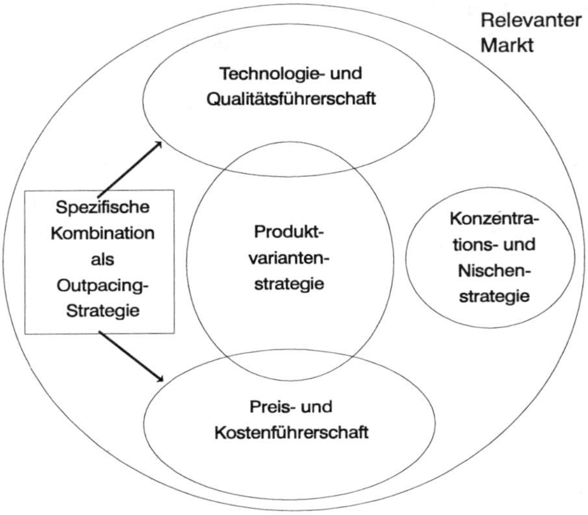

Abbildung 3: Ansätze von Positionierungsstrategien

Eine Outpacing-Strategie, die also definitionsgemäß den angestammten Strategieraum verläßt und die beabsichtigt, durch die Kombination von Qualitäts- und Preisführerschaft zwei gravierende Wettbewerbsvorteile miteinander zu vereinen, stellt eine große Herausforderung an das Unternehmen dar, bietet zugleich aber nicht unerhebliche Erfolgschancen am Markt. Ein Produktbeispiel ist die Swatch, die erfolgreich diese "Japaner-Strategie" für ein europäisches Produkt angewendet hat und so als Erfolgsbeispiel gegenüber japanischen Wettbewerbern angeführt werden kann. Im Handel wird die Philosophie zumindest unter dem Label "Ihr Markendiscounter" transportiert, um so dem Kunden klar zu machen, daß er in diesem Geschäft eine hochwertige Leistung zu einem niedrigen Preis bekommt. Allerdings ist das Leistungsniveau stärker auf das physische Produkt und weniger auf den gebotenen Service ausgerichtet.

Eher noch schwieriger ist es, eine Produktvariantenstrategie erfolgreich umzusetzen, da hier Produkte und auch Verkaufsstätten segmentspezifisch nach Zielgruppen getrennt werden und dann in der Praxis auch klar abgegrenzt werden müssen, um Überstrahlungseffekte und eine "Kannibalisierung" zwischen den Segmenten zu vermeiden. Die Positionierung der unterschiedlichen Schuhmärkte von Görtz ist ein Beispiel hierfür.

Ein weiteres interessantes Beispiel aus dem Handel ist Ikea: Nach der Welle der Kiefern-holzmöbel versucht Ikea heute mit seiner angestammten Zielgruppe zu wachsen. Neben den Kiefernholzprodukten werden jetzt auch in stärkerem Maße preisgünstige Designer-Möbel für die nicht nur altersmäßig, sondern auch einkommensmäßig gewachsene ursprüngliche Zielgruppe angeboten, um so in einem Trading-up die gestiegenen Lifestyle-Anforderungen zu erfüllen. Getreu dem Grundsatz, daß es um ein Mehrfaches teurer ist, einen neuen Kunden zu gewinnen, als einen Bestandskunden zu halten, wird zusätzlich für diese "alte" Zielgruppe auch der Bereich Ikea-Office bzw. "Ikea für´s Büro" angeboten, um so die berufsbezogenen Anforderungen der Klientel im Büromöbelbereich abdecken zu können.

In umgekehrter Richtung ist auch ein Trading-down mit Erfolg möglich, nämlich in der Weise, daß von hochwertig positionierten Handelshäusern nicht nur andere Betriebsformen für eine andere Käuferschicht gegründet werden, sondern daß in den Stammhäusern Preisreduzierungen vorgenommen werden, um so der traditionellen Klientel ein außergewöhnlich interessantes Preis-/Leistungsverhältnis zu bieten. In der Vergangenheit erschien diese Strategie kontraproduktiv, da sie der definierten Positionierung und dem angestrebten Image zuwiderzulaufen schien. Die Veränderungen in der Einstellung und der Struktur der Käuferschichten hat hier jedoch zu einem Wandel im Verhalten und in der Akzeptanz geführt. Zum einen macht der Übergang von der "Zwiebel" zur "Glocke" (vgl. Becker 1990, S. 188) in der Käuferstruktur es erforderlich, eher klare Extrempositionierungen vorzunehmen. Zum anderen führt die hybride Einstellung der Kunden, die sich immer mehr in gleichen Personen vereint dazu, daß qualitätsorientiertes hochpreisiges Markenbewußtsein mit dem Ziel einer herausragend günstigen Preis/Leistungsrelation als "Schnäppchen" bewußt gesucht und honoriert wird. Es steht außer Frage, daß ein günstiger Preis für ein hochwertiges Produkt ein Erlebnis für den Käufer transportiert. Eine hochwertige und hochpreisige Betriebsform kann hierdurch nicht nur einen Umsatzgewinn, sondern auch einen Imagegewinn erfahren. In der Konsequenz ist also die Positionierung als Qualitätsführer und als Preisführer immer weniger nach Betriebsstätten absolut getrennt, sondern die Verbindung der beiden Extremstrategien wird zumindest in bestimmten Zeitfenstern gesucht und ausgenutzt. Der Ansatz geht also dahin, über ein Yield-Management zu einer hohen Umschlagshäufigkeit zu kommen und zugleich durch ein Relation-Pricing eine Abschöpfung zu ermöglichen.

Als Beispiel für eine Konzentrations- und Nischenstrategie kann heute noch die Positionierung als Convenience-Store gelten. Da hier, z.B. bei Tankstellen mit einem zusätzlichen Lebensmittelangebot, mehrere Kaufaktivitäten unterschiedlicher Art gleichzeitig durchgeführt werden können, wird diese Betriebsform in Zukunft aufgrund des gebotenen Kundennutzens und -vorteils aber eher zunehmen. Mit diesem strategischen Unternehmensverhalten auf der Basis eines veränderten Käuferverhaltens ist zugleich der Übergang vom instrumentellen Marketing zum Beziehungsmarketing determiniert (vgl. zum Beziehungsmarketing z.B. Diller 1995, Sp. 265 ff.; Diller/Kusterer 1988, S. 211 ff.). *Abbildung 4* verdeutlicht die Stufen der Wirkungskette, die erkennen läßt, daß die Steuerung über harte Kriterien wie Umsatz, Deckungsbeitrag und Gewinn erst in zweiter Hinsicht nach einer klaren Ausrichtung an den Kundenerwartungen, dem Schaffen einer ausgeprägten Kundenzufriedenheit und dem Ziel einer hohen Kundenbindung durch die erreichbare Kundenloyalität erfolgt.

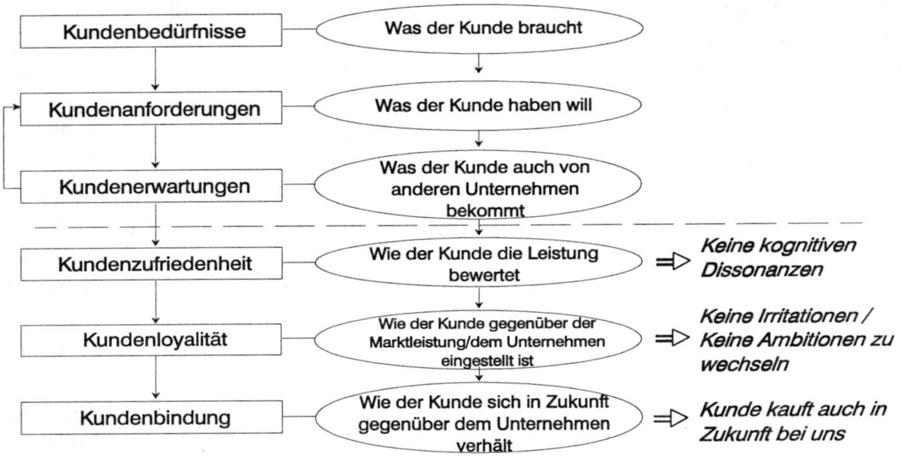

Abbildung 4: Stufen der Wirkungskette

Die klar definierte und damit anvisierte Positionierung ist über mehrere Stufen in einer Ziel-Maßnahmen-Kette auszuformulieren, umzusetzen und dem Kunden zu kommunizieren. *Abbildung 5* zeigt auf der Basis der Lücken-Analyse des Servqual-Modells (vgl. Zeithaml/Parasuraman/Berry 1992, S. 62 ff.), daß fünf Lücken bestehen, an denen die angestrebte Positionierung "abstürzen" kann.

Die erste Lücke des Erkennens bedeutet, daß das Management die Kundenerwartungen nicht kennt oder falsch einschätzt. Die zweite Lücke des Formulierens hat zum Gegenstand, daß die Vorstellungen des Managements in ein Leitbild und in Normen für Servicequalität nur unzureichend übersetzt werden. Die dritte Lücke des Umsetzens besagt, daß die klare Vision nicht zu einem entsprechenden Handeln als geleistetem Service führt. Die vierte Lücke des Vermittelns bezieht sich auf Kommunikationsdefizite in der Weise, daß der vom Unternehmen kommunizierte und damit versprochene Service nicht mit dem geleisteten Service übereinstimmt, also das Serviceversprechen nicht vermittelt oder erfüllt werden konnte. Außerdem besteht die Gefahr, daß der versprochene Service auf kein bzw. nur geringes Interesse stößt. Die fünfte Lücke des Prägens setzt ebenfalls an der Kommunikation des Unternehmens an und hat zum Ergebnis, daß der erlebte Service aus Kundensicht nicht mit dem erwarteten Service übereinstimmt, da die Serviceerwartungen beim Kunden deutlich höher bzw. anders sind als das gelieferte Niveau.

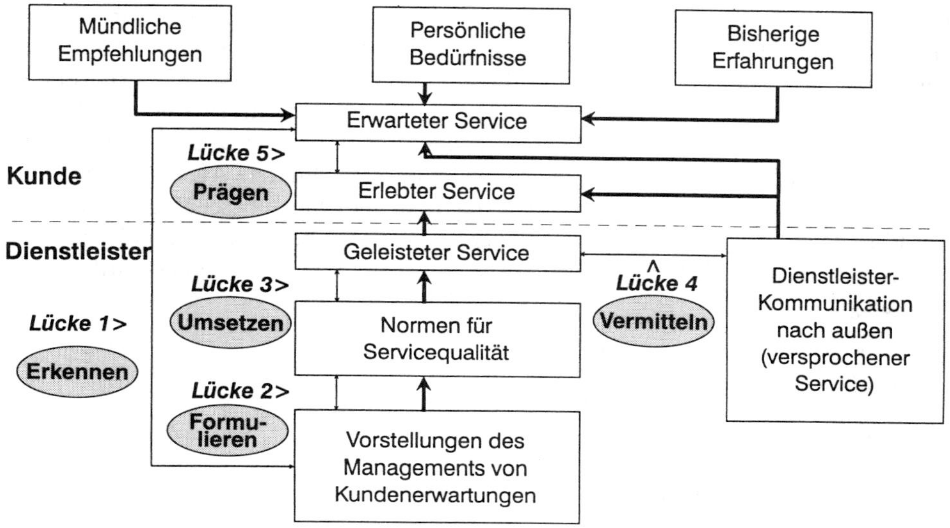

Abbildung 5: Umsetzungsprobleme der Servicequalität(Zeithaml/Parasuraman/ Berry 1992, S. 62)

3 SERVICEQUALITÄT ALS ERFOLGVERSPRECHENDER WETTBEWERBSFAKTOR

Unter der Voraussetzung, daß die angestrebte Positionierung nicht eine ausschließliche Strategie der Kosten- und Preisführerschaft ist, gewinnt Kontakt- und Servicequalität eine zunehmende Bedeutung, um sich vom Wettbewerb zu differenzieren. Die referierten Ergebnisse und Beispiele haben dies bereits verdeutlicht. Neben dem Produkt als Qualität 1. Grades ist der gebotene Service und auch die Art und Weise der Kommunikation und des Kontaktes als Qualität 2. Grades eine wesentliche Voraussetzung für Kundenzufriedenheit. Erst hierdurch wird ein Käufer zu einem Kunden und kann über diese Brücke zu einem Advocate im Sinne eines Missionars für das Unternehmen werden. Kundenbindung ist die Grundlage dafür, daß begeisterte Kunden das Handelsunternehmen und seine Produkte bzw. Leistungen weiterempfehlen. Zufriedene Kunden werden so zum besten und preiswertesten Werbeträger für das Unternehmen.

Analysiert man detaillierter, welche Bereiche der Servicequalität aus Kundensicht eine herausragende Bedeutung besitzen, dann werden deutliche Unterschiede erkennbar. Die "SERVQUAL"-Studie (vgl. Zeithaml/Parasuraman/Berry 1992, S. 28 ff.) liefert hierzu Erkenntnisse (vgl. *Abbildung 6*). Im Vergleich zum weniger wichtigen materiellen Umfeld hat die Verläßlichkeit den größten Einfluß auf die von Kunden empfundene Servicequalität, noch vor dem Entgegenkommen, der Souveränität und dem Einfühlungsvermögen der Mitarbeiter. Konkret bedeutet dies, daß es aus Kundensicht besonders wichtig ist, zugesagte Leistungen zu erfüllen. Leistungsversprechen sind also vom Inhalt, Zeitpunkt und Ergebnis unbedingt einzuhalten. Parallel hierzu sind die Art und Weise, wie die Produktleistung und der Service vermittelt werden, von einer flankierenden Wichtigkeit. Mit anderen Worten steht und fällt diese konkrete Ausfüllung und Umsetzung der Servicequalität mit den in den Handelsunternehmen beschäftigten Mitarbeitern. Eine Positionierungsstrategie kann noch so gut formuliert sein, wenn die Realisierung im Mitarbeiterverhalten nicht stimmig und nachhaltig vorgenommen wird, schlägt die Strategie fehl.

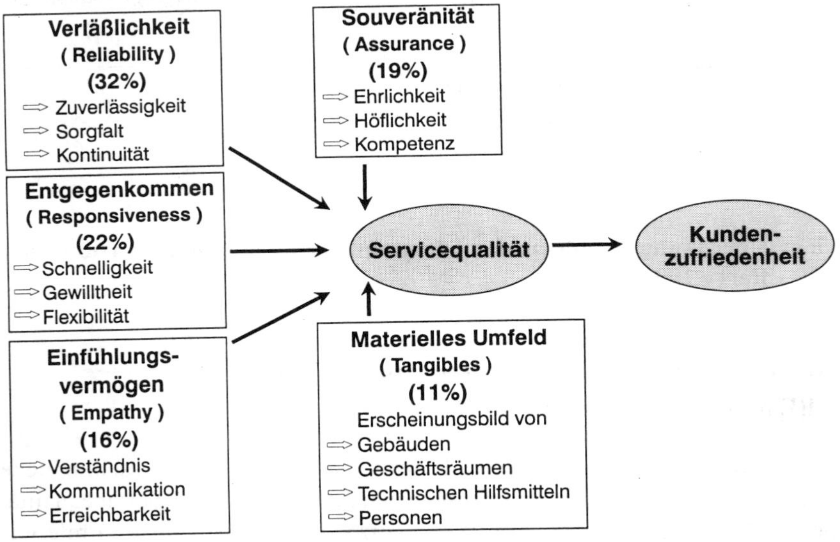

Abbildung 6: Wichtigkeit der 5 Bewertungsfaktoren von Servicequalität aus Kundensicht (Zeithaml/Parasuraman/Berry 1992)

Die Frage ist nun, wie der Nutzen aus Kundensicht beschaffen sein muß, damit er nicht nur wahrgenommen, sondern auch als wesentlich erachtet wird und auf diese Weise das Kaufverhalten steuert. In dieser Hinsicht besteht eine gefährliche Indifferenzzone. Sie besagt, daß eine Veränderung und Steigerung des Produktnutzens, der i.d.R. mit zusätzlichen Kosten verbunden ist, in diesem Bereich keine erhöhte Kundentreue bewirkt. Um es an einem Beispiel zu verdeutlichen: (vgl. Rommel et al. 1993, S. 10) Ein Fotogeschäft, das die Entwicklung von Fotos von mehreren Tagen auf einen Tag verkürzt hat, überschreitet deutlich eine für den Kunden wahrnehmbare Schwelle. Wenn die Differenzierung statt 24 Stunden 16 Stunden beträgt, wird dies für den Kunden nicht wesentlich sein. Die nächste Schwelle sind ca. 8 Stunden, so daß ein Kunde morgens den Film zum Entwickeln bringt und ihn abends nach der beruflichen Tätigkeit wieder abholt. Eine Verkürzung auf 4 Stunden wird wiederum keine Verbesserung aus Kundensicht bewirken. Erst die Reduzierung auf 1 Stunde oder weniger, und dies heißt, die Fertigstellung der Fotos während eines Einkaufsganges, bringt für den Kunden eine nachhaltige Nutzensteigerung.

Diese Überlegungen kennzeichnen einerseits die Chancen, die mit einer Nutzensteigerung und damit einer klaren kundenorientierten Positionierung verbunden sind, gleichzeitig umreißen sie aber auch die Risiken in Richtung Kundenzufriedenheitsfalle. Zu vermeiden sind vor allem die Maßnahmen, die Kostentreiber sind, die Zufriedenheit der Kunden aber kaum steigern. Wenig erfolgversprechend wird beispielsweise die Positionierung eines Autohändlers über ein Finanzierungsangebot beim Autokauf sein. Hiermit sind zwar kaum zusätzliche Kosten verbunden, aus Kundensicht wird dies aber als eine Standardleistung erwartet und besitzt damit keine zufriedenheitssteigernde Wirkung. Im Vergleich hierzu kann ein guter Telefonservice oder auch persönlicher Service nicht nur weitgehend kostenneutral sein, wenn man von Schulungsaktivitäten für die Mitarbeiter absieht, sondern er kann eine starke Zunahme der Kundenzufriedenheit bewirken respektive einen scharfen Umsatzeinbruch vermeiden. Die Botschaft ist klar: Das Unternehmen darf sich nicht auf Maßnahmen konzentrieren, die hohe Kosten verursachen und keine Zufriedenheitssteigerung bewirken. Es darf aber auch nicht die Maßnahmen favorisieren, die zwar die Zufriedenheit steigern, aber gleichzeitig die Kosten in die Höhe treiben und damit das Unternehmen unprofitabel machen oder sogar in den Konkurs treiben.

Aus den eingangs genannten Erkenntnissen zur asymmetrischen Weitergabe von Zufriedenheit und Unzufriedenheit durch Kunden an ihre Bekannten (vgl. Goodman et al. 1987; Meyer 1993, S. 34 ff.) abzuleiten sind dann auch Grundsätze zur Behandlung von Problemen und Beschwerden. Denn neben dem alltäglichen kundenorientierten Verhalten belegen Erfahrungen aus der Praxis und wissenschaftliche Untersuchungsergebnisse (vgl. Töpfer/Greff 1995, S. 161 ff.), daß vor allem die Ausnahmesituation einer Beschwerde, die ein Kunde vorbringt, für die Beschäftigten in Handelsunternehmen nicht ohne weiteres gemeistert und positiv bewältigt werden kann. Hier ist im Rahmen eines Beschwerdemanagements nicht nur eine klare organisatorische Verfahrensweise wichtig, sondern vor allem auch ein kontinuierliches Training der Mitarbeiter. Die organisatorische Verfahrensweise muß den Effekt verhindern, den ein sich beschwerender Kunde in keiner Weise akzeptieren wird, nämlich daß der angesprochene Mitarbeiter sich als nicht zuständig erklärt und auch kein Interesse zeigt, sich mit dem Kundenproblem zu beschäftigen. Grundsätze für die Behandlung von Problemen und Beschwerden müssen den Mitarbeitern deshalb folgende vier Inhaltsbereiche bewußt machen und direkt in ihr Verhalten umsetzen:

1) Ein Problem kann überall entstehen / eine Beschwerde überall eingehen.
2) Jeder ist "Eigner" und Verantwortlicher eines Problems, das er gesehen hat / einer Kundenbeschwerde, die er angenommen hat.
3) Ziel ist eine sofortige Lösung. Bei einer anderen Zuständigkeit erfolgt die kurzfristige Weitergabe an den richtigen Adressaten.
4) Die erfolgte Problemlösung wird an den "Eigner" zurückgemeldet. Für nicht gelöste Probleme treten die Eskalationsstufen in Kraft, also die Weitermeldung des noch nicht gelösten Kundenproblems an höhere Managementebenen.

Gerade die letzte Stufe setzt jedoch voraus, daß das Management bis zur Geschäftsführung des Handelsunternehmens eingegangenen und noch bestehenden Kundenbeschwerden eine hohe Priorität einräumt und damit vorlebt, daß es kaum etwas wichtigeres gibt, als Beschwerden der Kunden für diese zufriedenstellend zu lösen.

Gelingt dies, dann hat das Unternehmen die Chance, aus ehemals unzufriedenen Kunden, die mit ihrer Beschwerde ernst genommen wurden und für die eine akzeptable Lösung gefunden wurde, sogar Stammkunden zu machen. Wissenschaftliche Ergebnisse belegen deutlich, daß die Zufriedenheit von ehemals unzufriedenen Kunden, denen auf diese Weise begegnet und geholfen wurde, höher ist als bei anderen Kunden (vgl. Goodman/Malech/Marra 1987, S. 173). Die Konsequenz ist, daß hierdurch ein Effekt erreicht wird, der den Mitarbeitern auch verdeutlicht werden muß. Nämlich, daß das Werben eines neuen Kunden nicht nur ein Mehrfaches an Kosten als die Pflege eines Bestandskunden ausmacht, sondern daß aufgrund eines Kundenbeziehungs-Lebenszyklus mit zunehmender Kundenbindung der Beitrag zum Unternehmensgewinn durch jeden einzelnen Kunden zunimmt. *Abbildung 7* verdeutlicht diesen Effekt, der sich - wie ersichtlich ist - aus unterschiedlichen Teilwirkungen zusammensetzt und der sogar in eine etwas verminderte Preissensibilität und damit der höheren Bereitschaft, einen Premiumpreis zu akzeptieren, mündet.

4 MESSINSTRUMENTARIUM FÜR DIE SERVICEQUALITÄT UND KUNDENZUFRIEDENHEIT

Die Grundlage für dieses Meßinstrumentarium ist eine Prozeßanalyse der gesamten Geschäftsbeziehung mit den Kunden (vgl. *Abbildung 8*).

Alle Phasen, beginnend von der Information über den Kontakt bis zu Kauf, Nutzung und Betreuung müssen berücksichtigt und abgedeckt werden. Diese Prozeßanalyse der Geschäftsbeziehung ist die Grundlage für ein vierstufiges Meßverfahren, wie es in *Abbildung 9* wiedergegeben ist. Neben der Bedeutung und Zufriedenheit aus Kundensicht ist unbedingt auch die Zufriedenheit mit den Leistungen der Wettbewerber zu erfragen, um so ein realistisches Bild für die vom Kunden gegenüber dem eigenen Unternehmen geäußerte Zufriedenheit zu erhalten. Zusätzlich ist es wichtig, die Hauptanforderungen der Kunden für die zukünftige Zusammenarbeit bzw. das zukünftige Einkaufen im Handelsunternehmen zu erkennen, um hieraus frühzeitig Konsequenzen ziehen zu können.

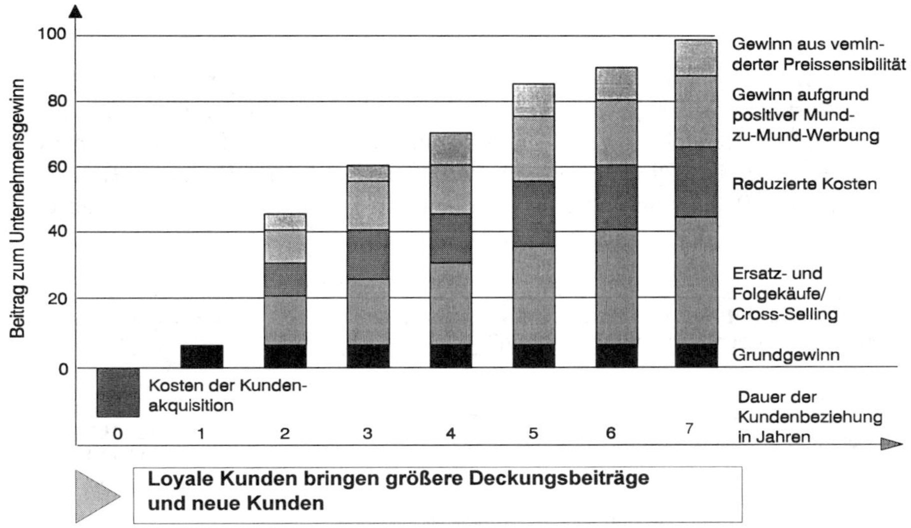

Abbildung 7: **Kundenbeziehungs-Lebenszyklus (Reichheld/Sasser 1990)**

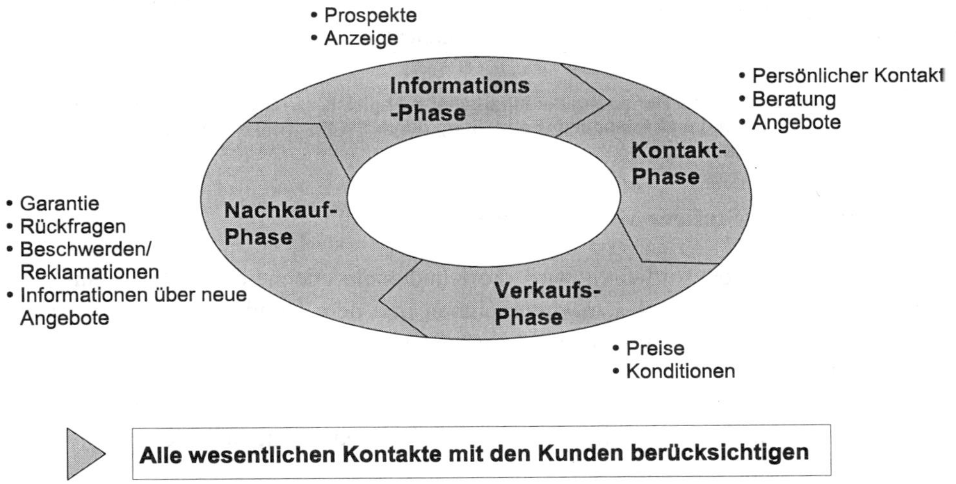

Abbildung 8: **Prozeßanalyse der Geschäftsbeziehung, Erarbeiten eines Fragenkataloges**

Für die Messung der Kundenzufriedenheit stehen grundsätzlich zwei Arten von Analyseverfahren zur Verfügung, nämlich merkmalsbezogene und ereignisbezogene Verfahren. Anhand der Auflistung in *Abbildung 10* soll kurz auf die wesentlichen Unterschiede eingegangen werden.

Merkmalsbezogene Verfahren werden vor allem bei Befragungen im periodisch wiederholenden Abstand eingesetzt, ohne daß ein unmittelbarer Bezug zu einem Ereignis im Kontakt zwischen Handelsunternehmen und Kunden bestehen muß. Anhand einer differenzierten Kriterienliste, die alle wesentlichen unterschiedlichen Erwartungen abdecken muß, werden die Bedeutung und die Zufriedenheit des Kunden zu jedem Kriterium erfragt.

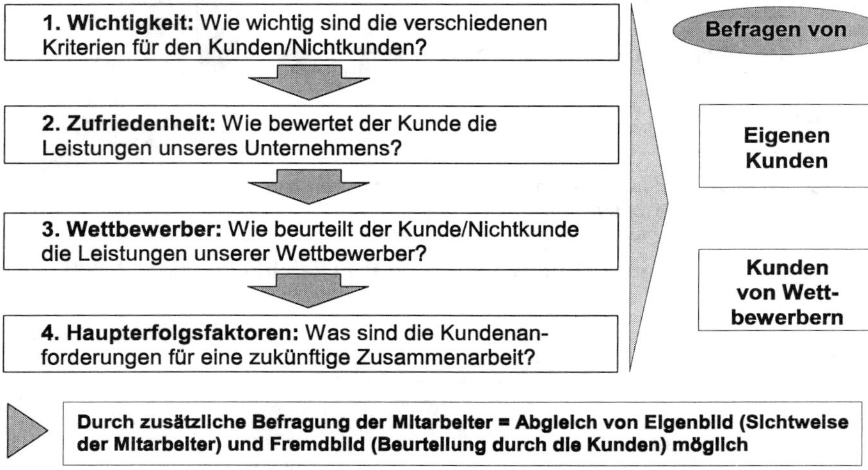

Abbildung 9: 4-Stufiges Meßverfahren

Bei ereignisbezogenen Verfahren wird die Kundenzufriedenheit mit Bezug auf einen konkreten Kontakt zwischen dem Unternehmen und dem Kunden, wie beispielsweise nach einem Kauf, der Inanspruchnahme einer Serviceleistung oder auch nach einer Reparatur analysiert. Auf diese Weise lassen sich die Tangibles, also die Infrastruktur eines Handelsunternehmens mit den verschiedenen Kontaktpunkten, und damit auch die Intangibles, also die dort gebotene Kontakt- und Servicequalität, analysieren.

Die erste Stufe zur Beurteilung der erlebten Servicequalität ist dabei ein sogenanntes Blueprinting, d.h. die Darstellung aller Kontaktpunkte des Kunden mit dem Handelsunternehmen (vgl. *Abbildung 11*).

Analyse-arten / Kriterien	Merkmalsbezogenes Verfahren	Ereignisbezogenes Verfahren
Anlaß/ Zeitpunkt	• Vorwiegend ereignisunabhängig eingesetzt • Im regelmäßigen Turnus, z.B. 1 x pro Jahr	• Nach bestimmtem Ereignis wie Kauf, Service • In unregelmäßigen Abständen
Inhalt	• Kriterienliste zur Kennzeichnung der wesentlichen Kunden-anforderungen/-erwartungen	• Bewertung der Kontaktpunkte mit dem Kunden (Blueprinting/ Sequentielle Ereignismethode/ Critical Incident Technique)

Abbildung 10: Zwei Arten von Analyseverfahren

① Telefonische Anfrage / Terminvereinbarung: Verbindung, Auskunft, Gesprächsführung

② Zufahrtswege: Hinweisschilder, Einfahrt

③ Parkplätze: Anzahl, Entfernung zum Gebäude, Behindertenparkplatz

④ Gebäude/Gelände: Äußeres Erscheinungsbild, Beleuchtung, Fassade

⑤ Gebäude-Eingang: Beleuchtung, Hinweistafeln, Information, Türen, Decken, Fußboden

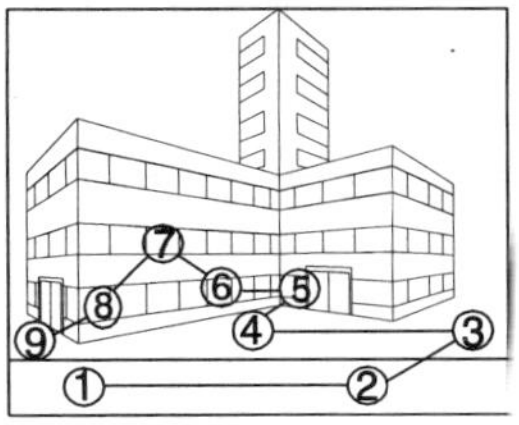

Blueprint: Grafische Verlaufsdarstellung der Kunden-Kontaktpunkte in einem Unternehmen

⑥ Aufenthalt: Wartezeit, Sitzplätze, Prospekte, Flyer, Aushänge, Diskretion, separate Beratungsmöglichkeiten, andere Kunden, flüchtiger Kontakt mit Personal, Hören von Betriebsgeschehen, Belüftung

⑦ Beratung / Service: Begrüßung, Freundlichkeit / Kompetenz des Personals, Gesprächsverlauf, Behandlung, Verabschiedung

⑧ Verlassen der Räumlichkeiten und Gebäude: Beschilderung des Ausgangs, Verabschiedung an der Information

⑨ Verlassen des Geländes: Ausfahrt, Beschilderung

Erfahrungswert: Mehr als jede zweite Person beschwert sich nicht, sondern zieht stillschweigend Konsequenzen und redet negativ über das Kontakterlebnis

Abbildung 11: Moments of Truth - Augenblicke der Wahrheit

Anschließend läßt sich die Sequentielle Ereignismethode einsetzen. Das heißt, der Kunde beschreibt alle seine Eindrücke bzw. Erlebnisse an jedem dieser Kontaktpunkte. Die dritte Stufe ist die Critical Incident Technique. Hier berichtet der Kunde aus dem Gedächtnis über die aus seiner Sicht am stärksten positiven oder negativen, also kritischen Ereignisse, die für ihn wichtig waren und an die er sich erinnern kann. Erst die vierte Stufe ist die Beschwerdeanalyse, also das konkrete Artikulieren einer hohen Unzufriedenheit aus Kundensicht, um hieraus Maßnahmen zu deren Beseitigung abzuleiten. Es steht außer Frage, daß auch bei dieser mehrstufigen Vorgehensweise die Beschwerdeanalyse zu kurz greift und das Handelshandelsunternehmen bereits früher, insbesondere bei den kritischen negativen Ereignissen, ansetzen muß.

Eine differenzierte Analyse des Kundenzufriedenheitsindex, respektive des Customer-Satisfaction-Index (CSI), wie sie *Abbildung 12* zeigt, ist dann nicht nur die Grundlage für einen externen Vergleich mit Wettbewerbern, sondern zugleich auch die Grundlage für ein internes Benchmarking. Dies geschieht in der Weise, daß auf der Basis eines einheitlich angewendeten Meßinstrumentariums die Zufriedenheit der Kunden in einzelnen Filialen direkt miteinander verglichen wird (vgl. *Abbildung 13*). Zusätzlich kann diese Analyse auch in der Weise durchgeführt und ergänzt werden, daß die Zufriedenheit von verschiedenen Kundengruppen differenziert ermittelt und dargestellt wird.

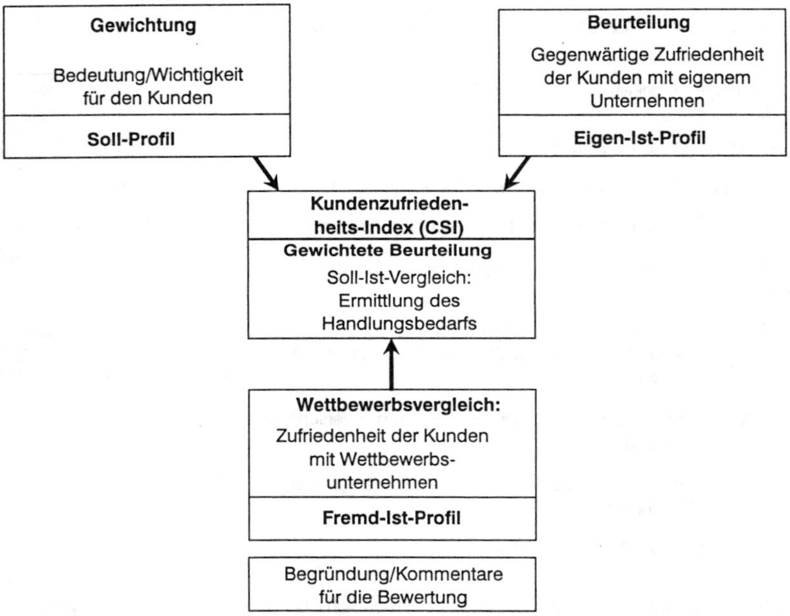

Abbildung 12: Befragungsinhalte einer Kundenzufriedenheitsanalyse

5 UMSETZUNG IN DIE MITARBEITERFÜHRUNG UND -STEUERUNG

Die bereits angesprochene Voraussetzung für Kundenzufriedenheit, nämlich engagierte und motivierte Mitarbeiter, soll hier noch einmal vertieft werden. Eine Erkenntnis hat sich in der Wissenschaft und Praxis klar durchgesetzt: Zufriedene Mitarbeiter sind die notwendige Basis für zufriedene Kunden. Dies bedeutet, daß zufriedene Mitarbeiter nicht träge und weniger kundenorientiert, sondern stärker kundenorientiert sind, weil sie in ihrem eigenen Arbeitsbereich eine positive Situation vorfinden, die sie motiviert und die ihnen die Möglichkeit gibt, sich auf die Kunden zu konzentrieren. Voraussetzung, um diesen Zustand zu erreichen, ist nicht nur eine entsprechende Kommunikation, beispielsweise in der Weise, daß den Mitarbeitern klar gemacht wird, daß der Kunde es ist, der ihr Gehalt bezahlt und damit letztlich ihr Arbeitgeber ist. Vielmehr ist es zusätzlich erforderlich, ein konsequentes internes Marketing zu betreiben, das ein positives Arbeitsumfeld und stimulierende Arbeitsinhalte schafft. Voraussetzung ist, wie beim Kunden, daß die Unternehmensleitung Problembereiche der Mitarbeiter kennt, um sie gezielt beseitigen zu können und um damit den Mitarbeitern die Möglichkeit zu geben, sich voll und ganz auf die Kunden zu konzentrieren. Ein bewährtes Instrument hierfür sind regelmäßige Mitarbeiterbefragungen zur Arbeits- und Führungssituation und der damit verbundenen Zufriedenheit oder Frustration. In der gesamten Industrie nimmt die Verbreitung und Durchführung von derartigen Mitarbeiterbefragungen zu. Es steht außer

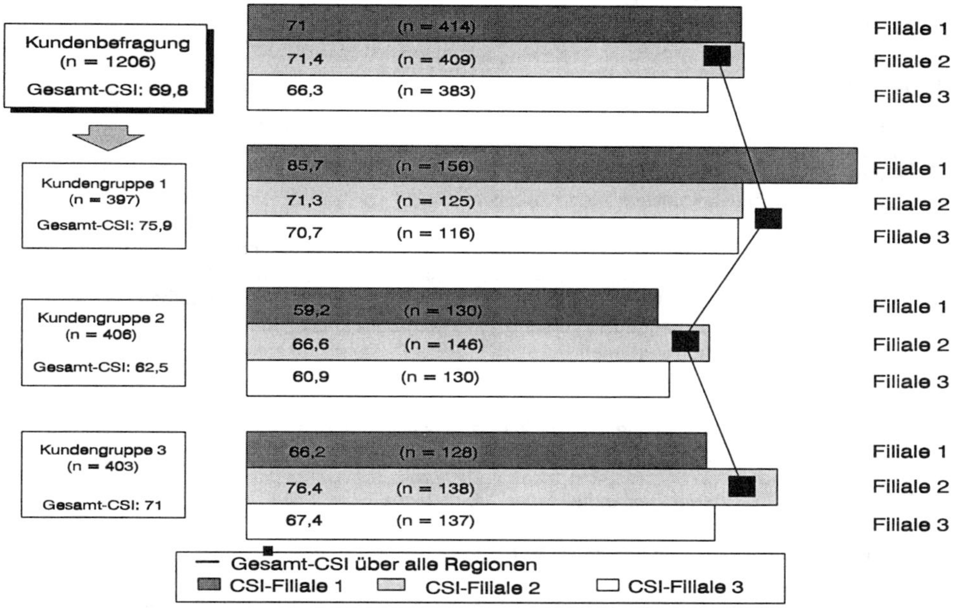

Abbildung 13: Kundenzufriedenheitsindex über Filialen

Frage, daß gerade auch in Handelsunternehmen Mitarbeiterbefragungen ein wichtiges unterstützendes und informierendes Instrument sind, um gezielt handeln und verbessern zu können, denn Kontaktqualität und Servicequalität der Mitarbeiter machen i.d.R. mehr als 50 Prozent des Verkaufserfolges aus. Nur wenn die Führungskräfte diesen Wirkungsmechanismus akzeptieren und vorleben, wird die entsprechende Auswirkung auf der Mitarbeiterseite gegeben sein. Neben der Einstellung ist das ständige Lernen ein

Hauptziel, um so 100 Prozent Qualität, für die jeder Einzelne in seinem Bereich endverantwortlich ist, zu erreichen. Daneben steht das Bestreben, kontinuierlich zu Verbesserungen zu kommen und so insgesamt schneller und besser als die Wettbewerber zu sein.

Wesentlich für die ständige Qualifikationsverbesserung durch Personalentwicklung ist nicht nur ein griffiges Konzept, sondern vor allem auch die Bereitschaft und das Engagement der Führungskräfte, durch ihr persönliches Führungsverhalten diesen Lernprozeß im Sinne einer Kaizen-Philosophie der kontinuierlichen Verbesserung voranzutreiben. Ein gutes und nachahmenswertes Beispiel ist das Programm TiP (Täglich im Programm) von Hertie. Wie *Abbildung 14* erkennen läßt, wird hier täglich trainiert, in Abstimmung zwischen dem Abteilungsleiter und seinen Mitarbeitern, sowohl hinsichtlich des Zeitfensters als auch hinsichtlich der Inhalte (vgl. Retz 1994, S. 45). Der Erfolg zeigt, daß die Bereitschaft zu diesem kurzen, intensiven und direkt praxisorientierten Lernen groß ist und auf diese Weise die angestrebte Servicequalität als Voraussetzung für die Positionierung und die anvisierte Kundenzufriedenheit auf breiter Basis erreicht und gelebt werden kann.

Hertie: Täglich im Programm (TiP)

- ⇨ Tägliches Training der Verkaufsmitarbeiter (Kurzbesprechung + Diskussion)
- ⇨ 5-10 Minuten im Verkaufsraum
- ⇨ Führungskraft einer Abteilung als Trainer
- ⇨ Zeitpunkt variabel/verkaufsschwache Zeiten

- ⇨ 26 inhaltliche Blöcke mit fast 1.200 Einzelthemen (Besprechungskarten in TiP-Box)
- ⇨ Themenauswahl durch Führungskraft/Mitarbeiter nach aktuellem Bedarf/Problem, z.B. Rund um die Kasse, Umtausch u. Reklamation, Freundlichkeit, Warenaufbau
- ⇨ Ablauf: Information - Anregungen/Vorschläge - Vereinbarung zur Umsetzung/ zum zukünftigen Verhalten

- ⇨ Ziel: Praxisbezogen kontinuierliche Verbesserungen
- ⇨ Umsetzung von Strategie und Slogan: "Gut ist uns nicht gut genug."
- ⇨ Einführung und Praxistext über Pilotprojekte

Fazit: Training als integrierter Bestandteil jedes Arbeitstages
Ergebnis: Konkrete Verhaltensänderungen
Dafür: Human Resources Management Award 1993

▶ **Keine Weiterbildung auf Vorrat, sondern in kleinen Schritten direkt bedarfs- und umsetzungsorientiert**

Abbildung 14: Training-on-the-Job (Retz, 1994, S. 45)

LITERATUR

Becker, J. : Marketing-Konzeption: Grundlagen des strategischen Marketing-Managements, 3. Aufl., München 1990.

Biallo, H. : Fünfmal so teuer. In: Wirtschaftswoche, 47. Jg. (1993), Nr. 16, S. 40-41.

Diller, H. : Beziehungsmanagement. In: Köhler, R.; Tietz, B.; Zentes, J. (Hrsg.): Handwörterbuch des Marketing, Stuttgart 1995, Sp. 265-300.

Diller, H.; Kusterer, M. : Beziehungsmanagement - Theoretische Grundlagen und explorative Befunde. In: Marketing ZFP, 10. Jg. (1988), Nr. 3, S. 211-220.

Goodman, J. A.; Malech, A. R.; Marra, T. R. : Beschwerdepolitik unter Kosten-/Nutzen-Gesichtspunkten - Lernmöglichkeiten aus den USA. In: Hansen, U.; Schoenheit, I. (Hrsg.): Verbraucherzufriedenheit und Beschwerdeverhalten, Frankfurt/New York 1987, S. 165-202.

Hansen, U.; Schoenheit, I. (Hrsg.): Verbraucherzufriedenheit und Beschwerdeverhalten, Frankfurt/New York 1987.

Jones, Th. O.; Sasser, W. E. Jr. : Why Satisfied Customers Defect. In: Harvard Business Review, November/December 1995, S. 88-99.

Meyer, A.; Dornach, F. : Jahrbuch der Kundenzufriedenheit in Deutschland 1995: Das Deutsche Kundenbarometer 1995 - Qualität und Zufriedenheit, hrsg. v. Deutsche Marketing-Vereinigung e.V. und Deutsche Post AG, München 1995.

Müller, W.; Riesenbeck, H.-J. : Wie aus zufriedenen auch anhängliche Kunden werden. In: Harvard Manager, 13. Jg. (1991), Nr. 3, S. 67-79.

Reichheld, F. R.; Sasser, W. : Zero-Migration - Dienstleister im Sog der Qualitätsrevolution. In: Harvard Manager, 13. Jg. (1991), Nr. 4, S. 108-116.

Retz, D. C. : Qualität der Mitarbeiter steigern. In: Personalwirtschaft, 21. Jg. (1994), Nr. 3, S. 45-47.

Rommel, G. et al. : Einfach überlegen - das Unternehmenskonzept, das die Schlanken schlank und die Schnellen schnell macht, Stuttgart 1993.

Stauss, B.; Neuhaus, P. : Das Qualitative Zufriedenheitsmodell (QZM). In: Diskussionsbeiträge der Wirtschaftswissenschaftlichen Fakultät Ingolstadt, 1996, Nr. 66.

Töpfer, A.; Greff, G. : Servicequalität am Telefon: Corporate Identity im Kundendialog, Neuwied/Kriftel/Berlin 1995.

Töpfer, A.; Mann, A. : Kundenzufriedenheit als Meßlatte für den Erfolg. In: Töpfer, A. (Hrsg.): Kundenzufriedenheit Messen und Steigern, Neuwied/Kriftel/Berlin 1996, S. 25-81.

Zeithaml, V. A.; Parasuraman, A.; Berry, L. L. : Qualitätsservice, Frankfurt a. Main/New York 1992.

Servicequalität im Handel

Anton Meyer und Lars Fend, München

Unter verschärften Wettbewerbsbedingungen im Handel kann eine stärkere Serviceorientierung einen wichtigen Erfolgsfaktor für Handelsunternehmen darstellen. Dabei gilt es, sowohl das Serviceangebot als auch die Qualität der Serviceleistungen konsequent an den Kundenbedürfnissen auszurichten. Aus dem Bereich der Dienstleistungsforschung lassen sich Meßkonzepte und Qualitätsmodelle für den Handel heranziehen, mit deren Hilfe die von Handelsunternehmen angebotenen Serviceleistungen sowie deren Qualität systematisch gemessen und gesteuert werden können, um schließlich eine „unique *service* proposition" zu erreichen.

1 PROBLEMHINTERGRUND

Aus volkswirtschaftlicher Sicht ist in den vergangenen Jahren ein kontinuierlicher Anstieg des privaten Geldvermögens der Verbraucher festzustellen. Während der Dienstleistungssektor seit Jahren von den steigenden Ausgaben der Verbraucher überdurchschnittlich profitiert, gelingt dies dem Einzelhandel nur unterdurchschnittlich (Institut der deutschen Wirtschaft 1995, S. 23 ff.). Über diesen Wettbewerb zwischen einzelnen Wirtschaftsbereichen hinaus, deuten einige Indikatoren auch auf einen weiter fortschreitenden handelsinternen Wettbewerb hin:

Die Anzahl der Betriebe ist in vielen Handelsbranchen rückläufig (Deutsches Handelsinstitut 1995, S. 57) und die Marktanteile zwischen den Handelsunternehmen verschieben sich weiterhin, so daß einzelne Betriebsformen immer größere Marktanteile auf sich ziehen (Bundesverband des Deutschen Lebensmittel-Einzelhandels e.V., Ausgaben 1985-1994). Darüber hinaus befinden sich viele Handelsunternehmen in einer konzeptionellen Sackgasse oder zumindest in der trichterförmig sich verengenden Einbahnstraße, weil die jahrelang einsetzende Preisprofilierung vieler Handelsunternehmen in immer mehr Handelsbranchen weder zur Steigerung von Kundenzufriedenheit und Kundenbindung (Meyer/Dornach 1995, S. 6 ff.) noch zur Steigerung der Profitabilität beigetragen hat (Warzecha 1994, S. 13).

Vor diesem Hintergrund erscheint es erforderlich, ein Konzept zu entwerfen, das es Handelsunternehmen ermöglicht, sich jenseits des eindimensionalen (Preis-) Wettbewerbs zu profilieren und somit letztlich zu einer erfolgreichen strategischen Neupositionierung aus Kundensicht zu gelangen. In diesem Zusammenhang findet man in der jüngeren Management-Literatur häufig eine verstärkte Betrachtung von Kundenzufriedenheitskonzepten, die vor allem durch eine stärkere Herausstellung der Servicequalität geprägt ist (Bruhn/Stauss 1995; Davidow/Uttal 1991; Horovitz/Panak 1993; Nagel/Rasner 1993; Simon/Homburg 1995). Allerdings sind diese theoretisch-konzeptionellen und empirischen Untersuchungen – mit wenigen Ausnahmen wie etwa dem *Deutschen Kundenbarometer*, in dem über 47.000 Interviews in über neun Handelsbranchen (inkl. Tankstellen) geführt werden (Meyer/Dornach 1995) – primär auf den Dienstleistungsbereich ausgerichtet.

In der handelswissenschaftlichen Literatur, aber auch in der Handels-Praxis finden derartige Konzepte zur Kunden- und Serviceorientierung bisher – mit wenigen Ausnahmen (z.B. Gerstung 1978, Hansen 1990) – nur geringe Beachtung, wenngleich die mangelnde Serviceorientierung der Handelsunternehmen immer häufiger beklagt wird. So empfinden nach den Ergebnissen des *Deutschen Kundenbarometers* von 5.329 Kauf- und Warenhauskunden 43,3% die Servicebereitschaft der Mitarbeiter des von ihnen hauptsächlich genutzten Warenhauses lediglich als zufriedenstellend, 23,8% aller Kunden sind sogar von der Servicebereitschaft „ihres“ Warenhauses enttäuscht (Meyer/Dornach 1995, S. 80 f.). Ein wesentlicher Grund für dieses Resultat ist sicher die Auffassung vieler Handelspraktiker, daß Serviceleistungen im Handel eher als kostenverursachendes „notwendiges Übel“ oder als „Residualbereich“ anzusehen sind (Berekoven 1995, S. 167; Hansen 1990, S. 434). Oftmals übersehen wird dabei, daß gute Standorte bzw. Preise alleine auf Dauer – und insbesondere nicht für alle Anbieter – keine Erfolgsgarantien sein können und der ökonomische sowie außerökonomische Erfolg einer realisierten Kunden- und Serviceorientierung vor allem für den Dienstleistungssektor empirisch bereits mehrfach nachgewiesen werden konnte (Reichheld/Sasser 1991; Heskett/Jones et al. 1994; Griffin/Gleason et al. 1995).

Vor diesem Problemhintergrund besteht das zentrale Ziel der nachfolgenden konzeptionellen Ausführungen darin, wesentliche Erkenntnisse aus dem Wissensgebiet der Dienstleistungsforschung im Zusammenhang mit Kundenzufriedenheits- und Servicekonzepten für den Handel nutzbar zu machen sowie eine Basis für die verstärkte wissenschaftliche, aber praktische Auseinandersetzung mit dem Gebiet des Servicemarketing im Handel aufzuzeigen.

2 BEGRIFFLICHE GRUNDLAGEN

2.1 Begriff und Formen von Service bzw. Serviceleistungen

Der Begriff „Service“ und „Serviceleistung“ wird in der Literatur oftmals unterschiedlich und anhand verschiedener Begriffsmerkmale definiert sowie mit einer Reihe weiterer Begriffe wie z. B. Dienstleistungen gleichgesetzt.

Barth definiert ganz allgemein, daß Serviceleistungen Maßnahmen zur „Erhöhung der Einkaufsbequemlichkeit" darstellen (Barth 1993, S. 41), während Berekoven vor allem auf ein begriffsbestimmendes Merkmal abstellt, wenn er den Service hauptsächlich als Zusatzleistung zu einer Hauptleistung sieht (Berekoven 1995, S. 165).

Weitere in der handelswissenschaftlichen Literatur diskutierte begriffsbestimmende Merkmale sind u. a. die „Unentgeltlichkeit der Leistungen", die „über den branchen- oder betriebsformenüblichen Rahmen hinausgehende Leistung", die „ausschließlich nach dem Kauf erbrachte Leistung" sowie die „Freiwilligkeit der Leistung" (Hansen 1990, S. 433).

Betrachtet man die in der Literatur verwendeten Definitionen so fällt auf, daß Sie entweder in hohem Maße allgemein oder aber sehr restriktiv ausgelegt sind. Anliegen der nachfolgenden Begriffsbestimmung ist es daher, Serviceleistungen einerseits ausreichend allgemein zu definieren, um die bestehende Leistungsvielfalt und mögliche Serviceinnovationen abzubilden und zu integrieren. Andererseits gilt es, Serviceleistungen hinreichend differenziert abzugrenzen, um sie einer möglichst exakten Bestimmung zugänglich und für Handlungsempfehlungen nutzbar zu machen. Unter Berücksichtigung der oben aufgeführten Überlegungen, erscheint es zweckmäßig, Service bzw. Serviceleistungen wie folgt zu definieren:

„Service bzw. Serviceleistungen umfassen alle Versorgungsobjekte (z. B. Transportdienste, Service- und Qualitätsgarantien), welche der Handel *freiwillig* und *zusätzlich* zum Warenangebot zur Kundengewinnung und vor allem zur Kundenbindung anbietet – unabhängig davon, ob diese Leistungen entgeltlich oder unentgeltlich angeboten werden."

Mit Hilfe dieser Definition ist nun auch eine Abgrenzung gegenüber den in der Literatur synonym verwendeten Begriffen Dienstleistungen und Kundendienst-Leistungen möglich (Falk/Wolf 1992, S. 352). Während Dienstleistungen als „angebotene *immaterielle* menschliche Leistungsfähigkeiten, die direkt an externen Faktoren (Mensch oder deren Objekt) mit dem Ziel erbracht werden, an diesen Faktoren irgendwelche Veränderungen zu bewirken" (Meyer 1993, S. 179) bezeichnet werden können, geht der Begriff der Serviceleistung durch Einbeziehung von Chancen und Sachleistungen über den Begriff der Dienstleistung hinaus. Des weiteren wird der Begriff durch die Zielsetzung der Kundengewinnung und Kundenbindung näher charakterisiert (vgl. auch Meyer 1980, S. 16). Dementsprechend erhalten Serviceleistungen *strategische Bedeutung*, weil auf ihrer Basis dauerhafte Wettbewerbsvorteile erzielt werden sollen.

Basierend auf diesen Überlegungen läßt sich nun ein Systematisierungsrahmen aufspannen (vgl. *Abbildung 1*), der es erlaubt, derzeitige und potentielle Serviceleistungen im Handel anhand der Leistungsart (Dienstleistung, ökonomische Chancen, Sachleistungen und Systemangebote) sowie den Grad der Kaufverbundenheit (eher kaufabhängig bzw.

kaufunabhängig) und der prozessualen Verbundenheit mit den Kernleistungen (Vorkaufphase, Kaufphase, Nachkaufphase, phasenübergreifend) abzubilden.

Grad der Kaufverbundenheit / Art der Leistung	eher kaufunabhängige Serviceleistungen	eher kaufabhängige Serviceleistungen		
		phasenübergreifend		
		Vorkaufphase	Kaufphase	Nachkaufphase
Dienstleistungen	- Aufbewahrungsservice - Baby-Wickelraum - Bankautomaten - Friseur, Reisebüro - Manipulationsleistungen an fremden Objekten (z.B. Ski-Einstellung) - Senioren- und Single-Einkaufstage	- Garderobe/ Taschenabgabe - Informationszentrum - Parkplätze - Telefonbestellungen - Farbleitsystem	- Beratung - Manipulationsdienste (z. B. Gravur, Zuschnitt) - visuelle Hinweise auf Sonderangebote - Reinigungsservice	- Beschwerde- bzw. Kundenzentrum - Reparatur, Wartung, Inspektion - Schulungen - Servicetelefon - Einpackdienste - Zustellservice - Versand an Dritte
		- Pendelbusse, Ruhezonen, Kinderhort, Fahrstuhl, Rolltreppe		
ökonomische Chancen	- Verleih/Vermietung v. Sortimentsbestandteilen		- Angebotsgarantie - Kassenpräsenzgarantie	- Festpreisgarantie - Frischegarantie - Umtauschgarantie
Sachleistungen	- Produktausstattung von Serviceräumen (z. B. mit Tee, Baby-Puder)		- Warenproben - Haustelefon	- Geschenkpapier - Regenschirme - Tragetaschen
Systemangebote	- "Food Court", Restaurant			- Shopping-Boxes

Abbildung 1: Ausgewählte Serviceformen und Servicepotentiale im Handel

Um in einem weiteren Schritt unternehmensbezogene Gestaltungsempfehlungen hinsichtlich einer langfristigen Um- oder Neupositionierung oder einer Serviceführerschaft im Handel ableiten zu können, ist es zum einen notwendig, die *Formen* der Serviceleistungen aus Kundensicht hinsichtlich ihrer Aktualität, Innovativität, Wahrnehmbarkeit, Wichtigkeit und Dauerhaftigkeit (im Sinne einer Alleinstellung) permanent zu überprüfen. Das unüberlegte Anbieten zahlreicher und möglicherweise kostenintensiver Services, die vom Kunden bzw. Kundenzielgruppen nicht oder nicht mehr gewünscht bzw. honoriert werden, kann so umgangen werden (vgl. hierzu Meyer/Blümelhuber 1995). Zum anderen gilt es, die angebotenen Serviceleistungen von Handelsunternehmen konsequent auf ihre *Qualität* zu überprüfen und diese zu steuern. Dazu soll nachfolgend der Begriff der Servicequalität dargestellt und ein Arbeitsbegriff formuliert werden.

2.2 Begriff der Servicequalität

In der einschlägigen Literatur existieren diverse Ansätze „Qualität" zu definieren; so findet man unter anderem produkt-, kunden-, hersteller- oder wertorientierte Qualitätsbegriffe (Bruhn 1995, S. 24, Haller 1995, S. 13).

Um zu einem problemadäquaten Arbeitsbegriff zu gelangen, kann auch hier wieder nach der Zweckmäßigkeit der Begriffsauffassungen gefragt werden. Wenn Serviceleistungen dazu dienen sollen sich vom Wettbewerb zu differenzieren, Kunden zu gewinnen und zu binden, um so letztlich den Absatz von Waren durch zusätzliche Leistungen zu fördern, dann kann dieses Ziel vor allem dadurch erreicht werden, daß die *Kunden* diese Serviceleistungen zu schätzen wissen und diese, zusammen mit dem gesamten Handelsgeschäft, in überzeugender Qualität erleben. Daher erscheint es sinnvoll, die *kundenorientierte Begriffsauffassung* zugrunde zu legen, nach der die Qualität definiert wird durch die Wahrnehmung der Serviceleistung durch den Kunden. Dieser Begriffsauffassung folgend läßt sich die Servicequalität einer Handelsunternehmung zum einen durch den vom Kunden wahrgenommenen und bewerteten Serviceumfang (Tech-Komponente) und zum anderen durch die empfundene und bewertete Art und Weise wie Service geleistet wird (Touch-Komponente) näher charakterisieren.

Nach der vorgenommenen Klärung der Begriffe Service bzw. Serviceleistung und Servicequalität sollen nun drei Ansätze aufgezeigt werden, wie Servicequalität im Handel gemessen werden kann, um so die Voraussetzung für eine wirksame Steuerung und Verbesserung der Qualität angebotener Serviceleistungen im Handel zu schaffen.

3 MESSUNG VON SERVICEQUALITÄT

Vor dem Hintergrund der kundenorientierten Begriffsdefinition von Service sowie der empirischen Bewährung, aber auch der praktischen Relevanz der Meßverfahren soll im folgenden auf Meßverfahren aus der zufriedenheitsbasierten Multiattributforschung (SERVQUAL) sowie aus der ereignisorientierten Forschung (Kontaktpunktanalyse) eingegangen werden.

3.1 Attributorientierte Verfahren

Die attributorientierten Verfahren gehen i. d. R. davon aus, daß sich die Qualitätsbeurteilung aus einem intrasubjektiven Abgleich zwischen erwarteter und erlebter Servicequalität ergibt. Dazu können auf Ratingskalen sowohl die tatsächlich erlebte als auch die erwartete Servicequalität erhoben werden. Formal wird die Diskrepanzermittlung im allgemeinen wie folgt dargestellt:

$$SQ_j = \sum_{i=1}^{n} \left| Q_{EWi} - Q_{ELij} \right| \qquad \text{mit } i = 1, \ldots, n$$

wobei:
SQ_j = Zufriedenheit mit der Servicequalität eines Handelsunternehmens j
Q_{EWi} = Erwartete Servicequalität bei einem Qualitätsmerkmal i
Q_{ELij} = Erlebte Servicequalität bei einem Qualitätsmerkmal i bei Handelsunternehmen j

Basierend auf dem Grundgedanken dieser Diskrepanz- bzw. Differenzmessung wurden in den achtziger Jahren spezielle Ansätze zur Messung der Dienstleistungsqualität entwickelt. Einer der wohl bekanntesten Ansätze in der Literatur ist dabei der SERVQUAL-Ansatz (Parasuraman/Zeithaml/Berry 1988). Ausgehend von 22 Qualitätsmerkmalen grenzen Parasuraman/Zeithaml/Berry fünf Qualitätsfaktoren ab, die einer Messung zugänglich sind und vor allem in beratungsintensiven Dienstleistungsbranchen eingesetzt wurden: Tangibles (Materielles), Reliability (Zuverlässigkeit), Responsiveness (Entgegenkommen), Assurance (Leistungskompetenz) und Empathy (Einfühlung). Wenngleich der ursprüngliche Anspruch darin bestand, damit einen branchenübergreifenden Fragebogen zu entwickeln (Parasuraman/Zeithaml/Berry 1988, S. 31), macht die Heterogenität der Untersuchungsbereiche oftmals eine untersuchungsspezifische Anpassung notwendig. In Bezug auf den Handel ließen sich die Qualitätsfaktoren wie in *Abbildung 2* dargestellt konkretisieren. Ob diese Faktoren bzw. deren Konkretisierung für den Handel in der dargestellten Weise stimmen, gilt es allerdings noch zu überprüfen.

Obwohl der überwiegende Teil der Serviceleistungen im Handel und der vom Kunden wahrgenommenen Prozesse Dienstleistungscharakter hat, wurden für den Handel derartige Meßkonzepte bisher kaum genutzt. Eine erste handelsspezifische und auf den fünf Qualitätsfaktoren basierende Befragung nehmen Nel/Pitt vor, wenn sie die Servicequalität von fünf „hyperstores" untersuchen (Nel/Pitt 1993). Aus Kundensicht ermitteln sie vor allem Defizite in den Bereichen Freundlichkeit und Schnelligkeit, in der Kundenprobleme aufgegriffen und gelöst werden. Aus Sicht der Mitarbeiter kann die Servicequalität vor allem durch die Übertragung größerer Entscheidungskompetenz auf das Personal in Kundenfragen, ein besseres Anreiz- und Belohnungssystem für erbrachte Serviceleistungen, aber auch eine fundiertere Ausbildung im Umgang mit Kunden spürbar erhöht werden. Da die beschriebenen Verfahren vor allem auf bereits bestehende Serviceleistungen und die Messung der „Routinequalität" abstellen (Meyer/Dornach 1992, S. 124), gilt es weitere Verfahren sowohl zur Sammlung außergewöhnlich negativer bzw. positiver Qualitätsereignisse als auch zur Generierung neuer Serviceideen zu berücksichtigen. Daher wird im folgenden kurz auf ereignisorientierte Verfahren eingegangen.

3.2 Ereignisorientierte Verfahren

Zentrales Anliegen der ereignisorientierten Verfahren ist das Aufdecken außergewöhnlicher Kundenerlebnisse, die als besonders negativ oder positiv empfunden werden. Basierend auf diesen Informationen sollen dann qualitätssteuernde Maßnahmen ergriffen werden.

Die Darstellung sowohl der methodischen Aspekte als auch der Anwendungsmöglichkeiten ereignisorientierter Messverfahren kann im Rahmen der von Stauss vorgestellten *Kontaktpunktanalyse* vorgenommen werden (Stauss 1995). Charakteristisch für die Kontaktpunktanalyse ist ein Vorgehen in drei Schritten:

1) Kontaktpunkt-Identifikation,
2) qualitative Kontaktpunkt-Erlebnismessung,
3) quantitative Kontaktpunktproblembewertung.

Qualitätsfaktoren	Handelsspezifische Ausgestaltung
⇨ **Tangibles** (Materielles)	Gesamtheit des physischen Umfelds, das der Kunde beim Einkauf wahrnimmt, wie z. B. Ladendesign, Sauberkeit der Einkaufsstätte und des Parkbereichs, Gestaltung der Kassenbereiche, äußerliche Erscheinung der Mitarbeiter, äußerliche Attraktivität des Prospektmaterials usw.
⇨ **Reliability** (Zuverlässigkeit)	Zuverlässigkeit des Handelsunternehmens, die zugesagten Serviceleistungen wie versprochen und gewissenhaft auszuführen, z. B. Einhaltung von Terminzusagen, Verwirklichung von Garantien, Konsistenz der Preisauszeichnung am Regal und in der Werbung, korrektes Kassieren, ausreichende Verfügbarkeit von Werbeartikeln usw.
⇨ **Responsiveness** (Entgegen-kommen)	Reaktionsfähigkeit und Leistungsbereitschaft der Mitarbeiter des Handelsunternehmens auf Kundenprobleme aufgeschlossen und schnell zu reagieren, wie z. B. Ansprechen von Problemen, schnelle Rückrufe, jederzeitige Ansprechbarkeit und Motivation der Mitarbeiter zum Problemlösen, direkte Informationsauskünfte usw.
⇨ **Assurance** (Leistungskom-petenz)	Leistungskompetenz (Fähigkeiten und Aktivitäten) des Handelsunternehmens, wie z. B. Warenkenntnis der Mitarbeiter, Entscheidungskompetenz der Mitarbeiter, Garantien, Preisstabilität, Ehrlichkeit usw.
⇨ **Empathy** (Einfühlung)	Einfühlungsvermögen von Handelsunternehmen bzw. Mitarbeitern, z. B. den Kunden individuelle Aufmerksamkeit widmen, spezielle Gelegenheiten für Einkäufe von Senioren anbieten, Verständnis für den Umtausch von Produkten zeigen, den Kunden mit Würde behandeln usw.

Abbildung 2: Qualitätsfaktoren im Handel

Im ersten Schritt sollen die unterschiedlichen Kundenkontaktsituationen möglichst vollständig erfaßt werden. Diese können sich auf persönliche Interaktionen zwischen Kunden und Mitarbeitern, aber auch auf nicht personalbezogene Kontaktpunkte (physische Umgebung wie Kassenbereiche, Umkleidekabinen etc.) erstrecken. Derartige Kundenkontaktsituationen bilden oftmals sogenannte „Augenblicke der Wahrheit“, die den Qualitätseindruck des Kunden vom Handelsunternehmen entscheidend beeinflussen können. Als geeignete Methode zur Darstellung von Kontaktpunkten hat sich in der Dienstleistungsforschung, neben Gruppendiskussionen mit Kunden, das „*Blueprinting*" erwiesen, ein Flußdiagramm zur Sichtbarmachung verschiedener Kundenkontaktpunkte. Übertragen auf den Handel lassen sich nun verschiedene u. a. von der Einkaufssituation abhängige Blueprints erstellen. *Abbildung 3* zeigt eine vereinfachte Darstellung des Kontaktablaufes im Rahmen einer Reklamation (Umtausch) auf.

Basierend auf den erstellten Blueprints lassen sich dann Steuerungsmaßnahmen ableiten, die z. B. auf eine verbesserte Prozeßorganisation oder die Neugestaltung der „visuellen Linie" abzielen. Im Abbildungsbeispiel könnte u. a. an die Reduktion der Anzahl der Kundenkontaktpunkte gedacht werden, so daß für den Fall einer Reklamation ausschließlich das Kundenzentrum Ansprechstelle und verantwortlich wäre. Auf diese Weise könnte auch das Prinzip des „one-face-to-the-customer" realisiert werden.

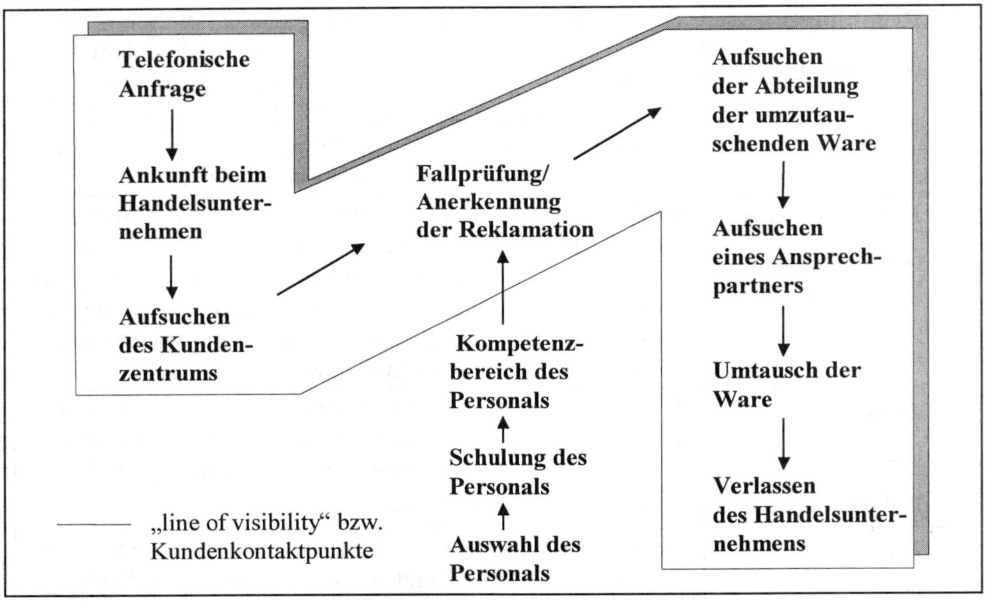

Abbildung 3: Blueprint für ein Handelsunternehmen (Reklamation)

Im Anschluß an die Identifikation der für den Kunden wichtigen Kontaktpunkte, ist es Aufgabe der *qualitativen Kontaktpunkterlebnismessung,* die Erlebnisse in diesen „Augenblicken der Wahrheit" zu ermitteln. In praxi läßt sich dabei neben dem Einsatz von „stillen Einkäufern" (silent shoppers) und der Analyse von Beschwerdeäußerungen, u. a. auch die Sequentielle Ereignismethode, in der Probanden anhand eines Blueprints zu einzelnen Kontaktpunkten nach ihren Eindrücken gefragt werden sowie die Critical Incident Technique anwenden.

Vor dem Hintergrund mögliche neuartige, dem Kunden bedeutende Serviceideen zu entwickeln, soll im folgenden kurz auf die Critical Incident Technique eingegangen werden, da diese Methode geeignet erscheint, ohne einschränkende Vorgaben außergewöhnliche Erlebnisse abzufragen, also gegebenenfalls auch über die bisher im Blueprint erfaßten „moments of truth" hinauszugehen und neuartige Augenblicke der Wahrheit zu erfassen und zu bewerten.

Bei der *Critical Incident Technique* (Flanagan 1954) werden die Kunden mittels offener Fragen nach kritischen Ereignissen (negativen Störfällen, positive Überraschungen) befragt. Eine typische Fragestellung wäre z. B.:

1) Denken Sie an ein Ereignis im Handelsunternehmen XY, das Sie als besonders positiv/negativ empfanden!
2) Beschreiben Sie diesen Vorfall bitte in Einzelheiten!

Die so ermittelten Ergebnisse sollten sich dabei i. d. R.

- auf erlebte Episoden/Kontaktsituationen beziehen,
- vom Befragten selbst erlebt oder ihm von anderen Kunden berichtet worden sein,
- umfassende Hinweise auf die Situation und die Gründe für die Bewertung der Situation als außergewöhnlich enthalten (Haller 1995, S. 116).

In einem dritten Schritt gilt es dann, eine *quantitative Analyse* durchzuführen, um die Häufigkeit und die empfundene Relevanz der erlebten positiven und negativen „Augenblicke der Wahrheit" ermitteln zu können. Als geeignete Methode empfiehlt sich dabei die „Frequenz-Relevanz-Analyse für Probleme (FRAP)" (Stauss/Hentschel 1990, S. 247 ff.). Danach muß ein Problem um so dringender gelöst werden, je häufiger es auftritt und je ärgerlicher das Problem vom Kunden empfunden wird. Die „Frequenz-Relevanz-Analyse für Probleme" ist dabei wie folgt aufgebaut (Stauss 1995, S. 393):

- Ermittlung einer Problemliste, vor allem durch Anwendung der Verfahren der Kontaktpunktmessung,
- Komprimierung der Problemliste nach den Kriterien Relevanz sowie Redundanz,
- Erstellen eines Fragebogens mit Fragen zum Auftreten eines Problems, dem Ausmaß der Verärgerung sowie der beabsichtigten Reaktion des Kunden,
- Erhebung der Daten und
- Auswertung und Darstellung der Ergebnisse mit Hilfe von Problemindizes und -diagrammen.

Die nachfolgende *Abbildung 4* zeigt abschließend ein fiktives Ergebnis einer „Frequenz-Relevanz-Analyse für Probleme" für ein Lebensmittelgeschäft.

Entsprechend der Vorgehensweise der Frequenz-Relevanz-Analyse wären im gewählten Beispiel zuerst personalbezogene Maßnahmen zur Steigerung der Freundlichkeit des

Personals (z. B. durch Anreizsysteme und Schulungen), im Anschluß daran dann weitere Maßnahmen z. B. zur Senkung der Wartezeit an den Kassen durchzuführen.

3.3 Beurteilung der Meßverfahren

In der aktuellen Literatur werden die genannten Erhebungsmethoden verstärkt diskutiert (vgl. u. a. Haller 1995, Hentschel 1992). So stellt sich im Zusammenhang mit den attributorientierten Verfahren und insbesondere mit der SERVQUAL-Methode die Frage, ob ex-post erhobene Erwartungshaltungen nicht einer nachträglichen Rationalisierung unterliegen (Haller, S. 96). Darüber hinaus ist der Fragebogen oftmals branchenspezifisch umzuformulieren. So wäre es Aufgabe der Handelsforschung, mögliche Qualitätsfaktoren mit geeigneten Methoden z. B. der Faktorenanalyse empirisch zu überprüfen. Schließlich werden bei SERVQUAL vor allem bereits bestehende Serviceleistungen bewertet. Aber gerade für die Handelsbranche neuartige Serviceleistungen bieten oftmals ein größeres Differenzierungspotential. Wenn telefonische Beratungen zur Verwendung von Produkten (z. B. Wandfarbe) noch Neuigkeitscharakter haben, werden derartige Serviceleistungen nach einiger Zeit von anderen Handelsunternehmen imitiert und aus Kundensicht zu Standards.

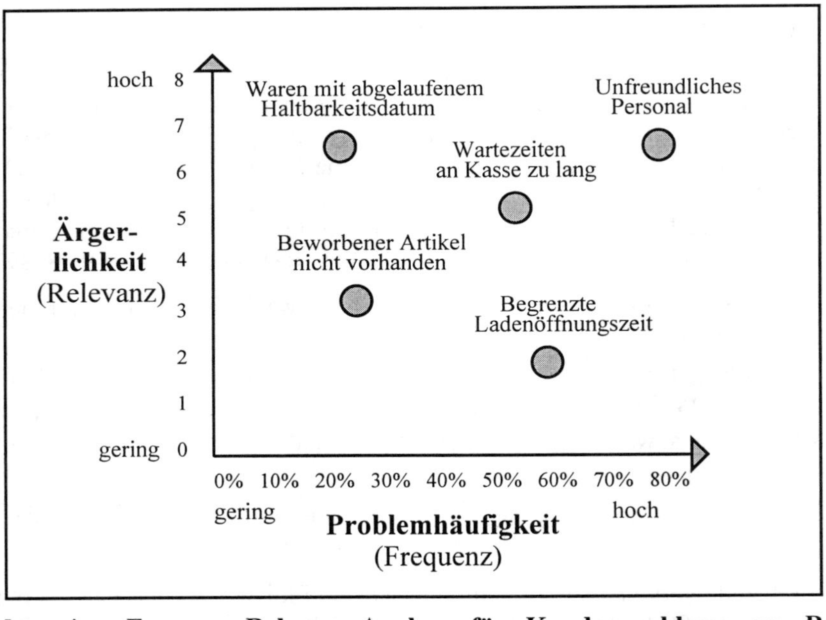

Abbildung 4: Frequenz-Relevanz-Analyse für Kundenprobleme am Beispiel eines Lebensmittelgeschäftes

An diesem Punkt kann u. a. die Kundenkontaktpunktanalyse und insbesondere die Critical Incident Technique aus der Ereignisforschung ansetzen. Neben dem Aufdecken überdurchschnittlich wichtiger und bestehender Serviceleistungen können auch Serviceinnovationen angeregt werden. Allerdings sind die Verfahren sehr auswertungsintensiv und eignen sich daher nur bedingt zur kontinuierlichen, häufigen Überprüfung und Verbesserung der Servicequalität.

Insgesamt ist die Servicequalität erst durch den Einsatz verschiedener Erhebungsverfahren (Methoden-Mix) zu ermitteln, von denen vier im Dienstleistungsbereich häufig verwendete Verfahren aufgezeigt wurden. Neben den genannten Verfahren sind gegebenenfalls weitere Methoden zu berücksichtigen. Zu denken wäre z. B. an Techniken der Kreativitätsforschung, an Customer-Focus-Gruppen oder an multivariate Analysemethoden wie das Conjoint Measurement, mit dessen Hilfe das Auffinden neuartiger Serviceleistungen, über die Identifizierung der Teilnutzenwerte einzelner Qualitätsfaktoren, unterstützt werden könnte. Die nachfolgende *Abbildung 5* stellt beispielhaft dar, wie ein Methoden-Konzept für ein umfassendes Servicequalitäts-Controlling aussehen kann. Basierend auf den so gewonnenen Ergebnissen lassen sich dann Maßnahmen ableiten und ergreifen, die eine Serviceführerschaft ermöglichen.

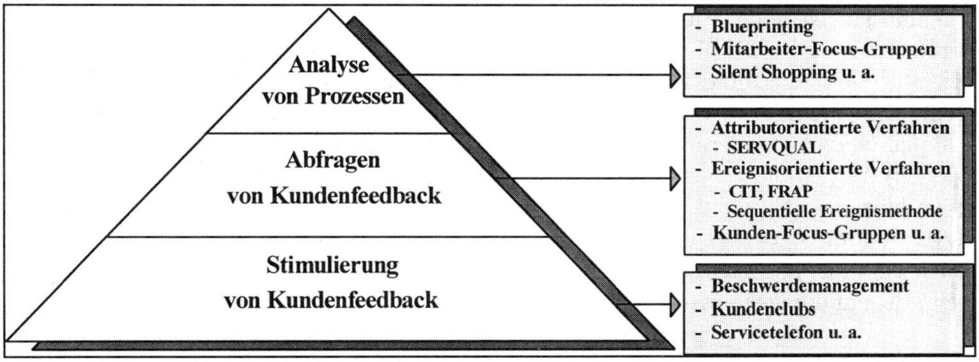

Abbildung 5: Beispielhafte Darstellung für ein Methodenkonzept zum umfassenden Servicequalitäts-Controlling

Welche Ansatzpunkte es aus konzeptioneller Sicht gibt, die Servicequalität – basierend auf den erhobenen Daten – strukturiert zu steuern und wie ein Bezugsrahmen zur Messung und Steuerung der Servicequalität im Handel aussehen kann, soll im folgenden Kapitel dargestellt werden.

4 STEUERUNG DER SERVICEQUALITÄT

Wenn es das Anliegen ist, die Qualität einzelner Serviceleistungen zu steuern, dann stellt sich die Frage, ob es Ansätze gibt, die die Qualitätsbeurteilung aus Nachfragersicht sowie den Prozeß der Konkretisierung der Serviceleistung im Zusammenhang abbilden und damit mögliche Gestaltungsspielräume zur Qualitätsbeeinflussung aufzeigen.

Ausgehend von der Beobachtung, daß Serviceleistungen überwiegend Dienstleistungen sind, soll nun das für den Bereich der Dienstleistungen entwickelte Qualitätsmodell von Meyer/Mattmüller (Meyer/Mattmüller 1987) aufgegriffen und auf seinen Beitrag für eine Servicequalitätssteuerung im Handel untersucht werden. Dabei läßt sich die wahrgenommene Servicequalität als Prozeß verstehen, der durch vier Subqualitäten charakterisiert ist: Potentialqualität der Anbieter, Potentialqualität der Nachfrager, Prozeßqualität sowie Ergebnisqualität unterteilt in prozessuales Endergebnis und Folgequalität. Dabei sind diese Subqualitäten für Anbieter wie Nachfrager zum einen von der Art der Serviceleistung abhängig. So ist z. B. die wahrnehmbare Qualität des *Erstellungsprozesses* für den Kunden, der nur am Ergebnis interessiert ist (z. B. Umtausch einer Ware) eher zweitrangig, während der Prozeßqualität z. B. bei der Beratung eine größere Bedeutung zukommt. Zum anderen sind die Subqualitäten auch von der situativen Bedeutung (z. B. Erstumtausch, wiederholter Umtausch) abhängig.

Gemeinsam ist allen Subqualitäten eine grundsätzlich kausale Verknüpfung; i. e. die Voraussetzung für ein gutes Serviceergebnis, also ein den Kundenerwartungen entsprechendes Serviceresultat (z. B. zuverlässiger und zeitgenauer Zustellservice), ist im allgemeinen eine in diesem Sinne gute Prozeß- (z. B. effizienter Routenplan) sowie Potentialqualität (z. B. moderne technische Infrastruktur zur Verarbeitung eingehender Bestellungen). Ergänzend lassen sich die Subqualitäten wie in Abschnitt 2.2 bereits angesprochen hinsichtlich dessen unterscheiden WAS der Kunde an Serviceleistung erhält und WIE sie ihm gegenüber erbracht wird. Die nachfolgende *Abbildung 6* gibt einen Überblick über das hier zugrundegelegte Qualitätsmodell. Es ist Anliegen der nächsten Abschnitte, auf die einzelnen Subqualitäten und deren Steuerung näher einzugehen.

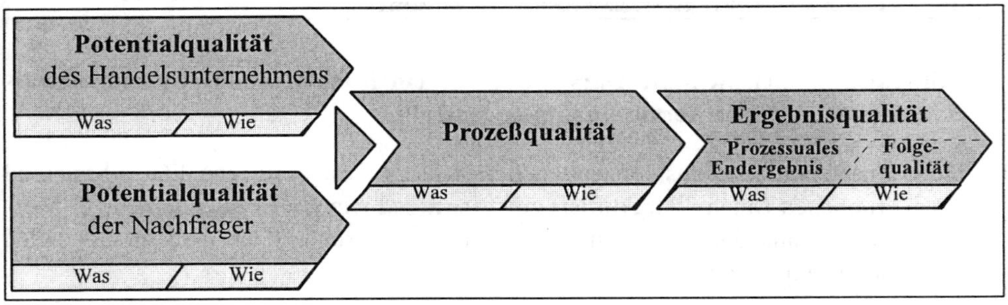

Abbildung 6: Vereinfachte Darstellung des Qualitätsmodells von Meyer/Mattmüller

4.1 Potentialqualität

Die Potentialqualität bezeichnet ganz allgemein alle Fähigkeiten und Bereitschaften, welche die Voraussetzung und Grundlage für die Prozeß- und Ergebnisqualität einer Serviceleistung sind. Grundsätzlich besitzen sowohl die Anbieter als auch die Nachfrager derartige Fähigkeiten und Bereitschaften, die bereits im Vorfeld die spätere Gesamtqualität der eigentlichen Serviceleistung beeinflussen.

4.1.1 Potentialqualität eines Handelsunternehmens

Die Potentialqualität eines Handelsunternehmens umfaßt vor allem die zur Verfügung stehenden internen Subjekte und deren Leistungsmöglichkeiten sowie die diese unterstützenden internen Objekte wie beispielsweise die technische Ausstattung. Überträgt man die obigen Überlegungen zu den Qualitätsfaktoren auf diese Subqualität, so lassen sich dieser vor allem die Qualitätsfaktoren des *tangiblen Umfelds* und der *Leistungskompetenz* im Bereich der Fähigkeiten zuordnen.

Ansatzpunkte für die Erhöhung der Potentialqualität als wesentlicher Bestandteil einer guten Serviceleistung im Handel können aus Nachfragersicht zum einen die einzelnen *Kontaktpunkte* (moments of truth) wie z. B. der Kassenbereich sein. Ein Kunde, der in einem Textilgeschäft zur Kasse geht, wird die technische und personelle Ausstattung des Kassenbereiches (WAS-Komponente) sowie die Gestaltung desselben, aber auch die Warteschlange oder die Kleidung des Personals (WIE-Komponente) als ersten Anhaltspunkt für die Qualität der Kundenorientierung ansehen. Entsprechend sind sämtliche Räumlichkeiten, Gegenstände und Personen, mit denen der Kunde in Kontakt kommt, wenn er die Ware bezahlen und mitnehmen möchte, in sich stimmig und auf die Qualitätsziele des Handelsunternehmens auszurichten.

Zum anderen gilt es, die Potentialqualität der *Mitarbeiter* zu steuern und zu verbessern. So können insbesondere Maßnahmen wie die bewußte Auswahl und Einstellung von Mitarbeitern mit „Dienstleistungsmentalität" die Leistungsfähigkeiten im Rahmen dieser Subqualität erhöhen (Meyer/Westerbarkey 1995, S. 91 f.). Die Mitarbeiter bzw. künftigen Mitarbeiter sind also hinsichtlich ihrer Bereitschaft zu kundenorientierten Verhaltensweisen sowie kundengerechter Kommunikation (soziale Kompetenz), aber auch im Hinblick auf ihr Fachwissen ständig zu prüfen und zu schulen.

4.1.2 Potentialqualität der Nachfrager

Die Qualität der Serviceleistung wird oftmals – zumindest in den Fällen, in denen sie Dienstleistungscharakter aufweisen – nicht nur von den angebotenen Leistungsfähigkeiten des Handelsunternehmens bestimmt, sondern auch von der physischen, intellektuellen und/oder emotionalen Mitwirkung der Kunden (Meyer/Mattmüller 1987, S. 193). Daher ist es wichtig, positive Interaktionen von Kunden mit Mitarbeitern zu fördern.

In diesem Zusammenhang erlangt vor allem ein systematisches *Erwartungsmangement* eine hohe Bedeutung. Hierbei gilt es in einem ersten Schritt, die Serviceerwartungen der Kunden aufzudecken und die Kunden z. B. durch den Einsatz von Kundenforen oder Kundenbeiräten in die Entwicklung und Umsetzung – insbesondere auch der werblichen Umsetzung – von Servicemaßnahmen einzubinden. Auf diese Weise kann vor allem die Akzeptanz, die Innovativität, aber auch die Interaktivität der Nachfrager und die damit verbundene Informationsweitergabe gefördert und gesteuert werden.

In einem weiteren Schritt sind die Kunden über die angebotenen Serviceleistungen vorab zu informieren (z. B. durch Garantien). Dadurch erlangen die Kunden einen besseren Wissensstand über die angebotenen bzw. nicht angebotenen Leistungen und erhalten letztlich den Service, den sie erwarten, welches sich schließlich positiv auf das Zufriedenheitsgefühl mit der Serviceleistung auswirkt.

4.2 Prozeßqualität

In dieser Prozeßphase wird nun der Großteil der Serviceleistungen am Kunden konkretisiert, das tatsächliche Verhalten der Mitarbeiter gegenüber dem Kunden steht im Mittelpunkt: Der Umtausch wird freundlich/unfreundlich entgegengenommen, die Preisgarantie anstandslos/nach vielen Nachfragen erfüllt, die Lebensmittel schnell/langsam eingepackt oder der Kunde problemspezifisch/problemunabhängig beraten.

Aus Kundensicht erlangen in diesem Zusammenhang drei Qualitätsfaktoren besondere Bedeutung. Neben der vom Kunden wahrgenommenen *Leistungskompetenz,* die sich z.B. durch die vom Kunden empfundenen Warenkenntnisse der Mitarbeiter ausdrückt, spielt das *Entgegenkommen* der Mitarbeiter, das sich in der Erreichbarkeit, der Reaktionsschnelligkeit und der Flexibilität auf individuelle Kundenprobleme zu reagieren widerspiegelt, eine zentrale Rolle. Schließlich ist der Qualitätsfaktor *Einfühlung* zu beachten, der vor allem das Kommunikationsverhalten und Benehmen gegenüber dem Kunden beinhaltet (begleitet der Baumarkt-Mitarbeiter den Kunden z. B. bis zum Regal des gesuchten Artikels).

Aus Sicht des Handelsmanagements stellt sich die Frage, welche Steuerungsmechanismen zur Verfügung stehen, um eine Prozeßqualität zu gewährleisten, die den genannten prozeßbezogenen Qualitätserwartungen der Kunden gerecht wird bzw. diese übertrifft. Neben einer den Prozeß der Leistungserstellung unterstützenden Kommunikation, der Formulierung von Standards/Prozeßdesigns, der Etablierung eines Teamgedankens sowie der permanenten Schulung im Umgang mit unterschiedlichen und typischen Kundenverhaltensweisen spielen dabei nach den – allerdings betriebsformspezifischen – Ergebnissen der Studie von Nel/Pitt vor allem die Einräumung von *größeren Entscheidungsspielräumen des Kundenkontaktpersonals* zur flexibleren Problemlösung und die Einführung *serviceorientierter Anreizsysteme* eine zentrale Rolle (Nel/Pitt 1993, S. 53). Bei letzteren ist vor allem an servicebezogene finanzielle (z. B. Geldzuwendungen), karrierebezogene (z. B. Beförderung) als auch an immaterielle (z. B. Dankesbrief des Management für vorbildliche Leistungen) Belohnungen zu denken.

4.3 Ergebnisqualität

Im Anschluß an eine kundengerechte Prozeß- bzw. Umsetzungsqualität gewinnt schließlich die Qualität des Ergebnisses einer Serviceleistung maßgeblich an Bedeutung. Diese Subqualität läßt sich unterscheiden hinsichtlich des prozessualen Endergebnisses (z. B. Garantie eingehalten) sowie einer Folgequalität (z. B. Eigenschaften des empfohlenen Produktes in der späteren Verwendung, i. e. kommt der Kunde mit Produkt zurecht, hat er z. B. den richtigen Pinsel, die richtige Farbe usw.). Die Folgequalität ergibt sich mitunter erst nach einem längeren Zeitraum und bedarf einer spezifischen Messung. Hierbei ist es wichtig, Beschwerden zu stimulieren und Beschwerdewege z. B. durch Hot- bzw. Help-Lines weitestgehend zu vereinfachen (Hansen 1990, S. 458). Aus Sicht des Kunden manifestiert sich die prozessuale Ergebnisqualität vor allem an den Merkmalen, die unter der *Zuverlässigkeit* von Handelsunternehmen subsumiert werden. Hier sind die Einhaltung von Terminzusagen, realisierte Umtausche usw. von zentraler Bedeutung. Wenngleich in jeder Prozeßphase der Qualitätsbildung eine permanente Qualitätskontrolle durch Messung notwendig ist, erscheint sie in dieser Prozeßstufe nahezu zwingend und kann darüber hinaus als Steuerungsinstrument verwendet werden. Die klare Definition von Garantien bzw. diversen Serviceleistungen und deren Kommunikation nach innen und außen ist dabei die Voraussetzung und geeignet das Personal zu steuern.

Basierend auf den obigen Ausführungen und unter Berücksichtigung der aus dem SERVQUAL-Ansatz abgeleiteten Qualitätsfaktoren, läßt sich nun beispielhaft ein Bezugsrahmen zur Messung und Steuerung der Servicequalität im Handel aufspannen (vgl. *Abbildung 7*).

5 FAZIT UND AUSBLICK

Ausgangspunkt des Beitrages war die seit einigen Jahren festzustellende, zunehmende Beachtung von Kundenzufriedenheitskonzepten und Servicequalitätsaspekten bei unternehmensstrategischen Fragestellungen. Die vorangegangenen Ausführungen zielten daher darauf ab, die bisher hauptsächlich im Rahmen der Dienstleistungsforschung diskutierten Meßverfahren und Qualitätsmodelle auf die Anwendbarkeit im Handel zu überprüfen und einen Vorschlag zu erarbeiten, der eine Einführung bzw. Steigerung der Serviceorientierung aus Unternehmersicht und damit eine Neupositionierung im Sinne einer „unique *service* proposition" des Handelsunternehmens ermöglicht. Insgesamt konnten zu drei Problemstellungen Lösungsvorschläge erarbeitet werden:

Abbildung 7: Bezugsrahmen zur Messung und Steuerung der Servicequalität im Handel

1) Serviceleistungen im Handel lassen sich als Leistungsbündel aus überwiegend Dienstleistungen, aber auch Chancen und Sachleistungen bezeichnen. Anhand dieser

Kriterien sowie der Merkmale Kaufabhängigkeit bzw. -unabhängigkeit und Kaufphase kann ein Systematisierungsrahmen zur Einordnung derzeitiger und potentieller Serviceleistungen im Handel aufgezeigt werden.

2) Basierend auf der Definition von Serviceleistungen und Servicequalität sowie Erkenntnissen aus der Dienstleistungsforschung konnten mit attributorientierten Verfahren sowie ereignisorientierten Verfahren beispielhaft Möglichkeiten aufgezeigt werden, wie eine Messung der Servicequalität im Handel vorgenommen werden kann.
3) Darauf aufbauend und unter Berücksichtigung des Qualitätsmodells von Meyer/Mattmüller ließ sich anhand der Qualitätsdimensionen Potential-, Prozeß- und Ergebnisqualität beispielhaft ein Bezugsrahmen zur Messung und Steuerung der Servicequalität im Handel entwickeln.

Die Thematik der Serviceorientierung von Handelsunternehmen eröffnet sowohl aus unternehmensstrategischer als auch wissenschaftlicher Sicht ein weites Forschungsfeld. So liegen nach unserem Kenntnisstand für den Handel bisher kaum umfassende Studien vor. Untersuchungsbedarf besteht vor allem hinsichtlich der empirischen Ermittlung handelsspezifischer Qualitätsmerkmale sowie nachfragerrelevanter Serviceleistungen. Basierend auf derartigen, empirisch abgesicherten Erkenntnissen könnte sich die Serviceorientierung zu einem wichtigen strategischen Erfolgsfaktor in vielen Handelsbranchen in Deutschland entwickeln.

LITERATUR

Barth, K.: Betriebswirtschaftslehre des Handels, 2. Aufl., Wiesbaden 1993.

Berekoven, L.: Erfolgreiches Einzelhandelsmarketing, 2. Aufl., München 1995.

Bruhn, M.: Qualitätssicherung im Dienstleistungsmarketing. In: Bruhn, M.; Stauss, B. (Hrsg.): Dienstleistungsqualität, 2. Aufl., Wiesbaden 1995, S. 20-46.

Bundesverband des Deutschen Lebensmittel-Einzelhandels E. V. (Hrsg.): Lebensmittelhandel im Spiegel der Statistik, Bonn, Ausgaben 1985-1994.

Davidow, W.; Uttal, B.: Service Total, Frankfurt/Main 1991.

Deutsches Handelsinstitut (Hrsg.): Handel aktuell ´95, Köln 1995.

Falk, B.; Wolf, J.: Handelsbetriebslehre, 11. Aufl., Landsberg/Lech 1992.

Flanagan, J. C.: The Critical Incident Technique. In: Psychological Bulletin 51 (July 1954), Heft 4, S. 327-358.

Gerstung, F.: Die Servicepolitik als Instrument des Handelsmarketing, Göttingen 1978.

Griffin, A.; Gleason, G.; Preiss, R.; Shevenaugh, D.: Die besten Methoden zu mehr Kundenzufriedenheit. In: Harvard Business Manager, 17 (1995), Heft 3, S. 65-76.

Haller, S.: Beurteilung von Dienstleistungsqualität: Dynamische Betrachtung des Qualitätsurteils im Weiterbildungsbereich, Wiesbaden 1995.

Hansen, U.: Absatz- und Beschaffungsmarketing des Einzelhandels, 2. Aufl., Göttingen 1990.

Hentschel, B.: Dienstleistungsqualität aus Kundensicht, Wiesbaden 1992.

Heskett, J. L.; Jones, T. O.; Loveman, G. W.; Sasser, W.; Schlesinger, L. A.: Dienstleister müssen die ganze Service-Gewinn-Kette nutzen. In: Harvard Business Manager, 16 (1994), Heft 4, S. 50-61.

Horovitz, J.; Panak, J.: Marktführer durch Service, Frankfurt/Main 1993.

Institut der Deutschen Wirtschaft Köln (Hrsg.): Zahlen zur wirtschaftlichen Entwicklung der Bundesrepublik Deutschland, Köln 1995.

Meyer, A.: Dienstleistungen im Handelssortiment steigern die Attraktivität des Angebots - Profilierung durch Dienstleistungen! In: Eisenwarenbörse, 16 (1980), S. 16-20.

Meyer, A.: Dienstleistungs-Marketing. In: Meyer, P.W.; Meyer, A. (Hrsg.): Marketing-Systeme, 2. Aufl., Stuttgart u. a. 1993.

Meyer, A.; Blümelhuber, C.: No Frills! Service-Konzepte ohne Wildwuchs und Schnickschnack. In: Absatzwirtschaft, Sondernummer Oktober 1995, S. 30-40.

Meyer, A.; Dornach, F.: Jahrbuch der Kundenzufriedenheit in Deutschland 1995, München 1995.

Meyer, A.; Dornach, F.: Feedback für strategische Vorteile. In: Absatzwirtschaft, Sondernummer Oktober 1992, S. 120-135.

Meyer; A.; Mattmüller, R.: Qualität von Dienstleistungen. In: Marketing Zeitschrift für Forschung und Praxis, 8 (1987), Heft 3, S. 187-195.

Meyer, A.; Westerbarkey, P.: Bedeutung der Kundenbeteiligung für die Qualitätspolitik von Dienstleistungsunternehmen. In: Bruhn, M.; Stauss, B. (Hrsg.): Dienstleistungsqualität, 2. Aufl., Wiesbaden 1995, S. 82-103.

Nagel, K.; Rasner, C.: Herausforderung Kunde, Landsberg/Lech 1993.

Nel, D.; Pitt, L.: Service Quality in a Retail Environment: Closing the Gaps. In: Journal of General Management, 18 (1993), Heft 3, S. 37-56.

Parasuraman, A.; Zeithaml, V.; Berry, L.: Servqual: A Multiple-Item Scale for Measuring. In: Journal of Retailing, 64 (1988), Heft 1, S. 12-40.

Reichheld, F.; Sasser, W.: Zero-Migration: Dienstleister im Sog der Qualitätsrevolution. In: Harvardmanager (1991), Heft 4, S. 108-116.

Simon, H.; Homburg, C.: Kundenzufriedenheit, Wiesbaden 1995.

Stauss, B.: „Augenblicke der Wahrheit" in der Dienstleistungserstellung. In: Bruhn, M.; Stauss, B. (Hrsg.): Dienstleistungsqualität, 2. Aufl., Wiesbaden 1995, S. 379-399.

Stauss, B.; Hentschel, B.: Verfahren der Problementdeckung und -analyse im Qualitätsmanagement von Dienstleistungsunternehmen. In: Jahrbuch der Absatz- und Verbrauchsforschung, 36. Jg. (1990), Heft 6, S. 232-259.

Warzecha, K.: Preiskampf - Erschreckende Vision. In: Handelsjournal, 12 (1994), S. 13.

Positionierung nach Betriebstypen, Betriebsformen und Systemen

Betriebstypenpositionierung im Zeichen von Verdrängungswettbewerb

Rainer Olbrich, Münster

Noch immer steigt der Konzentrationsgrad im Konsumgüterhandel an. Der Trend zu großen wettbewerblichen Einheiten stellt die verbliebenen kleineren Unternehmen vor die Frage, wie die eigenen Betriebstypen zu positionieren sind, um auf Dauer überlebensfähig zu bleiben. Der Erklärungsbeitrag der hier vorliegenden explorativen Untersuchung liegt in einer Eingrenzung des Suchfeldes für die Ursachen der Unternehmenskonzentration. Die Untersuchung prüft am Beispiel des Lebensmittelhandels, ob diejenigen Unternehmen, die ihre Betriebstypen weit verbreitet haben, eine vergleichsweise höhere Marktakzeptanz erzielen. Die Unternehmenskonzentration würde sich in diesem Falle u.U. als Reflex von Betriebstypen erweisen, die auf der Absatzseite überlegen sind, und damit kleinere wettbewerbliche Einheiten verdrängen können.

1 PROBLEMSTELLUNG

1.1 Unternehmenskonzentration und Verdrängungswettbewerb im Konsumgüterhandel

Seit einigen Jahrzehnten ist eine zunehmende Unternehmenskonzentration im deutschen Konsumgüterhandel zu beobachten. Die Umsätze konzentrieren sich auf wenige große Unternehmen. Gleichzeitig geht die Anzahl der in den betroffenen Branchen insgesamt vertretenen Unternehmen immer mehr zurück. Dieser Prozeß der Unternehmenskonzentration ist nicht als zeitgebundenes Symptom, sondern muß - nach den bisherigen Erfahrungen - als ein sich immer weiter zuspitzender Entwicklungsprozeß bezeichnet werden, dessen Ursachen nach wie vor strittig und mehr als mangelhaft erklärt sind.

Vor allem im Lebensmittelhandel konzentrieren sich durch Aufkäufe, Fusionen und Marktaustritte schwächerer Handelssysteme die Umsätze auf eine immer geringer werdende Anzahl an Unternehmen. Dieser Konzentrationsprozeß führte zu einer intensiven, immer noch anhaltenden Diskussion in Wissenschaft und Unternehmenspraxis (vgl. zu dieser Diskussion Ahlert/Bergmann/Schröder/Wellmann 1988, S. 10 ff.; Ahlert/

Wellmann 1988a und b; sowie zu jüngsten Begutachtungen der Wettbewerbsverhältnisse Frisch/Sacksofsky 1993 und Monopolkommission 1994).

Wie in anderen Branchen, so wetteifern auch die wettbewerblichen Einheiten im Lebensmittelhandel mit unterschiedlichen *'Betriebstypen'* um die Gunst des Verbrauchers. Ein Betriebstyp eines bestimmten Handelssystems ist im Markt i.d.R. durch eine Vielzahl von Einzelhandelsgeschäften vertreten. Die Betriebstypen unterschiedlicher Handelssysteme (z.B. Discounter des Unternehmens Aldi im Vergleich zu den Discountern des Unternehmens Lidl & Schwarz) unterscheiden sich zwar in mehr oder weniger großem Ausmaß (z.B. hinsichtlich der Sortimentsbreite und -tiefe, der Ladengestaltung, der durchschnittlichen Verkaufsfläche, der Kostenstrukturen). Gleichwohl ist es gerechtfertigt, von einer gewissen Homogenität einzelner Gruppen von Betriebstypen zu sprechen (z.B. die Gruppe der Discounter).

In dieser Untersuchung stehen die wichtigsten Angebotsformen des institutionellen Lebensmitteleinzelhandels (Supermärkte, SB-Geschäfte, SB-Warenhäuser, Verbrauchermärkte und Discounter) im Zentrum der Betrachtung. Sie werden von Groß- und immer noch von einer Vielzahl von Kleinunternehmen betrieben, die die Überlebenden eines rapiden Konzentrationsprozesses repräsentieren.

Im Lebensmittelhandel ist ein ausgeprägter Verdrängungswettbewerb zu beobachten, der auf der Ebene der hier betrachteten Angebotsformen ausgetragen wird. Dabei ist folgende Entwicklung zu verzeichnen (Jung/Kallen 1994, S. 155.; o.V. 1995):

- real zurückgehende Flächenproduktivitäten,
- ein stagnierendes Marktvolumen
- und eine zunehmende Verkaufsfläche.

Flächenexpansionen der im Markt befindlichen wettbewerblichen Einheiten lassen die Umsätze pro qm immer weiter absinken. Dieses hat zur Folge, daß die Renditen niedrig bleiben und einige Wettbewerber ausscheiden oder zur Übernahme bereit stehen.

Die vorliegende Untersuchung greift diese Entwicklung auf und analysiert die Flächenproduktivitäten der genannten Angebotsformen. Die bisherigen Arbeiten, die sich mit der Maßgröße Flächenproduktivität im Einzelhandel beschäftigen, konzentrieren sich im wesentlichen auf Fragen der Raumzuordnung innerhalb von Einzelhandelsgeschäften (Warenplazierungsforschung) oder der optimalen Betriebsgröße von Einzelhandelsgeschäften (vgl. zum Überblick über die bisherigen Forschungsarbeiten Burmann 1995a, S. 22 f.). Im Hinblick auf die Frage der optimalen Betriebsgröße von Einzelhandelsgeschäften sind die Arbeiten von Thurik und Burmann besonders aufschlußreich (Thurik 1984; Burmann 1995a sowie 1995b). Im Gegensatz zu den bisherigen Untersuchungen ist die nachstehende Untersuchung auf der Ebene von Betriebstypen angesiedelt.

1.2 Ein idealtypischer Diffusionsprozeß neuer Betriebstypen im stationären Konsumgüterhandel

Werden neue Betriebstypen in einen Markt eingeführt, so ist davon auszugehen, daß sie von den Verbrauchern zunächst 'ausprobiert' werden und die Pilotbetriebe von den Unternehmen nach ersten Erfahrungen verbessert werden. Gelingt die Einführung, so ergibt sich nach einer gewissen Einführungsphase eine zunehmende Akzeptanz. Setzt man diese Akzeptanz voraus, so führen steigende Umsatzvolumina pro Outlet zu steigenden umsatzorientierten Flächenproduktivitäten in der Einführungsphase.

Zur Veranschaulichung dieser Entwicklung wird in *Abbildung 1* als zu erklärende Variable die durchschnittliche Flächenproduktivität über alle Outlets des Betriebstyps herangezogen, die sich aus dem Quotienten der Summe aller Umsätze durch die Summe aller Verkaufsflächen (kumulierte Verkaufsfläche) ergibt (1).

(1) $$FP = \frac{U}{qm}$$

mit:

FP = durchschnittliche umsatzorientierte Flächenproduktivität eines Betriebstyps
U = über alle Outlets kumulierter Umsatz eines Betriebstyps
qm = über alle Outlets kumulierte Verkaufsfläche eines Betriebstyps

Die kumulierte Verkaufsfläche zeigt das Ausmaß der Verbreitung eines Betriebstyps auf. Im Gegensatz zu einem Lebenszyklusmodell wird damit nicht die Zeitachse als erklärende Variable gewählt, sondern ein Maß für die von einem bestimmten Betriebstyp in einem Handelssystem vorhandenen Kapazitäten.

Mit zunehmender Verbreitung des neuen Betriebstyps läßt der Anstieg der Flächenproduktivitäten neuer Outlets allerdings nach. Eine wesentliche Ursache für diese Entwicklung ist, daß die für einen bestimmten Betriebstyp geeigneten Standorte nicht unbegrenzt verfügbar sind. Eine *'natürliche Wachstumsgrenze'* des Betriebstyps wird erreicht. Hingegen liegt eine *'künstliche Wachstumsgrenze'* vor, wenn rechtliche Restriktionen eine weitere Verbreitung bestimmter Betriebstypen verhindern. Hierzu zählt z.B. für großflächige Outlets §11 Abs. 3 BauNVO (Olbrich 1994).

Werden zunächst die für den Betriebstyp lukrativen Standorte besetzt, so verbleiben bei zunehmender Verbreitung je nach Standortdynamik (z.B. der Entstehung neuer Standorte bzw. der Veränderung vorhandener Standorte) nach und nach lediglich weniger geeignete Standorte. Wird diese Wachstumsgrenze nachhaltig überschritten, so läßt mangelnde Standortadäquanz die Umsätze pro neueröffnetes Outlet absinken. Bei weiter zunehmender Verbreitung des Betriebstyps stellen sich damit rückläufige Flächenproduktivitäten ein. Mit Blick auf die kumulierte Verkaufsfläche ergibt sich ein Flächenproduktivitätsmaximum. Eine weitere Verdichtung des Vertriebsnetzes kann zudem zu Kannibalisierungseffekten in den Grenzen der Marktvolumensentwicklung führen, die neben der Standortknappheit dafür sorgen, daß die durchschnittliche Flächenproduktivität weiter absinkt.

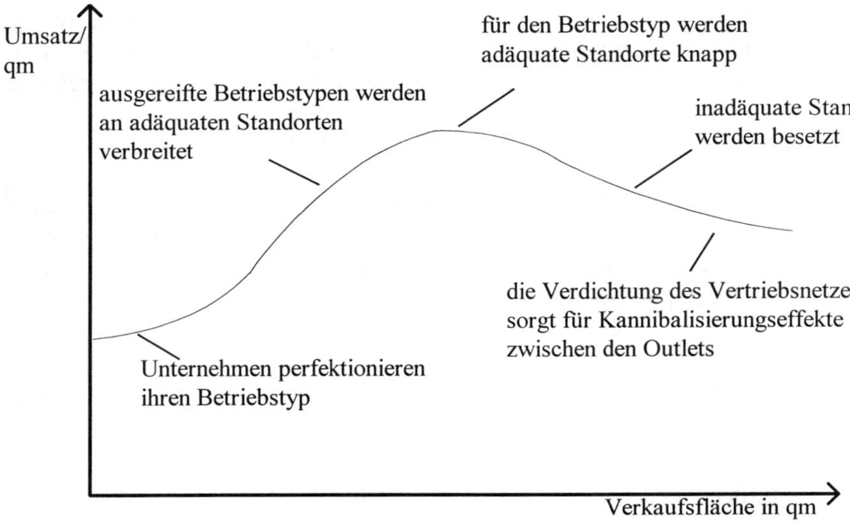

Abbildung 1: Ursachen größenbedingter Unterschiede der durchschnittlichen Flächenproduktivität eines Betriebstyps

Ist davon auszugehen, daß bei einer einsetzenden Verbreitung zunächst die Akzeptanz des Betriebstyps im Markt gefördert wird, so stehen Umsatzziele pro neueröffnetes Outlet im Vordergrund. Als Maßgröße für die *Marktakzeptanz* kann die durchschnittliche Flächenproduktivität des Betriebstyps gelten. Maximale Marktakzeptanz eines Betriebstyps liegt vor, wenn jedes weitere hinzugenommene Outlet geringere Umsätze pro Quadratmeter erwirtschaftet als der Durchschnitt der bereits im Markt vertretenen Outlets. Der Betriebstyp hat in diesem idealtypischen Fall die lukrativen Standorte besetzt oder kann auf entsprechende lokale Märkte nicht mehr zugreifen.

1.3 Zur Messung des Einflusses der Flächenakkumulation auf den Verdrängungswettbewerb

1.3.1 Flächenexpansionen als Instrument des Verdrängungswettbewerbs

Der Verdrängungswettbewerb mittels Flächenexpansionen zielt auf Marktanteilsgewinne ab. Flächenausdehnungen einzelner Anbieter gehen bei stabilem Marktvolumen über die Relation (2) unmittelbar auf Kosten des Marktanteils der übrigen Wettbewerber, solange die Umsätze, die auf den zusätzlichen Flächen erzielt werden, nicht vollständig auf Kannibalisierungseffekte innerhalb des eigenen Betriebstyps zurückzuführen sind.

(2) $$MA = \frac{FP \cdot qm}{MV} = \frac{U}{MV}$$

mit:
MA = Marktanteil
MV = Marktvolumen

Im Rahmen einer statischen Betrachtung zeigt ein Vergleich der kumulierten Verkaufsflächen und der zugehörigen Flächenproduktivitäten die Aufteilung der Marktanteile auf unterschiedliche Wettbewerber auf. Derselbe Marktanteil kann durch hohe Produktivitäten auf relativ geringer kumulierter Fläche, aber auch durch niedrige Produktivitäten auf relativ großer kumulierter Fläche erzielt werden.

Im Rahmen einer dynamischen Betrachtung zeigen die Veränderungen der angesammelten Verkaufsflächen und der zugehörigen Produktivitäten unter der Prämisse eines unveränderten Marktvolumens die Veränderung der Marktanteile auf. Über diese Erklärungsbeiträge hinaus besitzt die umsatzorientierte Flächenproduktivität nur unter bestimmten Voraussetzungen eine weiterführende Aussagekraft.

1.3.2 Zur Aussagefähigkeit der umsatzorientierten Flächenproduktivität

In der Unternehmenspraxis wird die umsatzorientierte Flächenproduktivität insbesondere als Kriterium zur Bewertung von Standorten herangezogen (Oehme 1992, S. 96 ff.; Froböse 1995, S. 73; Bienert 1995). So konnte Bienert im Lebensmitteleinzelhandel einen positiven Zusammenhang zwischen Standortqualität und umsatzorientierter Flächenproduktivität feststellen (Bienert 1995, S. 254). Darüber hinaus ist diese Kennzahl regelmäßig Bestandteil von Betriebsvergleichen (vgl. z.B. die vom Bundesverband der Filialbetriebe und Selbstbedienungs-Warenhäuser e.V. (BFS) regelmäßig veröffentlichten Flächenproduktivitäten des institutionellen Lebensmittelhandels in o.V. 1995).

Da die Verkaufskapazität Kosten verursacht (z.B. Miet- und Stromkosten, Kosten für Reinigungspersonal, je nach Personalintensität Kosten für Verkaufspersonal), wird die Verkaufsfläche nicht selten als Kostenindikator interpretiert und man erhofft sich von der Flächenproduktivität Hinweise auf den Erfolg von Handelssystemen. Jung/Kallen konnten im Lebensmittelhandel bei Supermärkten einen positiven Zusammenhang zwischen Flächenproduktivität und Umsatzrendite feststellen (Jung/Kallen 1994). Sollte dieser Zusammenhang zwischen Umsatzrendite und Flächenproduktivität auch zwischen unterschiedlichen Betriebstypen einer Branche gelten, d.h. z.B., daß ein Verbrauchermarkt, der eine höhere Flächenproduktivität als ein Supermarkt verspricht, auch eine höhere Umsatzrendite erwirtschaftet, so ergibt sich eine Erklärung für den Eintritt von Handelssystemen in diejenigen Bereiche, die hohe Umsätze pro Quadratmeter erwirtschaften. Wie im weiteren Verlauf der Untersuchung noch gezeigt wird, können zum Untersuchungszeitpunkt im Lebensmittelhandel Flächenausdehnungen durch Neueröffnungen vornehmlich im Bereich der Discounter vorgenommen werden - ohne daß bei den nachstoßenden Wettbewerbern mit einem Absinken der Flächenproduktivität zu rechnen ist. Entsprechend ist festzustellen, daß seit einigen Jahren zunehmend Handelssysteme in den Discountbereich eintreten und die Multiplikation dieses Betriebstyps forcieren (z.B. Tengelmann (Plus), Lidl). Die Wachstumsrichtung der Unternehmen folgt nach dieser Erklärung dem sich hinter der Maßgröße Flächenproduktivität verbergenden Erfolg in Form einer hohen Umsatzrendite. Hingegen ist insbesondere im Bereich der Supermärkte und SB-Geschäfte mit einem Absinken der Flächenproduktivität zu rechnen.

Die Eignung der umsatzorientierten Flächenproduktivität als Ersatzmaßstab für den Erfolg ist an einige Voraussetzungen gebunden. Betrachtet man z.B. den absoluten Gewinn oder die Umsatzrendite (Betriebsergebnis in % vom Jahresumsatz) als Erfolgsmaßstab, so kann die Flächenproduktivität nur dann als Ersatzmaßstab für diese Erfolgsgrößen dienen, sofern:

- im Rahmen einer statischen Betrachtung das Niveau der Flächenproduktivität mit einem bestimmten Niveau der Erfolgsgröße verbunden ist,
- im Rahmen einer dynamischen Betrachtung eine Veränderung des Niveaus der Flächenproduktivität keine widersprüchliche Niveauveränderung der Erfolgsgrößen mit sich bringt. Z.B. darf ein Anstieg der Flächenproduktivität keine Kostensteigerungen mit sich bringen, die dazu führen, daß sich die Ausprägung der Erfolgsgröße verschlechtert.

Diese Voraussetzungen können nur im Rahmen ergänzender Erhebungen geprüft werden. Liegen keine Informationen über diese Voraussetzungen vor, so kann im Rahmen einer Betrachtung der umsatzorientierten Flächenproduktivitäten keine Aussage über den Erfolg der Untersuchungsobjekte (Einzelhandelsbetriebe, Betriebstypen, Handelssysteme) getroffen werden.

Ist allerdings davon auszugehen, daß die Voraussetzungen zur Eignung der Flächenproduktivität als Erfolgsmaßstab erfüllt sind, so bietet die Kennzahl folgende Vorteile, die eine Ermittlung rechtfertigen können:

- Die Kennzahl Flächenproduktivität ermöglicht es, durch die einheitliche Bezugsgröße 'Quadratmeter Verkaufsfläche', Handelssysteme mit einer unterschiedlichen Anzahl von Outlets bzw. unterschiedlich großen Outlets zu vergleichen. Unterschiedliche Flächenproduktivitäten können z.B. auf die Qualität der Verkaufsfläche, die von einer eher spartanischen bis zur anspruchsvollen Gestaltung der Geschäfte reichen kann, zurückzuführen sein.
- Die Flächenproduktivität hat im Rahmen zwischenbetrieblicher Vergleiche gegenüber dem Gewinn oder der Umsatzrentabilität als Kennzahl den Vorteil, daß sie nicht durch den unterschiedlichen Ansatz oder die unterschiedliche Bewertung von Kosten verzerrt wird.

- Kann davon ausgegangen werden, daß die Verkaufsfläche eine wesentliche Kostendeterminante in Handelssystemen darstellt, so enthält die Kennziffer Flächenproduktivität neben der Leistungsseite (Umsatz) auch einen Indikator für die Kostenseite (Quadratmeter Verkaufsfläche). Die Flächenproduktivität ist unter dieser Voraussetzung ein Effizienzmaßstab, der den Output Umsatz mit dem Input Verkaufsfläche in Beziehung setzt.
- Die Flächenproduktivität ist ein zugleich vergangenheits- und zukunftsorientierter Indikator. Sie spiegelt durch die Betrachtung des Umsatzes vergangener Perioden die Akzeptanz der Geschäftsstätten und Sortimente bei den Abnehmern wider. Die Akzeptanz der Abnehmer ist wiederum eine zentrale Determinante des zukünftig zu erwartenden Umsatzes.
- Im Rahmen von Längsschnittbetrachtungen bietet die Flächenproduktivität auch bei sich veränderndem Gesamtumsatz einen Vergleichsmaßstab.
- Die Flächenproduktivität ist unter bestimmten Voraussetzungen ein Maß für die Effizienz von Prozeßabläufen. Ein wichtiger Prozeß in Handelsunternehmen ist der Umschlag der Ware vom Einkauf bis zum Verkauf. Eine steigende Warenumschlagsgeschwindigkeit und somit höhere Effizienz führt bei konstanten Preisen und konstanten Flächen unmittelbar zu einer steigenden Flächenproduktivität.

1.3.3 Untersuchungsanliegen und Fragestellungen

Im Mittelpunkt der nachstehenden empirischen Untersuchung steht die Fragestellung, ob Handelssysteme in Abhängigkeit von der kumulierten Verkaufsfläche Vor- oder Nachteile auf dem Gebiet der Marktakzeptanz ihrer Betriebstypen aufweisen. Die Antwort auf diese Fragestellung leistet einen Beitrag zur Beantwortung der Frage, warum Großunternehmen (bis dato) die Überlebenden im Verdrängungswettbewerb hochkonzentrierter Branchen sind, da gezeigt wird, ob in großen Handelssystemen Verkaufsfläche akkumuliert wird, die mehr oder weniger große Marktanteilsgewinne bewirkt (*Abbildung 2*).

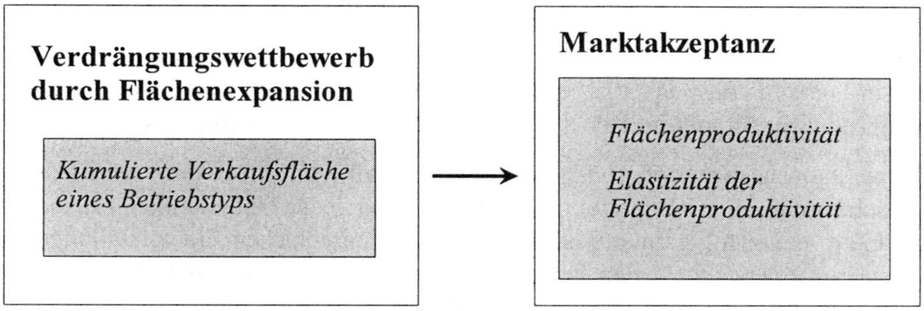

Abbildung 2: Der Bezugsrahmen der Untersuchung

Überdurchschnittliche Flächenproduktivitäten können sich für die Outlets flächenstarker Anbieter ergeben, wenn Flächenakkumulation Wettbewerbsvorteile bewirkt, die sich maßgeblich auf die Flächenproduktivität auswirken können (z.B. Einkaufsvorteile, die zur Absenkung der Angebotspreise genutzt werden, Synergieeffekte beim Einsatz absatzpolitischer Instrumente - wie z.B. Werbung bei einer hohen Verdichtung der Outlets). Durchschnittliche oder gar unterdurchschnittliche Flächenproduktivitäten deuten hingegen auf das Fehlen entsprechender Wettbewerbsvorteile und auf Grenzen der Verbreitung der Betriebstypen hin.

Erzielen die Betriebstypen von großen Anbietern keine größere Marktakzeptanz als diejenigen kleinerer Anbieter, so bedeutet dieses, daß der Verdrängungswettbewerb und der sich einstellende Konzentrationsprozeß eine Ansammlung der Verkaufsflächen in den Händen weniger Unternehmen bewirkt, ohne daß sich die Akzeptanz der Einzelhandelsgeschäfte wesentlich verändert. Bei ähnlichen, im Lebensmittelhandel z.T. sogar nahezu homogenen Sortimenten einzelner Betriebstypen und gleichem Output der Verkaufsflächen ist dann die Entwicklung zu großen wettbewerblichen Einheiten nicht durch Vorteile auf dem Gebiet der Akzeptanz durch die Verbraucher, sondern durch andere Mechanismen zu erklären. Z.B. kann diese Entwicklung in der Senkung von Beschaffungs- und Transaktionskosten begründet liegen, die im Vergleich zu kleineren Einheiten eine größere Handelsspanne und/oder niedrigere Handlungskosten und damit eine größere Überlebensfähigkeit ermöglicht.

Ausgangspunkt der Untersuchung ist zunächst die Fragestellung, ob sich ein systematischer Einfluß der in einem Handelssystem akkumulierten Verkaufsfläche eines Betriebstyps auf die durchschnittliche Flächenproduktivität dieses Betriebstyps ergibt:

1) Hat die akkumulierte Verkaufsfläche eines Betriebstyps einen Einfluß auf die durchschnittliche Flächenproduktivität?

Die Beantwortung dieser Frage gibt darüber Auskunft, ob Handelssysteme in der Lage sind, auf einer Vielzahl von einzelnen Flächen überdurchschnittliche Flächenproduktivitäten zu erzielen. Hinter dieser Fragestellung steht letztlich eine konkretere Fragestellung:

2) Haben verkaufsflächenstarke Betriebstypen eine höhere oder niedrigere Flächenproduktivität aufzuweisen als verkaufsflächenschwache Betriebstypen?

Geht man zunächst von der Annahme aus, daß sich kein Einfluß der kumulierten Verkaufsfläche auf die Flächenproduktivität ergibt, so hat jedes Unternehmen prinzipiell die Möglichkeit, unabhängig davon, ob dieses unter ökonomischen Zielvorstellungen sinnvoll erscheint oder nicht, jeden Punkt in einem Diagramm einzunehmen, welches auf der Ordinate die durchschnittliche Flächenproduktivität des Betriebstyps und auf der Abszisse die kumulierte Verkaufsfläche ausweist. Andererseits erscheint es gemäß *Abbildung 1* naheliegend, daß die Flächenproduktivität mit zunehmender kumulierter Verkaufsfläche der beobachteten wettbewerblichen Einheiten steigt und anschließend absinkt.

2 Ergebnisse der empirischen Untersuchung

2.1 Datengrundlagen und Untersuchungsvorgehen

Die sekundärstatistischen Daten (u.a. Ranglisten, Umsätze, Verkaufsflächen) wurden von dem Marktforschungsinstitut M+M EUROdATA, Frankfurt, zur Verfügung gestellt, welches erstmalig für das Jahr 1989 diese Daten erhoben hat (M+M EuroData 1990-94). Auf der Basis der Daten des Jahres 1992 wurde, vom größten Anbieter ausgehend, schrittweise der nächstgrößte Anbieter in die Untersuchungsgesamtheit aufgenommen, bis 90% des Umsatzvolumens des institutionellen Lebensmittelhandels erreicht waren. Auf diese Weise wurden insgesamt 64 Unternehmen in die Untersuchung aufgenommen. Diese Unternehmen repräsentieren zusammengenommen ca. 90-97% des gesamten Umsatzvolumens der ausgewählten Angebotsformen in Deutschland. Ausgehend von dieser Untersuchungsgesamtheit wurden die gesamten Verkaufsflächen und Umsätze betriebstypenspezifisch für die Jahre 1989, 1990, 1991 und 1992 erfaßt und die zugehörigen Flächenproduktivitäten errechnet.

Die Flächenproduktivitäten der untersuchten Angebotsformen werden in Streupunktdiagrammen dargestellt. Zum Vergleich mit den beobachteten Werten wird das ungewichtete arithmetische Mittel der Flächenproduktivitäten aller Betriebstypen hinzugezogen. Dieses gibt - unabhängig von der gesamten Verkaufsfläche der untersuchten Betriebstypen - eine unternehmensübergreifende Durchschnittsproduktivität an. Bei hoher Wettbewerbsdynamik zwischen den Betriebstypen (d.h. einem regen Vorstoß durch neue Profilierungsmaßnahmen und reger Imitation derselben) sind Abweichungen von der unternehmensübergreifenden Durchschnittsproduktivität dauerhaft nicht zu erwarten. Im Rahmen einer statischen Betrachtung zeigen Abweichungen Schutzpositionen (Pioniere, Nischenanbieter) auf. Der Mittelwert kann in diesem Sinne als Sollwert bei intensivem Wettbewerb aufgefaßt werden.

Die beobachteten Wertepaare wurden mit Hilfe des statistischen Programmpaketes *SPSS for Windows* analysiert (Norusis 1994). Die Analysen zeigten in den Streupunktdiagrammen Verläufe, die vermuten ließen, daß bestimmte Funktionsverläufe vorliegen könnten. Aus diesem Grunde wurden auf der Basis der über mehrere Jahre beobachteten Wertepaare entsprechende Funktionen geschätzt und in den Streupunktdiagrammen ausgewiesen. Es wurden sowohl Schätzungen linearer als auch nichtlinearer Modelle vorgenommen. Die Streupunktdiagramme wiesen in den meisten Fällen auf nichtlineare Zusammenhänge hin. Die Schätzungen der nichtlinearen Funktionen wurden mit der *NLR*-Prozedur (Nonlinear Regression) des Statistik-Programmpaketes vorgenommen (vgl. zur NLR-Prozedur Norusis 1994, S. 215 ff. und zu einer Anwendung der NLR-Prozedur auf den Zusammenhang zwischen Personalintensität und Flächenproduktivität Burmann 1995a, S. 103 ff. u. 172 ff.).

Darüber hinaus werden die einzelnen Streupunktdiagramme der Längsschnittanalyse um die Werte der Flächenproduktivitätselastizität ergänzt (3).

$$\text{(3)} \qquad \eta_t = \frac{\dfrac{\Delta\ FP}{FP_t}}{\dfrac{\Delta\ qm}{qm_t}} = \frac{\dfrac{FP_{t+1} - FP_t}{FP_t}}{\dfrac{qm_{t+1} - qm_t}{qm_t}}$$

Positive (negative) Werte der Flächenproduktivitäts-Elastizität verweisen darauf, daß mit ansteigender Verkaufsfläche steigende (fallende) Flächenproduktivitäten einhergingen. Ist $\eta=0$, so reagiert die Flächenproduktivität vollkommen unelastisch auf Änderungen der kumulierten Verkaufsfläche. Werte zwische 1 und -1 zeigen eine unelastische Reaktion der Flächenproduktivität an. Ist $\eta>1$ oder <-1, so kann von einer elastischen Reaktion der Flächenproduktivität gesprochen werden.

2.2 Längsschnittbetrachtung der wettbewerblichen Einheiten

Eine Querschnittbetrachtung kann definitionsgemäß die Entwicklung der Betriebstypen im Zeitablauf nicht aufzeigen. Dieses gelingt nur im Rahmen einer Längsschnittbetrachtung. Entsprechend werden in den nachfolgenden Diagrammen die Wertepaare für die vier Jahre 1989, 1990, 1991 und 1992 untersucht. Sollte bei den einzelnen Betriebstypen ein systematischer Zusammenhang zwischen der Verkaufsfläche und der Flächenproduktivität vorliegen, so müßte sich im Rahmen einer Längsschnittbetrachtung eine systematische Häufung der Wertepaare zeigen. Die zu unterschiedlichen Zeitpunkten beobachteten Werte würden eine systematische Verzerrung (Hin- oder Hinwegbewegung) von der unternehmensübergreifenden Durchschnittsproduktivität aufweisen. Diese Verzerrung könnte mit Blick auf den idealtypischen Diffusionsprozeß anzeigen, daß sich die Flächenproduktivitäten bei zunehmender Ausdehnung der Verkaufsfläche auf einem mittleren Niveau angleichen. Eine wesentliche Bedingung, die eine hohe Wettbewerbsdynamik aufzeigt, wäre erfüllt. Betriebstypen von Großunternehmen wären nicht geeignet, dauerhaft vorteilhafte Alleinstellungen zu erzielen.

1) Supermärkte und SB-Geschäfte

Im kleinflächigen Food-Bereich ergibt sich im Längsschnitt der verkaufsflächenstärksten Einheiten eine trichterförmige Streuung, die zeigt, daß sich die verkaufsflächenstärksten Anbieter in den Bereich sinkender Flächenproduktivitäten bewegen (*Abbildung 3*). Die dargestellte Trendfunktion kann aufgrund der trichterförmigen Streuung einen systematischen ertragsgesetzlichen Verlauf nicht bestätigen.

2) SB-Warenhäuser/Verbrauchermärkte

Wie im kleinflächigen Food-Bereich, so zeigt sich auch im Bereich der großflächigen Betriebsformen ein Trichter im Streupunktdiagramm (*Abbildung 4*). Die nichtlineare Funktion zeigt hier einen äußerst schwach ausgeprägten ertragsgesetzlichen Verlauf. Die Flächenproduktivitätselastizität verdeutlicht, daß sich die verkaufsflächenstärksten An-

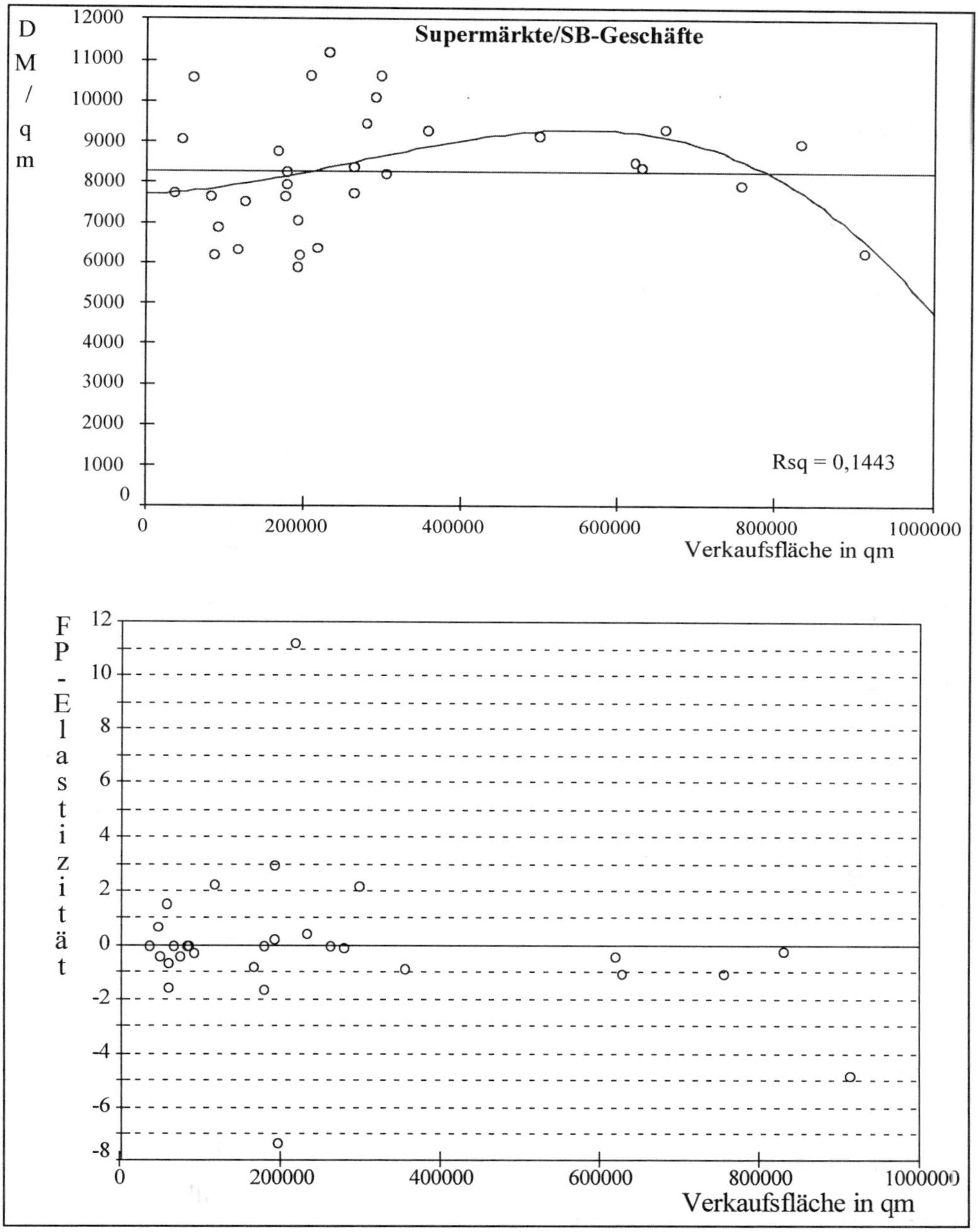

Abbildung 3: Längsschnittbetrachtung im Supermarkt/SB-Geschäfte-Bereich

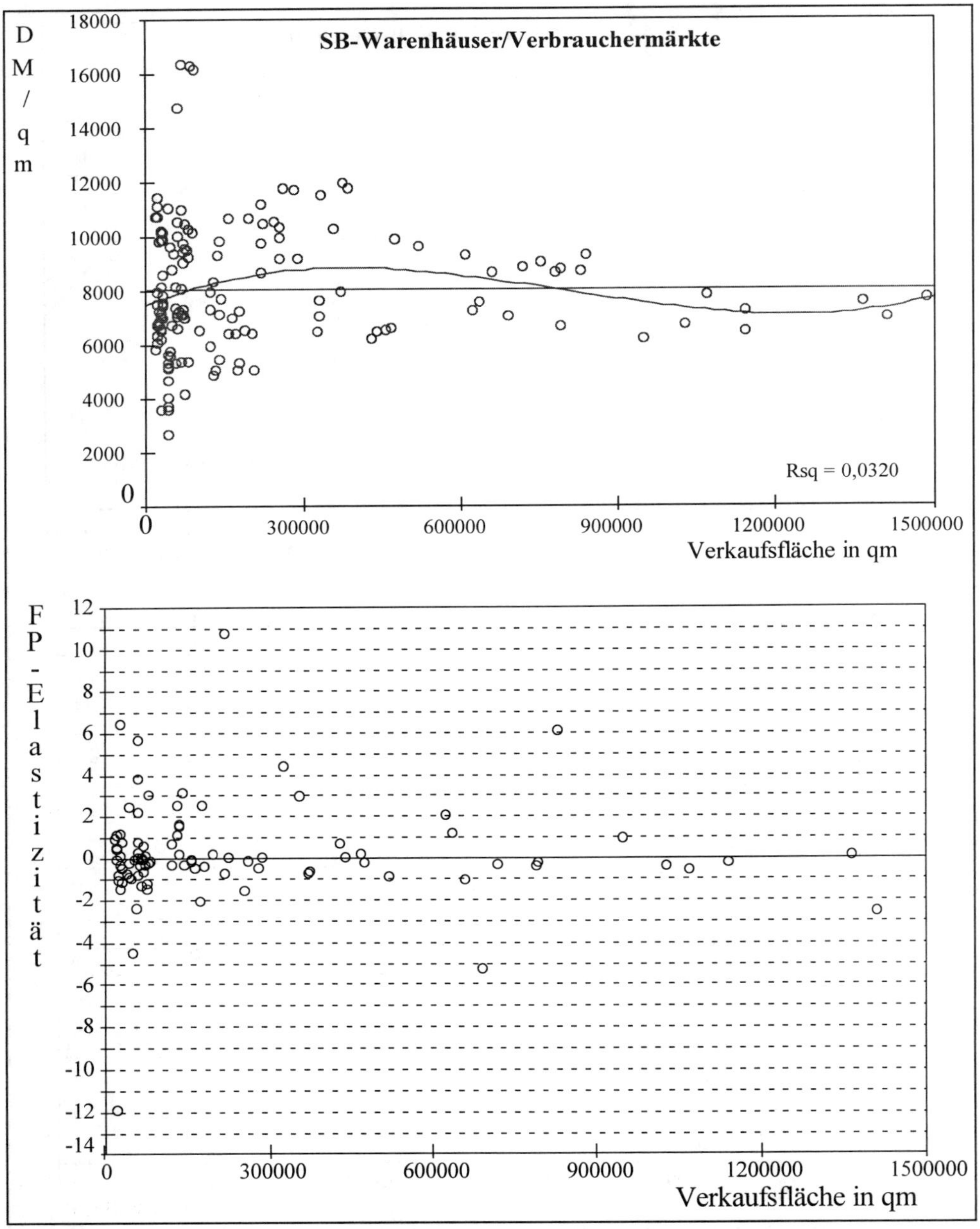

Abbildung 4: **Längsschnittbetrachtung im SB-Warenhaus-/Verbrauchermarktbereich**

bieter in einen Bereich stagnierender bzw. sinkender Flächenproduktivitäten bewegen. Betrachtet man die Entwicklung der größten Unternehmen (> 300000 qm in 1992) in *Abbildung 5*, so wird deutlich, daß die Streuung mit steigender Verkaufsfläche systematisch abnimmt und die Flächenproduktivität absinkt.

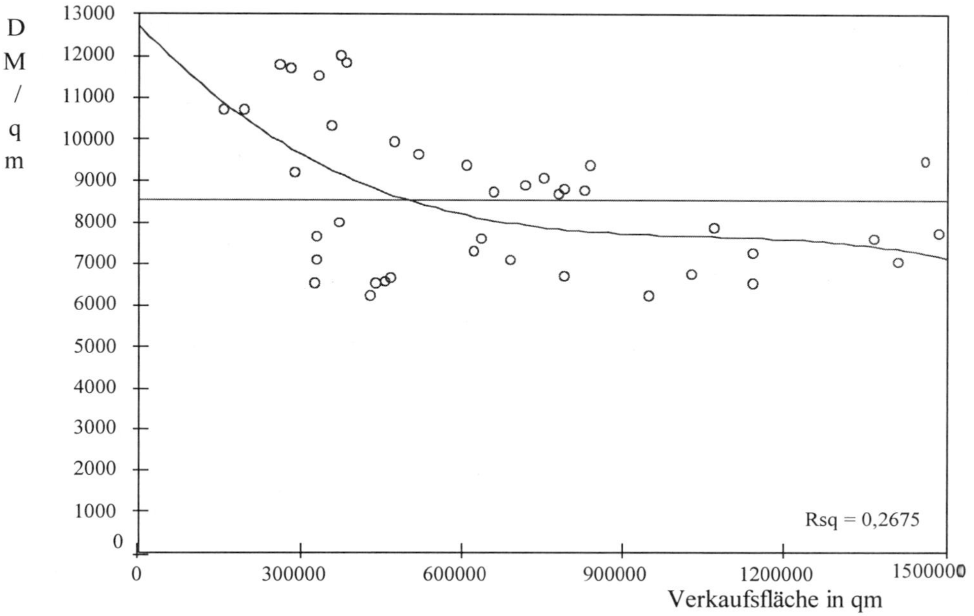

Abbildung 5: Längsschnittbetrachtung der verkaufsflächenstärksten Unternehmen im SB-Warenhaus/Verbrauchermarkt-Bereich (> 300000 qm in 1992)

3) Discounter

Das von dem Pionierunternehmen Aldi im deutschen Lebensmittelmarkt verbreitete Discountprinzip führt durch niedrige Preise und große Mengen zu hohen Umsätzen auf relativ kleiner Fläche. Eine wesentliche Voraussetzung dieses Prinzips ist ein vergleichsweise enges Sortiment. Hingegen zeichnen sich die anderen Bewirtschaftungsprinzipien des Food-Bereiches je nach Verkaufsfläche durch eine größere Sortimentsbreite und durch eine Form der Mischkalkulation aus, bei der relativ niedrigpreisige Eckartikel in höherpreisigen Sortimenten als 'Frequenzbringer' dienen.

Da im Bereich der Discounter zum Untersuchungszeitpunkt eine relativ geringe Anzahl wettbewerblicher Einheiten vertreten war, kann die Entwicklung einiger Betriebstypen unternehmensspezifisch verfolgt werden (*Abbildung 6*). Die größten wettbewerblichen Einheiten zeigen eine systematische Flächenproduktivitätsveränderung. Während der

Spitzenreiter (Aldi) in einzelnen Jahren Flächenproduktivitätsverluste hinnehmen mußte, konnte das Verfolgerfeld mit zunehmender Verkaufsfläche Flächenproduktivitätssteigerungen erzielen.

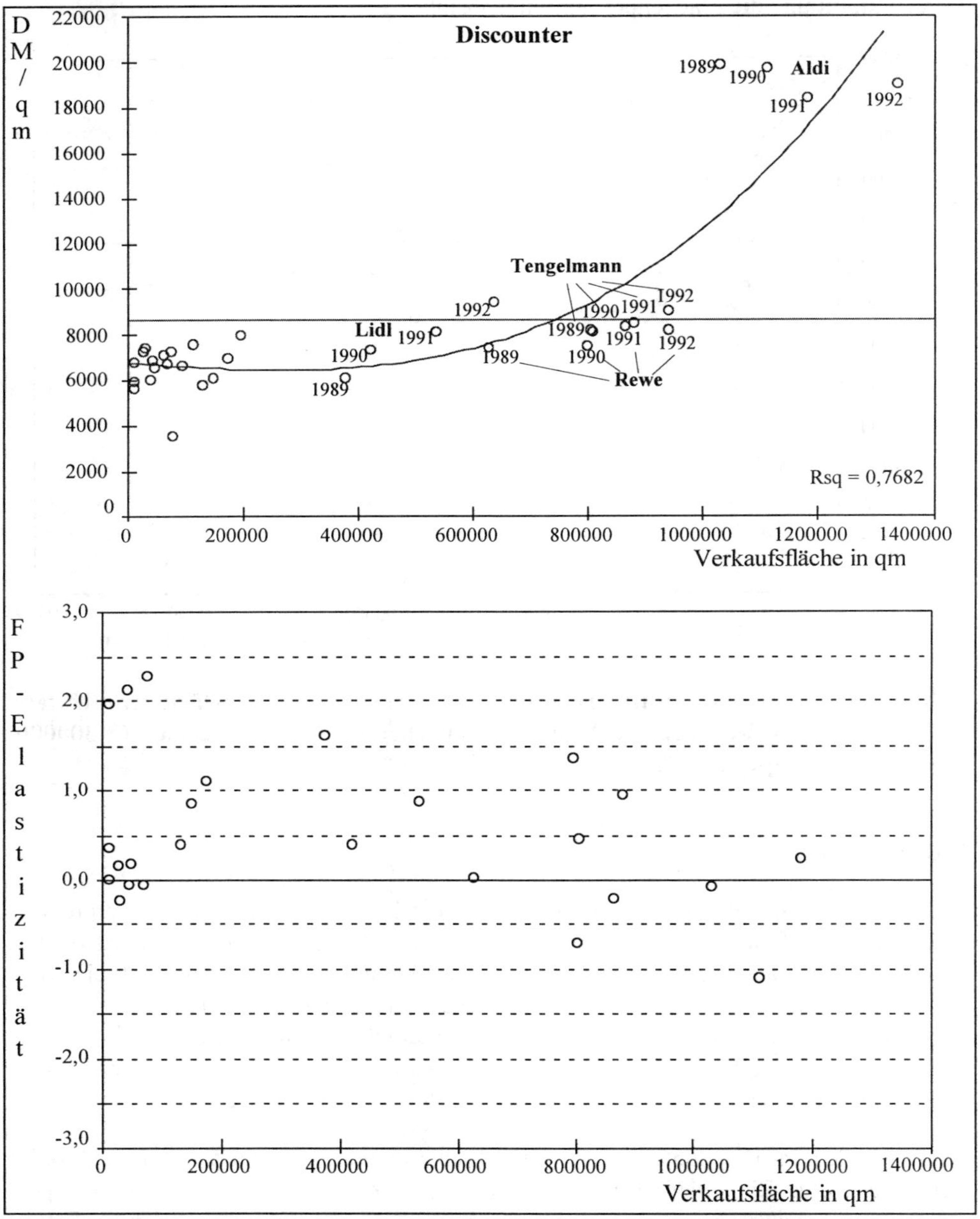

Abbildung 6: Längsschnittbetrachtung im Discounter-Bereich

Die ausgewiesene Trendfunktion läßt auf ansteigende Flächenproduktivitäten schließen, sofern kleine und mittelgroße Einheiten die Verkaufsfläche im Discounter-Bereich ausdehnen. Die Flächenproduktivitätselastizität zeigt allerdings, daß mit zunehmender Verkaufsfläche immer geringere Zuwächse der Flächenproduktivität zu erwarten sind. Aufgrund der Flächenproduktivitätssteigerungen des Verfolgerfeldes ist eine Nivellierung der Flächenproduktivitäten zu vermuten.

Das Discountunternehmen Aldi hat bei einer mit Supermärkten vergleichbaren Verkaufsfläche der Outlets eine außergewöhnlich große kumulierte Verkaufsfläche erreicht. Dieses läßt auf eine hohe Anzahl adäquater Standorte schließen. Die Spitzenposition des Unternehmens Aldi im Discount-Bereich ist nach den vorliegenden Ergebnissen allerdings nicht unangreifbar. Der nachstoßende Wettbewerb hat zum Ende des Jahres 1994 zum Ausbruch eines erheblichen Preiskampfes zwischen den großen Discount-Unternehmen geführt (vgl. Olbrich/Reinke 1996, S. 72 f.).

2.3 Gemeinsame Betrachtung der Angebotsformen des institutionellen Lebensmittelhandels

Betrachtet man die Angebotsformen gemeinsam in einem Streupunktdiagramm, welches sämtliche Wertepaare überlagert (*Abbildung 7*), so können Vergleiche zwischen den Flächenproduktivitäten der Angebotsformen angestellt werden. Der Trichter verdichtet sich nochmals. Die unterschiedlichen Niveaus der Flächenproduktivitäten der einzelnen Betriebstypen sorgen zudem für eine Auffächerung des Trichters im Bereich der kleinen Einheiten. Im Bereich des Trichters unterscheidet sich das Niveau der durch die Kurven repräsentierten Flächenproduktivitäten zwischen den kleinflächigen Supermärkten/SB-Geschäften und den großflächigen SB-Warenhäusern/Verbrauchermärkten kaum. Discounter erzielen in diesem Bereich niedrigere Flächenproduktivitäten als die konkurrierenden Betriebstypen. Erst bei größeren kumulierten Verkaufsflächen ergeben sich deutliche Abweichungen zwischen den Angebotsformen, die auf Entwicklungsperspektiven verweisen.

Die überlagerten Funktionen geben Hinweise zur Bewertung der alternativen Richtungen weiteren Wachstums:

- Flächenwachstum im Supermarkt-/SB-Geschäfte-Bereich verspricht für große Einheiten keine Produktivitätssteigerungen mehr. Die flächenstärksten Unternehmen befinden sich im Bereich sinkender Flächenproduktivitäten.
- Im Bereich der SB-Warenhäuser und Verbrauchermärkte führt Flächenwachstum der großen Einheiten zu einer Nivellierung der Flächenproduktivitäten. Dieses läßt ebenfalls auf eine rückgehende Flächenproduktivität bei weiteren Neueröffnungen durch die großen Einheiten schließen.
- Im Bereich der Discounter führt Flächenwachstum des Verfolgerfeldes noch zu ansteigenden Flächenproduktivitäten. Darüber hinaus zeigen die Positionen der verkaufsflächenstärksten Unternehmen, daß ihre Outlets Vorteile gegenüber denjenigen

verkaufsflächenschwacher Unternehmen zu besitzen scheinen. Neueröffnungen versprechen hier, eine lohnenswerte Wachstumsrichtung zu sein. Eine Wachstumsgrenze für Discounter wäre damit noch nicht erreicht. Das Umsatzpotential für die Betriebsform Discounter ist noch nicht ausgeschöpft, solange die Produktivitätsgewinne der Verfolger nicht allein auf die Verluste des Pioniers zurückzuführen sind, sondern - bei gegebenem Marktvolumen im Lebensmittelhandel - auch auf Degenerationstendenzen der älteren Betriebstypen.

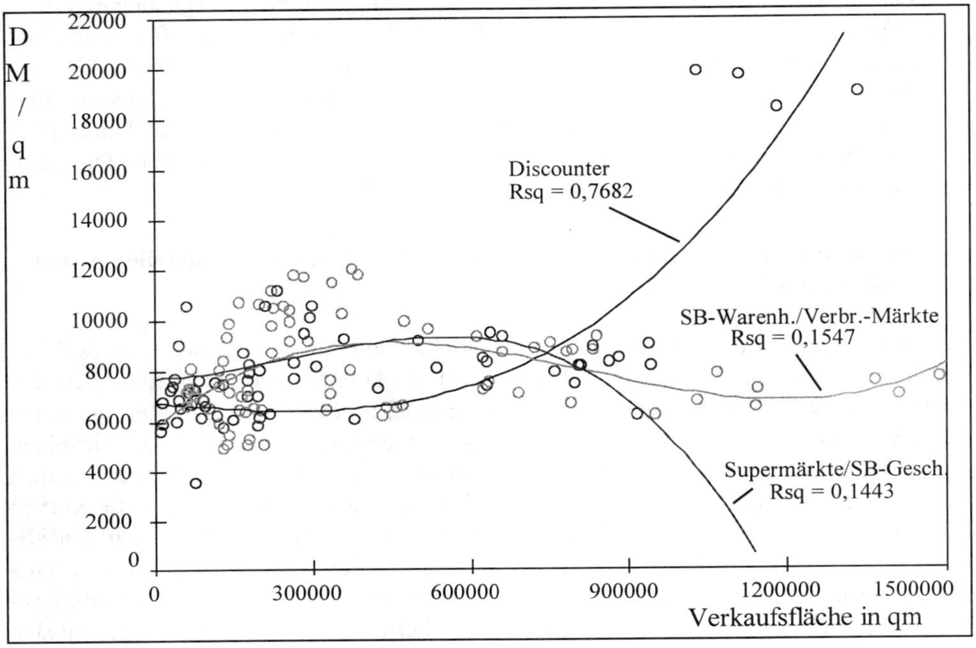

Abbildung 7: Längsschnittbetrachtung der betrachteten Angebotsformen des Lebensmittelhandels

Die vorliegenden Ergebnisse werden durch die Ergebnisse einer prognostischen Untersuchung bestätigt (vgl. Olbrich/Reinke 1995 und 1996). Dort zeigte sich, daß Supermärkte und SB-Geschäfte einen Rückgang, SB-Warenhäuser und Verbrauchermärkte einen geringfügigen Anstieg, Discounter hingegen eine deutliche Zunahme ihrer Verbreitung verzeichnen werden.

3 ZUSAMMENFASSENDE INTERPRETATION

Faßt man die Ergebnisse zusammen, so ist auf folgende Punkte zu verweisen:

- Die Flächenproduktivitäten streuen nicht im gesamten Diagramm. In den Bereichen der Supermärkte/SB-Geschäfte und SB-Warenhäuser/Verbrauchermärkte streuen sie bei kleineren Einheiten trichterförmig um die unternehmensübergreifende Durchschnittsproduktivität. Die Flächenproduktivitäten größerer Einheiten befinden sich auf mittlerem Niveau. Im Bereich der Discounter ist noch ein Anstieg der Flächenproduktivität mit zunehmender Verkaufsfläche der nachstoßenden wettbewerblichen Einheiten zu vermuten.

- Eine Gemeinsamkeit ist bei allen Angebotsformen anzutreffen. Unternehmen mit sehr großer kumulierter Verkaufsfläche gelingt es - bei allen betrachteten Angebotsformen - nicht, hohe Flächenproduktivitätselastizitäten zu realisieren. Vielmehr sind sie bei diesen Unternehmen selten positiv, zumeist negativ.

Die beobachteten Werte streuen bei den kleineren wettbewerblichen Einheiten stärker als bei den großen Einheiten. Die Betriebstypen befinden sich also zumindestens im Bereich relativ geringer kumulierter Verkaufsflächen hinsichtlich ihrer Flächenproduktivität auf sehr unterschiedlichen Niveaus. Die Untersuchungsergebnisse legen nahe, daß die wettbewerblichen Einheiten, ausgehend von diesen unterschiedlichen Niveaus, einander ähnliche Entwicklungen durchlaufen, also - wie im klein- und großflächigen Food-Bereich - eine Flächenproduktivität im mittleren Bereich annehmen (*Abbildung 8*).

Interpretiert man diese Ergebnisse, so ist eine Nivellierung der Flächenproduktivitäten zu vermuten. Eine Ursache hierfür wird sein, daß sich in großen Einheiten die Outlets mit niedriger und hoher Flächenproduktivität zu einer mittleren Flächenproduktivität vermischen. Diese Vermischung der Flächenproduktivitäten wird u.U. dadurch gefördert, daß im Zuge des Konzentrationsprozesses weniger produktive Outlets von produktiveren Einheiten übernommen werden, um mangelnde Standortverfügbarkeit zu umgehen.

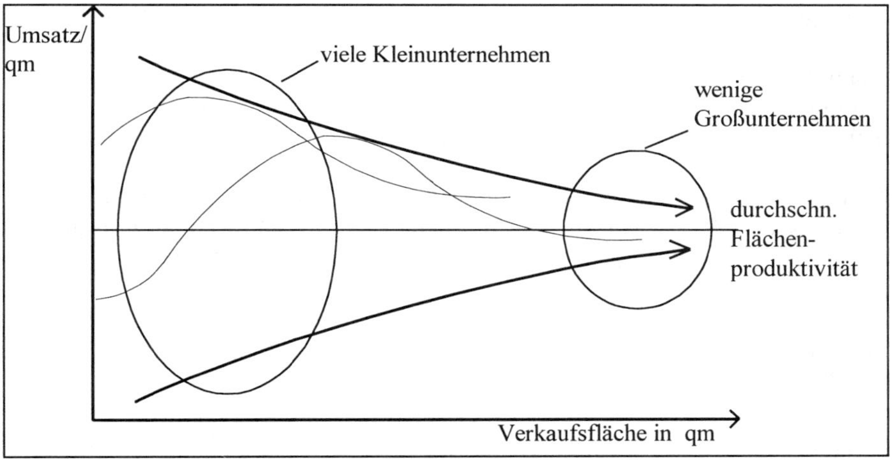

Abbildung 8: Verkaufsflächenakkumulation und Nivellierung der Marktakzeptanz von Betriebstypen

Zusammenfassend kann somit darauf hingewiesen werden, daß - bei regem Wettbewerb(!) - keine größenbedingten Vorteile für weit verbreitete Betriebstypen zu erwarten sind. Vielmehr besteht die Gefahr, daß große wettbewerbliche Einheiten in Standorte mit geringer Marktakzeptanz vordringen und bei zunehmender Flächenexpansion der Mitbewerber in Bedrängnis geraten. Die Positionierung von Betriebstypen sollte sich demnach an der Standortadäquanz orientieren, um im Zeichen von Verdrängungswettbewerb einer zunehmenden Verkaufsflächenausdehnung der Mitbewerber nicht zu erliegen.

LITERATUR

Ahlert, D., Bergmann, G., Schröder, H., Wellmann, TH.: Machtkonzentration und dynamische Marktbeherrschung im Handel, Arbeitspapier Nr. 9 des Lehrstuhls für Betriebswirtschaftslehre, insb. Distribution und Handel, Universität Münster 1988.

Ahlert, D., Wellmann, TH.: Von der Machtkonzentration zur dynamischen Marktbeherrschung im Handel - Wirtschaftswissenschaftliche Grundlagen einer Diskussion zur Kartellrechtsnovelle. In: BFuP, Heft 3, 1988a, S. 193-219.

Ahlert, D., Wellmann, TH.: Deregulierung oder Verschärfung des GWB ? - Wettbewerbspolitische und wettbewerbsrechtliche Konsequenzen der Konzentration im Handel. In: BFuP, Heft 3, 1988b, S. 250-275.

Bienert, M.: Standortcontrolling - Systematische Netzplanung statt fallweiser Einzelanalysen. In: Trommsdorff, V. (Hrsg.), Handelsforschung 1995/96, Jahrbuch der Forschungsstelle für den Handel Berlin (FfH) e.V., S. 245-262, Wiesbaden 1995.

Burmann, Chr.: Fläche und Personalintensität als Erfolgsfaktoren im Einzelhandel. In: Meffert, H., Steffenhagen, H., Freter, H. (Hrsg.), Schriftenreihe Unternehmensführung und Marketing, Bd. 27, Wiesbaden 1995a.

Burmann, Chr.: Erfolgsfaktoren des Warenhaus- und Warengruppen-Managements. In: Trommsdorff, V. (Hrsg.), Handelsforschung 1995/96, Jahrbuch der Forschungsstelle für den Handel Berlin (FfH) e.V., S. 263-285, Wiesbaden 1995b.

Frisch, Th., Sacksofsky, E.: Die Angebotskonzentration im deutschen Lebensmitteleinzelhandel und die Probleme ihrer kartellrechtlichen Erfassung, HWWA-Report, Nr. 128, Hamburg 1993.

Froböse, M.: Nutzungsmöglichkeiten mikrogeographischer Informationssysteme im Einzelhandels-Marketing. In: Trommsdorff, V. (Hrsg.), Handelsforschung 1995/96, Jahrbuch der Forschungsstelle für den Handel Berlin (FfH) e.V., S. 63-86, Wiesbaden 1995.

Jung, M., Kallen, P.-B.: Wunsch oder Wirklichkeit, Ertragsreserven im Lebensmitteleinzelhandel. In: Lebensmittel-Zeitung, LZ-Schwerpunkt, 6. Mai, Nr. 18, 1994, S. 155.

M+M EuroData: M+M Top-Firmen, Strukturen, Umsätze und Vertriebslinien des Lebensmittelhandels Food/Nonfood in Deutschland, Frankfurt a.M. 1990-94.

Monopolkommission: Marktstruktur und Wettbewerb im Handel, Sondergutachten der Monopolkommission gemäß § 24b Abs. 5 Satz 4 GWB, Köln 1994.

Norusis, M. J.: SPSS for Windows Advanced Statistics Release 6.0, SPSS Inc. (Hrsg.), Chicago 1994.

Oehme, W.: Handels-Marketing, 2. Aufl., München 1992.

Olbrich, R.: Erfolgspositionen im Lebensmittelhandel, Ergebnisse und Konsequenzen einer repräsentativen Befragung. In: ZfB, 64. Jg., Heft 4, April 1994, S. 425-442.

Olbrich. R., Reinke, B.: Unternehmenswachstum im deutschen Konsumgüterhandel - Ergebnisse einer Expertenbefragung, Universität Münster 1995.

Olbrich. R., Reinke, B.: LZ-Schwerpunkt 'Unternehmenswachstum'. In: Lebensmittel-Zeitung, 29. März, Nr. 13, 1996, S. 66-76.

O.V.: Anhaltender Druck auf die Erträge, Auszug aus dem Betriebsvergleich des Bundesverbandes der Filialbetriebe und Selbstbedienungs-Warenhäuser e.V. (BFS), In: Lebensmittel-Zeitung, Nr. 22 vom 2. Juni, 1995, S. 58.

Thurik, A. R.: Quantitative Analysis of Retail Productivity, Delft 1984.

Die Positionierung von Betriebstypen in Verbundgruppen

Thomas Rudolph und Philipp Dautzenberg, St. Gallen

Im Zuge der Wettbewerbsverschärfung im Einzelhandel sehen es Verbundgruppenzentralen heute als eine Kernherausforderung an, die Mitglieder bei der Positionierung und Profilierung ihrer Verkaufsstellen zu unterstützen. Dabei gilt es für die Zentrale, eine Positionierung zu wählen, welche sowohl marktgerecht ist als auch heterogene Mitgliedervoraussetzungen und dezentrale Profilierungsstärken berücksichtigt. Der folgende Beitrag stellt einen Ansatz vor, um die Positionierungsherausforderung in Verbundgruppen zu bewältigen.

1 BETRIEBSTYPEN-POSITIONIERUNG - EINE KERNHERAUSFORDERUNG FÜR DAS VERBUNDGRUPPENMANAGEMENT

1.1 Komplexe Rahmenbedingungen der zweistufigen Positionierung

Der nicht organisierte Einzelhandel mußte von 1980 bis 1995 einen Marktanteilsverlust in Deutschland von 19,5 % auf 12,0 % im Vergleich zu anderen Organisationsformen des Handels verkraften (Täger u.a. 1994, S. 114). Vielen selbständigen Händlern blieb im Zuge des zunehmenden Konzentrationsprozesses keine andere Wahl, als sich einer Verbundgruppe anzuschließen.

Einkaufsverbände bzw. Verbundgruppen bieten den selbständigen Mitgliedern u.a. zentrale Einkaufsvorteile und helfen damit, größenbedingte Kostennachteile gegenüber Filialisten abzubauen. Das Mitglied kann sich verstärkt auf die Optimierung seiner Verkaufsstellenleistung konzentrieren. Die Verbundgruppen-Philosophie, nach der lokale Profilierungsreserven vom Mitglied und Kostenreserven von der Zentrale auszuschöpfen sind, hat sich bewährt. Verbundgruppen konnten ihren hohen Marktanteil von rund 30 % in den vergangenen 15 Jahren halten (Täger u.a. 1994, S. 114).

Die Zusammenarbeit zwischen Mitglied und Zentrale fällt je nach Verbundgruppe unterschiedlich aus. Neben der alleinigen Einkaufskooperation lassen sich auch franchiseähnliche und damit straff geführte Konstellationen beobachten. Tendenziell streben Verbundgruppen in Teilbereichen zentralere Entscheidungsprozesse als früher an

(Dautzenberg 1996, S. 24). Grund dafür ist beispielsweise die gestiegene Marktdynamik. Dabei fordern der harte Branchenwettbewerb, Veränderungen im Kauf- und Konsumverhalten sowie neue Technologien koordinierte und zeitlich adäquate Reaktionsmuster.

Bezogen auf die Positionierung von Betriebstypen charakterisiert die nachfolgend in *Abbildung 1* dargestellte Zweistufigkeit die spezifische Herausforderung für das Verbundgruppenmanagement. Einerseits muß die von der Zentrale gewählte Betriebstypenpositionierung bei den Mitgliedern Anklang finden, andererseits sich im Wettbewerb behaupten. Der Marktauftritt der Verbundgruppe erfolgt - außer bei Regiebetrieben der Zentrale - durch die Mitglieder und erfordert somit ein Zusammenwirken von Zentrale und Mitgliedern.

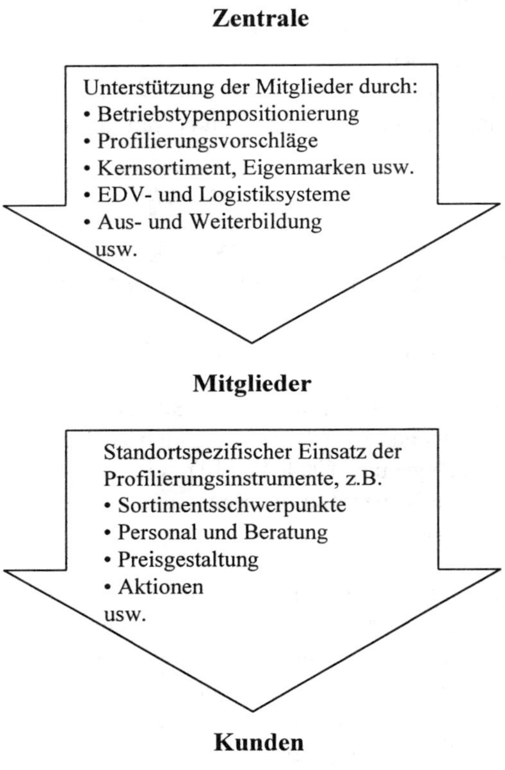

Abbildung 1: Die zweistufige Positionierungsherausforderung für das Verbundgruppenmanagement

1.2 Ursachen für die gestiegene Bedeutung der Betriebstypen-Positionierung

Damit der zweistufige Balanceakt gelingt, darf die Positionierungsfrage nicht losgelöst von anderen Management-Herausforderungen angegangen werden. Ohne an dieser Stelle vertiefend darauf einzugehen, müssen die Positionierungsbestrebungen um Anreiz- und zusätzliche Leistungssysteme ergänzt werden. Beispielsweise bewirken zentral definierte Betriebstypen vielerorts nur dann ausreichende Markterfolge und Gefolgschaft bei den Mitgliedern, wenn die zentrale Systemoptimierung (z.B. die Entwicklung eines Kernsortimentes oder der Aufbau eines Verbundgruppen-Management-Informationssystems) Kostenreserven ausschöpft und gleichzeitig den Mitgliedern finanzielle Anreize für eine Profilierung gemäß den zentralen Betriebstypenvorgaben geboten werden. Betriebstypenkonzepten kommt sowohl aus Markt- wie auch aus Kostengründen für die Verbundgruppenzentrale eine Leitfunktion zu, um

- die *heterogene Mitgliederstruktur* zu segmentieren,
- die zentrale *Systemunterstützung* auf klar definierte Mitgliedergruppen auszurichten sowie
- den engagierten und wachstumsorientierten Mitgliedern *neue Marktchancen* aufzuzeigen.

Nach einer kurzen Begriffsbestimmung von Positionierung und Profilierung beschreiben die Abschnitte 2 und 3, wie erfolgversprechende Marktpositionen für Betriebstypen in Verbundgruppen aufgebaut werden können.

1.3 Begriffsbestimmung: Positionierung und Profilierung von Betriebstypen

Im Rahmen der angesprochenen Positionierungsüberlegungen ist das Geflecht an Waren, Dienstleistungen und weiteren Maßnahmen, welche einen Zusatznutzen stiften, vor, während und nach dem Kaufvorgang im Wahrnehmungs- und Beurteilungsraum der Verbraucher zu positionieren und zu profilieren (Ahlert 1994, S. 295). Es handelt sich in Anlehnung an das psychologische Marktmodell von Spiegel (Spiegel 1961, S. 6) bei der *Positionierung* eher um langfristige und konstitutive Entscheidungen, welche die Wahl der Marktposition betreffen (strategische Unternehmungsebene). Auf Grundlage der Positionierung gilt es, im Rahmen der *Profilierung* anhand konkreter Profilierungsmaßnahmen (operative Ebene) einen identitätsstiftenden Wettbewerbsvorteil aufzubauen, den der Zielkunde mit einer Kaufhandlung belohnt (Rudolph 1993).

2 DER PROZESS DER KONZEPTION UND REALISIERUNG EINES BETRIEBSTYPS IM ÜBERBLICK

Der in der nachfolgenden *Abbildung 2* aufgezeigte Prozess der Betriebstypenentwicklung in Verbundgruppen basiert auf dem Stufenkonzept der Verkaufsstellenprofilierung (Rudolph 1993, S. 347). Er bezieht verbundgruppenspezifische Aspekte in die Betrachtung ein und greift damit die Frage auf, wie die Verbundgruppenzentrale profilierte Betriebstypen mit den Mitgliedern konzipieren und realisieren kann. Die Zusammenfassung der Teilentscheidungen und -aufgaben in vier Hauptphasen verdeutlicht den Prozesscharakter. Die Phasen überlappen sich zeitlich und hängen voneinander ab.

1. Initiierungs- und Analysephase
- Vorgaben aus der Verbundgruppenpolitik formulieren - Grundsätzliche Einordnung des Betriebstyps in das Betriebstypenportfolio bestimmen - Personelle, finanzielle, zeitliche usw. Rahmenbedingungen der Zentrale für das Projektmanagement und die Systemunterstützung festlegen - Marktanalyse (Konsumenten und Konkurrenten) sowie Analyse des makroökonomischen Umfelds (Branchenkonjunktur usw.) durchführen - Mitgliederanalyse durchführen: finanzielle, personelle und verkaufsflächenbezogene Voraussetzungen der Profilierung und Integrationsbereitschaft nach Mitgliedersegmenten prüfen; potentielle Konfliktfelder identifizieren
2. Konzeptionsphase
- Betriebstypenziele für Zentrale und Mitglieder formulieren - Alternative Positionierungs- und Profilierungskonzepte entwickeln - Alternative Integrationskonzepte (Franchiseverträge usw.) entwickeln - Alternative Betriebstypenkonzepte anhand der Ziele bewerten
3. Realisierungsphase
- Pilotprojekte lancieren - Zentrale Infrastruktur aufbauen: Organisatorische Einbindung und personelle Besetzung des Betriebstypenmanagements; Gestaltung der Leistungsmodule zur Mitgliederunterstützung durch die Zentrale; Konditionensysteme; detaillierte Vertragsgestaltung - Erste Optimierung des Betriebstypenkonzeptes sowie der zentralen Infrastruktur auf der Basis der Erkenntnisse aus den Pilotprojekten
4. Multiplikations- und Optimierungsphase
- Multiplikation des Betriebstypenkonzeptes und Mitgliederakquisition - Fortlaufende Kontrolle und Optimierung (Feintuning oder bei Bedarf umfassende Neuprofilierung initiieren, d.h. gesamten Prozess der Betriebstypenentwicklung erneut durchlaufen)

Abbildung 2: Der Prozess der Betriebstypenentwicklung in Verbundgruppen (Dautzenberg 1996, S. 156)

Die folgenden Abschnitte vertiefen die Konzeptionsphase, da hier die grundlegenden Positionierungsentscheidungen gefällt werden.

3 BETRIEBSTYPENPOSITIONIERUNG UND -PROFILIERUNG IN VERBUNDGRUPPEN

3.1 Zielkategorien von Zentrale und Mitgliedern

Sowohl die Zentrale als auch die Mitglieder einer Verbundgruppe verbinden mit der Konzeption und Realisierung von Betriebstypen qualitative und quantitative Ziele. Den Zielen kommt im Prozess der Betriebstypenentwicklung eine Leitfunktion zu. *Abbildung 3* nennt wichtige Zielkategorien.

Zielkategorien auf Zentralebene	**Zielkategorien auf Mitgliederebene**
Gemeinsam getragene *Wertziele*: Vision und Corporate Identity	
Positionierungsziele: Positionierung des Betriebstyps im Markt (vgl. Abschnitt 3.2)	*Standortspezifische Profilierungsziele*: Angestrebte Profilierungsmaßnahmen für die Verkaufsstelle
Betreuungs- und Rentabilitätsziele: qualitativer und quantitativer Umfang der zentralen Dienstleistungen; Verrechnung gegenüber den Mitgliedern; Kosten-Nutzen-Verhältnis der zentralen Infrastruktur; Zentralregulierungsumsatz; Delkredereprovisionen usw.	*Finanzziele*: Umsatz-, Kosten- und Gewinnziele
Expansions- und Akzeptanzziele: Anzahl teilnehmender Mitglieder oder Verkaufsstellen, Gesamtumsatz usw.	*Marktabdeckungs- und Standortsicherungsziele*: lokale Marktanteile; Synergien versus Kannibalisierung in der Marktbearbeitung mit bestehenden Verkaufsstellen
Durchgriffsziele: Möglichkeit, zentrale Positionierungs- und Profilierungsvorstellungen in der Zukunft durchzusetzen	*Autonomieziele*: angestrebte Form der Integration in die Verbundgruppe; Autonomiegrad

Abbildung 3: Zielkategorien für Betriebstypenkonzepte auf Zentral- und Mitgliederebene (Dautzenberg 1996, S. 168)

Die Zielkategorien sind vom Verbundgruppenmanagement zu konkretisieren. Darunter fällt auch, gegebenenfalls klare Zeitvorgaben und kontrollierbare Zwischenziele zu bestimmen.

Die gestrichelten Linien in *Abbildung 3* deuten an, daß die Zielkategorien zu harmonisieren sind. Neben einer Harmonisierung innerhalb der Ziele auf Zentralebene oder innerhalb der Mitgliederziele, kommt der Harmonisierung zwischen Mitglieder- und Zentralzielen besondere Bedeutung zu. *Abbildung 3* führt Zielkategorien, welche zwischen

Zentrale und Mitgliedern einer sorgfältigen Harmonisierung bedürfen, in einer Zeile nebeneinander auf. Die Harmonisierung ist besonders anspruchsvoll, da die Koordination zwischen Zentrale und Mitgliedern im Gegensatz zu Filialsystemen nicht per Zielvorgabe erfolgen kann. Daher ist es wichtig, die Zielvorstellungen der Mitglieder zu analysieren, um diese für das Betriebstypenkonzept zu berücksichtigen. Zielvorschläge für die Mitglieder und die Beeinflussung von Mitgliederzielsetzungen können zur Harmonisierung zusätzlich beitragen.

3.2 Mehrdimensionales Positionierungsraster

Im Rahmen der Positionierungsüberlegungen bieten sich eine Vielzahl unterschiedlicher methodischer Ansätze an. Besonders beliebt sind zweidimensionale Positionierungsraster, welche durch die Achsen Erlebnisorientierung vs. Versorgungsorientierung sowie teuer vs. billig aufgespannt werden. Aufgrund der beschränkten Aussagekraft derartiger Positionierungsmodelle (Rudolph 1996, S. 185 f.) versuchen wir im folgenden, einen mehrdimensionalen Ansatz zu skizzieren.

Exemplarisch beschreibt *Abbildung 4* die Ist- und mögliche Soll-Positionierungen für den deutschen Spielwarenhandel. Die Positionierung der Spielwarengeschäfte beruht auf verschiedenen Marktanalysen sowie Marktprognosen aus den Jahren 1994 und 1995. Am rechten Rand des Rasters sind einige Ansatzpunkte für die Positionierung aufgeführt, welche sich an „übergeordneten“ Bedürfniskategorien beim Spielwarenkauf orientieren. In der konkreten Anwendungssituation sind die Ansatzpunkte zu ergänzen und nach Ihrer Positionierungsbedeutung zu gewichten. *Abbildung 4* illustriert beispielhaft den Umgang mit dem Positionierungsmodell.

Das mehrdimensionale Positionierungsmodell soll folgende Positionierungsfragen beantworten:

- Welche Ansatzpunkte eignen sich zur Generierung eines Zusatznutzens? Diese sind im Rahmen der empirischen Erhebung vorweg bedürfnisorientiert zu erheben und lassen sich nur schwer in standardisierter Form abfragen. Der Einsatz qualitativer Marketingforschungsmethoden stellt hierfür interessante Informationen in Aussicht. *Abbildung 4* führt beispielhaft einige wichtige Bedürfnisbereiche für den Spielwarenkauf auf.
- Welche Positionen nehmen die Wettbewerber im psychologischen Merkmalsraum ein (Spiegel 1961)? Dabei dienen als Ordnungskriterien das Preisimage (Preisachse billig-teuer am linken Rand des Rasters) und der subjektiv empfundene Kundennutzen (Ansatzpunkte für Zusatznutzen am rechten Rand). Die vorzunehmende Positionierung im psychologischen Merkmalsraum erfolgt damit unter Beachtung der vorweg bestimmten Bedürfniskategorien.

Als *vorteilhaft für den Prozess der Neupositionierung* erweist sich der offene Charakter des Modells. Die Anwender sind im ersten Schritt aufgefordert, nach neuen Ansatzpunkten der Positionierung - unter Einsatz unterschiedlicher Marketingforschungsmethoden - zu suchen, welche die Wahl des Spielwarengeschäfts in der Zukunft stärker beeinflussen könnten. Diese notiert der Anwender im zweiten Schritt am rechten Rahmen des Rasters. Wichtig ist die vollständige Erfassung aller wichtigen Bedürfnisse in Form von Ansatzpunkten, um keine erfolgversprechenden Positionierungsalternativen von vornherein auszublenden.

Anschließend könnten im dritten Schritt die möglichen Ansatzpunkte den heutigen Konkurrenten zugeordnet werden, indem sie in Klammern konkret aufgeführt werden. Dadurch werden die heutigen Positionierungen verdeutlicht und mögliche Marktnischen aufgedeckt. Am Beispiel von *Abbildung 4* sind heutige Fachgeschäfte (oftmals Mitglieder von Verbundgruppen) in der Zukunft aufgefordert, die aus Kundensicht subjektiv bestehende Preisdifferenz (größer als 15%) zu preisaktiven Anbietern zu verringern und zusätzlich neue Positionierungsansätze, welche einen Zusatznutzen liefern, zu verfolgen.

Ferner ist der Modellanwender nicht mehr gezwungen, die Wettbewerber im Sinne einer „entweder-oder-Entscheidung“ zwei Dimensionen zuzuordnen, weil der Realität entsprechend mehrere Bedürfnisbereiche die Wahl des Spielwarengeschäftes beeinflussen.

Das Modell liefert konkrete Anknüpfungspunkte für die sich anschließenden Profilierungsüberlegungen. Aufgrund der prägnanten Darstellung auf nur einer Seite, wird es in kurzer Zeit möglich sein, ein marktgerechtes Profil zu entwickeln. Darüber hinaus unterstützt die leicht verständliche Marktbeschreibung unter Berücksichtigung aller Erfolgsfaktoren das Arbeiten in funktionenübergreifenden Teams. Sie schafft die dringend notwendige Zielfokussierung und damit die oft geforderte gemeinsame Basis in Neupositionierungsprojekten.

Von *Nachteil* erweist sich erstens die nicht zweifelsfrei (im quantitativen Sinne) festzulegende Marktposition einzelner Spielwaren-Betriebstypen. Der daraus resultierende Diskussionsspielraum kann zweitens den Blick in die Zukunft verzögern. Drittens nimmt möglicherweise der empirische und finanzielle Aufwand zu, um die Ansatzpunkte der Positionierung durch quantitative und qualitative Marktforschungsmethoden zu fundieren. Viertens sind Verständnis- und Verständigungsprobleme in abteilungsübergreifenden Teams vorprogrammiert, da ein gewisser Interpretationsspielraum gegeben ist.

Insgesamt überwiegen die Vorteile. Mit der Suche nach wichtigen Konsumbedürfnissen und deren differenzierter Darstellung stellt das Positionierungsmodell im praktischen Einsatz die Weichen für die nachfolgende Profilierungsarbeit. Damit ermöglicht das mehrdimensionale Positionierungsmodell, daß die strategisch - teilweise visionär geführte - Zieldiskussion einen „faßbaren“ Charakter erhält und sich nicht auf „Elfenbeinturm-Übungen“ reduziert. Einige Anwender sprechen dieser Eigenschaft die höchste Bedeutung zu.

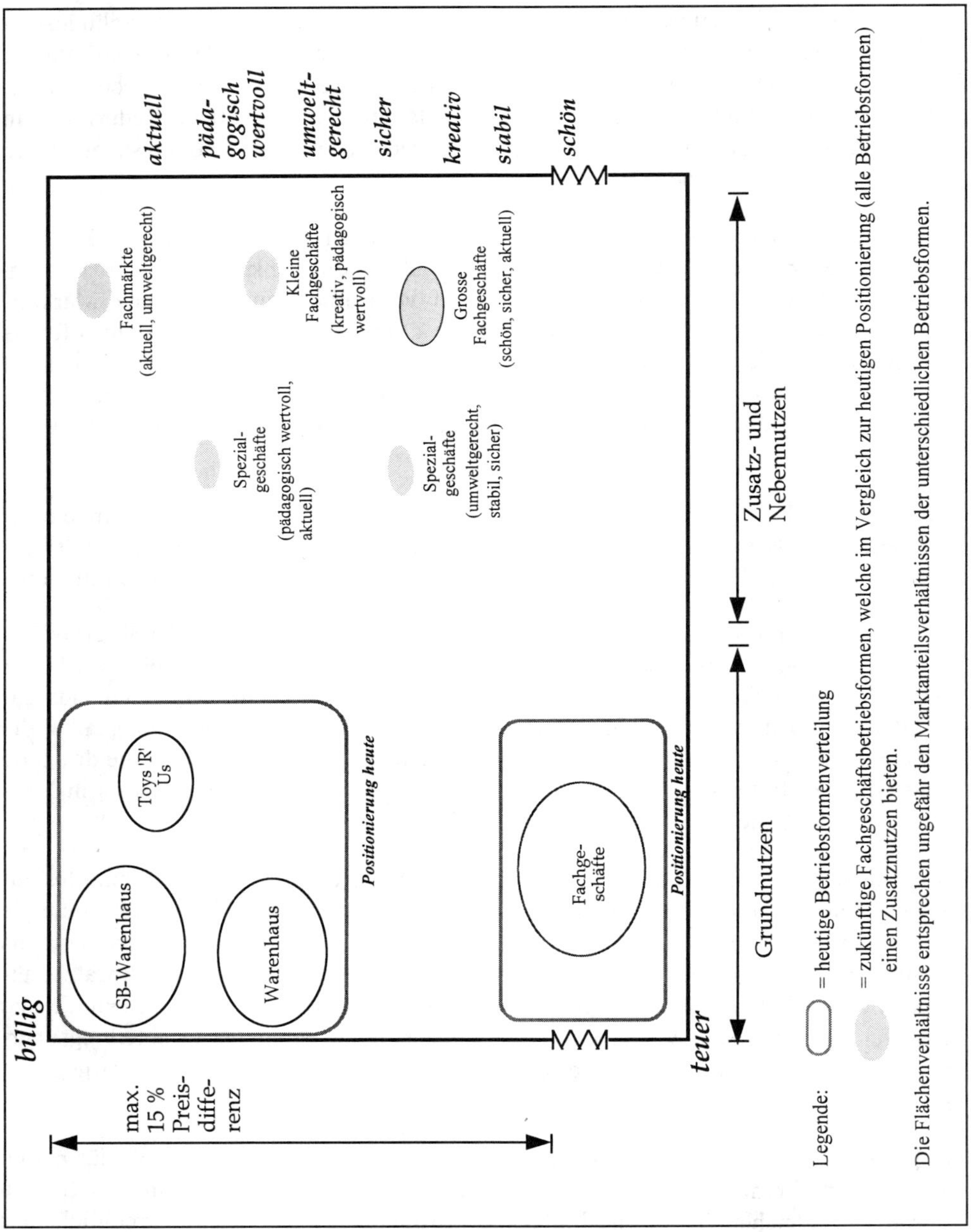

Abbildung 4: Marktgerechtes Positionierungsmodell

3.3 Abstimmungsmuster zwischen zentral definierten und dezentral realisierten Betriebstypenkonzepten

Abbildung 5 zeigt auf, daß es notwendig ist, das zentral entwickelte Betriebstypenkonzept mit den dezentral umgesetzten Betriebstypenkonzepten der Mitglieder abzustimmen. Abstimmungsbedarf besteht auf den drei Ebenen der Vision, der Positionierung und der Profilierung.

Die Betriebstypenkonzepte werden zwischen dem Verbundgruppenmanagement und den Mitgliedern unter dem Primat der Marktorientierung abgestimmt, um ein kundengerechtes und im Konkurrenzvergleich einzigartiges Verkaufsstellenprofil zu fördern. Dabei kommt in der Praxis der Unterscheidung zwischen einer Betriebstypenentwicklung für bestehende Verkaufsstellen einerseits und für Neugründungen andererseits große Bedeutung zu, da

- die bisherige Positionierung der Verkaufsstelle einen grundlegenden Einflußfaktor für künftige Positionierungs- und Profilierungskonzepte darstellt und
- die bisherige Form der Zusammenarbeit zwischen Zentrale und Mitgliedern häufig langfristig gewachsen ist und einschneidende Veränderungen, z.B. im Sinne einer deutlichen Entscheidungszentralisierung, sachliche und emotionale Konflikte hervorrufen können.

Daraus folgend lassen sich zwei idealtypische Planungs- und Abstimmungsmuster unterscheiden. Sie werden mit "Top-down" und "Bottom-up" bezeichnet (vgl. auch Meffert 1994, S. 375). Die Bezeichnung "Bottom-up" bringt zum Ausdruck, daß das zentral entwickelte Betriebstypenkonzept die bestehenden Profilierungskonzepte der Mitglieder stark berücksichtigt. *Abbildung 6* beschreibt die idealtypischen Abstimmungsmuster.

Die Abstimmungsmuster aus der Praxis bestätigen, daß bei Betriebstypenkonzepten in Verbundgruppen die Marktausrichtung (Positionierungs- und Profilierungskonzept) und die interne Form der Zusammenarbeit zwischen Zentrale und Mitgliedern (Integrationskonzept) eng verzahnt sind. Top-down entwickelte Betriebstypenkonzepte sind oft durch eine hohe Kooperationsintensität und eine stärkere zentrale Verantwortung gekennzeichnet (z.B. Franchising), während Bottom-up entwickelte Betriebstypen häufig den Mitgliedern weitgehende Profilierungsfreiheiten einräumen oder eine schrittweise Straffung vorsehen. Aufgrund der Marktdynamik sind die Profilierungskonzepte der Zentrale und der Mitglieder fortlaufend abzustimmen. Bereits in der Konzeption sind die Entwicklungsfähigkeit des Betriebstyps zu sichern sowie Rechte und Pflichten von Zentrale und Mitgliedern für die künftige Weiterentwicklung zu bestimmen. Die ständige Orientierung am Markt läßt sich nur sichern, wenn profilierungsrelevante Informationen aus dem Markt über geeignete Rückkanäle der Verbundgruppenzentrale zufließen und schnell bei Mitgliedern und Zentrale umgesetzt werden.

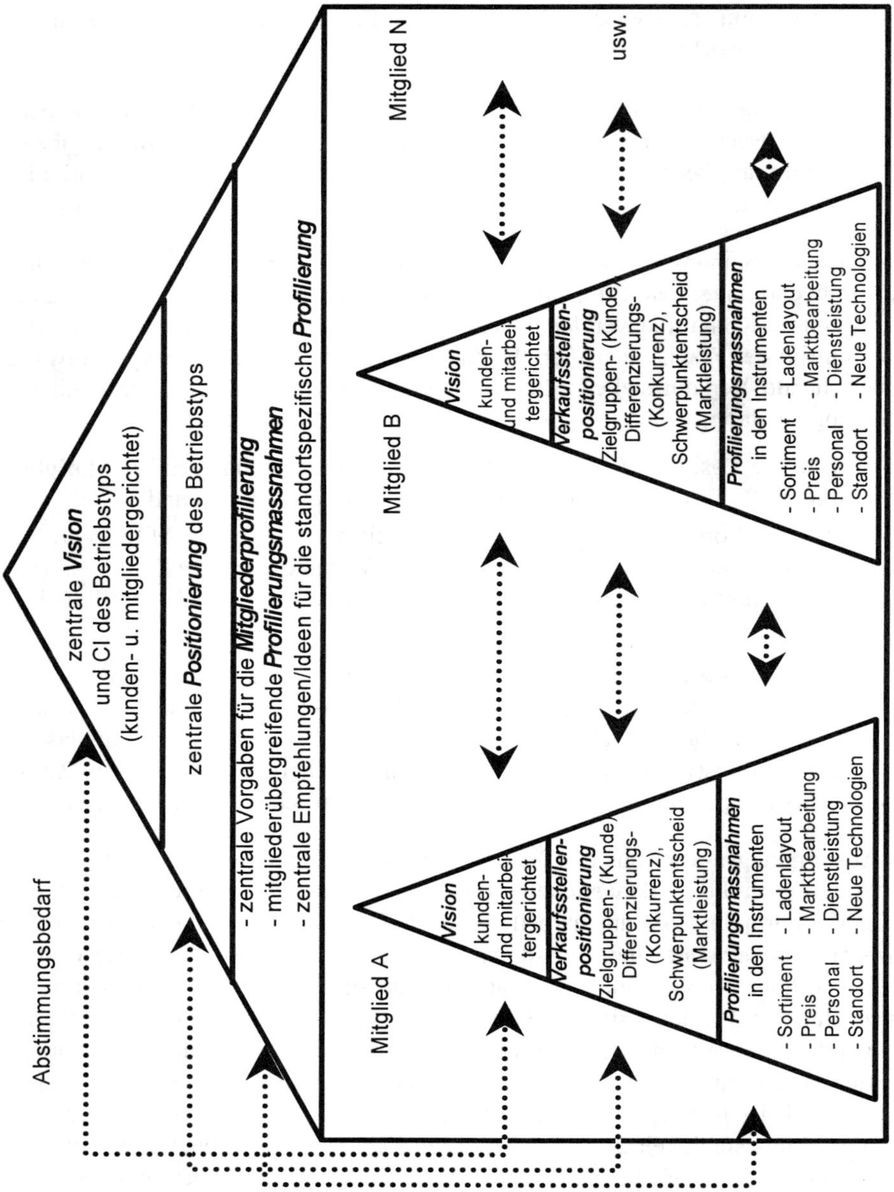

Abbildung 5: Abstimmungsbedarf zwischen zentralen und dezentralen Betriebstypenkonzepten (Dautzenberg 1996, S. 162)

Erfahrungen der Verbundgruppenpraxis zeigen, daß es ausgesprochen schwierig ist, straffe Top-down-Konzepte bei bestehenden Verkaufsstellen von Mitgliedern durchzusetzen. Hingegen gibt es durchaus Beispiele, bei denen es Verbundgruppen gelungen ist, eine überregional homogene Zielgruppe durch ein innovatives Betriebstypenkonzept mit klarem Zusatznutzen anzusprechen. Für den Betriebstypenerfolg ist es sowohl bei Top-down - als auch bei Bottom-up - Betriebstypenkonzepten entscheidend, daß die Mitglieder von der Konzeptqualität überzeugt werden, um das dezentrale Engagement der Mitglieder als Stärke der Verbundgruppe zu nutzen.

Top-down und Bottom-up stellen Idealtypen der Betriebstypenentwicklung dar, die in Teilbereichen kombiniert werden können (Henze/Brose 1985, S. 114). Dies gilt besonders, da Bottom-up-Strategien selten Innovations- und Synergiepotentiale berücksichtigen, welche über den Status Quo hinausgehen, während Top-down- Strategien trotz erfolgversprechender Konzeptansätze teilweise bei den Mitgliedern nicht realisierbar sind (Stern/Burnside 1994, S. 607). Die Vorgaben bezüglich Vision, CI und Positionierung können in der Regel straffer ausfallen als für die operativen Maßnahmen der Verkaufsstellenprofilierung. Auch Betriebstypenkonzepte, welche bezüglich Vision und Positionierung straff durch die Zentrale geführt werden, weisen in der Regel kein standardisiertes Profil auf, sondern beschränken sich auf operativer Ebene auf Profilierungsstandards oder verpflichtende Einzelmaßnahmen. Z.B. bestimmen bei Intersport im Rahmen des neuen CI-Konzeptes folgende verbindliche Standards ("Essentials") den Marktauftritt der Mitglieder:

- Firmierung unter "Intersport Händlername"; Schriftgrößen und Farben sind fixiert
- Grundfarbe der Regale und Wände ist Grau 70/35.
- Leuchtdreiecke im Laden
- Sprossenwand als Ladengestaltungselement
- Lichtschienen mit Intersport-Aufdruck sowie Logos von Herstellermarken
- in größeren Läden ist der Kundenlauf durch spezielle Zonen vorzustrukturieren, damit die Geschäfte übersichtlich bleiben.

Auf umfassende verbindliche Profilierungsvorgaben verzichtet die Intersport-Zentrale aufgrund der heterogenen Mitgliedervoraussetzungen. In der Zukunft könnten jedoch weitere Einzelmaßnahmen, z.B. eine Service-Karte für Kunden, verbindlich eingeführt werden.

- Auf der operativen Ebene der Verkaufsstellenprofilierung sollte die Zentrale für den Betriebstyp Profilierungsstandards bzw. -grundsätze für jedes Profilierungsinstrument bestimmen,
- Maßnahmen festlegen, welche die Mitglieder verbindlich einsetzen,
- Maßnahmen entwickeln, bei denen den Mitgliedern die Teilnahme freigestellt ist sowie
- Ideen und Mitgliederanreize bieten, um die Eigeninitiative der Mitglieder für eine standortspezifische Profilierung zu fördern.

Abstim-mungs-bereich	**Top-down**	**Bottom-Up**
Vision, CI	Die kunden- und mitgliederorientierte Vision des Betriebstyps ist zentral vorgegeben. Evtl. bestehen mitarbeitergerichtete Visionsfreiräume für das Mitglied. Der Marktauftritt erfolgt nach einem weitgehend einheitlichen Corporate Design.	Die Vision der Verkaufsstelle wird durch das Mitglied bestimmt. Die Zentrale versucht, eine breit akzeptierte und identitätsstiftende Vision zu etablieren. Zentrale Visionsvorschläge und CD-Elemente (Slogan, Farben usw.) sind häufig unverbindlich.
Positionierung	Wesentliche zentrale Positionierungsvorgaben bzw. Standards für Standort, Verkaufsfläche, Beratungsintensität, Eigenmarkenanteil, Sortimentsausrichtung, Preisorientierung usw.; Firmierungsvorgabe; definierte Positionierungsfreiräume für das Mitglied (z.B. zusätzliche lokal zu definierende Zielgruppen, Sortimentsschwerpunkte o.ä.).	Durch die Mitgliedersegmentierung im Betriebstypenportfolio werden Mitglieder mit ähnlicher Positionierung (Zielgruppen, Betriebsformen, Marktleistungsschwerpunkte usw.) zusammengefaßt. Die Positionierungsfreiräume für das einzelne Mitglied sind dennoch umfassend. Der Name des Mitglieds steht bei der Firmierung häufig im Vordergrund.
Profilierung	Mindestvorgaben nach Profilierungsinstrumenten (vgl. Abbildung 5); Pflichtmaßnahmen; starke zentrale Dachwerbung; definierte Freiräume für die standortspezifische Profilierung, welche durch zentrale Empfehlungen oder Ideen unterstützt wird.	Umfassende Profilierungsfreiräume; Profilierungsempfehlungen und -ideen für die Mitglieder; evtl. weitgefaßte Standards oder vereinzelte Pflichtmaßnahmen.
Integrationskonzept	Das Integrationskonzept kann durch die Zentrale bestimmt werden; häufig straffe Integrationsformen wie z.B. umfassende vertragliche Durchgriffsmöglichkeiten der Zentrale (z.B. Franchising); umfassendes und detailliertes Gesamtkonzept.	Häufig geringe bis mittlere Kooperationsintensität; Verträge für intensivere Kooperation in Teilbereichen; teilweise Angebot unterschiedlicher Integrationskonzepte für das Mitglied zur Auswahl; Konzept mit weitgehenden Freiräumen für das Mitglied und der Möglichkeit einer schrittweisen Realisierung.

Abbildung 6: Top-down und Bottom-up Betriebstypenkonzepte (Dautzenberg 1996, S. 163 f.)

3.4 Bewertung von Betriebstypenkonzepten

Um Betriebstypenkonzepte zu bewerten, lassen sich Kriterien aus den quantitativen und qualitativen Zielsetzungen ableiten. Die folgenden Fragen dienen als Anhaltspunkte und berücksichtigen Beurteilungskriterien auf Markt-, Mitglieder- und Zentralebene (Dautzenberg 1996, S. 169 ff.).

1) Ist für den betreffenden Betriebstyp das *Marktpotential* im Inland (evtl. auch international) langfristig groß genug? Sind die anvisierten Zielgruppen *langfristig attraktiv*?
2) Wie *einzigartig* ist das Betriebstypenkonzept im Vergleich zu bestehenden Anbietern? Bietet es einen attraktiven Zusatznutzen? Welche Chancen und Gefahren ergeben sich aus der bestehenden bzw. potentiellen künftigen *Konkurrenzsituation*?
3) Ist der Betriebstyp genügend *flexibel*, um in einem dynamischen Wettbewerbsumfeld Profilierungsvorteile ständig neu zu entwickeln?
4) Ist die Einzigartigkeit des Betriebstyps gegenüber Konkurrenten *rechtlich* zu sichern?
5) Welche *Umstellungskosten oder Eröffnungskosten* ergeben sich für das *Mitglied*? Hierbei sind evtl. auch die indirekten Kosten bei der Umstellung eines bestehenden Fachgeschäfts einzubeziehen (Umsatzeinbußen, Fixkostenproblem in der Übergangszeit usw.). Welche Umsätze, Spannen und Kosten sind notwendig, damit das Mitglied den *Break-even-point* erreicht, und welche Zeitspanne ist realistisch? Wie hoch ist die mittelfristig erzielbare Rendite?
6) An wievielen Standorten von bestehenden Mitgliedern bietet sich der Betriebstyp als *Ergänzung zu einer bestehenden Mitgliederverkaufsstelle*, als *Verwertungskonzept* oder als *Alternative* zu einer bestehenden Verkaufsstelle an? Wie ist die *Kannibalisierungsgefahr* zu bestehenden Verkaufsstellen einzuschätzen?
7) Ist das *Know-how und die Motivation der Mitglieder* für den Betriebstyp vorhanden bzw. entwickelbar? Fördert das Konzept die *Eigeninitiative* der Mitglieder?
8) Welche *Expansionschancen* eröffnet der Betriebstyp bei den bestehenden Mitgliedern, mit neuen Mitgliedern oder für Regiebetriebe?
9) Welche *Infrastruktur* ist bei der Zentrale bereitzustellen, um den Betriebstyp bei den Mitgliedern und am Markt durchzusetzen (Personal, Finanzen, EDV usw.)? Bei wievielen Geschäften und in welcher Zeitdauer erreicht die Zentrale den *Break-even-point*?
10) Welchen *Durchgriff* der Zentrale auf die Mitglieder erfordert der Betriebstyp? Welche rechtlichen Umsetzungsmöglichkeiten bestehen (z.B. vertragliche Durchgriffsrechte, Franchising usw.)?
11) Ist für den Betriebstyp eine *gemeinsame Vision und Wertbasis* bei Mitgliedern und Zentrale entwickelbar?

12) Welches *Risiko* ergibt sich aus dem Scheitern des Betriebstypenkonzepts für die teilnehmenden Mitglieder, für die nicht-teilnehmenden Mitglieder und für die Zentrale?

Die Fragen helfen, alternative Positionierungs- und Integrationskonzepte zu bewerten und geeignete Alternativen zu wählen. Zudem bieten sie einen Ansatz, um kritische Konzeptaspekte und damit Optimierungsbedarf aufzudecken.

4 AUSBLICK

Die schwierige gesamtwirtschaftliche Situation wirkt im Handel besonders schwerwiegend, weil die Konsumneigung in vielen Handelsbranchen überproportional zur Rezession abnimmt. Betrachten wir die Betriebstypen im Handel, so sind die Fachgeschäfte von dieser Entwicklung besonders betroffen. Ursache ist die starke Konkurrenz durch diskontierende Betriebsformen, welche von der zunehmenden Preissensibilität der Konsumenten profitieren.

Da Fachgeschäfte im Betriebstypenportfolio vieler Verbundgruppen einen besonders hohen Umsatzanteil erzielen, muß das Verbundgruppenmanagement frühzeitig handeln. Die Herausforderung der Betriebstypenpositionierung wird dabei weiter an Gewicht gewinnen. Einerseits betrifft dies die Überarbeitung bestehender Positionierungskonzepte, andererseits die Entwicklung erfolgversprechender Positionierungen für neue Betriebstypen.

Folglich eröffnet ein systematisches Betriebstypenmanagement Verbundgruppen in der Zukunft die Chance, die Stärke der standortspezifischen Profilierung und des dezentralen Engagements der Mitglieder mit einer erhöhten Systemeffizienz (Einkauf, Logistik, EDV usw.) zu verbinden.

LITERATUR

Ahlert, D.: Flexibilitätsorientiertes Positionierungsmanagement im Einzelhandel - Herausforderungen an freie, kooperierende und integrierte Handelssysteme, in: Bruhn; Meffert; Wehrle (Hrsg.), Marktorientierte Unternehmungsführung im Umbruch, Stuttgart 1994, S. 280-300.

Das Boston Consulting Group Strategie-Buch, Düsseldorf 1994, S. 607-610.

Dautzenberg, P., Dr., Forschungsinstitut für Absatz und Handel, Universität St. Gallen

Dautzenberg, P., Marktorientiertes Verbundgruppenmanagement im Handel, St. Gallen 1996.

Henze, J.; Brose, P.: Unternehmungsplanung, Bern/Stuttgart 1985.

Meffert, H.: Marketing-Management, Wiesbaden 1994.

Rudolph, Th.: Erfolgversprechende Positionen in Handel und Gastronomie marktgerecht profilieren, in: Tomczak; Rudolph; Roosdorp, Positionierung - Kernentscheidung des Marketing, St. Gallen 1996.

Rudolph, Th.: Positionierungs- und Profilierungsstrategien im Europäischen Einzelhandel, St. Gallen 1993.

Rudolph, Th.: Forschungsinstitut für Absatz und Handel, Universität St. Gallen.

Spiegel, B.: Die Struktur der Meinungsverteilung im sozialen Feld - das psychologische Marktmodell, Bern 1961.

Stern, C.; Burnside, W.: Idee und Umsetzung, in: von Oetinger, B. (Hrsg.),

Täger, U.Chr.; Ahrens, Chr.; Lachner, J.; Nassua, T.: Entwicklungsstand und Perspektiven des Handels mit Konsumgütern, Berlin/München 1994.

Verbund von Produkt- und Betriebsformenwahl beim Einkaufen in der City, in Subzentren und auf der „grünen Wiese"

Manfred Krafft und Sönke Albers, Kiel

Beiträge der Handelsforschung gehen üblicherweise davon aus, daß das Einkaufsverhalten bezüglich der Produktwahl in erster Linie vom Einkaufsort abhängt. In diesem Beitrag wird anhand der Daten einer größeren Befragung untersucht, ob die Entscheidung, wo Produkte gekauft werden, vom Einkaufsort oder ggf. von der Betriebsform abhängt. Anhand loglinearer Modelle wird dabei gezeigt, daß Convenience Goods überwiegend in Verbrauchermärkten gekauft werden, während Specialty Goods hauptsächlich in Fachmärkten oder -geschäften erworben werden. Shopping Goods werden in Fachmärkten eingekauft. Dabei erklärt die präferierte Betriebsform das Einkaufsverhalten deutlich besser als der gewählte Einkaufsort. Die Implikationen dieses überraschenden Befunds aus Sicht von Praxis und Forschung werden abschließend diskutiert.

1 PROBLEMSTELLUNG

In der jüngsten Vergangenheit wird kontrovers diskutiert, wie die Zukunft des Handels in den Innenstädten aussieht. Aufgrund der stetig zunehmenden Verkehrsproblematik (Staus, höhere PKW-Dichte, knappe Parkplätze) droht eine Verstopfung der City. Durch den gleichzeitigen Ausbau von Fach- und Verbrauchermärkten in stadtnahen Lagen („grüne Wiese") wird es für Verbraucher zunehmend attraktiver, dort einzukaufen, und als Folge ist eine Verödung von Innenstädten zu befürchten (vgl. Rominski 1995, S. 30 ff.). Neben diesen Einkaufsgegenden gibt es in Wohn- und Arbeitsvierteln Subzentren, deren Zukunft als Handelsort vor dem Hintergrund dieser Polarisierung ebenfalls ungewiß ist.

Aus Sicht sowohl des Handels als auch der Kommunalverwaltung stellt sich die Frage, wie eigentlich die Präferenzen der Verbraucher bei der Einkaufsstättenwahl sind, um Entscheidungen zur Wahl geeigneter Standorte oder zur Flächenplanung, Verkehrspolitik und Förderung des Handels treffen zu können. In der Literatur findet sich häufig die Auffassung, daß die Wahl von Einkaufsorten produktspezifisch sei, also z.B. Güter des täglichen Bedarfs (Convenience Goods) im Subzentrum „um die Ecke" gekauft werden, während Produkte des Such- und Vergleichskaufs (Shopping Goods) auf der grünen Wiese erworben werden, (vgl. dazu Kotler/Bliemel 1995, S. 663 ff.; Tietz/Rothhaar 1991, S. 165 ff.). Jedoch findet man z.B. Möbelhäuser und Baumärkte sogar in Innenstädten und Lebensmittelmärkte auch auf der grünen Wiese. Es stellt sich daher die Frage, ob die Einkaufsortwahl nicht betriebsformengeleitet ist, also eher ein intraformaler Wettbewerb der Betriebsformen gegeben ist (vgl. Möhlenbruch/Nickel 1994, S. 6). Sofern dies der Fall ist, ergeben sich völlig neue Implikationen für Handel und Stadtplanung: Wenn das Einkaufsverhalten betriebsformengeleitet ist, können durch Ansiedlung entsprechender Geschäftsstätten Käuferströme gelenkt werden. Zudem stellt sich dann für den Handel weniger die Frage, ob ein Standort auf der grünen Wiese, im Subzentrum oder in der City zu wählen ist, sondern vielmehr, welche Betriebsform von Konsumenten beim Kauf bestimmter Produkte überwiegend gewählt wird und inwieweit Flächen für solche Betriebsformen verfügbar sind.

Unseren Beitrag beginnen wir mit der Suche nach einer Studie, die *simultan* das Einkaufsverhalten nach Produktarten, Betriebsformen und Einkaufsorten analysiert hat. In Abschnitt 2 wird des weiteren diskutiert, welche Zusammenhänge zwischen diesen Entscheidungen typischerweise unterstellt werden. Da bisher keine gemeinsame Analyse zu dieser Fragestellung vorliegt, wurde eine empirische Erhebung durchgeführt, deren Merkmale in Abschnitt 3 beschrieben werden. In Abschnitt 4 wird die loglineare Analyse erläutert, die in Abschnitt 5 eingesetzt wird, um den Datensatz daraufhin auszuwerten, ob es Verhaltensmuster bei der Kombination von Produkt-, Betriebsformen- und Einkaufsgegend-Wahlentscheidungen gibt. Der Beitrag schließt mit Implikationen der Studie für Handel, Städteplanung und Forschung.

2 LITERATURRECHERCHE UND HYPOTHESEN

2.1 Begriffsabgrenzung

Während in der deutschsprachigen Literatur *Produkte* oft nach der Fristigkeit der Nachfrage unterschieden werden (kurz-, mittel- und langfristig), findet sich insbesondere in der angloamerikanischen Literatur eine Unterscheidung nach Gütern des täglichen Bedarfs (Convenience Goods), Gütern des Such- und Vergleichskaufs (Shopping Goods) und Gütern des Spezialkaufs (Specialty Goods). Vgl. dazu und im weiteren Kotler/Bliemel 1995, S. 663 ff.

Dabei sind Convenience Goods dadurch gekennzeichnet, daß sie häufig vom Konsumenten gekauft werden und ein geringes Risiko hinsichtlich Preis und Qualität aufweisen. Damit ist eine Beschaffung ohne substantiellen Such- und Vergleichsaufwand möglich. Unter diesem Begriff lassen sich Güter des Regelkaufs (z.B. Markengebäck), Güter des Spontankaufs (z.B. Kaugummi) und Dringlichkeitsgüter (z.B. Schneeketten) subsumieren. Güter des täglichen Bedarfs weisen starke Gemeinsamkeiten mit „lowinvolvement"-Gütern auf. Shopping goods sind dagegen dadurch gekennzeichnet, daß sie seltener gekauft werden und seitens des Konsumenten mit einem hohen Involvement und empfundenen Kaufrisiko verbunden sind. Kaufentscheidungen werden oft anhand des Preises, der Qualität und des Designs getroffen. Diese Produkte werden weiter danach unterschieden, ob es sich um homogene (z.B. Haushaltsgeräte) oder heterogene Vergleichsgüter (z.B. Kleidung) handelt. Heterogene Güter werden dabei eher nach Qualitätsmerkmalen gekauft, während homogene Güter nach vorangegangenen Preisvergleichen ausgewählt werden. Specialty goods (wie z.B. hochwertige Markenartikel) sind Güter, die von Konsumenten selten gekauft werden und mit einem sehr hohen Involvement verbunden sind. Dem Kauf geht ein intensiver Such- und Informationsprozeß voraus, und Konsumenten sind oft bereit, für Güter des Spezialkaufs weite Strecken zu alternativen Einkaufsstätten auf sich zu nehmen, weil diese Güter mit einem individuell hohen Stellenwert verbunden sind. Beispiele für Güter des Spezialkaufs sind z.B. Schmuck, Designermode oder eine Golfausrüstung.

Tabelle 1: Betriebsformen des Einzelhandels (in Anlehnung an Kotler/Bliemel 1995, S. 852 ff.; Pepels 1995, S. 13 ff.)

	Sortiment	Sortimentsniveau	Verkaufsform
Fachgeschäft	eng, tief	gediegen	FB
Spezialgeschäft	eng, tief	gediegen, luxuriös	FB
Warenhaus	breit, flach	anspruchslos	FB, SB
Kaufhaus	eng, tief	anspruchslos	FB
Gemischtwarenladen	eng, flach	anspruchslos	FB
Verbrauchermarkt	breit, tief	anspruchslos	SB
SB-Geschäft	eng, flach	anspruchslos	SB
Supermarkt	breit, flach	anspruchslos	SB
Discounter	eng, flach	anspruchslos	SB
Fachmarkt	eng, tief	gediegen	SB
Einkaufszentrum	breit, tief	anspruchslos	FB

FB = Fremdbedienung SB = Selbstbedienung

Im Einzelhandel ist eine Vielfalt unterschiedlicher *Betriebsformen* gegeben. Zwar gibt es keine einheitliche Systematik, hier soll aber in Anlehnung an Bieberstein 1989, S. 8 und Pepels 1995, S. 13 ff. eine Charakterisierung anhand des Sortiments und der Verkaufsform getroffen werden. In diesem Beitrag werden dabei fünf Betriebsformen untersucht: Waren-/Kaufhaus, Fachgeschäft, Ladenhandwerk, Verbrauchermarkt und Fachmarkt, wobei es weitere Formen gibt, die hier aber nicht betrachtet werden. Einen Überblick über die Merkmale dieser und weiterer Betriebsformen gibt *Tabelle 1* (siehe auch den umfassenden Überblick in Glöckner-Holme 1988, S. 27-60).

In diesem Beitrag wird auch das räumliche Einkaufsverhalten der *Einkaufsorte* City, Subzentrum und „grüne Wiese" untersucht. Dabei wird als *City* der zentral gelegene Teil der Innenstadt bezeichnet, der durch eine Vielzahl von Fach- und Spezialgeschäften, Waren- und Kaufhäusern sowie Fachmärkten charakterisiert ist (vgl. Bühler 1991, S. 14). *Subzentren* im Sinne dieser Arbeit sind dagegen "historisch gewachsene Einkaufsbereiche in Stadtteilen“ (Bieberstein 1989, S. 101) und Einkaufsgegenden in Stadtrand- oder Vorortlagen. Der Begriff *„grüne Wiese“* umfaßt Einkaufsorte, die in Stadtrandlagen oder im stadtnahen Umland zu finden sind. Hier sind überwiegend Betriebsformen ansässig, die als verkehrsorientiert gelten (vgl. Froböse 1995, S. 72 f.).

Im folgenden werden anhand der vorhandenen Literatur Hypothesen über Zusammenhänge bei der Wahl von Produktarten, Einkaufsorten und Betriebsformen aufgestellt.

2.2 Hypothesen zur Einkaufsort- und Produktwahl

Bei der Frage, wo welche Produkte gekauft werden, wird in der Literatur das Postulat aufgestellt, daß Convenience Goods üblicherweise im Subzentrum gekauft werden, während homogene, schwierig zu transportierende Shopping Goods (Möbel, Elektro-Großgeräte) auf der „grünen Wiese“ gehandelt werden. Außerdem wird unterstellt, daß heterogene Shopping Goods und Specialty Goods vorwiegend in der City erworben werden (vgl. Bühler 1991, S. 60 ff.; Strobel 1988, S. 99 ff.; Tietz/Rothhaar 1991, S. 165 ff.). Bisherige empirische Befunde sind zwar nur in geringem Maße vorhanden, deuten aber darauf hin, daß das Einkaufsverhalten vom Einkaufsort dominiert wird (vgl. Bieberstein 1989, S. 60 ff.; Tempel 1993, S. 39, 73 und 77). Da in den empirischen Studien Betriebstypen nicht oder zumindest nicht gleichzeitig in die Analysen einbezogen werden, kann es sich aber auch um ein empirisches Artefakt handeln.

2.3 Hypothesen zur Betriebsformen- und Produktwahl

Bei der Frage, in welcher Art von Geschäften bestimmte Produkte gekauft werden, finden sich in der Literatur kontroverse Auffassungen. Wenn überhaupt Tendenzaussagen möglich sind, wird eher davon ausgegangen, daß Convenience Goods in Verbrauchermärkten (teilweise im Ladenhandwerk) gehandelt werden, während heterogene Shopping Goods sowie Specialty Goods im Fachgeschäft und homogene Shopping Goods in Fachmärkten gekauft werden (vgl. Bieberstein 1989, S. 92; Pepels 1995, S. 13 ff.). Da die Produktwahl aber als überwiegend einkaufsortabhängig angesehen wird, widmen sich die einschlägigen Beiträge kaum dieser Fragestellung (vgl. Froböse 1995, S. 21). Zudem sind empirische Untersuchungen unseres Wissens kaum vorhanden und auch zeitlich nur begrenzt aussagekräftig, da eine Dynamik von Betriebsformen im Sinne von Lebenszyklen zu beobachten ist (vgl. Davidson/Bates/Bass 1976, S. 89 ff.; Nieschlag/Kuhn 1980 und kritisch dazu Müller-Hagedorn 1993, S. 72 ff.).

2.4 Hypothesen zur Einkaufsort- und Betriebsformenwahl

Tendenziell wird erwartet, daß Waren- und Kaufhäuser sowie Fachgeschäfte in der City zu finden sind, während Verbraucher- und Fachmärkte für die „grüne Wiese“ typisch sind. Das Ladenhandwerk wird als Betriebsform der Subzentren eingestuft (vgl. Kotler/Bliemel 1995, S. 854 ff.; Tietz/Rothhaar 1991, S. 166). Empirische Untersuchungen deuten darauf hin, daß diese Kontrastierungen der Realität nahekommen, es gibt aber auch abweichende Auffassungen (vgl. Strobel 1988, S. 100). Jedoch gilt hier - wie schon für 2.2 und 2.3 -, daß die Befunde dadurch verfälscht sein könnten, daß generell nur je zwei Dimensionen des Einkaufsverhaltens untersucht wurden. Diese Lücke soll daher durch eine eigene Studie geschlossen werden, die im folgenden Abschnitt 3 näher beschrieben wird.

3 MERKMALE DER EMPIRISCHEN UNTERSUCHUNG

Zur Überprüfung der Aussage, daß es Verhaltensmuster bezüglich der Produkt-, Betriebsformen- *und* Einkaufsgegendwahl gibt, wurde eine Primärerhebung in der Kieler Innenstadt (Sophienhof), im Stadtteilzentrum Gaarden (Subzentrum) und im Ostseepark Raisdorf (grüne Wiese) durchgeführt. Anhand eines standardisierten Fragebogens wurden dazu Ende 1995 je 120 Passanten in den 3 Einkaufsgegenden interviewt, wobei eine Auswahl aufs Geratewohl vorliegt. Die Stichprobe ist somit nicht zwangsläufig als repräsentativ anzusehen.[1)]

3.1 Befragtenprofil

Vor der Durchführung der eigentlichen Analyse wurden die Teilstichproben der drei untersuchten Einkaufsgegenden daraufhin untersucht, ob Auffälligkeiten bezüglich des Geschlechts, des Alters, der durchschnittlichen Haushaltsgröße, des Einkommens oder hinsichtlich des durchschnittlichen Ausgabeverhaltens zu beobachten sind. Das Passantenprofil in *Tabelle 2* verdeutlicht, daß auf der „grünen Wiese" mit nahezu 50 % deutlich mehr Männer befragt wurden als in der City oder dem Subzentrum Gaarden. Die Teilstichprobe der „grünen Wiese" weist mit einem mittleren Haushaltsnettoeinkommen von 4.027 DM, einer durchschnittlichen Haushaltsgröße von 2,6 und einem durchschnittlichen Ausgabebetrag von etwa 115 DM den jeweils höchsten Wert auf. Während die Subsamples in der Kieler City und im Stadtteilzentrum Gaarden sehr ähnlich hinsichtlich des Geschlechts und der durchschnittlichen Haushaltsgröße sind, ist das mittlere Alter der befragten Passanten der City mit durchschnittlich 38,5 Jahren 7 Jahre niedriger als in Gaarden, wobei das Durchschnittseinkommen mit 3.307 DM gut 300 DM höher als im Subzentrum ist. Des weiteren zeigt sich, daß der durchschnittliche Ausgabebetrag in der City mit 77,31 DM fünfmal so hoch wie in Gaarden ist. Es kann somit das Zwischenfazit gezogen werden, daß im Stadtteilzentrum Gaarden überwiegend ältere Passanten mit vergleichsweise niedrigen Einkommen anzutreffen sind, die dort nur kleinere Einkäufe tätigen. Auf der „grünen Wiese" kaufen dagegen größere Haushalte mit überdurchschnittlichem Einkommen ein, wobei hier Großeinkäufe getätigt werden. Die Abweichungen der durchschnittlichen Ausgaben mit bzw. ohne Bummlern von fast 40 DM deuten darauf hin, daß in der City ein bedeutender Anteil von Nicht-Käufern zu beobachten ist.

Tabelle 2: Befragtenprofil

		City	Gaarden	Raisdorf
Geschlecht (in Prozent)	weiblich	69	70	53
	männlich	31	30	47
Alter (in Prozent)	18 - 45	67	53	62
	46 - 65	26	29	32
	> 65	7	18	6
Einkommen in DM (in Prozent)	<1800	30	23	8
	1800 - 3000	24	38	24
	3000 - 5000	23	27	39
	>5000	23	12	29
durchschnittliche Ausgaben mit „Bummlern“ (in DM)		77,31	15,23	114,55
durchschnittliche Ausgaben ohne „Bummler“ (in DM)		115,96	24,73	128,47
durchschnittliche Haushaltsgröße (in Personen)		2,2	2,3	2,6

3.2 Zusammensetzung der Warenkörbe

Neben den eben berichteten soziodemographischen Daten wurden in den Interviews Daten über das Einkaufsverhalten nach Produkten, Betriebsformen und Einkaufsgegenden erhoben. Dabei wurden die Passanten danach befragt, wo sie Güter des täglichen Bedarfs (Convenience Goods), Güter des Such- und Vergleichskaufs (Shopping Goods) und exklusive Güter (Specialty Goods) üblicherweise einkaufen, wobei 14 Produktarten von uns diesen Klassen zugeordnet wurden. Zum einen wurde erhoben, ob diese Güter eher in der City, in Subzentren oder auf der „grünen Wiese“ eingekauft wurden, zum anderen in welcher Betriebsform diese Waren generell eingekauft wurden. *Tabelle 3* gibt in Spalte 1 einen Überblick über die erhobenen Güter und in den Spalten 2 - 4 über deren Verteilung auf Einkaufsgegenden. In den Spalten 5 - 9 ist die prozentuale Verteilung der jeweiligen Produkte auf die fünf hier unterschiedenen Betriebsformen dargestellt.

Aus *Tabelle 3* wird ersichtlich, daß der Handel mit Convenience Goods die Domäne des Subzentrums ist. Bei dieser Güterart entfallen über 71 % der Nennungen auf das Subzentrum. Dabei werden diese Güter des täglichen Bedarfs vorwiegend im Verbrauchermarkt eingekauft, nur Back-/Fleischwaren bzw. Schreib-/Papierwaren werden nennenswert im Ladenhandwerk bzw. Fachgeschäft eingekauft.

Bei den Shopping Goods zeigt sich eine deutlich andere Einkaufsstruktur. So werden Kleidung, Schuhe und Sport-/Hobbyartikel in erster Linie in der City eingekauft, wobei diese Einkäufe vorwiegend in Fachgeschäften getätigt werden. Heimwerker/

Tabelle 3: Anteile (%) von Käufern, die bestimmte Produktarten in bestimmten Einkaufsstätten kaufen

Einkaufsstätten / Produktart	Einkaufsort			Betriebsform				
	City	Sub-zentren	Grüne Wiese	Waren-/Kaufhaus	Fachgeschäft	Ladenhandwerk	Verbrauchermarkt	Fachmarkt
Güter des täglichen Bedarfs (Convenience Goods)								
Getränke	3	72	25	1	8	0	75	16
Back-/Fleischwaren	4	83	13	1	0	41	58	0
Sonstige Lebensmittel	3	74	23	1	1	0	98	0
Wasch-/Reinigungsmittel	5	74	21	1	3	0	96	0
Körperpflegemittel/Kosmetikbedarf	21	63	16	5	20	0	75	0
Schreib-/Papierwaren	25	61	15	4	41	0	50	5
Güter des Such- und Vergleichskaufs (Shopping Goods)								
Kleidung	77	12	11	20	66	0	2	12
Schuhe	70	18	13	6	78	0	2	14
Inneneinrichtungs-/Einrichtungsgegenstände	17	8	75	2	20	0	0	77
Elektro-/Haushaltsgeräte	41	18	40	10	46	0	2	42
Spielwaren	51	20	30	21	44	0	6	29
Heimwerker-/Gartenbedarf	7	12	81	0	10	0	3	87
Sport/Hobby	81	11	8	22	68	0	2	7
Exklusive Güter (Specialty Goods)								
Uhren/Schmuck	81	17	2	9	88	0	1	0

Gartenbedarf sowie Inneneinrichtungs-/Einrichtungsgegenstände werden dagegen eher auf der „grünen Wiese“ eingekauft, wobei fast ausschließlich Fachmärkte gewählt werden. Bei diesen Produktarten ist folglich eine direkte Konkurrenz nicht zu beobachten, es ist eher davon auszugehen, daß hier eine „Arbeitsteilung“ zwischen der City und der „grünen Wiese“ besteht. Im Gegensatz dazu ist bei Elektro-/Haushaltsgeräten und Spielwaren eine stärkere Konkurrenz von Einkaufsorten und Betriebsformen zu beobachten.

Die Interpretation der *Tabelle 3* ist nur jeweils für die Kombination Produkt und Einkaufsort bzw. Produkt und Betriebsform möglich. Um neue Erkenntnisse für die Praxis und die Wissenschaft zu gewinnen, wäre es sehr viel interessanter, die Kombination und mögliche Interdependenz zwischen den drei Wahlentscheidungen (Produkt, Einkaufsort, Betriebsform) zu untersuchen. Eine solche dreidimensionale Tabelle mit 14 Produkten, 3 Einkaufsorten und 5 Betriebsformen (und somit 210 möglichen Kombinationen) ist aber nicht mehr nach Augenschein möglich. Zur weiteren Auswertung wird deshalb eine loglineare Analyse durchgeführt. Diese kaum verbreitete Auswertungsmethode, die sich dabei ergebenden Befunde und deren Interpretation werden im folgenden Abschnitt diskutiert.

4 DIE LOGLINEARE ANALYSE UND DEREN ERGEBNISSE

Bei der hier zu untersuchenden Fragestellung geht es darum, ob ein Zusammenhang zwischen der Wahl von Produktarten, Betriebsformen *und* Einkaufsorten gegeben ist. Würde es sich dabei nur um zwei kategoriale Variablen handeln, wären Kontingenzanalysen mit Hilfe zweidimensionaler Kreuztabellen sinnvoll. Dabei würde z.B. untersucht werden, ob die Zellenhäufigkeit eines Feldes erklärt werden kann aus der Multiplikation der jeweiligen Zellen- und Spaltenhäufigkeit mit der gesamten Beobachtungszahl (erwartete Zellenhäufigkeit). Mit Hilfe der Teststatistik Pearson's χ^2 kann dann festgestellt werden, ob die beiden betrachteten kategorialen Variablen voneinander abhängig sind oder nicht. Ein signifikanter χ^2-Wert besagt dabei, daß die Nullhypothese abzulehnen ist. Im weiteren wird zusätzlich die Likelihood-Quotienten-χ^2-Statistik (G^2) berichtet, die folgendermaßen definiert ist:

$$(1) \qquad G^2 = 2\sum_{i \in I} \sum_{j \in J} n_{ij} \ln\left(\frac{n_{ij}}{\hat{m}_{ij}}\right),$$

wobei n_{ij} die beobachtete und $\hat{m}_{ij}$ die geschätzte erwartete Zellenhäufigkeit (bei Unabhängigkeit) darstellen. Dabei ist i ($i \in I$) der Zeilen- und j ($j \in J$) der Spaltenindex.

Neben der Frage, ob kategoriale Variablen voneinander unabhängig sind oder nicht, ist es auch interessant, wie gut alternative Modelle die beobachteten Häufigkeiten erklären.

Dabei könnte als Vergleichsbasis ein „sparsames" Modell dienen, das Unabhängigkeit der untersuchten Variablen unterstellt. Es ist dann interessant zu wissen, ob dieses „Unabhängigkeits-Modell" die beobachteten Häufigkeiten einer Stichprobe erklärt. Für ein solches Modell, das eine Beziehung zwischen den beiden Variablen vernachlässigt, kann dann wiederum die χ^2- oder G^2-Statistik ermittelt werden. In diesem Fall wird aber eine nicht signifikante Statistik angestrebt, weil signifikante Werte darauf hindeuten, daß das Unabhängigkeits-Modell die beobachteten Tabellenwerte gut genug abbildet. χ^2 und G^2 werden also zu „goodness-of-fit"-Statistiken, die widerspiegeln, wie gut ein gegebenes Modell die beobachteten Daten abbildet. Dabei indizieren höhere χ^2- bzw. G^2-Werte eine schlechte Anpassung des überprüften Modells an die beobachteten Daten Wie bereits oben erwähnt, könnten bei nur zwei betrachteten Variablen gewöhnliche Kontingenzanalysen durchgeführt werden. Die hier zu analysierenden drei Variablen Produktart, Betriebsform und Einkaufsort sollen aber gleichzeitig daraufhin untersucht werden, ob gemeinsame Verhaltensmuster (Drei-Wege-Effekte) gegeben sind und wie stark die einzelnen Ausprägungen der drei Dimensionen miteinander verknüpft sind (partielle Assoziation). Dazu wird auf das in der deutschen betriebswirtschaftlichen Literatur bisher kaum angewandte Verfahren der loglinearen Analyse zurückgegriffen. Im folgenden soll ein kurzer Überblick über diese Analyse gegeben werden, wobei der interessierte Leser auf weiterführende Literatur verwiesen wird (z.B. Demaris 1992, S. 1 ff.; Maddala 1983, S. 103 ff.).

Wie bekannt kann die erwartete Zellhäufigkeit m_{ij} bei Unterstellung von Unabhängigkeit zwischen zwei kategorialen Variablen wie folgt errechnet werden:

$$(2) \qquad m_{ij} = n\pi_{i+}\pi_{+j},$$

wobei n die Anzahl der gesamten Beobachtungen, π_{i+} die relative Häufigkeit der i-ten Zeile und π_{+j} die relative Häufigkeit der j-ten Spalte darstellt. Durch Logarithmieren beider Seiten verändert sich die Gleichung zu:

$$(3) \qquad \log m_{ij} = \log n + \log \pi_{i+} + \log \pi_{+j}.$$

Somit teilt sich der Logarithmus der erwarteten Zellenhäufigkeit in das Summe aus einer Konstanten (log n), einem Effekt aufgrund der Zugehörigkeit zur i-ten Ausprägung der Zeilenvariablen (log π_{i+}) und einem Effekt aufgrund der Zugehörigkeit zur j-ten Ausprägung der Spaltenvariablen (log π_{+j}). Dieses Zwei-Wege-Modell geht dabei wie gesagt von einer Unabhängigkeit der beiden Variablen aus.

Das vollständige Modell einer Zwei-Wege-Tabelle ist dagegen das „Abhängigkeits-Modell". Um Assoziationen zwischen den beiden Variablen zuzulassen, wird ein zusätzlicher Term angefügt. Bei der für loglineare Modelle üblichen Schreibweise ergibt sich dann das Abhängigkeits-Modell aus

(4) $$\log m_{ij} = \mu + \lambda_i^P + \lambda_j^E + \lambda_{ij}^{PE}.$$

Der Logarithmus der erwarteten Häufigkeit einer bestimmten Zelle ergibt sich somit wiederum aus dem Summe einer Konstanten (μ), eines Effekts aufgrund der Zugehörigkeit zur i-ten Kategorie der Zeilenvariablen (λ_i^P) und eines Effekts aufgrund der Zugehörigkeit zur j-ten Kategorie der Spaltenvariablen (λ_j^E). Gegenüber dem „Unabhängigkeits-Modell" hat dieses Modell einen zusätzlichen Assoziations-Parameter, nämlich λ_{ij}^{PE}. Die Zeilenvariable sei hier die Produktart P, die Spaltenvariable der gewählte Einkaufsort E. Für dieses vollständige Modell sind die geschätzten erwarteten Häufigkeiten exakt gleich den beobachteten Häufigkeiten der Tabelle. Dabei stellt μ den generellen Mittelwert der logarithmierten Häufigkeiten aller Zellen dar und wird auch als „grand mean" bezeichnet. Jeder Effekt λ stellt dann eine Abweichung von diesem generellen Mittelwert dar, wobei der Durchschnitt der Spalten- bzw. Zeilenmittelwerte wiederum dem generellen Mittelwert entspricht. Wenn nun eine Gleichverteilung über die Zeilen bzw. Spalten zu beobachten wäre, würden die Zeilen- bzw. Spaltenwerte identisch sein und auch dem generellen Mittelwert entsprechen. Folglich wären alle λ-Werte gleich Null. Daraus folgt, daß die Effekte zu interpretieren sind als Abweichungen vom generellen Mittelwert, der bei der angenommenen Gleichverteilung der Ausprägungsmittelwerte zu erwarten wäre. Aus den Ausführungen folgt auch, daß lediglich i–1 bzw. j–1 λ-Werte als freie, zu schätzende Parameter anzusehen sind, da der dritte (feste) Parameter sich aus der Summe der ersten zwei Parameter (mit negativem Vorzeichen) ergibt. Für unser Beispiel der Kreuztabelle von Produkt- und Einkaufsortwahl mit 3*3 Feldern folgt somit, daß vier freie Parameter zu schätzen sind, da sich der jeweils dritte Parameter als Differenz aus der Summe der anderen beiden Parameter und dem generellen Mittelwert ergibt. In loglinearen Modellen werden diese Parameter auch als Haupteffekte-Parameter bezeichnet.

Sofern die betrachteten Variablen voneinander unabhängig sind, könnte die Zellenbelegung bei Kenntnis der Randhäufigkeit und des generellen Mittelwertes perfekt reproduziert werden. Abweichungen von den so ermittelten Werten deuten dann darauf hin, daß es Interaktionseffekte zwischen den Variablen gibt. Zur Überprüfung, ob Interaktionseffekte signifikant sind, werden in loglinearen Modellen Assoziations-Parameter eingefügt (λ_{ij}^{PE}).

Da die Untersuchungseinheit loglinearer Modelle nicht einzelne Beobachtungen, sondern Zellenhäufigkeiten aus der Stichprobe sind, ergeben sich die Freiheitsgrade aus der Multiplikation der Ausprägungen der zu untersuchenden Variablen. Wenn genauso viele Parameter geschätzt werden wie Freiheitsgrade zur Verfügung stehen, handelt es sich um ein saturiertes Modell. Das oben beschriebene Abhängigkeits-Modell ist somit saturiert, da insgesamt neun freie Parameter spezifiziert werden müssen. Ein Test der Anpassungsgüte von saturierten Modellen (z.B. G^2) führte also zu einem Wert von Null mit Null Freiheitsgraden. Zugleich reproduzieren saturierte Modelle immer perfekt die Zellenhäufigkeiten. Diese Modelle sind somit vergleichbar mit linearen Regressionsanalysen, in denen für n Beobachtungen n–1 unabhängige Variablen verwendet werden. Bekanntlich ist das Bestimmtheitsmaß R^2 dann immer gleich Eins. Saturierte Modelle werden daher häufig nur als Ausgangspunkt ermittelt, um durch Elimination von Parametern mit kleinen Werten zu sparsameren Modellen zu gelangen. Für reduzierte Modelle werden die Parameter dabei nicht mehr direkt ermittelt wie bei saturierten Modellen, sondern mit Hilfe eines iterativen Verfahrens solange angepaßt, bis die maximale Abweichung der beobachteten und geschätzten Randhäufigkeiten unterhalb eines Kontingenzkriteriums bleibt. Mit Hilfe hierarchischer loglinearer Modelle kann nun überprüft werden, inwiefern durch Zulassen von höheren Effekten eine Verbesserung der Anpassungsgüte des Modells erreicht wird. Im folgenden Abschnitt soll mit Hilfe der SPSS-Prozedur HILOGLINEAR (vgl. Norušis 1993, S. 145 ff.) getestet werden, ob durch das Zulassen von höheren Effekten eine signifikante Verbesserung an die Zellenbelegung aus *Tabelle 3* erreicht wird. Sofern dies nicht der Fall ist, wäre zu folgern, daß Produkt-, Betriebsform- und Einkaufsortwahl als voneinander unabhängige Entscheidungen anzusehen sind. Sofern auch höhere Effekte zu signifikanten Verbesserungen führen, wäre zu folgern, daß diese 3 Entscheidungen interdependent sind.

5 BEFUNDE DER LOGLINEAREN ANALYSEN

Gegenstand der weiteren Untersuchungen sind die Variablen Betriebsform (BETRIEB), Einkaufsort (ORT) und Produktart (PRODUKT). *Tabelle 4* zeigt noch einmal im Überblick, welche Ausprägungen dieser drei Variablen im folgenden untersucht werden. Zusätzlich wurden mit dem Alter und dem Haushaltseinkommen zwei demographische Größen einbezogen, um Artefakte auszuschließen, die auf diese Einflüsse zurückzuführen sein könnten. Die Ausprägungen und Verteilungen dieser beiden Variablen sind in Tabelle 2 weiter oben berichtet worden, wobei die Ausprägungen von ALTER (und EINKUNFT) mit höherem Alter (bzw. Einkommen) höhere Werte aufweisen von 1 bis 3 (bzw. 1 bis 4). Für die weiteren Analysen wurde eine Datentransformation durchgeführt, indem für jeden der 360 Befragten 14 Teilmatrizen gebildet wurden, die zu den 14 untersuchten Produktarten Informationen über den Einkaufsort und die Betriebsform sowie das Alter und Haushaltseinkommen der Befragten enthalten. Von den insgesamt 5040 möglichen Fällen (14*360) wurden 278 Fälle eliminiert, da sie teilweise fehlende Werte aufwiesen.

Tabelle 4: Untersuchte Variablen und deren Ausprägungen

BETRIEB	ORT	PRODUKT
1: Kauf-/Warenhaus	1: City	1: Convenience Goods
2: Fachgeschäft	2: Subzentrum	2: Shopping Goods
3: Ladenhandwerk	3: Grüne Wiese	3: Specialty Goods
4: Verbrauchermarkt		
5: Fachmarkt		

5.1 Signifikanztest der Effekte erster und höherer Ordnung

Im ersten Schritt der loglinearen Analysen gilt es zu überprüfen, ob Effekte einer bestimmten Ordnung signifikant oder statistisch zu vernachlässigen sind. Bei Anwendung der SPSS-Prozedur HILOGLINEAR ergibt ein Test der Nullhypothese „K-way and higher effects are zero“ und der Nullhypothese „K-way effects are zero“, daß sowohl die Effekte erster, zweiter als auch dritter Ordnung für das vorliegende Modell signifikante Beiträge leisten, während Vier- und Fünf-Wege-Effekte zu vernachlässigen sind, da sie keine signifikanten Beiträge leisten. *Tabelle 5* gibt den SPSS-Output wieder.

Tabelle 5: Test der agglomerierten Effekte bestimmter Ordnungen

Tests that K-way and higher order effects are zero.						
K	DF	L.R. Chisq	Prob	Pearson Chisq	Prob	Iteration
5	96	2,546	1,0000	1,599	1,0000	20
4	296	164,099	1,0000	148,970	1,0000	NA
3	460	563,668	,0007	2346,173	,0000	NA
2	526	10944,161	,0000	15831,672	,0000	2
1	539	17727,519	,0000	45224,627	,0000	0
Tests that K-way effects are zero.						
K	DF	L.R. Chisq	Prob	Pearson Chisq	Prob	Iteration
1	13	6783,358	,0000	29392,955	,0000	0
2	66	10380,493	,0000	13485,499	,0000	0
3	164	399,568	,0000	2197,203	,0000	0
4	200	161,553	,9787	147,371	,9980	0
5	96	2,546	1,0000	1,599	1,0000	0

5.2 Partielle Assoziation der Effekte

Ausgehend vom saturierten Modell kann nun getestet werden, ob sich der Likelihood-Ratio-χ^2-Wert signifikant ändert, wenn jeweils einer der Haupt- oder Mehr-Wege-Effekte aus dem Modell entfernt wird (Partielle Assoziation). Der SPSS-Output in *Tabelle 6* verdeutlicht, daß alle Haupt- und Zwei-Wege-Effekte hoch signifikant zur Anpassung des Models beitragen.

Da die höherwertigen Effekte entweder nicht signifikant sind oder nicht wesentlich zur Erklärung beitragen (die partiellen χ^2-Werte der Drei-Wege-Effekte machen nur 2,7% der Summe aller partiellen χ^2-Werte aus), werden diese im weiteren nicht einzeln diskutiert. Besonders auffällig ist, daß die Zwei-Wege-Effekte BETRIEB*ORT bzw. BETRIEB*PRODUKT den höchsten bzw. dritthöchsten χ^2-Wert aufweisen. Aus den partiellen χ^2-Werten kann weiterhin abgeleitet werden, daß die Haupteffekte ORT und EINKUNFT nur einen sehr geringen Einfluß auf das Gesamtmodell haben. Die Einkaufsgegend und das Haushaltseinkommen der Befragten sind somit per se nicht ausschlaggebend beim Einkaufsverhalten, vielmehr spielen sie nur gemeinsam mit anderen Variablen über Zwei- und Drei-Wege-Effekte eine Rolle. Um aber genauere Aussagen über das Zusammenspiel einzelner Ausprägungen der untersuchten Variablen tätigen zu können, müssen Parameterschätzungen für die einzelnen Merkmalskombinationen vorgenommen werden.

Tabelle 6: Test der Partiellen Assoziationen (für p < 5% fett gedruckt)

Effect Name	DF	Partial Chisq	Prob
ALTER*BETRIEB*EINKUNFT*ORT	48	37,787	,8549
ALTER*BETRIEB*EINKUNFT*PRODUKT	48	34,519	,9280
ALTER*BETRIEB*ORT*PRODUKT	32	15,595	,9934
ALTER*EINKUNFT*ORT*PRODUKT	24	21,862	,5875
BETRIEB*EINKUNFT*ORT*PRODUKT	48	11,876	1,0000
ALTER*BETRIEB*EINKUNFT	**24**	**70,482**	**,0000**
ALTER*BETRIEB*ORT	16	25,993	,0541
ALTER*EINKUNFT*ORT	**12**	**100,541**	**,0000**
BETRIEB*EINKUNFT*ORT	**24**	**54,149**	**,0004**
ALTER*BETRIEB*PRODUKT	**16**	**29,408**	**,0213**
ALTER*EINKUNFT*PRODUKT	12	16,204	,1821
BETRIEB*EINKUNFT*PRODUKT	24	30,342	,1737
ALTER*ORT*PRODUKT	8	4,392	,8201
BETRIEB*ORT*PRODUKT	**16**	**31,800**	**,0106**
EINKUNFT*ORT*PRODUKT	12	10,118	,6056
ALTER*BETRIEB	**8**	**28,630**	**,0004**
ALTER*EINKUNFT	**6**	**473,484**	**,0000**
BETRIEB*EINKUNFT	**12**	**57,422**	**,0000**
ALTER*ORT	**4**	**136,827**	**,0000**
BETRIEB*ORT	**8**	**3430,697**	**,0000**
EINKUNFT*ORT	**6**	**80,908**	**,0000**
ALTER*PRODUKT	**4**	**14,312**	**,0064**
BETRIEB*PRODUKT	**8**	**2215,365**	**,0000**
EINKUNFT*PRODUKT	**6**	**22,201**	**,0011**
ORT*PRODUKT	**4**	**229,337**	**,0000**
ALTER	**2**	**2116,120**	**,0000**
BETRIEB	**4**	**2426,083**	**,0000**
EINKUNFT	**3**	**122,541**	**,0000**
ORT	**2**	**128,612**	**,0000**
PRODUKT	**2**	**1990,020**	**,0000**

5.3 Parameterschätzung

Mit Hilfe von Parameterschätzungen können wir Aussagen über die Richtung des Zusammenhangs einzelner Merkmalsausprägungen tätigen. Dabei steht beispielsweise ein negatives Vorzeichen eines Interaktionseffektes für eine reduzierende Wirkung der Interaktion auf die gemeinsame Zellenhäufigkeit, ein positives Vorzeichen steht für eine erhöhende Wirkung. Wie bereits unter Abschnitt 4 gezeigt wurde, sind dabei nicht alle Parameter frei, d.h. zu schätzen. Vielmehr ergeben sich jeweils die letzten Parameter der einzelnen Dimensionen aus der Summe der ersten Parameter (mit negativem Vorzeichen). Dies soll exemplarisch am Output für den Drei-Wege-Interaktionseffekt BETRIEB*ORT*PRODUKT verdeutlicht werden (siehe *Tabelle 7*).

Tabelle 7: Parameterschätzungen des BETRIEB*ORT*PRODUKT-Effektes

Ausprägung von:						
BETRIEB	ORT	PRODUKT	Parameter	Coeff.	Std. Err.	Z-Value
1	1	1	1	,1823247816	,17690	1,03064
1	**1**	**2**	**2**	**,5135948906**	**,16565**	**3,10057**
1	**2**	**1**	**3**	**-,5324398981**	**,20010**	**-2,66082**
1	2	2	4	,2121466096	,18720	1,13324
2	**1**	**1**	**5**	**-,4237914307**	**,15641**	**-2,70947**
2	**1**	**2**	**6**	**,5025612550**	**,14020**	**3,58456**
2	2	1	7	-,1302271433	,14247	-,91406
2	2	2	8	,2642228884	,13766	1,91933
3	1	1	9	,1561747762	,20070	,77813
3	1	2	10	-,0219147598	,22226	-,09860
3	**2**	**1**	**11**	**,3928506546**	**,17889**	**2,19599**
3	2	2	12	-,2036513113	,21261	-,95787
4	**1**	**1**	**13**	**-,4199047158**	**,17689**	**-2,37381**
4	1	2	14	,0377231233	,20090	,18777
4	**2**	**1**	**15**	**,4124864127**	**,14509**	**2,84292**
4	2	2	16	-,1388370962	,17501	-,79332

(für p < 5% fett gedruckt)

Anhand der Z-Werte wird deutlich, daß die Parameter 2, 3, 5, 6, 11, 13 und 15 im 5%-Intervall signifikant sind (kritischer Z-Wert: 1,96). Die 16 geschätzten Koeffizienten ergeben sich aus den Kombinationen von 4 (5-1) Betriebstypen, 2 (3-1) Einkaufsorten und 2 (3-1) Produktarten. Der erste Koeffizient steht somit für die Kombination Kauf-/Warenhaus (BETRIEB=1), City (ORT=1) und Convenience Goods (PRODUKT=1) (vgl. *Tabelle 4*). Die signifikanten Koeffizienten der Parameter 2 und 3 spiegeln dann den Einfluß wider, der sich aus der Kombination Kauf- oder Warenhaus/City/Shopping Goods bzw. Kauf- oder Warenhaus/Subzentrum/Convenience Goods ergibt. Der positive Koeffizient von Parameter 2 bedeutet dabei inhaltlich, daß Shopping Goods in Kauf-/Warenhäusern der City gegenüber dem durchschnittlichen Einkaufsverhalten signifikant häufiger gekauft werden. Convenience Goods werden dagegen in der selben Betriebsform im Subzentrum signifikant seltener gekauft. Der negative Koeffizient von Parameter 5 besagt, daß Convenience Goods in Fachgeschäften der City signifikant seltener gekauft werden, während Shopping Goods am selben Ort und der selben Betriebsform signifikant häufiger gekauft werden. Der Koeffizient des Parameters 11 spiegelt den Drei-Wege-Effekt aus der Kombination Ladenhandwerk/Subzentrum/ Convenience Goods wider. Dieser Interaktionseffekt ist offensichtlich auf die Häufungen von Nennungen zurückzuführen, die beim Produkt Back-/Fleischwaren zu beobachten sind (vgl. *Tabelle 3*). Obwohl 7 der 16 berichteten Koeffizienten signifikant sind, trägt dieser Interaktionseffekt kaum substantiell zur Erklärung des Einkaufsverhaltens bei. Da die anderen Drei-Wege-Effekte ein ähnliches Bild aufweisen, ist zu resümieren, daß diese Effekte nur marginal für das beobachtete Einkaufsverhalten verantwortlich zeichnen. Im weiteren wird anhand von Tabellen gezeigt, inwieweit Effekte zweiter Ordnung zur Erklärung des Antwortverhaltens beitragen. Dabei sind alle Koeffizienten, die im 5%-

Intervall signifikant sind, fett gedruckt. Die sich ergebenden festen Parameter sind kursiv gesetzt, wobei Signifikanzaussagen generell nicht möglich sind.

Wie bereits in *Tabelle 6* deutlich wurde, hat der Zwei-Wege-Effekt BETRIEB*ORT mit einem partiellen χ^2-Wert von 3.430,697 den größten Einfluß aller Haupt- und Interaktionseffekte. Aus *Tabelle 8* geht hervor, daß bei der kombinierten Betriebsform- und Einkaufsort-Wahl das Kauf-/Warenhaus und Fachgeschäft in der City überdurchschnittlich oft gewählt werden, während im Subzentrum das Fachgeschäft und auf der „grünen Wiese" Verbraucher- und Fachmärkte präferiert werden.

Tabelle 8: BETRIEB*ORT-Interaktionen

	Einkaufsort			
Betriebsform	**City**	**Sub-zentrum**	**Grüne Wiese**	Σ
Kauf-/Warenhaus	**1,060**	**-0,649**	*-0,411*	*0*
Fachgeschäft	**1,171**	**0,358**	*-1,529*	*0*
Ladenhandwerk	-0,260	0,194	*0,066*	*0*
Verbrauchermarkt	**-0,898**	**0,431**	*0,467*	*0*
Fachmarkt	*-1,073*	*-0,334*	*1,407*	*0*
Σ	*0*	*0*	*0*	*0*

(für $p < 5\%$ fett gedruckt)

Der gemäß *Tabelle 6* zweitstärkste Effekt zweiter Ordnung (χ^2: 2.215,365) ergibt sich aus der Kombination Betriebsform und Produktart (BETRIEB*PRODUKT). Dies ist im einzelnen darauf zurückzuführen, daß Convenience Goods überproportional oft in Verbrauchermärkten und im Ladenhandwerk gekauft werden. Shopping Goods werden dagegen eher in Fachmärkten/-geschäften sowie Kauf- und Warenhäusern, nicht dagegen im Ladenhandwerk bzw. in Verbrauchermärkten erworben. Specialty Goods werden tendenziell in Kauf-/Warenhäusern oder Fachgeschäften gekauft (*Tabelle 9*).

Tabelle 9: BETRIEB * PRODUKT-Interaktionen

	Produktart			
Betriebsform	**Convenience**	**Shopping**	**Specialty**	Σ
Kauf-/Warenhaus	**-0,588**	**0,326**	*0,262*	*0*
Fachgeschäft	**-0,702**	**0,322**	*0,380*	*0*
Ladenhandwerk	**0,342**	**-0,595**	*0,253*	*0*
Verbrauchermarkt	**1,401**	**-0,783**	*-0,618*	*0*
Fachmarkt	*-0,453*	*0,730*	*-0,277*	*0*
Σ	*0*	*0*	*0*	*0*

(für $p < 5\%$ fett gedruckt)

Der gemäß *Tabelle 6* drittstärkste Zwei-Wege-Effekt, der aber nur etwa ein Fünftel der Erklärungskraft des eben diskutierten Effekts aufweist (χ^2: 473,484), ist die Interaktion aus Alter der/des Befragten und dem verfügbaren Haushaltseinkommen. Die hier nicht wiedergegebenen Koeffizienten deuten dabei darauf hin, daß bei den Befragten ein umgekehrt U-förmiger Zusammenhang zwischen Alter und Einkommen besteht: Die niedrigen Einkommen sind bei den jüngeren und älteren Befragten überproportional oft gegeben, während die Gruppe der 45- bis 65jährigen verstärkt in den höheren Einkommensklassen zu finden ist. Dieser Zusammenhang ist aus anderen Studien bereits bekannt und wird hier deshalb nur nachrichtlich angeführt.

Bei der gemeinsamen Betrachtung von Einkaufsort und Produktart (χ^2: 229,337 gemäß *Tabelle 6*) zeigt sich, daß Convenience Goods signifikant überdurchschnittlich im Subzentrum gekauft werden, während diese Güter des täglichen Bedarfs signifikant seltener in der City gehandelt werden. Shopping Goods werden ebenfalls signifikant seltener im Subzentrum erworben. Obwohl keine Signifikanzaussagen für Specialty Goods möglich sind, ist tendenziell festzustellen, daß diese Produkte verstärkt in der City gekauft werden (vgl. *Tabelle 10*).

Tabelle 10: ORT*PRODUKT-Interaktionen

	Produktart			
Einkaufsort	**Convenience**	**Shopping**	**Specialty**	Σ
City	**-0,428**	0,112	*0,316*	*0*
Subzentrum	**0,594**	**-0,244**	*-0,350*	*0*
Grüne Wiese	*-0,166*	*0,132*	*0,034*	*0*
Σ	*0*	*0*	*0*	*0*

(für p < 5% fett gedruckt)

Die geringen und überwiegend nicht signifikanten Koeffizienten der Shopping Goods werden darauf zurückgeführt, daß hier drei Klassen von Produkten vermischt werden: Nach den Ergebnissen der *Tabelle 3* sind nämlich ① Kleidung, Schuhe und Sport-/Hobbyartikel, ② Inneneinrichtungs-/Einrichtungsgegenstände und Heimwerker-/Gartenbedarf und ③ Elektro-/Haushaltsgeräte und Spielwaren als Produktgattungen zu unterscheiden. Wenn diese drei Untergruppen von Shopping Goods betrachtet werden, zeigt sich ein differenziertes Bild: Bekleidung und Sport-/Hobbyartikel werden überdurchschnittlich oft in der City gekauft, während Möbel sowie Heimwerker-/Gartenbedarf bevorzugt auf der „grünen Wiese" erworben werden (vgl. *Tabelle 11*).

Da die weiteren Zwei-Wege-Effekte nahezu durchgängig keine signifikanten Koeffizienten aufweisen, sollen sie nicht näher erörtert werden. Auch auf die Darstellung der fünf Haupteffekte wird hier verzichtet, da sie lediglich wiedergeben, welche Betriebsformen, Einkaufsorte, Produktarten, Alter und Einkommen überdurchschnittlich (positive Werte) bzw. unterdurchschnittlich (negative Werte) oft genannt wurden.

Tabelle 11: Modifikation der ORT*PRODUKT-Interaktionen

Einkaufsort	Produktart					Σ
	Convenience	Shopping Goods			Specialty Goods	
		①	②	③		
City	**-0,450**	**0,350**	**-0,230**	0,037	*0,293*	*0*
Subzentrum	**0,762**	**-0,256**	-0,197	-0,127	*-0,182*	*0*
Grüne Wiese	*-0,312*	*-0,094*	*0,427*	*0,090*	*-0,111*	*0*
Σ	*0*	*0*	*0*	*0*	*0*	*0*

(für p < 5% fett gedruckt)

6 SCHLUSSFOLGERUNGEN

Die loglinearen Analysen haben gezeigt, daß das Einkaufsverhalten bezüglich der Produktwahl in erster Linie von der präferierten Betriebsform dominiert wird und nicht - wie landläufig angenommen - eine primäre Frage der Einkaufsortwahl ist. Für das Handelsmarketing ist demnach der Schluß zu ziehen, daß für bestimmte Produktarten zuerst zu prüfen ist, welche Betriebsform von Konsumenten bevorzugt wird, bevor man sich Gedanken über geeignete Standorte macht. So ist es aufgrund der vorliegenden Ergebnisse wesentlich wichtiger, bei Convenience Goods die Betriebsform Verbrauchermarkt zu wählen, als sich zu fragen, ob dieser Betrieb eher im Subzentrum oder auf der grünen Wiese errichtet werden sollte, da das tatsächliche Einkaufsverhalten zehnmal stärker vom Interaktionseffekt aus gewählter Betriebsform und Produktart abhängt. Standortwahlfragen reduzieren sich somit auf die Suche nach geeigneten Flächen für die jeweils präferierten Betriebsformen. Dabei ist auch der fast völlig vernachlässigbare Einfluß der demographischen Variablen Alter und Haushaltseinkommen ein beachtlicher Befund.

Hinsichtlich des räumlichen Einkaufsverhaltens bei Shopping Goods ergab eine differenzierte Betrachtung von Untergruppen, daß Bekleidung und Sport-/Hobbyartikel (①) überdurchschnittlich oft in der City gekauft werden, während Möbel sowie Heimwerker-/
Gartenbedarf (②) bevorzugt auf der „grünen Wiese" erworben werden. Insgesamt kann aus den Ergebnissen der *Tabelle 11* abgeleitet werden, daß zwischen den Standorten der City, der Subzentren und der grünen Wiese eine (im Ansatz von Tietz schon 1989 postulierte) *Arbeitsteilung* besteht, da Convenience Goods eher in Subzentren, Specialty Goods eher in der City und Shopping Goods entweder in der City (①) oder auf der grünen Wiese gehandelt werden (②). Ein echter, wenn auch schwach ausgeprägter Wettbewerb (im Sinne nicht eindeutiger Konsumenten-Präferenzen) zwischen der City und der grünen Wiese ist nach den vorliegenden Ergebnissen nur bei Elektro-/Haushaltsgeräten und Spielwaren (③) festzustellen.

DANKSAGUNGEN

1) Die Erhebung wurde von cand. sc. pol. Kristina Schlumbohm, Christine Barth, Jan Häufle und Uwe Rutsatz durchgeführt, bei denen wir uns an dieser Stelle bedanken möchten.

LITERATUR

Achenbach, C.: Die Nutzung von Kundenverkehrsuntersuchungen für die standortbezogene Unternehmenspolitik der Warenhäuser, Göttingen 1989.

Behn, O.: Die City von Wolfsburg, Frankfurt/Main 1989.

Bieberstein, I.: Die City als Standort für Einzelhandelsbetriebe - dargestellt am Beispiel der Stadt Köln, Göttingen 1989.

Brandenburg, H.: Standort von Shopping-Centern und Verbrauchermärkten im Kölner Raum: Entwicklung und Auswirkungen auf das Einzelhandelsgefüge. In: Mitteilungen des Instituts für Handelsforschung an der Universität zu Köln, 1985, Nr. 9, S. 121-127.

Bühler, T.: City Center: Erfolgsfaktoren innerstädtischer Einkaufszentren, 2. Auflage, Wiesbaden 1991.

Copeland, M. T.: Relation of Consumers' Buying Habits to Marketing Methods. In: Harvard Business Review, 1 (1922/23), Heft 3, S. 282 - 289.

Davidson, W. R.; Bates, A. D.; Bass, S. J.: Retail Life Cycle. In: Harvard Business Review, November-December (1976), S. 89 - 96.

Demaris, A.: Logit Modeling: Practical Applications, Newbury Park 1992.

Froböse, M.: Mikrogeographische Segmentierung von Einzelhandelsmärkten, Wiesbaden 1995.

Glöckner-Holme, I.: Betriebsformen-Marketing im Einzelhandel, Augsburg 1988.

Heinemann, M.: Einkaufsstättenwahl und Firmentreue des Konsumenten, Essen 1974.

Jakobs, S.: City-Marketing - Die Anwendung der Marketing - Technologie zur Erhöhung der Einkaufstättenaktivität. In: Marketing ZFP, 2. Quartal (1991), Heft 2, S. 121-129.

Kotler, P.; Bliemel, F.: Marketing-Management - Analyse, Planung, Umsetzung und Steuerung, Stuttgart 1995.

Maddala, G. S.: Limited-dependent and qualitative variables in econometrics, Cambridge 1983.

Meffert, H.: Marketingforschung und Käuferverhalten, 2. Auflage, Wiesbaden.

Möhlenbruch, D.; Nickel, S.: Kooperationsstrategien als Element der wettbewerbsstrategischen Konzeption von Einzelhandelsunternehmen. In: Trommsdorff, V. (Hrsg.), Handelsforschung 1994/95, Wiesbaden 1994, S. 3-22.

Müller-Hagedorn, L.: Handelsmarketing, Stuttgart/Berlin/Köln 1993.

Nieschlag, R.; Kuhn, G.: Binnenhandel und Binnenhandelspolitik, 3. Auflage, Berlin 1980.

Norušis, M. J.: SPSS for Windows, Advanced Statistics, Release 6.0, Chicago 1993.

Pepels, W.: Handelsmarketing, Wiesbaden 1995.

Rominski, D.: Die City sieht rot. In: Absatzwirtschaft, 38, (1995), Heft 2, S. 30-38.

Strobel, B.: Standortspezifische Geschäftstypen im Fachhandel. In: Trommsdorff, V. (Hrsg.), Handelsforschung 1988, Wiesbaden 1988, S. 99-115.

Tempel, G.: Die Stadt als Einkaufsort für die Bevölkerung im städtischen Umland - Eine Untersuchung von Einkaufsorientierungen in einer Umlandsgemeinde der Region Bremen, Bremen 1993.

Tietz, B.; Rothhaar, P.: City-Studie - Marktbearbeitung und Management für die Stadt, Landsberg/Lech 1991.

Tietz, B.: Warum die City und die grüne Wiese nicht ohneeinander existieren können. In: Marketing ZFP, 11 (1989), Heft 2, S. 77 - 85.

Synergieorientierte Integrationsgestaltung in wachsenden Handelssystemen als Voraussetzung eines flexibilitätsorientierten Positionierungsmanagements

Dieter Ahlert und Bodo Reinke, Münster

Vor dem Hintergrund starken Unternehmenswachstums und fortschreitenden Systemwettbewerbs im deutschen Konsumgüterhandel stellt sich die Frage nach geeigneten Organisations- und Integrationskonzeptionen für komplexer werdende Handelssysteme. Das Ziel einer synergieorientierten Integration in solchen Handelsunternehmen muß darin bestehen, Kostenvorteile durch eine effiziente Organisation von Hintergrundsystemen konsequent auszuschöpfen, ohne dabei die Fähigkeit zu verlieren, Einkaufsstätten flexibel an die Gegebenheiten des Standorts und des aktuellen Wettbewerbs anpassen zu können.

1 WACHSTUMSPROZESSE UND FORTSCHREITENDE SYSTEMBILDUNG ALS AUSLÖSER VON INTEGRATIONSENTSCHEIDUNGEN

1.1 Externes und internes Wachstum

Wachstumsprozesse von Handelsunternehmen lösen insofern *Integrationsprobleme* aus, als entschieden werden muß, auf welche Weise neue organisatorische Einheiten, Geschäftsbereiche, Einzelhandelsoutlets etc. mit den Strukturen und Abläufen des bestehenden Unternehmens verbunden werden sollen.

Unternehmen können grundsätzlich auf zwei verschiedenen Wegen wachsen. Im Rahmen des *internen Wachstums* werden die im Unternehmen verfügbaren Ressourcen zu neuen Leistungskombinationen zusammengesetzt. Der Erwerb von Verfügungsmacht über bereits bestehende Kapazitäten wird demgegenüber als *externes Wachstum* bezeichnet (vgl. Schubert/Küting 1981, S. 51 ff.). Während das interne Wachstum von Handelsunternehmen in der Regel schrittweise (z.B. über die Neueröffnung von Filialen) erfolgt, können im Rahmen des externen Wachstums auch Gruppen von Geschäftsstätten (z.B. eine Vertriebslinie) oder komplette Handelssysteme erworben werden. Das externe Wachstum ermöglicht demnach einen vergleichsweise schnelleren Marktzutritt und größere 'Wachstumssprünge' auf traditionellen Märkten als das interne Wachstum. Der Erwerb bestehender Unternehmen(steile) ist allerdings in der Regel mit größerem finanziellen Aufwand verbunden und unterliegt den Bestimmungen des Kartellrechts. Bei externem Wachstum müssen die Strukturen und Prozesse innerhalb der erworbenen Unternehmen unter Umständen den Erfordernissen der Muttergesellschaft angepaßt werden. Es ergibt sich ein im Vergleich zum internen Wachstum größeres Integrationsproblem (vgl. vertiefend Schubert/Küting 1981, S. 51 ff.; Kogeler 1992, S. 12 ff.; Gerpott 1993; Olbrich/Alves/Reinke 1994; Olbrich/Reinke 1996, S. 67; Reinke 1996).

Einen Sonderfall des externen Wachstums stellt die Aufnahme neuer Mitglieder innerhalb eines kooperierenden Handelssystems dar. Auch wenn die Kooperation an ihren Mitgliedern kein Eigentum erwirbt, können die Mitgliedsunternehmen durch kooperationsvertragliche Vereinbarungen eng an die Systemzentrale gebunden werden. Kooperierende Handelssysteme können auf diese Weise in Teilbereichen (z.B. Zentraleinkauf) ähnliche Strukturen aufweisen und dieselben Wachstumsziele verfolgen wie filialisierende Handelssysteme.

1.2 Systembildung

Das starke Wachstum vieler Handelsunternehmen hat dazu geführt, daß die institutionellen Erscheinungsformen im Handel vielfach unter dem Aspekt der Systembildung betrachtet werden. Nicht erst seit den spektakulären Akquisitions- und Fusionsfällen der letzten Jahren rücken die die Handelslandschaft dominierenden Vertreter *kooperierender und filialisierender Handelssysteme* in den Mittelpunkt des Interesses. Zudem hat die seit Jahrzehnten fortschreitende Konzentrationsentwicklung im deutschen Konsumgüterhandel zu einer erheblichen Veränderung der Handelsstruktur geführt.

Die Veränderung der Handelsstruktur zieht auch eine Veränderung der *Wettbewerbsverhältnisse im Konsumgüterhandel* nach sich. Während sich früher hauptsächlich einzelne Betriebe gegenüber standen, ist der heutige Wettbewerb durch die Konkurrenz von Unternehmen unterschiedlicher Handelssysteme (*Intergruppenwettbewerb*) und die mehr oder minder starke Konkurrenz von Unternehmen innerhalb eines Systems (*Intragruppenwettbewerb*) gekennzeichnet (vgl. Tietz 1993, S. 4).

Kooperierende Handelssysteme werden nur dann in der Lage sein, mit Massenfilialsystemen zu konkurrieren, wenn ihre Mitglieder sich enger in die jeweilige Kooperation einbinden lassen, die Organisation 'gestrafft' und somit der Organisationsgrad und die Homogenität der Betriebe erhöht wird - ohne daß die Flexibilitätsvorteile der selbständigen Einzelhändler verloren gehen. Unter dieser Voraussetzung würde der Intergruppenwettbewerb zwischen filialisierenden und kooperierenden Handelssystemen nicht einseitig zugunsten der rasch wachsenden Filialsysteme entschieden werden (vgl. Olbrich 1992b, S. 58 f. u. 1994, S. 437 f.).

Eine wichtige Konsequenz der Systembildung für das *industrielle Distributionsmanagement* besteht darin, daß den Herstellern nicht nur immer weniger Entscheidungsinstanzen im Einkauf gegenüberstehen, sondern auch viele Industrieunternehmen schrittweise in vertikal integrierte Systeme eingebunden werden. Besonders offensichtlich wird dieses beim Wandel ehemals unabhängiger Hersteller zu systemgebundenen Produzenten von Handelsmarken. So ist der Handelsmarkenanteil im Lebensmittelhandel in allen europäischen Ländern deutlich angestiegen, was wiederum auf die zunehmende Bedeutung der Discounter zurückzuführen ist (vgl. Wolfskeil 1994, S. 54).

1.3 Die Polarisierung der Handelslandschaft

Die Wettbewerbsverhältnisse in der Konsumgüterdistribution hängen gegenwärtig entscheidend vom Wettbewerb zwischen den Handelssystemtypen ab. Für Filialsysteme ergeben sich gegenüber kooperierenden Handelssystemen mit niedrigem Organisationsgrad und vertikal nicht-organisierten Handelssystemen einerseits *Kostenvorteile* und andererseits *Flexibilitätsnachteile*. Hierfür sprechen folgende Merkmale von (Massen-)Filialsystemen:

- ein führender 'Systemkopf' koordiniert die Aktivitäten des gesamten Systems; ausgewählte Entscheidungen sind zentralisiert,
- die gesamte Leistungserstellung ist arbeitsteilig organisiert; d.h., einzelne Systemmitglieder sind auf bestimmte Leistungen spezialisiert, die sich an den speziellen Anforderungen des Systems orientieren; bestimmte Aktivitäten werden vom Systemkopf zentral wahrgenommen,
- Filialsysteme besitzen aufgrund der Standardisierung von Leistungen starke Rationalisierungspotentiale, die ihrerseits Anlaß für eine weitere horizontale und vertikale Integration sein können,
- Tendenz zu preis- und versorgungsorientierten Angebotsformen,
- mehr oder weniger starke vertikale Integration mehrerer Wertschöpfungsstufen (u.U. incl. der Produktionsstufen),
- sinkende Flexibilität mit zunehmendem Integrationsgrad bzw. steigender Systemgröße, da immer mehr Entscheidungsinstanzen koordiniert werden müssen.

Diese Merkmale spiegeln sich auf der Leistungsseite wider. Das Angebot von Filialsystemen zeichnet sich gegenüber den übrigen Angebotsformen häufig durch eine stärkere Preisorientierung aus. Die Leistungsqualität - im Sinne einer Berücksichtigung individueller Verbraucherwünsche, einem vielfältigen Angebot von Serviceleistungen, usw. (nicht jedoch gleichzusetzen mit Produktqualität) - ist demgegenüber häufig geringer. Der Gegensatz zwischen diesen beiden häufig auftretenden Unternehmenstypen hat dazu geführt, daß vielfach von einer *Polarisierung der Handelslandschaft* gesprochen wird. Nach dieser Polarisierungsthese entspringen erfolgversprechende Betriebstypen des Handels entweder

- zentralistisch geführten Massenfilialsystemen des preisaggressiven Versorgungshandels (z.B. Discounter) oder
- dezentralistisch organisierten Systemen des gehobenen Qualitäts- und Erlebnishandels (z.B. Fachgeschäft).

Ein 'stuck in the middle' muß nach Porter (1989) als verhängnisvoll qualifiziert werden. Dieser Auffassung soll jedoch die These entgegengehalten werden, daß zukünftig erfolgversprechende Konzepte *'hybride Betriebstypen'* sind, die Elemente zentralistisch und dezentralistisch geführter Handelssysteme auf sich vereinigen (vgl. Ahlert 1994b, S. 280 ff.).

Der überdurchschnittliche Erfolg integrierter Handelssysteme, der an ihrer zunehmenden Verbreitung gemessen werden kann, deutet darauf hin, daß in der momentanen Situation ein niedriger Preis als Wettbewerbsparameter gegenüber einer höheren Leistungsqualität wirkungsvoller ist. Der Verzicht auf eine differenzierte Verbraucheransprache und auf ausgeprägte Serviceleistungen im Vergleich zu den kooperierenden und unabhängigen Einzelhändlern fällt anscheinend nicht ins Gewicht. Leistungsvorteile werden in der momentanen Situation von den Verbrauchern nicht in entsprechendem Maße honoriert.

2 SYNERGIE- UND INTEGRATIONSMANAGEMENT IN HANDELSSYSTEMEN

2.1 Der Zwang zur Ausschöpfung von Synergien bei zunehmendem Systemwettbewerb im Handel

Die dargestellten Entwicklungen führen in Verbindung mit einer zunehmenden Intensität und veränderten Strukturen des Wettbewerbs im Konsumgüterhandel dazu, daß es für die meisten Handelsunternehmen notwendig ist, sich innerhalb möglichst effizienter Systeme zu organisieren. Wettbewerbsvorteile können solche Handelsunternehmen erlangen, denen es gelingt, das Zusammenwirken der beteiligten Partner so zu gestalten, daß eine *optimale Ausschöpfung von Synergiepotentialen* zwischen den Systemelementen realisiert wird. Die Möglichkeiten zur Realisation von Synergieeffekten können vor diesem Hintergrund als Daseinsberechtigung für die Existenz von Unternehmen (vgl. Tirole 1995, S. 38) angesehen werden. Damit können bestehende Synergiepotentiale und
-effekte als Ansätze zur Erklärung bestimmter Strukturen von Handelssystemen herangezogen werden.

Die bewußte Planung, Ausschöpfung und Kontrolle von Synergien in einem Unternehmen kann als *Synergiemanagement* bezeichnet werden. Die in den letzten Jahren erschienenen Beiträge zum Thema Synergiemanagement (vgl. z.B. Bisani 1990; Kogeler 1992; Reißner 1992; Hirzel, Leder & Partner 1993; Ehrensberger 1993) können als

Beleg dafür angesehen werden, daß sich Wissenschaft und Unternehmenspraxis zunehmend mit dieser Fragestellung auseinandersetzen. Auch im Handel ist einer bewußt gestalteten Ausschöpfung von Synergien als Erfolgsfaktor im Wettbewerb Bedeutung beizumessen.

Insbesondere bei externen Wachstumsprozessen werden *bestehende Synergiepotentiale* häufig als Begründung oder Rechtfertigung für Akquisitionen und Fusionen angeführt. Bisweilen entsteht sogar der Eindruck, daß allein bestimmte Synergiepotentiale Akquisitionen lohnend erscheinen lassen. Die Wahl der Akquisitionsstrategie sowie die getroffenen Integrationsmaßnahmen beeinflussen dabei die Strukturen und Prozesse des neu entstandenen Unternehmens. Mit diesen Entscheidungen wird auch die Ausschöpfung der Synergiepotentiale determiniert. Um bei der Beurteilung von Synergiepotentialen Fehleinschätzungen zu vermeiden, müssen Synergien gemessen und bewertet werden. Zur Messung und Bewertung von Synergien werden geeignete Instrumente benötigt, die bisher nur in unzureichender Form entwickelt sind.

2.2 Grundlagen des Synergie- und Integrationsmanagements im Handel

Die *Integrationsform*, also die Art und das Ausmaß der Verknüpfung zwischen verschiedenen Integrationsobjekten (Faktoren), sowie die den Synergieprozeß begleitenden Maßnahmen bestimmen die aus dem Verbund resultierende Synergieform. Zu den *einmaligen Integrationsmaßnahmen* zählen insbesondere die obligatorischen Aktivitäten, die bei einer Integration von Akquisitionen anfallen. Dazu gehören insbesondere die rechtliche und die aufbauorganisatorische Eingliederung des Akquisitionsobjektes in das bestehende Unternehmen.

Die Instrumente, die im personell/kulturellen Bereich eingesetzt werden, haben vorwiegend den Charakter *laufender Integrationsmaßnahmen*. Die laufenden Maßnahmen dienen der permanenten Unterstützung von Synergieprozessen, die über einen längeren Zeitraum hinweg wirken. Grundsätzlich kann die Integration - wie *Abbildung 1* zeigt - nach drei verschiedenen Gestaltungsmustern vollzogen werden, die sich hinsichtlich der Intensität ihrer Verknüpfung unterscheiden (vgl. Reinke 1996).

- Erstens können zwei oder mehr Faktoren fest miteinander verbunden oder sogar zu einer Einheit verschmolzen werden (*Faktorfusion*). Die Faktorfusion ist die stärkste Form der Verbindung zwischen zwei oder mehr Integrationsobjekten. Die aus ihr resultierenden *Zusammenführungssynergien* stellen - wie die Beobachtung des Integrationsverhaltens von Handelsunternehmen zeigt - eine weit verbreitete Form der Ausschöpfung von Synergiepotentialen dar. Im Zuge des externen Wachstums verspricht man sich insbesondere durch die Zusammenlegung von Abteilungen und die Vermeidung von Doppelaktivitäten große Synergieeffekte. Allerdings bringen diese relativ 'radikalen' Integrationsmaßnahmen, die oft mit einer Zentralisation gleichzusetzen sind, auch vergleichsweise starke negative Begleiterscheinungen mit sich. Die Nachteile der Faktorfusion können unter anderen darin bestehen, daß Personalentlassungen vorgenommen werden müssen und komplexer gewordene Organisationseinheiten ihre Flexibilität verlieren.

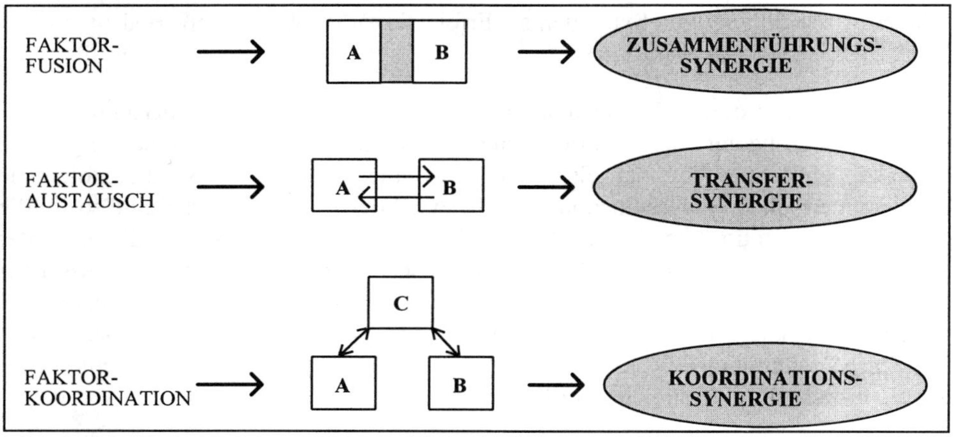

Abbildung 1: Alternative Integrations- und Synergieformen

- Zweitens kann eine Verbindung darauf basieren, daß die Faktoren über bestimmte Kanäle miteinander verbunden sind (*Faktoraustausch*). Innerhalb dieser Kanäle führen ein- oder zweiseitige Austauschprozesse zwischen den Faktoren zu *Transfersynergien.* Beim Faktoraustausch bleibt die Selbständigkeit der Integrationsobjekte weitgehend erhalten. Inhaltlich werden innerhalb und zwischen Handelssystemen hauptsächlich immaterielle Faktoren, wie z.B. allgemeines Know-how, spezifische Technologien, Marktinformationen oder Imagekomponenten übertragen. Von Transfersynergien sind - anders als bei Zusammenführungssynergien - in der Regel keine spontanen Rationalisierungseffekte oder Einsparungen größeren Ausmaßes zu erwarten. Vorteile ergeben sich für die Beteiligten eher in einer langfristigen Steigerung ihrer Kompetenz und Leistungsfähigkeit. Dem stehen allerdings auch relativ geringe negative Begleiteffekte entgegen. Zu nennen sind hier in erster Linie die Aufwendungen für Transferprozesse, wie z.B. Kommunikationskosten.
- Die dritte Form der Verbindung ist die indirekte Verknüpfung von zwei Faktoren über eine dritte Größe, an der sich die Integrationsobjekte ausrichten (*Faktorkoordination*). *Koordinationssynergien* repräsentieren die schwächste Form der Verbindung zwischen zwei oder mehr Integrationsobjekten. Effizienzsteigerungen resultieren hier entweder aus einer abgestimmten Verrichtung innerbetrieblicher Aktivitäten oder einem abgestimmten Auftreten am Markt. Die Abstimmung des Marktauftritts kann z.B. erforderlich werden, wenn zwei oder mehr Vertriebslinien eines Handelssystems auf einem gemeinsamen Markt operieren. Die Nachteile dieser Synergieform bestehen zum einen in den Kompromißkosten, die für die nicht mehr autonom agierenden Organisationseinheiten anfallen und in dem Koordinationsaufwand, den das abgestimmte Verhalten verursacht.

Bei der Ausschöpfung bestimmter Synergiepotentiale zwischen mehreren Faktoren bzw. Integrationsobjekten stehen dem Handelsmanagement häufig alternative Integrationsformen offen. Die *Aufgabe des Synergiemanagements* besteht darin, bei jeder Integrationsentscheidung die Synergieeffekte und die negativen Begleiteffekte der Integrationsalternativen zu ermitteln und miteinander zu vergleichen. Es empfiehlt sich, diejenige Integrationsform zu wählen, die den größten Wert an Synergieeffekten verspricht unter Berücksichtigung von Integrationskosten und negativen Begleiteffekten.

Um die effizienteste Integrationsalternative ermitteln zu können, müssen Synergien und negative Begleiteffekte mit einem geeigneten Instrumentarium gemessen und bewertet werden. Es gilt, die Konsequenzen von Integrationsmaßnahmen sowohl in qualitativer Hinsicht (positive und negative Effekte) als auch in quantitativer Hinsicht (monetäre Bewertung der Effekte) zu prognostizieren.

2.3 Die Messung und Bewertung von Synergien

Nachdem gezeigt wurde, in welchen Formen Synergien auftreten können, soll die Frage beantwortet werden, auf welche Weise tatsächlich bestehende Synergieeffekte im Sinne einer Ex-post-Betrachtung nachgewiesen werden können. Diese Frage erhält ihre besondere Bedeutung aus dem Umstand, daß Synergien häufig als Argumente für unternehmerische Wachstumsentscheidungen angeführt werden, ihre tatsächliche Existenz allerdings immer wieder angezweifelt wird (vgl. Bühner/Spindler 1986, S. 601; Coenenberg/Sautter 1988, S. 692; Grote 1990, S. 94; Arbeitskreis Hax 1992, S. 971).

Das Ziel der Synergiemessung besteht darin, die Unsicherheit über die Existenz und das Ausmaß von Synergiepotentialen und Synergieeffekten zu reduzieren. Insbesondere bei Akquisitionen, die mit einem großen finanziellen Aufwand verbunden sind, können Fehleinschätzungen von Synergiepotentialen zu erheblichen Verlusten führen, wenn sich deren Ausschöpfung später als unmöglich erweist. In diesem Zusammenhang wird mitunter auch davor gewarnt, in eine *'Synergiefalle'* zu geraten (vgl. Körber 1994).

Die Ansätze zur Messung von Synergien lassen sich nach der Art des verwendeten Maßstabs in *primär quantitative* und *primär qualitative Verfahren* unterteilen (vgl. Grote 1991, S. 262 f.). Beide Verfahren können aber auch in kombinierter Form zum Einsatz kommen. Alle Verfahren können aus *interner* oder aus *externer Perspektive* angewendet werden (vgl. *Abbildung 2*), wobei die Analyse aus interner Sicht grundsätzlich eine genauere Bewertung von Synergien ermöglicht. Nachfolgend werden die Eigenschaften der verschiedenen Verfahrenstypen knapp charakterisiert.

1) Quantitative Verfahren zur Messung von Synergien

Die quantitativen Verfahren stellen häufig eine oder wenige *Kennzahlen* in den Mittelpunkt der Betrachtung. Bühner/Spindler (1986) untersuchen beispielsweise Synergien nach Unternehmenszusammenschlüssen anhand der *Veränderungen von*

Marktwerten aus der Perspektive von Anteilseignern. Der Marktwert ergibt sich dabei aus der Rendite, die Aktionäre über Kursentwicklung und Dividendenzahlungen erzielen können. Dieser Ansatz berücksichtigt allerdings nur eines unter vielen denkbaren Unternehmenszielen.

Die Synergiemessung auf der Basis des aus der Wertpapieranalyse stammenden *'Capital Asset Pricing Models'* berücksichtigt neben der Renditeerwartung auch das mit einer Anlage verbundene Risiko (vgl. Grote 1991, S. 261 f.; Perridon/Steiner 1993, S. 252 ff.). Genau wie die Marktwertmethode betrachtet dieser Ansatz Synergien allerdings ausschließlich aus der Perspektive der Anteilseigner. Mit der Verdichtung auf eine bzw. wenige Kennzahlen werden außerdem viele Informationen unberücksichtigt gelassen. Insbesondere kann nicht beurteilt werden, ob die Veränderung von Erfolgsgrößen auf Synergien oder andere Effekte zurückzuführen ist.

Maßstab	intern (**Perspektive**)	extern (**Perspektive**)
qualitativ	z.B. Befragung von Experten innerhalb des Unternehmens und Auswertung mit einem Scoring-Modell	z.B. Befragung von externen Kennern des Unternehmens
quantitativ	z.B. Investitionsrechnung, Auswertung von Informationen aus dem internen Rechnungswesen	z.B. Beobachtung von Marktwertveränderungen durch Aktienanalyse

Abbildung 2: Ansätze zur Messung von Synergien

Die Messung auf der Basis von Kennzahlen, die sich auf ein komplettes Unternehmen beziehen, erschwert die Beurteilung von einzelnen Synergieeffekten, die häufig nur einen relativ kleinen Bereich des Unternehmens betreffen. Um eine konkrete Zuordnung von Ursachen und Wirkungen vornehmen zu können, müssen diese Kennzahlen um qualitative Informationen ergänzt werden.

2) Qualitative Verfahren zur Messung von Synergien

Qualitative Verfahren versuchen die Messung von Synergien nicht auf (monetäre) Kennzahlen zu begrenzen. Vielmehr werden Synergiepotentiale oder -effekte durch (subjektive) Einschätzungen beurteilt (vgl. dazu bereits Kitching 1967; Ansoff 1968, S. 81 ff.). Zu diesen Instrumenten gehört beispielsweise das *Scoring-Modell*, das ausdrücklich der 'Pluralität von Unternehmenszielen' Rechnung trägt, da in ihm explizit unterschiedliche Zielgrößen mit einer entsprechenden Gewichtung berücksichtigt werden.

Der Vorteil einer Messung von Synergieeffekten anhand mehrerer vom Unternehmen verfolgter Ziele liegt darin begründet, daß über eine Vielzahl von Entscheidungskriterien detaillierte Informationen erhoben, gegenübergestellt und damit die Synergieprozesse bzw. Synergiewirkungen transparenter gemacht werden.

Probleme bei dieser Meßvariante ergeben sich zunächst daraus, daß das Zielsystem eines Unternehmens aus Größen besteht, die in unterschiedlichem Maße operationalisiert werden können. Vielfach bestehen aber viel größere Probleme darin, derart detaillierte Informationen bereitzustellen. Die erforderlichen Daten können in der Regel nur von internen Stellen bereitgestellt werden. Das Rechnungswesen kann dabei nur begrenzt zur Unterstützung herangezogen werden, da Informationen über Synergieprozesse nicht systematisch erfaßt werden. Eine genauere Ermittlung von Art und Ausmaß der auftretenden Synergieeffekte ist nur durch speziell darauf ausgerichtete Datenerhebungen möglich.

Ein externer Beobachter, dem keine internen Informationen vorliegen, kann Synergien nur mit Hilfe öffentlich zugänglicher Informationen, wie z.B. Presse- oder Geschäftsberichten, beurteilen. Grundsätzlich können auch solchen Veröffentlichungen qualitative Informationen über die Realisation von Synergien entnommen werden. Dennoch empfiehlt sich für den Außenstehenden ein kritischer Umgang mit veröffentlichten Informationen, da diese von einem Unternehmen auch manipulativ eingesetzt werden können.

3) Kombinierte Verfahren zur Messung von Synergien

Die aufgeführten Vor- und Nachteile quantitativer bzw. qualitativer Verfahren lassen es im Interesse einer möglichst aussagefähigen Messung und Bewertung von Synergien sinnvoll erscheinen, beide Methoden miteinander zu kombinieren. Während die quantitativen Verfahren sich tendenziell eher an den internen Daten des Rechnungswesens bzw. veröffentlichten Daten des externen Rechnungswesens orientieren, können qualitative Aussagen mit größerer Sicherheit von Experten innerhalb des Unternehmens als von Außenstehenden gemacht werden. Die Möglichkeiten zur Analyse von Synergien bleiben aus diesem Grund für externe Beobachter begrenzt. Außerdem stehen dem internen Beobachter grundsätzlich mehr Informationen zur Verfügung, die dementsprechend umfassendere und zuverlässigere Analysen erlauben (vgl. Coenenberg 1993, S. 479).

2.4 Ergebnisse einer empirischen Untersuchung

Nachfolgend werden die Ergebnisse einer quantitativ/qualitativen Untersuchung von Synergien aus interner Perspektive vorgestellt. Aus den ausgewählten Resultaten lassen sich Hinweise für die Organisation von Handelssystemen und die *Gestaltung eines flexibilitätsorientierten Positionierungsmanagements* ableiten.

Im Rahmen eines umfassenden Forschungsprojektes des Instituts für Handelsmanagement, Münster, wurde - aufbauend auf den Ergebnissen einer 1992 abgeschlossenen Untersuchung (vgl. Olbrich 1992a und 1992b) - eine empirische Untersuchung als schriftliche Befragung konzipiert (vgl. Olbrich/Reinke 1995). Insgesamt umfaßt die Befragung 78 Unternehmen des stationären Konsumgüterhandels, von denen 58 einen Umsatz von mehr als 100 Mio. DM (1993) erzielen konnten. Die Unternehmen repräsentieren ein Umsatzvolumen von 217,8 Mrd. DM (25,4% des Umsatzvolumens im stationären Konsumgüterhandel). Da die Unternehmenskonzentration im Lebensmittelhandel unter allen Branchen des deutschen Konsumgüterhandels am weitesten fortgeschritten ist und viele Großunternehmen, die heute gleichzeitig in verschiedenen Branchen tätig sind, aus dem Lebensmittelhandel hervorgegangen sind, liegt der Schwerpunkt der Untersuchung in diesem Bereich.

1) Synergiepotentiale und Synergieeffekte

Zunächst stellt sich die grundsätzliche Frage, ob es den untersuchten Handelssystemen überhaupt gelingt, durch geeignete Integrationsmaßnahmen, die oftmals mit einer Tendenz zur Zentralisation verbunden sind, vorhandene Synergiepotentiale auszuschöpfen. Ist die Integrationsgestaltung unangemessen oder werden die Synergiepotentiale überschätzt, so entstehen *unausgeschöpfte Synergiepotentiale*. In der schriftlichen Befragung wurde ermittelt, welche Synergiepotentiale und welche Synergieeffekte im Zuge des Wachstums der Unternehmen innerhalb welcher Funktionsbereiche aufgetreten sind. Bei der Ermittlung der Differenzen zwischen Synergiepotentialen und Synergieeffekten zeigen negative Zahlen an, daß unausgeschöpfte Synergiepotentiale vorliegen (vgl. *Abbildung 3*).

Die Auswertung zeigt, daß in nahezu allen betrieblichen Funktionsbereichen bei der Einsparung von Mitarbeitern (MA), bei den sonstigen Kosteneinsparungen, den Leistungssteigerungen, dem Imagetransfer, der Erhöhung des Kundennutzens und der Beschleunigung von Abläufen unausgeschöpfte Synergiepotentiale vorliegen. Lediglich bei der Einsparung von Mitarbeitern im EDV- sowie Managementbereich zeigt sich beim internen Wachstum, daß die Synergieeffekte die erwarteten Potentiale übertroffen haben.

2) Synergien bei externem und internem Wachstum

Weiterhin stellt sich die Frage, ob die Synergiemöglichkeiten, die sich durch Maßnahmen des externen Wachstums ergeben, größer sind als die auf dem Wege des internen Wachstums zu realisierenden Synergien. Als Ergebnis zeigt sich zunächst, daß die unausgeschöpften Synergiepotentiale beim externen größer als beim internen Wachstum sind (*Abbildung 3*). Wie weiterführende Analysen (Reinke 1996) zeigen, gelingt es den primär extern wachsenden Unternehmen, trotz einer vergleichsweise stärkeren Integrationsaktivität, nur in geringerem Maße, bestehende Synergiepotentiale auszuschöpfen. Die Ursachen für dieses Phänomen können einerseits darin liegen, daß beim externen Wachstum die Synergiepotentiale vor einer Integration schlechter abzuschätzen sind als beim internen Wachstum. Diese Begründung würde allerdings nicht erklären, warum die Synergien beim externen Wachstum immer überschätzt, niemals aber unterschätzt werden. Deshalb ist die Schlußfolgerung plausibler, daß die unausgeschöpften Synergiepotentiale auf eine unangemessene Gestaltung der Integration bzw. starke negative Begleiteffekte der Integration zurückzuführen sind.

3) Synergieeffekte in ausgewählten Funktionsbereichen

Für die Organisation von Handelssystemen stellt sich die bedeutende Frage, in welchen Funktionsbereichen sich die meisten Synergien ausschöpfen lassen und welche Bereiche sich eher für eine Zentralisation anbieten. In denjenigen Funktionsbereichen, in denen sich kaum oder keine Synergien realisieren lassen, kann auf Integrationsanstrengungen am ehesten verzichtet werden. Diese Funktionsbereiche können am ehesten autonom organisiert werden.

Die Ergebnisse einer Kausalanalyse (Reinke 1996) zeigen, daß in den Funktionsbereichen Einkauf, Logistik, Verkauf, EDV/Warenwirtschaft und Management kausale Wirkungszusammenhänge zwischen einmaligen und laufenden Integrationsmaßnahmen sowie der Entstehung von Synergieeffekten in diesen Bereichen bestehen. Ferner wird deutlich, daß sich Synergien am ehesten in den Funktionsbereichen Einkauf, Logistik und EDV/Warenwirtschaft realisieren lassen. Im Verkaufsbereich sowie auf der Managementebene können vergleichsweise weniger Effizienzsteigerungen erzielt werden. Diese Ergebnisse sprechen dafür, die Hintergrundsysteme von Handelsunternehmen eher zentralistisch zu organisieren und auf die Ausschöpfung absatzseitiger Synergien eher zu verzichten.

Ein weiteres Ergebnis besteht in der Erkenntnis, daß ein kausaler Zusammenhang zwischen der Durchführung einmaliger Integrationsmaßnahmen und der Entstehung von negativen Begleiteffekten der Integration besteht. Laufende Integrationsmaßnahmen können demgegenüber dazu beitragen, die negativen Begleiteffekte der Integration abzuschwächen. Letztlich besitzen weder die Wachstumsgeschwindigkeit noch die Größe, wohl aber die Integrationsaktivität einen entscheidenden Einfluß auf die Erzielung von Synergieeffekten. Die durch Integrationsmaßnahmen ausgelösten Synergieeffekte haben schließlich positive Auswirkungen auf den Erfolg eines Handelsunternehmens.

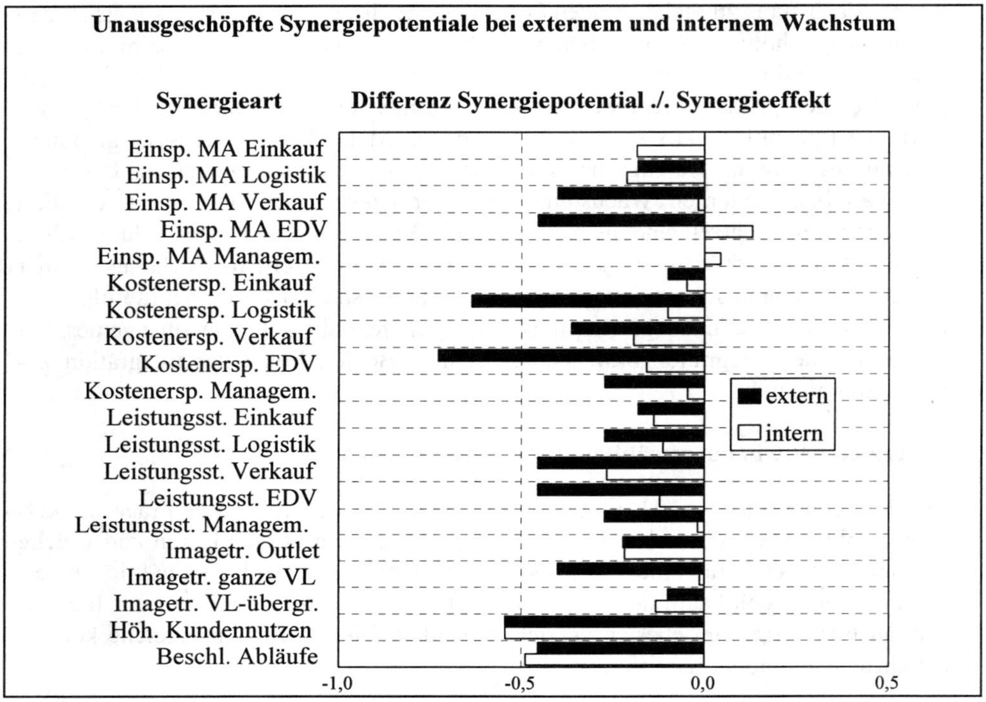

Abbildung 3: Unausgeschöpfte Synergiepotentiale bei externem und internem Wachstum

3 KONSEQUENZEN FÜR DAS FLEXIBILITÄTSORIENTIERTE POSITIONIERUNGSMANAGEMENT IM HANDEL

3.1 Positionierungsmanagement in Handelssystemen - Betriebstypenprofilierung bei zunehmendem Systemwettbewerb

Die Aufgabe des *Positionierungsmanagements* besteht darin, Markauftrittskonzeptionen zu planen, zu implementieren und permanent fortzuentwickeln. Gerade der Handel kennzeichnet sich durch permanente Positionsverschiebungen aufgrund der hohen Dynamik der standort- und wettbewerbsspezifischen Einflußgrößen, die sich in sehr häufigen, ex ante schlecht prognostizierbaren Änderungen äußert. Dafür ist schon die große Umstellungsflexibilität, mit der die konkurrierenden Handelsunternehmen auf die zahlreichen Umweltveränderungen schnell reagieren können, verantwortlich. Die Einkaufsstättenpositionierung kann somit als ein permanenter Evolutionsprozeß im Dialog zwischen Handelsunternehmen und Markt charakterisiert werden. Eng verbunden mit der Einkaufsstättenpositionierung ist die Problematik der *Betriebstypenprofilierung* (Heinemann 1989), also die Frage nach der wettbewerbsorientierten Gestaltung einer homogenen Gruppe von Geschäftsstätten desselben Betriebstyps in einem Unternehmen.

Vor dem Hintergrund des eingangs beschriebenen Systemwettbewerbs und der Polarisierung im deutschen Konsumgüterhandel kann die Problematik der Betriebstypenprofilierung bzw. Einkaufsstättenpositionierung an einem vereinfachten Modell (*Abbildung 4*) verdeutlicht werden (vgl. vertiefend Ahlert/Olbrich/ Reinke 1995, S. 32 ff.):

In einem zweidimensionalen Raum mit den beiden Wettbewerbsparametern 'Preisvorteil' und 'Leistungsvorteil' können unterschiedliche Betriebstypen wahlweise verschiedene Positionen auf ihren Transformationskurven besetzen. Die Transformationskurven beschreiben, welche Postitionen die jeweiligen Betriebstypen bei gegebenen Ressourcen und unter Voraussetzung substitutionaler Beziehungen zwischen Preis- und Leistungsvorteil maximal einnehmen können. Der Verbraucher wird in diesem Modell durch gekrümmt verlaufende Nutzenfunktionen mit nach außen zunehmendem Nutzenniveau gekennzeichnet. Die Steigung der Nutzenfunktionen, die zwischen unterschiedlichen Verbrauchergruppen variieren kann, gibt darüber Auskunft, inwieweit preis- oder leistungsorientiertes Einkaufsverhalten vorliegt und welcher Betriebstyp präferiert wird (Tangentialpunkte A, B, C in *Abbildung 4*).

In diesem Modell mit den Transformationskurven eines Discounters (z.B. Vertriebslinie eines Massenfilialsystems), eines Fachgeschäftes (z.B. Mitglied eines kooperierenden Handelssystems) und eines hybriden Betriebstyps ist der letzgenannte Einkaufsstättentyp überlegen. Dieser hypothetische 'Alleskönner' vereinigt die Vorteile beider Unternehmenstypen auf sich und ist so - unabhängig vom Verbraucherverhalten - in jeder Situation den übrigen Angebotsformen mindestens ebenbürtig. Wenn die Verbraucher Einkaufsstätten dieses Typs wählen, können sie den vergleichsweise größten Nutzen realisieren.

Es stellt sich die Frage, ob es möglich oder überhaupt sinnvoll ist, einen derartigen 'Alleskönner' zu entwickeln, der auf der einen Seite in hohem Maße systemwirtschaftlich arbeitet und sich auf der anderern Seite durch die Flexibilität und Angebotsqualität dezentral organisierter Unternehmen auszeichnet. Ferner ist die Frage zu beantworten, welcher Handelssystemtyp einen solchen Betriebstyp am ehesten hervorbringen und unterstützen kann. Falls solch ein ideales Unternehmen nicht zu realisieren ist, stellt sich immer noch die Frage, auf welchem Wege das Handelsmanagement diesem idealen Systemtyp zumindest nahe kommen könnte, um auf die zukünftigen Wettbewerbsanforderungen vorbereitet zu sein.

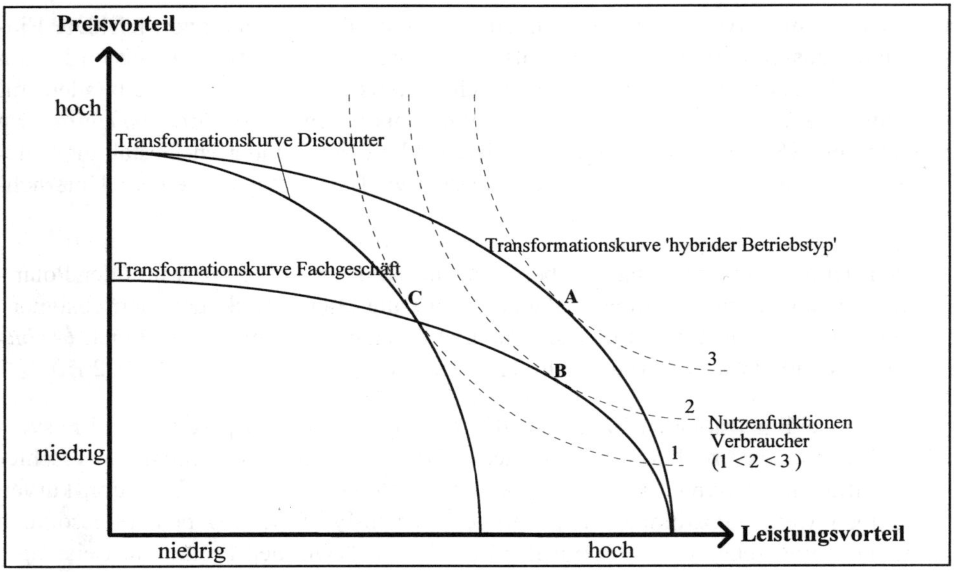

Abbildung 4: Die Überlegenheit der Transformationskurve eines 'hybriden Betriebstyps'

Aus den empirischen Ergebnissen und den vorangegangenen theoretischen Überlegungen lassen sich Empfehlungen für den Aufbau von Handelssystemen ableiten, in denen ein flexibilitätsorientiertes Positionierungsmanagement (Leistungsvorteil) in Verbindung mit hoher Kostenwirtschaftlichkeit (Preisvorteil) verwirklicht werden kann, was gleichzeitig die Basis für die Entwicklung hybrider Betriebstypen bildet.

3.2 Preisvorteile durch konsequentes Synergiemanagement

Die Voraussetzung für die Erzielung von Preisvorteilen bildet die Erzielung von Kostenvorteilen durch eine konsequente Ausschöpfung sämtlicher in einem Handelssystem bestehenden Synergiepotentiale. Je individueller (standort- und situationsspezifisch/ dezentralistisch) und flexibler (auf die hohe Dynamik der Umfeldveränderungen proaktiv reagierend) der Marktauftritt 'vor Ort' gestaltet werden soll, desto stärker sind die 'Unternehmer in der Einkaufsstätte' darauf angewiesen, daß ihnen 'der Rücken freigehalten' wird von allen Aktivitäten, die von professionellen Spezialisten, z.B. in der Handelszentrale, besser entfaltet werden können. Diese zwingend erforderliche Entlastung durch eine *effiziente Funktionsteilung* erstreckt sich nicht nur auf die Hintergrundsysteme innerhalb des Handelssystems, hier insbesondere das integrierte Logistik- und Warenwirtschaftsmanagement, das Prozeßkostenmanagement und Handelscontrolling (vgl. Ahlert/Olbrich 1995). Vielmehr können auch wesentliche Teile der beschaffungs- und absatzmarktbezogenen Aktivitäten, soweit sie nicht standort- bzw. situationsspezifisch sind, effizienter auf überbetrieblicher Ebene abgewickelt werden. Hierzu zählen insbesondere die interne und externe Erfolgsforschung (vgl. Ahlert/Schröder 1992).

Aus der Tatsache, daß sich Synergieeffekte nicht automatisch aufgrund einer bestimmten Unternehmensgröße oder eines bestimmten Wachstums einstellen, kann die Empfehlung abgeleitet werden, daß Handelsunternehmen in denjenigen Bereichen, in denen *mehr Synergien* realisiert werden sollen, auch *mehr Integrationsmaßnahmen* durchführen müssen. In den Bereichen Einkauf, Logistik und EDV/Warenwirtschaft können die größten Synergieeffekte realisiert werden. Im Managementbereich werden - gemäß den Ergebnissen der Untersuchung - die geringsten Möglichkeiten zur Erzielung von Synergien gesehen. Demgegenüber sehen viele Handelsunternehmen große Synergiepotentiale im Verkaufsbereich, die aber - gemäß den Ergebnissen der empirischen Untersuchung - nur in geringem Maße ausgeschöpft werden. Die Realisation von Synergieeffekten im Verkaufsbereich kann demnach als problematisch beurteilt werden. Sofern eine mangelhafte Synergieausschöpfung auf negative Begleiteffekte der Integration zurückzuführen ist, empfiehlt sich die Durchführung von laufenden Integrationsmaßnahmen.

3.3 Leistungsvorteile durch dezentralistisch/flexibilitätsorientierte Gestaltung des Marktauftritts

Aufgrund der hohen Umfelddynamik und der Vielzahl standortspezifischer Besonderheiten ist die verbraucherorientierte Profilierung in weiten Bereichen nur dezentral zu bewerkstelligen. Den Mitarbeitern der Geschäftsstätten müssen entsprechend Entscheidungsfreiräume gelassen werden, damit sie die Einkaufsstätte eigenständig, den Rahmenbedingungen entsprechend, gestalten können und in der Lage sind, mit neuen Ideen proaktiv auf Umfeldänderungen zu reagieren.

Diese Forderung wird auch durch die empirischen Ergebnisse gestützt, die darauf hindeuten, daß im Verkaufsbereich nur wenig Synergien zu realisieren sind und demnach auf eine starke Form der Integration (z.B. Faktorfusion) zwischen den verschiedenen dezentralen Verkaufseinheiten zu verzichten ist. Sinnvoll erscheinen demgegenüber weniger starke Verknüpfungsformen, wie z.B. der Faktoraustausch in Form eines Know-how-Transfers zwischen den Mitarbeitern unterschiedlicher Verkaufsstätten eines Betriebstyps.

Für den erzielbaren Leistungsvorteil eines Betriebstyps spielt die vom Verbraucher wahrgenommene Kompetenz des Personals eine zentrale Rolle. Eine sinnvolle Pflege des in jedem Unternehmen ruhenden 'Humankapitals' ist deshalb höchste Aufmerksamkeit zu schenken. Um Motivationsmängel, Akzeptanzprobleme und Informationsdefizite zu vermeiden, empfiehlt es sich, das betroffene Personal schon bei der Entwicklung neuer Marktauftrittskonzeptionen einzubeziehen und die Mitarbeiter in den Verkaufsstellen nicht vor vollendete Tatsachen zu stellen.

Zwischen der flexibilitätsfördernden Selbstorganisation und der effizienzorientierten externen Steuerung die optimale Kombination in einem Handelssystem zu finden, kann als eine der schwierigsten Aufgaben der Handelswissenschaft und der Handelspraxis in der nächsten Zukunft angesehen werden. Das Management hybrider Handelsbetriebstypen bewegt sich auf einem schmalen Grat zwischen der Strangulation von Kreativität, Motivation und Flexibilität (Unternehmersinn 'vor Ort') durch zentralistische Führung (Siebenbrock 1992) und dem Abgleiten in eine ineffiziente Funktionserfüllung bei dezentralistisch geführten, aber nicht durch schlagkräftige Hintergrundsysteme und arbeitsteilig/professionelle Entlastungsstrukturen gestützten Einkaufsstätten.

LITERATUR

Ahlert, D. 1994b: Flexibilitätsorientiertes Positionierungsmanagement im Einzelhandel - Herausforderungen an freie, kooperierende und integrierte Handelssysteme. In: Bruhn, M.; Meffert, H.; Wehrle, F. (Hrsg.): Marktorientierte Unternehmensführung im Umbruch - Effizienz und Flexibilität des Marketing, Stuttgart, S. 279-300.

Ahlert, D.; Olbrich, R. (Hrsg.) 1995: Integrierte Warenwirtschaftssysteme und Handelscontrolling, 2. Aufl., Stuttgart.

Ahlert, D.; Olbrich, R.; Reinke, B. 1995: Grundzüge der institutionellen Handelsbetriebslehre - Betriebstypenprofilierung und Vertriebslinienpolitik im Zeichen zunehmenden Systemwettbewerbs im Konsumgüterhandel, Arbeitspapier Nr. 18 des Lehrstuhls für Betriebswirtschaftslehre, insbesondere Distribution und Handel der Universität Münster, Münster.

Ahlert, D.; Schröder, H. 1992: Strategische Erfolgsforschung im Handel - ein Forschungsprogramm, Arbeitspapier Nr. 15, Münster.

Ansoff, H.I. 1968: Corporate Strategy - An Analytic Approach to Business Policy For Growth and Expansion, Harmondsworth, England u.a.

Arbeitskreis Hax 1992: Synergie als Bestimmungsfaktor des Tätigkeitsbereiches (Geschäftsfelder und Funktionen) von Unternehmungen. In: ZfbF 11/1992, S.963-973.

Bisani, F. 1990: Synergiemanagement: Ein Begriff macht Karriere. In: Gablers Magazin Nr. 3/1990, S. 10-16.

Bühner, R.; Spindler, H.-J. 1986: Synergieerwartungen bei Unternehmenszusammenschlüssen. In: Der Betrieb, Heft 12/1986, S. 601-606.

Coenenberg, A.G. 1993: Jahresabschluß und Jahresabschlußanalyse: betriebswirtschaftliche, handelsrechtliche und steuerrechtliche Grundlagen, 14., überarbeitete Auflage 1993.

Coenenberg, A.G.; Sautter, M.T. 1988: Strategische und finanzielle Bewertung von Unternehmensakquisitionen. In: DBW, Heft 6/1988, S. 691-710.

Ehrensberger, S. 1993: Synergieorientierte Unternehmensintegration: Grundlagen und Auswirkungen, Wiesbaden.

Gerpott, T. 1993: Integrationsgestaltung und Erfolg von Unternehmensakquisitionen, Stuttgart.

Grote, B. 1990: Ausnutzung von Synergiepotentialen durch verschiedene Koordinationsformen ökonomischer Aktivitäten - zur Eignung der Transaktionskosten als Entscheidungskriterium, Frankfurt am Main u. a.

Grote, B. 1991: Zur Messung von Synergiepotential und Synergieeffekt. In: WiSt, Heft 5/1991, S. 261-263.

Heinemann, G. 1989: Betriebstypenprofilierung und Erlebnishandel. In: Meffert, H.; Steffenhagen, H.; Freter, H. (Hrsg.), Schriftenreihe Unternehmensführung und Marketing, Band 22, Wiesbaden.

Hirzel, Leder & Partner 1993: Synergiemanagement: Komplexität beherrschen - Verbundvorteile erzielen, Wiesbaden.

Kitching, J. 1967: Why do mergers miscarry?. In: Harvard Business Review, Nr. 6/1967, S. 84-96.

Kogeler, R. 1992: Synergiemanagement im Akquisitions- und Integrationsprozess von Unternehmungen: eine empirische Untersuchung anhand branchenübergreifender Fallstudien, München.

Körber, H.J. 1994: Synergieeffekte im Handelskonzern, Vortrag anläßlich des 'Tag des Handels 1994', "Warenwirtschaft im Szenenwechsel", veranstaltet vom EuroHandelsinstitut e.V., Köln am 24.3.1994.

Olbrich, R. 1992a: Informationsmanagement in mehrstufigen Handelssystemen, Grundzüge organisatorischer Gestaltungsmaßnahmen unter Berücksichtigung einer repräsentativen Umfrage zur Einführung dezentraler computergestützter Warenwirtschaftssysteme im Lebensmittelhandel. In: Ahlert, D., (Hrsg.), Schriften zu Distribution und Handel, Bd. 8, Frankfurt am Main, u.a.

Olbrich, R. 1992b: Erfolgspositionen im Lebensmittelhandel. In: Ahlert, D. (Hrsg.), Forschungsberichte des Instituts für Handelsmanagement, Münster.

Olbrich, R. 1994: Erfolgspositionen im Lebensmittelhandel, Ergebnisse und Konsequenzen einer repräsentativen Befragung. In: ZfB, 64. Jg., Nr. 4, April 1994, S. 425-442.

Olbrich, R.; Alves, R.; Reinke, B. 1994: Alternative Strategien des Akquisitions- und Integrationsmanagements von Handelskonzernen. In: Münsteraner Diskussionsforum Handelsmanagement und Distribution e.V. (Hrsg.): Diskussionsforum I/1994 - Mitteilungen aus dem Institut für Handelsmanagement, Münster, S. 20-30.

Olbrich. R.; Reinke, B. 1995: Unternehmenswachstum im deutschen Konsumgüterhandel - Ergebnisse einer Expertenbefragung, Münster.

Olbrich, R.; Reinke, B. 1996: LZ-Schwerpunkt 'Unternehmenswachstum'. In: Lebensmittel-Zeitung, 29. März, Nr. 13, S. 66-76.

Perridon, L.; Steiner, M. 1993: Finanzwirtschaft der Unternehmung, 7. überarbeitete Auflage, München.

Porter, M.E. 1989: Wettbewerbsvorteile: Spitzenleistungen erreichen und behaupten, Frankfurt am Main, New York.

Reinke, B. 1996: Synergiemanagement im Handel - Grundzüge einer handelsbetrieblichen Synergiekonzeption unter Berücksichtigung empirischer Untersuchungen im deutschen Konsumgüterhandel. In: Ahlert, D., (Hrsg.), Schriften zu Distribution und Handel, Bd. 21, Frankfurt am Main, u.a.

Reißner, S. 1992: Synergiemanagement und Akquisitionserfolg, Wiesbaden.

Schubert, W.; Küting, K. 1981: Unternehmungszusammenschlüsse, München.

Siebenbrock, H. 1992: Abteilungen mit Unternehmersinn (AmU) im Handel. Konzeptionelle Grundlagen einer dezentralen Verkaufsorganisation in Handelsunternehmungen. In: Ahlert, D., (Hrsg.), Schriften zu Distribution und Handel, Bd. 7, Frankfurt am Main, u.a.

Tietz, B. 1993: Zukunftsaspekte der Handelssysteme. In: Trommsdorff, V. (Hrsg.): Handelsforschung 1993/94, Wiesbaden, S. 3-11.

Tirole, J. 1995: Industrieökonomik, aus dem amerikanischen übersetzt von Roland Ladwig, München.

Wolfskeil, J. 1994: Am liebsten unabhängig - Discounter beeinflussen die Markenlandschaft. In: Lebensmittel-Zeitung vom 6.5.1994, S. 54-56.

Interaktives Fernsehen als Kommunikations- und Distributionskanal: Kenntnisstand, Interessen und Akzeptanz der Verbraucher[1]

Dietmar Geppert, Erich Greipl, Düsseldorf und Stefan Müller, Dresden

Mit dem Interaktiven Fernsehen steht ein neues Medium für das Home-Shopping zur Verfügung, das es Hersteller und Handel erlaubt, den Konsumenten direkt anzusprechen und mit ihm in einen (audiovisuellen) Dialog zu treten. Der Verbraucher kann sich am Bildschirm über Produkte informieren und diese dann per Fernbedienung bestellen. Das zentrale Anliegen der vorliegenden empirischen Studie besteht darin, Home-Shopping via Interaktives Fernsehen in der Tradition der Akzeptanzforschung zu evaluieren. Dabei zeigte sich, daß die für eine breite und zügige Diffusion notwendige Kritische Masse erreicht werden kann, wenn man es nicht als eine neue Form des Teleshopping, sondern als eine unserer Zeit gemäße Weiterentwicklung des etablierten Versandhandels präsentiert. Insbesondere gilt es zu kommunizieren, daß dieses neue Medium zum einen - in bestimmten Produktbereichen - die Transaktionsfunktion effizienter erfüllt als die traditionellen Distributionskanäle, zum anderen aber auch das Unterhaltungs- und Kommunikationsbedürfnis der Verbraucher stillt.

1 STATUS QUO UND PERSPEKTIVEN DES HOME-SHOPPING

1.1 Interaktives Fernsehen: Ein Megatrend der neunziger Jahre

In zunehmendem Maße sorgen die gewaltigen Fortschritte in der Informations- und Kommunikationstechnologie für Effizienz in der Interaktion zwischen Hersteller, Handel und Konsument. Das Entwicklungspotential, das diesen technischen Möglichkeiten innewohnt, ist derzeit noch nicht einmal vage abschätzbar. Alle Anzeichen aber sprechen dafür, daß ein „Quantensprung" der Transaktionseffizienz bevorsteht.

Wurde vor ca. zehn Jahren Bildschirmtext (Btx) als technische Revolution angesehen, so prägen Konzepte wie „Multimedia", „Interaktives Fernsehen" oder „Virtuelle Realität" die aktuelle Diskussion. Vermutlich werden sie sich für die Handelsstruktur und das Einkaufsverhalten als das erweisen, was sie in anderen Bereichen (z.B. Medizin oder

Architektur) bereits sind: Megatrends der Jahrtausendwende (Franke/Müller-Scholz 1994, S. 124 ff.; Kabel 1994, S. 74).

Multimedia bedeutet in diesem Zusammenhang die Verbindung verschiedenster Daten (Text, Graphik, Ton, Standbild und Animation) zu einer neuen Art des Informations- und Kommunikationsangebots. Das *Interaktive Fernsehen*, als Teilbereich multimedialer Anwendungen, zeichnet sich, wie jede Interaktion, durch Zwei- oder Mehrseitigkeit der Kommunikation aus. Ganz allgemein gesprochen bedeutet Interaktivität die Möglichkeit des Rezipienten, individuell Informationen jeglicher Art zu empfangen und auf diese individuell zu reagieren (Reinhard/Salmony 1994, S. 141 f.). Anders als beim bisherigen (Ein-Wege-) Fernsehen gibt der Zuschauer dem Sender ein Feedback, durch welches er beispielsweise den weiteren Verlauf einer Sendung beeinflussen kann (z.B. „Happy-End“ oder „Drama“). Interaktives Fernsehen bietet ein breites Spektrum möglicher Anwendungen, angefangen von Video on Demand über interaktive Spiele bis hin zum interaktiven Home-Shopping, bei dem der Konsument Waren mit Hilfe der Fernbedienung bestellt.

Ermöglicht wird dies durch moderne Verfahren der Datenkompression, die es erlauben, über Glasfaser- und Koaxialkabel riesige Datenmengen auf sehr effiziente Weise zu übertragen. Ein Netzwerk-Server überspielt die verfügbaren Daten (z.B. Videofilme, Teleshopping, Telespiele usw.) an einen Konverter, der die optischen Signale digitalisiert. Dieser Datenstrom wird dann an einen Decoder (sog. Set-Top-Box) gesendet, der die digitalen Signale in analoge Daten umwandelt, so daß man diese mit einem herkömmlichen Fernseher empfangen kann. Mit Hilfe der Fernbedienung interagiert der Nutzer mit diesem System (Hechler 1995, S. 24 f.; McDysan/Spohn 1994, S. 18 f.).

Home-Shopping via Interaktives Fernsehen stellt zwar nur eine Anwendung innerhalb eines breiten Spektrums von Diensten dar, vermutlich wird aber der „elektronische Einkauf“ die treibende Kraft bei der Diffusion dieses Mediums sein (Berghaus 1994, S. 406; Cook 1993, S. 66). Demgegenüber akzeptiert der Verbraucher Video on Demand weit weniger, als ursprünglich angenommen wurde. Aktuellen Umfragen in den USA zufolge schätzt die Mehrzahl der Konsumenten am Interaktiven Fernsehen neben der Bequemlichkeit vor allem die kommunikativen Möglichkeiten, die dieses Medium bietet (Böndel 1995, S. 84).

Die Erwartungen an das Interaktive Fernsehen sind überaus hochgesteckt. Nach einer Schätzung des Medienkonzerns Time Warner kann interaktives Home-Shopping alleine in den USA mit einem Marktpotential von 70 Mrd. $ rechnen. Überträgt man diesen Ansatz auf die Bundesrepublik Deutschland, so sind es bei pessimistischen Annahmen hierzulande langfristig 10-15 Mrd. DM, bei einer optimistischen Perspektive 20-25 Mrd. DM! Deshalb kann es nicht überraschen, daß sich auch die deutschen Teleshopping-Pioniere Otto und Quelle verstärkt auf die „interaktive Zukunft“ vorbereiten. Während Otto am wichtigsten amerikanischen Pilotprojekt, dem von Time Warner in Orlando/Florida installierten „Full Service Network", teilnimmt, hat die Quelle AG gemeinsam mit der Pro7-Gruppe den deutschsprachigen Teleshopping-Sender „Home Order Television" (H.O.T.) ins Leben gerufen.

1.2 Die Entwicklung des Home-Shopping

Die Ende der achtziger Jahre in den USA aufgekommene Begeisterung über die Möglichkeiten und wirtschaftlichen Chancen des elektronischen Home-Shopping haben in der Bundesrepublik Deutschland nur Wenige geteilt. So sagte eine vom Deutschen Sparkassen- und Giroverband in Auftrag gegebene Delphi-Studie vorher, daß Teleshopping bis zum Jahr 2000 keine wesentliche Rolle im Vergleich mit den anderen Betriebsformen spielen wird (o.V. 1989a, S. 6). Etwas positiver sah das Marktforschungsunternehmen Euromonitor die zukünftige Entwicklung: Es erwartete zwar keine Diffusion auf breiter Basis, wohl aber, daß sich das Einkaufen per TV Marktnischen erobern werde. Beispielsweise sei es plausibel, daß Haushalte, die über ein großes Einkommen, aber wenig Freizeit verfügen, eine geeignete Zielgruppe darstellen; Gleiches gilt für sozial Benachteiligte, wenig mobile Verbraucher und Konsumenten, die in geographisch abgelegenen Gegenden leben (o.V. 1989b, S. 429).

Vermutlich war bislang die Zeit für „Electronic Home-Shopping" in vielerlei Hinsicht noch nicht reif: Da es sowohl dem Handel als auch den Verbrauchern an der erforderlichen Aufgeschlossenheit für elektronische Medien mangelte, besaß das *Teleshopping* hierzulande bislang nur geringe Wachstumschancen. Dagegen hat sich diese Einkaufsform in den USA zu einem ernstzunehmenden Wirtschaftsfaktor entwickelt. Haftete ihr vor Jahren noch das Image eines „Billigen Jakob" an, so finden sich im Sortiment der Anbieter inzwischen Designer-Ware und bekannte Markenartikel. Neben einem weit überdurchschnittlichen Umsatzzuwachs und sprunghaft steigenden Kundenzahlen machen insbesondere die hohen Renditen den Teleshopping-Markt interessant. Prognosen besagen, daß beispielsweise der Marktführer QVC Network während der nächsten fünf Jahre mittlere Gewinne von 27,5% vom Umsatz erzielen wird (Jansen 1994, S. 62).

Zur vergleichsweise schwachen Position des Teleshopping in Deutschland trägt nicht zuletzt bei, daß hier in erster Linie Sender wie n-tv, DSF, VOX und RTL2, die nur geringe Marktanteile besitzen, entsprechende Sendungen ausstrahlen. Trotz der geringen Reichweite von Teleshopping-Sendungen belief sich deren Bruttoumsatz 1994 aber auf ca. 350 Mio. DM. Nach Einschätzung der Medienagentur MGM München hätte ohne das im Rundfunkstaatsvertrag (RfStV) festgelegte 60-Minuten-Limit für Werbesendungen das Marktvolumen sogar auf 700 Mio. DM ausgedehnt werden können (Munkelt 1994, S. 132), denn der Gesetzgeber stuft Teleshopping als Werbesendung bzw. Werbeform ein, „die direkte Angebote an die Öffentlichkeit für den Verkauf, Kauf oder die Miete oder Pacht von Erzeugnissen oder die Erbringung von Dienstleistungen" (§27 Abs. 3 RfStV) unterbreitet.

Nach Art und Dauer der Produktpräsentation lassen sich drei Formen des Teleshopping unterscheiden (Eberle 1994, S. 535). Das *Direct-Response Television (DRTV)* strahlt innerhalb von herkömmlichen Werbeblöcken Spots aus, die maximal zwei Minuten dauern. Demgegenüber stehen für *Infomercials* bis zu sieben Minuten zur Verfügung, was es erlaubt, auch stark erklärungsbedürftige Angebote in Form einer reinen Verkaufsdemonstration oder im Rahmen einer unterhaltsamen Verkaufsshow zu präsentieren. *Video Malls* schließlich sind reine Shopping-Kanäle in Gestalt von Spartenprogrammen, deren Inhalt ausschließlich aus Werbung besteht. Daß diese besonders attraktiv zu gestaltende Variante des Teleshopping nach deutschem Rundfunkrecht unzulässig ist, kann als weiterer Grund dafür angesehen werden, warum hierzulande der entscheidende Durchbruch bislang nicht glücken konnte. Das erforderliche Marktpotential für den Einkauf per Bildschirm scheint indessen vorhanden zu sein. So befürworteten in einer (nicht repräsentativen) Telephonumfrage der Fernsehzeitschrift TV-Spielfilm immerhin 10 Prozent der Probanden die Einrichtung reiner Home-Shopping-Kanäle im deutschen Fernsehen.

„Home-Shopping" kann einerseits mit Hilfe des Fernseh-Bildschirms geschehen und andererseits über *Online-Dienste*, wie AmericaOnline, CompuServe oder Btx (Telekom-Online), ablaufen. Bei letzterem dient der Computer als Medium für die Angebotspräsentation und die Bestellung. Somit verfügt der Konsument hier bereits über die Möglichkeit der Zwei-Wege-Kommunikation. Der Online-Markt weist zwar derzeit sowohl in den USA als auch in der Bundesrepublik Deutschland sehr hohe Wachstumsraten auf, spielt jedoch absolut gesehen noch eine vergleichsweise unbedeutende Rolle. So konnten 1993, zehn Jahre nach der Einführung, hierzulande nur Waren für ca. 250 Mio. DM über Btx abgesetzt werden.

Die Gründe für diese Schwäche sind vielfältiger Natur. Zum einen fehlt den Anbietern die Kritische Masse, die vonnöten ist, um ein interessantes Online-Programm anbieten zu können. Zum anderen verhindern psychologische Barrieren den Einkauf per Computer: So empfindet die Mehrzahl Einkaufen als Vergnügen, wohingegen mit dem Computer vorrangig Arbeit assoziiert wird. Das Grundproblem liegt jedoch darin, daß die - zumeist männlichen - Personen, die einen Online-Service nutzen, in der Regel nicht oder nur sehr wenig einkaufen. Somit erreicht dieser Service die eigentliche Zielgruppe zu großen Teilen nicht (Bulkely 1993, S. B6).

Zwar erzielt der Versandhandel auf elektronischem Weg nur etwa 0,5% seines Umsatzes; dennoch hat sich Btx aber zu einer rentablen Vertriebsschiene entwickelt, da hier für den Anbieter weit geringere Kosten als bei einer schriftlichen oder telephonischen Bestellung entstehen. Beispielsweise konnte Quelle 1992 nach eigenen Angaben Waren im Gegenwert eines „hohen zweistelligen Millionenbetrags" via Btx absetzen, wobei sich die Bedeutung dieses Distributionskanals bei jährlichen Zuwachsraten von ca. 20% zunehmend erhöht (Palombo 1993, S. 17). Neben den Versandhäusern sind Verlage (z.B. Bertelsmann, Burda, Gruner+Jahr) ebenso im Btx vertreten wie Baustoffmärkte

(Hagebau), Büroartikelversender (Edding, Printus) oder auch der Lebensmittelhandel (Bofrost, Eduscho). Zu den Anbietern zählen ferner die großen deutschen Reiseveranstalter, von der Bundesbahn über die Lufthansa bis hin zu TUI, NUR oder Meier's Weltreisen. Beispielsweise können auch Last-Minute-Reisen direkt vom Terminal aus gebucht werden.

Gerade das letzte Beispiel veranschaulicht den Vorteil, den ein Online-System beiden Marktseiten bietet: In kürzester Zeit vermag der Anbieter quasi per Knopfdruck seine Offerten zu aktualisieren, auf die der Verbraucher ebenso schnell reagieren kann. Allerdings ist es derzeit aufgrund technischer Restriktionen in den bestehenden Online-Systemen noch nicht möglich, Videosequenzen und Audiosignale zu übertragen, so daß die Angebotspräsentation auf Text und Standbild beschränkt bleibt.

Die Verschmelzung von Fernseher, Computer und Kommunikationstechnik, was im Kern Interaktives Fernsehen ausmacht, wird es jedoch erlauben, die Produkte audiovisuell darzustellen. Interaktives Fernsehen verbindet somit die wesentlichen Vorteile des „Einkaufs per Bildschirm“ mit denen des „Einkaufs per Computer“, nämlich die optische und akustische Angebotspräsentation auf der einen Seite mit der Möglichkeit der Interaktion von Konsument und Anbieter auf der anderen Seite.

2 ANLAGE UND DESIGN DER UNTERSUCHUNG

2.1 Der Bezugsrahmen der empirischen Untersuchung

Geht man davon aus, daß die technischen Voraussetzungen für interaktives Home-Shopping erfüllt sind, so stellt sich vorrangig die Frage nach der Akzeptanz und der voraussichtlichen Intensität der Nutzung dieser Einkaufsform durch den Verbraucher. Im Rahmen dieser Arbeit werden *Akzeptanz* als theoretisches, d.h. nicht direkt beobachtbares Konstrukt und das *Adoptionsverhalten* als korrespondierende manifeste Variable aufgefaßt. Gemäß der neo-behavioristischen Terminologie des S-O-R Paradigmas betrachten wir die individuelle Akzeptanz als intervenierende Variable (= O), die dafür sorgt, daß bestimmte Stimuli (= S ⇔ z.B. Reifegrad der angebotenen Inhalte) zu einem beobachtbaren Verhalten führen (= R ⇔ Nutzungsintensität).

In vielen Diffusionsstudien zeigte sich, daß zwischen dem Zeitpunkt, zu dem eine Person von einer Innovation Kenntnis erlangt, bis zum Zeitpunkt der Übernahme ein mehr oder weniger langer Zeitraum verstreicht. Somit ist die Entscheidung, eine Innovation anzunehmen, i.d.R. keine ad-hoc-Entscheidung, sondern ein Entscheidungsprozeß (Rogers 1983, S. 163). Dieser kann idealtypisch in fünf Phasen untergliedert werden. Ein potentieller Kunde erfährt von der Innovation (= 1), er bildet ihr gegenüber eine Einstellung (= 2) und bewertet sie (= 3), bevor er die Innovation ausprobiert (= 4) und in Abhängigkeit von den gewonnenen Erfahrungen dann entweder annimmt (Adoption) oder ablehnt (Rejektion) (= 5) (Kotler 1992, S. 530). Ausgehend von diesem Schema sind für Akzeptanzuntersuchungen primär die ersten drei Phasen interessant (Stachelsky 1983, S. 51), also

- das Bewußtwerden der Innovation,
- die Meinungsbildung und
- die Bewertung der Innovation.

Basierend auf dem „Trinitätskonzept der Einstellung“ (Rosenberg/Hovland 1969) werden bei den latenten Variablen die Einstellung i.e.S. und die *konative Komponente*, also die Handlungsbereitschaft des Konsumenten, unterschieden. Letzterer kommt bei der Untersuchung der vorliegenden Fragestellung besondere Bedeutung zu. Die Einstellung i.e.S., als die auf das Objekt bezogenen *Emotionen* und *Kognitionen*, wird in die Komponenten „Kenntnis“, „Interesse“ und „Bewertung“ untergliedert (Degenhardt 1986, S. 138).

Funktion der latenten Variablen ist es, das letztlich interessierende Verhalten, also die versuchsweise bzw. endgültige Nutzung des interaktiven Home-Shopping, zu prognostizieren bzw. zu erklären. Da die Verhaltensweisen bei einer ex-ante-Betrachtung aber nicht beobachtet werden können, muß ein der realen Handlung vorgelagertes Konstrukt als abhängige Variable in das Modell einbezogen werden. Gewöhnlich ist die geäußerte *Nutzungsabsicht* am besten geeignet, die Nutzungswahrscheinlichkeit zu operationalisieren. Weinberg (1981, S. 27 f.) erklärt ihre Prognoserelevanz damit, daß sie das Zusammenwirken aller sozialen, psychischen und situativen Einflußgrößen berücksichtigt und so dem realen Verhalten am nächsten kommt.

Als manifeste unabhängige Variablen bezieht das S-O-R Modell (vgl. Abb. 1) zum einen variierbare Stimuli, wie z.B. die Preisforderung des Anbieters, und zum anderen Antezendenzbedingungen, welche die Ausgangsbedingungen bei Versuchsbeginn beschreiben, in die Analyse ein. Diese können Merkmale der Käufer (psychologische und soziodemographische Faktoren), der Kommunikationstechnik (z.B. Gestaltungsmerkmale, technische Reife), der angebotenen Inhalte (z.B. Produkte, Preis, Image) sowie des ökonomischen, technischen, politisch-rechtlichen und sozialen Umfelds wiederspiegeln (z.B. Verhalten wichtiger Marktakteure, Medienrecht).

2.2 Der Untersuchungssteckbrief

Die Datenerhebung fand von Mitte August bis Ende Oktober 1995 im *Media-Markt Dresden* in einem separaten Raum, der ausschließlich für die Befragung zur Verfügung stand, statt. Daß diese Phase der Studie so lange gedauert hat (zehn Wochen) ist zum einen dem großen Stichprobenumfang (n = 331) und zum anderen der Länge der einzelnen Interviews (durchschnittlich 70 bis 75 Minuten) zuzuschreiben. Die Daten wurden in Form von *persönlichen Interviews* anhand eines standardisierten Fragebogens gewonnen, wobei wir die Probanden am Eingang der Märkte ansprachen (zur Sicherung der Repräsentativität sind auch Besucher des angrenzenden Höffner-Möbel-Marktes und des Stinnes-Baumarktes befragt worden). Der Stichprobenziehung nach dem Quotaverfahren anhand der Kriterien „Alter" (Untergrenze 14; Obergrenze 65) und „Geschlecht" lag die Bevölkerungsstruktur Dresdens (Stand 12/94) zugrunde.

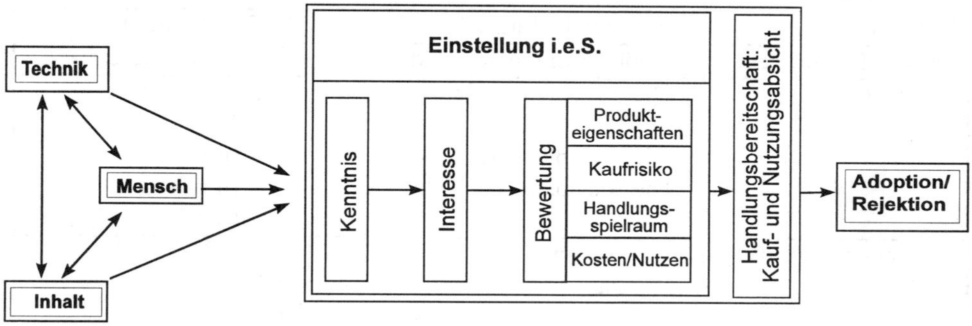

Abbildung 1: Das allgemeine Akzeptanzmodell

Aufgabe eines im Vorfeld der Untersuchung mit zwanzig Versuchspersonen durchgeführten *Pretests* war es, die *Qualität der Daten* zu sichern. Im einzelnen ging es um die Überprüfung von Verständlichkeit und Eindeutigkeit der Fragen, Vollständigkeit der Antwortkategorien sowie Übersichtlichkeit des gesamten Fragebogens. Der Sicherung der Datenqualität diente auch die Schulung der sieben eingesetzten Interviewer. So hatten wir sie bspw. angewiesen, bei der Datengewinnung auf die Vollständigkeit der Angaben zu achten. Daß dieses Ziel erreicht wurde, belegt ein Blick auf die *Güte des Datensatzes*. Von den 331 durchgeführten Interviews waren 87,3% vollständig, bei 6,9% der gewonnenen Datensätze fehlte ein Wert. Lediglich bei 5,8% weist der Datensatz zwei oder mehr fehlende Werte auf.

Tabelle 1 informiert in komprimierter Form über zentrale Merkmale der Untersuchung.

3 DIE AKZEPTANZ DES EINKAUFS VIA INTERAKTIVES FERNSEHEN

3.1 Der Stand der Kenntnisse über Interaktives Fernsehen

Um ihren Kenntnisstand zu messen, wurden die Probanden zunächst gefragt, ob ihnen der Begriff „Interaktives Fernsehen" vom Hörensagen her bekannt ist. Wer dies bejahte, hatte sodann Gelegenheit, diese Innovation und ihre Anwendungsmöglichkeiten eingehender zu erklären. Nach Maßgabe der Differenziertheit und Gültigkeit ihrer Angaben konnten drei Typen von Verbrauchern identifiziert werden (vgl. *Abbildung 2*):

- die „*Kenner*", die zumindest über ein ungefähres Wissen verfügen (n = 123),
- die „*Ahnenden*", denen der Begriff zwar bekannt ist, die aber nur eine vage Vorstellung von dem neuen Medium haben (n = 111) sowie

- die „*Unwissenden*“, die diesen Begriff überhaupt nicht einzuordnen wissen (n = 92).

Tabelle 1: Der Untersuchungs-Steckbrief

Stichprobenumfang	n = 331
Datengewinnung	Persönliche Interviews (∅ Dauer 70 - 75 Minuten)
Auswahlverfahren	Quota-Verfahren nach den Kriterien Alter und Geschlecht
Vorstudien	Die Akzeptanz technologischer Innovationen(n = 191) Die Akzeptanz des PC-Shopping (n = 98) Die Akzeptanz des Teleshopping (n = 70) Pretest (n = 20)
Zeitlicher Ablauf	Konzeption (12.06. - 12.08.1995) Pretest (09.08. - 11.08.1995) Feldarbeit (14.08. - 27.10.1995) Datenaufbereitung (09.10. - 04.11.1995) Datenanalyse (06.11. - 14.01.1996) Abfassung des Berichts (15.01. - 26.02.1996)

Wie *Abbildung 2* zeigt, ist *Interaktives Fernsehen* bereits über 70 Prozent der Befragten ein Begriff; es verfügt damit etwa über den gleichen *Bekanntheitsgrad* wie das bereits 1983 eingeführte Btx (70,1%). Zwar ist dies für eine Innovation, die bislang erst in Pilotversuchen getestet wird, ein sehr guter Wert, der angesichts der umfangreichen Berichterstattung im Rundfunk und in den Printmedien aber durchaus plausibel erscheint. Insbesondere im Zusammenhang mit der Internationalen Funkausstellung (IFA) 1995, die zeitgleich mit der Datenerhebung stattfand und sich schwerpunktmäßig dem Interaktiven Fernsehen widmete, setzte eine wahre „Flut" an Publikationen und Reportagen ein. Zwar war der Tenor der Berichterstattung nicht einhellig positiv; so bezeichnete Ulrich
Wickert die Set-Top-Box als die „technische Umsetzung der Büchse der Pandora“. In der Rückschau erkennt man aber: Auch die kritischen Berichte haben letztlich dazu beigetragen, daß ungefähr ein Viertel der Probanden angab, im großen und ganzen über das Thema informiert zu sein.

Interaktives Fernsehen besitzt somit auf der kognitiven Ebene sehr gute Chancen, von einem Großteil der Verbraucher akzeptiert zu werden. Falls überhaupt, stellt der Kenntnisstand für die Vermarktung des Interaktiven Fernsehens also die geringste und im übrigen leicht zu überwindende Barriere dar. Auf den ersten Blick erkennen allerdings die meisten Befragten die Möglichkeit, das System zum Einkauf zu nutzen, nicht. Viele Verbraucher assoziieren damit ausschließlich „Pay per View" oder „Video on Demand", was angesichts der Werbespots zum Interaktiven Fernsehen, in denen die Telekom ausschließlich diese Dienste vorstellt, nicht erstaunen kann. Nachholbedarf besteht auf dieser Ebene also insofern, als dem Verbraucher das breite Spektrum an Anwendungsmöglichkeiten, das Interaktives Fernsehen bietet, (nicht nur) in Werbespots nahegebracht werden muß.

3.2 Das Interesse an den interaktiven Diensten

Um valide Untersuchungsergebnisse zu gewährleisten, konnten die Probanden im Anschluß an die Messung des Kenntnisstandes das Untersuchungsobjekt per Video erleben. Insbesondere wurde das interaktive Home-Shopping, wie es derzeit im Pilotversuch von Time-Warner in Orlando/Florida realisiert wird, ausführlich vorgestellt (Müller/Geppert 1996a).

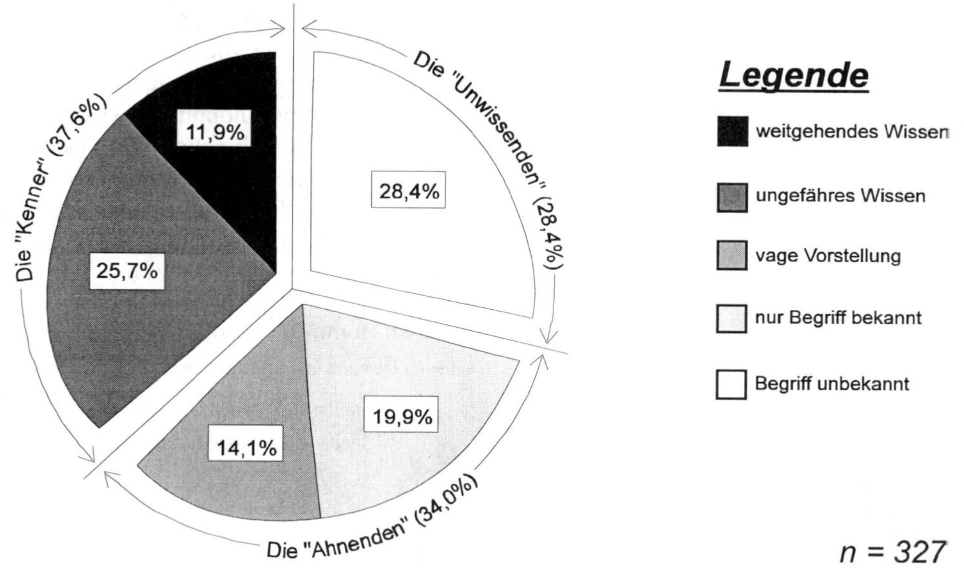

Abbildung 2: Der Stand der Kenntnisse über Interaktives Fernsehen

Von den einzelnen *Applikationen* des Interaktiven Fernsehens findet Information on Demand den stärksten Anklang (= 5,3), gefolgt von Video on Demand (= 4,8) und Home-Shopping (= 2,9). Das Schlußlicht auf der achtstufigen Ratingskala bildet der Dienst Telespiele (= 1,8). Daß diese Applikation lediglich ein spezifisches Publikum anspricht, haben bereits andere Studien zum Interaktiven Fernsehen aufgezeigt (Schmöe/Spiegel 1995).

Regressionsanalytisch ließ sich zeigen, daß das Interesse an den einzelnen interaktiven Diensten das Interesse am Interaktiven Fernsehen zu 41,5% zu erklären vermag. Dies bedeutet, daß die Befragten erwartungsgemäß das Medium weitgehend mit den sie persönlich interessierenden Anwendungen gleichsetzen. Den höchsten Erklärungsbeitrag liefert dabei das Interesse an Information on Demand (14,8%), gefolgt vom Interesse am Home-Shopping (9,7%), Video on Demand (8,9%) und an Telespielen (8,18%). Daß in univariaten Regressionsanalysen für alle Dienste ein höherer Erklärungsbeitrag nachgewiesen werden konnte (23,7% bis 14,4%), bedeutet, daß die Verbraucher Interaktives

Fernsehen als eine Einheit, als ein Set von Diensten wahrnehmen. Somit werden viele von ihnen mehrere Dienste nutzen, wofür auch die durchschnittliche *Anzahl der interessierenden Dienste* spricht. Während jeder sechste nur einen einzigen Dienst für interessant hält, sind es bei jeweils einem Drittel der Probanden zwei oder drei Dienste; zehn Prozent sind sogar an allen vier Diensten stark interessiert.

Abbildung 3 zeigt das Interesse der Befragten am interaktiven Home-Shopping jeweils in Abhängigkeit von den anderen Diensten. Hierzu wurde das (metrisch operationalisierte) Interesse an den Applikationen dichotomisiert, d.h. eine Gruppe mit starkem (4 - 7) und eine mit geringem (0 - 3) Interesse gebildet. Dadurch wird deutlich, daß *interaktives Home-Shopping* unbedingt in *Verbindung* mit *Information on Demand* und *Video on Demand* angeboten werden sollte, denn nur 2,2% der am Home-Shopping Interessierten sind ausschließlich daran interessiert! An einer „exklusiven" Kombination von Telespielen und Home-Shopping fände gar keiner der Probanden Gefallen. Offensichtlich muß neben der *Transaktionsfunktion*, die das Medium erfüllt, das *Unterhaltungs-* (Video on Demand) und das *Kommunikationsbedürfnis* der Verbraucher (Information on Demand) befriedigt werden, damit diese das Medium als Ganzes als attraktiv empfinden.

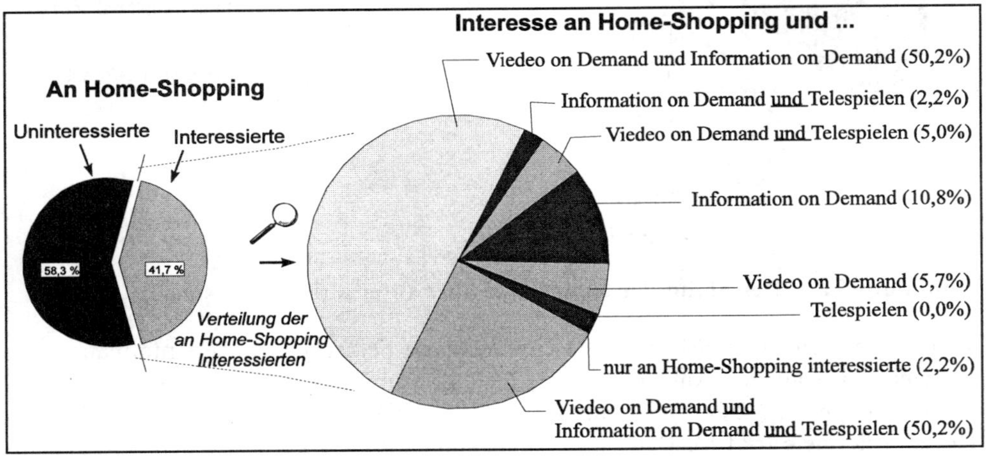

Abbildung 3: Das Interesse an den interaktiven Diensten

Das Interesse am Interaktiven Fernsehen beeinflußt unmittelbar die Bereitschaft, die einzelnen Applikationen zu nutzen. Mehr noch als das Globalurteil bestimmt das spezifische Interesse an den verschiedenen Diensten die Nutzungsabsicht. Dabei lassen sich im einzelnen höchst unterschiedliche Wirkungsketten beobachten. Während sich beispielsweise bei Video on Demand die Nutzungsbereitschaft neben dem allgemeinen Interesse einzig auf das Interesse an diesem Dienst zurückführen läßt, verhält es sich insbesondere mit Information on Demand, aber auch mit interaktivem Home-Shopping weit komplizierter. Bei letzteren wird die Nutzungsabsicht nicht alleine vom allgemeinen (ITV) (6,6%) und dienstspezifischen (29,0%), sondern auch vom Interesse an Information on Demand (6,0%) bestimmt. Offensichtlich bezieht sich das Interesse am Home-Shopping auf den Kauf von Produkten, das Interesse an Information on Demand hingegen auf die Produktinformation. Analog verhält es sich mit dem zweiten Transaktions-Dienst, dem Telebanking; auch hier sind das Interesse an Information on Demand und am Home-Shopping maßgebliche Indikatoren der Nutzungsabsicht.

3.3 Die Bewertung des Interaktiven Fernsehens

3.3.1 Wahrgenommene Vor- und Nachteile

Um ein differenziertes Bild potentiell kaufhemmender bzw. -fördernder Faktoren zu gewinnen, fragten wir die Verbraucher nach möglichen Vor- und Nachteilen, die sie für sich persönlich von der Einführung des Interaktiven Fernsehens erwarten.

Während ungefähr ein Zehntel der Verbraucher sich davon keine *Vorteile* verspricht, gefällt fast vierzig Prozent die Möglichkeit, dadurch die Kontrolle über das Programm zu erlangen und so selbst zum „Programmdirektor" zu werden, sehr (vgl. *Abbildung 4*). Auch die breite Auswahl, die das digitale Fernsehen dem Konsumenten bietet, sei es, um Spielfilme abzurufen oder sei es, um Produkte zu kaufen, wird begrüßt. An zweiter Stelle der genannten Vorteile folgt die Zeitersparnis, die das Interaktive Fernsehen ermöglicht. So erübrigt Video on Demand den Weg zur Videothek, und das interaktive Home-Shopping erspart dem Verbraucher nicht nur den Einkaufsweg, sondern auch das Warten an der Kasse. Folglich bescheinigen die Verbraucher dem Interaktiven Fernsehen insgesamt einen hohen Grad an Bequemlichkeit. Darüber hinaus schätzen sie daran die Möglichkeit, sich per Knopfdruck - d.h. jederzeit - über ein beliebiges Thema, wie z.B. Kulturangebote, informieren zu können.

Beim interaktiven Home-Shopping verbuchen die Verbraucher als Vorzug die Möglichkeit, sich ausführlich und in aller Ruhe über Produkte informieren und diese z.B. hinsichtlich des Preises miteinander vergleichen zu können. Für diese Form des Einkaufs spricht weiterhin, daß sie die Verbraucher nicht an Ladenschlußzeiten bindet, diese also dann einkaufen können, wenn sie dazu Lust verspüren. Nicht zuletzt der (wirtschaftliche) Erfolg der Heimlieferdienste zeigt, daß das Ladenschlußgesetz den Verbraucher bevormundet und dessen berechtigtes Bedürfnis nach Convenience mißachtet (Kamp 1995, S. 14). Wesentlich besser als am Katalog-Versandhandel gefällt den Verbrauchern hauptsächlich die Produktpräsentation (dank der Bewegtbild-Darstellung) sowie die größere Produktvielfalt, die das System anzubieten vermag.

Auf der anderen Seite befürchten sehr viele auch *negative Auswirkungen*, wobei vorrangig der soziale Aspekt Beachtung findet. So erwarten die Befragten eine zunehmende soziale Isolation und Vereinsamung und befürchten, daß das Miteinander immer unpersönlicher wird. Zu dem gleichen Ergebnis gelangt eine repräsentative Umfrage des BAT Freizeit-Forschungsinstituts zum Medienkonsum der Zukunft. Hier vertrat fast jeder Zweite die Meinung, das Zusammenwachsen von Computer, Telephon und Fernseher fördere die „Einsamkeit vor den Apparaten" (Opaschowski 1995, S. 37). Dieser Befund deckt sich überdies mit den Ergebnissen unserer Pilotstudie (Müller/Geppert 1996b, S. 89) sowie einer Untersuchung der Universität Trier zur Akzeptanz des Interaktiven Fernsehens; auch hier nannten die Befragten hauptsächlich den möglichen Verlust an sozialen Kontakten (Weiber/Kollmann 1995, S. 31).

Auch schreibt man dem Interaktiven Fernsehen gesundheitliche Risiken zu. Angesichts der Bequemlichkeit, die dieses Medium verspricht, vermuten viele Verbraucher, daß „man dann gar nicht mehr aus dem Haus kommt" und so Mangel an körperlicher Bewegung (und frischer Luft) leidet. Neben möglichen Augenschäden werden auch durch Elektrosmog ausgelöste Krankheiten, wie Allergien, befürchtet. Offenbar überträgt der Konsument die bei Funktelephonen und Computern diskutierten Gefahren auf das Interaktive Fernsehen.

Am dritthäufigsten nannten die Befragten Risiken, die direkt im Zusammenhang mit dem *interaktiven Home-Shopping* stehen. Neben allgemeinen Risiken, die aus der räumlichen Trennung von Anbieter und Nachfrager erwachsen (z.B. Probleme bei Umtausch und Rücksendung mangelhafter Ware), befürchten die Verbraucher bspw. Fehlbestellungen aufgrund technischen Versagens. Während letzterem in der Realität eine eher untergeordnete Bedeutung zukommt, können sich vermutete Schwierigkeiten bei Gewährleistung, Umtausch oder Rückgaberecht durchaus als ernstzunehmende Akzeptanzbarrieren entpuppen. So identifizierte das IFAK-Institut mehr als alles andere „vermutete Schwierigkeiten bei der Reklamation mangelhafter Ware" als wesentliche Hürde für den Telekauf. 70% der 2.500 Befragten waren der Ansicht, daß es hierbei Probleme geben könnte (Winicker/Partschefeld 1995, S. 67). Insbesondere unbekannte Anbieter werden mit dem *Schlüsselproblem des Distanzprinzips* zu kämpfen haben: Mangelndes Vertrauen in Warenqualität und Vertragsbedingungen nannte in unserer Pilotstudie jeder Sechste als Hauptgrund dafür, warum er Teleshopping nicht nutzt. Hinzu kommt, daß der Verbraucher die Warenqualität nicht sofort beim Abschluß des Kaufvertrages überprüfen kann, was auch Witte (1995, S. 11) als wesentlichste Hypothek des interaktiven Home-Shopping identifizierte.

Weiterhin mutmaßen die Verbraucher, die bequeme Bestellmöglichkeit könne einen „Kaufrausch" auslösen sowie zu unkontrollierter Verschuldung und zum „finanziellen Ruin" führen. Die Konsumenten rechnen auch damit, durch die einzelnen Werbesendungen bzw. Produktinformationssendungen manipuliert und zum Kauf verführt zu werden. Dieses subjektive Risiko haben Verbraucherschützer bereits Mitte der achtziger Jahre anläßlich des Aufkommens des Teleshopping in die Diskussion eingebracht (Röhrbein 1987, S. 40).

Nicht zu unterschätzen ist überdies die Furcht vor Datenmißbrauch. Ungefähr jeder Sechste vermutete, beim Interaktiven Fernsehen sei der Datenschutz nicht gewährleistet. Eine untergeordnete Rolle spielen hingegen die Risiken, die sich direkt auf den Decoder-Kauf beziehen. Nur ca. 15% der Befragten verbinden damit ein finanzielles oder funktionales Risiko. Die technische Reife der bislang verfügbaren audiovisuellen Medien hat offensichtlich nachhaltig Wirkung gezeigt, weshalb 15,4% der Befragten sogar überhaupt keine Risiken mit dem Interaktiven Fernsehen verbinden.

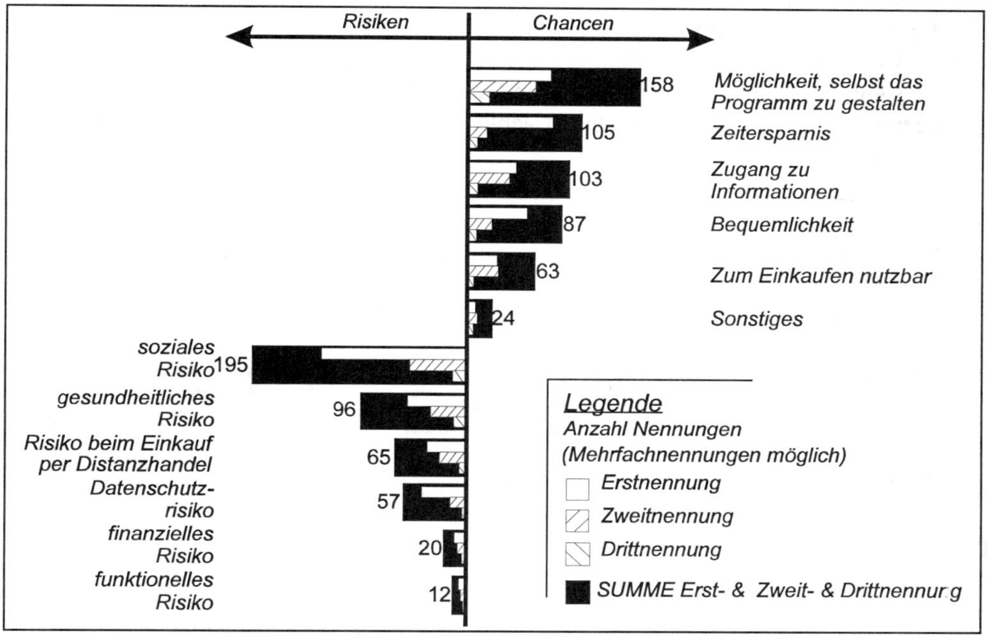

Abbildung 4: Das Risiken-Chancen-Profil des Interaktiven Fernsehens

3.3.2 Die Eignung des Interaktiven Fernsehens für Home-Shopping

Interaktives Fernsehen ermöglicht es dem Verbraucher zum einen, sich über Produkte zu informieren; zum anderen kann er damit Produkte (mittels Fernbedienung) bestellen. Es lassen sich auf einfache Weise Preisvergleiche zwischen den einzelnen Anbietern anstellen, Sonderangebote auf dem Bildschirm betrachten und sogar Finanzierungsmodelle (z.B. bei Kauf auf Raten) berechnen. Entscheidend ist, daß dabei der Verbraucher die Kontrolle über das Geschehen behält: Er entscheidet, welche und wieviele Informationen er über ein Produkt abrufen möchte. Im Gegensatz dazu hat er bei der klassischen Massenwerbung keine Möglichkeit, Zahl und Art der angebotenen Informationen zu steuern, was nicht selten zu Reaktanz gegenüber der Werbung insgesamt und spezifischen Werbemaßnahmen im besonderen führt. Insofern kann der Verbraucher dank Interaktivem Fernsehen dem vielzitierten „Information overload" entgehen. So unbestritten die objektiven Vorteile des Interaktiven Fernsehens als Informations- und Kaufmedium sein mögen, so fraglich ist es, ob der Verbraucher sie auch wahrnimmt. Nur dann aber wirken sie akzeptanzfördernd.

Während rund ein Fünftel der Befragten das Interaktive Fernsehen sowohl zur Information als auch zur Bestellung von *Waren des täglichen Bedarfs* für geeignet hält, sprechen ungefähr 25% dem Medium beide Eigenschaften ab. Nahezu 60% der Befragten stufen das Interaktive Fernsehen als gutes oder sogar sehr gutes Informationsmedium für *Waren des mittel- und langfristigen Bedarfs* ein (nur 5% sind der gegenteiligen Ansicht). Ganz anders verhält es sich mit der Rolle als Kaufmedium. Nur ungefähr jeder Vierte sieht die Technik für den Kauf von Gütern des mittel- und langfristigen Bedarfs als geeignet an, nahezu gleich viele betrachten das Interaktive Fernsehen als für diesen Zweck unbrauchbar.

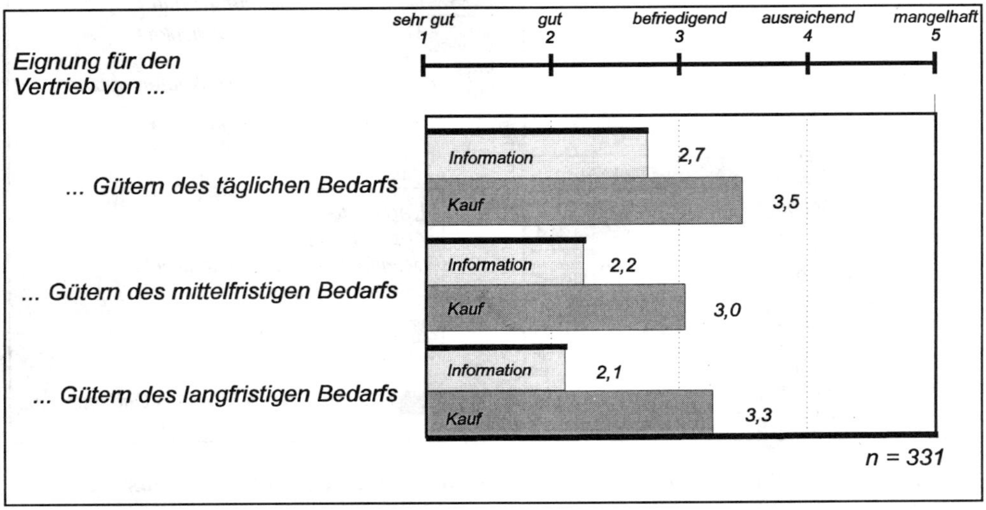

Abbildung 5: Die Eignung des Interaktiven Fernsehens als Informations- und Bestellmedium

Um prägnantere Aussagen treffen zu können, haben wir die Einzelbefunde mit Hilfe einer *Typologie* komprimiert. Dazu wurde unterstellt, daß Probanden, die das Interaktive Fernsehen bei zumindest zwei der drei Produktbereiche als gut oder sehr gut eingestuft haben, das Medium auch insgesamt als *geeignet* ansehen, andernfalls als *ungeeignet*.

Wie *Tabelle 3* zu entnehmen ist, verfügt Typ I, der Interaktives Fernsehen sowohl als geeignetes Informations- als auch als Bestellmedium ansieht, über eine weit höhere Nutzungsabsicht als diejenigen, die eine der beiden Komponenten negativ bewerten (= Typ II oder III). Die geringste Nutzungsabsicht äußerten plausiblerweise die Rejektoren. Während sich die für Home-Shopping geeignete Zielgruppe erheblich erweitern läßt, wenn man die Verbraucher von der *doppelten Kompetenz des Mediums* überzeugen kann, beeinflußt beim Telebanking alleine die wahrgenommene Eignung als Kaufmedium die Nutzungsabsicht der Verbraucher. Offensichtlich planen diese, Interaktives

Fernsehen für Transaktionen (z.B. Überweisungen) zu nutzen, nicht aber, um sich etwa über die Konditionen verschiedener Kreditinstitute zu informieren.

Analysiert man die Kaufwahrscheinlichkeit der einzelnen Typen produktspezifisch, lassen sich anhand der Haupteffekte und der aufgetretenen Wechselwirkungen zwischen den Faktoren „Information" und „Kauf" *vier Produktgruppen* herauskristallisieren:

A) Bei Lebensversicherungen können sich die Verbraucher nur vorstellen, sich interaktiv zu informieren, den tatsächlichen Abschluß aber wollen sie mit dem Berater persönlich tätigen.

B) Hingegen möchte sich der Konsument im Geschäft informieren, bevor er per elektronischem Medium etwa Echtschmuck oder ein Auto erwirbt (Probefahrt).

Tabelle 2: Eine Typologie des wahrgenommenen Eignungspotentials

Eignung als Bestellmedium	Eignung als Informationsmedium +	Eignung als Informationsmedium −
+	**Typ I** *"Electronic Shopper"* (n = 86)	**Typ II** *"Convenience Shopper"* (n = 17)
−	**Typ III** *"Information Seeker"* (n = 134)	**Typ IV** *"Rejektor"* (n = 94)

Tabelle 3: Die Wahrscheinlichkeit, interaktives Home-Shopping zu nutzen

Nutzungsabsicht	Typ I Electronic Shopper (n = 86)	Typ II Convenience Shopper (n = 17)	Typ III Information Seeker (n = 134)	Typ IV Rejektor (n = 94)
Home-Shopping bei				
• Liefergebühr 1%	89,8	76,3	68,8	53,5
• Liefergebühr 3%	73,2	55,3	54,2	39,2
• Liefergebühr 5%	48,6	31,9	33,7	27,2
• Liefergebühr 10%	26,1	17,5	16,1	12,9
Telebanking	53,4	43,5	39,1	38,2

Anmerkung: Angaben in %; Skalenformat (0 bis 100)

Während bei *Gütern des langfristigen Bedarfs*, die einen längeren Kaufentscheidungsprozeß voraussetzen, also jeweils nur ein Haupteffekt zu beobachten ist (Kauf *oder* Information), üben bei *Gütern des täglichen* und des *mittelfristigen Bedarfs* beide Effekte einen Einfluß aus. Das Interaktive Fernsehen muß hier also sowohl als Informations- als auch als Bestellmedium geeignet erscheinen, damit es akzeptiert wird.

C) Verbraucher, die Interaktivem Fernsehen beide Eigenschaften zusprechen, bekunden eine sehr viel größere Absicht, Reisen zu buchen, als diejenigen, die an einer der beiden Komponenten zweifeln (= 60,1% vs. 41,2% vs. 41,6%).

D) Bei Waren des täglichen Bedarfs (z.B. Getränke, Lebensmittel und Haushaltsartikel) sind nicht nur die Haupteffekte „Information" und „Kauf", sondern auch deren Wechselwirkung zu beobachten.

4 ZUSAMMENFASSUNG UND AUSBLICK: INTERAKTIVES FERNSEHEN ALS PROMOTOR DER DYNAMIK DES HANDELS

Die Studie hat gezeigt, daß die Bevölkerung über das Thema „Interaktives Fernsehen" sehr gut informiert ist. Damit besitzt die Innovation bereits heute auf der kognitiven Ebene ausgezeichnete Chancen, von einem Großteil der Verbraucher akzeptiert zu werden. Allerdings assoziieren die Befragten mit dem Begriff i.d.R. die Dienste „Pay per view" bzw. „Video on Demand" und nur in Ausnahmefällen „Home-Shopping". Nachdem den Probanden sämtliche Facetten der Innovation per Video demonstriert wurden, bekundeten 41,7% großes Interesse an dieser Form des Einkaufs. Wer die bestehenden Formen des Distanzhandels, insbesondere das Teleshopping, akzeptiert, ist auch am interaktiven Home-Shopping interessiert. Kaum einer der Befragten beabsichtigt jedoch, ausschließlich diese Applikation zu nutzen. Vielmehr wird der Verbraucher diesen Dienst vorzugsweise dann akzeptieren, wenn er in Verbindung mit Information on Demand und Video on Demand angeboten wird. Für die am Home-Shopping Interessierten läßt sich kein spezifisches soziodemographisches Merkmalsprofil ableiten, was zwar einerseits ihre Ansprache erschwert, andererseits aber auch ein Indiz dafür ist, daß sich das Marktpotential von Home-Shopping nicht auf eine enge Zielgruppe von „Technik-Freaks" reduziert.

Für das interaktive Home-Shopping sprechen Convenience sowie die breite Produktpalette. Gleichzeitig aber nehmen die Befragten die aus der räumlichen Trennung von Anbieter und Nachfrager resultierenden Risiken kaum minder pointiert wahr. Aufgrund der einschlägigen Befürchtungen der Verbraucher darf interaktives Home-Shopping keinesfalls als eine neue Form des Teleshopping positioniert werden, sondern als eine unserer Zeit gemäße Weiterentwicklung des Versandhandels (und damit renommierter Unternehmen). Die Vermarktung von Markenartikeln eignet sich aufgrund des ihnen innewohnenden Qualitätsversprechens in ganz besonderem Maße dazu, Befürchtungen der Verbraucher, die mit der Distanz Anbieter/Nachfrager zusammenhängen, zu zerstreuen. Gelingt diese Positionierung, bieten sich sehr gute Chancen, Waren und Dienstleistungen per Bildschirm zu verkaufen.

Ohne Abstriche geeignet erscheint Interaktives Fernsehen den Verbrauchern zur Produktinformation. Hingegen schätzen sie dessen Eignung als Bestellmedium lediglich als befriedigend ein, da es ihnen nicht die Möglichkeit bietet, die Ware selbst in Augenschein zu nehmen. Insbesondere hinsichtlich komplexer Produkte liegt der vorrangige Nutzen des neuen Mediums in der Möglichkeit, mit dem Verbraucher zu kommunizieren.

Zusammenfassend läßt sich festhalten, daß die sich schon in diesem frühen Stadium abzeichnende Akzeptanz der Verbraucher für ein Marktpotential spricht, das es für Industrie und Handel lohnenswert bzw. unumgänglich erscheinen läßt, in die neue Technologie zu investieren. So besitzt das Interaktive Fernsehen alle Voraussetzungen dafür, die 30% der Bevölkerung, die zum Teleshopping positiv eingestellt sind, diese Einkaufsform aber nicht nutzen, weitgehend für sich zu gewinnen (Möglichkeit der Interaktion von Anbieter und Konsument). Dasselbe gilt für die Zielgruppe der Btx-Sympathisanten, die sich bislang nicht zum Online-Shopping entschließen konnten, weil sie Probleme in der Bedienbarkeit vermuteten.

Interaktives Fernsehen ist in der Lage, die von Tietz (1994, S. 34) geforderte „Mobilisierung des Geschäftes zum Kunden“, also die Verlagerung von immer mehr Elementen der Transaktion vom stationären Handel auf den Kunden, in die Tat umzusetzen. Ebenso ermöglicht das neue Medium eine gänzlich neue Form des audiovisuellen Dialog-Marketing. Handel - aber auch Hersteller - werden in die Lage versetzt, ihre Angebote möglichst deckungsgleich mit den Kundenwünschen zu individualisieren. Die vielfältigen Möglichkeiten, die sich hierdurch für die Vermarktung von Produkten und Dienstleistungen sowie für die Stärkung von Kundenbindung und Kundenzufriedenheit eröffnen, lassen sich derzeit nur schemenhaft skizzieren. Sicher ist indes, daß der bereits bestehende Trend (weg vom klassischen Massenmarketing hin zur individuellen Kundenansprache) ganz entscheidend verstärkt werden wird (Richter 1994). Begriffe wie „Individualmarketing“, „Dialogmarketing“ oder „One-to-One-Marketing“ (Rogers/ Peppers 1994) sind deshalb mehr als nur Schlagworte.

Für den Handel bedeutet die neue Informations- und Kommunikationstechnologie nicht nur eine immense Herausforderung, sondern eröffnet ihm auch eine einzigartige Chance, seine Ertragssituation zu verbessern. Gelingt es ihm, das in dieser Studie aufgezeigte Nachfragepotential für interaktives Home-Shopping zu erschließen, kann die Ökonomisierung der Distribution einen entscheidenden Schritt vorangetrieben werden, und die Dynamik der Betriebsformen erhält neuen Auftrieb. Nicht zuletzt der Einstieg der REWE beim Fernsehsender Pro7, das Engagement von Quelle bei H.O.T., die Zusammenarbeit von Otto und Time-Warner sowie die Gründung eines Gemeinschaftsunternehmens der METRO-Gruppe, der Vebacom und der Debis zur Bearbeitung dieses derzeit

„virtuellen“ Marktes belegen, daß sich die renommierten Handelsunternehmen dieser Herausforderung stellen.

DANKSAGUNG

1) Die Autoren danken der Otto-Beisheim-Stiftung für die großzügige finanzielle Förderung der Studie sowie den Firmen Media-Markt, Vobis und SONY für die zur Verfügung gestellten Geräte und Räumlichkeiten.

LITERATUR

Berghaus, M.: Multimedia-Zukunft, Rundfunk und Fernsehen, 42. Jg. (1994), Heft 3, S. 404-412.

Böndel, B.: Wie ein Magnet, Wirtschaftswoche, 49. Jg. (1995), Heft 9, S. 78-84.

Bulkely, W.M.: Online Shopping Fails to Fulfill Promise, The Wall Street Journal (Eastern Edition) vom 21. Juni 1993, S. B6.

Cook, W.J.: This is not your fathers`s television, U.S. NEWS & WORLD REPORT vom 6. Dezember 1993, S. 63-66.

Degenhardt, W.: Akzeptanzforschung zu Bildschirmtext: Methoden und Ergebnisse, München 1986.

Eberle, C.E.: Schriftliche Stellungnahme des Zweiten Deutschen Fernsehens zur Anhörung der Arbeitsgruppe „Rundfunkbegriff“ der Rundfunkreferenten der Länder am 15. Juni 1994, Zeitschrift für Urheber- und Medienrecht, 38. Jg. (1994), Heft 10, S. 530-536.

Franke, G; Müller-Scholz, W. (1994): So toll wird Fernsehen, Capital, 33. Jg. (1994), Heft 9, S. 124-126.

Hechler, M.: Digitale-Video-Dienste, Technologien und Architekturen, ntz Nachrichtentechnische Zeitschrift, 48. Jg. (1995), Heft 3, S. 18-25.

Jansen, H.: Home-Shopping - eine Vertriebsform der Zukunft. In: EuroHandelsinstitut e.V. (Hrsg.), Trendsetter USA, Neue Marketingkonzepte - neue Betriebstypen, Köln 1994, S. 62-64.

Jaufmann, D.: Alltagstechnologien - Großtechnologien, Technikakzeptanz als facettenreiches Objekt mit vielfältigen empirischen Zugängen. In: Jaufmann, D.; Kistler, E.

(Hrsg.), Einstellungen zum technischen Fortschritt: Technikakzeptanz im nationalen und internationalen Vergleich, Frankfurt/Main 1991, S. 71-93.

Kabel, P.: Das Shopping der Zukunft oder der interaktive Verbraucher, Lebensmittel-Zeitung, 45. Jg. (1994), Heft 45, S. 74.

Kamp, M.: Verbraucher ordern ihre Lebensmittel per Telefon, Handelsblatt, Heft 245 vom 19. Dezember 1995, S. 14.

Kotler, P.: Marketing-Management: Analyse, Planung, Umsetzung und Steuerung, Stuttgart 1992.

McDysan, D.E.; spohn, D.L.: ATM: theory and application, New York 1994.

Müller, S.; Geppert, D.: Interaktives Fernsehen als Promotor des Home-Shopping, WiSt Wirtschaftswissenschaftliches Studium, 25. Jg. (1996a), Heft 2, S. 85-89.

Müller, S.; Geppert, D.: Teleshopping: Mangelnde Begeisterung, absatzwirtschaft, 39. Jg. (1996b), Heft 2, S. 88-92.

Munkelt, J.: Vom Produktmarkt zum Dienstleistungsmarkt, absatzwirtschaft, 37. Jg. (1994), Heft 10, S. 132-135.

O.V.: Teleshopping - Vertriebsweg mit Zukunft?, Diebold Management Report, o.Jg. (1989a), Heft 11, S. 6-11.

O.V.: Home shopping, planung und analyse, 16. Jg. (1989b), Heft 11/12, S. 428-429.

O.V.: Technik-Akzeptanz: Pluspunkte für Computer, iwd, 21. Jg. (1995), Heft 3, S. 2.

Opaschowski, H.W.: Medienkonsum, Analysen und Prognosen vom BAT Freizeit-Forschungsinstitut, Hamburg 1995.

Palombo, P.: Supermarkt; Bestellen per Bildschirm, bildschirmtext magazin, 14. Jg. (1993), Heft 11, S. 16-23.

Reinhard, U.; Salmony, M.: Interaktives Fernsehen - Ein Definitionsversuch. In: PRO5 Ulrike Reinhard (Hrsg.), interaktives fernsehen, Heidelberg 1994, S. 141-143.

Richter, H.W.: Begriff, Definition und unterschiedliche Betrachtungsweisen der interaktiven Marketingkommunikation. In: PRO5 Ulrike Reinhard (Hrsg.), interaktive marketingkommunikation, Heidelberg 1994, S. 5-22.

Rogers, E.M.: Diffusion of innovations, New York 1983.

Rogers, M; Peppers, D.: 1:1 Marketing, absatzwirtschaft, 37. Jg. (1994), Heft 3, S. 42-48.

Rosenberg, M.J.; Hovland, C.I.: Cognitive, Affective and Behavioral Components of Attitudes. In: Rosenberg, M.J.; Hovland, C.I. (Hrsg.), Attitude Organization and Change, New Haven 1969, S. 1-14.

Röhrbein, C.: Verführer am Bildschirm, Die Zeit, Heft 39 vom 18. September 1987, S. 40.

Schmöe, C.; Spiegel, K.: Akzeptanz der Werbung im interaktiven Fernsehen, absatzwirtschaft, 38. Jg. (1995), Heft 12, S. 112-115.

Stachelsky, F.: Typologie und Methodik von Akzeptanzforschungen zu neuen Medien, Publizistik, 28. Jg. (1983), Heft 1, S. 46-55.

Tietz, B.: Die Rückkehr zur Händlergesellschaft. Ein Beitrag zur Prosperität und Integration von Volkswirtschaften. In: Blum, U.; Greipl, E.; Hereth, H; Müller, S. (Hrsg.), Wettbewerb und Unternehmensführung, Stuttgart 1994, S. 5-57.

Weiber, R.; Kollmann, T.: Die Vermarktung von Multimedia-Diensten: Akzeptanzprobleme bei interaktivem Fernsehen (Voruntersuchung), Forschungsbericht zum Marketing Heft 3 der Universität Trier, Trier 1995.

Weinberg, P.: Das Entscheidungsverhalten der Konsumenten, Paderborn u.a. 1981.

Winicker, M.; Partschefeld, H.: Teleshopping-Potential ist da, Horizont, 13. Jg (1995), Heft 21, S. 67.

Witte, E.: Die Akzeptanz von Tele-Shopping, Studie des Instituts für Organisation der Universität München, München 1995.

Positionierung nach Handelsbranchen

Profilierung und Erfolgswirkungen von Betriebstypen im Automobilhandel

Heribert Meffert, Stephan Wöllenstein und Christoph Burmann, Münster

Angesichts einer in vielen Fällen negativen Umsatzrendite im deutschen Automobilhandel kommt der Profilierung von Handelsbetrieben eine besondere Bedeutung zu. Aufgrund der Überbesetzung vieler Händlernetze herrscht vor allem innerhalb der zumeist markenexklusiven vertraglichen Vertriebssysteme eine hohe Wettbewerbsintensität. Vor diesem Hintergrund stellt sich die Frage, ob innerhalb eines vertraglichen Vertriebssystems eine Differenzierung und Profilierung einzelner Betriebstypen möglich und inwieweit bzw. unter welchen Voraussetzungen diese erfolgreich ist. Zur Beantwortung dieser Frage wurden im Rahmen eines von der Deutschen Forschungsgemeinschaft geförderten Projektes 345 Händler eines vertraglichen Vertriebssystems unter Berücksichtigung ihrer Unternehmens-, Markt- und Erfolgssituation untersucht.

1 PROBLEMSTELLUNG UND GEGENSTAND DES BETRIEBSTYPENMARKETING

Vor dem Hintergrund der im Vergleich zu anderen Ländern außerordentlich hohen Händlerdichte im deutschen Automobilmarkt - in dem fünfmal größeren Automobilmarkt der Vereinigten Staaten existieren ebenso viele Händler wie in Deutschland - kommt Konzepten zur Profilierung von Handelsbetrieben eine herausgehobene Bedeutung zu. Darüber hinaus hat die hohe Austauschbarkeit vieler Handelsunternnehmen in Verbindung mit der Liberalisierung der bislang markenexklusiven, vertraglichen Vertriebssysteme innerhalb der Europäischen Union zu einem enormen Anstieg des Preisdrucks im Automobilhandel geführt. Die Profilierung und Differenzierung von Betriebstypen im Rahmen vertraglicher Vertriebssysteme stellt vor diesem Hintergrund einen erfolgversprechenden Weg zur Überwindung der aufgezeigten Probleme dar.

Betriebstypen können als Zusammenfassungen "handelsbetrieblicher Betreibungskonzepte mit Hilfe typologischer Methoden" (Heinemann 1989, S. 14), d.h. als Ausdruck der Realisierung von Unternehmens- bzw. Marketingstrategien zur Verfolgung spezifischer marktgerichteter Ziele verstanden werden (Glöckner-Holme 1988, S. 22). Im Un-

terschied zu Betriebsformen stellen Betriebstypen eine differenziertere Typologie handelsbetrieblicher Angebotsformen dar. Zwischen beiden Kategorien besteht ein Subordinationsverhältnis dergestalt, daß Betriebstypen als Variationen von Betriebsformen aufzufassen sind (Drexel 1981, S. 57). Schließt man sich der in der Literatur geäußerten Interpreta-
tion der Betriebstypen als den Produkten bzw. Marken des Handels an (Mathieu 1978, S. 122), dann hat das Strategische Marketing im Handel die Abgrenzung und Auswahl von Betriebstypen-Markt-Kombinationen zur Aufgabe. Dies erfordert insbesondere Entscheidungen über die *Positionierung von Betriebstypen*, denn die Kriterien zur Abgrenzung von Betriebstypen-Markt-Kombinationen orientieren sich am Wahrnehmungsraum der Konsumenten, d.h. an den Ideal- und Realwahrnehmungen bestimmter Betriebstypen (Theis 1992, S. 32). Als *Betriebstypenmarketing* kann dementsprechend die marktgerichtete Planung, Gestaltung und Kontrolle der Betriebstypen des Handels und ihrer typprägenden Marketing-Mix-Aktivitäten begriffen werden. Es umfaßt somit Entscheidungen über die Positionierung und Profilierung von Betriebstsypen.

In der Wissenschaft finden sich bislang nur wenige Publikationen, die sich umfassend mit der Betriebstypenprofilierung befassen. Während ältere Forschungsansätze durch ein konsumentenorientiertes Begriffsverständnis gekennzeichnet sind (Tietz 1985, S. 1317), zeigt sich in Arbeiten jüngeren Datums ein stärker wettbewerbsorientiertes Profilierungsverständnis (Heinemann 1989; Rudolph 1993; Ahlert/Kollenbach/Korte 1996). Allerdings tragen viele Untersuchungen der hohen *Abhängigkeit des Handelsmarketing von situationsspezifischen Gegebenheiten* nur in begrenztem Maße Rechnung, obwohl in der Literatur übereinstimmend darauf hingewiesen wird, daß branchen-, betriebsformen- und vor allem standortspezifische Besonderheiten in hohem Maße die Marketingstrategien von Handelsunternehmen und deren Erfolgswirksamkeit beeinflussen (Ahlert 1989/90, S. 6 f.). Vor diesem Hintergrund wird im folgenden von einem situativ ausgerichteten Grundkonzept des Betriebstypenmarketing ausgegangen.

2 POSITIONIERUNGSSTRATEGIEN ALS GRUNDLAGE DER BETRIEBSTYPENBILDUNG UND -PROFILIERUNG

Auf der Grundlage eines wettbewerbsorientierten Profilierungsverständnisses erscheint es zweckmäßig, das Porter´sche Konzept der Wettbewerbsstrategie (Porter 1992, S. 62 f.) auf die Besonderheiten des Handels zu übertragen. Demnach lassen sich vier Basisstrategien der Wettbewerbspositionierung unterscheiden, die als Kombinationen der Strategiedimensionen "Marktabdeckung" und "Kompetenz" gebildet werden können. Die Kompetenz eines Handelsunternehmens drückt sich wiederum in Form von Leistungsvorteilen oder Kosten- bzw. Preisvorteilen aus. Als kritischer Bereich wird dabei eine indifferente Mittelposition angesehen, die weder durch eindeutige Angebotsvorteile noch durch eine klare Segmentausrichtung gekennzeichnet ist. Diese Basisstrategien zur Wettbewerbspositionierung werden im Handel allgemein mit bestimmten Betriebsformen in Verbindung gebracht (Meffert 1985, S. 21 f.). So ist die Strategie der umfassenden Marktabdeckung mit ausgeprägter Leistungsführerschaft typisch für Warenhäuser und Shopping-Center, während die leistungsorientierte Nischenstrategie charakteristisch für Fachgeschäfte ist. Preisorientierte Nischenstrategien sind dagegen typisch für Discounter. Auf Basis dieser Positionierungsentscheidung ist anschließend die Frage zu beantworten, worin die spezifische Kompetenz eines Handelsunternehmens bestehen soll, d.h. welche besondere am Kundennutzen orientierte Problemlösungsfähigkeit das Unternehmen im Vergleich zu anderen Handelsbetrieben derselben Betriebsform auszeichnen soll.

Heinemann hat hierzu in seiner grundlegenden Arbeit zur Betriebstypenprofilierung eine zweckmäßige *Systematisierung von Profilierungsansätzen* herausgearbeitet (Heinemann 1989, S. 26). Im Mittelpunkt stehen dabei die Komponenten des Einstellungskonstrukts. Vorrangig bezugnehmend auf die kognitive Komponente der Einstellung, also das mit einer Einstellung verbundene subjektive Wissen der Konsumenten über das Einstellungsobjekt "Handelsbetrieb", sieht Heinemann Möglichkeiten zur Profilierung in der Akzentuierung des Preis-Leistungs-Verhältnisses oder der Fachkompetenz. Mit Blick auf die emotionale Komponente der Einstellungen besteht eine weitere Profilierungsalternative in der erlebnisorientierten Gestaltung der Kaufsituation. Die *Erlebnisorientierung* zielt darauf ab, dem Kunden Erlebniswerte, d.h. subjektiv empfundene Beiträge zu seiner Lebensqualität zu verschaffen (Weinberg 1986, S. 99) Die zunehmende Homogenisierung in den Sortimenten vieler Handelsunternehmen und der Trend zu einer stärkeren Individualisierung und Emotionalisierung des Konsumverhaltens hat dazu geführt, daß die Erlebnisorientierung in den vergangenen Jahren im Mittelpunkt der Diskussion um die Betriebstypenprofilierung gestanden hat. Dabei ist zu beachten, daß von Erlebnissen nur dann gesprochen werden sollte, wenn der Kunde über die reine Versorgung mit Waren oder Dienstleistungen hinaus die Befriedigung weiterer Bedürfnisse durch den Einkauf bzw. den Besuch eines Handelsbetriebes erfährt (Ahlert/Schröder 1990, S. 223).

Die getrennte Darstellung der Profilierungsansätze bedeutet nicht, daß diese alternativ einzusetzen wären und jeweils isoliert ihre Wirkung entfalten. Vielmehr bedingen sie einander und sind kombiniert zu realisieren. Die einzelnen Profilierungsansätze konkretisieren sich im Einsatz der Marketinginstrumente der Betriebstypen. In Anbetracht dieser Bedeutung für das Betriebstypenmarketing ist eine zweckmäßige Systematisierung des Marketing-Mix vorzunehmen. In der allgemeinen Marketingliteratur wie auch in den Veröffentlichungen zum Handelsmarketing finden sich dazu eine Fülle divergierender Instrumentekataloge (u.a. Becker 1992, S. 460 f.). Unterzieht man die handelsspezifischen Systematiken einer genaueren Betrachtung, so fällt auf, daß lediglich die Sortiments- und die Preispolitik in allen Veröffentlichungen als eigenständige Mixbereiche aufgeführt werden, wohingegen sich erhebliche Unterschiede bei der Zuordnung der Werbung, des persönlichen Verkaufs und der Warenpräsentation sowie der Betriebsstättengestaltung feststellen lassen (Hansen 1990, S. 90 f.; Oehme 1992, S. 73 f.). Vor diesem Hintergrund soll der weiteren Untersuchung eine Systematik der Marketinginstrumente zugrunde gelegt werden, wie sie der *Abbildung 1* zu entnehmen ist.

Gegenüber anderen Instrumentenkatalogen fällt auf, das Aspekte der Standort-, Personal- und Distributionspolitik nicht berücksichtigt werden. Standortentscheidungen sind im Automobilhandel aufgrund ihres sehr langfristigen Charakters, ihrer Abhängigkeit von den Vertriebsnetzplanungen des Herstellers und wegen des geringen Filialisierungsgrades der Handelsunternehmen weniger als Aktionsparameter der Profilierung, sondern vielmehr als intermediärer Faktor aufzufassen. Mit einer ähnlichen Argumentation ist auch der Ausschluß distributionspolitischer Gesichtspunkte aus dem Marketing-Mix zu begründen. So werden unter der Distributionspolitik des Handels üblicherweise die Ausgestaltung der Raumüberbrückungsfunktion bzw. die Methode der Leistungserstellung (Zustellung, Versand, stationärer Einzelhandel, Bedienungsformen) sowie Fragestellungen der Standortwahl, der Filialisierung sowie der Logistik subsumiert (Schenk 1991, S. 207 f.); Teilentscheidungen also, die in der Automobilindustrie durch die Hersteller im Rahmen vertraglicher Vertriebssysteme determiniert werden (Meinig/Heß 1996).

Leistungspolitik		
Sortimentspolitik	**Value-Added Services**	**Kundendienstpolitik**
• Neuwagen • Gebrauchtwagen • Kfz-Zubehör • Ersatzteile • Getunte PKW • automobilfremde Warenbereiche u. -gruppen (z.B. Zweiräder)	• verkaufsbezogene Services • kundendienstbezogene Services • Kundeneinrichtungen • Finanzdienstleistungen	• technischer Kundendienst • Unfallreparaturen, etc.
Preis- und Konditionenpolitik	Kommunikationspolitik	Betriebsstättengestaltungs- und Warenpräsentationspolitik
• Preisniveau • Preisaktionen • Preisdifferenzierung • Inzahlungnahme gebrauchter Produkte • Finanzierungsangebote	• Persönlicher Verkauf • Persönliche Beratung • Direkt Marketing • klassische Werbung • Verkaufsförderung • Sponsoring	• Corporate Design • Architektur und Raumgestaltung • Schaufenstergestaltung • Ladenraumgestaltung • Kundeneinrichtungen • Warenpräsentation

Abbildung 1: Marketing des Automobilhandels

3 EMPIRISCHE ANALYSE DER BETRIEBSTYPENBILDUNG UND BETRIEBSTYPENPROFILIERUNG

3.1 Design und Methodik der Untersuchung

Die empirische Untersuchung wurde im Rahmen eines von der Deutschen Forschungsgesellschaft unterstützten Projektes mit einem in Deutschland tätigen Automobilhersteller und dessen westdeutschen Vertragshändlern durchgeführt. Die Beschränkung auf die alten Bundesländer resultiert aus dem Umstand, daß zum Untersuchungszeitpunkt von Mitte 1989 bis Mitte 1991 die Vertriebsorganisation in den neuen Bundesländern erst aufgebaut wurde. Um Verzerrungseffekte durch die Wiedervereinigung auszuschließen, wurden die Vertragshändler, die ihre angestammten Marktverantwortungsgebiete in Grenznähe zur ehemaligen DDR hatten, aus der Analyse ausgeschlossen. Anschließend wurden die im Sample verbliebenen Händler durch kontrollierte Zufallsauswahl so selektiert, daß die Repräsentativität der untersuchten Betriebe hinsichtlich der zentralen situativen Merkmale, wie Betriebsgröße und lokale Marktbedingungen gewährleistet war. Schließlich konnten die Daten von 345 Vertragshändlern in die Analyse einbezogen werden.

Es wurden zwei Fragebögen entwickelt, mit deren Hilfe einerseits der Außendienst des Herstellers und andererseits die Vertragshändler schriftlich befragt wurden. Die Außendienstmitarbeiter mußten zu jedem der von ihnen betreuten Vertragshändler anhand von neun Themenkomplexen mit insgesamt 48 Einzelaspekten Stellung nehmen. Zusätzlich wurde eine Fülle von Sekundärdaten in die Analyse einbezogen. Zu diesen gehörten Informationen über Absatz, Flächen, Mitarbeiter und sonstige Strukturdaten des jeweiligen Handelsbetriebs. Ferner Daten über die Marktstruktur, das Marktvolumen und -potential sowie die lokale Wettbewerbssituation im Marktverantwortungsgebiet des Händlers. Schließlich konnten den einzelnen Händlern noch eine Reihe von Indikatoren des ökonomischen und psychographischen Erfolgs zugeordnet werden. Gestützt auf die Ergebnisse der Außendienst-Befragung und auf eine Reihe intensiver Expertengespräche mit Vertretern des Herstellers und ausgewählter Händler wurde der Fragebogen zur Händlerbefragung konzipiert. Nach mehreren Pretests wurde er den Händlern im Frühjahr und Sommer 1991 zur Beantwortung vorgelegt. Der Händler-Fragebogen umfaßte 17 Fragenkomplexe mit insgesamt 167 Einzelaspekten. In der überwiegenden Zahl wurden die Untersuchungsvariablen auf 5-stufigen Rating-Skalen erhoben.

Die große Zahl der primär- und sekundärstatistisch erfaßten Variablen zur Kennzeichnung des Handelsmarketing und der internen und externen Situation der Autohändler (vgl. hierzu Wöllenstein 1996, S. 147 f.) erfordert im ersten Analyseschritt die Verdichtung der Einzelvariablen zu höher aggregierten Konstrukten. Dabei erweist sich die Faktorenanalyse nur als bedingt geeignet. Die konfirmatorische Faktorenanalyse hat den Nachteil, a priori genau spezifizierte Wirkungszusammenhänge zwischen Indikatorvariablen und hypothetischen Konstrukten zu erfordern. Dieser strengen Anforderung konnte bei der beabsichtigten Verdichtung der Instrumentevariablen zu Profilierungsdimensionen nicht hinreichend Rechnung getragen werden. Schwerer als dieser Einwand wiegt aber der Umstand, daß die konfirmatorische Faktorenanalyse, wie sie über das LISREL-Programm zur Verfügung gestellt wird, nicht in der Lage ist, Faktorwerte zu berechnen und für nachgelagerte statistische Analysen verfügbar zu machen (Backhaus 1994, S. 231 f.). Dies ist mit der explorativen Faktorenanalyse möglich. Allerdings birgt ein exploratives Vorgehen bei der Konstruktbildung in Form einer simultanen Analyse aller erhobenen Ursprungsvariablen die Gefahr, schwer interpretierbare und wenig valide Faktorenmuster zu erzeugen. Um diesem Problem zu begegnen, wurden *restringierte Faktorenanalysen* durchgeführt (Kube 1991, S. 188 f.). Prinzipiell werden dazu die Einzelvariablen unter inhaltlichen Gesichtspunkten bestimmten Instrumentekategorien ex ante zugeordnet. Für die so erzeugten, theoretisch begründeten Variablengruppen wurden anschließend Faktorenanalysen unter Anwendung der Hauptkomponentenmethode durchgeführt.

3.2 Betriebstypenkonstituierende Profilierungsdimensionen

Entsprechend den Überlegungen zur Bedeutung der *Strukturmerkmale* für das Betriebstypenmarketing wurde die *Betriebsgröße* als derjenige Strukturparameter mit dem aus Handelssicht größten Differenzierungspotential in die Analyse einbezogen. Als Kennzahlen zur Messung der Betriebsgröße wurden die Fläche (Verkaufs-, Kundendienst- und Teilelagerfläche) und der Neuwagenabsatz herangezogen. Um außergewöhnliche Schwankungen in den Absatzzahlen zu relativieren, wurde ein Durchschnittswert aus den Neuzulassungen der Vertragshändler in den Jahren 1989 und 1990 gebildet.

Die *Sortimentspolitik* der Automobilhändler wurde im wesentlichen durch Fragen zur Ausgestaltung des Neu- und Gebrauchtwagen- sowie des Zubehörgeschäfts operationalisiert. Die insgesamt sechs Einzelaspekte können zu zwei Sortimentsdimensionen zusammengefaßt werden, die ca. 55 % der Ausgangsvarianz abbilden (vgl. *Abbildung 2*). Dieser erklärte Varianzanteil ist nicht unbedingt als hoch einzustufen, liegt aber im Bereich dessen, was bei restringierten Faktoranalysen erwartet werden kann (Kube 1992, S. 190 f.). Die Variablen der *Kundendienstpolitik* lassen sich ebenfalls zu zwei Faktoren verdichten. Der erste Faktor faßt diejenigen Maßnahmen zusammen, die primär darauf ausgerichtet sind, dem Kunden Preisvorteile oder zumindest Preistransparenz zu verschaffen. Demgegenüber stehen beim zweiten Faktor solche Leistungen im Vordergrund, die die Bequemlichkeit für den Kunden erhöhen. Dieser Convenience-Aspekt wird in erster Linie durch die Realisierung von Zeitvorteilen erreicht. Neben den über 5-stufige Rating-Skalen erfaßten Items wurden weitere Kundendienstleistungen sowie *Value-Added Services* (Laakmann 1995) auf einer dichotomen Skala abgefragt. Die Auswahl der Value-Added Services in *Tabelle 1* basiert auf den geführten Expertengesprächen. Aufgrund ihres Nominalniveaus sind diese Variablen aber nicht über eine Faktorenanalyse zu Leistungsdimensionen zu verdichten. Um sie dennoch in multivariate Analysen einbeziehen zu können, wurde eine Aggregation mit Hilfe von Indexwerten vorgenommen.

Faktoren	Indikatorvariablen	Faktorladungen	Varianz-erklärungs-anteil
erweitertes Sortiment	• Gestaltung eines Zubehörprogramms • Angebot von Versicherungsleistungen • Sortimentsgestaltung im Gebrauchtwagenbereich durch Zukauf	0.709 0.704 0.534	39,4%
Breite und Tiefe des Neufahrzeug-Sortiments	• Zusätzliche Neuprodukte (andere PKW-Marken, Motorräder) • händlerindividuelle Sondermodelle • optisch und/oder technisch getunte Fahrzeuge	0.814 0.670 0.530	15.8%
Dimensionen der Sortimentspolitik		Σ	55.2%
Kundendienst-angebote mit Preisvorteil	• Kundendienst-Komplettpreisangebote • Zielgruppenspezifische Komplett-preisangebote • händlerindividuelle Kundendienst-Aktionen	0.868 0.842 0.783	41.7%
Kundendienst-angebote mit Zeitvorteil	• schneller und zuverlässiger Kundendienst • Reparaturannahme mit Kunden am Fahrzeug • Express-Reparatur unmittelbar und ohne Voranmeldung	0.790 0.718 0.710	22.5%
Dimensionen der Kundendienstpolitik		Σ	64.2%

Abbildung 2: Faktoranalytisch verdichtete Dimensionen der Sortiments- und Kundendienstpolitik

Der *Preis- und Konditionenpolitik* kommt im Automobilhandel eine Schlüsselrolle zu, weil viele Handelsunternehmen in diesem Marketinginstrument oftmals ihre einzige Möglichkeit sehen, sich im Inter- bzw. Intra-Marken-Wettbewerb zu behaupten (Florenz 1991, S. 214 f.). Die restringierte Faktorenanalyse kann die Variablen der Preispolitik zu drei Dimensionen aggregieren (vgl. *Abbildung 3*). Der Umstand, daß die Faktoren "Preisniveau" und "Niedrigpreisstrategie im Neuwagenverkauf" in dieser Form ohne Mehrfachladungen einzelner Variablen aus der Faktorenanalyse hervorgehen, belegt, daß die Händler zu einer anderen Einschätzung ihrer Preispolitik gelangen, als die quasi objektiv urteilenden Außendienstmitarbeiter. Aufgrund der gerade bei diesem sensiblen Themenbereich zu vermutenden höheren Validität der Aussagen des Außendienstes, wird für die Ableitung der Betriebstypen auf eine Verwendung des Faktors "Preisniveau" verzichtet.

Tabelle 1: Angebot von Kundendienstleistungen und Value-Added Services durch die Vertragshändler

	% Anteil der Händler (Mehrfachnennungen)
Ergänzende Kundendienstleistungen:	
♦ Direktannahmeplätze	29.9
♦ Express-Reparaturdienst	52,2
♦ kostenlose Prüfdienste für Bremsen, Licht usw.	80,6
♦ kostenlose Wagenwäsche bei Reparaturauftrag	26,4
♦ TÜV-Abnahme	96,5
♦ Autovermietung	64,3
♦ Waschanlage	45,5
♦ Tankstelle	36,2
Value-Added Services:	
♦ Erweiterte Öffnungszeiten im Verkauf	68,7
♦ Erweiterte Öffnungszeiten im Kundendienst	43,5
♦ Erweiterte Öffnungszeiten am Wochenende	21,2
♦ Notdienst	23,8
♦ Servicewagen	69,6
♦ Hol- und Bringdienst für Kunden bzw. deren Fahrzeuge	81,2
♦ Konstenloser Leihwagen (Ersatzwagen) während einer Reparatur	33,9
♦ Leihwagen zu günstigen Konditionen während einer Reparatur	63,2

Dem großen Spektrum und der Verschiedenartigkeit der *Kommunikationsinstrumente* Rechnung tragend, wurden in den Befragungen eine Vielzahl von Variablen zur Kennzeichnung der Kommunikationspolitik erhoben. Das Ergebnis der Verdichtung zeigt *Abbildung 4*. Inhaltlich eng mit der Kommunikationspolitik verwandt ist die *Betriebsstättengestaltungs- und Warenpräsentationspolitik.* Die Gestaltung der Betriebsanlagen und die Art der Warenpräsentation wurde vornehmlich über die Außendienst-Befragung erfaßt. Dabei wurde eine Operationalisierung über einen Katalog von technischen Spezifikationen und über die Anmutungsqualität, d.h. die durch die Instrumente der Betriebsstättengestaltung und Warenpräsentation erzielte Atmosphäre erreicht. Die vier diesbezüglich erhobenen Items sowie der über Kundeneinrichtungen (Cafeteria, Zone mit Un- terhaltungsangeboten, Kinderspielecke) gebildete Index können zu zwei Dimensionen zusammengefaßt werden.

Als Fazit ist festzuhalten, daß die Vielzahl der erfaßten Variablen zur Kennzeichnung des Marketing-Mix der Autohändler sinnvoll und mit statistisch befriedigenden Ergebnissen zu zentralen *Profilierungsdimensionen* verdichtet werden können.

Faktoren	Indikatorvariablen	Faktor-ladungen	Varianz-erklärungs-anteil
Finanzierungs-instrumente	• Leasing-Finanzierung (1) • Ratenkredit-Finanzierung • großzügige Inzahlungnahme von Gebrauchtwagen beim Neuwagenkauf • besondere Garantieleistungen für Gebrauchtwagen	0.818 0.783 0.614 0.506	27.8%
Preisniveau	• günstige Neuwagenpreise (1) • günstige Kundendienstpreise	0.773 0.723	18.7%
Niedrigpreis-strategie im Neu-wagenverkauf	• deutliche Preiszugeständnisse beim Neuwagenkauf (2)	0.952	14.6%
Datenquellen (1) Händlerbefragung (2) Außendienstbefragung		Σ	61.0%

Abbildung 3: Faktoranalytisch verdichtete Dimensionen der Preis- und Konditionenpolitik

3.3 Ableitung von Betriebstypen

Durch Kombination des hierarchischen Ward-Algorithmus mit einem iterativ-partionierenden Verfahren (Lingenfelder/Schneider 1990, S. 9 f.) konnten auf Basis der zentralen Profilierungsdimensionen sechs Betriebstypen identifiziert werden (vgl. *Abbildung 5*). Auf der Grundlage der Mittelwertabweichungen lassen sich die empirischen Betriebstypen-Cluster differenziert beschreiben.

Cluster 1: **Handels-Spezialist**

In diesem Cluster finden sich sehr große Autohäuser, die den Schwerpunkt ihrer Unternehmensaktivitäten eindeutig auf den Fahrzeugverkauf und hier vor allem den Neuwagenverkauf legen. Dementsprechend bieten sie zusätzlich zu dem Standard-Modellprogramm des Herstellers auch eigene Sondermodelle an und vermarkten ihr Sortiment mit einer aktiven, bisweilen als aggressiv zu bezeichnenden Preisstrategie. Darüber hinaus betreiben sie intensiv Werbung für ihr Fahrzeugangebot, wobei sie ihren Werbeauftritt durch eigene Konzepte von der Markenwerbung emanzipieren. Die Fokussierung der Marketinganstrengungen auf den Fahrzeugverkauf geht bei diesem Händlertypus allerdings zu Lasten des Kundendienstes. In diesem Geschäftsbereich werden die Bemühungen auf die von Vertragshändlern zwingend zu erbringenden Mindest- bzw. Standardleistungen reduziert. Ein aktiver Ausbau des Dienstleistungsgeschäfts und das Angebot besonderer, vor allem after-sales-bezogener Serviceleistungen sind nicht zu beobachten. Beispielsweise wird ein Express-Reparaturdienst nur von 20 % und ein Hol-und Bringdienst nur von 48 % dieser Händler angeboten. Mithin ist das Bestreben

Faktoren	**Indikatorvariablen**	**Faktor-ladungen**	**Varianz-erklärungs-anteil**
Persönlicher Verkauf	• Verkäufer im Außendienst zur Kundenbetreuung und -akquisition (1) • Stammkundenbetreuung • Nachfaßaktionen im Neuwagenverkauf	0.825 0.819 0.520	48.3%
After-Sales-Betreuung	• Nachfaßaktionen im Kundendienst (1) • Nachfaßaktionen im Neuwagenverkauf	0.929 0.596	23.5%
Dimensionen des persönlichen Verkaufs/Betreuung		Σ	**71.7%**
differenzierende Kommunikations-konzepte	• Differenzierung durch Abweichung von den Vorlagen des Herstellers (1) • Gestaltung der Werbung mit Hilfe der Herstellervorlagen • Entwicklung eigener Kommunkationskonzepte • Zusammenarbeit mit einer lokalen Werbeagentur	0.876 -0.836 0.652 0.614	33.7%
nicht produktbezogene Werbeinhalte	• Werbeschwerpunkt auf Zubehör (1) • Werbeschwerpunkt auf Kundendienst • Werbeschwerpunkt auf Gesamtunternehmen	0.817 0.799 0.662	18.6%
produktbezogene Werbeinhalte	• Werbeschwerpunkt auf Neuwagen (1) • Werbeschwerpunkt auf Gebrauchtwagen	0.882 0.563	11.5%
Dimensionen der Werbung und Verkaufsförderung		Σ	**63.8%**
Ambiente/ Atmosphäre	• Modernität der Betriebsanlagen (2) • Gepflegtheit der Betriebsanlagen • Übersichtlichkeit der Betriebsanlagen	0.905 0.877 0.857	57.3%
Ausstattung	• Index: Kundeneinrichtungen (1) • Attraktivität der Betriebsanlagen	0.853 0.751	19.0%
Dimensionen der Betriebsstättengestaltung		Σ	**76.3%**

(1) Händlerbefragung (2) Außendienstbefragung

Abbildung 4: Faktoranalytisch verdichtete Dimensionen der Kommunikationspolitik und Betriebsstättenprofilierung

Struktur- und Marketing-Instrumente-Dimensionen			Ausprägungen der clusterbildenden Variablen im jeweiligen Cluster im Vergleich zum Gesamtmittelwert					
			Cluster					
Bereiche		Faktoren	1	2	3	4	5	6
Strukturpolitik	Betriebsgröße	•Betriebsfläche in m2	+++	++++	-	-	-	-
		•ds. Neuwagenabsatz	++++	++++	-	-	--	-
Leistungspolitik	Sortiment	•Neufahrzeug-Sortiment	+++	+++	0	0	--	--
		•erweitertes Sortiment	0	++	-	++	--	-
	Kundendienst	•Kundendienstangebote mit Preisvorteil	+	++++	-	+	--	--
		•Kundendienstangebote mit Zeitvorteil	---	++	--	++	++	0
		•Umfang der Kundendienstleistungen	-	+++	-	+	0	-
	Service	•Umfang der Value-Added Services	0	++	-	+	-	-
Preis- und Finanzierungspolitik		•Finanzierungsinstrumente	0	++	+	++	---	--
		•Niedriegpreis-Strategie im NW-Verkauf	+++	+	0	-	---	+
Kommunikationspolitik	Persönlicher Verkauf und Betreuung	•Persönlicher Verkauf	+	+	0	++	--	--
		•After-Sales Betreuung	0	++	-	++	-	-
	Werbung und Verkaufsförderung	•differenzierende Kommunikationskonzepte	++	+++	+	--	-	-
		•produktbezogene Werbeinhalte	++	++	0	+	---	-
		•nicht-produktbezogene Werbeinhalte	-	++	-	+	-	-
Betriebsstättengestaltung		•Ambiente/Atmosphäre	+	+	+	0	0	-
		•Ausstattung	0	+++	-	+	-	-

Abweichung der Cluster-Mittelwerte vom Gesamtmittelwert	0-0.15	0.15-0.4	0.4-0.7	0.7-1.0	1.0-1.5
überdurchschnittlich	0	+	++	+++	++++
unterdurchschnittlich	0	-	--	---	----

Abbildung 5: Betriebstypen-Cluster eines vertraglichen Bertriebssystems im Automobilhandel

dieser Handelsunternehmen erkennbar, sich über eine klare Akzentuierung ihrer Verkaufskompetenz, d.h. über die Dimensionierung des Sortiments und ihr Preisniveau im Wettbewerbsumfeld zu profilieren.

Cluster 2: **Automobil-Center**

Die Autohäuser dieses Clusters weisen ebenfalls eine überdurchschnittliche Betriebsgröße auf, wobei sie in der Fläche die Handels-Spezialisten sogar noch übertreffen. Im Gegensatz zu den Handels-Spezialisten streben die Betriebe dieser Gruppe eine Profilierung über einen Ausbau ihrer Leistungen in allen Geschäftsbereichen (Neuwagen, Gebrauchtwagen, Zubehör, Kundendienst, Value-Added Services) an. Dies führt sowohl zur Erweiterung der Sortimentsbreite und -tiefe als auch zum Kompetenzaufbau im Kundendienst und zur Schaffung von Zusatznutzenpotentialen durch ein breites Spektrum an Value-Added Services. Zur optischen Unterstützung des Kompetenzanspruchs werden die Betriebsanlagen überdurchschnittlich attraktiv gestaltet und darüber hinaus vielfältige, auf eigenen Konzepten beruhende Kommunikationsaktivitäten im Bereich der Werbung und Verkaufsförderung unternommen. Verzichtet wird hingegen auf eine betont aggressive Preispolitik. Dafür werden verstärkt Finanzierungsangebote wie Leasing eingesetzt.

Cluster 3: **Klassisches Autohaus**

Die dritte Gruppe von Handelsbetrieben ist durch Automobilhändler gekennzeichnet, die ähnlich den Handels-Spezialisten weitgehend auf solche Kundendienst- und Serviceleistungen verzichten, die über das vertraglich geforderte Mindestmaß hinausgehen. Bei den Betrieben diesen Typs steht ebenfalls der Neuwagenhandel im Vordergrund, ohne dabei mit der Intensität betrieben zu werden, wie das bei den Handels-Spezialisten der Fall ist. Die Konzentration auf die Verkaufsaufgaben in Verbindung mit einer moderaten Preispolitik und einer durchaus attraktiven Gestaltung der Betriebsanlagen bei ansonsten leicht unterdurchschnittlicher Ausprägung der Marketinginstrumente legt den Schluß nahe, daß es sich hier um Handelsunternehmen handelt, die den Forderungen des Automobilherstellers nach aktiver Förderung des Fahrzeugabsatzes in klassischer Art und Weise Rechnung tragen, ohne jedoch darüber hinaus eigene Profilierungsanstrengungen zu unternehmen.

Cluster 4: **Ambitionierter Händler**

Die Betriebe dieses Clusters sind ähnlich dem Automobil-Center bestrebt, in allen Geschäftsbereichen eine spezifische Kompetenz aufzubauen. In Anbetracht der im Vergleich zu den beiden ersten Clustern geringeren Betriebsgröße liegt der Schwerpunkt der Profilierungsbemühungen weniger auf dem flächenintensiven Fahrzeugverkauf als vielmehr auf dem Angebot überdurchschnittlicher Kundendienstleistungen und Services. Bewußt wird auf eine Niedrigpreispolitik verzichtet. An Stelle dessen wird Wert auf eine intensive persönliche Betreuung der Kunden und die Kompensation von Preisargumenten durch Value-Added-Services gelegt. Auffallend ist schließlich der Verzicht auf eigenständige Kommunikationskonzepte. Offenbar sind diese Händler bemüht, ihr Einkaufsstättenimage eng an das Markenimage zu koppeln, um sich hierdurch als kompetenter Vertreter der Marke und weniger als eigenständiges Handelsunternehmen und Dienstleister zu profilieren.

Cluster 5: **Kundendienst-fokussierter Händler**

Die Automobilhändler dieser Gruppe sind durch eine unterdurchschnittliche Betriebsgröße, vor allem gemessen am Neuwagenabsatz, gekennzeichnet. In nahezu allen Geschäftsbereichen weisen sie stark unterdurchschnittliche Ausprägungen im Einsatz der Marketinginstrumente auf. Einzig im Werkstattbereich liegen ihre Stärken und damit mögliche Wettbewerbsvorteile. Aufgrund der spezifischen Konstellation von weitgehend passivem Verhalten im Marketing und kleinbetrieblichen Strukturen kann angenommen werden, daß es sich bei diesen Betrieben um zu Vertragshändlern "aufgewertete" Werkstätten handelt, die ihre Identität und Unternehmenskultur aus dem technischen Kundendienst beziehen. Die kleinbetriebliche Struktur versetzt diese Unternehmen in die Lage, individueller auf ihre Kunden einzugehen. Die Bereitschaft zu kurzfristigen Werkstatterminen bzw. zur Express-Reparatur sowie die Selbstverständlichkeit eines Hol- und Bringdienstes sind ein Beleg für diese Vermutung.

Cluster 6: **Marken-Stützpunkt**

Die sechste Gruppe weist ebenfalls ein deutlich unterdurchschnittliches Leistungsprofil in allen Instrumentedimensionen bei gleichzeitig unterdurchschnittlicher Betriebsgröße auf. Während der Kundendienst-fokussierte Händler seine spezifische Kompetenz aus einem flexiblen Kundendienstgeschäft bezieht, ist dieses Leistungsmerkmal bei Händlern dieses Clusters nur durchschnittlich ausgeprägt. Einziges Charakteristikum dieses Betriebstyps ist seine Bereitschaft zu Preisnachlässen im Neuwagengeschäft. Damit bestätigt sich die Vermutung, daß vor allem unprofilierte und leistungsschwache Vertragshändler zu ruinösem Rabattverhalten neigen. Zusammenfassend kann festgehalten werden, daß diese Vertragshändler ihre "Attraktivität" im lokalen Markt einzig darauf gründen, eine attraktive Fahrzeugmarke zu vertreiben und sich auf die Partizipation an herstellerinduzierten Pull-Effekten beschränken bzw. diese durch eigenes offensives Preisverhalten forcieren.

Im nächsten Schritt wurde untersucht, inwieweit es sich bei der Clusterlösung um einen stabilen und signifikanten Befund handelt. In einer univariaten Analyse ergab sich, daß alle Faktoren für sich genommen signifikant ($\alpha < 0.05$) zwischen den sechs Gruppen trennen. Auf der Grundlage von vier signifikanten Diskriminanzfunktionen, die zusammen 98.4% der Varianz der Merkmalsvariablen erklären, wurde dann eine Klassifikationsmatrix berechnet, die mit einer "Trefferquote" von 95.2% zu einem sehr guten Ergebnis führte. In der weiteren Analyse wurde der Frage nachgegangen, auf welche betriebstypenkonstituierenden Merkmale die Gruppenunterschiede primär zurückzuführen sind. Zu diesem Zweck wurden für die betriebstypenbildenden Profilierungsdimensionen die mittleren Diskriminanzkoeffizienten berechnet (vgl. *Abbildung 6*). Das bedeutsamste Trennkriterium für Betriebstypen im Automobilhandel stellen demnach die Kundendienstangebote dar, dicht gefolgt von den Instrumenten der Preispolitik sowie der produktbezogenen Händlerwerbung. Während die Rolle der Preispolitik vor dem Hintergrund der bisherigen Erkenntnisse über das Marketingverhalten der Automobilhändler zu erwarten war, überrascht die Wichtigkeit des Kundendienstes für die Profilierung.

Bemerkenswert ist weiterhin, daß das Strukturmerkmal Betriebsgröße bei der Clustertrennung nicht in der Weise dominiert, wie es zu vermuten gewesen wäre (Burmann 1995, S. 166). Eine weitere aufschlußreiche Besonderheit ist in der geringen Trennkraft der übrigen Mixbereiche zu sehen, bei denen angesichts der Fülle an Möglichkeiten zur unternehmensindividuellen Ausgestaltung größere Differenzierungspotentiale vermutet wurden. Dieses Ergebnis ist nicht zuletzt eine Folge der oftmals wenig innovativen, durch ein wettbewerbsorientiertes Anpassungsverhalten geprägten Ausgestaltung der Marketinginstrumente im Automobilhandel. Die vergleichsweise geringe Differenzierungskraft der Sortimentspolitik ist hingegen durch die Restriktionen der Markenbindung und des Konkurrenzverbots in den vertraglichen Vertriebssystemen der Automobilindustrie naheliegend. In Anbetracht der Diskussion um die erlebnisorientierte Einkaufsstättengestaltung erstaunt die sehr geringe Trennkraft der Betriebsstättengestaltungspolitik. Die verstärkten Bemühungen der Automobilhersteller um eine Vereinheitlichung des Erscheinungsbildes ihrer Absatzmittler durch umfangreiche Corporate Design-Programme haben scheinbar eine wirksame Emanzipation des Handels auf diesem Gebiet verhindert. Darüber hinaus ist aber auch das bislang schwache Aktivitätsniveau von 5 der 6 Betriebstypen hinsichtlich einer erlebnisorientierten Betriebsstättengestaltung für dieses Ergebnis verantwortlich.

3.4 Einfluß situativer Faktoren auf die Betriebstypenheterogenität

Im nächsten Schritt wurde analysiert, inwieweit situative Faktoren zur Erklärung der Wahl und Ausgestaltung von Profilierungsaktivitäten beitragen. Hierzu wurden Indikatoren der Markt- und Wettbewerbssituation sowie der internen Situation der einzelnen Vertragshändler erhoben. Die diskriminanzanalytische Erklärung der Betriebstypenunterschiede mit Hilfe der *Markt- und Wettbewerbssituation* führte jedoch zu völlig unbefriedigenden Ergebnissen. Lediglich 27.2% der Händler können anhand ihrer Markt- und Wettbewerbssituation (z.B. Wohnbevölkerung, Kaufkraft, Arbeitslosenquote, PKW-Neuzulassungen, Verhalten der Konkurrenten, Preisdruck, Wettbewerbsposition, Standortqualität) ihren Betriebstypen-Clustern richtig zugeordnet werden. Es konnte lediglich eine signifikante Trennfunktion berechnet werden, die zudem mit einem Wilks' Lambda von 0.971 ein schlechtes Gütemaß aufwies. Ein vergleichbares Bild ergab sich bei der Analyse der *internen Situation*. Die Erklärung der Betriebstypenunterschiede anhand der Unternehmensführungsdimensionen Personalqualifikation und -motivation, unternehmerisches Engagement, Mitarbeiterorientierung, Führungsstil, leistungsorientierte Anreizsysteme und Zielgruppenorientierung fällt unbefriedigend aus. Bei zwei signifikanten Diskriminanzfunktionen können lediglich 38.4% der Händler ihrem Betriebstyp anhand dieser sechs Führungsdimensionen richtig zugeordnet werden. Darüber hinaus weisen auch der marketingorientierte EDV-Einsatz und die Nutzung von Planungs- und Kontrollinstrumenten kaum signifikante Unterschiede zwischen den Typen

Struktur- und Marketing-Instrumente-Dimensionen			**mittlerer Diskriminanz-koeffizient**	**relative Bedeutung des mittleren Dominanzkoeffizienten**		**relative Bedeutung der betriebstypenbildenden Dimensionen**	
Bereiche		diskriminierende Faktoren		in %	Rang	Σ	ΣΣ
Strukturpolitik	Betriebsgröße	• Betriebsfläche in m^2	0,252	7,28%	6.	13,63%	13,63%
		• ds. Neuwagenabsatz	0,220	6,35%	7.		
Leistungspolitik	Sortiment	• Neufahrzeug-Sortiment	0,192	5,56%	10.	9,61%	37,17%
		• erweitertes Sortiment	0.140	4,05%	11.		
	Kundendienst	• Kundendienstangebote mit Preisvorteil	0,346	9,99%	1.	23,56%	
		• Kundendienstangebote mit Zeitvorteil	0,328	9,49%	2.		
		• Umfang der Kundendienstleistungen	0,141	4,08%	11.		
	Service	• Umfang der Value-Added Services	0,139	4,00%	11.	4.00%	
Preis- und Finanzierungspolitik		• Finanzierungsinstrumente	0,306	8,86%	3.	16,78%	16,78%
		• Niedrigpreis-Strategie im NW-Verkauf	0,274	7,92%	5.		
Kommunikationspolitik	Persönlicher Verkauf und Betreuung	• Persönlicher Verkauf	0,128	3,71%	14.	6,18%	24,16%
		• After-Sales Betreuung	0,086	2,47%	16.		
	Werbung und Verkaufsförderung	• differenzierende Kommunikationskonzepte	0,217	6,28%	7.	17,98%	
		• produktbezogene Werbeinhalte	0,286	8,26%	4.		
		• nicht-produktbezogene Werbeinhalte	0,119	3,44%	15.		
Betriebsstättengestaltung		• Ambiente/Atmosphäre	0,084	2,42%	13.	8,24%	8,24%
		• Ausstattung	0,201	5,82%	9.		
Σ			3,459	100%			

Abbildung 6: Diskriminatorische Bedeutung der Struktur- und Marketing-Instrumente-Dimensionen für die Betriebstypencluster

auf (Wöllenstein 1996, S. 220 f.). Unterzieht man diese Ergebnisse einer abschließenden Würdigung, so ist festzuhalten, daß auch mittels situativer Faktoren keine klare Trennung der empirischen Betriebstypen herbeigeführt werden kann. Das heißt, von dem Vorhandensein bestimmter Rahmenbedingungen seitens der Markt- und Wettbewerbssituation, der Unternehmensführung und der betriebswirtschaftlichen Systeme kann nicht monokausal auf einzelne Profilierungsstrategien und Betriebstypen geschlossen werden und vice versa.

3.5 Erfolgswirkungen der Betriebstypenprofilierung

3.5.1 Operationalisierung der Erfolgswirkungen

Die Analyse des Erfolgs verschiedener Betriebstypen eröffnet die Möglichkeit, Marketingkonzepte als Ganzes auf ihre Erfolgswirksamkeit hin zu untersuchen. Anders als in der klassischen Erfolgsfaktorenforschung geht es hier nicht um die Identifikation singulärer Schlüsselfaktoren. Vielmehr wird davon ausgegangen, daß durch die spezifische Kombination der Marketinginstrumente und Strukturmerkmale im Rahmen eines Profilierungskonzeptes Verstärkungseffekte entstehen, die bei isolierter Betrachtung entweder nicht identifiziert oder falsch zugerechnet würden. Im Rahmen der bisherigen Arbeiten zur Erfolgsfaktorenforschung wurde eine Vielzahl unterschiedlicher Indikatoren zur Operationalisierung des Erfolges herangezogen. Mehrheitlich handelte es sich dabei um marktliche und finanzielle Erfolgsgrößen wie Marktanteil, Umsatz, Umsatzrendite oder Gewinn. Indikatoren des psychographischen Erfolgs wie Kundenzufriedenheit, Unternehmens- bzw. Produktimage oder Loyalität werden erst in jüngerer Zeit vereinzelt in die Untersuchungen einbezogen (Wahle 1991, S. 239).

Der *psychographische Erfolg* eines Automobilhändlers wird in den nachfolgenden Analysen über die Kundenzufriedenheit operationalisiert. Die Zufriedenheitswerte wurden einer standardisierten Befragung des Herstellers entnommen, bei der Neuwagenkäufer der Marke in einem Zeitraum von 3-6 Monaten nach dem Kauf schriftlich befragt werden (Stauss/Hentschel 1992, S. 115 f.). Für die folgenden Analysen wurde ein mittels einer Ratingskala erhobenes Gesamtzufriedenheitsurteil der Kunden verwendet. Die Zufriedenheit mit dem Vertragshändler wurde als Durchschnittswert der Jahre 1989/90 und zusätzlich als durchschnittliche jährliche Veränderung von 1988 bis 1990 im Sinne eines dynamischen Indikators gemessen. Der *marktliche Erfolg* der Vertragshändler wurde über drei Erfolgsindikatoren operationalisiert, das Absatzwachstum 1986 bis 1990, das Wachstum des absoluten Marktanteils im Marktverantwortungsgebiet und die Veränderung des relativen Marktanteils im Intra-Marken-Wettbewerb jeweils 1988 bis 1990. Alle Erfolgsindikatoren beziehen sich ausschließlich auf das Geschäft mit Neuwagen und wurden als geometrisches Mittel berechnet. Auf die Einbeziehung finanzieller Erfolgsgrößen mußte verzichtet werden, weil die verfügbaren Daten erheblichen Verzerrungseffekten durch Rechtsform-Unterschiede, Investitionsplanungen und Bilanzierungstaktiken der einzelnen Handelsunternehmen unterlagen.

3.5.2 Globale Analyse der Erfolgswirkungen

Die Regressionsanalyse auf Basis der als Effekte kodierten (Tiede 1987, S. 233 f.) empirischen Betriebstypen liefert die in *Abbildung 7* aufgeführten Ergebnisse. Die Detailanalyse der Regressionskoeffizienten liefert eine Reihe interessanter Befunde. So fällt auf, daß die Entwicklung der *Kundenzufriedenheit* durch die Art des Betriebstyps nicht erklärt werden kann. Lediglich die ambitionierten Händler konnten im Beobachtungszeitraum die Zufriedenheit der Kunden überdurchschnittlich steigern. Da sie auch in der statischen Betrachtung überdurchschnittlich zufriedene Kunden aufweisen, können ihre umfangreichen Profilierungsbemühungen mit Blick auf den psychographischen Erfolg als richtige Entscheidungen bezeichnet werden. Diese Aussage wird durch die Erfolgsausprägungen der Kundendienst-fokussierten Händler unterstrichen. Im Gegensatz zu den ambitionierten Händlern verzichten diese Betriebe weitgehend auf das Angebot differenzierender Leistungen und beschränken sich auf gute und flexibel auszugestaltende Kundendienstleistungen. Entsprechend weisen Händler dieses Typs zwar eine hohe Gesamtzufriedenheit auf, laufen aber Gefahr, diesen Wettbewerbsvorteil zu verlieren, da die Kundenzufriedenheit im Zeitablauf sinkt.

Effekte \ Erfolgsindikatoren		Veränderung der Kundenzufriedenheit	Kundenzufriedenheit	Absatzwachstum	Marktanteilswachstum	Δ Position im Intra-Gruppenwettbewerb
Effekt der Konstanten b_0		0,000 n.s.	-0,056 n.s.	0,058 n.s.	0,031 n.s.	0,050 n.s.
Handels-Spezialist		0.029 n.s.	-0.689 ****	0,423 ****	0,782 ****	0,468 ****
Automobil-Center		-0,111 n.s.	-0,421 ****	0,681 ****	0,812 ****	0,682 ****
klass. Autohaus		-0,047 n.s.	-0,196 ***	-0,058 n.s	-0,243 ****	-0,354 ****
ambitionierter Händler		0,399 ****	0,589 ****	-0,220 ***	-0186 ****	-0,132 n.s.
Kundendienst-Fokussierter		-0,207 *	0,501 ****	-0,486 ****	-0,646 ***	-0,458 ****
Marken-Stützpunkt		-0,063 n.s.	0,272 ****	-0,340 ***	-0,519 ****	-0,206 ***
Bestimmtheitsmaß	R^2	0,041	0,188	0,140	0,314	0,214
	Adj. R^2	0,026	0,176	0,127	0,302	0,200

Signifikanzniveau der Regressionskoeffizienten:
n.s. = nicht signifikant;
* α=0,15; ** α=0,10; *** α=0,05; **** α=0,01

Δ = Veränderung im Zeitablauf

Abbildung 7: Analyse der Erfolgswirkungen der Betriebstypen

Die vertiefende Analyse des Zufriedenheitsniveaus offenbart einen negativen Zusammenhang zwischen Betriebsgröße und psychographischem Erfolg. Die beiden Betriebstypen, die überdurchschnittlich große Handelsunternehmen repräsentieren, weisen stark unterdurchschnittliche Zufriedenheitswerte auf. Auffällig ist jedoch, daß die Automobil-Center klar besser abschneiden als die Handels-Spezialisten. Die umfassenden

Profilierungsbemühungen der Automobil-Center - insbesondere auch in denjenigen Instrumentebereichen, die durch intensiven Kundenkontakt und das Angebot von Value-Added Services gekennzeichnet sind - finden hier offensichtlich ihren positiven Niederschlag. Bemerkenswert im Zusammenhang mit der Kundenzufriedenheit ist schließlich, daß die Marken-Stützpunkte trotz der Defizite in der Ausgestaltung ihres Marketing-Mix über vergleichsweise zufriedene Kunden verfügen. Hier kann die Erklärung vornehmlich in den positiven Effekten kleinbetrieblicher Strukturen und der damit verbundenen großen Kundennähe gesucht werden.

Die differenzierte Untersuchung der *ökonomischen Erfolgsgrößen* bestätigt die Erfolgswirksamkeit der Profilierungskonzepte, wie sie von den Automobil-Centern und den Handels-Spezialisten verfolgt werden. Demgegenüber haben die unprofilierten Typen der Kundendienst-Fokussierten und der Marken-Stützpunkte eine zunehmende Erosion ihrer Marktposition zu verzeichnen. Den mit Blick auf das Absatzwachstum und das Marktanteilswachstum erfolgreichsten Betriebstyp stellen die Automobil-Center dar. Neutralisiert man den betriebstypenspezifischen Einfluß des Absatzwachstums auf die Veränderung des absoluten Marktanteils, zeigt sich, daß die Handels-Spezialisten geringfügig größere Marktanteilszuwächse verzeichnen können als die Automobil-Center. Offensichtlich ist die von den Handels-Spezialisten verfolgte aggressive Preisstrategie im Neuwagenverkauf in besonderer Weise geeignet, in wettbewerbsintensiven Märkten die eigene Marktposition auszubauen. Ähnliches gilt für den Händlertyp des Marken-Stützpunktes. Seine Marktanteilsverluste fallen offenbar aufgrund seiner Bereitschaft zu Preiszugeständnissen geringer aus als die des strukturell vergleichbaren Kundendienst-Fokussierten. Bemerkenswert ist schließlich, daß der Betriebstyp des klassischen Autohauses in allen ökonomischen Erfolgsdimensionen unterdurchschnittliche Werte erzielt. Lediglich bei der Steigerung ihres Neuwagenabsatzes bewegen sich diese Handelsunternehmen auf durchschnittlichem Niveau.

4 IMPLIKATIONEN FÜR DAS HANDELSMANAGEMENT IN DER AUTOMOBILINDUSTRIE

Zusammenfassend kann festgehalten werden, daß signifikante Erfolgsunterschiede zwischen den empirisch ermittelten Betriebstypen eines vertraglichen Vertriebssystems existieren. Damit ist auch unter den restriktiven Bedingungen vertraglicher Vertriebssyteme ein differenziertes Betriebstypenmarketing möglich. Es hat sich gezeigt, daß Händlertypen mit umfangreichen Profilierungsaktivitäten vor allem ökonomisch erfolgreicher sind als Betriebe, die sich auf die durch den Vertragshändler-Status begründeten Basisleistungen beschränken. Der Umstand, daß die Betriebstypenprofilierung vor allem im Intra-Marken-Wettbewerb zu Konkurrenzvorteilen führt, macht es für Automobilhändler zukünftig zwingend erforderlich, eine spezifische Kompetenz durch ein klares Leistungsprofil zu erarbeiten. Dies setzt voraus, daß sich die Handelsbetriebe von ihrem wettbewerbsorientierten Anpassungsverhalten lösen und in stärkerem Maße als in der Vergangenheit auf innovative Instrumente und Konzepte, z.B. Value-Added Services, setzen. Des weiteren wurde in der Untersuchung deutlich, daß die Kundenzufriedenheit als absolute, über alle Handelsunternehmen hinweg betrachtete Erfolgsgröße keinen geeigneten Maßstab zur Erklärung von Unterschieden im marktlichen Erfolg darstellt. Wenngleich der grundsätzlich positive Zusammenhang zwischen Zufriedenheit und Loyalität (Burmann 1991, S. 249 f.) und damit dem ökonomischen Erfolg hier nicht in Frage gestellt werden soll, ist doch festzuhalten, daß neben der Zufriedenheit der Kunden mit ihrem Händler offensichtlich andere Faktoren die Attraktivität eines Handelsbetriebs zum Zeitpunkt der Kaufentscheidung erheblich beeinflussen. Die Bindung von Konsumenten an einen Handelsbetrieb und vor allem die Eroberung von Neukunden sind demnach über primär zufriedenheitsstiftende Marketingmaßnahmen allein nicht zu erreichen.

LITERATUR

Ahlert, D.: Evolutionäres Handelsmanagement: Die controllinggestützte Evolution erlebnisorientierter Betreibungskonzepte des stationären Einzelhandels, Arbeitspapier Nr. 11 des Lehrstuhls für Betriebswirtschaftslehre, insbesondere Distribution und & Handel, Münster 1989/90.

Ahlert, D.; Schröder, H.: Erlebnisorientierung im stationären Einzelhandel - Eine Aufgabe des evolutionären Handelsmanagements. In: Marketing ZFP, Heft 4, 12(1990), S. 221-229.

Ahlert, D.; Kollenbach, S.; Korte, C.: Strategisches Handelsmanagement, Erfolgskonzepte und Profilierungsstrategien am Beispiel des Automobilhandels, Stuttgart 1996.

Backhaus, K.; Erichson, B.; Plinke, W.; Weiber, R.: Multivariate Analysemethoden: Eine anwendungsorientierte Einführung, 7.Aufl., Berlin u.a. 1994.

Becker, J.: Marketing-Konzeption: Grundlagen des strategischen Marketing-Managements, 4.Aufl., München 1992.

Burmann, Chr.: Konsumentenzufriedenheit als Determinante der Marken- und Händlerloyalität: Das Beispiel der Automobilindustrie. In: Marketing ZFP, Heft 4, 13(1991), S. 249-158.

Burmann, Chr.: Fläche und Personalintensität als Erfolgsfaktoren im Einzelhandel. In: Meffert, H.; Steffenhagen, H.; Freter, H. (Hrsg.), Schriftenreihe Unternehmensführung und Marketing, Bd. 27, Wiesbaden 1995.

Drexel, G.: Strategische Unternehmensführung im Handel, Berlin, New York 1981.

Florenz, P.J.: Konzept des vertikalen Marketing: Entwicklung und Darstellung am Beispiel der deutschen Automobilindustrie, Bergisch-Gladbach, Köln 1991.

Glöckner-Holme, I.: Betriebsformen-Marketing im Einzelhandel, Augsburg 1988.

Hansen, U.: Absatz- und Beschaffungsmarketing des Einzelhandels: Eine Aktionsanalyse, 2.Aufl., Göttingen 1990.

Heinemann, G.: Betriebstypenprofilierung und Erlebnishandel, Schriftenreihe Unternehmensführung und Marketing, Bd. 22, Wiesbaden 1989.

Kube, C.: Erfolgsfaktoren in Filialsystemen: Diagnose und Umsetzung im strategischen Controlling, Wiesbaden 1991.

Laakmann, K.: Value-Added Services als Profilierungsinstrument im Wettbewerb, Schriften zu Marketing und Management, Meffert, H. (Hrsg.), Bd. 27, Frankfurt/Main 1995.

Lingenfelder, M.; Schneider, W.: Die Kundenzufriedenheit: Bedeutung, Meßkonzept und empirische Befunde, Arbeitspapier Nr. 80 des Instituts für Marketing der Universität Mannheim, Mannheim 1990.

Mathieu, G.: Lebenszyklus als Entscheidungshilfe für Betriebstypen im Handel. In: Marketing Journal, Heft 2, 11(1978), S. 122-128.

Meffert, H.: Marketingstrategien der Warenhäuser - Wege aus der Krise?. In: Harvard Manager, Heft 2, 7(1985), S. 20-28.

Meinig, W.; Hess, A.: Absatzkanalsysteme der Automobilwirtschaft - Eine deskriptive Analyse, In: zfbf, Heft 3, 48(1996), S. 280 - 299.

Oehme, W.: Handels-Marketing: Entstehung, Aufgabe, Instrumente.

Porter, M.E.: Wettbewerbsstrategie: Methoden zur Analyse von Branchen und Konkurrenten, Frankfurt/Main 1992.

Rudolph, T.C.: Positionierungs- und Profilierungsstrategien im Europäischen Einzelhandel, St. Gallen 1993.

Schenk, H.-O.: Marktwirtschaftslehre des Handels, Wiesbaden 1991.

Stauss, B.; Hentschel, B.: Messung von Kundenzufriedenheit: Merkmals- oder ereignisorientierte Beurteilung von Dienstleistungsqualität. In: Marktforschung & Management, 36(1992), S. 115-122.

Theis, H.J.: Einkaufsstättenpositionierung: Grundlage der strategischen Marketingplanung, Wiesbaden 1992.

Tiede, M.: Statistik: Regressions- und Korrelationsanalyse, München 1987.

Tietz, B.: Der Handelsbetrieb: Grundlagen der Unternehmenspolitik, München 1985.

Wahle, P.: Erfolgsdeterminanten im Einzelhandel: Eine theoriegestütze, empirische Analyse strategischer Erfolgsdeterminanten unter besonderer Berücksichtigung des Radio- und Fernsehfacheinzelhandels, Frankfurt/Main u.a. 1991.

Weinberg, P.: Erlebnisorientierte Einkaufsstättengestaltung im Einzelhandel. In: Marketing ZFP, Heft 2, 8(1986), S. 97-102.

Wöllenstein, S.: Betriebstypenprofilierung in vertraglichen Vertriebssystemen. In: Meffert, H. (Hrsg.), Schriften zu Marketing und Management, Bd. 28, Frankfurt/Main 1996.

Umpositionierung im technischen Handel

Michael Kleinaltenkamp und Marco Schmäh

Wirtschaftliche Veränderungnen auf vor- und nachgelagerten Stufen des Technischen Handels sowie insb. im Bereich der Informationstechnologien und der Logistik haben dazu geführt, daß es heute keine vorgegebenen `geborenen´ Funktionen des Großhandels mehr gibt. Zudem verschwimmen durch die Hinzunahme der Anarbeitungsleistungen die Grenzen zwischen den `reinen´ Handelsbetrieben auf der einen Seite und den Produktionsbetrieben auf der anderen Seite immer mehr.

Vor diesem Hintergrund beschreibt der nachfolgende Beitrag zunächst die Charakteristika der Anarbeitungsleistungen im Technischen Handel, um auf dieser Grundlage Ansatzpunkte für eine Neupositionierung der Technischen Handelsbetriebe darzustellen und zu untersuchen.

1 EINLEITUNG

Die Handelsbetriebe im Business-to-Business-Bereich, die im allgemeinen unter dem Begriff des Produktionsverbindungshandels zusammengefaßt werden (vgl. Kleinaltenkamp 1995, S. 796), sehen sich z.Zt. tiefgreifenden Strukturwandlungen gegenüber. Eine wesentliche, mit weitreichenden betriebswirtschaftlichen Konsequenzen verbundene Veränderung ist dabei die, daß die traditionellen Grenzen zwischen 'reinen' Handelsbetrieben auf der einen und Herstellerbetrieben auf der anderen Seite immer mehr verschwimmen (vgl. ähnlich auch Schmidt 1995, S. 784; Fuchs 1995, S. 472). Damit stellt sich nicht nur die Frage nach der Überlebensfähigkeit des 'reinen' Handelsbetriebs neu (ebenso Fuchs, der für den Großhändler als reinen Distributeur keine große Zukunft sieht, vgl. Drosten 1994, S. 15), sondern die einzelnen Unternehmen haben auch darüber zu entscheiden, inwieweit für sie die Notwendigkeit besteht, ihr Leistungsangebot neu zu konzipieren und sich damit in ihrem wettbewerblichen Umfeld neu zu positionieren (vgl. zur Notwendigkeit der strategischen Neuorientierung von Großhändlern Hax 1995, S.407).

Untersucht werden sollen diese Problemstellungen im folgenden am Beispiel des klein- bis mittelständisch strukturierten *Technischen Handels*, dessen Sortiment sich i.d.R.

typischerweise aus technischen Gummiwaren, Schläuchen, Kunststoffen, Transportbändern, Form- und Stanzartikeln, Wälzlagern, Dichtungen, Armaturen und Arbeitsschutzartikeln zusammensetzt. Zu seinen Kunden zählen hauptsächlich Industriebetriebe sowie darüber hinaus Handwerks- und Großhandelsbetriebe und Kommunale Einrichtungen (vgl. Kleinaltenkamp/Schmäh 1995, S. 9).

Die Datengrundlage der Ausführungen bilden zwei empirische Untersuchungen, die auf der *Techdetail 94* und der *Techdetail 96*, den Fachmessen für den Technischen Handel in Deutschland, durchgeführt wurden. Hier wurden im Jahre 1994 55 und im Jahre 1996 80 Technische Händler zu betriebswirtschaftlichen Problemfeldern ihrer strategischen Positionierung befragt.

2 DIE CHARAKTERISTIKA DER ANARBEITUNG IM TECHNISCHEN HANDEL

Aufgrund vielfältiger wirtschaftlicher Veränderungen, vor allem im Bereich der Informationstechnologien und der Logistik, gibt es heute keine vorgegebenen 'geborenen' Funktionen des Großhandels mehr, wie bspw. die Raumüberbrückung oder die Mengentransformation (vgl. Schmidt 1995, S. 784; Schmidt/Freund 1995, S. 2). Dies gilt nicht nur für den Produktionsverbindungshandel im allgemeinen, sondern auch für den Technischen Handel im besonderen, der durch die Übernahme vielfältiger Dienstleistungen längst aus seiner 'klassischen' Mittlerrolle zwischen Lieferant und Abnehmer herausgewachsen ist (vgl. O.V. 1991, S. 20). Dies zeigt sich ganz besonders am Beispiel der Anarbeitung, die, wie die Untersuchung auf der *Techdetail 94* ergab, mittlerweile im Technischen Handel eine große Bedeutung erlangt hat, die in der Zukunft vermutlich noch weiter steigen wird (*vgl. Abbildung 1*).

Wurde der Stellenwert der Anarbeitung vor ca. zehn Jahren (1984) schon von ca. 30% der Händler als hoch angesehen, so gaben für das Jahr 1994 bereits ca. 60 % der Händler eine entsprechende Einschätzung. Eine noch weiter steigende Bedeutung erwarten die Technischen Händler für die Zukunft, denn immerhin ca. 80 % der befragten Händler erwarten, daß die Bedeutung der Anarbeitung im Jahr 2004 hoch sein wird.

Dabei ist die Anarbeitung im Technischen Handel durch folgende Merkmale charakterisiert:

- Zunächst erfolgen Anarbeitungsleistungen im Technischen Handel nahezu ausschließlich integrativ (vgl. zum Begriff der Integrativität Engelhardt/Kleinaltenkamp/Reckenfelderbäumer 1993, S. 418ff.), denn 98% der im Jahre 1994 befragten Händler gaben an, daß sie Anarbeitungsleistungen kundenspezifisch vornehmen (vgl. Kleinaltenkamp/Schmäh 1995, S. 32ff.; vgl. auch Schmidt/Freund 1995, S. 784).
- Ein weiteres Charakteristikum der Anarbeitung im Technischen Handel ist zudem, daß der überwiegende Anteil der Anarbeitungsleistungen im jeweiligen Handelsun-

ternehmen selbst erbracht wird. Dies zeigte sich sowohl bei der empirischen Erhebung auf der *Techdetail 94* (vgl. Kleinaltenkamp/Schmäh 1995, S. 24) als auch erneut auf der *Techdetail 96*. Die Mehrzahl der Technischen Händler (51,9%) gibt lediglich bis maximal 10% der Anarbeitungsleistungen zur Bearbeitung an andere Firmen. Weitere 30,4% der Händler lassen zwischen 11% und 30% der betreffenden Waren von Drittbetrieben anarbeiten und nur 17,7 % der Händler haben einen Anteil an fremdbearbeiteten Waren von mehr als 30 % (vgl. *Abbildung 2*).

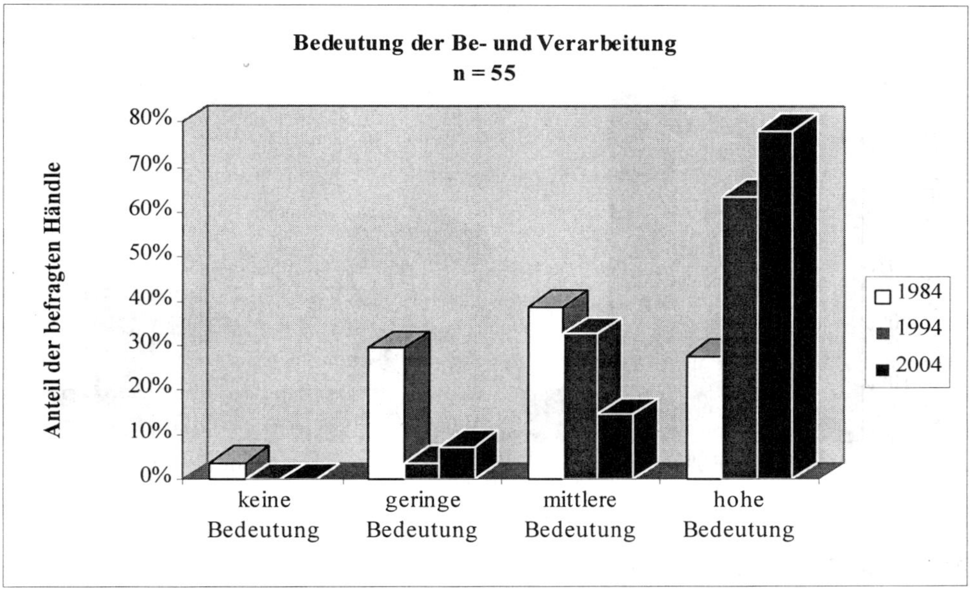

Abbildung 1: Die Bedeutung der Be- und Verarbeitung im Technischen Handel (Kleinaltenkamp/Schmäh 1995, S. 11)

Es kann folglich festgehalten werden, daß die Anarbeitung heutzutage schon keine 'Zusatzleistung' mehr ist, sondern vielmehr zum Kerngeschäft vieler Technischen Händler gehört. Ausgehend von der aufgezeigten, steigenden Bedeutung der Anarbeitung im Technischen Handel sowie von Outsourcing-Tendenzen auf vor- und nachgelagerten Stufen (vgl. Tietz/Greipl 1994, S. 695; Tietz 1995, S. 76) verwundert es nicht, daß die Technischen Händler den prozentualen Anteil bearbeiteter Ware am Umsatz erhöhen und sich damit noch stärker auf ihr 'neues' Kerngeschäft 'Anarbeitung' konzentrieren wollen. So ergaben die Antworten der Technischen Händler auf eine entsprechende Frage, daß 73,7% der Händler den Anteil erhöhen und 25% der Händler ihren Anteil halten wollen. Lediglich 1,3% der Technischen Händler planen, ihren Anteil schrittweise zu verringern (vgl. *Abbildung 3*).

Betrachtet man die Ergebnisse zudem etwas detaillierter, so fällt auf, daß die Mehrzahl der Technischen Händler ihren Anteil an bearbeiteter Ware um mindestens 50% steigern will. *Abbildung 4* zeigt, daß 11 Händler den Umsatzanteil an bearbeiteter Ware um bis zu 30% erhöhen möchten. 27 Händler planen, den Anteil zwischen 31% und 60% zu erhöhen, und lediglich zwei Händler beabsichtigen, den Anteil um 61 bis zu 90 % zu steigern. Immerhin noch 14 befragte Technische Händler wollen den Anteil an bearbeiteter Ware zukünftig um sogar mehr als 90% erhöhen.

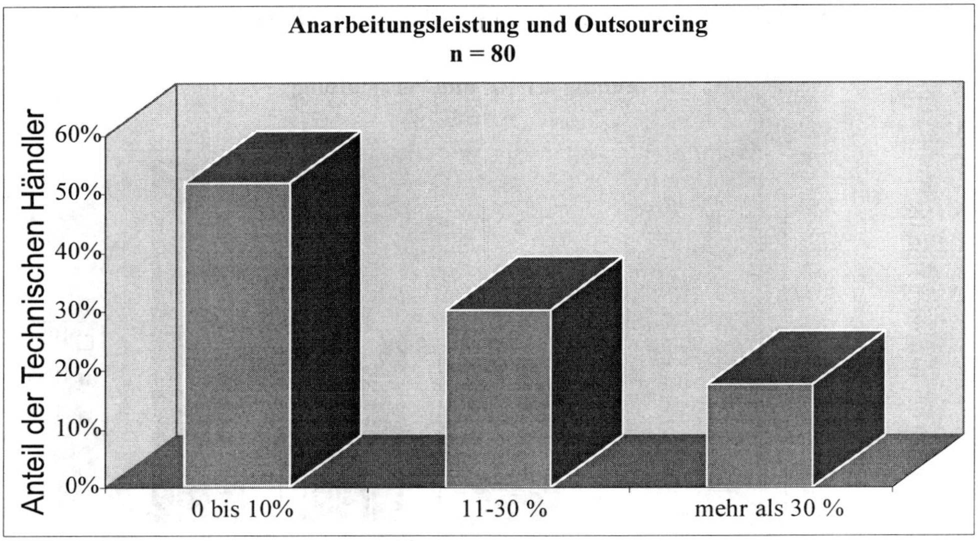

Abbildung 2: Anarbeitungsleistung und Outsourcing

Die Gespräche mit den Technischen Händlern auf der *Techdetail 96* ließen auch die Gründe für die Erhöhung des Anteils an bearbeiteter Ware erkennen. Neben der Möglichkeit, sich durch Anarbeitungsleistungen im Wettbewerb differenzieren zu können (vgl. auch Kleinaltenkamp/Schmäh 1995, S. 13), wurde eine deutlich höhere Kundenbindung als Motivation für die Erbringung von Anarbeitungsleistungen angeführt. Zusätzlich erwähnten die Technischen Händler, daß sie beim Angebot von Anarbeitungsleistungen mit einer geringeren Konkurrenz rechnen. Entscheidend für das erhöhte Angebot von Anarbeitungsleistungen ist jedoch nach Ansicht der Mehrzahl der Händler vor allem die desolate Preissituation für unbearbeitete bzw. Stapelware.

Im Gegensatz dazu liegen sowohl die bei der Anarbeitung von Waren erzielbaren Preise als auch die hierbei realisierbaren Gewinne über den Preisen bzw. Gewinnen der betreffenden unbearbeiteten Waren. Die *Abbildung 5* zeigt, daß 18 der befragten Technischen Händler für ihre kundenindividuell angearbeiteten Waren im Durchschnitt Preise erzielen, die bis zu 20% über denen unbearbeiteter Waren liegen. Weitere 33 Händler realisieren Mehrpreise von 21% bis zu 40%, und immerhin noch 21 Technische Händler erreichen durchschnittlich Mehrpreise, die um mehr als 40% höher sind als die von unbearbeiteter Ware.

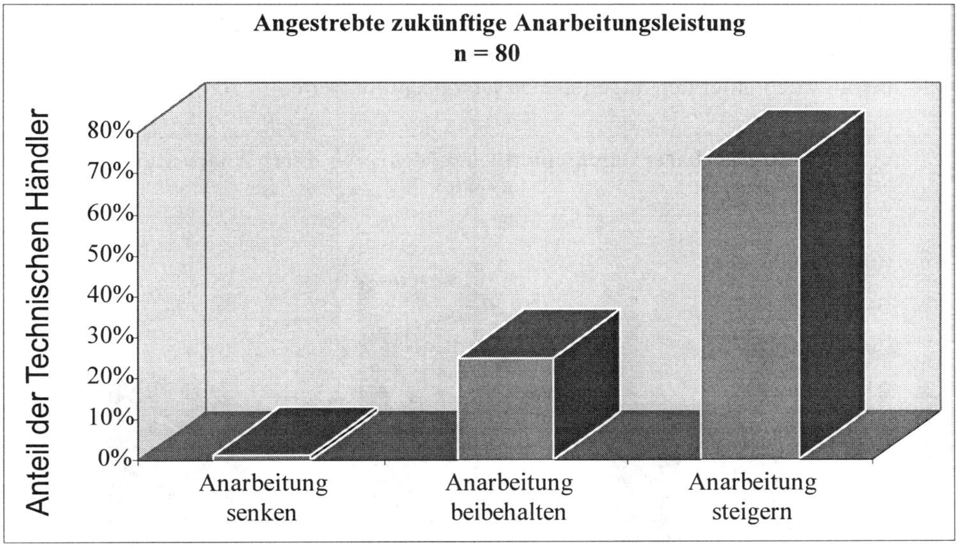

Abbildung 3: Zukünftiger Anteil bearbeiteter Waren

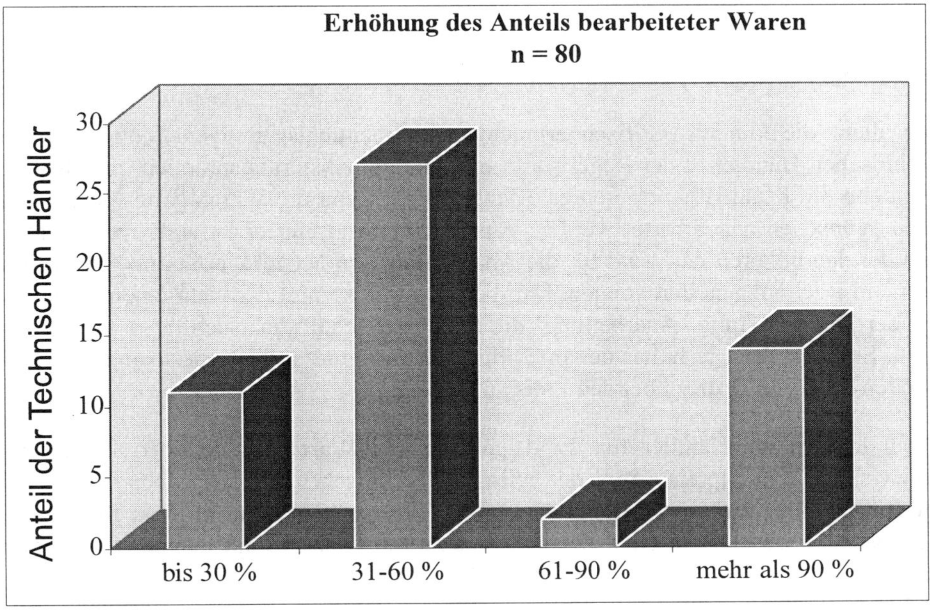

Abbildung 4: Prozentuale Steigerung des Anteils bearbeiteter Waren

Ähnlich sieht, wie *Abbildung 6* entnommen werden kann, die entsprechende Gewinnsituation aus, wozu allerdings angemerkt werden muß, daß es sich jeweils um durchschnittliche Mehrpreise bzw. durchschnittliche Mehrgewinne bei kundenindividuell angearbeiteten im Vergleich zu unbearbeiteten Waren handelt. Die Mehrpreise bzw. Mehrgewinne sind sehr artikelspezifisch und können deshalb im Einzelfall sowohl sehr weit über als auch unter den angegebenen Durchschnittswerten liegen.

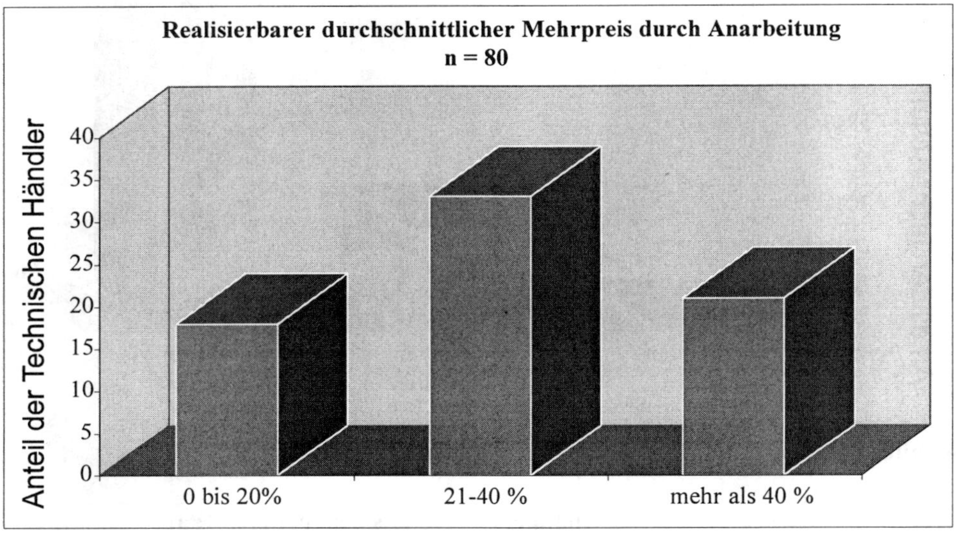

Abbildung 5: Mehrpreis bearbeiteter Waren

Vor allem die kundenspezifisch erbrachten Anarbeitungsleistungen können sich die Technischen Händler in der Regel somit mit 'Individualisierungsprämien' abgelten lassen, denn die Kunden honorieren es offensichtlich, wenn die Waren ganz speziell nach ihren Wünschen angearbeitet werden. Ausschlaggebend hierfür ist zum einen, daß die Händler den höheren Aufwand für die Anarbeitung den Nachfragern ohne größere Probleme in Rechnung stellen können. Darüber hinaus bestimmt der wahrgenommene Nutzen der Dienstleistung 'Anarbeitung' die Preisbereitschaft der Nachfrager (vgl. Simon 1994, S. 723), denn je höher der Individualisierungsgrad ausfällt, desto mehr sind die Kunden auch bereit, dies über den Preis zu entgelten.

Dabei fordern die Händler für ihr Angebotspaket 'Ware plus Anarbeitungsleistung' überwiegend Bündelpreise. 85% der befragten Technischen Händler gaben an, eine solche Preisstellung zu praktizieren, während lediglich zehn Prozent in ihren Rechnungen die Posten Ware und die Dienstleistung getrennt ausweisen, und nur bei fünf Prozent der Technischen Händler erfolgt die Inrechnungstellung von Ware und Anarbeitungsleistung artikelspezifisch (vgl. *Abbildung 7*).

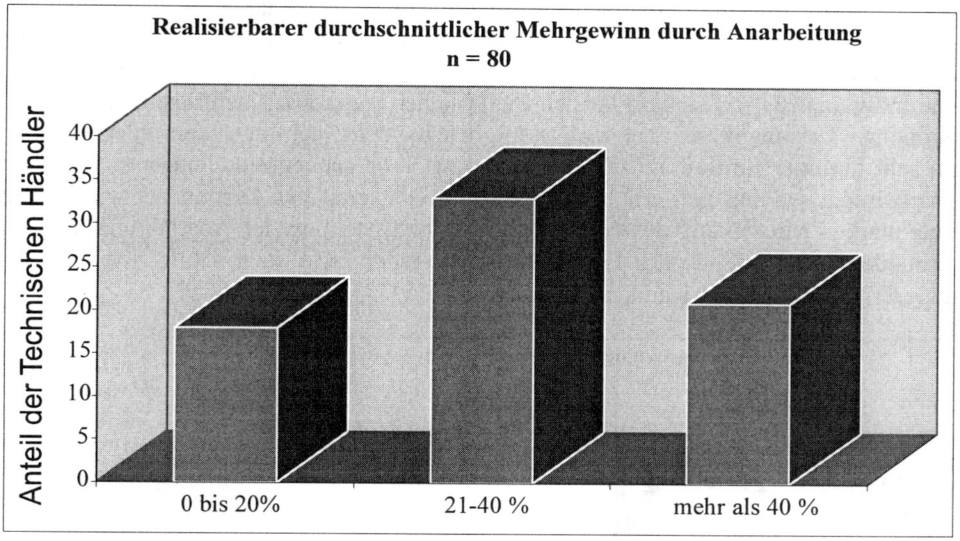

Abbildung 6: Mehrgewinn bearbeiteter Waren

Ein Grund für diese Art der Preisstellung ist, daß man dem Nachfrager so nicht die eigene Kalkulation offenlegen muß. Darüber hinaus gelingt es, durch Bündelpreise die überschüssige Preisbereitschaft der Nachfrager für die Dienstleistung 'Anarbeitung' auf die Ware zu übertragen, so daß ein zusätzliches Erlöspotential erschlossen werden kann (vgl. hierzu und zur Vorteilhaftigkeit von Bündelpreisen ausführlich Simon 1994, S. 729 und die dort angegebene Literatur).

3 TYPEN TECHNISCHER HANDELSBETRIEBE

Auch wenn der Stellenwert der Anarbeitungsleistungen im Technischen Handel ganz generell gestiegen ist, gehen die einzelnen Handelsbetriebe doch durchaus unterschiedliche Wege bei ihrer Umpositionierung. Diese 'Wanderungsbewegungen' sollen im folgenden mit Hilfe einer Typologie der Technischen Händler aufgezeigt und systematisiert werden. Ausgangspunkt der Typologie ist die Dreiteilung jeder Art von Leistungserstellung in Leistungspotential bzw. Bereitstellungsleistung, Leistungserstellungsprozeß und Leistungsergebnis (vgl. Hilke 1989, S. 10; Engelhardt/Kleinaltenkamp/Reckenfelderbäumer 1993, S. 398). Das Leistungspotential stellt dabei die Vorkombination aus internen Faktoren, wie bspw. dem Personal, den Betriebsmitteln und Waren, dar. Sie werden bereitgehalten, um den eigentlichen Leistungserstellungsprozeß durchführen zu können, an dessen Ende das vom Nachfrager gewünschte Leistungsergebnis steht. Beim Leistungserstellungsprozeß ist zwischen den beiden Ausprägungen autonome Leistungserstellung und integrative Leistungserstellung als Extremformen eines Kontinuums zu unterscheiden (vgl. dazu auch Engelhardt/Kleinaltenkamp/Reckenfelderbäumer

1993, S. 416). Bei der autonomen Leistungserstellung wird dabei die Gestaltung des Leistungsangebotes bzw. des Sortiments an den erwarteten Bedürfnissen des anonymen Marktes ausgerichtetet. Im Gegensatz dazu wird bei integrativer Leistungserstellung eine individualisierte Leistung für den Bedarf eines konkreten Nachfragers erstellt. Bei autonomer Leistungserstellung besteht folglich für den Nachfrager kein oder lediglich ein sehr geringer Einfluß auf die Durchführung des Leistungserstellungsprozesses der Anarbeitung, wohingegen ein höherer Integrativitätsgrad der Leistungserstellung mit einer starken Mitwirkung des Nachfragers an der Erstellung der Anarbeitungsleistung verbunden ist. Am Ende des Leistungserstellungsprozesses steht schließlich das Leistungsergebnis, die vom Kunden gewünschte Ware.

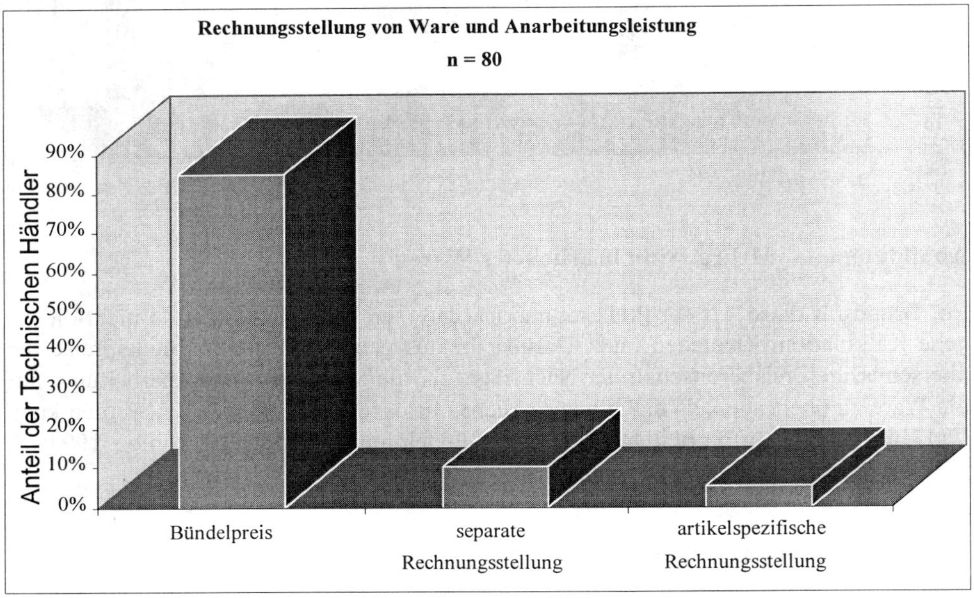

Abbildung 7: Rechnungsstellung von Ware und Anarbeitungsleistung

Charakteristisch ist nun für viele Dienstleistungsbetriebe und damit auch für den Technischen Handel, daß die Kunden externe Faktoren, die sich in ihrer Dispositionshoheit befinden, in den Leistungserstellungsprozeß einbringen müssen, damit dieser überhaupt stattfinden kann. Dabei besitzen die vom Nachfrager bereitzustellenden Informationen im Technischen Handel als externe Faktoren eine große Bedeutung, da, um individualisierte Anarbeitungsleistungen erstellen zu können, kundenspezifische Informationen benötigt werden. Diese externen, von den Kunden zur Verfügung zu stellenden Informationen, sind folglich als Produktionsfaktoren im Technischen Handel anzusehen.

Vor diesem Hintergrund können die Betriebe des Technischen Handels nun entsprechend den Unterschieden in den Leistungspotentialen sowie in den Leistungserstellungsprozessen kategorisiert werden. Auf einer 'Integrativitätsachse' entsteht auf diese Weise ein Kontinuum zwischen den Extrempunkten einer autonomen Leistungserstellung, bei der die Gestaltung des Leistungsangebotes bzw. des Sortiments an den erwarteten Bedürfnissen des anonymen Marktes ausgerichtetet werden, auf der einen und einer integrativen Leistungserstellung auf der anderen Seite, bei der überwiegend individualisierte Leistungen für den konkreten Bedarf einzelner Nachfrager erstellt werden (vgl. *Abbildung 8*).

Auf einer 'Flexibilitätsachse' kann zudem zwischen drei unterschiedlichen Formen des Leistungspotentials eines technischen Handelsbetriebs unterschieden werden: erstens der Handelsbetrieb als reiner Warenverteiler, der ausschließlich über Produkt-Know-how verfügt, zweitens der Händler mit Angebot von Anarbeitungsleistungen, der Produkt-Know-how und Anarbeitungs-Know-how besitzt, und drittens der Händler mit eigener angeschlossener Produktion, der noch zusätzlich Produktions-Know-how innehat (vgl. *Abbildung 8*).

Wie in *Abbildung 9* dargestellt, ergibt sich so eine zweidimensionale Matrix mit sechs Händlertypen als Extrempunkten (zur ausführlicheren Herleitung sowie Spezifikation der Händlertypen vgl. Schmäh 1996).

Wie sich die Technischen Händler in diesem Feld bewegt haben, ist auf der *Techdetail 96* untersucht worden. Hierzu wurden die Händler zuerst nach ihrem Leistungsangebot bei Geschäftsgründung befragt. Hiernach wurde eine Zuordnung zu den verschiedenen Händlertypen vorgenommen, die in der *Abbildung 8* jeweils in den Kreisen der entsprechenden Händlertypen wiedergegeben sind. In der Stichprobe befanden sich 38 ehemals 'reine' Händler vom Typ I, neun Händler vom Händlertyp II, kein Händler vom Typ III, 13 Händler vom Händlertyp IV, ein Händler vom Typ V und schließlich 17 Händler vom Typ VI.

Betrachtet man nun die Wanderungsbewegungen in der Matrix (vgl. *Abbildung 8*), so fällt eine deutliche Tendenz auf. Von den ehemals 'reinen' Händlern vom Typ I verfügen heute drei über eine eigene Anarbeitung mit dem Schwerpunkt auf der autonomen Leistungserstellung (Händlertyp III) sowie 19 über eine eigene Anarbeitung mit dem Schwerpunkt auf der Anarbeitung nach Kundenauftrag (Händlertyp IV). Lediglich ein Händler nahm eine eigene Produktion mit dem Schwerpunkt autonomer Leistungserstellung auf (Händlertyp V). Weitere 16 Händler haben eine eigene Produktion mit dem Schwerpunkt auf integrativer Leistungserstellung (Händlertyp VI) aufgebaut (vgl. *Abbildung 8*).

Von den früheren Händlern vom Typ II, die angearbeitete Waren von Zulieferern in ihrem Sortiment führten, haben drei heute eine eigene Anarbeitung (Händlertyp IV) und weitere vier sogar eine eigene Produktion (Händlertyp VI) (vgl. *Abbildung 8*).

Lediglich ein Händler, der bei Geschäftsgründung dem Typ IV zuzurechnen war, verfügt heute über eine eigene Produktion mit dem Schwerpunkt auf autonomer Leistungserstellung (Händlertyp V), und vier einstmalige Händler von Typ IV haben heute eine eigene Produktion mit dem Schwerpunkt auf integrativer Leistungserstellung (Händlertyp VI) realisiert (vgl. *Abbildung 8*).

Zusammenfassend kann folglich festgehalten werden, daß es bei den Technischen Handelsbetrieben eine starke Wanderungsbewegung von der autonomen zur integrativen Leistungserstellung gegeben hat. Darüber hinaus ist mit diesem Wandel auf der Händlerseite eng der Aufbau eigener Produktions- und/oder Anarbeitungskapazitäten verbunden. Die von den Betrieben des Technischen Handels in der Vergangenheit vorgenommene Umpositionierung spiegelt somit in besonderem Maße den Bedeutungswandel der klassischen Funktionen des Großhandels wieder.

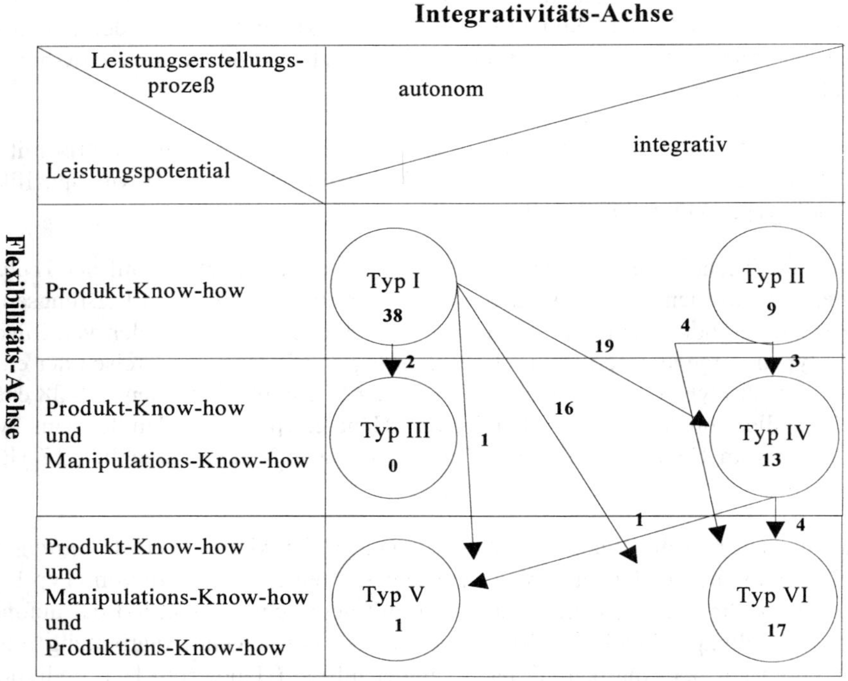

Abbildung 8: Händlertypen und frühere Wanderungsbewegungen

An diese Beobachtung schließt sich nun die Frage an, ob die Wanderungsbewegungen bereits abgeschlossen sind oder nicht. Die Händler wurden deshalb befragt, ob sie eine Änderung ihres Leistungsangebotes für die Zukunft planen. Die Ergebnisse hierzu sind in *Abbildung 9* wiedergegeben.

Hierbei fällt auf, daß nahezu alle Technischen Händler zur Zeit nicht daran denken, ihr Leistungangebot zu verändern. Lediglich drei Händler planen eine Veränderung ihres Sortimentes bzw. ihrer Leistungserstellung. Ein Händler will vom Händlertyp IV zurück zum 'reinen' Händler (Händlertyp I), ein Händler mit eigener Anarbeitung (Händlertyp III) möchte seinen Anarbeitungsschwerpunkt von der autonomen auf die integrative Seite verlagern, und ein Händler mit eigener Anarbeitung (Händlertyp IV) beabsichtigt schließlich, eine eigene Produktion mit dem Schwerpunkt auf der integrativen Leistungserstellung aufzubauen (vgl. *Abbildung 9*).

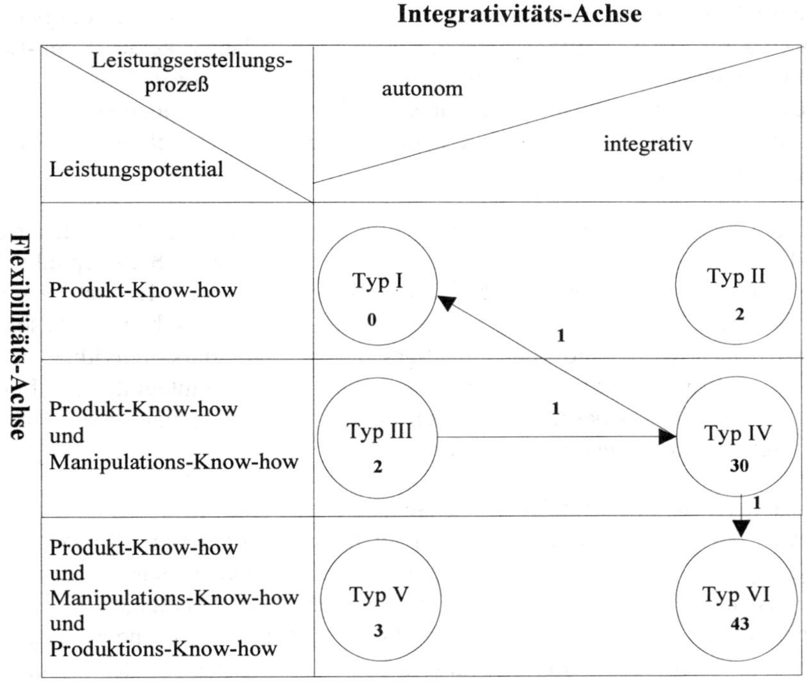

Abbildung 9: Zukünftige Wanderungsbewegungen der Technischen Händler

Kritisch anzumerken bleibt allerdings in bezug auf die dargestellten Ergebnisse, daß sich in der Stichprobe von 80 Technischen Händlern keine 'reinen' Händler vom Typ I befanden. Es konnte folglich nicht untersucht werden, ob der oben festgestellte Trend zur eigenen integrativen Leistungserstellung bei Anarbeitung und Produktion (vgl. *Abbildung 8*) auch zukünftig noch Gültigkeit besitzen wird. Führt man sich hierzu jedoch erneut die Befragungsergebnisse zum geplanten Anteil bearbeiteter Ware der Technischen Händler vor Augen (vgl. *Abbildung 3* und *Abbildung 4*), so scheint sich dieser Trend zur Zeit eher noch zu verstärken. Gleichwohl muß betont werden, daß, wie die vereinzelten Beispiele belegen, die aufgezeigten Wanderungsbewegungen der Händler nicht unbedingt immer in die gleiche Richtung gehen müssen, sondern daß zukünftig durchaus auch die Möglichkeit für eine umgekehrte Entwicklung besteht.

4 KONSEQUENZEN FÜR DAS LEISTUNGSANGEBOT DER TECHNISCHEN HÄNDLER

Die Ergebnisse der Untersuchungen zeigen die deutliche Tendenz zur Eigenerstellung individualisierter, spezifischer Anarbeitungsleistungen auf, die sich mittlerweile zu einem Haupterlösträger der Technischen Händler entwickelt haben. Die Anarbeitungsleistungen sind für die Technischen Händler somit schon längst keine 'Kann-Leistung' mehr. Ihr Angebot wird vielmehr von den Nachfragern häufig erwartet, wodurch sie zumindest zu einer 'Soll-Leistung' geworden sind. In manchen Fällen stellt ihr Angebot sogar schon heute eine zwingende Voraussetzung dar, so daß es sich hier um eine 'Muß-Leistung' handelt (vgl. *Abbildung 10*).

Bestand die originäre Handelsleistung eher in der autonomen, standardisierten Leistungserbringung, so verlagert sich heutzutage der überwiegende Schwerpunkt der Leistungserstellung der Technischen Händler auf die sog. derivative Handelsleistung. Der Händler benötigt hierzu ein größeres Manipulations-Know-how bzw. evtl. sogar Produktions-Know-how, um die immer häufiger nachgefragte stark individualisierte Leistung zu erbringen. Dies bedingt ebenfalls einen integrativen Leistungserstellungsprozeß, da insbesondere kundenspezifische Anforderungen und Informationen umgesetzt werden müssen (vgl. *Abbildung 10*).

Charakteristisch für die originäre Handelsleistung bzw. die 'Muß-Leistungen' ist darüber hinaus der überwiegende Anteil von Sucheigenschaften (vgl. Nelson 1970) des Leistungsergebnisses. Bei den 'Soll-Leistungen' dominieren dagegen eher die Erfahrungseigenschaften (vgl. Nelson 1970) sowie bei den 'Kann-Leistungen' die Vertrauenseigenschaften (vgl. Darby/Karni 1973, S. 68ff.) und dies insbesondere aufgrund des integrativeren Leistungserstellungsprozesses und der Nichtexistenz der Manipulationsleistung bei Abschluß des Kaufvertrages (vgl. *Abbildung10*).

Es besteht deshalb Grund zur Annahme, daß sich der Anteil an Anarbeitungsleistungen zukünftig weiter zu Lasten des 'reinen' Handelsgeschäftes ausweiten wird. Bei der betrieblichen Umsetzung dieser Strategie müssen die Händler aber, um langfristig erfolgreich am Markt bestehen zu können, dafür Sorge tragen, daß die Erlöse für die Anarbeitungsleistungen die durch sie verursachten Kosten übersteigen. Dies kann auf der Erlösseite auf dreierlei Weise erreicht werden (vgl. Simon 1994, S. 733.):

- in Form von höheren Preisen für das Leistungsbündel 'Ware und Anarbeitung', wobei der Nachfrager die Dienstleistung 'Anarbeitung' indirekt mitzahlt,
- durch separate Preise für die Anarbeitungsleistung sowie

- aufgrund einer durch das Angebot von Anarbeitungsleistungen erzielten höheren Kundenbindung.

	originäre Handelsleistung		derivative Handelsleistung
Leistungsdimensionen der Erwartungshaltung des Nachfragers / Leistungskategorie	**'Muß'-Leistungen**	**'Soll'-Leistungen**	**'Kann'-Leistungen**
Leistungspotential: Know-how	**Manipulations-Know-how**		**Manipulations- und Produktions-Know-how**
Leistungs-erstellungsprozeß: Integrativität	autonom		integrativ
Produktdifferen-zierungsgrad:	**Standardisierung**		**Individualisierung**
Beurteilbarkeit des Leistungsergebnisses	Vor dem Kauf beurteilbar	Während oder nach dem Kauf beurteilbar	Schwierig oder gar nicht beurteilbar
Qualitätsdimensionen	**Sucheigenschaften**	**Erfahrungseigenschaften**	**Vertrauenseigenschaften**
Beispiele:	'klassische' handelsübliche Manipulationen	Be- und Verarbeitungsleistungen	komplexe Bearbeitungsverfahren, eigene Produktion

Abbildung 10: Anarbeitung als Kann-, Soll-, oder Muß-Leistung (Glockow/ Schmäh 1996)

Wie die bereits dargestellten Befragungsergebnisse belegen, so ist der erste Teil der 'notwendigen' Bedingungen erfüllt. Durch Anarbeitungsleistungen können sowohl höhere Produktpreise als auch höhere Gewinne erzielt werden als im 'reinen' Handelsgeschäft (vgl. *Abbildung 5* und *Abbildung 6*). Separate Preise für die Anarbeitungsleistung werden dabei allerdings nur von wenigen Technischen Händlern realisiert (vgl. *Abbildung 7*), und zwar deshalb, weil sie die für sie vorteilhaftere Lösung des Bündelpreises realisieren (vgl. die Ausführungen zu *Abbildung 6*). Zusätzlich läßt sich durch Anarbeitungsleistungen nach Einschätzung der Händler eine höhere Kundentreue erreichen, denn 85% der befragten Technischen Händler stimmten der Aussage voll zu, wonach sich durch das Angebot von Anarbeitungsleistungen eine höhere Kundenbindung erzielen läßt.

Um diese Vorteile des Angebots von Anarbeitungsleistungen tatsächlich erreichen zu können, ist es allerdings notwendig, die Anarbeitungsleistungen konsequent als ein wesentliches Element der Marketingstrategie im Technischen Handel zu begreifen. Hierzu ist es sinnvoll, sich in die Position des Nachfragers zu versetzen und zu untersuchen, an welchen Faktoren sich der Nachfrager vor dem Kauf anzuarbeitender Ware orientiert. Hier besteht für den Nachfrager nämlich das grundsätzliche Problem, daß er die individualisierte Anarbeitungsleistung nicht vorab prüfen kann, da sie erst nach Übermittlung seiner Informationen bzw. Wünsche fertiggestellt wird. Er muß sich deshalb auf Surrogate verlassen, die ihm einen Eindruck davon vermitteln, daß er die von ihm gewünschten angearbeiteten Waren tatsächlich auch in der von ihm gewünschten Qualität erhält.

In der Praxis des Technischen Handels dominiert hierbei die Beratung als wichtigstes Instrument zur Verdeutlichung der Anarbeitungsqualität (vgl. *Abbildung 11*).

83,8% der befragten Technischen Händler gaben bei der Beantwortung der Frage, welche Surrogate sie für die Qualität von Anarbeitungsleistungen verwenden, an, daß für sie die Beratung das wichtigste Mittel darstellt. Am zweithäufigsten wurde hier von 46,3% der befragten Händler die Reputation bzw. das Image genannt und weitere 41,3% der Händler sehen eine Zertifizierung des Betriebes hierfür als geeignet an, wobei dies vor allem für die größeren Handelsbetriebe gilt. Lediglich 13,8 % der Technischen Händler glauben schließlich, daß der Nachfrager sich am Maschinenpark des Händlers orientiert, wenn er die Qualität der Anarbeitungsleistungen vorab abschätzen möchte (vgl. *Abbildung 11*).

Schließlich ist aber auch zu beachten, daß nach wie vor eine Reihe betrieblicher Hindernisse existieren, die sich einer Expansion im Bereich der Anarbeitungsleistungen entgegenstellen. Die Antworten auf die Frage nach den Verbesserungspotentialen bezügl. der Anarbeitungsleistungen ist in der *Abbildung 12* wiedergegeben.

An erster Stelle der Verbesserungspotentiale der Anarbeitungsleistungen sehen 36 Händler das Know-how der Mitarbeiter sowie die Vermarktung der Anarbeitungsleistungen (vgl. *Abbildung 12*). Weitere 25 Händler könnten sich eine bessere maschinelle Ausstattung für ihr Unternehmen vorstellen, was insbesondere darauf zurückzuführen ist, daß in vielen Technischen Handelsbetrieben oftmals noch ein veralteter Maschinenpark existiert, der nicht erneuert wurde und wird, da die dazu notwendigen finanziellen Mittel durch den klein- bis mittelständischen Händler nur schwer aufzubringen sind. 21 Händler sind der Auffassung, die Umsetzung der Kundenwünsche könne optimiert werden. Die Gründe hierfür sind, daß den Nachfragern das teilweise reichhaltige Anarbeitungsangebot der Händler nicht hinreichend transparent gemacht wird sowie eine verbesserungsbedürftige Kundenorientierung. Letztlich sind nur neun Technische Händler der Auffassung, daß der Werkzeugbau Verbesserungspotentiale birgt.

Bei näherer Betrachtung lassen die Ergebnisse Zusammenhänge zwischen den Qualitätssurrogaten für die Anarbeitungsleistungen aus Nachfragersicht und den auszumachenden Verbesserungspotentialen der Technischen Händler erkennen. Steht bei den Qualitätssurrogaten der Anarbeitungsleistung die Beratung an erster Stelle (vgl. *Abbildung 11*), so sehen die Technischen Händler insbesondere beim Know-how der Mitarbeiter und bei der Vermarktung der Anarbeitungsleistungen Verbesserungspotentiale (vgl. *Abbildung 12*). Somit bleibt festzustellen, daß im Technischen Handel insbesondere qualifizierte und technisch versierte Mitarbeiter fehlen, die die Nachfrager im Hinblick auf zu erbringende Anarbeitungsleistungen fundiert und umfassend beraten können. Die Technischen Händler sind folglich auf dem richtigen Weg, den Kundenanforderungen zu genügen, wenn sie großen Wert auf die Qualifikation ihrer Mitarbeiter legen sowie speziell für den Nachfrager geschnürte Leistungsbündel konzipieren.

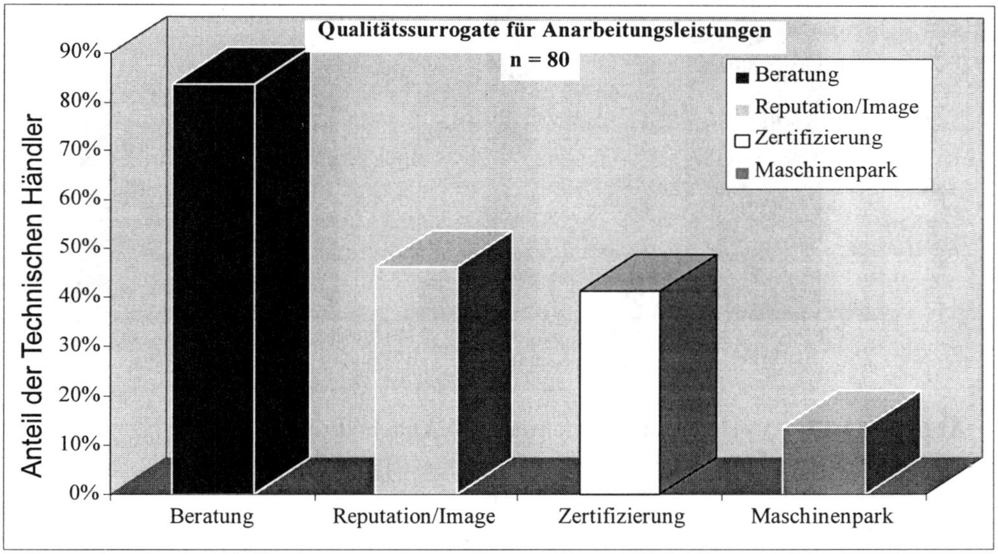

Abbildung 11: Qualitätssurrogate für Anarbeitungsleistungen

5 ZUSAMMENFASSUNG UND AUSBLICK

In Anbetracht der derzeitigen tiefgreifenden Strukturwandlungen und im Hinblick auf die zu erwartende steigende Bedeutung der Anarbeitungsleistungen muß die Vielzahl der Technischen Händler ihre Position im wettbewerblichen Umfeld neu überdenken. Häufig dürfte die Notwendigkeit einer Neukonzeption des Leistungsangebotes und damit eine Umpositionierung das Ergebnis derartiger Überlegungen sein, wenn die Händler Wettbewerbsvorteile gewinnen oder erhalten wollen. Dies trifft vor allem für diejenigen Technischen Händler zu, die bis heute noch keine Anarbeitungsleistungen im

Angebot haben. Letztlich werden u.E. nur diejenigen 'reinen' Technischen Händler überleben, die entweder in der Lage sind, sich dem Preiswettbewerb zu stellen, oder die es schaffen, durch das Angebot von Dienstleistungen (vgl. hierzu auch Fuchs 1995, S. 472f.) dem 'ruinösen' Preiswettbewerb zu entkommen (auch Fuchs konstatiert einen Trend zum value added, vgl. Drosten 1994, S.15). Das Angebot von Anarbeitungsleistungen sowie evtl. noch die Aufnahme einer eigenen Herstellung könnten dabei ein probates Mittel darstellen.

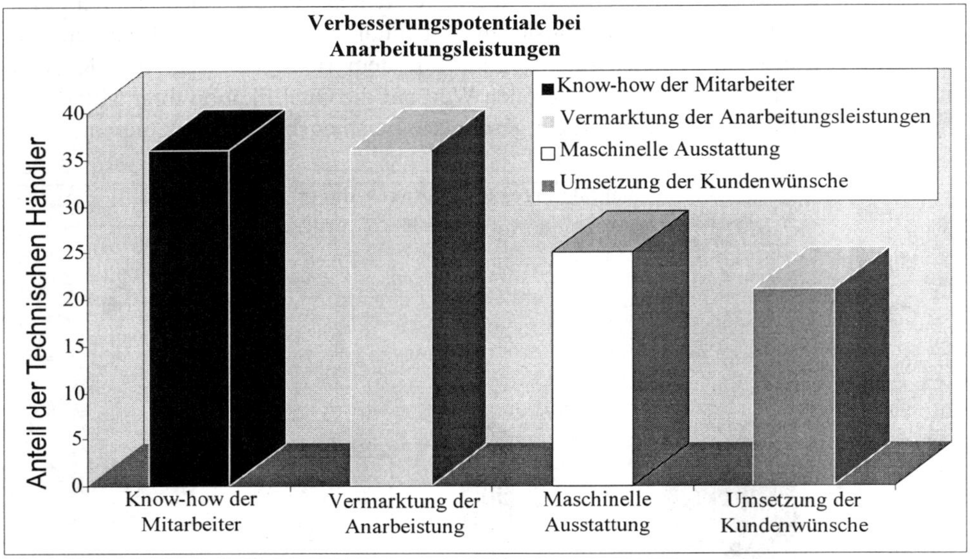

Abbildung 12: Verbesserungspotentiale bei Anarbeitungsleistungen

LITERATUR

Darby, M.; Karni, E.: Free competition and the optimal amount of froud. In: Journal of Law and Economics, Vol. 16, No.1, 1973, S. 67-88.

Drosten, M.: „Wir werden eine Händlergesellschaft". In: absatzwirtschaft, 37 Jg. 1994, Heft 8, S. 15-17.

Engelhardt, W.H.; Kleinaltenkamp, M.; Reckenfelderbäumer, M.: Leistungsbündel als Absatzobjekte - Ein Ansatz zur Überwindung der Dichotomie von Sach- und Dienstleistungen. In: Zeitschrift für betriebswirtschaftliche Forschung, 45. Jg. 1993, S. 395-426.

Fuchs, M.: Strukturwandel im mittelständischen Großhandel (II). In: Technischer Handel, 82. Jg. 1995, Dezember 1995, S. 472-474.

Glockow,B.; Schmäh, M.: Entwicklungsgeschichte und Wandel der handelsüblichen Manipulation im Produktionsverbindungshandel, Arbeitspapier Nr. 10 der Berliner Reihe Business-to-Business-Marketing, hrsg. von M. Kleinaltenkamp, Berlin 1996 (in Vorbereitung).

Hax, H.: Strukturwandel im mittelständischen Großhandel. In: Technischer Handel, 82. Jg. 1995, Dezember 1995, S. 404-406.

Hilke, W.: Dienstleistungsmarketing - Grundprobleme und Entwicklungstendenzen des Dienstleistungsmarketing, Bd. 35 der Schriften zur Unternehmensführung, hrsg. v. H. Jacob et al., Wiesbaden 1989.

Kleinaltenkamp, M.: Marketing-Strategien des Produktionsverbindungshandels. In: Thexis, 5. Jg., Heft 2/88, S. 38-43.

Kleinaltenkamp, M.: Standardisierung und Marktprozeß, Entwicklungen und Auswirkungen im CIM-Bereich, Wiesbaden 1993.

Kleinaltenkamp, M.: Produktionsverbindungshandel. In: Corsten, Hans (Hrsg.): Lexikon der Betriebswirtschaftslehre, 3. Aufl., München 1995, S. 796-801.

Kleinaltenkamp, M.; Schmäh, M.: Be- und Verarbeitungsleistungen des Technischen Handels - Ergebnisse einer empirischen Untersuchung, Arbeitspapier Nr. 5 der Berliner Reihe Business-to-Business-Marketing, hrsg. von M. Kleinaltenkamp, Berlin 1995.

Nelson, P.: Information and Consumer Behavior. In: Journal of Political Economy, Vol. 78, 1970, S. 311-329.

O.V.: Partner zwischen Produzent und Markt. In: Die Berliner Wirtschaft vom 15. Februar 1991, S. 19-21.

Schmäh, M.: Wettbewerbliche Bedeutung der Be- und Verarbeitung im Technischen Handel. In: Meyer, Anton (Hrsg.): Dienstleistungsmarketing, Grundsatzfragen und Herausforderungen, Wiesbaden 1996, S. 275-296.

Schmidt, A.: Strukturwandel im Technischen Handel. In: Technischer Handel, 82. Jg. 1995, Dezember 1995, S. 783-786.

Schmidt, A.; Freund, W.: Strukturwandel im mittelständischen Großhandel der Bundesrepublik Deutschland, Schriften zur Mittelstandsforschung Nr. 60 NF, Stuttgart 1995.

Shipley, D.; Prinja, S.: The Services and Supplier Choice Influences of Industrial Distributors. In: The Service Industries Journal, Vol. 8, Nr. 2, April 1988, S. 176-187.

Simon, H.: Preispolitik für industrielle Dienstleistungen. In: Die Betriebswirtschaft, 54. Jg. 1994, H. 6, S. 719-737.

Tietz, B.: Die Metamorphose der Industrie. In: absatzwirtschaft, 38. Jg. 1995, Heft 1, S. 76-81.

Tietz, B.; Greipl, E.: Das Leistungsprofil des Großhandels in Bayern, Frankfurt a. M. 1994.

Convenience Shopping - Ein neuer Einkaufstrend?

Joachim Zentes, Saarbrücken

Der Beitrag überprüft die Mächtigkeit und Nachhaltigkeit des Konsumtrends "Convenience". Erörtert werden die gesellschaftlichen und sozio-demographischen Bestimmungsfaktoren der Convenience-Orientierung, die Ausgestaltungsformen des Convenience Shopping sowie ihre Marktanteile und Entwicklungspotentiale. Zugleich erfolgt eine Diskussion, inwiefern etablierte Angebotsformen bzw. Geschäftstypen an dieser Entwicklung partizipieren können und inwieweit neue bzw. veränderte Angebotsformen zu erwarten sind.

1 TOPTRENDS IM HANDEL

Folgt man dem GDI-Monitor, ein Kooperationsprojekt des Gottlieb Duttweiler Instituts, Rüschlikon/Zürich, des Instituts für Handel und Internationales Marketing an der Universität des Saarlandes, Saarbrücken, und des Instituts für Handel, Absatz und Marketing der Universität Graz, so zeichnen sich gegenwärtig die folgenden Trends (*Abbildung 1*) im Handel ab (vgl. hierzu Zentes 1996b; Zentes/Zimmermann 1996) .

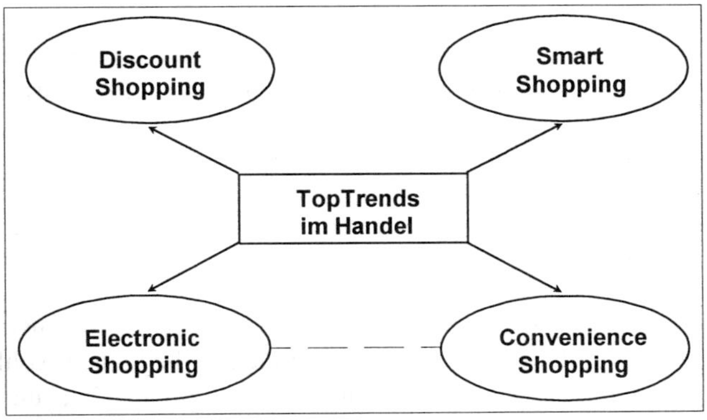

Abbildung 1: Top Trends im Handel

Sinkende Realeinkommen und zunehmende Preissensitivität dürften zu einer weiteren Bedeutungszunahme discountierender Betriebstypen sowohl im Food- als auch im Non-Food-Handel führen. Discount Shopping hat - wie *Abbildung 2* verdeutlicht - im Lebensmittelhandel bereits eine bedeutende Stellung. So erzielten bereits im Jahre 1994 11.000 Discounter (Outlets) rund 63 Mrd. DM Umsatz.

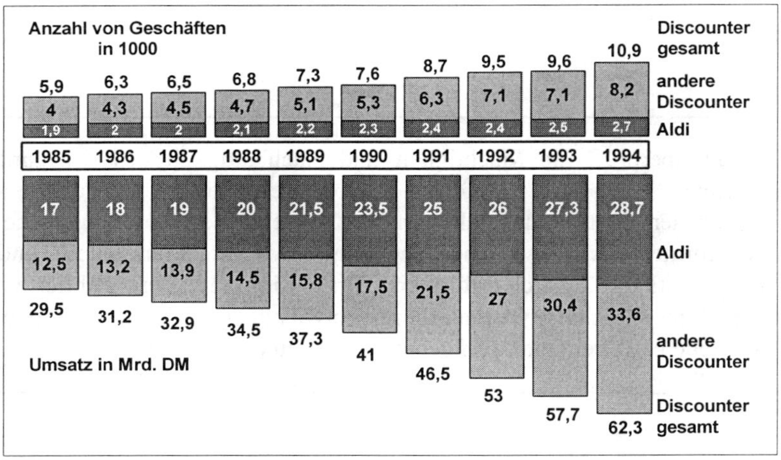

Abbildung 2: Entwicklung der Discounter in Deutschland (GfK Panel Services)

Das „neue Preisbewußtsein" der Verbraucher bringt jedoch nicht ausschließlich eine Marktanteilssteigerung der Discounter mit sich. Es zeichnet sich zugleich der Konsumtrend des „Smart Shopping" ab. Gemeint ist damit das Kaufverhalten des cleveren Konsumenten, der „keine billigen Marken", sondern „Marken billig" kaufen möchte. Dieses Sowohl-als-auch-Verhalten drückt sich auch in der Wahl der Einkaufsstätte aus.

So sucht der Verbraucher sowohl den preisgünstigen Einkauf („Discountorientierung") als auch die angenehme Einkaufsatmosphäre, das Ambiente („Erlebnisorientierung").

Inwieweit es dem Handel gelingen wird, diese „Quadratur des Kreises" zu schaffen, ist derzeit offen. Ein durchaus vielversprechender Weg kann die Implementierung von Factory Outlet Centers sein - wie man sie derzeit in den USA bereits antreffen kann, so nach dem sog. „Mills-Konzept" (*Abbildung 3*).

Die Trends Discount Shopping und Smart Shopping gehen einher mit einer zunehmenden Convenience-Orientierung der Verbraucher, die sich sowohl auf der Ebene der Produkte, so in dem Bedeutungsanstieg von Fertigmahlzeiten und vorgefertigten Produkten, auf der Ebene der Dienstleistungen, hier insbesondere der Food Services, so der Zustell- und Heimdienste (z.B. Pizza-Kurier, Party-Service, Tiefkühl-Heimdienste, Getränke-Heimdienste), und auf der Ebene des Handels, so in dem Bedeutungsanstieg sog. Convenience Shops (z.B. Tankstellen, Kioske, Trinkhallen, Bahnhofsshops usw.) zeigt.

Dieser Convenience-Trend weist einen engen Bezug zu Electronic Shopping auf, ein Trend, in dem sich u.a. auch eine Convenience-Orientierung ausdrückt, wenngleich dieser Trend durch weitere Faktoren geprägt wird (vgl. Zentes 1995).

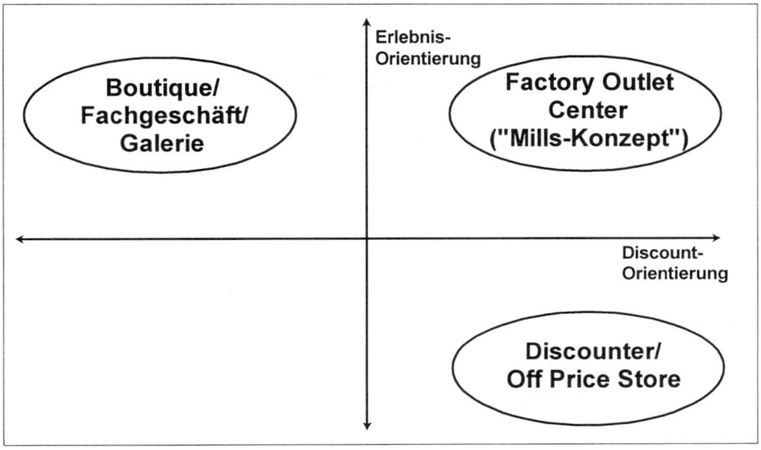

Abbildung 3: Factory Outlet Centers - Erlebnis-Discount-Strategie

2 BESTIMMUNGSFAKTOREN DER CONVENIENCE-ORIENTIERUNG

2.1 Gesellschaftliche Grundströmungen

Die sich abzeichnende Convenience-Orientierung der Verbraucher darf nicht nur als ein eher vordergründiges Phänomen nach mehr „Einkaufsbequemlichkeit" gesehen werden. Für Karmasin (1996) ist dies Ausdruck einer gesellschaftlichen bzw. kulturellen Grundströmung nach „Wegnahme von Last" bzw. nach genereller Streßreduzierung.

Diese Grundströmung geht einher mit Tendenzen, die geradezu als Katalysator auf den Trend Convenience Shopping wirken. So zeichnet sich - bereits seit längerer Zeit - eine Neuorientierung der „Mutter/Hausfrauen-Rolle" ab: Auch die nicht berufstätigen Mütter sehen sich zunehmend, so Karmasin (1996), als „Managerin des Haushalts", nicht länger als „Dienerin des Haushalts". Folglich streben sie nach einem Abbau von „Sklavenarbeiten" (Karmasin 1996).

Zugleich zeigt sich eine Abkehr von zeitsynchronen Lebensweisen. Dies wird deutlich an den veränderten Eßgewohnheiten. Dem starren Rhythmus fester Mahlzeiten (Frühstück, Mittagessen, Abendessen) - früher im „Kreis der Familie" - folgt eine eher lockere Sequenz von kleineren Mahlzeiten, Zwischenmahlzeiten usw. So gaben in einer Untersuchung der GfK 39 % der Gesamtbevölkerung an, gelegentlich bzw. häufig „Kleinigkeiten zwischendurch zu verzehren" (vgl. hierzu Bachl 1996).

Neben der Neuordnung der Zeit ist eine „Neuordnung der Räume" festzustellen, so Karmasin (1996). Dies zeigt sich bspw. in der neuen Rolle der Bahnhöfe und Tankstellen: Bahnhöfe entwickeln sich zu Shopping- und Erlebniswelten, Tankstellen zum Treffpunkt für Jugendliche vor und/oder nach der Disco.

2.2 Sozio-demographische Veränderungen

Die Convenience-Orientierung dürfte neben den skizzierten gesellschaftlichen Grundströmungen durch sozio-demographische Veränderungen verstärkt werden. Zu erwähnen sind:

- der zunehmende Anteil der Single-Haushalte,
- die zunehmende Berufstätigkeit von Frauen, die eine Vereinbarkeit von Familie und Beruf anstreben.

3 CONVENIENCE-DIMENSIONEN

3.1 Convenience-Produkte

Die Convenience-Orientierung der Verbraucher zeigt sich in mehreren Bereichen, so auf der Ebene der Produkte und Dienstleistungen und auf der Ebene des Einkaufs (Shopping).

Convenience-Produkte sind vorrangig ein Phänomen der Lebensmittelwirtschaft. Bei weiter Begriffsauslegung lassen sich sicherlich auch andere Produktbereiche unter dem Convenience-Aspekt betrachten. Gemeint sind - bei einer engen Betrachtungsweise - Fertigmahlzeiten (einschließlich Tiefkühlprodukte), vorgefertigte „Komponenten" (Fertigprodukte) u.ä., die Industrie und Handel einen Ausbau der Wertschöpfung ermöglichen.

3.2 Convenience Shopping

Convenience Shopping, das im folgenden ausschließlich betrachtet wird, stellt sich in zahlreichen Formen dar. Zu erwähnen sind zunächst die Food-Services, so die Zustell- bzw. Heimdienste der Restaurants und Gaststätten (z.B. Pizza-Kurier) sowie die Party-Service-Anbieter. In die gleiche Convenience-Dimension zielen die Tiefkühl-Heimdienste, die Getränke-Heimdienste, die Brötchen-Heimdienste u.ä. Die empirische Relevanz derartiger Dienste verdeutlicht *Abbildung 4.* Danach haben die Tiefkühl-Heimdienste in Deutschland einen mengenmäßigen Anteil von 26 % und einen wertmäßigen Marktanteil von über 34 %.

Eine weitere Erscheinungsform stellen die (stationären) Convenience-Shops dar, so Tankstellenshops, Kioske, Trinkhallen, Bahnhofsshops, Imbißbetriebe mit Verkauf, Bäckereien/Metzgereien mit Convenience Shop. Nach Schätzungen der GfK erzielten diese Angebotsformen 1994 in über 65.000 Verkaufsstellen (Outlets) einen Umsatz von rund 28 Mrd. DM (vgl. hierzu Bachl 1996).

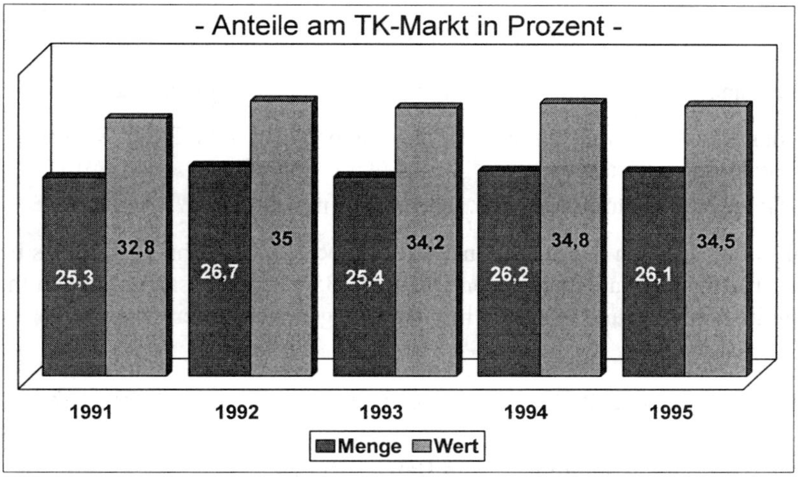

Abbildung 4: Entwicklung der TK-Heimdienste (Bachl 1996)

Die größte Bedeutung nehmen in dieser Gruppe der Convenience Shops die Tankstellenshops ein. So erzielten rund 10.000 Tankstellenshops der insgesamt 17.900 Tankstellen ca. 11,4 Mrd. DM Umsatz, der sich - wie in *Abbildung 5* dargestellt - auf die einzelnen Warengruppen verteilt (vgl. hierzu Bachl 1996).

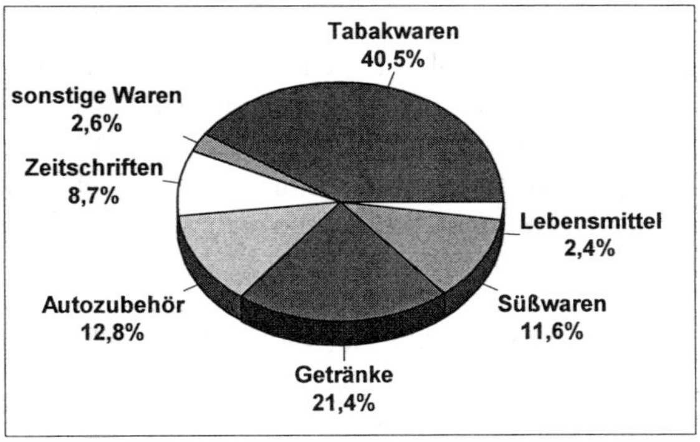

Abbildung 5: Umsatzanteile der Warengruppen in Tankstellenshops (Bachl 1996)

Analysiert man die Käuferstruktur, so zeigt sich, daß

- 32 % auf längeren Reisen,
- 41 % abends nach Geschäftsschluß, weil andere Geschäfte nicht mehr geöffnet haben,
- 61 % beim „normalen Tanken" an ihrem Wohn- oder Arbeitsort

in Tankstellenshops einkaufen (vgl. Bachl 1996).

Die Strukturanalyse der Tankstellenkunden der GfK zeigt zugleich, daß

- 19 % der Kunden (gemessen an der Zahl) Intensivkäufer sind, d.h. Kunden, die jährlich 5 mal und mehr kaufen;
- 81 % Gelegenheitskäufer sind, d.h. jährlich 1-4 mal kaufen.

Die Tankstellen erzielen mit den Intensivkäufern bereits 65 % ihres Umsatzes bei einem durchschnittlichen Einkaufsbetrag von DM 8,50; 35 % des Umsatzes werden mit einem Durchschnittsbon von rund DM 7,00 mit den Gelegenheitskäufern erzielt.

4 ZUKUNFTSPERSPEKTIVEN DES CONVENIENCE SHOPPING

4.1 Stärken-/Schwächenanalyse von Betriebstypen

Worauf ist es nun zurückzuführen, daß bspw. bereits 5 % des deutschen LEH-Umsatzes an Tankstellen getätigt werden und über ein Drittel des Tiefkühlumsatzes auf Heimdienste entfällt. Aufschluß darüber vermittelt eine exploratorische Studie des Ernest Dichter-Instituts auf der Grundlage von Gruppendiskussionen und Einzelinterviews (vgl. hierzu Kirchmair 1996).

So zeigt die Positionierung verschiedener Betriebstypen (*Abbildungen 6 und 7*), daß Tankstellen, Kioske, Bahnhofsshops auf den Positionierungsdimensionen „flexible Öffnungszeiten" laden, Tankstellen darüber hinaus durch ein „überschaubares Warenangebot" und eine „positive Einkaufsatmosphäre" geprägt sind. Diese Positivdimensionen dürften das „hohe Preisniveau" überkompensieren. „Tante Emma Läden" sind gleichermaßen durch eine positive Einkaufsatmosphäre und ein überschaubares Warenangebot charakterisiert; als Negativfaktoren weisen sie jedoch ein hohes Preisniveau und „normale Öffnungszeiten" auf.

Supermärkte und sonstige großflächige Angebotsformen laden - mit Ausnahme des Preisniveaus - auf den eher negativen Dimensionen, so „negative Einkaufsatmosphäre", „unübersichtliches Warenangebot", „normale Öffnungszeiten". Ihre Marktdominanz erklärt sich jedoch durch die Angebotsvielfalt und - wie bereits erwähnt - durch das niedrige (aggressive) Preisniveau.

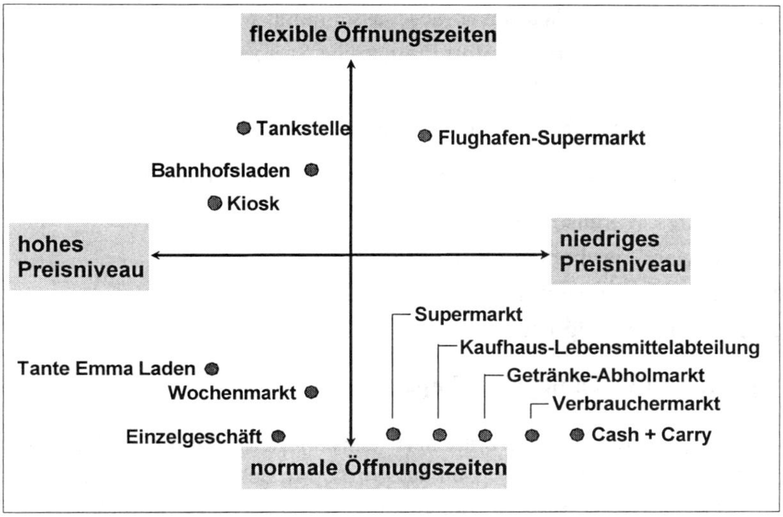

Abbildung 6: Positionierung verschiedener Betriebstypen (I) (Bachl 1996)

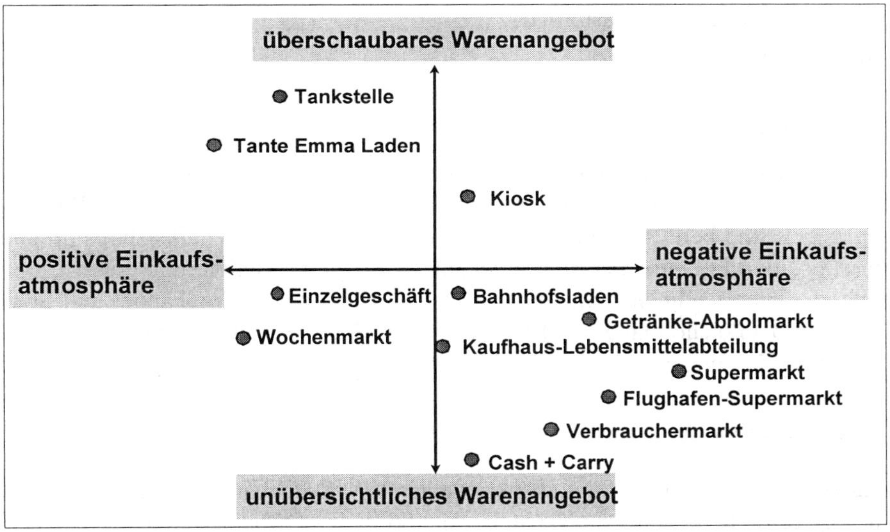

Abbildung 7: Positionierung verschiedener Betriebstypen (II) (Kirchmair 1996)

Betrachtet man die hinter den aufgezeigten Positionierungsdimensionen stehenden Konsumentenurteile, so zeichnen sich Tankstellen und Kioske vor allem durch die folgenden Stärken aus (vgl. Kirchmair 1996):

– allzeit bereit: „Einkauf auch abends, wenn ich was vergessen habe“

- schneller Einkauf: „Kein Warten an der Kasse, keine Ärgernisse“
- kein Gedränge: „Jeder kommt sofort dran, keine Stoßzeiten“
- kurze Wege: „Gibt es überall, kommt man sowieso vorbei“
- keine Parkplatzsorgen: „Kann man jederzeit hinfahren“.

Als wesentliche Schwächen dieser Convenience Shops stellen die Verbraucher heraus:

- „eingeschränktes Warensortiment“
- „keine Frischware, nur haltbare Produkte“
- „Ware teurer als im Supermarkt“
- „keine Schnäppchen möglich“.

4.2 Perspektiven der Tankstellenshops

Betrachtet man die von den Verbrauchern artikulierten Stärken und Schwächen der Tankstellenshops, so könnten diese Einkaufsformen in der Zukunft weitere Marktanteile gewinnen. Als strategische Stoßrichtungen sind zu erwarten (vgl. hierzu Wolf 1996):

- Erweiterung der Shopflächen,
- Ausbau der Food- und Non Food-Sortimente,
- Integration/Ausbau von Fast Food,
- Integration von Services, so
  - Bargeldautomaten,
  - Ticket-Terminal.

Gestützt auf die technologischen Innovationen ist auch die Entwicklung zum virtuellen Einkaufszentrum, so durch Einsatz multimedialer Terminals möglich. Erste Pilotimplementierungen sind bereits (März 1996) im Einsatz. Die für Tankstellenshops prognostizierbare, positive Entwicklung führt zugleich zur Frage der Belieferung dieser Convenience Shops. Hier zeichnen sich Chancen für den Lebensmittelgroßhandel und Spezialgroßhandel ab. Gleichermaßen dürfte es in diesem Bereich zu neuartigen Rack Jobbing- und Franchise-Lösungen kommen.

4.3 Perspektiven der Nachbarschaftsläden

Wenngleich der „traditionelle Lebensmittelhandel“ (Nachbarschaftsläden), mit Ausnahme des gesetzlich bedingten Nachteils der „normalen Öffnungszeiten“, vergleichbare Stärken wie Tankstellen und Kioske aufweist, ist seine Bedeutung rückläufig. Diese Aussage bezieht sich nicht nur pauschal auf die Anzahl der Geschäfte und ihren Gesamtumsatzanteil, sondern auch auf die Marktanteile in den Warengruppen, die sich geradezu zu Stärken der vorgenannten Convenience Shops herauskristallisiert haben (vgl. hierzu Bachl 1996).

Wenngleich in dem Convenience-Trend durchaus eine Chance zur Revitalisierung dieser Angebotsform gesehen werden kann, so durch Implementierung von Zustelldiensten einerseits, von Post-, Bank- und anderen Servicediensten andererseits, so dürfte dies dennoch keine generelle Überlebensstrategie für diesen Betriebstyp darstellen. Sicherlich wird es jedoch vielen aktiven Einzelhändlern gelingen, im Rahmen ihrer Standort-Marketing-Aktivitäten sich weiter zu profilieren und sich dadurch erfolgreich im Wettbewerb zu behaupten.

Flankierend dürfte in diesem Zusammenhang auch der steigende Anteil von Senioren bzw. Seniorenhaushalten wirken, für die die räumliche Nähe des Geschäfts und/oder die Zustellung besonders positive Faktoren der Einkaufsstättenwahl darstellen. Inwieweit Aktivitäten des Bundes, der Länder und der Gemeinden zur Steigerung der Versorgung - wie sie gegenwärtig u.a. im Zusammenhang mit dem Modell „Nachbarschaftsladen 2000“ diskutiert werden - und zur Stabilisierung des traditionellen LEH beitragen können, soll an dieser Stelle nicht näher beleuchtet werden.

4.4 Perspektiven für Convenience Stores

Während in den USA und Japan Convenience Stores (z.B. 7-11), die in der Regel im Franchising betrieben werden, eine vergleichsweise weite Verbreitung gefunden haben, ist dieser Betriebstyp bisher in Deutschland nicht vertreten. Zu fragen ist daher, ob durch einen Ausbau von bspw. Kiosken und/oder Lotto/Toto-Annahmestellen neuartige multifunktionale (kleinflächige) Handels- und Dienstleistungszentren (einschließlich Postagenturen u.ä.) gebildet werden könnten, die über Rack Jobbing-Systeme mit einem begrenzten Food-Sortiment beliefert werden könnten. Sicherlich dürften die zu erwartende Liberalisierung der Ladenöffnungszeiten in Deutschland Chancen für derartige innovative Betriebstypen mit sich bringen.

4.5 Perspektiven für großflächige Betriebstypen

Betrachtet man die großflächigen Betriebstypen des LEH, so Supermärkte, Verbrauchermärkte und SB-Warenhäuser, so eröffnen sich für diese Unternehmen zunächst Umsatz- und Ertragspotentiale in einem Ausbau der Convenience-Sortimente einschließlich des Ausbaus eigener Wertschöpfung (z.B. in der Lebensmittelzubereitung).

Den Convenience-orientierten Verbraucherwünschen können diese Betriebstypen auch durch die Einrichtung von (weiteren) Shops bzw. Corner im Vorkassenbereich sowie durch die Integration von Zustelldiensten entsprechen. Die im Abschnitt 4.1 skizzierten Ergebnisse der Dichter-Studie legen es insbesondere diesem Betriebstyp nahe, die Einkaufsprozesse für die Konsumenten zu erleichtern. Vorrangig sind hier zu nennen (vgl. auch Kirchmair 1996):

- Reduzierung von Wartezeiten (Kasse, Bedientheken),
- übersichtliche Warenpräsentation,

– Bereitstellung eines Informations- und Beratungsangebotes,
– Schulung des Personals („freundliches Personal“).

Wenngleich diese Empfehlungen eher „Binsenweisheiten“ darstellen, dürfen sie dennoch ein enormes Potential zur Steigerung der Kundenzufriedenheit beinhalten.

LITERATUR

Bachl, T.: Marktanteile, Käuferstrukturen und langfristige Trends. In.: Zentes, J. (Hrsg.), Convenience Shopping - Bedrohung oder Chance für den LEH?, Mainz 1996

Karmasin, H.: Convenience Shopping - ein Verbrauchertrend? In.: Zentes, J. (Hrsg.), Convenience Shopping - Bedrohung oder Chance für den LEH?, Mainz 1996

Kirchmair, R.: Das Einkaufsverhalten in Deutschland 1996. In.: Zentes, J. (Hrsg.), Convenience Shopping - Bedrohung oder Chance für den LEH?, Mainz 1996

Swoboda, B.: Interaktive Medien am Point of Sale, Wiesbaden 1996.

Wolf, F.: Der Aral Shop. In.: Zentes, J. (Hrsg.), Convenience Shopping - Bedrohung oder Chance für den LEH?, Mainz 1996

Zentes, J.: Der Handel in der Informationsgesellschaft. In.: Becker, U. u.a. (Hrsg.), TopTrends, Düsseldorf - München 1995, S. 221-239.

Zentes, J. (Hrsg.): Convenience Shopping - Bedrohung oder Chance für den LEH?, Mainz 1996a.

Zentes, J.: GDI-Monitor: Fakten, Trends, Visionen. In.: Zentes, J.; Liebmann, H.-P. (Hrsg.), GDI-Trendbuch Handel No. 1, Düsseldorf - München 1996b, S. 10-36.

Zentes, J.; Zimmermann, C.: Kommunikation zwischen Handel und Industrie - das Diktat der Kunden. In.: GDI-Handels-Trendletter I/1996

Positionierung mit Marken

Gattungsmarken als Profilierungsinstrument im Lebensmittel-Einzelhandel

Helmut Schmalen, Herbert Lang und Hans Pechtl, Passau

Das gleichzeitige Auftreten von Teuer-, Preiswert- und Billigkäufen auf Seiten der Nachfrager hat zu einem korrespondierenden Sortimentsangebot im Einzelhandel geführt. So zielen im Lebensmitteleinzelhandel (LEH) vor allem die Gattungsmarken auf die Typen der Preiswert- und Billigkäufe ab. Anhand von Abverkaufszahlen einer Geschäftsstätte der Spar-Handelsorganisation zeigt sich jedoch, daß Gattungsmarken bei diesem Käufersegment keine sonderlich ausgeprägte Profilierungskraft besitzen.

1 EINFÜHRUNG

Der Erfolg im Lebensmitteleinzelhandel (LEH) hängt wesentlich davon ab, ob es gelingt, den differenzierten Konsumentenansprüchen mit einer differenzierten Sortimentsstrategie gerecht zu werden. Preisgünstige Eigenmarken des Handels sind ein fester Bestandteil dieser Strategie, wenngleich wiederholt grundsätzliche Zweifel an ihrer Sortimentsberechtigung aufkommen. Das vielfach zu beobachtende, extrem preisbewußte Einkaufsverhalten der Konsumenten bietet jedoch zunächst eine verhaltenswissenschaftlich orientierte Rechtfertigung für die Beibehaltung oder sogar Ausweitung der Eigenmarken im LEH.

Während Handelsmarken als eigenständige Markenware preislich günstiger als die Herstellermarken (Industriemarken) positioniert sind, haben Gattungsmarken (No Names, Generics oder Weiße Ware) die Niedrigpreisschiene besetzt. Darüber hinaus stellen Gattungsmarken durch ihre einheitliche Verpackung und Kennzeichnung einen engen Bezug zur jeweiligen Handelskette her. Diese deutlich sichtbare Verknüpfung von Produkt und Geschäft fördert ihre Wiedererkennung und das Preisimage (z.B. "Die Sparsamen").

Inzwischen haben die Handelsorganisationen eine "zweite Generation" von Gattungsmarken (z.B. "Die Bunten") entwickelt, denen aufgrund einer qualitativen Aufwertung des Produktkonzepts ein gewisser Markenwert zugesprochen werden darf (vgl. auch Kornobis 1993, S. 527 oder Stach 1993, S. 583).

Den Gründen für das dreigliedrige Konzept der Eigenmarken geht der theoretische Teil und ihren Auffälligkeiten im Abverkauf der empirische Teil dieses Beitrags nach. Anhand der Daten aus einer Geschäftsstätte der Spar-Handelsorganisation werden der Marktanteil von Gattungsmarken in verschiedenen Warengruppen des Sortiments, Determinanten des Marktanteils und die Eignung bestimmter Warengruppen für eine Profilierung durch Gattungsmarken untersucht. Die Beschränkung der Analyse auf Gattungsmarken der ersten und zweiten Generation war hierbei durch die Form der Datenerhebung bedingt.

2 DIE SORTIMENTSSTRUKTUR IM HANDEL ALS REFLEX HYBRIDEN KAUFVERHALTENS

Das gleichzeitige Auftreten von Teuer-, Preiswert- und Billigkäufen seitens der Nachfrager hat zu einem korrespondierenden Sortimentsangebot im Handel geführt. Als Erklärungsansatz für diese Entwicklungen dient das Konzept des hybriden Käufers (vgl. Schmalen 1994, insb. S. 1225-1229; vgl. *Abbildung 1*):

Empfindet ein Käufer ein merkliches Kaufrisiko, dann reduziert sein Wunsch nach Absicherung durch Auswahl, Beratung und Service (Komfortorientierung) seine Preissensibilität. Erachtet er das Produkt zudem als wichtig, weist er eine klare Markenpräferenz auf und greift insgesamt bevorzugt nach klassischen Herstellermarken mit Beratung, z.B. im Feinkost- oder Bioladen ("Teuerkauf"):

Umgekehrt gibt es aber auch Produkte, deren Erwerb mit keinem bedeutenden Risiko behaftet ist, weshalb ein Käufer sie unter starker Sparorientierung nachfragt. Erscheinen sie ihm zudem als notwendig, letztlich aber unwichtig, wird er auch keinen Wert auf "Markenqualität" legen. Diese Konstellation ist die Domäne der No Names, die diese "Billigkäufe" bei sehr niedrigem Preis und akzeptabler Qualität bedienen.

Die dritte Variante beinhaltet eine interessante "Mischform": Der Konsument erachtet das Produkt als wichtig (z.B. aus Gesundheitsgründen oder weil es verschenkt werden soll), weshalb er eine hohe Markenpräferenz hat. Das Kaufrisiko ist aber gering, weil er bspw. durch Produkterfahrung ein evoked set an bewährten Alternativen besitzt. Hier trifft er dann - bei Verzicht auf Auswahl, Beratung und Service - eine Marken-Kaufentscheidung unter Sparorientierung, was als "Preiswertkauf" zu charakterisieren ist.

Auf die Kaufsituation des "sparorientierten Markenkaufs" antwortet der LEH nicht sehr prägnant. Insbesondere die klassischen Handelsmarken geraten zwischen "zwei Mühlsteine": Prinzipiell scheinen sie zwar mit ihrer Markenpersönlichkeit die Preiswertkäufe ansprechen zu können, da sie preislich unter den Herstellermarken angesetzt sind. Allerdings stützt sich die Sonderangebotspolitik des LEH zumeist auf (bekannte) Herstellermarken, die - preisreduziert angeboten - in unmittelbare Preiskonkurrenz zu den Handelsmarken treten. Eine im LEH beobachtbare "Sonderangebots-Aktionitis" (vgl. Diller 1991, S. 237-239; Tietz 1993b, S. 188; Schmalen 1995, S. 159) führt dann dazu, daß in manchen Warengruppen ständig verbilligte Herstellermarken "im Angebot" sind (zu einer Analyse der Sonderangebotshäufigkeit vgl. bspw. Schmalen/Pechtl/Schweitzer 1996, S. 71). Wendet man das Gresham Gesetz für Waren (Tietz 1993a, S. 320) an, so dürften sparorientierte Markenkäufe solche preislich günstigen Herstellermarken den klassischen Handelsmarken eindeutig vorziehen, da sie im Image den Herstellermarken unterlegen sind. Von der anderen Seite her bedrängen die Gattungsmarken der zweiten Generation die Handelsmarken: Noch preisaktiver als diese und in der Markenpersönlichkeit kaum schwächer dürften die klassischen Handelsmarken auch hier die weniger attraktive Kaufalternative für die "Preiswertkäufe" sein.

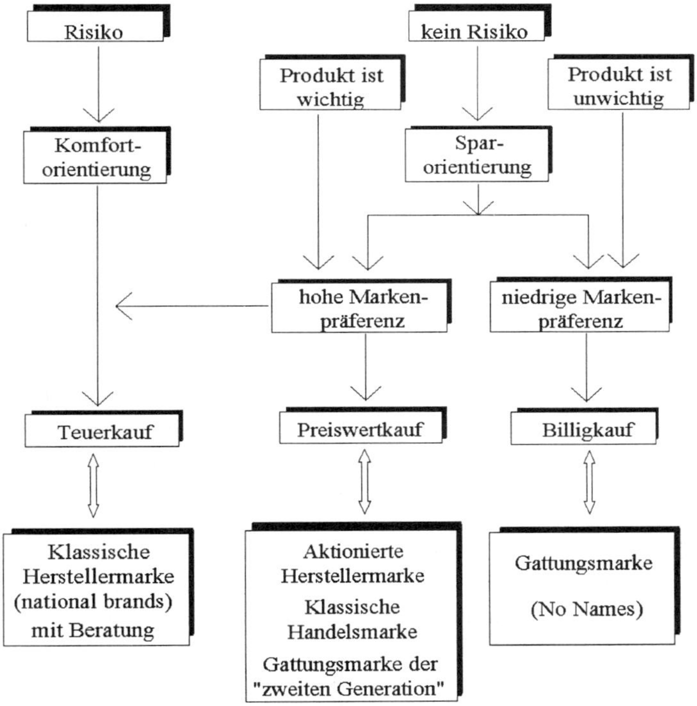

Abbildung 1: Hybrides Kaufverhalten und das Markensortiment im LEH

Insgesamt stoßen damit die aktionierten Herstellermarken, die klassischen Handelsmarken und die Gattungsmarken der zweiten Generation in das Segment der Preiswertkäufe vor, wobei die klassischen Handelsmarken von den beiden anderen "in die Zange" genommen werden. Da ferner noch die einfachen Gattungsmarken das Segment der Billigkäufe abdecken sollen, bietet die Eigenmarkenstrategie im LEH ein komplexes Bild, das einer genaueren Durchleuchtung bedarf.

3 EIGENMARKEN UND IHRE BEDEUTUNG FÜR DEN HANDEL

Aus der Sicht des LEH lassen sich die Ziele einer Eigenmarkenstrategie in vier Stoßrichtungen fassen (vgl. hierzu v.a. Meffert/Bruhn 1984; Oehme 1992, S. 163; Tietz 1993a: S. 321-322 oder Hallier 1995; *Abbildung 2*):

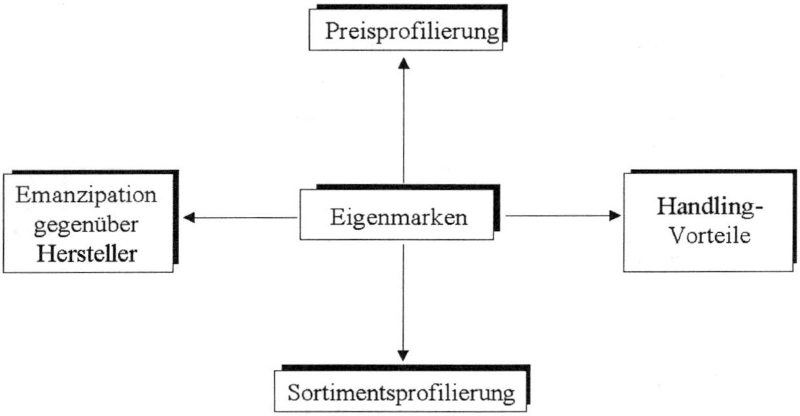

Abbildung 2: Strategisches Profil von Eigenmarken im LEH

Gattungsmarken dienten ursprünglich als "Waffe" im Preiswettbewerb mit den Discountern. Die Nachfrager sollten im Geschäft Produkte vorfinden, die hinsichtlich Preis und Qualität das Angebot der Discounter imitieren. Diese Zielsetzung darf - mit Blickrichtung auf die Billigkäufe - auch weiterhin als gültig angesehen werden.

Zusammen mit der klassischen Handelsmarke tritt jedoch inzwischen der Aspekt der aktiven Sortimentspolitik stärker in den Vordergrund: Eigenmarken dienen der Profilierung gegenüber konkurrierenden Handelsketten. Als "Markenartikel der Handelsorganisation" (Oehme 1992, S. 153) sollen sie Geschäftsstätten, die ein Vollsortiment an Waren des täglichen Bedarfs aufweisen, vom Konkurrenzangebot abheben: Das nahezu identische Angebot an klassischen (nationalen) Hersteller-Marken (national brands) unterscheidet die Geschäftsstätten nur unwesentlich, so daß Eigenmarken "Einzigartigkeit" ins Sortiment bringen können (vgl. auch Hallier 1995, S. 127f.). Die hierfür notwendige Kommunikationswirkung dürfte vor allem von Gattungsmarken ausgehen, da sie durch ihre klare Markierung einen eindeutigen Bezug zur Handelskette aufweisen und eine prägnante werbliche Position besitzen ("Der Name - ein Programm"; Dichtl 1992, S. 12). Flankiert wird die Sortimentsprofilierung durch die Warenpräsentation: Wenngleich Gattungsmarken nicht geblockt plaziert werden, sind sie dennoch durch ihr einheitliches Design in jeder Warengruppe deutlich erkennbar. Dadurch können Gattungsmarken in vielen heterogenen Warengruppen einen Orientierungspunkt für den Kunden setzen: Ein solcher "gemeinsamer Kern" in den Produktgruppen fördert letztendlich die Angebotsübersicht. Zudem können "starke Gattungsmarken" zur Auslistung klassischer Handelsmarken sowie von profilschwachen Herstellermarken führen. Das Sortiment wirkt dann für den Kunden übersichtlicher und zugleich akzentuierter. Klarheit im Sortiment darf aber nicht zur Kargheit im Angebot werden. In diesem Sinn dürfte es ein optimales "Mischungsverhältnis" aus Gattungsmarken und anderen (Produkt-) Marken im Sortiment geben (ähnlich auch Hallier 1995, S. 128).

Argumente für Eigenmarken finden sich darüber hinaus auf der Beschaffungsseite unter dem - etwas provokanten - Schlagwort der "Emanzipation" gegenüber der Markenartikel-Industrie: Bei Eigenmarken besitzt die Handelskette vollständige Handlungsfreiheit: Sie kann eigene Produktvorstellungen verwirklichen und auf die Besonderheiten ihrer Vertriebsform Rücksicht nehmen. Durch die Vergabe von Produktionsaufträgen an - auch ausländische - Unternehmen kann sie die Herstellungskosten kontrollieren und ihre Verhandlungsposition gegenüber den klassischen Herstellern verbessern.

Schließlich bieten Eigenmarken - in Grenzen - Handling-Vorteile: Da die Handelsorganisation Produktion und Distribution der Eigenmarken zentral steuert, läßt sich der Warenfluß - verglichen mit kleinen Herstellermarken - effizienter gestalten, was einen schnelleren Lagerumschlag, geringere Lagerbestände und somit eine niedrigere Kapitalbindung bei Groß- und Einzelhändlern der Organisation impliziert. Eigenmarken dürften gegenüber Herstellermarken aufgrund der einfacheren Lieferbeziehung auch geringere Transaktionskosten verursachen: Anstelle des selbständig agierenden Herstellers tritt ein "im Auftrag" produzierender Zulieferer. Allerdings wachsen mit zunehmender Zahl an Eigenmarken die hierfür notwendigen Organisationskosten an, so daß die realisierten Handling-Vorteile zunehmend verloren gehen.

In diesem Zusammenhang ist ferner auf einen "nach innen gerichteten" Aspekt der Eigenmarken hinzuweisen: Insbesondere Gattungsmarken bilden - im Gegensatz zu überall erhältlichen Herstellermarken - durch ihren Bezug zur Handelskette einen Teil der Corporate Identity der gesamten Organisation. Sie sind ein Instrument, den Gemeinschaftssinn der Mitglieder und die Bindung an die Handelskette zu stärken.

Insgesamt spricht eine Reihe von Gründen für eine Sortimentsberechtigung von Eigenmarken: Vor allem dienen sie dazu, die Bindung der Kunden an die Einkaufsstätte oder zumindest an die Handelskette zu erhöhen. Dies gilt freilich nur insoweit, als ein Kunde - je nach empfundenem Kaufrisiko und Markenpräferenz - billig oder preiswert einkaufen möchte. Die Eigenmarken stehen dann in Konkurrenz zu aktionierten Herstellermarken, müssen sich deshalb diesen gegenüber kosten- und preismäßig sowie sortimentsmäßig profilieren: Sie müssen in allen relevanten Warengruppen präsent und dort klar erkennbar sein. Nicht einsetzbar erscheinen Eigenmarken dann, wenn ein Käufer das Produkt als wichtig und mit Kaufrisiko behaftet einstuft: Er sucht - und bezahlt - dann neben der "Hardware" Herstellermarke auch die "Software" Auswahl-, Beratungs- und Servicekomfort. Für diesen Teil seiner Einkäufe muß er die Einkaufsstätte bzw. Handelskette wechseln (bspw. vom Verbrauchermarkt in das Feinkostgeschäft). Hybrides Kaufverhalten und One-stop-shopping sind - jedenfalls nach dem gängigen Eigenmarkenkonzept - nicht verträglich.

Die Stoßrichtung des Eigenmarken-Konzepts sollte - im klassischen "servicearmen" LEH - vielmehr die Umlenkung der Billig- und Preiswertkäufe von den Discountern sein. Indiz für seine Durchschlagskraft ist der Marktanteil, den die Eigenmarken in ihrer Warengruppe erreichen, weshalb in der folgenden empirischen Auswertung hierauf ein besonderes Augenmerk gerichtet wird. Sollen sie auch die beschaffungsorientierten Ziele erreichen, müssen sie ferner aus Sicht des Gesamtsortiments eine gewisse Absatzbedeutung besitzen, da sie ansonsten als Machtinstrument gegenüber den Herstellermarken versagen, die möglichen Handling-Vorteile im Beschaffungsmanagement ausbleiben und von den Mitgliedern der Handelskette lediglich als "lästige" Sortimentsbestandteile angesehen werden.

4 AUFBAU DER EMPIRISCHEN UNTERSUCHUNG

In den ersten beiden Oktoberwochen 1994 wurden in einem Passauer Verbrauchermarkt der Deutschen Spar Handelsvereinigung die wöchentlichen Abverkaufszahlen (einschl. Preise, Umsätze, Mengen) aller Artikel im Sortiment erfaßt.[1)] Mit der Beschränkung auf einen Verbrauchermarkt sind aufgrund der theoretischen Überlegungen (vgl. auch Schmalen 1994, S. 1229-1231) Teuerkäufe ausgeschlossen. Zur Analyse dienen die Daten aus 40 Warengruppen des Food- und Non-Food-Bereichs, in denen Handelsmarken vertreten sind. Um den Effekt von Sonderangeboten auf den Marktanteil der Produkte auszuschließen, wurde für die Analyse diejenige Oktober-Woche herangezogen, in der keine (maßgebliche) Aktionierung eines Artikels in der Warengruppe stattfand.

Die Auswertung beschränkt sich im folgenden auf Gattungsmarken, da die klassischen Handelsmarken der Spar-Organisation anhand ihrer EAN nicht identifiziert werden konnten. Diese Einschränkung erscheint jedoch aufgrund der Bedeutung der Gattungsmarken in der Eigenmarkenstrategie akzeptabel. Als Gattungsmarken zählen hierbei Artikel unter der Bezeichnung "die Sparsamen" und "die Bunten". Während "die Sparsamen" als Einstiegspreislage dienen, liegen "die Bunten" knapp darüber.

In der folgenden empirischen Analyse interessiert vor allem, ob bzw. in welchen Warengruppen sich Gattungsmarken zu einer Profilierung der Geschäftsstätte hinsichtlich der sparorientierten Käufe eignen. Im Vordergrund stehen hierbei die Billigkäufe, die der klassische No Name (“die Sparsamen”) ansprechen soll; mit Einschränkungen sind auch die sparorientierten Markenkäufe enthalten, auf die eher die Gattungsmarken der zweiten Generation ("die Bunten") abzielen. Allerdings kann sich die Geschäftstätte bei diesem Kaufsegment auch durch aktionierte Herstellermarken profilieren.

5 ERGEBNISSE DER EMPIRISCHEN UNTERSUCHUNG

Abbildung 3 weist den Marktanteil der Gattungsmarken in den untersuchten Warengruppen aus, die sich zu sechs Kategorien zusammenfassen lassen: Für die Berechnung des Marktanteils wurde die verkaufte Stückzahl an Gattungsmarken in Beziehung zur gesamten Absatzmenge der Warengruppe (gemessen in Stückzahlen) gesetzt. Zur Normierung der verschiedenen Packungsgrößen in einer Warengruppe diente die jeweils am häufigsten verkaufte Packungseinheit: So war bspw. bei Nudeln die 500g-Packung die am häufigsten verkaufte Größe; eine 5 kg-Packung entsprach deshalb 10 verkauften 500g-Packungen. Eine solche mengenmäßige Berechnung des Marktanteils ist einer Umsatzbetrachtung überlegen: Da Gattungsmarken - in der Regel - einen niedrigeren Verkaufspreis aufweisen, besitzen sie einen "Umsatznachteil", was ihre Bedeutung im Sortiment unterschätzen würde (vgl. Berekoven 1990, S. 137).

Der absolute Marktanteil der Gattungsmarken in einer Warengruppe signalisiert, welche Bedeutung sie in der gesamten Produktkategorie besitzen. Dies gibt zunächst einen Aufschluß darüber, in welchem Umfang in einer Warengruppe Einkäufe unter Sparorientierung auftreten und Gattungsmarken zugleich eine adäquates Angebot für eine solche Nachfrage darstellen. Je höher ihr Marktanteil ist, desto mehr stellen Gattungsmarken aber auch eine "wichtige Angebotskomponente" in einer Warengruppe dar. Dies wiederum bedingt, ob sich eine Geschäftsstätte mit Gattungsmarken bei den Billigkäufen bzw. den sparorientierten Markenkäufen profilieren kann.

Wenngleich die Marktanteile der Gattungsmarken in den Warengruppen stark differieren, ist eine Tendenz zu erkennen: "Im Schnitt" sind Gattungsmarken am stärksten im Kühl- und Trockensortiment etabliert, während ihr Anteil unter den gehobenen Nahrungsmitteln - mit Ausnahme der Spirituosen "Korn/Klarer" - vergleichsweise gering ist. Ein uneinheitliches Bild zeigen die Kategorien aus dem Non-Food-Bereich: Hier stehen Warengruppen, in denen die Gattungsmarke nahezu keinerlei Bedeutung besitzt (z.B. bei Deodorants oder Vollwaschmitteln) Warengruppen mit beachtlich hohem Marktanteil der Gattungsmarke gegenüber (z.B. Haushaltstücher, Weichspüler). Zwischen den einzelnen Produktkategorien existieren offensichtlich deutliche Unterschiede, ob die Nachfrager unter Sparorientierung ihre Produktwahl treffen. Eine mittlere Position nehmen die Grundnahrungsmittel ein.

Insgesamt läßt sich bereits an dieser Stelle erkennen, daß nicht in allen Warengruppen Gattungsmarken gleich gut für eine Geschäftstättenprofilierung geeignet sind. Dies kann daran liegen, daß nur in speziellen Warengruppen die Sparorientierung bei den Einkäufen dominiert bzw. Gattungsmarken für eine solche Nachfrage ein adäquates Angebot darstellen. Legt man einen Schwellenwert für den Marktanteil einer Gattungsmarke fest, damit Gattungsmarken in einer Warengruppe nicht unauffällig bleiben und somit eine Profilierungschance bieten, scheint als "Faustregel" ein Marktanteil von wenigstens 10% angebracht. *Abbildung 3* zeigt diejenigen Warengruppen, in denen Gattungsmarken diese "Profilierungs-Hürde" nehmen.

Der (absolute) Marktanteil stellt jedoch nicht zwangsläufig einen schlüssigen Indikator dar; vielmehr ist das Konkurrenzumfeld einzubeziehen: Existiert eine dominierende Herstellermarke, die bspw. 70% Marktanteil in der Warengruppe hält, signalisiert ein Marktanteil von bspw. 20%, den die Gattungsmarke erreicht, dennoch nur eine untergeordnete Stellung in der Warengruppe. Anders verhält es sich, wenn ein Gattungsmarken-Anteil von 20% die Marktführerschaft in der Warengruppe (Marke mit höchstem Marktanteil) bedeutet.

Daher wurde der Marktanteil der Gattungsmarke in Relation zum Marktanteil der bedeutendsten Herstellermarke gesetzt. Dieser relative Marktanteil signalisiert, wie stark sich Gattungsmarken gegenüber dem "Marktführer" behaupten können, was wiederum ein Indiz für ihre Profilierungskraft in der Warengruppe beinhaltet. *Tabelle 1* führt die Ergebnisse, differenziert nach Größenklassen, auf. Ein Wert von 25% besagt, daß die Gattungsmarke 25% des Absatzvolumens des Marktführers in der Warengruppe erreicht. Die Kategorie "Marktführer" bedeutet, daß Gattungsmarken selbst die absatzstärkste Marke der Warengruppe stellen.

Tabelle 1 zeigt ein zweigeteiltes Bild: Es existieren viele Warengruppen, in denen Gattungsmarken sehr deutlich unter dem Marktanteil des Marktführers (weniger als 25% relativer Marktanteil) liegen; ebenso finden sich viele Warengruppen, in denen Gattungsmarken dem Marktführer sehr nahe kommen (zwischen 50% und 100%) oder die Herstellermarken sogar übertreffen ("Marktführer"). Ein Mittelfeld im relativen Marktanteil (zwischen 25% und 50%) fehlt weitgehend.

Dies verstärkt den in *Abbildung 3* gewonnenen Eindruck: Nicht in allen Warengruppen eignen sich Gattungsmarken gleich gut zur Profilierung. Sucht man wiederum nach einem Schwellenwert für die Profilierungseignung, erscheint ein relativer Marktanteil von mindestens 50% notwendig, damit sich Gattungsmarken deutlich aus dem Angebot sonstiger Marken im Sortiment abheben. Aus *Tabelle 1* sind die betreffenden Warengruppen zu entnehmen, in denen Gattungsmarken dahingehend Auffälligkeit besitzen.

Aufgrund der unterschiedlichen Marktanteile von Gattungsmarken in den Warengruppen ist interessant zu erfahren, welche Faktoren ihren Marktanteil beeinflussen. Eine mögliche Determinante ist die "Sortimentspräsenz" der Gattungsmarken, die als Prozentsatz der Anzahl an Gattungsartikeln in einer Warengruppe operationalisiert werden kann: Ein hoher (niedriger) Marktanteil könnte darauf zurückzuführen sein, daß viele (wenige) Gattungsartikel im Vergleich zur Gesamtzahl der Artikel in einer Warengruppe angeboten werden. *Abbildung 4* zeigt den Zusammenhang zwischen Präsenz- und Marktanteil der Gattungsmarke:

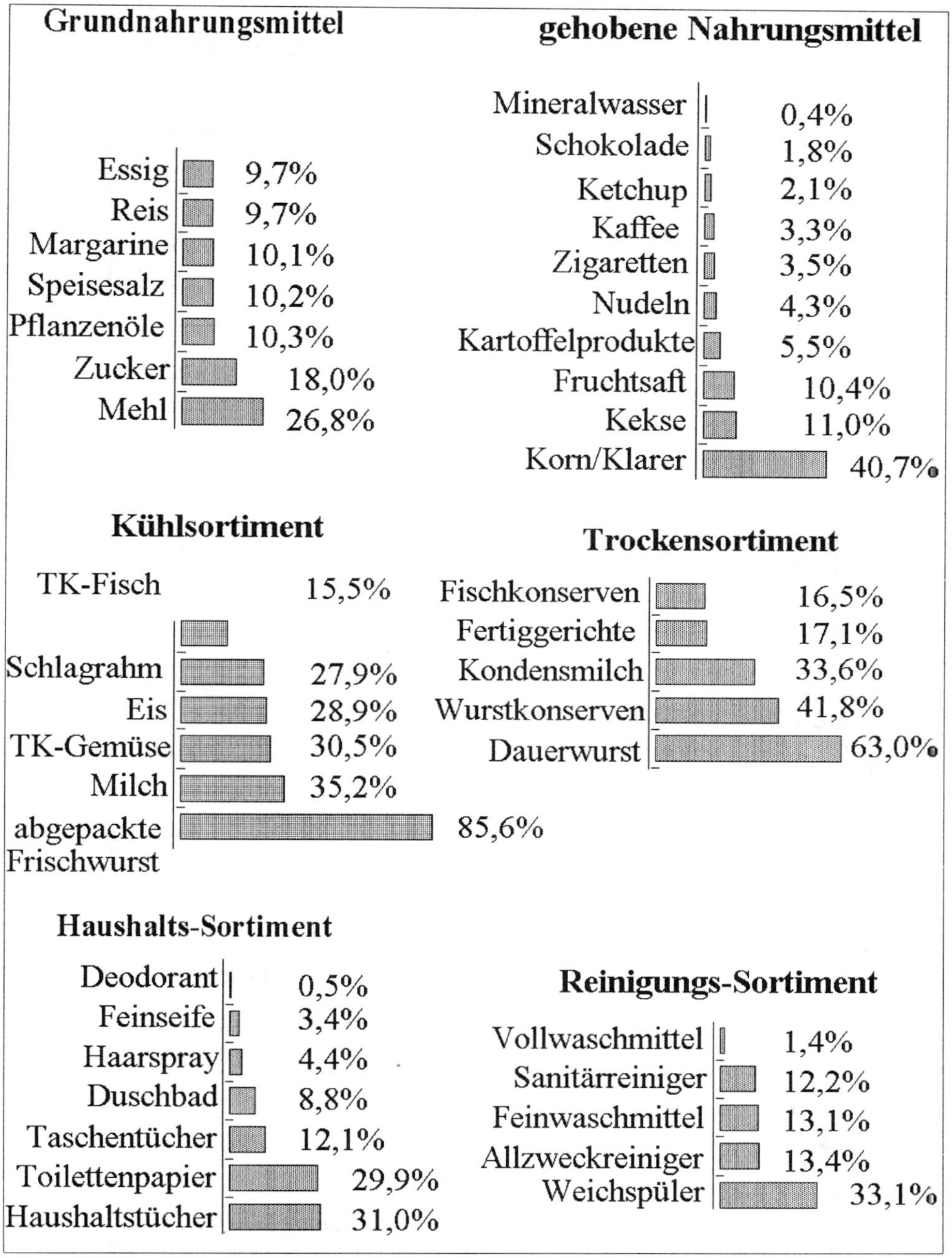

Abbildung 3: Marktanteile der Gattungsmarken

Tabelle 1: Relativer Marktanteil der Gattungsmarken

Relativer Marktanteil	Warengruppen
unter 10%	Deodorant, Kartoffelprodukte, Ketchup, Mineralwasser, Schokolade, Vollwaschmittel
zwischen 10% und 25%	Essig, Feinseife, Fruchtsaft, Haarspray, Kaffee, Kekse, Margarine, Nudeln, Reis, Speisesalz, Taschentücher, TK-Fisch, Zigaretten, Zucker
zwischen 25% und 50%	Duschbad, TK-Gemüse
zwischen 50% und 100%	Allzweckreiniger, Eis, Feinwaschmittel, Fertiggerichte, Fischkonserven, Haushaltstücher, Kondensmilch, Mehl, Pflanzenöle, Sanitärreiniger
Marktführer	abgepackte Frischwurst, Dauerwurst, Korn/Klarer, Milch, Schlagrahm, Toilettenpapier, Weichspüler, Wurstkonserven

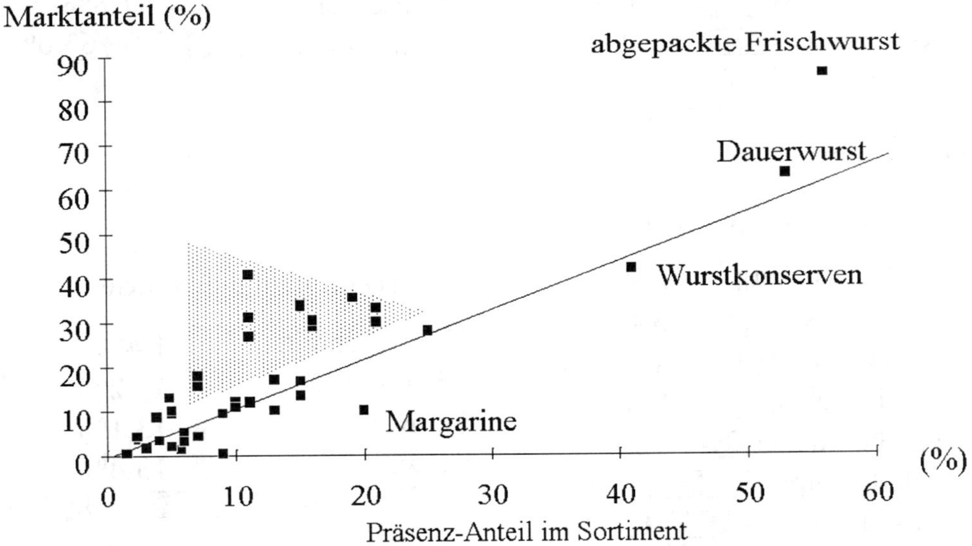

Abbildung 4: Sortimentspräsenz und Marktanteil

Von Bedeutung ist der lineare Zusammenhang zwischen Präsenz- und Marktanteil, den die 45°-Linie symbolisiert. Die Theorie der probabilistischen Markenwahl belegt, daß Produkte, die ein Konsument als gleichwertig einstuft, die gleiche Kaufwahrscheinlichkeit besitzen (vgl. ausführlicher hierzu Balderjahn 1993, S. 32-36). Dies führt dazu, daß der Marktanteil einer (Dach-) Marke - linear - um so höher (geringer) ist, je mehr (weniger) ihrer Produkte in das "evoked set" des Nachfragers gelangen. Auf den vorliegenden Fall übertragen, signalisiert eine Warengruppe, die auf dieser 45°-Linie positioniert ist, daß die Gattungsmarke ebenso häufig wie der *Durchschnitt der anderen Produkte* (Hersteller- und klass. Handelsmarken) der Warengruppe gekauft wird.

Aus *Abbildung 4* läßt sich erkennen, daß die Gattungsmarken in den meisten untersuchten Warengruppen eng um diese Linie herum positioniert sind. Der Marktanteil der Gattungsmarke ist folglich maßgeblich durch deren Präsenz-Anteil bestimmt. Insbesondere die hohen Marktanteile bei Dauerwurst und Wurstkonserven sind darauf zurückzuführen, daß der Nachfrager überaus viele Gattungsartikel in dieser Warengruppe zur Auswahl hat. Die Anordnung um die 45°-Linie bietet aber auch eine inhaltliche Aussage: Die Nachfrager stufen die meisten Gattungsmarken offensichtlich nicht schlechter als die durchschnittliche Herstellermarke ein.

Einige Warengruppen sind deutlich oberhalb der 45°-Linie angesiedelt: Hier erzielen Gattungsmarken einen - gemessen an ihrer Sortimentspräsenz - überproportionalen Marktanteil. Solche Warengruppen enthält das hervorgehobene Feld der *Abbildung 4*, nämlich die Produktbereiche Eis, Kondensmilch, Korn/Klarer, Mehl, Milch, Pflanzenöle, TK-Gemüse, TK-Fisch, Zucker sowie Haushaltstücher und Toilettenpapier; zusätzlich weisen die Gattungsmarken bei abgepackter Frischwurst einen deutlich höheren Marktanteil in Relation zu ihrer Sortiments-Präsenz auf.

Eine mögliche Erklärung für die hohen Marktanteile könnte der Preisunterschied beinhalten, den sie zu den Hersteller- bzw. klass. Handelsmarken der Warengruppe besitzen. Je niedriger das Preisniveau der Gattungsmarken ist, desto höher müßte der Marktanteil ausfallen, da sie dann als "Billigkäufe" besonders attraktiv werden.

Zur Messung der Preisdifferenz dient folgendes Vorgehen: In einem ersten Schritt wird der Verkaufspreis auf die jeweilige Packungseinheit normiert, die bereits zur Berechnung des Marktanteils diente: So war im Fall der 5 kg-Nudelpackung der Verkaufspreis durch 10 zu dividieren, um den "fiktiven" Verkaufspreis für eine 500g-Packung zu erhalten. Im zweiten Schritt werden aus diesen (fiktiven) Preisen die mit der verkauften (normierten) Menge gewichteten Durchschnittspreise für Hersteller- bzw. klass. Handelsmarken und Gattungsmarken in der Warengruppe bestimmt und in Beziehung gesetzt. Ein Wert von 60% besagt folglich, daß das Preisniveau der Gattungsmarke 60% des (durchschnittlichen) Preisniveaus der Hersteller- bzw. klass. Handelsmarken in der Warengruppe beträgt: Gattungsmarken werden folglich 40% billiger angeboten. Grundsätzlich gilt es bei dieser Normierung zu beachten, daß kleine Packungseinheiten zu relativ hohen Preisen im Vergleich zu großen Packungseinheiten führen. Dies erscheint allerdings inhaltlich durchaus gerechtfertigt. *Abbildung 5* listet das Preisniveau der Gattungsmarken in den sechs Produktkategorien auf.

Die Spannweite des Preisniveaus von Gattungsmarken ist beachtlich: Sie reicht von 27% (Weichspüler) bis 110% (Mineralwasser). Eine Konzentration läßt sich im Bereich zwischen 40% und 70% erkennen. Einige Gattungsmarken sind im Preisniveau jedoch fast "gleichauf" mit der durchschnittlichen Hersteller- bzw. klass. Handelsmarke (Vollwaschmittel; Haushaltstücher; Taschentücher); daß Mineralwasser über dem Durchschnitt liegt, ist auf die spezifischen Packungsgrößen der Gattungsmarke (nur kleine Einzelflaschen) in dieser Warengruppe zurückzuführen. Hinsichtlich der sechs Produktkategorien weisen die Grundnahrungsmittel bzw. das Reinigungssortiment das niedrigste durchschnittliche Preisniveau auf; in allen anderen Warengruppen ist das Preisniveau der Gattungsmarken uneinheitlich. Insgesamt weicht die tatsächliche Preisstruktur erheblich von Empfehlungen der Literatur ab, die als Richtschnur bis zu 40% Preisabstand zum Marktführer angeben (vgl. Kornobis 1993, S. 527; Hallier 1995, S. 128f.).

Die Frage, welcher Zusammenhang zwischen Preisniveau und Marktanteil besteht, beantwortet *Abbildung 6* mit einer interessanten Aussage: Es besteht kein deutlicher Trend.

Entgegen der Erwartung, wonach ein geringeres Preisniveau der Gattungsmarken zu einem höheren Marktanteil führen müßte, lassen sich vier Bereiche mit unterschiedlicher Relation von Preisniveau und Marktanteil ausmachen.

Die Mehrzahl der untersuchten Warengruppen liegt in einem "Graubereich" (Bereich I): Das niedrige Preisniveau der Gattungsmarken schafft zwar die Voraussetzungen für eine Profilierung, ihr absoluter Marktanteil ist jedoch nicht übermäßig groß (unter 20%). Hierzu zählen Gattungsmarken aus den Produktbereichen Feinseife, Deodorant, Kartoffelprodukte, Ketchup, Schokolade, Allzweckreiniger, Duschbad, Feinwaschmittel, Sanitär-Reiniger, Fertiggerichte, Kekse, Margarine, Pflanzenöle, Reis, Speisesalz, Essig und TK-Fisch. Möglicherweise werden diese Warengruppen häufiger als wichtig eingestuft, was eine (Hersteller-) Markenpräferenz begründen könnte (Vgl. *Abbildung 1*). Hierfür spricht auch, daß in diesen Produktbereichen, beispielsweise bei Schokolade, sehr intensiv Herstellermarken aktioniert werden (Vgl. ausführlich Schmalen/Pechtl/Schweitzer 1996). Es ist unmittelbar plausibel, daß es unter diesen Bedingungen nur geringe Profilierungskraft für Gattungsmarken gibt.

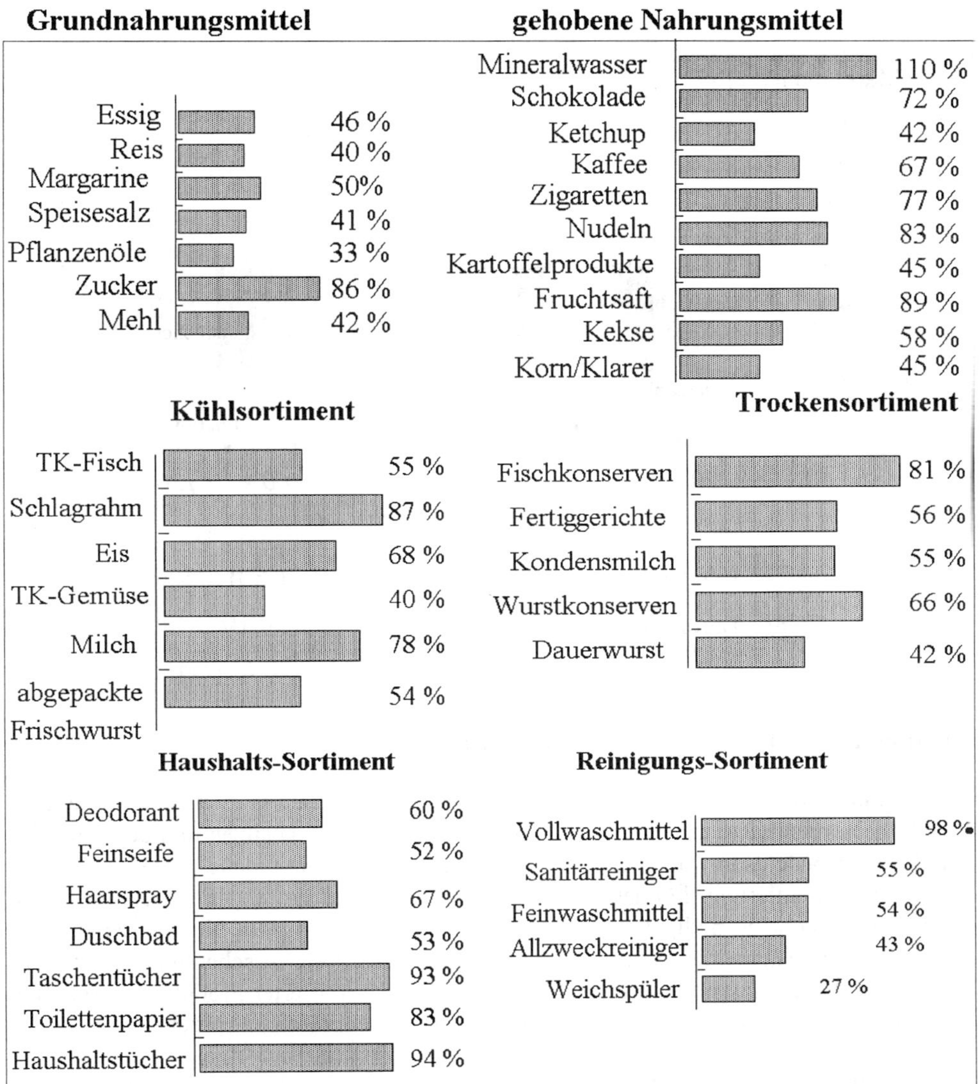

Abbildung 5: Preisniveau der Gattungsmarken

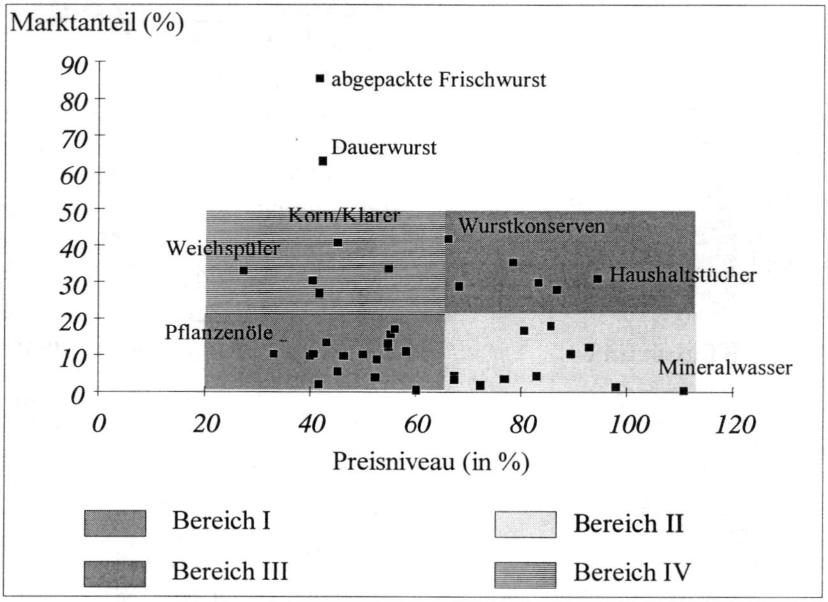

Abbildung 6: Preisniveau und Marktanteil

Dies gilt ebenso für die Warengruppen im Bereich II, in denen Gattungsmarken ein relativ hohes Preisniveau im Vergleich zu den anderen Marken besitzen und deren Marktanteil wenig bedeutsam (unter 20%) ist. Möglicherweise vorhandene Präferenz für extreme Preisorientierung können die Gattungsmarken aufgrund ihres relativ hohen Preisniveaus nicht befriedigen. Hierzu rechnen Kaffee, Fruchtsaft, Nudeln, Zigaretten, Mineralwasser, Haarspray, Vollwaschmittel, Fischkonserven, Taschentücher und Zukker. Zudem handelt es sich um Produkte, die aufgrund geforderter Produkteigenschaften (z.B. Geschmack) eher für eine hohe (Hersteller-) Markenpräferenz sprechen.

Im Bereich III ist das Preisniveau der Gattungsmarken hoch, ihr Marktanteil ist dennoch bedeutend (über 20% bis 50%). Diese Konstellation gilt für Gattungsmarken aus den Warengrupppen Eis, Milch, Schlagrahm, Wurstkonserven sowie Haushaltstücher und Toilettenpapier. Offensichtlich besteht in diesen Warengruppen ein beträchtliches Potential an preisorientierten Käufen. Bereits eine geringe Preisdifferenz der Gattungsmarken reicht aus, um Käufe mit relativ geringer Markenpräferenz anzuregen. Dieser Bereich erscheint daher sowohl zur Profilierung für den Billigkauf als auch aus Ertragssicht des Einzelhandels (nur geringe Preiszugeständnisse) attraktiv.

Auch Warengruppen im Bereich IV weisen - ähnlich zu Bereich III - einen hohen Marktanteil (über 20 %) auf, allerdings bei wesentlich höheren Preiszugeständnissen (maximal 55 %). Daher sind diese Produktkategorien zwar zur Preisprofilierung sehr geeignet, aus Ertragssicht sind sie jedoch wesentlich weniger attraktiv. Die Gattungsmarken der Produktbereiche Korn/Klarer, Mehl, Kondensmilch, TK-Gemüse sowie Weichspüler fallen hierunter. In diesen Warengruppen liegt ein extrem preisorientiertes Kaufverhalten in beachtlichem Umfang vor, das die Gattungsmarken aufgrund ihres deutlichen Preisvorteils wirkungsvoll ansprechen.

Nicht in dieses Schema einzuordnen sind die "Ausnahme-Warengruppen" Dauerwurst und abgepackte Frischwurst. Die Preisprofilierung besteht hier weniger "innerhalb" der Warengruppe, da neben den Gattungsmarken (Vgl. *Abbildung 4*) nur noch relativ wenige Herstellermarken angeboten werden. Gattungsmarken bilden vielmehr das Preisimage der gesamten Warengruppe.

Faßt man die bisherigen Ergebnisse zusammen, lassen sich mit der Vergabe von sog. "Profilierungspunkten" Warengruppen identifizieren, die für eine Gattungsmarken-Strategie interessant erscheinen: Einen "Profilierungspunkt" erhalten hierbei Warengruppen, in denen die Gattungsmarke

- anhand des absoluten und relativen Marktanteils (*Abbildung 3* und *Tabelle 1*) als "Profilierungskandidat" auftritt (absoluter Marktanteil mindestens 10 % und relativer Marktanteil mindestens 50%),
- in *Abbildung 4* deutlich über der 45°-Linie liegt und
- im Bereich III oder IV positioniert ist oder zur Kategorie abgepackte Frischwurst bzw. Dauerwurst zählt (*Abbildung 6*).

Summiert man die Profilierungspunkte auf, resultiert die in *Tabelle 2* ausgewiesene "Hit-Liste":

Die Aussage der *Tabelle 2* ist eindeutig: Lediglich in acht Warengruppen ist die volle Punktzahl zu verzeichnen, nur 14 von insgesamt 40 Warengruppen erreichen mehr als die Hälfte der maximalen Punktzahl. Gattungsmarken können sich somit in den meisten Warengruppen nur schlecht profilieren.

Diese Aussage wird verstärkt, wenn man berücksichtigt, welche Bedeutung die jeweiligen Warengruppen innerhalb des Gesamtsortiments einnehmen. Will sich eine Geschäftsstätte über Gattungsmarken bei preisorientierten Käufen profilieren, müssen nicht nur die Gattungsmarken innerhalb der Warengruppe Profilierungskraft besitzen, sondern die Warengruppe selbst muß einen "bedeutenden Stellenwert" im Sortiment besitzen Diesen Aspekt greift *Abbildung 7* heraus: Sie kombiniert den Marktanteil der Gattungsmarke mit der Bedeutung der Warengruppe, wobei für die Bedeutung der Warengruppe deren Umsatzanteil (einschl. Gattungsmarke) am Gesamtumsatz (Food und Non-Food) der Geschäftsstätte verwendet wird.

Tabelle 2: Grundsätzliche Profilierungseignung der Gattungsmarken

Punkte	Warengruppen
0	Essig, Reis, Margarine, Speisesalz, Kekse, Duschbad, Mineralwasser, Schokolade, Ketchup, Kaffee, Zigaretten, Nudeln, Kartoffelprodukte, Fruchtsaft, Deodorant, Feinseife, Haarspray, Taschentücher, Vollwaschmittel
1	TK-Fisch, Fischkonserven, Fertiggerichte, Zucker, Sanitärreiniger, Feinwaschmittel, Allzweckreiniger
2	TK-Gemüse, Dauerwurst, Weichspüler, Pflanzenöle, Schlagrahm, Wurstkonserven
3	Mehl, Korn/Klarer, abgepackte Frischwurst, Kondensmilch, Eis, Milch, Toilettenpapier, Haushaltstücher

Zweifellos ist es schwer, einen Schwellenwert festzulegen, ab dem eine Warengruppe als "bedeutend" in einem Sortiment angesehen werden darf. Ausgehend von über 800 Produktbereichen, aus denen das Gesamtsortiment mit ca. 20000 Artikeln besteht und anderen Studien in diesem Verbrauchermarkt (vgl. Schmalen/Pechtl/Schweitzer 1996), kann eine Warengruppe mit mehr als 0,5% Anteil am Gesamtumsatz bereits als "hervorgehoben" eingestuft werden.

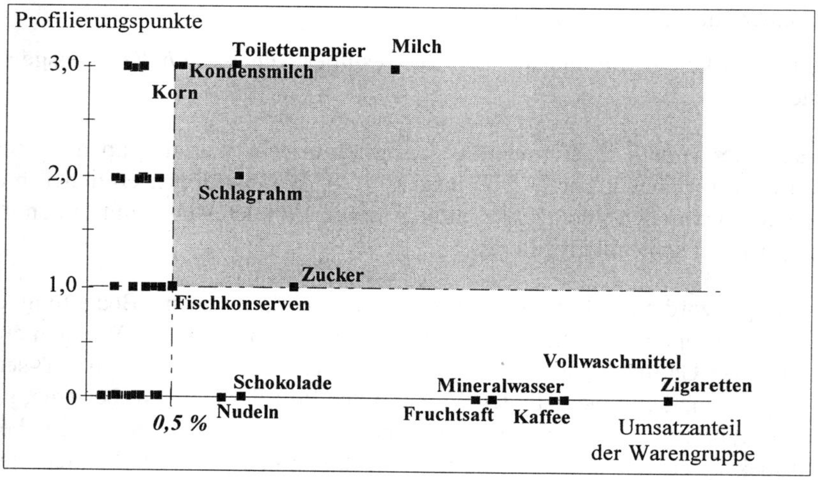

Abbildung 7: Faktische Profilierungsfeld der Gattungsmarken

Damit läßt sich in *Abbildung 7* der faktische Profilierungsbereich von Gattungsmarken konkretisieren, der als schraffiertes Feld gekennzeichnet ist: Die Gattungsmarken erzielen in den Warengruppen mindestens 1,0 Profilierungspunkte und die korrespondierende Warengruppe besitzt eine bedeutende Stellung im Gesamtsortiment. Die Aussage von *Abbildung 7* ist eindeutig: Lediglich in 7 der 40 untersuchten Warengruppen scheinen Gattungsmarken profilierungsgeeignet zu sein, wobei die Warengruppe Kondensmilch, Korn/Klarer, Fischkonserven und Zucker jeweils "am äußersten Rand" des Profilierungsfelds liegen. Als wirkungsvolle Warengruppen erscheinen deshalb vor allem die Bereiche Milch, Schlagrahm und Toilettenpapier.

Zusammenfassend ist festzustellen: Ein großer Teil der untersuchten Gattungsmarken eignet sich nur wenig zur Profilierung der Geschäftsstätte bei den Billigkäufen bzw. preisorientierten Markenkäufen. Bei den tatsächlichen "Profilierungskandidaten" handelt es sich um Gattungsmarken in Warengruppen, die eher dem "low involvement"-Bereich zuzuordnen sind. Die Markenpräferenz ist niedrig, der Kauf findet deshalb als Billigkauf statt.

Die Gründe für die fehlende Profilierungskraft der meisten Gattungsmarken sind vielschichtig: Möglicherweise sind Gattungsmarken in Warengruppen vertreten, in denen Käufe unter Sparorientierung nicht sonderlich häufig auftreten oder andere Produkte (aktionierte Herstellermarken) die Sparorientierung der Käufer besser erfüllen. Zudem gibt es Warengruppen, in denen Gattungsmarken zwar Profilierungskraft besitzen, diese Warengruppen sich aber eher im "Randsortiment" ohne besondere Umsatzbedeutung befinden. Ob Gattungsmarken daher zur Sortimentsprofilierung beitragen, ist sehr zweifelhaft. Zudem vermindern sich aufgrund der geringen Umsatzbedeutung die dargestellten Handling-Vorteile einer Gattungsmarken-Strategie.

6 SCHLUSSBEMERKUNGEN

Die Diskussion um Gattungsmarken im LEH ist ebenso alt wie kontrovers. Basierend auf beobachtbaren Kaufverhaltensmustern wurde versucht, das Markensortiment des LEH auf seine Eignung zur Bedienung differenzierter Konsumentenansprüche zu untersuchen. Gattungsmarken konnten hierbei dem Kauftyp des Billigkaufs und - eingeschränkt - dem sparorientierten Markenkauf zugeordnet werden (sofern Gattungsmarken eine eigene Markenpersönlichkeit schaffen konnten).

Die aus theoretischer Sicht angeführten Gründe für die Sinnhaftigkeit einer Gattungsmarken-Strategie ließen sich nur teilweise bestätigen: Lediglich in wenigen Warengruppen scheinen Gattungsmarken zur Sortiments- und Preisprofilierung wirkungsvoll beizutragen. Hierbei handelt es sich meist um traditionelle "No name-Bereiche", die vor allem zur Bindung der Billigkäufe angesichts der Preisaggressivität der Discounter dienen.

Zweifellos stellen die Ergebnisse nur eine "Momentaufnahme" dar, deren Verallgemeinerung - vor allem hinsichtlich der Wahl der Schwellenwerte - Grenzen gesetzt sind. Dennoch verfestigt sich der Eindruck, daß Gattungsmarken in ihrer Bedeutung für LEH nicht überschätzt werden sollten, wenngleich ein genereller "Rückzug von der weißen Front" (vgl. Kornobis 1993) übertrieben wäre. Als defensive Waffe gegenüber Discountern scheinen Gattungsmarken in einigen Produktbereichen wirkungsvoll zu sein. Zudem wurden die Eigenschaften der Gattungsmarken auf der Beschaffungsseite und ihr Stellenwert im Rahmen der Corporate Identity der Handelskette nicht beleuchtet. Allerdings müßten in diesen Bereichen Gattungsmarken deutliche Vorteile bieten, da auf der "Marketing-Seite" ihre Relevanz eher gering ist. Dies unterstreicht die Aussage, daß (aktionierte) klassische Herstellermarken weiterhin das Rückgrat im Sortiment des LEH bilden müssen.

DANKSAGUNG

1) Für die Unterstützung bei der Datenerhebung ist Herrn Hanns Gerhard Hausteiner, geschäftsführender Gesellschafter der Firma A. Kühbacher GmbH&Co, Passau, und seinen Mitarbeitern zu danken.

LITERATUR

Balderjahn, B. I. (1993), Marktreaktion von Konsumenten, Berlin 1993.

Berekoven, L. (1990), Erfolgreiches Einzelhandelsmarketing: Grundlagen und Entscheidungshilfen, München 1990.

Dichtl, E. (1992), Grundidee, Varianten und Funktionen der Markierung von Waren und Dienstleistungen, in: Marke und Markenartikel als Instrumente des Wettbewerbs, hrsg. von E. Dichtl und W. Eggers, München 1992, S. 1-23.

Hallier, B. (1995), Wie kann der Handel Marken machen?, in: Absatzwirtschaft, 10/1995, S. 127-131.

Kornobis, K.-J. (1993), Von der weißen Front zum "Markenartikel", in: Markenartikel, 11/93, S. 526-531.

Meffert, H.; Bruhn, M. (1984), Markenstrategien im Wettbewerb: Empirische Untersuchungen zur Akzeptanz von Hersteller-, Handels- und Gattungsmarken (No Names), Wiesbaden 1984.

Oehme, W. (1992), Handels-Marketing, 2. Auflage, München 1992.

Schmalen, H. (1994), Das hybride Kaufverhalten und seine Konsequenzen für den Handel, in: ZfB, 64. Jhrg., S. 1221-1240.

Schmalen, H. (1995), Preispolitik, 2. Auflage, Stuttgart und Jena 1995.

Schmalen, H.; Pechtl, H. ; Schweitzer, W. (1996), Sonderangebotspolitik im Einzelhandel. Eine empirische Analyse der Wirkungseffekte von Sonderangeboten auf der Grundlage von Scanner-Daten, Stuttgart 1996.

Schlautmann, Ch. (1994), Handelsmarken-Boom: Sturm im Wasserglas, in: handelsjournal, 6/94, S. 6-11.

Stach, M. (1993), Markenartikel oder Handelsmarke? - Eine Standortbestimmung aus Sicht des Markenverbandes, in: Markenartikel 12/1993, S. 582-583.

Tietz, B. (1993a), Der Handelsbetrieb, 2. Auflage, München 1993.

Tietz, B. (1993b), Zukunftsstrategien für Handelsunternehmen, Frankfurt a. Main 1993.

Die Führung und Etablierung transnationaler Handelsmarken als Instrument der Profilierung des Handels - unter besonderer Berücksichtigung des Lebensmittelhandels

Peter Hammann, Cordula Tebbe und Daniela Braun, Bochum

Der Beitrag beschäftigt sich mit denjenigen Handelsunternehmen, die seit Beginn der 90er Jahre ihre Eigenmarken in verschiedenen Ländern Europas vermarkten oder für den europäischen Markt Euro-Handelsmarken entwickeln. Nach einer Einführung in die Ansatzmöglichkeiten, die die Handelsmarkenführung zur Profilierung des Handels bietet, und die Hintergründe der Internationalisierung liegt der Schwerpunkt der Darstellung im weiteren auf den Optionen und Problemfeldern im Rahmen der Entwicklung und Führung transnationaler Handelsmarken. Die vorliegenden Überlegungen stützen sich auf Ergebnisse einer Expertenbefragung internationaler Unternehmen und Kooperationen des Lebensmitteleinzelhandels mit Sitz in Deutschland, Österreich und der Schweiz.

1 DER HANDEL ALS MARKENFÜHRER

1.1 Die Handelsmarke als Markenartikel

Weder für den Begriff der Herstellermarke noch den der Handelsmarke existiert eine formalrechtliche Definition. Trotz vereinzelter Unterschiede bei der Verwendung des Begriffes der „Handelsmarke“ in Wissenschaft und Praxis liegt allen Ansätzen als gemeinsames Merkmal zugrunde, daß der institutionelle Handel als Träger des gewerblichen Schutzrechtes das Eigentum oder das Nutzungsrecht an der Marke besitzt (Schenk 1994, S. 59; Berekoven 1995, S. 134). Uneinigkeit herrscht in der Literatur darüber, ob die Handelsmarke als Pendant zur Herstellermarke den Status eines Markenartikels erreichen kann oder ob dieser Begriff mit dem der Herstellermarke gleichzusetzen ist. Während Autoren aus der Industrie (z. B. Messing 1987) zu einer Differenzierung neigen, tendiert der Handelssektor eher zur Gleichsetzung (Grafe 1991, S. 17). Die Wissenschaft behandelt diese Frage z. T. gar nicht (z. B. Hansen 1994) oder nimmt häufig eine unentschiedene Haltung ein (z. B. Berekoven 1995, S. 134). Eine Ausnahme bildet

Poth, der eindeutig Stellung bezieht: „Die Handelsmarke ist kein Surrogat, sondern Markenartikel des Handels, ...“ (Poth 1984, S. 113).

Wettbewerbsrechtlich definiert sind Markenwaren gemäß § 38a GWB. Entsprechend dieser Legaldefinition sind zwei Merkmale konstitutiv für eine Markenware: Die Qualität und die Marke als Warenzeichen. Fraglich ist, ob die Handelsmarke unter absatzwirtschaftlichen Gesichtspunkten ein Markenartikel ist. Die Merkmale des § 38a GWB sind nur notwendige, aber nicht hinreichende Voraussetzungen für die Bildung einer Marke. Zielsetzung der Markierung ist die Identifizierbarkeit des markierten Produktes und damit seine Heraushebung aus der Anonymität (Hammann 1992, S. 206). Ob es sich bei dem markierten Produkt tatsächlich um einen Markenartikel handelt, hängt nach Berekoven (1995, S. 132 f.) somit von den positiven Einstellungen und Wertschätzungen der Verbraucher ab, durch die sich der Markenartikel aus der Masse der Güter heraushebt. Huber (1988) vertritt die Ansicht, daß bei entsprechender Anwendung des absatzwirtschaftlichen Instrumentariums eine Handelsmarke einen gleich hohen Status, Bekanntheitsgrad und Erfolg erzielen kann wie eine klassische Herstellermarke. In Deutschland ist es den Handelsmarken zum großen Teil (noch) nicht gelungen, die gleiche Marktgeltung wie die führenden Herstellermarken zu erreichen. Spricht man den Handelsmarken jedoch den Status eines Markenartikels ab, müßte dieses in gleicher Weise für die vielen „schwachen“ Herstellermarken bzw. die niedrig positionierten Zweit- und Drittmarken geschehen. Aus Nachfragersicht besagt die Differenzierung letztlich wenig, da nur selten eindeutig und klar erkennbar ist, wer die Marke führt. Die genaue und unmittelbare Identifizierung gelingt dort, wo sowohl eine Produkt- als auch eine Firmenmarke verwendet werden (z. B. Tandemmarkierung).

1.2 Die Positionierung der Handelsmarke

Mit der Aufnahme der Handelsmarken in das Sortiment erweitern die Handelsunternehmen ihr bisheriges Aufgabenfeld. Im Rahmen einer Rückwärtsintegration übernimmt der Handel als Markeneigner bzw. -führer eigenständige Absatz- und Produktgestaltungsaufgaben. Die Distribution der Handelsmarken ist auf die eigenen Handelsbetriebe und die angeschlossenen Kooperationspartner beschränkt.

Die Erscheinungsformen von Handelsmarken sind - in Abhängigkeit vom Betriebstyp - inzwischen ausgesprochen vielfältig. In Anlehnung an Grafe (1991) sollen hier drei grundlegende Positionierungsstrategien vorgestellt werden, die heute im Handel in dieser oder ähnlicher Form anzutreffen sind. Die *Präferenzmarkenstrategie* basiert auf einer eigenständigen Positionierung der Handelsmarken in der oberen Qualitäts- und Preisklasse. Gleichzeitig wird die Handelsmarke noch mit einem etwas niedrigeren Preis als die führende Herstellermarke versehen. Diese Positionierungsstrategie bedarf darüber hinaus des konsequenten Einsatzes aller nicht-preislichen Marketinginstrumente, um so dauerhaft Präferenzen bei den Verbrauchern aufzubauen. Die *Imitationsmarkenstrategie* strebt die bewußte Anlehnung der betrachteten Handelsmarke an eine - i. d. R. die führende - Herstellermarke an, um von deren Goodwill profitieren zu können. Die vorgenommenen Veränderungen können lediglich der äußeren Unterscheidbarkeit dienen oder echte Verbesserungen und Weiterentwicklungen beinhalten. Entscheidend ist bei dieser Strategie die Herausstellung des spürbaren Preisvorteils (ca. 20 %) der betrachteten Handelsmarke gegenüber der Konkurrenzherstellermarke bei mindestens vergleichbarer Qualität. Die *Discountmarkenstrategie* strebt bewußt ein gattungsgleiches, aber qualitativ minderes Alternativsortiment zu den führenden Herstellermarkenartikeln an. Die Positionierung der Handelsmarken im Einstiegspreissegment (bis zu 40 % unter der preislich führenden Herstellermarke) ist das zentrale Argument des Handelsunternehmens für die Vorteilhaftigkeit dieses Angebotes. Die Konsumenten bilden reine Preispräferenzen, die sehr instabil sind und zu häufigem Markenwechsel Anlaß geben (Dawson 1990, S. 2; Becker 1993, S. 158).

Während Herstellermarken vorwiegend in der oberen und mittleren Qualitäts- und Preisklasse positioniert sind, befinden sich Handelsmarken derzeit noch meist in der mittleren und unteren Preis-/Qualitätsklasse (Becker 1993, S. 192). Allerdings wird in jüngster Zeit von einigen Handelsunternehmen eine Positionierung in der Premiummarkenklasse forciert. Die großen deutschen Lebensmittelhändler führen national mehrere unterschiedlich positionierte Eigenmarkenkonzepte. So verfügt die SPAR-Handelsaktiengesellschaft über drei Eigenmarkentypen: die „Sparsamen“ im unteren Qualitäts- und Preisbereich, die „Bunten“ in der mittleren Preisklasse und die Exklusivmarken in einigen ausgewählten Warengruppen. Die ASKO bietet zwei Eigenmarkenkonzepte an: die Discountmarke „TIP“ und die Premiummarken „O’Lacy’s“ (bzw. „Goldblume“), die als warengruppenübergreifende Dachmarken geführt werden (o. V. 1990b, S. 21-24; Ernst-Motz 1993, S. 101 f.; Thiem 1993, S. 128 f.). Ähnlich gehen die Tengelmann- bzw. Kaiser's-Märkte vor, die auf den unteren Regalebenen die Marke „A&P“ und in Sichthöhe die Premiummarke “Master Product“ offerieren. Dabei ist die Spannweite der beiden Markendächer unterschiedlich: Während die Marke „A&P“, die über 200 Artikel umfaßt, z. B. auch im Kosmetiksortiment geführt wird, gilt dies nicht für die letztgenannte Marke. Bei der Rewe-Handelsgruppe wird mit den „Leistungsmarken“ „Today“, „Salto“, „Erlenhof“ eine warengruppenspezifische Dachmarkenkonzeption bevorzugt, die „Preiswert-Marke“ „Ja“ wird dagegen sortimentsübergreifend verwandt. Eine ausgeprägte Imitationsmarkenstrategie verfolgen die zur Rewe-Gruppe gehörenden Penny-Märkte, deren große Eigenmarkenvielfalt verbunden mit einer geringen Sortimentstiefe bei den Herstellermarken Bestandteil der Betriebstypenkonzeption ist. Die Nähe dieser Eigenmarken zu den (führenden) Herstellermarken wird hier sowohl durch Design und Farbgebung der Produkte als auch durch die Plazierung betont.

1.3 Die Profilierung der Handelsmarke

Handelsmarken können dem Handelsbetrieb als Profilierungsinstrument dienen, indem sie ein exklusives, unverwechselbares Angebot herausstellen und damit eine Differenzierung von der Konkurrenz bewirken. Während es den Herstellern gelungen ist, mit einer kreativen (und kostenintensiven) Kommunikationspolitik ihre Marken mit einem

Zusatznutzen auszustatten, der sich in einem höheren Bekanntheitsgrad und einer größeren Verkehrsgeltung der Herstellermarken niederschlägt, versahen die Verbraucher Handels- im Vergleich mit Herstellermarken bis vor kurzem noch immer mit den Attributen „einfache Aufmachung“, „billig“, „geringere Qualität“ und „wenig bekannt“ (Kornobis 1993, S. 528). Inzwischen ist die Loyalität der Konsumenten gegenüber den Herstellermarken gesunken. Bei Qualitätstests schneiden Handels- und Herstellermarken in zunehmendem Maße gleich ab, insbesondere dadurch, daß das zugrundeliegende Know-how der Herstellermarken vom Handel für seine Eigenmarken erworben werden kann (Raeber 1995, S. 333).

Die konsequente Markenpflege des Handels weist derzeit z. T. noch große Defizite auf. Positiv hervorgetreten ist hier unlängst die Rewe-Handelsgruppe, die in aufeinanderfolgenden Plakatkampagnen (unterstützt durch Funkspots) zunächst ihre sogenannten „Leistungsmarken“ (Today, Salto, Erlenhof etc.) und später auch die Marke „Ja“, die noch aus der Zeit der Gattungsmarken erhalten geblieben ist, als „die starke Preiswert-Marke der Rewe-Handelsgruppe“ profiliert hat. Zielsetzung dieser Kampagnen war neben der Verbesserung der Markenbekanntheit auch die Herausstellung des Markenführers und die an seine Geschäftsfilialen gebundene Verfügbarkeit der beworbenen Marken. Insbesondere bei Sortimentsmarkenkonzepten und damit einhergehender Handelsmarkenvielfalt kann der in diversen Handelsketten kaufende Konsument nur schwer zwischen Hersteller- und Handelsmarken unterscheiden, denn vielfach läßt der Handel Möglichkeiten, die Markenführerschaft kenntlich zu machen, ungenutzt. So findet man auf vielen Handelsmarkenpackungen wenig aussagekräftige Hinweise auf den Markenhersteller bzw. -führer wie Hamburger Warenkontor GmbH oder Handelsmarken GmbH. Ein Aufdruck „Kontrolliert durch Penny GmbH Hamburg“ läßt hingegen keine Zweifel an der Verantwortlichkeit aufkommen und ist deutlich besser geeignet, eine geschäftsstättenbezogene Markentreue zu fördern. Bei warengruppenübergreifenden Handelsmarkenkonzepten fällt es leichter, durch gleichbleibende Design- und Farbelemente den Geschäftsstätten eine bindungsfördernde „retail identity“ zu verleihen. So hat die Tengelmann/Kaiser's-Gruppe mit der Marke „Master Product“ eine Premiummarke geschaffen, die nicht nur ihren Leistungsanspruch durch eine werthaltige blaue Farbgebung und ein herausgehobenes auffälliges Logo unterstreicht, sondern durch die Regalpenetration dieser Marke auch einen gelungenen Schritt in Richtung Unverwechselbarkeit ihrer Geschäftsstätten geht.

1.4 Zentrale Zielsetzungen der Handelsmarkenpolitik

Das Hauptaugenmerk sowohl der nationalen als auch der transnationalen Handelsmarkenführung liegt auf der *Renditeverbesserung,* der in Literatur (Oehme 1992, S. 155 f., Berekoven 1995, S. 139 f.; Schenk 1994, S. 67 f.) und Praxis eine herausragende Bedeutung beigemessen wird. Da Handelsmarken vielfach als Me-too-Produkte auf den Markt gebracht werden, können Kosten für Forschung und Entwicklung sowie den Marktaufbau eingespart werden. Damit einher geht i. d. R. ein fast vollständiger Verzicht auf kostenintensive Medienwerbung. Im Gegensatz zur oft ubiquitär angebotenen Herstellermarke können Handelsmarken weitgehend aus einem Preiswettbewerb herausgehalten werden, da sie exklusiv und einzigartig in den eigenen Vertriebsstätten angeboten werden (Grafe 1991, S. 122). Viele bekannte Hersteller-Markenartikel werden im Lebensmittelbereich als Sonderangebote „veraktioniert", so daß der Handel über diese Marken teilweise nur noch sehr geringe Handelsspannen erreichen kann (Tietz 1993, S. 322). Für seine (höherwertigen) Handelsmarken, bei denen er in der Preisgestaltung frei ist, kann er ggf. bessere Spannen kalkulieren. Entsprechend günstig ist der Efficient Consumer (eigentlich: Customer) Response (ECR).

Auch das Ziel der *Sortimentsbereinigung* wird von den befragten Handelsunternehmen als wichtig eingestuft. Durch die Produktion von Handelsmarken können die Lieferantenvielfalt reduziert und logistische Synergien erzielt werden (Kornobis 1993, S. 526). Dabei werden vor allem schwache Herstellermarken aus dem Sortiment verdrängt, wodurch i. d. R. die Umschlagsgeschwindigkeit der Handelsmarke erhöht wird. Damit führt die Sortimentsbereinigung zur Senkung der Sortimentskosten und einer Verbesserung der Rendite. Andererseits können Handelsmarken Sortimentslücken (Preis- und Qualitätsnischen) schließen, die von Herstellermarken gar nicht oder nur unbefriedigend besetzt werden (Grafe 1991, S. 125; Hansen 1990, S. 245).

Erstaunlich ist die in den Antworten aus der Praxis zutage getretene geringe Relevanz des *Profilierungsziels*, das über Herstellermarken kaum erreicht werden kann, da die Listung von Hersteller-Markenartikeln von den Konsumenten erwartet wird und die Sortimente durch das ubiqitäre Angebot austauschbar werden. Mit Hilfe der Handelsmarken kann die Leistungsfähigkeit des Unternehmens unterstrichen und der Verbraucher von Herstellermarkentreue auf geschäftsstättengebundene Handelsmarkentreue umgelenkt werden. Dies setzt voraus, daß der Verbraucher einen eindeutigen Zusammenhang zwischen Handelsmarke und Handelsunternehmen herstellen kann, was häufig keineswegs der Fall ist.

Handelsmarken können innerhalb einer Handelskooperation oder eines Filialbetriebes eine *Integrations- und Solidaritätsfunktion* übernehmen. Gemeinsame Handelsmarken, die eine gewichtige Stellung im Sortiment der einzelnen Mitglieder und zugleich eine hohe Wertschätzung bei den Verbrauchern besitzen, erschweren den Austritt von Mitgliedern aus der Kooperation, da sie nur über diese bezogen werden können. Zusätzlich fördert die Handelsmarke ein geschlossenes gruppenspezifisches Auftreten der Kooperationsmitglieder bzw. Filialen gegenüber den Verbrauchern (Grafe 1991, S. 126).

2 DIE ENTWICKLUNG DER HANDELSMARKENFÜHRUNG IM EUROPÄISCHEN EINZELHANDEL

2.1 Die Bedeutung der Internationalisierung im Handel

Gefördert wird die Internationalisierung des Einzelhandels durch die Aussicht auf zusätzliche Umsätze und höhere Marktanteile. Deutsche und französische Händler, die hochentwickelte und gesättigte Heimatmärkte vorfinden, expandieren vor allem in Spanien und Italien, da diese Länder beachtliche Einzelhandelsumsätze und höhere Umsatzrenditen aufweisen (Spiller 1990, S. 51). Der Eintritt internationaler Konkurrenten bedeutet für den nationalen Handel eine Verschärfung des Wettbewerbs, die zu einer Verdrängung von veralteten und unrentablen Betriebsformen und inkonsequent geführten Handelsmarkenkonzepten führen wird. Für den Hersteller stellen international tätige Handelsunternehmen einen attraktiven Marktpartner dar, mit dessen Vertriebsnetz neue Märkte schnell erschlossen werden können. Als Gegenleistung dafür sind die Hersteller bereit, günstige Beschaffungskonditionen einzuräumen, die dem international tätigen Unternehmen Wettbewerbsvorteile gegenüber national ausgerichteten Handelsunternehmen verschaffen (o. V. 1989a, S. 16).

Die Internationalisierung der Geschäftstätigkeit bietet den Handelsunternehmen die Möglichkeit der Ausnutzung von Skaleneffekten, die sich aufgrund von Synergien in unterschiedlichen Bereichen ergeben. Im Rahmen der Beschaffung bewirkt eine europaweite Nachfragebündelung eine Senkung der Warenkosten; im Bereich der Logistik ermöglichen optimale Lager- und Transportsysteme die Einsparung von Lagerkosten in den einzelnen Vertriebsstätten (Ruoff 1994, S. 53). Die Verwendung einheitlicher Handelsmarkenkonzepte in verschiedenen Auslandsmärkten und die durch die Ausdehnung der Absatzgebiete entstehenden größeren Volumina ermöglichen zudem die Ausnutzung von Erfahrungskurveneffekten. Economies of scale führen nicht nur zu Kostenvorteilen, sondern beeinflussen auch die Gewinnmarge und bewirken bei Reduzierungen der Preise Wettbewerbsvorteile gegenüber der Konkurrenz (Disselkamp 1993, S. 160). Insofern ergeben sich sehr gute Voraussetzungen für ein straffes Category Management, d. h. für eine konsequente, kundenorientierte und integrierte Sortimentspolitik bezüglich der einzelnen Produktgruppen. Im Zentrum stehen dann allerdings weniger preispolitische Maßnahmen als solche der Qualitätsstabilisierung und -profilierung, die im Falle der reinen Vertriebstätigkeit für Herstellermarken in den Hintergrund treten.

2.2 Die transnationale Handelsmarke: Rahmenbedingungen und Voraussetzungen für ihre Führung

Transnationale Handelsmarken sind markierte Waren, deren Warenzeichen sich im Eigentum eines international tätigen Handelsunternehmens, einer Handelsorganisation oder einer internationalen Kooperation befindet, die exklusiv in den eigenen Vertriebsstätten und denen angeschlossener Kooperationspartner angeboten werden und deren

Absatzreichweite sich über die nationalen Grenzen hinaus auf mehrere Auslandsmärkte erstreckt. Beispiele für transnationale Handelsmarken sind die Marken „Minel" (Wasch-, Putz- und Reinigungsmittel), „Rio Bravo" (Fruchtsäfte und Eistee) und „Breakfast Club" (Cornflakes, Müsli etc.) der supranationalen Verbundgruppe EMD (European Marketing Distribution AG) (o. V. 1995b, S. 12; o. V. 1995a, S. 6). Bei diesen Marken kann sogar von *Euromarken* gesprochen werden, da sich ihr Absatzgebiet nahezu über ganz Europa erstreckt.

Die Entwicklung von transnationalen bzw. Euro-Handelsmarken steht bei den meisten Handelsunternehmen noch am Anfang (Ahrens 1994, S. 57), allerdings wird mittel- bis langfristig eine Ausdehnung der europäischen Handelsmarkensortimente auf neue Produkte und Warengruppen angestrebt. Erfolgreiche Handelsmarkenkonzepte „rütteln" an der im Zuge der Internationalisierung der Märkte durch Kooperationen und Konzentrationsprozesse (Spiller 1990, S. 64 f.) ausgebauten Machtstellung der (Lebensmittel-) Industrie) und unterstützen damit die *Macht- und Unabhängigkeitsbestrebungen des Handels* (Hansen 1990, S. 244; Tietz 1993, S. 322). Die Auftragserteilung der Handelsmarkenproduktion an mittelgroße Hersteller fördert diese und bietet gleichzeitig eine Abwehrmöglichkeit gegenüber den großen Markenartikelherstellern.

Die Befragung hat gezeigt, daß für die transnationale Handelsmarkenführung zwei *Anforderungen* als besonders wichtig erachtet werden. Dazu gehört zum einen eine gewisse *Stärke des Unternehmens*, die sich aus einer gefestigten Machtposition gegenüber den Herstellern ergibt, um sich deren Bereitschaft, an der Entwicklung transnationaler Handelsmarkenkonzepte mitzuwirken, versichern zu können, sowie einer ausreichenden Unternehmensgröße und Finanzkraft. Die zweite Voraussetzung einer *zentralen Unternehmensführung* bzw. Koordinationsstelle bezieht sich auf die Bereiche Logistik, Sortimentssteuerung und Einkauf bzw. Beschaffung. Die Europäisierung der Handelsmarken erfordert den Aufbau internationaler Logistikkonzepte im Handel, durch die sich Rationalisierungspotentiale nutzen lassen. Die zunehmende Vermarktung von Euromarken des Handels und der Hersteller führt zu einer Verbreiterung der Sortimente, die den Aufbau artikelgenauer Warenwirtschaftssysteme zur Sortimentssteuerung und -kontrolle als einen wichtigen Rentabilitätsfaktor erforderlich machen.

2.3 Entwicklung einer Euromarke

Die Mehrzahl der befragten Handelsunternehmen entscheidet sich bei der Entwicklung einer europäischen Handelsmarke für die Schaffung einer *neu zu konzipierenden Euromarke*, die gezielt auf die Bedürfnisse transnationaler Verbrauchersegmente zugeschnitten werden kann. Die Auswahl geeigneter Warengruppen und die Produktgestaltung können weitgehend unabhängig von den bestehenden nationalen Handelsmarkenkonzepten erfolgen. Die Entwicklung eines neuen Euromarken-Konzeptes ist zeit- und kostenintensiv und nur dann erfolgversprechend, wenn die Marke weitgehend standardisiert auf vielen Märkten gleichzeitig abgesetzt wird, um Synergiepotentiale zu nutzen. Vor diesem Hintergrund ist die ebenfalls unter den geäußerten Meinungen zu findende generelle Ablehnung der Schaffung einheitlicher Euromarken zu sehen, die mit den zu unterschiedlichen Konsum-, Geschmacks- und Qualitätsanforderungen der europäischen Konsumenten begründet wird. Ein anderes Unternehmen schränkt die Entwicklung einer einheitlichen Euromarke auf Warengruppen ein, innerhalb derer die Kooperationspartner nicht bereits eigene etablierte Marken besitzen, um Substitutionsprozesse zu verhindern.

Entscheidet sich ein Handelsunternehmen gegen die Neuentwicklung einer Euromarke, kann es grundsätzlich zwischen zwei Alternativen wählen, bei denen auf bereits bewährte Handelsmarkenkonzepte zurückgegriffen wird. Eine Möglichkeit ist die Koordination (einzelner) nationaler Handelsmarken unter einer gemeinsamen (evtl. nur partiell eingesetzten) *europäischen Dachmarke*. Dieser Weg kommt für jene Handelsunternehmen in Betracht, die über Kooperationspartner verfügen bzw. ihr Unternehmen mittels Akquisition oder Beteiligung internationalisiert haben. So könnten z. B. im Sinne einer Doppelmarkierung die bereits etablierten nationalen Handelsmarken beibehalten und gleichzeitig ein Verbandszeichen, das von der Kooperationszentrale angemeldet wird (Schenk 1994, S. 65), als europäische Dachmarke zusätzlich aufgenommen werden. Die gemeinsame Verbandsmarke ermöglicht eine weitgehend einheitliche Kommunikationspolitik der europäischen Marke, die auf den einzelnen Märkten von der Akzeptanz der national etablierten Handelsmarken profitieren kann. Diese Alternative wird von einigen Unternehmen befürwortet, weil sie eher die Umsetzung länderspezifischer Anpassungen ermöglicht, ohne daß diese zu Irritationen bei „vagabundierenden" Konsumenten führen, die Produkte in verschiedenen Ländern konsumieren. Offenbar wird den unter einer gemeinsamen europäischen Dachmarke geführten Marken ein größeres Maß an nationaler Eigenständigkeit und Andersartigkeit zugestanden. Trotzdem muß hier darauf geachtet werden, daß die unter der gemeinsamen Dach- bzw. Garantiemarke angebotenen Produkte miteinander harmonieren, um eine „Verwässerung" der Dachmarke und negative Ausstrahlungseffekte ausschließen bzw. eine gemeinsame Markierung und die Herausstellung einer gemeinsamen Leistung der Partner glaubhaft rechtfertigen zu können. Eine sehr heterogene Struktur der Kooperationsmitglieder einer internationalen Verbundgruppe und damit einhergehende Divergenzen bei den jeweiligen Handelsmarkenkonzepten könnten die Durchführung dieser Strategie unmöglich bzw. unrentabel machen, wenn der Anpassungsaufwand so groß wird, daß die ursprünglichen Konzepte für den Konsumenten nicht mehr erkennbar sind und somit die Dachmarke nicht vom Goodwill der nationalen Marken profitieren kann.

Eine weitere Möglichkeit besteht darin, *einzelne nationale Handelsmarken* mit hohem Internationalisierungspotential *als Euromarken* zu bestimmen und in die Sortimente der Kooperationspartner einzugliedern. So ist z. B. die Marke „Breakfast Club" der EMD keine Eigen- bzw. Neuentwicklung, sondern wurde bereits von einem Mitglied der Gruppe in Großbritannien im Sortiment geführt und nunmehr von der EMD internationalisiert (o. V. 1995b, S. 12). Die Internationalisierbarkeit von Produktkonzeption und -komponenten bedarf einer sorgfältigen Prüfung, die ebenso wie evtl. notwendige Modifizierungen Kosten verursacht. In jenen Warenbereichen, in denen eine Anpassung an nationale Gegebenheiten nicht erforderlich ist, läßt sich diese Alternative verglichen mit den anderen schneller und kostengünstiger durchsetzen, weil ein vorhandenes Handelsmarkenkonzept lediglich multipliziert werden muß.

2.4 Kriterien der Länderwahl

Fraglich ist, nach welchen Kriterien Handelsunternehmen Märkte in Europa auswählen, auf denen sie ihre transnationalen Handelsmarken anbieten. Die Befragung hat ergeben, daß neben allgemeinen Kriterien wie Marktgröße und -potential oder räumliche Nähe zum Ausgangsmarkt das *Standardisierungspotential* im Rahmen der Handelsmarkenpolitik bei der Länderauswahl eine bedeutende Rolle spielt. Diesbezügliche Abgrenzungskriterien für die Bildung homogener Ländergruppen wären die *Bedeutung der Existenz von Handelsmarken,* die *Markt-* und *Bevölkerungsstrukturen* und schließlich die *Konsum- und Geschmackspräferenzen* der Konsumenten. Eine Untersuchung der jeweiligen nationalen Marktstrukturen zeigt, daß der europäische Markt bezüglich der ersten drei Kriterien grob in zwei Gruppen eingeteilt werden kann (Spiller 1990, S. 11). Die eine Ländergruppe ist gekennzeichnet durch eine hohe Umsatz- und Handelskonzentration im Lebensmitteleinzelhandel, eine beachtliche Marktbedeutung der Handelsmarken, die einen stärkeren Wettbewerb zwischen den Handelsmarken bedingt (Zentes 1993, S. 565), sowie eine Dominanz moderner Großbetriebsformen des Handels, wie z. B. Hypermärkte. Zu diesen Ländern zählen Großbritannien, Deutschland, Frankreich und die Schweiz. Die andere Ländergruppe zeichnet sich durch einen geringen Konzentrationsgrad im Lebensmitteleinzelhandel aus, die Märkte werden überwiegend vom traditionellen Handel geprägt, und Handelsmarken haben hier lediglich geringe Marktanteile. In diese Gruppe gehören vor allem Italien und Spanien sowie Portugal und Griechenland. Während die Durchsetzung erfolgreicher Handelsmarken innerhalb der ersten Gruppe durch einen intensiven Wettbewerb zu den etablierten Handelsmarkenkonzepten der Konkurrenzunternehmen erschwert wird, muß in der zweiten Gruppe erst ein Markt für Handelsmarken aufgebaut werden; die Akzeptanz der Verbraucher ist noch nicht gegeben, und es existiert nur eine geringe Zahl großer Handelsunternehmen, die eine entsprechende Distribution der Handelsmarken gewährleisten können. Allerdings hat die Befragung gezeigt, daß die Mehrheit der Unternehmen die Erfolgsaussichten für transnationale Handelsmarken innerhalb beider Ländergruppen gleich einschätzen. Diese drei erstgenannten Kriterien sind also offensichtlich weniger wichtig bei der Auswahl der zu bearbeitenden Länder. Ausschlaggebende Bedeutung bei der Länderwahl haben nach Angaben der Unternehmen die unterschiedlichen Geschmacks- und Konsumgewohnheiten der Verbraucher. Die daraus resultierenden Differenzierungsnotwendigkeiten verhindern die Nutzung von Economies of scale und schmälern damit u. U. die Gewinnmargen der Unternehmen. Deshalb liegt es im Interesse der Handelsunternehmen, Handelsmarken überwiegend in den Ländern anzubieten, in denen sich homogene Verbrauchersegmente identifizieren lassen, die eine weitgehend standardisierte Handelsmarkenpolitik in Europa erlauben.

Innerhalb einer Kooperation kann eine gezielte Länderselektion dadurch verhindert werden, daß die Zentrale keine direkten Durchsetzungsmöglichkeiten besitzt. Darüber hinaus müssen die Kooperationspartner die erforderlichen betrieblichen Voraussetzungen mitbringen. So konnte z. B. eine transnationale Handelsmarke für Tiefkühlkost in Spanien nicht angeboten werden, weil der spanische Kooperationspartner nicht über die erforderliche Tiefkühl-Logistik verfügt.

2.5 Standardisierung versus Differenzierung als Konzeptionsgrundlage

Sowohl bei der Entwicklung von Euromarken als auch bei der Auswahl der zu bearbeitenden Ländermärkte spielen *Standardisierungspotentiale* eine wesentliche Rolle. Eine reine Globalstrategie im Sinne einer weitgehenden Standardisierung der Produkt- und Marketing-Konzeptionen erscheint jedoch nicht durchsetzbar, da die Nichtberücksichtigung länderspezifischer Marktgegebenheiten das Risiko einer Ablehnung der Produkte beinhaltet.

Eine mehr oder weniger starke Anpassung der Rezepturen ist aufgrund der verschiedenen Geschmackspräferenzen und Eßgewohnheiten erforderlich. Eine Modifikation der Preise ist notwendig, um unterschiedlichen Kaufkraftstrukturen und Preisbereitschaften innerhalb Europas Rechnung tragen zu können. Bei gleich hoher Qualität werden sich hochpreisige Handelsmarken bei den deutschen Konsumenten schwerer durchsetzen als z. B. in Großbritannien, wo viele Handelsmarken inzwischen eine hohe Marktgeltung erzielt haben. Preisanpassungen sind ebenso aufgrund unterschiedlicher Wettbewerbssituationen zwischen den Handelsmarken erforderlich. Die Notwendigkeit der Abstimmung der Kommunikationspolitik ergibt sich vor allem aus unterschiedlichen Nutzungsgewohnheiten der Konsumenten, aus Sprachbarrieren und divergierenden rechtlichen Bestimmungen.

Standardisierungspotentiale bieten sich vor allem im Bereich der Verpackung und der Markierung im engeren Sinne. Die einheitliche Markierung wird durch das EG-Markenrecht gefördert (Spiller 1990, S. 67). Dem Problem der unterschiedlichen gesetzlichen Vorschriften hinsichtlich der Verpackungsgestaltungen - z. B. Deklarationsvorschriften bei Lebensmitteln und Einordnung in Schadstoffgruppen bei Reinigungsmitteln - kann mit Hilfe mehrsprachiger Verpackungen, deren Übersetzungen sich an den jeweiligen Vorgaben des Landes orientieren, entsprochen werden (Kreutzer 1989, S. 291 f.).

Je nach Grad der Standardisierung können mehr oder weniger große Integrationsvorteile genutzt werden. Die *Wahl des optimalen Standardisierungsgrades* richtet sich nach verschiedenen Faktoren. Strebt ein Handelsunternehmen eine schnelle und europaweite Marktbearbeitung an, so sollte der Standardisierungsgrad möglichst hoch sein. Gleiches gilt, wenn das Handelsunternehmen ein „europäisches" Image bei den Konsumenten aufbauen will. Soll dagegen eine möglichst hohe Marktdurchdringung auf den einzelnen Märkten innerhalb Europas erzielt werden, sind Differenzierungen notwendig. Das

Handelsunternehmen kann das Standardisierungspotential seiner Marke erhöhen, indem es sein Marketing-Mix den Einstellungen transnational identifizierbarer Zielgruppen anpaßt oder das Absatzgebiet der transnationalen Marke auf wenige, in sich homogene Auslandsmärkte beschränkt. Daneben hängt der Grad der Standardisierbarkeit von der Wahl der Warengruppe ab, in der eine transnationale Handelsmarke angeboten werden soll (Simmet 1992, S. 18). Das Standardisierungspotential ist gemäß Angaben der befragten Unternehmen in folgenden Warengruppen besonders groß: Im Non-Food Bereich, wie z.B. Küchenrollen, Papiertaschentücher und Alufolien, bei Produkten, hinter denen keine spezifische Rezepturleistung steht, wie z. B. Mehl, Zucker und bei Impulsartikeln wie Schokoriegel, Kaugummi und alkoholfreie Getränke. Hier wird schneller eine europaweite Akzeptanz erzielt, da in diesem Bereich erfolgreiche internationale Marken existieren, wie z. B. Coca-Cola, die bereits zu einer Homogenisierung der Verbraucheransprüche, insbesondere bei den Jugendlichen, geführt haben. Darüber hinaus werden internationale Handelsmarken vor allem in den Bereichen der umweltfreundlichen, gesundheitsfördernden Erzeugnisse und der Convenience-Produkte, zu denen die Tiefkühlkost gehört, erfolgreich sein, weil sie europaeinheitlichen Trendbewegungen - gestiegenes Umwelt- und Gesundheitsbewußtsein bzw. Trend zu unkomplizierter, wenig zeitaufwendiger Beköstigung und Wirtschaftsführung bei einer steigenden Zahl von Single- und DINKs (Double Income No Kids)-Haushalten - entsprechen (Löhmer 1993, S. 55 ff.). Euromarken werden sich in neuen Trendsegmenten schneller durchsetzen, da die Konsumenten hinsichtlich dieser Produkte keine traditionellen Eßgewohnheiten und Geschmackspräferenzen haben und der Markt noch nicht von einer Vielzahl starker Konkurrenten beherrscht wird (Disselkamp 1993, S. 161). In anderen Produktgruppen, wie z. B. bei Suppen und Kaffee, sind Differenzierungen der Rezepturen aufgrund stark divergierender Geschmackspräferenzen unumgänglich. Dies ermöglicht aber dennoch eine Standardisierung des Produktkonzepts. Somit können durch eine einheitliche Verpackung, Markierung und Kommunikationspolitik Standardisierungsvorteile wie ein Media-Overspill genutzt werden (Kreutzer 1989, S. 282 ff.).

2.6 Markteinführungsstrategien transnationaler Handelsmarken

Die Befragung hat ergeben, daß lediglich ein Unternehmen seine Handelsmarken sofort europaweit bzw. in allen europäischen Ländern, in denen es über Kooperationspartner verfügt, anbietet. Voraussetzung einer nahezu zeitgleichen Produkteinführung innerhalb Europas entsprechend der *„Sprinkler-Strategie“* (Kreutzer 1989, S. 241 ff.) ist die Existenz länderübergreifender bzw. transnationaler Zielgruppen. Diese Strategie ist vorteilhaft, wenn die entsprechenden Euromarken keinen nachhaltigen Innovationsvorsprung bieten. In diesem Fall ist die frühzeitige Bearbeitung strategisch wichtiger Märkte und Marktnischen wichtig, um eine führende Marktposition zu erreichen, bevor andere Wettbewerber auf die Märkte drängen. Diese Vorgehensweise ist bei der Umsetzung einer Discountmarkenstrategie besonders geeignet, da hier die Innovationsvorsprünge gegenüber Konkurrenzprodukten sehr gering sind bzw. lediglich in einem Preisvorteil bestehen. Allerdings können gerade durch diesen Preisvorteil u. U. schwer überwindbare Markteintrittsbarrieren für die Konkurrenz aufgebaut werden. Die Verfolgung einer Präferenzmarkenstrategie erschwert eine Imitation der Marken, lockt aber aufgrund der Erzielung höherer Preise die Konkurrenz an, die nur durch eine Intensivierung des Marketing-Instrumentariums abgewehrt werden kann. Somit werden die höheren Umsätze durch höhere Kosten teilweise oder sogar ganz kompensiert, so daß nicht ohne weiteres höhere Renditen resultieren müssen.

Die simultane Bearbeitung neuer Märkte im Ausland erfordert eine weitgehende Standardisierung der Markenprodukte und des Marketing-Mix, da aus Zeitgründen eine eingehende Untersuchung der Länderspezifika ausbleiben muß. Die Durchsetzung eines standardisierten Marketing-Konzeptes wird erleichtert, wenn sich die Marke auf den einzelnen Märkten in der gleichen Phase des Produktlebenszyklusses befindet. Die Nachteile dieser Vorgehensweise liegen nicht nur in der mangelnden Berücksichtigung der länderspezifischen Besonderheiten. Die simultane Markteinführung in verschiedenen Ländern ist mit hohen Kosten verbunden, die im Zuge einer Discountmarkenstrategie aufgrund der niedrigen Gewinnmargen nicht erwirtschaftet werden können.

Transnationale Handelsmarken werden von der überwiegenden Mehrheit der Unternehmen in einem schrittweisen Vorgehen (*„Wasserfall-Konzept"*, Kreutzer 1989, S. 238 ff.), d. h. zunächst auf drei bis fünf Märkten oder teilweise sogar zunächst nur in ein oder zwei Nachbarländern des Heimatmarktes angeboten. Die sukzessive Erweiterung des Absatzgebietes ermöglicht das Sammeln von Erfahrungen und kann damit zu Kosteneinsparungen führen. Zusätzlich bietet sie den Vorteil eines begrenzten Flop-Risikos und einer möglichen Anpassung an länderspezifische Marktgegebenheiten. Die Strategie birgt die Gefahr, daß durch eine schlechte Länderauswahl bedingte anfängliche Mißerfolge eine Einstellung der weiteren Auslandsmarktaktivitäten bewirken können, obwohl auf anderen Auslandsmärkten erfolgversprechende Chancen bestehen. Zudem setzt das schrittweise Vorgehen Signale für die Konkurrenz.

Ein Grund dafür, daß die Unternehmen überwiegend die schrittweise Bearbeitung der Märkte präferieren, ist sicherlich die Tatsache, daß die Entwicklung transnationaler Handelsmarkenstrategien noch in den Anfängen steckt und Risikoerwägungen eine große Rolle spielen. Darüber hinaus sehen die Handelsunternehmen in den Handelsmarken konkurrierender Unternehmen aufgrund der organisationsgebundenen Distribution keine direkte Konkurrenz der eigenen Handelsmarken, sondern vielmehr eine Alleinstellung (unique selling proposition), so daß eine frühzeitige Marktbesetzung strategisch wichtiger Märkte weniger bedeutend erscheint. Andere Gründe könnten eine nicht ausreichende Finanzkraft für eine simultane Markteinführung sein und vor allem die Ansicht, daß eine standardisierte Handelsmarkenpolitik innerhalb Europas nicht in dem Maße möglich ist, wie es eine simultane Markteinführung erfordert. Handelsunternehmen, die über Filialisierung internationalisiert haben, können nicht auf Marktkenntnisse lokaler Kooperationspartner zurückgreifen und werden demnach eine schrittweise Marktbearbeitung vorziehen, um zunächst die einzelnen Marktgegebenheiten zu erkunden.

2.7 Positionierungsstrategien

Die Eignung und Erfolgsaussichten der drei Strategietypen - Präferenzmarkenstrategie (Premiummarkenkonzept), Imitationsmarkenstrategie (klassisches Handelsmarkenkonzept) und Discountmarkenstrategie - bei der transnationalen Handelsmarkenführung werden von den Handelsunternehmen unterschiedlich bewertet. Ein Trend ist allerdings hinsichtlich der eher positiven Einschätzung der Premium- und Discountmarken und demgegenüber einer als weniger geeignet eingestuften Positionierung im mittleren Qualitäts- und Preisbereich erkennbar. Diese Bewertungstendenz der Handelsunternehmen ist in Anbetracht des in ganz Europa zu beobachtenden „hybriden" Verbraucherverhaltens und der damit verbundenen Polarisierung der Märkte verständlich. Die Verfolgung einer Imitationsmarkenstrategie scheint bei dieser Marktkonstellation unangebracht zu sein, da die Marken keinen Wettbewerbsvorteil bieten - weder einen überzeugenden Preisvorteil noch einen echten Leistungsvorteil im Sinne einer überragenden Qualität der Produkte. Diese Strategie wird darüber hinaus durch die national sehr unterschiedlichen Ausprägungen der Referenzprodukte erschwert. Mit der Discountmarkenstrategie entspricht der Handel dem Bedürfnis nach einem preisgünstigen Angebot im Bereich der Güter des täglichen Bedarfs und nutzt damit gleichzeitig erfolgversprechende Standardisierungsmöglichkeiten. Auf der anderen Seite verlangen die Verbraucher nach Premiummarken, die ihren hohen Qualitäts- und Servicewünschen entsprechen und gleichzeitig einen individuellen Charakter besitzen.

Trotzdem hat die Befragung ergeben, daß die derzeit geführten transnationalen Handelsmarken häufiger im mittleren Markt- als im Premium- oder Discount-Bereich angesiedelt sind. Dieser Umstand könnte auf eine Testphase hinweisen, denn bei der Einordnung in der Mitte handelt es um die klassische Positionierung der Handelsmarke, die von vielen Handelsunternehmen seit Jahren verfolgt wird und wo demzufolge entsprechendes Know-how und Markterfahrungen vorliegen. Darüber hinaus verfügen einige Unternehmen nicht über die nötigen Finanzmittel, z. B. für Werbemaßnahmen, oder sie konnten keine Hersteller von Premiumprodukten als langfristige Lieferanten verpflichten, um z.B. die internationale Durchsetzung einer Premiummarke erreichen zu können. Zusätzlich könnte aus Zeitgründen auf Bewährtes zurückgegriffen werden, um so zu verhindern, daß die Konkurrenz in den Auslandsmärkten Eintrittsbarrieren aufbaut. Andere Handelsunternehmen wählen vielleicht bewußt eine Positionierung der transnationalen Handelsmarken im mittleren Marktbereich, da aufgrund der Polarisierung der Märkte der Konkurrenzdruck im Premium- und Gattungsmarkenbereich sehr groß ist.

Während einige Handelsunternehmen transnationale Handelsmarken in zwei oder sogar allen Marktsegmenten anbieten, entscheiden sich andere für ein Segment und damit ein Markenangebot. Das Mehrmarken-Konzept ermöglicht die gleichzeitige Partizipation an mengenmäßig (Discountmarke) und ertragsmäßig (Premiummarke) interessanten Marktschichten, um so eine volle Ausschöpfung des Marktpotentials zu erreichen. Dabei muß der Markt- und Markendifferenzierung eine Differenzierung des Marktbearbeitungsinstrumentariums folgen (Becker 1993, S. 210 ff.). Ein Mehrmarken-Konzept kann einen strategischen Ausgleich für Umsatzverluste in einer Marktschicht ermöglichen, wenn diese (z. B. aus Imagegründen) weiter bedient werden soll. Die Umsetzung eines Mehrmarken-Konzeptes könnte gerade im Erprobungsstadium der transnationalen Handelsmarkenführung sinnvoll sein, in dessen Verlauf sich der geeignetste Markentypus herausbilden soll. Entscheidet sich das Handelsunternehmen gegen ein Mehrmarken-Konzept, kann es seine Investitionskraft konzentrieren; so ist ein eindeutiger Imagetransfer zwischen der Handelsmarke und dem Unternehmensimage möglich.

2.8 Substitutionsprozesse durch transnationale Handelsmarken

Kostenvorteile bei transnationalen Handelsmarken durch Ausnutzung von Rationalisierungseffekten und durch bessere Einkaufskonditionen werden aufgrund des starken Wettbewerbs im Einzelhandel vielfach direkt an den Konsumenten weitergegeben. Trotz dieser Preisvorteile gehen die befragten Handelsunternehmen nicht einhellig davon aus, daß die *nationale oder regionale Handelsmarke* durch eine transnationale substituiert wird. Dies ist zum einen darauf zurückzuführen, daß die Handelsunternehmen ihre internationalen Marken bewußt nur in jenen Warengruppen einführen, in denen sie über keine nationalen Marken verfügen, um auf diese Weise von vornherein eine Kannibalisierung zu vermeiden. Zum anderen wird die Substitution verneint, weil nationale Handelsmarken häufig lokalen Konsumentenbedürfnissen entsprechen, während die weitgehend standardisiert angebotenen transnationalen Handelsmarken gerade auf die Bedürfnisse einer länderübergreifenden homogenen Zielgruppe zugeschnitten sind. Es ist jedoch zu vermuten, daß der günstigere Preis vieler internationaler Handelsmarken den Substitutionsprozeß zwischen nationaler und internationaler Marke forcieren wird.

Einstimmigkeit besteht zwischen den befragten Unternehmen hinsichtlich der Verdrängung *nationaler Herstellermarken*, die i. d. R. in den Sortimenten dominieren und daher das größte Substitutionspotential bieten. Insbesondere zweit- und drittklassige Herstellermarken sind von der Auslistung betroffen, aber auch führende Herstellermarken werden den Prozeß der Sortimentsbereinigung verspüren, wenn auch in geringerem Umfang, da sie oftmals eine hohe Konsumentenloyalität besitzen.

Jene Unternehmen, die Handelsmarken im Premiumbereich führen, gehen auch von der Substitution *internationaler Herstellermarken* aus, schränken dies aber auf nicht marktführende internationale Herstellermarken ein. National und international führende Herstellermarken verfügen über den Schutz einer hohen Verkehrsgeltung, dennoch zeigt sich, daß qualitativ hochwertige und preislich günstigere Handelsmarken (in Zukunft) eine echte Konkurrenz darstellen können. Der Handel muß dabei berücksichtigen, daß ein Preisvorteil allein aus Sicht der Verbraucher oft nicht ausschlaggebend ist. Die notwendige Etablierung der Handelsmarke als Markenpersönlichkeit setzt einen hohen Bekanntheitsgrad und eine Vertrauensstellung bei den Konsumenten voraus. Deswegen ist eine Verstärkung der werblichen Kommunikation für Handelsmarken erforderlich, zumal ihre Distribution organisationsgebunden ist. Erzielbare Skaleneffekte durch Ausdehnung der Absatzreichweiten der Handelsmarken ermöglichen vermehrte Investitionen in diesem Bereich und erlauben dennoch eine preislich günstigere Positionierung der Handelsmarken. Nationale Beispiele, z. B. aus dem britischen Softdrinkmarkt, zeigen, daß Handelsmarken führende Herstellermarken ernsthaft bedrohen können. So ist es den Handelsunternehmen Sainsbury, Tesco und Safeway mit ihren eigenen Cola-Getränken gelungen, einen Marktanteilsverlust des Marktführers The Coca-Cola Company am britischen Erfrischungsgetränkemarkt von 12,4 % in nur einem Jahr zu erreichen (o. V. 1995c, S. 36). Wie sehr sich auch Hersteller führender Marken durch das Aufkommen von Handelsmarken bedroht fühlen, zeigt die Tatsache, daß diese zum einen die Produktion von Handelsmarken oft strikt ablehnen und zum anderen bereits renommierte Unternehmensberater mit der Entwicklung von Strategien zur Abwehr der Handelsmarken beauftragt wurden (Ernst-Motz 1993, S. 14).

3 AUSBLICK UND ZUSAMMENFASSENDE THESEN

Es hat sich gezeigt, daß die Handelsunternehmen überwiegend zufrieden sind mit den Erfolgen ihrer bisherigen internationalen Handelsmarkenpolitik. Dies betrifft insbesondere die Erzielung zusätzlicher Umsatzerlöse, die Verbesserung der Rendite und die gewonnene Unabhängigkeit von der Markenartikelindustrie. Dieses Ergebnis ist um so bemerkenswerter, als die Handelsunternehmen auf unterschiedlichen Wegen mit jeweils spezifischen Anforderungen an eine erfolgreiche transnationale Handelsmarkenpolitik zu vergleichbarer Zufriedenheit gelangen. Ein allgemeingültiges Erfolgsrezept für eine Etablierung und Führung transnationaler Handelsmarken existiert offensichtlich nicht.

Die Befragung der Handelsunternehmen hat weiterhin ergeben, daß die Unternehmen noch längst nicht in allen Warengruppen, in denen sie prinzipiell gute Chancen für eine transnationale Handelsmarkenführung im Sinne eines hohen Standardisierungspotentials sehen, diese auch führen. Mittel- bis langfristig streben die Handelsunternehmen die Bildung sog. Euro-Basissortimente an. Dabei soll es sich um ein Angebot europaweit einheitlicher Handelsmarken, aber auch Herstellermarken handeln, die der Konsument in nahezu allen europäischen Ländern vorfindet. Die fortschreitende Homogenisierung der Märkte in Europa wird sicherlich zum Erfolg dieser Konzepte beitragen. Dennoch muß der Handel folgende Entwicklungen und Überlegungen in seinen Planungen berücksichtigen:

1) Der internationalen Handelsmarkenpolitik sind letztlich Grenzen gesetzt, die zum einen durch bereits etablierte nationale und internationale Markenartikel der Hersteller und zum anderen durch die trotz aller Angleichungstendenzen im europäischen Konsumentenverhalten weiterhin existierenden lokalen und regionalen Marken errichtet werden.
2) Gleichwohl werden die durch den Markenwettbewerb ausgelösten Substitutionsprozesse zu einer Sortimentsbereinigung führen. Insofern wird sich in den kommenden

Jahren eine Verlagerung der Wertschöpfung von den Herstellern zum Handel ergeben.

3) Der wachsende Wertschöpfungsanteil wird eine Erstarkung des Handels bewirken, die durch die Rolle des internationalen Markenführers gefestigt wird. Diese Position gilt es auch gegenüber den Verbrauchern zu erklären und zu nutzen. Eine um Profilierung bemühte Kommunikationspolitik des Handels kann den Eigenmarken zu einer größeren Verkehrsgeltung verhelfen und zugleich eine Differenzierung von konkurrierenden Handelsmarkenkonzepten bewirken.
4) Das „Trading up“ der klassischen Handelsmarken in die Premiummarkenbereiche unterstützt die Positionierungsbemühungen des Handels. In Zukunft sollte der Handel verstärkte Anstrengungen bei der Pflege seiner höherwertigen Marken unternehmen. Die Befriedigung einer anspruchsvolleren Zielgruppe schließt die Führung einer Discountmarke nicht aus, da der „hybride“ Lebensmittelkäufer in bestimmten Warengruppen diese preisgünstigen Marken mit Mindestqualitätsniveau erwartet. Allerdings sollte der Nicht-Discounthandel seine Profilierungsbemühungen auf die Premiummarke abstellen, die für den Auf- bzw. Ausbau der „retail identity“ ein ungleich größeres Potential bietet.
5) Dachmarkenkonzepte sind besser als Einzelmarken geeignet, die Rolle des Handels als Markeneigner bzw. -führer hervorzuheben und gegenüber dem Kunden zu verdeutlichen. Sie fördern die schnelle Identifizierung der Handelsmarke als spezifisches Leistungsangebot des jeweiligen Handelsunternehmens. Dabei kann ein Verweis auf die Verantwortlichkeit des Händlers als Produktemittent in Form einer in den Hintergrund tretenden Garantiemarke dem suchenden Kunden zusätzliche Orientierung geben.
6) Die Eigenmarkenpflege des Handels eröffnet abseits der reinen Warenhandelsfunktion neue Möglichkeiten, die durch die wachsende Bedeutung multimedialer Techniken und die damit einhergehende Veränderung der klassischen Vertriebsstrukturen drohende Schwächung des stationären Handels zu kompensieren.

In dem durch die Internationalisierung ausgelösten Wettbewerb bietet die Besinnung auf die Eigenmarkenstärkung eine geeignete Differenzierungsmöglichkeit. Daher wird die internationale Handelsmarkenpolitik in Zukunft weiter an Bedeutung gewinnen und sollte somit verstärkt die Grundlage theoretischer und empirischer Studien bilden. Die Aktualität der Thematik manifestiert sich auch in der zögerlichen Auskunftbereitschaft der befragten Handelsunternehmen, die mit der noch andauernden Aufbauphase der internationalen Handelsmarkenkonzepte begründet wurde. Dennoch konnten aus den verschiedenen Angaben einzelner Unternehmen und insbesondere verschiedener internationaler Verbundgruppen interessante Erkenntnisse und Tendenzaussagen gewonnen werden, die zwar keinen Anspruch auf Repräsentativität erheben können, deren Relevanz aber aufgrund fehlender empirischer Untersuchungen zu dieser Thematik nicht unterschätzt werden sollte.

LITERATUR

Ahrens, Ch.: Kooperative Handelssysteme auf europäischen Märkten: Marktstrukturen und Wettbewerbsverhältnisse, ifo Institut für Wirtschaftsforschung, München 1994.

Becker, J.: Marketing-Konzeption: Grundlagen des strategischen Marketing-Managements, 5. Aufl., München 1993.

Berekoven, L.: Erfolgreiches Einzelhandelsmarketing: Grundlagen und Entscheidungshilfen, 2. Aufl., München 1995.

Dawson, M.: Handelsmarken werden global. In: LZ-Journal, Nr. 28 vom 13. Juli 1990, S. 34-38.

Disselkamp, M. A. W.: Sieger von morgen reagieren sensibel. In: LZ Nr. 40 vom 8.10.1993, S. 158-161.

Ernst-Motz, A.: Am Puls des Kunden - Handelsmarken. In: Top Business, Heft 10, 1993, S. 100-106.

Grafe, Ch.: Handelsmarken von Einkaufsvereinigungen des Einzelhandels, Köln 1991.

Hammann, P.: Der Wert einer Marke aus betriebswirtschaftlicher und rechtlicher Sicht. In: Dichtl, E.; Eggers, W. (Hrsg.): Marke und Markenartikel als Instrumente des Wettbewerbs, München 1992, S. 205-245.

Hansen, U.: Absatz- und Beschaffungsmarketing des Einzelhandels, 2. Aufl., Göttingen 1990.

Hedewig-Mohr, S.: Gemischtes Doppel: Handelsmarken sind in Deutschland nur mit Markenartikeln denkbar. In: LZ-Journal, Nr. 48 (1990), S. J20-J21.

Huber, W. R.: Markenpolitische Strategien des Konsumgüterherstellers: dargestellt an Gütern des täglichen Bedarfs, Frankfurt a. M. u. a. 1988.

Kornobis, K.-J.: Von der weißen Front zum „Markenartikel“. In: Markenartikel, 55. Jg. (1993), Heft 11, S. 526-531.

Kreutzer, R.: Global Marketing - Konzeption eines länderübergreifenden Marketing, Wiesbaden 1989.

Löhmer, M.: Discountwelle überrollt Europa. In: asw, 36. Jg. (1993), Heft 5, S. 50-61.

Messing, H. W.: Der Begriff „Markenartikel“. In: Markenartikel, 49. Jg. (1987), Heft 6, S. 266-271.

o. V. (1995a): Rio Bravo für ganz Europa. In: LZ vom 11.08.95, S. 6.

o. V. (1995b): EMD-Frühstück für Europa. In: LZ vom 24.11.95, S. 12.

o. V. (1995c): Ein Trend schwappt über. In: LZ vom 03.02.1995, S. 36.

o. V. (1990a): Handel sieht gute Chancen für die eigene Marke. In: Lebensmittel-Praxis, 42. Jg. (1990), Heft 14, S. 20-24.

o. V. (1990b): Regionale Marken werden bleiben. In: Lebensmittel-Praxis, 42. Jg. (1990), Heft 14, S. 26.

o. V. (1989): Ein Leistungsbündel für Europa. In: asw, 32. Jg. (1989), Heft 8, S. 12-18.

Oehme, W.: Handels-Marketing: Entstehung, Aufgabe, Instrumente, 2. Aufl., München 1992.

Poth, L.: Markenritter vom hohen Roß. In: asw, 27. Jg. (Sonderausgabe 1984), S. 112-117.

Raeber, R.: Handelsmarken und Zukunft der Handelsmarkenpolitik - die Herstellerperspektive. In: Markenartikel, 57. Jg. (1995), Heft 7, S. 332-337.

Ruoff, S.: Internationalisierungsstrategien im deutschen und französischen Lebensmitteleinzelhandel angesichts des Europäischen Binnenmarktes, Bremen 1994.

Schenk, H.-O.: Handels- und Gattungsmarken. In: Bruhn, M. (Hrsg.): Handbuch Markenartikel, Band I, Stuttgart 1994, S. 57-78.

Spiller, A.: Marktstrukturen und Marketingstrategien im Europäischen Lebensmittel-Einzelhandel, Duisburg 1990.

Simmet, H.: Euro-Strategien des deutschen Einzelhandels. In: Meissner, H.-G.; Simmet, H. (Hrsg.): Euro-Dimensionen des Marketing, Dortmund 1992, S. 13-34.

Thiem, J.: Die Stellung der Handelsmarke in der Unternehmensstrategie eines Handelsunternehmens. In: Irrgang, W. (Hrsg.): Vertikales Marketing im Wandel, München 1993.

Tietz, B.: Der Handelsbetrieb, 2. Aufl., München 1993.

Zentes, J.: Europäisierungsstrategien des Lebensmittelhandels. In: WiSt, 22. Jg. (1993), Heft 11, S. 564-568.

Der Lebensmitteleinzelhandel als Markeninnovator bei Bioprodukten - Ergebnisse einer empirischen Studie zu Handelsmarken in Österreich

Günter Schweiger und Peter Koppe, Wien

Marktveränderungen in den letzten Jahren haben sowohl den österreichischen Handel, als auch die österreichische Nahrungs- und Genußmittelindustrie stark beeinflußt. Eine der Folgen davon war das Entstehen von Chancen für Lebensmittel aus biologischem Anbau und biologischer Produktion am österreichischen Markt. Diese Chancen, eine starke Biomarke in der Massendistribution einzuführen, wurden nicht von der Industrie oder der Agrarwirtschaft, sondern vom größten österreichischen Handelsunternehmen aufgegriffen. Mit der Einführung der Marke JA! NATÜRLICH wurde aber auch eine für den österreichischen Lebensmittelhandel bisher neue Form von Handelsmarken eingeführt. Diese innovative Handelsmarke sollte längerfristig auch für das dahinterstehende Handelsunternehmen Imageverbesserungen mit sich bringen.

1 EINLEITUNG UND PROBLEMSTELLUNG

Die Situation im österreichischen Lebensmittelhandel war in den letzten Jahren durch gravierende Veränderungen gekennzeichnet. Durch die Öffnung der osteuropäischen Märkte und besonders durch den österreichischen EU-Beitritt zum 1.1.1995, stellten sich dem Handel in Österreich neue Aufgaben. Die Folgen dieser Veränderungen und Einflußnahmen sind einerseits zunehmende Konzentration im Lebensmittelhandel, andererseits das verstärkte Auftauchen von Eigenmarken in den Regalen der österreichischen Lebensmittelhandelsketten. Damit liegt Österreich im europäischen Trend. Sowohl die zunehmende Konzentration als auch die wichtiger werdende Position der Handelsmarken ist in den meisten Ländern Europas zu beobachten.

Handelsmarken werden europaweit als Instrument zur Verschiebung der Marktmacht zugunsten des Handels genützt. Zumeist stehen dabei die höheren Gewinnspannen für den Handel und die geringere Abhängigkeit gegenüber Markenartikelherstellern im Vordergrund. Zunehmend an Bedeutung gewinnt aber auch die Möglichkeit für Handelsketten, sich mit Handelsmarken und Eigenmarken von der Konkurrenz abzuheben.

Die Vielzahl der in diesem Bereich verwendeten Begriffe, wie Handelsmarken, Eigenmarken, Exklusivmarken und Gattungsmarken, erfordert einen kurzen definitorischen Exkurs.

1.1 Einordnung der Handelsmarke in das Markenwesen

Schon bei der begrifflichen Abgrenzung von Marke, Markenartikel und Markierung herrscht laut Schenk „eine babylonische Sprachverwirrung im Bereich des Markenwesens" (1970, S. 125). Diese sprachliche Verwirrung wird noch größer, wenn man die Abgrenzung und Einordung der Begriffe rund um die „Marken des Handels" näher betrachtet. Im Folgenden soll für den Begriff *Marke* von einer eher weiteren Definition, wie sie in vielen Publikationen zum Bereich Marke beschrieben wird, ausgegangen werden. „Eine Marke (im weiteren inhaltlichen Sinne) ist ein markiertes Produkt, mitsamt seiner symbolischen Ausstrahlung" (Bodenbach 1996, S. 17; vgl. auch Kelz 1989, S. 20 ff.). Mit dieser weiten Definition des Begriffs Marke fallen alle Produkte, mit Ausnahme der „echt unmarkierten", unter den Markenbegriff und es kann die Diskussion, ob Handelsmarken überhaupt Marken darstellen, bzw. Markenartikel sein können, entfallen.

Anders ist dies bei den *Gattungsmarken*, verschiedentlich auch *Generics*, generische Produkte oder *No-Names* genannt, die als eine spezifische Gestaltungsform von Handelsmarken zu verstehen sind. Die Zugehörigkeit der Gattungsmarken zu den markierten Marken war in der Fachliteratur eine zeitlang umstritten, was auch durch die synonym verwendete Bezeichnung „markenlose Produkte" verursacht wurde. „Völlig ohne Markierung sind diese No-Names oder Gattungsmarken freilich in keinem Falle. Sie enthalten trotz der mehr oder minder spartanischen Ausstattung Merkmale der Markenware" (Schenk 1996, S. 44). Daher sind auch Gattungsmarken zu den markierten Waren nach der obigen Definition zu zählen. Der Begriff der *Eigenmarke* wird in der Literatur sehr uneinheitlich gebraucht. In vielen Quellen, wie z.B. bei Bodenbach (1996, S. 27) wird die Eigenmarke als Marke, die einem Eigner gehört, betrachtet und daher nicht weiter verfolgt. Hier soll von der Definition von Schenk ausgegangen werden, der Eigenmarken als Handelsmarken aus Eigenproduktion definiert (1996, S. 45).

Als *Abgrenzungskriterien* von *Handelsmarken* zu *Herstellermarken* werden in der Literatur im wesentlichen drei differenzierende Merkmale verwendet:

- „Die Vornahme der Markierung, also die Namensträgerschaft,
- der rechtliche Eigentümer an einem eingetragenen Warenzeichen, sowie
- die Bestimmung über die Richtung und Gestaltung des absatzpolitischen Instrumentariums" (Bodenbach 1996, S.25).

Abbildung 1 gibt eine Abgrenzung zwischen Hersteller- und Handelsmarken auf Basis der Marketingführerschaft wieder.

Von *Exklusiv- und Lizenzhandelsmarken* kann man also dann sprechen, wenn ein Hersteller eine Marke zwar ausschließlich über ein einziges Handelsunternehmen vertreibt, dieses aber nur wenig Mitspracherecht bei den Marketingentscheidungen hat. *Vertikale Kooperationsmarken* sind Marken mit paritätischer Marketingbestimmung. Dies ist z.B. dann der Fall, wenn ein Hersteller Marken speziell für ein Handelsunternehmen entwikkelt und diesem weitgehende Mitspracherechte bei der Markenführung einräumt. Handelsmarken markieren, den obigen Gliederungen nach, Produkte, deren Markeneigner ein Handelsunternehmen ist, bei denen die markenspezifische Marketingdominanz bei eben diesem Handelsunternehmen liegt und das keine Ubiquität aufweist.

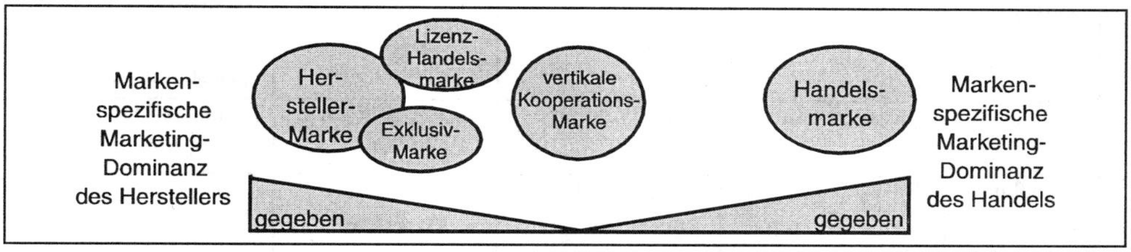

Abbildung 1: Abgrenzung von Handels- und Herstellermarken nach Bodenbach

Für die Konsumentin, bzw. für den Konsumenten, sind solche Abgrenzungen zwischen Handels- und Herstellermarke, nur von untergeordneter Bedeutung. Für die Konsumenten sind wohl nur Marken mit Namensidentität von Handelsunternehmen und Produkt (z.B. SPAR), bzw. Marken mit fehlender Ubiquität als Handelsmarken zu erkennen. Schon die Erhältlichkeit der Marke zeigt aber die Unterschiede zwischen der Sichtweise der Fachliteratur und jener der Konsumenten. Eine Herstellermarke, die nur in einer Handelskette eine Listung erreicht hat, bzw. Exklusiv- und Lizenzhandelsmarken werden von Konsumenten vermutlich ebenfalls zu Handelsmarken gezählt, obwohl sie, der Literatur und dem Markeneigner nach, nicht dazu zählen.

1.2 Handelsmarkenstrategien

Bezüglich der Handelsmarkenstrategien sieht Tietz drei unterschiedliche Handelstypen:

- „Erstens Herstellermarkenstategien mit wenig oder ohne Handelsmarken,
- zweitens Mischstrategien von Hersteller- und Handelsmarken, oft auch mit unmarkierten Waren,
- drittens ausgewählte Handelsmarkenstrategien" (Tietz 1993, S. 185).

In nahezu allen Quellen zu Handelsmarken findet sich ein Schema der Handelsmarkenevolution, das auf eine Arbeit der BOSTON CONSULTING GROUP zurückgeht (Pretzel 1996, S. 130; Stickel 1994, S. 2040; u.v.a.).

Diese vier Generationen von Handelsmarken unterstellen eine zeitliche Entwicklung, wie sie gerade in Österreich nur teilweise verfolgt werden kann. Bei der Textilhandelskette PALMERS, die eher exklusiv und elitär positioniert ist, wird bereits seit Jahrzehnten auch von anderen Unternehmen hergestellte Wäsche unter eigener Marke (also als Handelsmarke) verkauft. Auch den in Österreich sehr bekannten und traditionsreichen MEINL-Kaffee und -Tee könnte man, als exklusiv positionierte und imagebildende Eigenmarke, den Handelsmarken der vierten Generation zuordnen.

Übersicht 1: Handelsmarkenevolution nach BOSTON CONSULTING GROUP

	Erste Generation	Zweite Generation	Dritte Generation	Vierte Generation
1.Marke	No-Name	„Quasi Marke"	Dachmarke des Handels	Segmentierte Handelsmarken „Gestaltmarken"
2.Produkte	Basislebensmittel	Großvolumige Einzelartikel	Große Kategorie	Imagebildende Produkte
3.Technologie	Basistechnologie mit niederen Barrieren	Eine Generation im Rückstand gegenüber Marktführer	Näher am Marktführer	Innovativ
4.Qualität/ Image	Geringer als Hersteller-Markenprodukt	Mittel, aber als geringer wahrgenommen	Wie führende Marken. Qualitätsgarantie des Handels	Besser/genauso gut wie führende Marke. Imageaura des Handels
5.Kaufmotive	Preis	Preis	Produktqualität/ Preis	Besseres Produkt
6.Hersteller	National, meist nicht spezialisiert	National, z.T. auf Handelsmarken spezialisiert	National, meist auf Handelsmarken spezialisiert	International, meist auf Handelsmarken spezialisiert

Obwohl die zeitliche Dimension dieser vier Generationen kritisiert werden kann, ist die inhaltliche Unterscheidung zwischen den Arten der Handelsmarken von großer Relevanz und deckt sich auch mit jenen Markenstrukturmodellen, die in anderen Publikationen zu finden sind (Sternagel 1996, S. 73). Deshalb lohnt es sich, die Handelsmarken der vierten Generation etwas näher zu betrachten. Handelsmarken der vierten Generation versuchen weder die Marktführer zu imitieren, noch durch niedrigere Preisgestaltung zu substituieren, sie markieren vielmehr innovative, imagebildende Produkte, die zumindest genausogut oder besser als die Produkte der führenden Marken sind.

Um ein eigenes Image aufbauen zu können, sind diese Handelsmarken der vierten Generation in der Regel auch als „Gestaltmarken" zu bezeichnen. Das heißt, daß bei solchen Handelsmarken, wie bei Herstellermarken, die Techniken der Markenführung eingesetzt werden müssen. Mit solchen Handelsmarken können Handelsunternehmen auch Profilierungsziele anstreben. Nach Sternagel (1996, S. 72) können mit Handelsmarken der vierten Generation folgende Ziele verfolgt werden:

– „Verbesserung der Ertragslage,

- Erhöhung der Kundenprofilierung und Kundenbindung,
- Sortimentsoptimierung und -differenzierung,
- Unterstützung des Firmenimages,
- Integration innerhalb der Handelsorganisationen,
- Unabhängigkeit von Lieferanten".

Wie notwendig es in der Zukunft sein könnte, Handelsmarken von ihrer traditionellen Rolle als billigeres Substitutionsprodukt für einen Top-Markenartikel wegzubewegen, zeigt der häufig zitierte „Verlust der Mitte". Bei dieser Entwicklung, die viele Fachleute in den nächsten Jahren erwarten, handelt es sich um eine Polarisierung der Kundenwünsche zwischen teuren Top-Markenartikeln und möglichst preisgünstigen Gattungsmarken. Das traditionelle Feld der klassischen Handelsmarken, mittleres Preisniveau und mittleres Qualitätsniveau, würde dann an Umsatz deutlich einbüßen. Handelsmarken (der vierten Generation) die nicht als „me-too-Produkt" auftreten, sondern selbst innovativ sind und einen einzigartigen Produktvorteil versprechen, könnten gemeinsam mit den Gattungsmarken diesen Verlust ausgleichen. In Großbritannien sind solche hochentwickelten Handelsmarken bereits seit einigen Jahren auf dem Markt, während in Deutschland und Österreich diese Entwicklungen noch selten sind.

1.3 Die Bedeutung von Handelsmarken in Europa

Der Anteil der Handelsmarken am gesamten Lebensmittelmarkt ist in Europa sehr unterschiedlich. Die Angaben in den diversen Statistiken differenzieren zudem deutlich. Nach A.C. NIELSEN INTERNATIONAL haben die Handelsmarken in der Schweiz und in Großbritannien, mit jeweils rund 40%, den eindeutig höchsten Anteil in Europa. Die Angaben für Deutschland schwanken sehr stark, je nachdem ob ALDI in die Betrachtungen mit einbezogen wird oder nicht. Ohne ALDI beträgt der Handelsmarkenanteil in Deutschland etwa 7%, mit ALDI knapp über 20%, wie in der untenstehenden *Abbildung 2* dargestellt ist. Für Österreich wird in der A. C. Nielsen-Statistik ein Handelsmarkenanteil von unter 10% angegeben. Bei diesem Wert scheint es unsicher, ob eine korrekte Schätzung des Eigenmarkenanteils der ALDI-Tochter HOFER eingeflossen ist, zumal A. C. Nielsen in Österreich HOFER nicht beobachtet. Die Autoren vermuten aufgrund des Marktanteils von HOFER (12%) einen tatsächlich deutlich höheren Marktanteil für Handelsmarken in Österreich.

Eine McKinsey-Studie weist nach, daß Handelsmarken in jenen Sortimentsbereichen den höchsten Marktanteil erreichen können, in denen die Herstellermarken am wenigsten innovativ sind. Mit einer Vielzahl von Produkteinführungen gelingt es der Markenartikelindustrie offensichtlich am besten, den Zusatznutzen der Marke zu kommunizieren und die Handelsmarken auf Distanz zu halten (o.V. 1995 a, S.67).

2 DIE SITUATION IM ÖSTERREICHISCHEN HANDEL

Wie schon in der Einleitung erwähnt, war die Situation im österreichischen Handel, besonders im Lebensmittelhandel, in den letzten Jahren von gravierenden Umstellungen gekennzeichnet. Die Öffnung der neuen Märkte in Osteuropa brachte für die österreichischen Handelsunternehmen, aufgrund der räumlichen Nähe, große Expansionschancen. Besonders Ungarn, das ja auf eine jahrhundertelange gemeinsame Tradition mit Österreich (in der K.u.K.-Monarchie) zurückblicken kann, wurde von den österreichischen Händlern sofort nach der Wende als Zukunftsmarkt betrachtet. Derzeit sind alle großen österreichischen Lebensmitteleinzelhandelsketten, aber auch österreichische Händler aus den Bereichen Do-It-yourself, Bekleidung und Schuhe, in Ungarn vertreten. Außer in Ungarn sind österreichische Handelsketten in Polen, in der Slowakei und in Slowenien vertreten. Auch im Norden Italiens sind die größten österreichischen Lebensmittelhändler präsent.

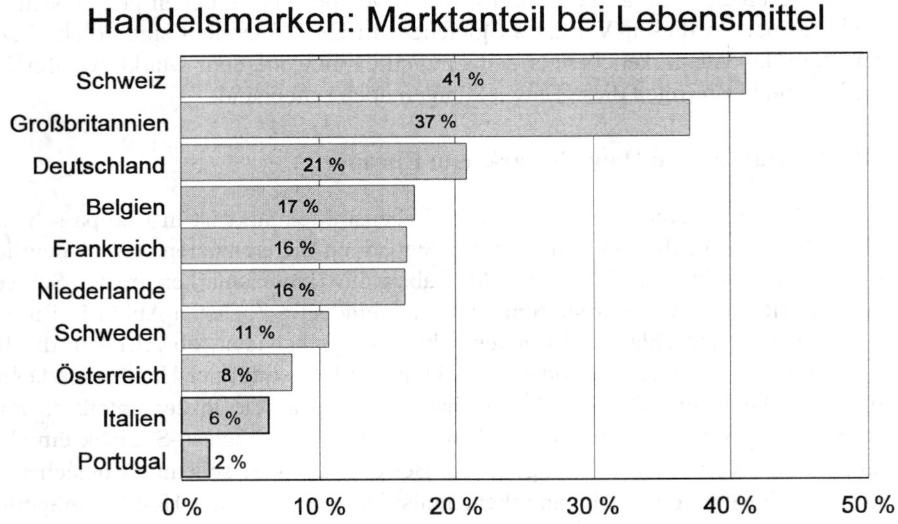

Abbildung 2: Anteil der Handelsmarken in Europa (Quelle: A.C. Nielsen)

Auch der österreichische EU-Beitritt zum 1.1.1995 führte, wie erwähnt, zu starken Veränderungen. Die neuen, plötzlich in den kleinen österreichischen Markt hineindrängenden Markenartikel, brachten vor allem die österreichische Nahrungs- und Genußmittelindustrie in eine schwierige Situation. Die Veränderungen stellten aber auch den Handel vor neue Aufgaben. Da die österreichischen Handelsunternehmen am gemeinsamen europäischen Markt eher zu den Kleinen zählen, kommt es stark auf ihr Geschick und auf Kooperationen mit europäischen Einkaufsgemeinschaften an, ob sie einen günstigen Preis erzielen können.

Als dritte Ursache für die Veränderungen im österreichischen Handel ist die zunehmende Konzentration zu nennen. Zwar ist dieser Trend bereits in den letzten Jahrzehnten zu verfolgen gewesen, aber im Jahr 1995 beschleunigte sich diese Entwicklung durch den Konkurs des ehemals größten österreichischen Handelsunternehmen, der KONSUM-Genossenschaft, sehr stark. Nach jahrelangen wirtschaftlichen Schwierigkeiten mußte der KONSUM im Frühjahr 1995 die Insolvenz anmelden. In einem relativ geordnet ablaufenden Konkursverfahren wurden nahezu alle Filialen des KONSUMS in Paketen auf die Mitbewerber aufgeteilt und verkauft. Am meisten profitierte von diesem Filialverkauf die Handelskette SPAR, die, komplementär zum KONSUM, gerade in Ostösterreich Lücken im Filialnetz aufwies. Die folgende *Übersicht 2* zeigt die Situation des österreichischen Lebensmittelhandels nach der Übertragung der KONSUM-Filialen. Man erkennt, daß durch den KONSUM-Verkauf die beiden größten Handelsunternehmen, die BML-Gruppe und SPAR, noch näher zusammengerückt sind. Die BML-Gruppe stützt sich vor allem auf die Lebensmittelhandelsketten BILLA und MERKUR, umfaßt aber auch produzierende Betriebe und Handelsketten aus anderen Bereichen. Zusammen haben diese beiden Großen in Österreich bereits über 50% Marktanteil. Mit 12% Marktanteil folgt der größte österreichische Diskonter, die ALDI-Tochter HOFER, an dritter Stelle.

Übersicht 2: Marktanteile im österreichsichen Lebensmittelhandel (Quelle: GfK)

	1994	1995
BML-Konzern	22,20 %	25,90 %
Spar-Gruppe	19,40 %	25,30 %
Hofer (Aldi-Tochter)	11,40 %	12,00 %
Adeg	9,20 %	10,70 %
Meinl	6,20 %	7,50 %
Tengelmann (Löwa, Magnet Plus)	4,30 %	6,00 %
Sonstige	13,20 %	11,10 %
Konsum / familia	14,10 %	1,50 %

Der Konzentrationsschub im Jahre 1995 führte dazu, daß Österreich, im europäischen Vergleich, hinter der Schweiz, aber noch deutlich vor Dänemark, die zweithöchste Konzentration im Lebensmittelhandel aufweist. Die drei größten österreichischen Handelorganisationen (BML-Konzern, SPAR und HOFER) haben zusammen über 62% Marktanteil. Die drei größten Handelsorganisationen Deutschlands (EDEKA, REWE und ALDI) weisen zusammen einen Marktanteil von 46% auf. Trotz dieser Konzentrationstendenz in Österreich ist die größte österreichische Handelsorganisation, der BML-Konzern, im europäischen Vergleich klein. Er wird in der Liste der EUROPEAN LEADING RETAILERS 1995, also in der Reihung der europäischen Handelsunternehmen nach ihren Umsätzen, etwa auf die 40. Stelle gelistet sein. Interessant ist, daß in mehreren Quellen ein Vergleich zwischen der Marktkonzentration und dem Anteil der Handelsmarken durchgeführt wird (Laaksonen/Reynolds 1994, S. 41). Diese Vergleiche zeigen, daß ein hoher Anteil von Handelsmarken stets auch mit einer hohen Konzentration einhergeht.

In Österreich ist bisher die hohe Konzentration gegeben, der Anteil der Handelsmarken ist aber noch unterdurchschnittlich. Dennoch wurden gerade in Österreich in den letzten Jahren einige innovative Handelsmarken entwickelt, die Gegenstand einer empirischen Studie waren.

3 DESIGN DER STUDIE UND BESCHREIBUNG DER STICHPROBE

Die folgenden Ergebnisse stammen aus einer Studie, die am Ordinariat für Werbewissenschaft und Marktforschung an der Wirtschaftsuniversität Wien durchgeführt wurde. Zielsetzung der Studie war einerseits die generelle Beurteilung von Handelsmarken, andererseits die umfassende Beurteilung von ausgewählten Handelsmarken im direkten Vergleich zu ihren Konkurrenten im jeweiligen Produktfeld. Befragt wurden 370 Auskunftspersonen, die im Großraum Wien wohnhaft waren. Der Befragungszeitraum war Dezember 1995. Die Autoren danken der Mediaprint-Anzeigengesellschaft für die Unterstützung, sowie dem BML-Konzern für die Kooperation bei dieser Studie. Die folgende *Übersicht 3* zeigt die Zusammensetzung der Stichprobe nach den wichtigsten demographischen Merkmalen: Geschlecht, Alter und Bildung.

Übersicht 3: Struktur der Stichprobe

Geschlecht			**Alter**			**Bildung**	
weiblich	60%		bis 30 Jahre	30%		ohne Matura	63%
männlich	40%		30 bis 50 Jahre	44%		mit Matura	37%
			über 50 Jahre	26%			

Die durchschnittlichen Haushaltsausgaben für „Dinge des täglichen Bedarfs“ betrugen, in der Stichprobe, ca. 5.842 Schilling. Umgerechnet auf die einzelnen Familienmitglieder bedeutet dies 2.567 Schilling pro Haushaltsmitglied.

4 DIE BEURTEILUNG VON HANDELSMARKEN GENERELL

Um die Qualität- und Preisanmutung von Handelsmarken generell zu überprüfen und dabei einen Vergleich mit anderen Quellen zu ermöglichen, wurde den Auskunftspersonen die Frage gestellt, wie sie Qualität bzw. Preis von Handelsmarken im Vergleich zu bekannten Markenartikeln einschätzen. Wie bereits erwähnt, ist für die Konsumenten die Unterteilung der Marken in Herstellermarken und Handelsmarken von untergeordneter Bedeutung und zumeist gar nicht bewußt. Die Fragestellung versuchte diese Unkenntnis durch ein Beispiel zu verringern.

Bei der Kaufentscheidung ist die Kenntnis über den Markeneigner nur einer von mehreren Einflußfaktoren. Trommsdorff nennt die Aktiviertheit (das Involvement), Gefühle, Wissen (z.B. über den Hersteller), Motive, Einstellungen, Werthaltungen und die Persönlichkeit als Konstrukte, die das Konsumentenverhalten determinieren (1993, S. 29 f.). Unklar ist bei Fragen nach generellen Einschätzungen auch stets, wie die Befragten zu ihren Urteilen kommen, ob sie an ein durchschnittliches Objekt oder an ein konkretes Beispiel denken. Trotz dieser Bedenken werden in vielen Studien häufig Fragen zur generellen Einschätzung von Handelsmarken gestellt.

Die Handelsmarken-Studie des Ordinariats für Werbewissenschaft und Marktforschung erbrachte folgende Ergebnisse: 54% der Auskunftspersonen schätzten Handelsmarken als billiger ein, 23% als gleich teuer und ebenfalls 23% als teurer. Bei der Qualitätseinschätzung stimmten mehr als zwei Drittel (69%) der Aussage zu, daß die Qualität gleich gut sei. 12% waren der Meinung, daß die Qualität von Handelsmarken besser, 19 % daß sie schlechter sei. Diese Ergebnisse lassen sich so zusammenfassen, daß die Mehrheit der Konsumenten in Handelsmarken billigere Alternativen zu Markenartikeln sehen, die aber gleich gute Qualität bieten. Personen, die die Qualität der Handelsmarken als besser einschätzten als die von bekannten Markenartikeln (womit sie Handelsmarken der vierten Generation beschrieben) waren allerdings auch der Meinung, daß diese Handelsmarken gleich teuer oder sogar teurer als Herstellermarken wären.

Diese Ergebnisse, die sich weitgehend mit jenen internationaler Studien (BBE-Studie, zitiert nach: o.V. 1995 b) decken, wurden mit der Frage nach den vermuteten Produzenten der Handelsmarken ergänzt. Fast die Hälfte der Auskunftspersonen (47%) vermuteten die Hersteller bekannter Marken als eigentliche Produzenten von Handelsmarken. 34% waren der Meinung, daß die Handelsunternehmen diese Produkte selbst herstellen. Nur 29% vermuteten unbekannte Hersteller hinter den Handelsmarken. Die Konsumenten hatten also durchaus Vertrauen zu den Handelsmarken. Das Wissen der Auskunftspersonen über die fehlende Ubiquität der Handelsmarken wurde mittels Zuordnung von Handelsketten auf ausgewählte Handelsmarken überprüft. Der Prozentsatz der richtigen Antworten streute sehr stark und erstreckte sich von 40% bis 86%. Dennoch kann man schließen, daß den Auskunftspersonen der Unterschied zwischen Herstellermarken und Handelsmarken durchaus bewußt war.

5 JA! NATÜRLICH - DIE HANDELSMARKE ALS INNOVATION IM BEREICH BIO

Österreich, mit seinem sehr hohen alpinen Anteil an der Gesamtgrundfläche, ist in der landwirtschaftlichen Produktion gegenüber Ländern wie den Niederlanden, Frankreich und Deutschland benachteiligt. Die landwirtschaftlichen Betriebe in Österreich sind im Vergleich zu anderen EU-Ländern klein und zergliedert. Die Produktionskosten liegen daher deutlich über dem EU-Durchschnitt, die Betriebe sind ohne Förderungen häufig nicht konkurrenzfähig.

Durch den EU-Beitritt Österreichs sind die bisherigen nationalen Förderungssysteme, sowie die Schutzmaßnahmen für den kleinen österreichischen Markt nicht mehr gegeben. „Das bedeutet, daß in vielen Regionen hauptberufliche Landwirtschaft nicht mehr möglich sein wird. Die ökologische Alternative strebt eine Verringerung der Produktion durch Reduzierung der Intensität der Landschaftsausnutzung und einen Übergang zu artgerechten Verfahren der Tierhaltung an“ (Klausegger 1995, S. 26). In Österreich haben sich daher viele landwirtschaftliche Betriebe, auch aufgrund der dafür ausgeschütteten Förderung, für biologische, artgerechte Landwirtschaft entschieden. Heute ist Österreich das Land mit dem europaweit höchsten Anteil an biologisch bewirtschafteter Nutzfläche. Diesem Trend in der Landwirtschaft zu biologischer Produktion stand lange Zeit eine gewisse Skepsis der Konsumenten gegenüber. Verbal bestätigten die meisten Konsumenten zwar die Wichtigkeit einer biologischen Anbauweise, gleichzeitig wurden Produkte aus biologischem Anbau aber als zu teuer, schlecht schmeckend oder „nur für Bio-Freaks geeignet“ angesehen.

Meffert und Kirchgeorg schufen ein Erklärungsmodell zu dieser Problematik (1992, S. 93). Unter den exogenen Bestimmungsfaktoren finden sich in diesem Modell auch situationsbezogene, wie Zeitdruck beim Einkaufen oder Verfügbarkeit ökologiegerechter Produktvarianten. Diese von den Konsumenten artikulierten Bedürfnisse, zusammen mit der Verfügbarkeit großer Mengen von Produkten aus biologischer Landwirtschaft, stellten eine neue Marktchance für Biomarken, die als Massenprodukt im normalen Lebensmitteleinzelhandel angeboten werden, dar.

Der Industrie und der Agrarwirtschaft erschienen die Risiken für die Einführung einer Biomarke in Massendistribution zu hoch. Deshalb war es das größte österreichische Handelsunternehmen, der BML-Konzern, das die Chancen für Lebensmittel aus ökologischer Produktion zu nützen suchte. Der BML-Konzern brachte am 4. Oktober 1994 die Handelsmarke JA! NATÜRLICH auf den Markt. JA! NATÜRLICH ist eine Dachmarke für biologisch angebaute und produzierte Lebens- und Nahrungsmittel über mehrere Warengruppen hinweg. Die biologische Anbauweise und Produktion der JA! NATÜRLICH-Produkte wird einerseits durch die staatlichen Prüfstellen überwacht, was durch die Verwendung des österreichischen Bio-Kontrollzeichens auf der Verpackung zum Ausdruck gebracht wird, andererseits führt der BML-Konzern auch selbst Kontrollen durch. Unabhängige Umweltschutzorganisationen sind ebenfalls in die Kontrollen eingebunden.

Die entscheidendste Neuerung bei JA! NATÜRLICH, gegenüber bestehenden Bioprodukten, ist aber darin zu sehen, daß die JA! NATÜRLICH-Produkte in den Supermärkten der BML-Gruppe nicht in einer Bio-Abteilung zusammengefaßt sind, sondern horizontal innerhalb der jeweiligen Warengruppen plaziert sind.

Diese Strategie von vielen kleinen Plazierungen in den unterschiedlichen Produktgruppen, mitten unter den Konkurrenten, entspricht auch der Positionierung der gesamten Marke: Als Zielgruppe definierte die Leitung des BML-Konzerns nicht die „Bio-

Freaks“ (also Personen die der biologischen Produktion eine besondere Bedeutung beimessen), sondern alle Konsumentinnen und Konsumenten, die das besondere Geschmackserlebnis suchen. Im Vordergrund steht also der Genuß für den Verbraucher und die Verbraucherin, der durch die biologische Produktion gewährleistet sein soll. Die ökologischen Effekte stellen bei der Positionierung von JA! NATÜRLICH nur einen Zusatznutzen dar. Preislich ist JA! NATÜRLICH etwas teurer als die Konkurrenten aus nicht-biologischer Produktion positioniert.

Das Sortiment von JA! NATÜRLICH umfaßte bei der Einführung einige ausgewählte Milchprodukte und drei Gemüsearten. Mittlerweile, eineinhalb Jahre nach der Markteinführung, setzt sich das Produktprogramm aus einer Vielzahl von Molkereiprodukten, den wichtigsten Gemüsearten, Mehl und Backwaren, Eiern, Fleisch und Wurst, sowie neuerdings auch Tiefkühlgemüse zusammen. Im Molkereibereich wurden auch einige Produktinnovationen (wie Kefir-Energie-Drink, Spezial-Joghurts) eingeführt. Das Absatzziel des BML-Konzerns ist es, in jedem Segment, in dem JA! NATÜRLICH am Markt ist, 10% Marktanteil zu erreichen. Angaben, inwieweit dieses Ziel erreicht wurde, hat der BML-Konzern bisher keine herausgegeben. Der Umsatz von JA! NATÜRLICH liegt nach Firmenangaben bisher aber über den Erwartungen.

Die beschriebene Strategie, sich mit der neuen Bio-Marke nicht in eine eigene Bio-Ecke zu stellen, ist vermutlich nur bei einer Handelsmarke möglich, da sie beim Kampf um Regalfläche deutlich bevorzugt ist und großflächige POS-Aktivitäten kostengünstig durchgeführt werden können. Die Einführung wurde mit JA! NATÜRLICH-Plakaten, mit wenigen JA! NATÜRLICH-Anzeigen, sowie mit Unterstützung in den Werbemitteln der BML-Handelsketten BILLA und MERKUR begleitet. Der Einführung von JA! NATÜRLICH wurde in den Handelsfachmedien, aber auch in Tageszeitungen und Publikumszeitschriften breite Aufmerksamkeit gewidmet. Die Idee der Marke und die kommunikative Umsetzung wurde auch von Fachkreisen sehr positiv aufgenommen. JA! NATÜRLICH konnte innerhalb eines Jahres den österreichischen Agrarmarketing-Preis, den österreichischen Marketing-Preis und den Staatspreis für Werbung gewinnen. Der Erfolg der jungen Marke führte zur raschen Übernahme der Idee bei anderen Handelsunternehmen: so SPAR-NATUR-PUR bei SPAR und LANDFRIEDEN bei den restlichen großen Handelsunternehmen.

Die oben zitierte Studie am Wiener Ordinariat für Werbewissenschaft und Marktforschung überprüfte auch die Bekanntheit und die Sympathie von JA! NATÜRLICH, sowie die Glaubwürdigkeit der biologischen Produktion. Etwas mehr als ein Jahr nach der Einführung war die Marke JA! NATÜRLICH etwa 71% der Befragten bekannt und lag damit schon vor einigen Handelsmarken mit längerer Tradition. 57% aller befragten Personen hatte bereits ein oder mehrere JA! NATÜRLICH-Produkte gekauft. Auf einer sechstufigen Sympathieskala (von -3 = sehr unsympatisch, bis +3 = sehr sympatisch) erreichte JA! NATÜRLICH einen Durchschnittswert von 1,59 und lag damit knapp hinter IGLO und MANNER, aber deutlich vor so bekannten Marken wie COCA COLA, und JACOBS.

Auch die Frage, wieweit es gelungen war, die Tatsache bekannt zu machen, daß JA! NATÜRLICH-Produkte nur bei den Handelsketten BILLA und MERKUR zu erwerben sind, sollte im Rahmen der Studie überprüft werden. Dazu wurden die Auskunftspersonen gebeten, die ihnen bekannten Handelsmarken auf Supermarktketten zuzuordnen. Nur 14% der Auskunftspersonen, denen JA! NATÜRLICH bekannt war, konnten die Marke nicht auf einen Supermarkt zuordnen oder machten eine falsche Angabe. Das heißt, die überwiegende Mehrheit der Auskunftspersonen wußte, daß JA! NATÜRLICH eine Handelsmarke des BML-Konzerns ist. Mit diesem hohen Prozentsatz lag JA! NATÜRLICH deutlich vor den anderen getesteten Handelsmarken.

Um die Glaubwürdigkeit des Konzeptes von JA! NATÜRLICH, nämlich Lebensmittel nur aus biologischem Anbau und Produktion anzubieten, zu kontrollieren, wurde das Markenlogo von JA! NATÜRLICH, im Vergleich zu ca. 20 anderen Zeichen, nach mehreren Kriterien überprüft. Unter dieser Gruppe von Zeichen befanden sich sowohl Logos anderer Marken aus dem Bio-Bereich, als auch die offiziellen Bioprüfzeichen, sowie von Firmen kreierte Biozeichen. 69% der Auskunftspersonen war das JA! NATÜRLICH-Zeichen gestützt bekannt, während das EU- und das Österreichische Bioprüfzeichen je nur etwa 18% Bekanntheit erreichen konnten. Auf die Frage, welche der bekannten Zeichen den biologischen Anbau und die biologischen Produktion von Lebensmitteln garantieren, erhielt das JA! NATÜRLICH-Zeichen 70% Zustimmung und liegt damit hinter dem DEMETER-Verband (74%) an zweiter Stelle. Die hohe Glaubwürdigkeit von JA! NATÜRLICH als Bioproduzent zeigt auch die offene Frage nach dem glaubwürdigsten der bekannten Zeichen, bei der JA! NATÜRLICH mit 33% eindeutig an erster Stelle lag und die beiden offiziellen Bioprüfzeichen (< 6%) deutlich hinter sich ließ. Damit scheint es der Marke JA! NATÜRLICH am besten gelungen zu sein, der große Skepsis der Konsumenten gegenüber Bioprodukten (Klausegger 1995, S. 110) zu begegnen.

6 ERLEBNISWELTMESSUNG VON HANDELSMARKEN IM VERGLEICH ZU DEREN DIREKTEN KONKURRENTEN

„Erlebniswelt ist die Summe von Vorstellungen und Eindrücken, die eine Konsumentin bzw. ein Konsument von einem Beurteilungsgegenstand hat" (Herzig 1995, S. 21). Das Konstrukt der Erlebniswelt wurde am Ordinariat für Werbewissenschaft und Marktforschung an der Wirtschaftsuniversität Wien entwickelt und versteht sich als umfassende Beschreibung des Vorstellungsbildes, das ein Individuum von einem Objekt hat. In dieses Bild gehen rationale (sachhaltige, denotative) Bewertungen ebenso ein wie affektiv-emotionale (gefühlshafte, konnotative). Es umfaßt Emotionen, Motive, Wissen, sowie Bekanntheit und ist verhaltensbeeinflussend.

Der umfassenden Definition des Begriffes Erlebniswelt entsprechend, stehen für die Erlebnisweltmessung sämtliche bewährten Methoden der Image- und Einstellungsmessung, sowie weitere Methoden zur Erhebung von Motiven, Wissen und Bekanntheit zur

Verfügung. Im Rahmen der erwähnten Studie wurde eine Erlebnisweltmessung für zwei Handelsmarken in jeweils zwei Produktfeldern im direkten Vergleich zu den wichtigsten Konkurrenten durchgeführt. Die Meßlatte bei der Erlebnisweltmessung stellten die umsatzstärksten Konkurrenten in den jeweiligen Produktfeldern dar.

Neben der erwähnten Handelsmarke JA! NATÜRLICH in den Produktfeldern Milch und Fruchtjoghurt, wurde die Erlebniswelt von O'LACY'S-Produkten bei Kaffee und Tiernahrung gemessen. O'LACY'S ist eine internationale Sortiments-Handelsmarke, deren Rechte in Österreich bis Ende des Jahres 1996 noch beim BML-Konzern liegen. O'LACY'S umfaßt Produkte aus dem Non-food-Bereich, ebenso wie nahezu alle Warengruppen bei Lebensmitteln.

6.1 JA! NATÜRLICH - EINE HANDELSMARKE DER VIERTEN GENERATION

Aus der JA! NATÜRLICH-Produktpalette wurden zwei der am stärksten umkämpften Produktfelder ausgewählt. In diesen Produktgruppen, Milch und Fruchtjoghurt, gab es in Österreich lange Jahre ein Regionalkartell. Die ehemaligen regionalen Monopolmarken NÖM-Milch (= Natürlich Österreichische Milch, früher Niederösterreichische Milch) und NÖM-MIX (Fruchtjoghurt) konnten sich nach dem Fall der Kartellregelungen zu überlegenen Marktführern entwickeln. Mit dem österreichischen EU-Beitritt drängen zudem auch ausländische Anbieter auf den Markt. Dieser steigende Konkurrenzdruck führte zu einem starken Absinken des Preisniveaus. Dies waren die Rahmenbedingungen für den Eintritt der JA! NATÜRLICH-Produkte auf den Markt im Herbst des Jahres 1994.

Etwas mehr als ein Jahr nach der Markteinführung von JA! NATÜRLICH wurden die Erlebniswelten erhoben. Die von 200 Befragten beurteilten Milchmarken waren JA! NATÜRLICH, NÖM-VOLLMILCH, DESSERTA BERGHOF, SPAR-NATUR-PUR und LANDFRIEDEN. Die untenstehende *Abbildung 3* zeigt einen Vergleich zwischen JA! NATÜRLICH und der im Großraum Wien dominierenden NÖM-VOLLMILCH bei einigen der wichtigsten Beurteilungskriterien.

JA! NATÜRLICH liegt bei der biologischen Produktion und der Gesundheit vor NÖM und allen anderen Milchmarken, bei der Qualität gemeinsam mit NÖM an der Spitze. Auch das Verpackungsdesign von JA! NATÜRLICH wird am besten beurteilt (die Abstände zwischen den Marken wurden mittels McNemar-Test auf einem Signifikanz-Niveau von 95% getestet). Bei gutem Geschmack liegt JA! NATÜRLICH hingegen deutlich hinter NÖM und auch DESSERTA BERGHOF zurück. Damit war die Positionierungsvorgabe, einen besonders guten Geschmack zu vermitteln, zum Befragungszeitpunkt noch nicht erfüllt. Die typischen JA! NATÜRLICH-VerbraucherInnen werden als besonders gesundheitsbewußt, aber auch als sportlich und dynamisch charakterisiert. Der Preis von JA! NATÜRLICH wird, entsprechend dem zu bezahlenden Aufschlag für die biologische Produktion, als hoch eingestuft. Die JA! NATÜRLICH-Milch erreichte also in einigen Bereichen bereits Spitzenpositionen, konnte aber als junge Marke den Vorsprung des Marktführers NÖM-VOLLMILCH bei manchen wichtigen Beurteilungskriterien (noch) nicht aufholen.

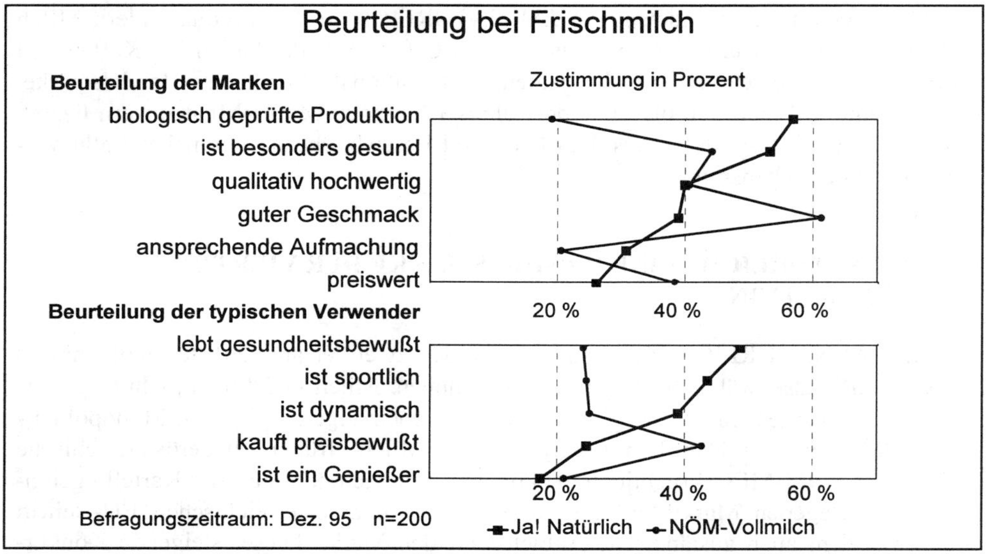

Abbildung 3: Beurteilung von JA! NATÜRLICH-Milch und NÖM-VOLLMILCH

Bei der Erlebnisweltmessung von Fruchtjoghurtmarken wurde JA! NATÜRLICH im Vergleich zum Marktführer NÖM-MIX und zu den Marken DANONE VIVA, EMMI, SPAR-NATUR-PUR und LANDFRIEDEN beurteilt. Die folgende *Abbildung 4* zeigt wieder den Vergleich zwischen JA! NATÜRLICH und dem Marktführer.

Die Stärken von JA! NATÜRLICH-Fruchtjoghurt sind etwas deutlicher ausgeprägt als jene von JA! NATÜRLICH-Milch. JA! NATÜRLICH-Fruchtjoghurt liegt bei der biologisch geprüften Produktion, bei der umweltfreundlichen Verpackung, bei der Gesundheit und bei der Qualität signifikant vor den Mitbewerbern. Die typischen JA! NATÜRLICH-Fruchtjoghurt-VerwenderInnen werden als besonders gesundheitsbewußt und gebildet, sowie als Käufer qualitativ hochwertiger Produkte gesehen. Ebenso wie bei Milch ist das Ziel von JA! NATÜRLICH, als besonders gutschmeckendes Produkt beurteilt zu werden, auch bei Fruchtjoghurt bisher (noch) nicht aufgegangen. Die fehlende Auswahl an Fruchtsorten sowie der hohe Preis wird ebenfalls als Schwäche von JA! NATÜRLICH wahrgenommen.

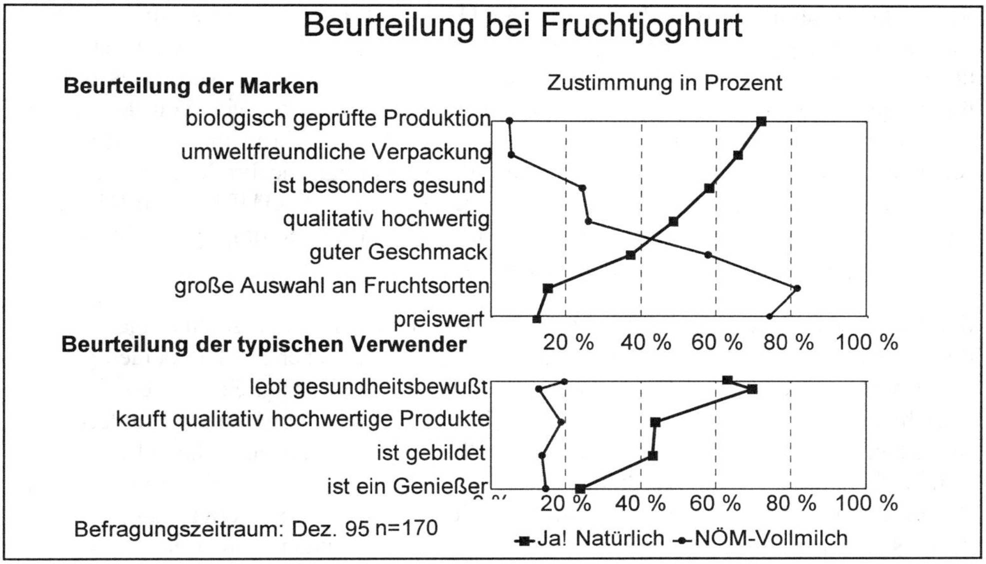

Abbildung 4: Beurteilung von JA! NATÜRLICH- und NÖM-MIX-Fruchtjoghurt

Die Position der beiden JA! NATÜRLICH-Produkte zeigt auch die gemeinsame Korrespondenzanalyse der 11 beurteilten Marken in den Produktfeldern Milch und Fruchtjoghurt:

```
 .505 I ----------umwelt---------- umweltfreundliche - . --------------------------------------- I
      I          bewußt              Verpackung                               traditionsbewußt I
 .414 I                                          .          NÖM-VOLLMICH             bekannte  I
      I                                                                                 Marke  I
 .323 I                                          .                                             I
      I biologische          SPAR NATUR                                                        I
 .232 I Produktion           PUR-JOGHURT         .                       einfache Leute        I
      I     gesundheitsbewußt                                                                  I
 .141 I                  besonders gesund        .     für die ganze Familie                   I
      I            JA! NATÜRLICH-                          SPAR NATUR PUR-MILCH kauft preisbewußt I
 .049 I   .   .    JOGHURT   .  hohe Qualität  +   .   schmeckt besonders  .  preiswert  .  NÖM-MIX I
      I                                                       gut                gibt es überall I
-.042 I   LANDFRIEDEN   gebildet  BERGHOF  .  sympathisch                 bekannte             I
      I  MILCH + JOGHURT  kauft Qualität   JA! NATÜRLICH-MILCH           Marke                 I
-.133 I                        erfolgreich .                                                   I
      I                     ist ein Genießer             hat viele    EMMI                     I
-.224 I                  exklusiv                .        Freunde                              I
      I                        karrierebewußt                                                  I
-.315 I                     sportlich     dynamisch                  gute Werbung              I
      I                                                                                        I
-.406 I                                 jugendlich                                             I
      I                                                                                        I
-.498 I --------------------------------- . ---------DANONE VIVA -------------------------------- I
  .605              -.324               -.044                .237               .518          .798
```

Abbildung 5: Korrespondenzanalyse von 5 Milch- und 6 Fruchtjoghurtmarken

Man kann zusammenfassen, daß es JA! NATÜRLICH innerhalb eines Jahres nach der Markteinführung gelungen ist, sich eine eigenständige Position zu erarbeiten. Die Handelsmarke, die mit einem weit geringeren Werbedruck eingeführt wurde, als der von ihren Konkurrenten in den einzelnen Produktbereichen ausgeht, wird von den Konsumentinnen und Konsumenten als innovative starke Marke, die in manchen Bereichen sogar eine führende Rolle einnimmt, beurteilt. Die biologische Produktion, aber auch die hohe Qualität werden als Produktvorteil gesehen. JA! NATÜRLICH erfüllt daher die Anforderungen an eine Handelsmarke der vierten Generation. Sie zählt zu den imagebildenden Marken der Handelsunternehmen.

Die Erlebnisweltmessung der Marke O'LACY'S zeigte, daß eine solche eigenständige Positionierung für Handelsmarken meist schwierig zu erreichen ist. Die beiden getesteten Produkte von O'LACY'S konnten nur bei der Preiswürdigkeit Spitzenpositionen erreichen. Bei allen anderen Beurteilungskriterien lag die internationale Handelsmarke signifikant hinter den Konkurrenzmarken. O'LACY'S ist also eine Handelsmarke der dritten Generation. Eine zusätzlich gestellte Frage zeigte, daß die Entscheidung, O'LACY'S als Sortimentsmarke in allen Bereichen (Non-Food, Tiernahrung, verschiedene Nahrungsmittel) des Lebensmittel- und Drogeriehandels einzusetzen, von den Konsumenten nicht akzeptiert wurde. Das Markendach wurde offensichtlich zu weit gespannt.

7 RESUMEE: HANDELSMARKEN DER VIERTEN GENERATION ALS INSTRUMENT DER PROFILIERUNGSPOLITIK DES HANDELS

Dawson nennt, in seinem Vortrag bei der ESOMAR-Konferenz in Rom, neben der Minimierung der Kosten, die Maximierung der Auswahl für die Konsumenten sowie die Differenzierung, um sich den Wünschen des lokalen Marktes anzupassen, als einzige Wege zum Erfolg eines Handelsunternehmens (1995, S. 195).

Mit der Handelsmarke JA! NATÜRLICH gelingt es dem BML-Konzern in Österreich, die letzten beiden der von Dawson genannten Ziele zu erreichen. Durch diese Handelsmarke aus biologischer Produktion kann das Angebot in den BILLA- und MERKUR-Filialen vergrößert werden. Zudem entsprechen biologische Produkte den wachsenden Bedürfnissen des Wiener Marktes. Nach der in der Einleitung erwähnten Zieleinteilung nach Sternagel könnte JA! NATÜRLICH nicht nur zur Verbesserung der Ertragslage und der Sortimentsoptimierung bzw. -differenzierung beitragen, sondern auch eine Erhöhung der Kundenbindung sowie eine Unterstützung des Firmenimages bedeuten. Um diese Ziele zu erreichen, muß ein Handelsunternehmen die beiden Aufgaben, einerseits eine Handelsmarke eigenständig zu positionieren und andererseits die ausschließliche Erhältlichkeit dieser Handelsmarke bei den eigenen Handelsketten zu vermitteln, lösen. Für das Beispiel JA! NATÜRLICH scheint die erste Aufgabe einer eigenständigen Positionierung größtenteils geglückt. Auch die Umsetzung der zweiten Aufgabe, ist mit

86% der Konsumenten, die wissen, daß es JA! NATÜRLICH nur in Filialen der Handelsketten BILLA und MERKUR zu kaufen gibt, fast vollkommen gelungen.

Der BML-Konzern hat mit der Bio-Dachmarke JA! NATÜRLICH eine Handelsmarke der vierten Generation erfolgreich auf den österreichischen Markt gebracht. Die Marke weist eine eigenständige Positionierung auf, wird als innovativ und für manche Kriterien als führende Marke gesehen. Zudem erkennt die deutliche Mehrheit der Konsumenten JA! NATÜRLICH als Handelsmarke des BML-Konzerns. JA! NATÜRLICH kann damit als imagebildende Handelsmarke zum Gesamtimage der Handelsketten BILLA und MERKUR beitragen. Im Zeitablauf sind Images wie Einstellungen aber relativ stabil, eine Veränderung kann daher nur langfristig erfolgen. Aufgrund dieser Stabilität von Image und Einstellung lassen sich die Ausstrahlungen der Handelsmarke JA! NATÜRLICH auf das Image der beiden Handelsketten derzeit noch nicht erheben. Längerfristig ist aber zu erwarten, daß die Einführung der JA! NATÜRLICH-Produktlinie zu einer Verbesserung des Images und der Erlebniswelt von BILLA und MERKUR in den Bereichen Umweltfreundlichkeit und Qualität führt.

LITERATUR

Bodenbach, B. F.: Internationale Handelsmarkenpolitik im europäischen Lebensmitteleinzelhandel, Regensburg 1996.

Bruhn, M.: Bedeutung der Handelsmarke im Markenwettbewerb - eine Einführung in den Sammelband. In: Bruhn Manfred (Hrsg.), Handelsmarken im Wettbewerb, Frankfurt am Main 1996, S. 3-35.

Bruhn, M.: Begriffsabgrenzungen und Erscheinungsformen von Marken. In: Bruhn Manfred (Hrsg.), Handbuch Markenartikel, Band 1, Stuttgart 1994, S. 3-41.

Dawson, J.: Strategies for Retailers in Europe by 2000. In: ESOMAR - Seminar on Facing up to the Challenges in Retailing: Winning and Keeping Customers in the Rapidly Changing Retail Environment, Amsterdam 1995, S. 191-204.

Herzig, O. A.: Die Prägnanz und Stabilität von Erlebniswelten, Wien 1995.

Kelz, A.: Die Weltmarke, Idstein 1989.

Klausegger, C. Entscheidungsverhalten von Konsumenten beim Kauf biologischer Nahrungsmittel, Wien 1995.

Laaksonen, H.; Reynolds, J.: Own Brands in Food Retailing across Europe. In: The Journal of Brand Management, Vol.2, Nr.1, Fabruar 1994, S. 37-46.

Meffert, H.; Kirchgeorg, M.: Marktorientiertes Umweltmanagement: Grundlagen und Fallstudien, Stuttgart 1992.

o.V. (1995 a), Marken unter Druck. In: Regal, Vol. 22, Nr. 1, Januar 1995, S. 66-68.

o.V. (1995 b), Handelsmarken legen zu. In: W&V Heft 48, November 1995, S. 24.

Pretzel, J.: Die Entwicklung von Handelsmarken - Untersuchungen und Zukunftsperspektiven im Verbrauchsgüterbereich. In: Bruhn, Manfred (Hrsg.), Handelsmarken im Wettbewerb, Frankfurt am Main 1996, S. 121-148.

Schenk, H. O.: Die leidige Markenwahnterminologie 1990. Zitiert nach: Kelz A.: Die Weltmarke, Idstein 1989.

Schenk, H. O.: Funktionen, Erfolgsbedingungen und Psychostrategien von Handels- und Gattungsmarken. In: Bruhn Manfred (Hrsg.), Handelsmarken im Wettbewerb, Frankfurt am Main 1996, S. 37-62.

Schenk, H. O.: Handels- und Gattungsmarken. In: Bruhn Manfred (Hrsg.), Handbuch Markenartikel, Band 1, Stuttgart 1994, S. 57-78.

Sternagel, E.-M.: Handelsmarkenstrategien. In: Bruhn, Manfred (Hrsg.), Handelsmarken im Wettbewerb, Frankfurt am Main 1996, S. 63-81.

Stickel, A.: Entwicklungstendenzen des Markenartikles aus Handelsperspektive. In: Bruhn, Manfred (Hrsg.), Handbuch Markenartikel Band 3, Stuttgart 1994, S. 2023-2047.

Tietz, B.: Zukunftsstrategie für Handelsunternehmen, Frankfurt am Main 1993.

Trommsdorff, V.: Konsumentenverhalten, Stuttgart 1993.

Konsumentenverhalten und Handelspositionierung

Preiswürdigkeitsimages und Differenzierungsstrategien - Der Einfluß der am Point-of-Sale empfundenen Dominanz auf die Preisbeurteilung

Andrea Gröppel, Paderborn

Ein Handelsunternehmen, das eine unverwechselbare Leistung anbietet, kann sich einerseits einen preispolitischen Freiraum erarbeiten und sich somit dem Preisgünstigkeits-Wettbewerb am Point-of-Sale entziehen. Andererseits müssen sich auch solche "Differenzierungshändler" der Gefahr bewußt sein, als „überteuert" zu gelten und zwar insbesondere dann, wenn sie sich für eine exklusive Ladengestaltung entscheiden. Zwangsläufig sind bei Differenzierungsstrategien im Handel mehr finanzielle Mittel in der Ladengestaltung und Warenpräsentation gebunden als bei Preisführerschaftshändlern, da der Differenzierungsvorteil häufig nur über das Ladenambiente visualisierbar und damit für den Kunden „erlebbar" ist. Oft werden jedoch luxuriöse Einkaufspaläste gebaut, in denen die Konsumenten den subjektiven Eindruck gewinnen, übervorteilt zu werden - auch wenn der Händler objektiv „reelle" Preise fordert. Die besondere Differenzierungsleistung erfährt in diesen Fällen keine Wertschätzung, stattdessen schreiben die Konsumenten der Einkaufsstätte ein überteuertes Preisniveau zu. Im folgenden Artikel wird die Frage gestellt, welche Wirkung die Ladenatmosphäre auf die Stimmung der Konsumenten ausüben sollte, so daß sich positive Preiswürdigkeitsimages bilden und „Wucher-Images" vorgebeugt werden kann. Hierzu wird eine umweltpsychologisch-orientierte Studie vorgestellt. Die Ergebnisse zeigen, daß im Mittelpunkt einer erfolgreichen Differenzierungsstrategie nicht die Kostbarkeit der Ladengestaltung, sondern die konsequente Kundenorientierung steht.

1 DIE AKTUELLE STRATEGISCHE AUSGANGSLAGE IM EINZELHANDEL

Den Lebensmittelhändler schreckt eigentlich kaum noch ein Angebot der Konkurrenz. "Dennoch war es wie eine Bombe, als in diesen Tagen in der sachsen-anhaltinischen Stadt Dessau von Bremke & Hoerster (1,4 Mrd. DM Gesamtumsatz) ein neuer Friz-Verbrauchermarkt mit extremen Niedrigpreisen eröffnet wurde. Erstmals in der deutschen Nachkriegsgeschichte werden dort 100 Gramm Tafelschokolade für DM 0,29 angeboten. Das ist unter dem Vorkriegspreis" (Giersberg 1995, S.29).

Die Discounter haben in Deutschland von 1983 bis 1993 ihren Marktanteil von 8,9 auf 15,5 Prozent steigern können. Für das Jahr 2000 wird nach Nielsen ein Marktanteil von ca. 20 Prozent prognostiziert (Fikenscher 1995). Der „Siegeszug" der Discounter, der sich nicht nur auf den Lebensmittelhandel beschränkt, wird vor allem zu Lasten der traditionellen Fachgeschäfte ausgetragen. Diese Betriebsform hat (in den alten Bundesländern) einen drastischen Marktanteilsverlust hinnehmen müssen (1980: 55,4% - 1995: 35,4%, Müller-Hagedorn 1995, S.250).

Die Internationalisierungswellen sind noch nicht verflacht, eine Zunahme ausländischer Handelsbetriebe im deutschen Non-Food-Handel ist zu erwarten (Zentes/Ferring 1995, S.434). Beispielsweise will die britische Kaufhausgruppe Marks & Spencer im Zuge seiner europäischen Expansion mit voraussichtlich 20 Outlets (à 4000 qm Verkaufsfläche) in Deutschland einsteigen (LZ 1995, S.4).

„Cleveres Schnäppchen-Schlagen" ist ein für alle Einkommensschichten relevantes und international zu beobachtendes Einkaufsmotiv. Konsumenten kaufen im Vergleich zu den 80er Jahren preisorientierter ein, auch in bezug auf Markenartikel. „Schnäppchenführer", die Adressen von Fabrikläden beinhalten, in denen Markenartikel preisgünstiger eingekauft werden können, finden einen enormen Absatz. In Deutschland ist in dem schwäbischen Ort Bodelshausen ein erstes Factory-Outlet-Center namens „M" entstanden, in dem 32 Textilhersteller ihre Waren im Direktverkauf anbieten (Doepner, 1995, S.24).

<u>Fazit:</u> Der deutsche Einzelhandel ist in eine entscheidende Wettbewerbsphase eingetreten, aus der nicht alle Teilnehmer unbeschadet herausgehen werden. Viele mittelständische Fachgeschäfte beklagen extreme Renditeverluste, aber auch Großbetriebe des Handels können zu den Opfern des Verdrängungswettbewerbs zählen, wie der Zusammenbruch des Möbelhauses Franz 1995 zeigte. Insbesondere die kleineren Händler müssen jedoch um ihre Existenz bangen, zumal viele schon jetzt nur deshalb überleben, weil sie mietfrei im eigenen Haus arbeiten oder keinen echten Unternehmerlohn berechnen.

Die Suche nach Auswegen aus dieser prekären Situation stellt eine besondere Herausforderung für das Marketing dar und führt zu der Beschäftigung mit Michael E. Porters „Wettbewerbsstrategien" (1980, 1992). Die Anwendung dieser Typologie wird immer dann diskutiert, wenn in Zeiten stagnierenden Wachstums die Wettbewerbskräfte an Bedeutung gewinnen (Nieschlag/Dichtl/Hörschgen 1991, S.884). Porters Thesen haben eine ungemeine Popularität in vielen Schriften zum strategischen Management erfahren, zahlreiche empirische Studien initiiert, aber auch einige Kritiker auf den Plan gerufen (z.B. Miller und Dess 1993).

2 WETTBEWERBSSTRATEGIEN NACH PORTER

Porter (1992, S.62 ff.) diskutiert drei allgemeine Strategietypen, mit Hilfe derer Unternehmen eine erfolgreichere Marktposition einnehmen können als ihre Konkurrenten: Umfassende Kostenführerschaft ("overall cost leadership"), Differenzierung ("differentiation") und Konzentration auf Schwerpunkte ("focus", wobei die Schwerpunkte entweder mit der Kostenführerschaftsstrategie oder mit der Differenzierungsstrategie bearbeitet werden sollen). Porter sieht in der konsequenten Verfolgung einer dieser Strategien (= „generic strategies") einen wesentlichen Wettbewerbsvorteil und erklärt, daß Kostenführer bzw. Differenzierer erfolgreicher sind als solche Unternehmen, die sich weder für die eine noch die andere Strategie entscheiden können und damit laut Porter "zwischen den Stühlen sitzen" (=„stuck-in-the-middle").

Im Rahmen zweier empirischer Studien sind von Gröppel (1993 und 1996) die Hypothesen untersucht worden, ob die von Porter (1992) postulierten Wettbewerbsstrategien im Non-Food-Einzelhandel identifiziert werden können und ob Händler, die einen Wettbewerbsvorteil nach Porter realisieren, signifikant erfolgreicher sind als „stuck-in-the-middle"-Unternehmen. Die Hypothesen sind bestätigt worden. Die empirischen Ergebnisse zeigen, daß für Fachgeschäfte vor allem die konsequente Durchführung einer Differenzierungsstrategie zu empfehlen ist.

Ziel der Differenzierungsstrategie ist die Gestaltung eines unverwechselbaren Images, das klar und dauerhaft im Bewußtsein der Konsumenten verankert ist und sich von anderen Geschäften des Standortes deutlich abhebt. Mittels eines unverwechselbaren Images entzieht sich der Händler der direkten preislichen Vergleichbarkeit mit der Konkurrenz. Differenzierung ist somit eine „überlebensfähige" Strategie, weil die Einzigartigkeit der Leistung die Preisempfindlichkeit der Kunden verringert, wodurch höhere Preise und damit hohe Ertragsspannen erzielt werden können (Porter 1992, S.42). Allerdings darf die Kostenseite auch bei Differenzierungsstrategien nicht vernachlässigt werden. Für den Konsumenten wird eine Differenzierungsleistung in vielen Fällen erst durch die Gestaltung des Ladeninneren „erlebbar". Grundsätzlich müssen daher die Ausgaben für Ladengestaltung und Warenpräsentation bei Differenzierung höher sein als bei Preisführerschaftsstrategien. Differenzierung im Handel wird heute jedoch vielfach mit dem Bau „prunkvoller Paläste aus Glas und Marmor" gleichgesetzt. Die Folge ist, daß extreme finanzielle Mittel im Gebäude oder in der Ladengestaltung gebunden sind. Die Investitionen können sich in den verkürzten Zyklen bis zur nächsten „Store Erosion" (Ladenverschleiß) nicht mehr amortisieren. Als Folge werden entweder die höheren Ertragsspannen durch zu hohe Kosten „verspielt" oder aufgrund der hohen Gebäude- und/oder Einrichtungskosten werden für die Waren überhöhte Preise gefordert, die nicht mehr wettbewerbsfähig sind. Doch auch wenn ein Handelsunternehmen ein besonders elegantes Ladenambiente, hochwertige Ware und ausgezeichneten Service zu objektiv „reellen" Preisen anbietet, kann ein Nachfrageproblem entstehen. Unabhängig von den tatsächlich geforderten Preisen, kann eine Ladengestaltung, bei der auffällig exklusive Materialien verwendet werden, einen „Bumerang-Effekt" auslösen. Auch aus attributionstheortischer Sicht kann die Wirkung einer besonders auffälligen Ladengestaltung auf das Preisimage erklärt werden (siehe hierzu Gröppel 1996). Das bedeutet, daß die am Point-of-Sale empfundene Atmosphäre keine höhere Verweildauer und Kaufbereitschaft evoziert, sondern dazu führt, daß die Konsumenten vorschnell auf ein „Wucher-Image" der Einkaufsstätte schließen und vom Kauf Abstand nehmen. Es stellt sich somit die Frage, *wie* exklusiv ein Geschäft gestaltet werden kann bzw. muß, so daß die mit dem Konzept angesprochene Zielgruppe den Eindruck gewinnt, sich zum einen in einem besonderen Kaufambiente zu bewegen, in dem zum anderen angemessene und keinesfalls überhöhte Preise verlangt werden. Dabei ist außerdem zu berücksichtigen, daß Kunden mit unterschiedlichen Anspruchniveaus ein Geschäft betreten. Wie sollte also die Atmosphäre eines Geschäftes beschaffen sein, damit die Konsumenten positive Preisimages bilden?

3 PREISIMAGES VON GESCHÄFTEN

Das Preisimage eines Geschäftes (Diller 1991; Müller-Hagedorn 1993; Simon 1992) kann in Anlehnung an Nystroem (1970) als die käufer-individuelle Beurteilung des Preisniveaus eines Handelsbetriebes definiert werden, unabhängig davon, ob das Geschäft tatsächlich Produkte zu objektiv günstigen Preisen verkauft oder nicht. Preisimages haben einen längerfristigen, verfestigten, jedoch änderbaren Charakter und können wie generelle Images das Verhalten determinieren. Das Preisimage übt eine große strategische Bedeutung aus, da es die Einkaufsstättenwahl und die Absatzzahlen beeinflussen kann (Simon 1992, S.534; Lenzen 1984). Der Einfluß des Preisimages ist besonders hoch, wenn der Konsument über geringe Preiskenntnisse verfügt.

Die Preiskenntnis kann aufgrund unterschiedlicher Motivlagen und differierender Informationsstände von Individuum zu Individuum, von Sortiment zu Sortiment variieren (Müller-Hagedorn 1993, S.216; Diller 1988). Es ist anzunehmen, daß Konsumenten bei Gütern des täglichen Bedarfs (insbesondere bei Lebensmitteln) im Durchschnitt über höhere Preiskenntnisse bzw. über genauere Vorstellungen von „fairen" Produktpreisen verfügen als bei Non-Food-Artikeln des nicht-täglichen Bedarfs (shopping-goods, specialty-goods). Bei seltener gekauften Produkten existieren zwar auch Preisvorstellungen, diese werden in der Regel nicht genau, d.h. auf einer metrischen Skala kodiert, sondern haben vielfach nur Ordinalskalen-Niveau (A ist teurer als B). Hinzu kommt, daß bei Gütern des nicht-täglichen Bedarfs das Preisimage des Geschäftes nicht nur ausgehend von der reinen Preisinformation gebildet wird, sondern Konsumenten suchen gleichfalls Bewertungsanker in den übrigen Marketing-Mix-Instrumenten am Point-of-Sale (Ladengestaltung und Warenpräsentation, Verkaufspersonal, etc.).

Somit werden Preisimages je nach Produktgruppe bzw. Kenntnisstand der Konsumenten auf Basis unterschiedlicher Informationen gebildet. Diller (1992, S.906) empfiehlt daher, im Vergleich zu Nystroem (1970) eine stärkere Spezifizierung des Begriffs „Preisimage" vorzunehmen und sich mit unterschiedlichen Preisurteilsarten zu beschäftigen. Die subjektiven Preisurteile werden noch einmal differenziert in „Preisgünstigkeits- " und „Preiswürdigkeitsurteile". Umfassende Definitionen zu diesen Begriffen stammen von Lenzen (1984):

Ein Preisgünstigkeitsurteil ist das „aktuell vorhandene und bewertete Ergebnis des Preisvergleiches bzw. die von einem Verbraucher vorgenommene oder übernommene, aktuell vorhandene subjektive Beurteilung der Preise des für die Beurteilung relevanten Sortiments eines Geschäftes (d.h. die Beurteilung einzelner Preise und/oder des Preisniveaus von Artikelgesamtheiten)" (Lenzen 1984, S.36). Beim Preisgünstigkeitsurteil wird also ein reiner Preisvergleich ohne Einbeziehung von Qualitätsurteilen vorgenommen (Produkt A ist preisgünstiger als Produkt B).

Davon zu unterscheiden sind die Preiswürdigkeitsurteile. Preiswürdigkeitsurteile basieren auf Bewertungen eines Preises im Hinblick auf die gebotenen Leistungen und stellen somit Preis-Leistungs-Beurteilungen dar. Lenzen (1984, S.37) definiert die Preiswürdigkeit daher als die von „einem Verbraucher vorgenommene oder übernommene, aktuell vorhandene subjektive Beurteilung der Preise des für die Beurteilung relevanten Sortiments eines Geschäftes in Verbindung mit relevant erscheinenden qualitativen Komponenten: Der Qualität der Artikel sowie aller Umstände des Einkaufs, die sich nicht auf den Preis beziehen. Die Preiswürdigkeit stellt eine gelernte, zeitpunktbezogene, jedoch im Zeitablauf veränderbare Größe dar, die wesentlichen Einfluß auf die Kaufentscheidung und insbesondere auf die Einkaufsstättenwahl eines Konsumenten ausübt". Zu den „Umständen des Einkaufs" können beispielsweise die Ausstattung der Verkaufsräume und des Schaufensters, die Beurteilung des Verkaufspersonals, der Standort der Einkaufsstätte, der Anteil der Selbstbedienung oder die gebotene Auswahl zählen.

Fazit: Preisbewertungen können noch einmal unterteilt werden in Preisgünstigkeits- und Preiswürdigkeitsurteile. Werden subjektive Preisurteile *generalisiert*, so spricht man von Preisimages. Unter dem Oberbegriff „Preisimage" werden im folgenden zwei verschiedene Imagearten zusammengefaßt: Ein **Preiswürdigkeitsimage** stellt eine längerfristige stabile Einstellung zu dem Preis-Leistungsverhältnis eines Handelsbetriebes dar, welches auf Preiswürdigkeitsurteilen basiert. Ein **Preisgünstigkeitsimage** basiert auf der Generalisierung von Preisgünstigkeitsurteilen, d.h., vereinzelt durchgeführte Preisvergleiche („Stichproben") prägen die Einstellung zu dem Handelsbetrieb. Preisimages haben den Charakter längerfristig stabiler Einstellungen. Ähnlich wie Einstellungen unterliegen auch Preisimages einer Dynamik und passen sich an die jeweils neuen Preiserfahrungen an. Die Grenzen zwischen den beiden Preisimagearten sind fließend.

Diller (1984 und 1991, S.282 f.) empfiehlt Einzelhandelsbetrieben, die sich mit der Differenzierungsstrategie profilieren möchten, ihre Preispolitik ganz auf die Preiswürdigkeit auszurichten. Gelingt es dem Geschäft, aus der Sicht der Konsumenten einzigartig zu wirken, so braucht der Laden nicht zu befürchten, in einen Preiswettbewerb mit der Konkurrenz verwickelt zu werden. Preisgünstigkeitsurteile können aufgrund der Einzigartigkeit der Leistung und damit aufgrund der fehlenden Vergleichsmaßstäbe nicht durchgeführt werden. Dieses bedeutet jedoch nicht, daß ein Händler einen Freibrief für grenzenlos hohe Preise erhält. Konsumenten verfügen über Preisbereitschaftsschwellen und haben subjektive Vorstellungen über „faire" Preis-Leistungsverhältnisse (Schmalen 1995, S.11). Eine Einkaufsstätte mit einer Differenzierungsstrategie sollte somit bestrebt sein, im Gedächtnis der Kunden ein klares, positives Preiswürdigkeitsimage zu verankern. Hierbei können umweltpsychologische Erkenntnisse Hilfestellung leisten.

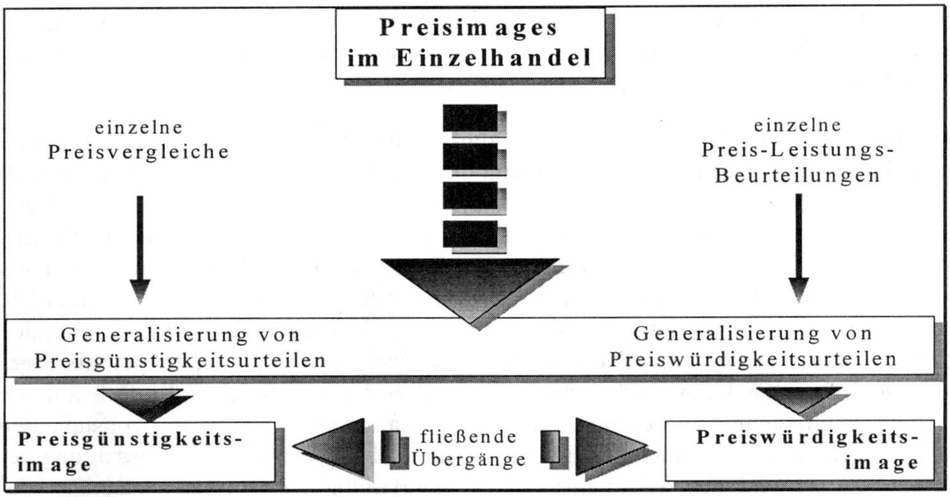

Abbildung 1: Preisimages im Einzelhandel

4 UMWELTPSYCHOLOGISCHE BEITRÄGE ZUR ERKLÄRUNG VON PREISWÜRDIGKEITSIMAGES

4.1 Umweltpsychologische Erkenntnisse für das In-Store-Marketing

Die Umweltpsychologie ist eine Disziplin, die sich seit den 70er Jahren mit der Fragestellung auseinandersetzt, ob die physische (materielle) Umwelt (z.B. Gebäude, Landschaften, Einrichtungsgegenstände) einen Einfluß auf das Verhalten der in dieser Umwelt lebenden Menschen ausübt und wie die Umwelt im Dienste des menschlichen Verhaltens gestaltet werden kann. Der Umweltpsychologe geht dabei von der Erkenntnis aus, daß ein Individuum bestrebt ist, sich seines Umfeldes zu bemächtigen, d.h. der Mensch versucht, in einer ihm unbekannten Umgebung die Orientierung zu finden, um anschließend die neue Umwelt zu kategorisieren und um einen gefühlsmäßigen Gesamteindruck

abgeben zu können. Die Wechselwirkung zwischen Mensch und Umwelt wird durch mentale (kognitive und emotionale) Prozesse vermittelt (Graumann/Schneider 1988, S.17).

Je nachdem, ob eher kognitive oder eher emotionale, durch die Umwelt hervorgerufene Prozesse Gegenstand des wissenschaftlichen Interesses sind, spricht man von dem primär kognitiven bzw. dem primär emotionalen Ansatz der Umweltpsychologie. Die Umweltpsychologie nimmt keine rigorose Trennung zwischen kognitiven und affektiven Theorien vor, man ist sich bewußt, daß die meisten psychischen Prozesse sowohl kognitive als auch emotionale Züge tragen (Kroeber-Riel 1992, S.427). Das Adjektiv „primär" soll daher nur zum Ausdruck bringen, welcher innere Vorgang überwiegt.

Die Umweltpsychologie untersucht, anhand welcher Hinweise („cues") Menschen Rückschlüsse auf die in dieser Umwelt existenten Objekte und Menschen ziehen. Umweltpsychologische Betrachtungen waren und sind daher für das Marketing von Einkaufsstätten nützlich (Gröppel 1995). Konsumenten, die über die Service- oder die Sortimentsqualität eines Geschäftes nicht genau informiert sind bzw. noch keine manifeste Einstellung gebildet haben, versuchen, Informationen für ihre Kaufentscheidungen aus der Ladenumwelt zu gewinnen (Bloom/Reve 1990; Nisbett und Ross 1980; Zeithaml 1982 und 1988; Baker, Grewal und Parasuraman 1994). Diese Umweltinformationen können somit als Entscheidungsheuristik dienen. Gardner und Siomkos (1985) haben in einer empirischen Untersuchung festgestellt, daß Konsumenten ein Parfüm, welches in einer noblen Einkaufsumgebung präsentiert wird, signifikant besser beurteilen als dasselbe Parfüm, welches in einer Discount-Atmosphäre verkauft wird. Nach einer Studie von Areni und Kim (1993) sollte die in einem Geschäft abgespielte Musik von den Konsumenten als "passend" zu der Einkaufssituation empfunden werden. Beispielsweise konnten in einem amerikanischen Weinkeller signifikant höhere Umsätze erzielt werden, wenn klassische Musik (Mozart, Chopin, Vivaldi) statt der aktuellen Top-Forty als Hintergrundmusik gewählt wurde. Begründung: Weinkonsum wird in den USA immer noch als besonders kultiviert erlebt und mit einem hohen Prestigewert verknüpft, weshalb klassische Musik für den Weinkauf als sehr adäquat empfunden wird.

Nicht die Exklusivität, sondern die Angemessenheit des In-Store-Ambientes scheint ein Erfolgsfaktor zu sein. Nach einer Untersuchung von Baker, Berry und Parasuraman (1988) haben amerikanische Bankkunden den Eindruck, daß Banken, die über eine sehr teure und kostbare Inneneinrichtung verfügen, das Geld ihrer Kunden verschwenden. Hier wird also die kostbare Inneneinrichtung von den Kunden nicht als Merkmal für die Leistungsstärke der Bank, sondern als Verschwendungssucht gewertet. Die Studie wirft somit die Frage auf, wie sich die am Point-of-Sale verfügbaren und wahrgenommenen Umweltreize auf das empfundene Preis-Leistungsverhältnis auswirken. Dabei soll berücksichtigt werden, daß Menschen an mehr oder weniger luxuriös anmutende Umwelten unterschiedlich gewöhnt sind und somit unterschiedliche Anspruchsniveaus existieren.

Zur Klärung dieser Fragestellung kann das umweltpsychologische Verhaltensmodell von Mehrabian und Russell (1974) herangezogen werden: Verschiedene Umweltreize, welche durch die sogenannte „Informationsrate" gekennzeichnet werden, lösen Gefühle aus, die als intervenierende Variablen die Reaktionen („Annäherung" oder „Meidung") gegenüber der Umwelt bestimmen. Dabei können objektiv gleiche Reize aufgrund unterschiedlicher persönlicher Prädispositionen zu unterschiedlichem Verhalten führen. In dem umweltpsychologischen Verhaltensmodell von Mehrabian und Russell werden drei verschiedene intervenierende Variablen für die Reaktion Annäherung bzw. Meidung verantwortlich gemacht: Lust, Erregung und Dominanz. Nach Mehrabian (1987, S.24) bedeutet Erregung wie „aktiv, aufgeregt, angeregt, überdreht, zappelig" etc. man sich fühlt, „Lust" ist im Sinne Mehrabians dahingehend zu verstehen, daß man vergnügt und gut gelaunt ist. Dominanz bedeutet, daß „man sich überlegen fühlt, daß man das Gefühl hat, einflußreich, unbehindert und wichtig zu sein oder die Situation unter Kontrolle hat" (Mehrabian 1987, S. 24). Solche Umwelten bewirken ein maximales Kaufverhalten, die erhöhte Erregung, erhöhte Lust und ein Gefühl der Dominanz (ebenda s. 173).

In der mittlerweile als „Klassiker" zu bezeichnenden empirischen Untersuchung von Donovan und Rossiter (1982) wurde zum ersten Mal das Modell von Mehrabian und Russell (1974) auf die Umwelt „Einkaufsstätte" übertragen. 30 zufällig ausgewählte Testpersonen wurden in unterschiedlichen Betriebsformen des Handels nach ihren Eindrücken von dem jeweiligen Testobjekt sowie nach ihrer Ausgabe-/Verweilbereitschaft und nach ihrer Wiederkehrabsicht befragt. Es konnte nachgewiesen werden, daß insbesondere das am Point-of-Sale ausgelöste Vergnügen und die empfundene Erregung für eine längere Verweildauer und Einkaufsbereitschaft verantwortlich sind. Donovan und Rossiter (1982) konnten in ihrer Studie dagegen keine signifikante Wirkung der Gefühlsdimension „Dominanz" auf eine Annäherungs- oder Meidungsreaktion nachweisen.

Nach Abwägung der wissenschaftlichen Argumente (Rossiter 1982; Donovan/Rossiter 1982; Russel/Pratt 1980, s. 313; Donovan et al. 1994, S. 284) vertreten wir die Ansicht, daß die Variable „Dominanz" bei Untersuchungen zur Wirkung der Ladengestaltung auf das empfundene Preis-Leistungsverhältnis berücksichtigt werden muß:

Werden als Reaktionen am Point-of-Sale nicht nur motorische (z.B. Verweildauer), sondern auch verbale affektive *und* kognitive Outputgrößen (z.B. das Preiswürdigkeitsurteil) gemessen, erscheint es sinnvoll, zumindest eine der intervenierenden Variablen mit stärkerer kognitiver Ausrichtung im Modell zu belassen, um diese den eher kognitiven Reaktionen gegenüberstellen zu können. Auch inhaltliche Gründe sprechen für einen Kausalzusammenhang zwischen der am Point-of-Sale empfundenen Dominanz und der Preisbeurteilung eines Geschäftes.

4.2 Der Einfluß der intervenierenden Variablen „Dominanz" auf das Preisimage

„Dominanz" bedeutet am Point-of-Sale, daß sich der Konsument frei, sicher, überlegen oder stark fühlt. Ein solches Gefühl ist notwendig, um sich im Geschäft ungezwungen verhalten zu können. Der Konsument darf durch die In-Store-Faktoren nicht eingeschüchtert werden (Mehrabian 1987).

Ein extrem luxuriöses Ladenambiente könnte einerseits zu negativen Reaktionen führen, wenn die in dieser Umwelt verweilenden Konsumenten ein Gefühl der Hilflosigkeit empfinden bzw. nicht mehr wissen, wie sie die Situation meistern und wie sie sich am Point-of-Sale verhalten sollen. Es ist anzunehmen, daß die Bewußtwerdung der eigenen Unterlegenheit dazu führt, daß Konsumenten den Wunsch verspüren, den Laden zu verlassen und sie eine negative Einstellung zu dem Geschäft entwickeln. Letztere kann sich auch auf die Preisbeurteilung beziehen, d.h., die Konsumenten könnten den Eindruck gewinnen, überteuerte Preise zahlen zu müssen (Gefahr des Wucherimages). Andererseits könnte ein exklusives Ambiente auch zu positiven Reaktionen führen und eine besonders hohe Wertschätzung erfahren und zwar dann, wenn die Konsumenten in dieser Atmosphäre ein Gefühl der Dominanz empfinden. Wesentlich ist im folgenden also nicht, ob Konsumenten aufgrund ihrer Anspruchsniveaus oder ihrer Gewohnheiten mehr oder wenige exklusive Geschäfte bevorzugen, sondern ob sie sich am Point-of-Sale frei, sicher und überlegen fühlen. Die „empfundene Dominanz" könnte also ein Konstrukt darstellen, mit Hilfe dessen unabhängig von dem Anspruchsniveau der Konsumenten erklärt werden kann, warum manche Menschen eine sehr exklusive Ladenumwelt bevorzugen, andere sie meiden. Dabei wird unterstellt, daß die intervenierende Variable „Dominanz" durch die Art der Ladengestaltung beeinflußt wird. Die am Point-of-Sale empfundene Dominanz kann natürlich auch durch das Auftreten und Verhalten des Verkaufspersonals erheblich beeinflußt werden. Dieser Aspekt wird allerdings nicht empirisch untersucht und daher nicht weiter erörtert. Die zu prüfende Hypothese lautet:

(1) Je stärker die Konsumenten ein Gefühl der Dominanz am Point-of-Sale verspüren, desto positiver fällt die Preisbeurteilung am Point-of-Sale aus.

Diese Ursache-Wirkungsbeziehung soll allerdings nicht isoliert, sondern „eingebettet" in das umweltpsychologische Verhaltensmodell untersucht werden. Die übrigen Dimensionen dürfen somit nicht vernachlässigt werden:

Zwischen der empfundenen Dominanz und der abhängigen Variablen „Preisbeurteilung" sollte nicht nur ein positiver signifikanter Zusammenhang existieren, sondern die am Point-of-Sale erlebte Dominanz sollte darüber hinaus diejenige Größe sein, welche die Preisbeurteilung am stärksten beeinflußt. Nur durch einen Vergleich mit den beiden anderen Gefühlsdimensionen des Mehrabian und Russell-Modells kann die tatsächliche Relevanz der Variablen „Dominanz" ermittelt werden.

Im Rahmen dieser Arbeit sind Preiswürdigkeitsimages als Generalisierungen von Preis-Leistungsurteilen definiert worden. Damit ein positives Preiswürdigkeitsurteil entstehen kann, muß gewährleistet sein, daß sich die Dominanz nicht nur positiv auf die Preisbeurteilung, sondern auch auf die Einschätzung der am Point-of-Sale angebotenen Leistung auswirkt oder zumindest diese nicht beeinträchtigt. Es muß also kontrolliert werden, ob die Beziehung „Dominanz" → „Leistungsbeurteilung" mit einem positiven Vorzeichen versehen werden kann.

Nach den Studien von Donovan und Rossiter (1982, 1994) beeinflußte die am Point-of-Sale ausgelöste Gefühlsdimension „Vergnügen/Lust" am stärksten das In-Store-Verhalten. Es ist daher anzunehmen, daß zwischen dieser Variablen auf der einen und den Reaktionen am Point-of-Sale sowie der Leistungsbeurteilung auf der anderen Seite positive Zusammenhänge existieren.

Die vorliegenden empirischen Forschungsergebnisse zur Übertragbarkeit des Modells von Mehrabian und Russell auf die konkrete Umwelt „Einkaufsstätte" legen allerdings eine Modifizierung des Modells nahe. Empirische Untersuchungen von Bost (1987) und Gröppel (1991) zeigen, daß Konsumenten am Point-of-Sale auch eine entspannte Atmosphäre erleben möchten. Ein optimales Ladenambiente liefert danach ein Wechselspiel von aktivierenden und desaktivierenden Reizen. Das Gefühl der „Erregung" darf also keinesfalls zu „Hektik" führen. Aufgrund dieser Erkenntnisse sollte bei weiteren Untersuchungen die am Point-of-Sale von den Konsumenten empfundene Gefühlsdimension „Entspannung" nicht vernachlässigt werden. Es wäre daher möglich, statt der Dimensionen Lust (=Vergnügen) und Erregung, die intervenierenden Variablen „Lust und Entspannung" bei der Wirkung der Ladenatmosphäre zu untersuchen. Eine solche Vorgehensweise wäre insofern sinnvoll, da mit der Variablen „Lust/Vergnügen", beispielsweise operationalisiert als „gut gelaunt", „heiter" etc., automatisch Erregung einhergeht. Positive Aktivierung wird in diesem Konstrukt somit implizit erfaßt. Es erscheint daher ratsam, die Gefühlsdimension „Entspannung" als dritte intervenierende Variable einzubeziehen. Dieses modifizierte Modell muß seine empirische Gültigkeit allerdings noch unter Beweis stellen. Anders ausgedrückt: Leisten die drei Gefühlsdimensionen Lust, Dominanz und Entspannung einen eigenständigen Beitrag zur Erklärung der Reaktionen am Point-of-Sale? Die zweite, zu prüfende Hypothese lautet somit:

(2) Je mehr die Konsumenten Gefühle der Dominanz, Entspannung und Lust am Point-of-Sale verspüren, desto positiver sind die Reaktionen am Point-of-Sale (Gesamturteil, Verweildauer). Die Gefühlsdimension Lust wirkt sich ebenfalls positiv auf die Leistungsbeurteilung aus.

Beide Hypothesen sollen innerhalb eines Kausalmodells getestet werden. Nur so kann geprüft werden, ob die Entstehung positiver Preiswürdigkeitsimages umweltpsychologisch erklärt werden kann.

5 EINE EMPIRISCHE STUDIE ZUR MESSUNG DES EINFLUSSES DER INTERVENIERENDEN VARIABLEN AUF DIE PREISWÜRDIGKEIT

5.1 Aufbau der Untersuchung

Zur Ermittlung des Zusammenhangs zwischen den intervenierenden Variablen (insbesondere der empfundenen Dominanz) des Mehrabian-und-Russell-Modells und dem Preiswürdigkeitsimage wurde eine Haushaltsbefragung durchgeführt. Es wurden Befragte aus allen Alters-, Einkommens- und Bildungsschichten ausgewählt. Zur Prüfung der Dominanz-Hypothese wurde eine Haushaltsbefragung einem Feldexperiment vorgezogen.

Zur Simulation der Ladenumwelt wurden Bildmaterialien erstellt, die aus der Textil- und der Möbelbranche stammen. Alle Inneneinrichtungen können der gehobenen Ausstattungsklasse zugeordnet werden, einige Fotos zeigen jedoch besonders exklusive Umwelten. Dieser Versuchsaufbau war notwendig, um möglichen unterschiedlichen Anspruchsniveaus der Befragten gerecht zu werden. Das Stimulusmaterial kann somit in zwei Gruppen mit je zwei Varianten unterteilt werden. Für die erste Gruppe wurden Fotos aus dem Textileinzelhandel ausgewählt. Variante A zeigt eine Modeboutique, bei der die Textilien in Rahmen einer Verbundpräsentation dargestellt sind. Die Präsentation strahlt Kompetenz aus. Die Waren werden allerdings auf Warenständern mit „Waschbetonstein-Optik" präsentiert, es wird somit bewußt auf ein besonders exklusives Ambiente verzichtet. Dagegen zeigen die Fotos der Variante 2 eine besonders edle Atmosphäre. Auch hier wurde eine Modeboutique ausgesucht, bei dieser besteht die Ladeneinrichtung jedoch aus Glas, Marmor und Messing. Ein zusätzliches Bild soll dem Betrachter außerdem die Einkaufsumgebung dieses Geschäftes zeigen. Hierbei handelt es sich um ein äußerst exklusives Einkaufscenter. Auf den Fotos der Gruppe 2 wird eine schwarze Lederpolstergarnitur präsentiert, die sich in einer außergewöhnlich eleganten Ausstellungshalle befindet. Bei der Variante 1 wurde nur ein Ausschnitt von der noblen Halle gezeigt, bei der zweiten Variante wurde die Möbelgarnitur vor dem Hintergrund der gesamten prachtvollen Halle präsentiert. Man sieht beispielsweise einen kostbaren Kamin sowie eine luxuriöse Wandverkleidung. Jede Befragungsperson erhielt ausschließlich das bzw. die Foto(s) einer Versuchsvariante. Den Versuchsteilnehmern wurde mitgeteilt, die Bilder zeigten Warenpräsentationen aus realen Einkaufsstätten. Insgesamt wurden 264 Personen zu ihren Eindrücken und Ansichten befragt.

5.2 Operationalisierung der Variablen und Ergebnisse der Kausalanalyse

Zur Überprüfung der Hypothesen wurde eine Kausalanalyse mit dem LISREL-Programm 8.0 für Windows gewählt. Im vorliegenden Fall besteht das Strukturmodell der Kausalanalyse aus den exogenen Variablen Dominanz, Entspannung, Lust und den latenten endogenen Variablen Preis- und Leistungsbeurteilung sowie den Reaktionen am Point-of-Sale. Zur Überprüfung der ersten Hypothese ist die Beziehung zwischen

der Variablen Dominanz und der Preisbeurteilung von vorrangigem Interesse. Darüber hinaus ist zu untersuchen, ob positive Pfade nicht nur zwischen den latenten exogenen Variablen Lust, Entspannung und Dominanz und der Preisbeurteilung, sondern auch zwischen den intervenierenden Variablen und der Beurteilung des sonstigen Leistungsangebotes
existieren. Dieses ist notwendig, um die gesamten Auswirkungen der exogenen Variablen zu erfassen.

Zur Prüfung der zweiten Hypothese soll der *direkte* Einfluß jeder intervenierenden Variablen auf die Reaktionen am Point-of-Sale geschätzt werden. Schließlich werden die Beziehungen zwischen der Preis- und Leistungsbeurteilung (=unabhängige Variablen) und der latenten Variablen „Reaktionen am Point-of-Sale" (=abhängige Variable) untersucht. Die latenten Variablen werden durch folgende Indikatoren operationalisiert:

Tabelle 1: Operationalisierung der Lambda-X-Variablen

Dominanz $= \xi_1$	**Lust** $= \xi_2$	**Entspannung** $= \xi_3$	**Antwortskala**
• überlegen • sicher • frei	• heiter • gut gelaunt	• entspannt • nicht hektisch	Ich fühle mich äußerst (5)...(4)...(3)...(2)...(1) überhaupt nicht

5.3 Interpretation der Ergebnisse

Zur Beurteilung der Modellgüte siehe Anhang. Die vorliegenden Ergebnisse der Kausalanalyse belegen, daß die beiden Hypothesen als bestätigt angesehen werden können.

Im Pfaddiagramm können die drei modifizierten intervenierenden Variablen des Mehrabian-und-Russell-Modells „Lust, Entspannung und Dominanz" als latente exogene Variablen identifiziert werden. Die empfundene Dominanz, also das Gefühl, sich am Point-of-Sale „überlegen", „sicher" und „frei" zu fühlen, beeinflußt am stärksten die Preisbeurteilung. Letztere wird durch die Aussagen „Hier werden mit Sicherheit keine überteuerten Produkte angeboten" sowie „Der Händler gibt ehrliche Preise an den Konsumenten weiter" valide gemessen. Der entsprechende Gamma-Pfad zwischen den latenten Variablen „Dominanz" und „Preisbeurteilung" liegt bei 0,81.

Der Gamma-Pfad zwischen der latenten exogenen Variablen „Entspannung" und der endogenen Variablen „Preisbeurteilung" fällt gleichfalls mit +0,55 hoch aus. Dieses Ergebnis dokumentiert, daß Streßfreiheit zu einer positiven Preisniveaueinschätzung führt. Auch die Gamma-Beziehungen zwischen „Entspannung" auf der einen und der „Leistungsbeurteilung" sowie den „Reaktionen am Point-of-Sale" auf der anderen Seite haben positive Vorzeichen. Sie verdeutlichen, daß auch die Leistungsbeurteilung sowie letztlich der Gesamteindruck und die Verweildauer davon profitieren, wenn sich der Konsument entspannt fühlt.

Tabelle 2: Operationalisierung der Lambda-Y-Variablen

Latente Variablen	Operationalisierung	Skala
Preisbeurteilung $= \eta_1$	• Hier werden mit Sicherheit keine überteuerten Produkte angeboten. (y_1 = nicht überteuert). • Der Händler gibt „ehrliche Preise" an den Konsumenten weiter. (y_2 = ehrliche Preise)	Antwortskala: Stimme vollkommen (5)...(4)...(3)...(2)...(1) überhaupt nicht zu
Leistungs-beurteilung $= \eta_2$	• In diesem Geschäft gilt der Satz: "Hier ist der Kunde König". (y_3 = Kunde ist König) • Ich glaube, daß man in diesem Geschäft besonders zuvorkommend und kompetent beraten wird. (y_4 =Beratung optimal) • Hier erhält man eine ausgezeichnete Produktqualität. (y_5 = qualitativ hochwertig)	Antwortskala: Stimme vollkommen (5)...(4)...(3)...(2)...(1) überhaupt nicht zu
Reaktionen am Point-of-Sale $= \eta_3$	• Das Geschäft gefällt mir alles in allem sehr gut - überhaupt nicht gut (y_6 = Gesamturteil) • Gesetzt den Fall, Sie hätten morgen den ganzen Tag frei und könnten einen Einkaufsbummel machen, wie lange würden Sie sich in diesem Geschäft wohl aufhalten? (y_7 = Verweildauer)	Antwortskala: sehr gut (5)...(4)...(3)...(2)...(1) überhaupt nicht gut Freie Angabe der Verweildauer

Die Variable „Lust", operationalisiert durch die Items „heiter" und „gut gelaunt", übt gleichfalls einen positiven Einfluß auf die Preisbeurteilung aus. Auffällig ist vor allem, daß diese Variable sehr stark die Beurteilung der Leistungsdimension und die Reaktionen am Point-of-Sale beeinflußt: Je stärker das empfundene Vergnügen am Point-of-Sale ausgeprägt ist, desto besser wird die angebotene Qualität und Beratung am Point-of-Sale eingeschätzt, desto positiver fällt das Gesamturteil aus und desto höher ist die Verweilbereitschaft. Dieses Ergebnis untermauert somit noch einmal die von Donovan und Rossiter (1982) gewonnenen Erkenntnisse ihrer ersten Studie sowie die der im Jahr 1994 durchgeführten zweiten Untersuchung zur Bedeutung der Ladenatmosphäre für das Konsumentenverhalten. Zwischen den Reaktionen am Point-of-Sale und der Preis- und Leistungsbeurteilung bestehen ebenfalls positive, wenngleich nicht sehr stark ausgeprägte Pfade. Der direkte Einfluß der intervenierenden Variablen des Mehrabian-und-Russell-Modells auf die Reaktionsvariablen fällt stärker aus. Zwischen den latenten Variablen „Entspannung, Dominanz und Lust“ und den Reaktionen am Point-of-Sale können Pfad-Koeffizienten von 0,35 bis 0,63 ermittelt werden. Auch dieses Ergebnis bestätigt wiederum die Relevanz des Mehrabian-und-Russell-Modells für das In-Store-Verhalten. Gleichfalls stützt es die Resultate der zweiten Studie von Donovan et al. (1994), die ergab, daß die intervenierenden Variablen unabhängig von der Beurteilung des Preis-Leistungsverhältnisses einen eigenständigen Erklärungsbeitrag für die Reaktionen am Point-of-Sale leisten.

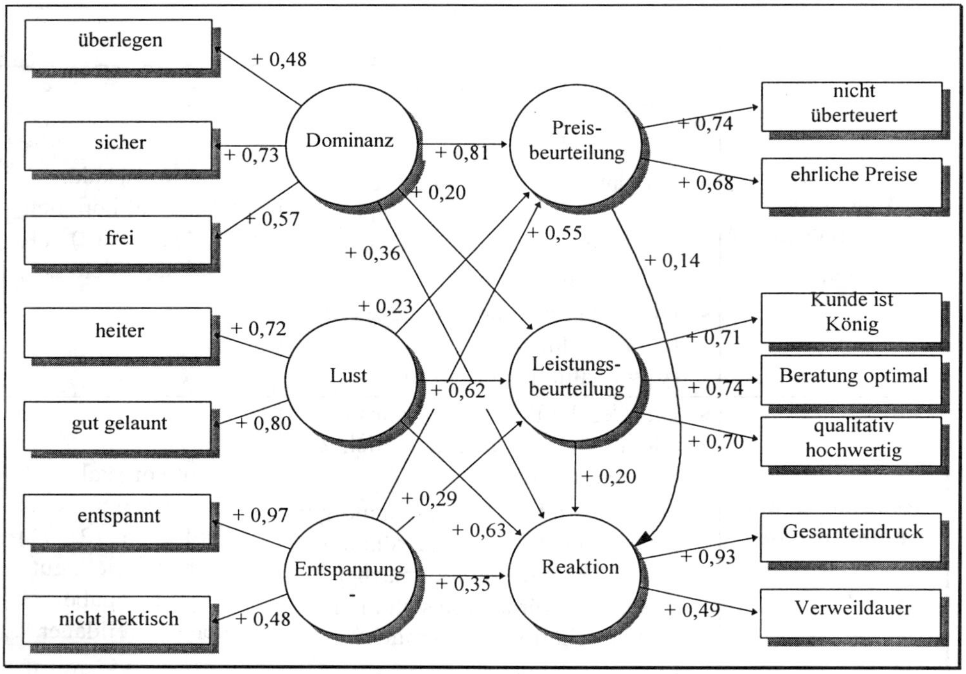

Abbildung 2: Pfaddiagramm - Preiswürdigkeitsimages und umweltpsychologisches Verhaltensmodell

Fazit: Das modifizierte umweltpsychologische Verhaltensmodell mit den drei intervenierenden Variablen “Dominanz, Lust und Entspannung” hat sich als Erklärungshintergrund für die Entstehung von Preiswürdigkeitsimages bewährt: Händlern, denen es gelingt, Konsumenten am Point-of-Sale ein Gefühl der Dominanz zu vermitteln, brauchen ein „Wucher-Image“ nicht zu befürchten. Je überlegener, sicherer und freier sich der Kunde am Point-of-Sale fühlt, desto mehr ist er der Ansicht, die Preise des Händlers seien fair. Gleichfalls ist für eine positive Preisbeurteilung eine entspannte Einkaufsatmosphäre förderlich. Des weiteren hat sich in dieser empirischen Untersuchung erneut bestätigt, daß sich insbesondere das am Point-of-Sale empfundene Vergnügen positiv auf die Leistungsbeurteilung, den Gesamteindruck und die Verweildauer auswirkt. Die

Studie hat somit belegt, daß die Entstehung positiver Preiswürdigkeitsimages aus umweltpsychologischer Sicht erklärt werden kann.

6 FAZIT

„Preistheoretisch betrachtet spielt sich die Konsumgüterdistribution auf sehr unvollkommenen Märkten ab“ (Berekoven 1995, S.177). Dieses Zitat untermauert, daß die Preis- und Qualitätstransparenz auf Konsumgütermärkten vielfach nur gering ausgeprägt ist. Händler, die sich mit der Differenzierungsstrategie profilieren möchten, müssen ihre spezifischen Wettbewerbsvorteile den Konsumenten glaubwürdig kommunizieren.

Differenzierungshändler sollten ein positives Preiswürdigkeitsimage anstreben, welches auf Generalisierungen von Preis-Leistungsbeurteilungen beruht. Das Leistungsangebot des Händlers bezieht sich nicht nur auf das von ihm angebotene Sortiment, sondern ebenfalls auf den Service und die Ladengestaltung. Auch die Einschätzung dieser Marketingsinstrumente fließt somit in das Preiswürdigkeitsimage ein. Vielfach werden Preiswürdigkeitsurteile jedoch nicht mittels einer sukzessiven Preis- und Qualitätsprüfung gebildet, sondern anhand von auffälligen Informationen der Ladenumwelt (die sog. „cues“). Differenzierte Unternehmen, insbesondere, wenn sie eine Positionierung mit der Dimension „Exklusivität“ anstreben, müssen mit der Gefahr eines „Wucher-Images“ rechnen, d.h., Konsumenten haben den Eindruck übervorteilt zu werden. Die empirischen Erkenntnisse auf der Basis der Umweltpsychologie zeigen, daß die am Point-of-Sale empfundene Dominanz eine wesentliche Bestimmungsgröße für die Preisbeurteilung der Konsumenten darstellt. Je überlegener, sicherer und freier sich die Konsumenten am Point-of-Sale fühlen, desto positiver beurteilen sie das Preisniveau. Ein Wucher-Image ist dagegen wahrscheinlich, wenn die Ladenatmosphäre ein Gefühl der Einschränkung und Unterlegenheit evoziert. Aus preispolitischer Sicht sollte daher jeder Differenzierungshändler prüfen, ob die von ihm erwünschte Zielgruppe am Point-of-Sale eine hohe Dominanz verspürt.

ANHANG: BEURTEILUNG DER MODELLGÜTE

Zuverlässigkeit der Schätzungen: Alle Faktorreliabilitäten liegen über „0,6“ und können somit als zuverlässig angesehen werden.

Globale Anpassungsgüte: Im vorliegenden Fall wird ein AGFI-Wert von 0,91 ermittelt, somit wird der empfohlene Richtwert von 0,90 überschritten. Auch das inkrementelle globale Anpassungsmaß CFI kann mit 0,95 als positiv charakterisiert werden. Dem RMR-Index gemäß, der hier einen Wert von 0,051 annimmt und damit unter der 0,1 Grenze liegt, erfolgt ebenfalls eine gute Modellanpassung. Der GFI-Wert beträgt 0,95 und erreicht den Schwellenwert von 0,95. Insgesamt kann von einer guten globalen Modellanpassung gesprochen werden.

Lokale Anpassungsgüte: Bei der lokalen Anpassungsgüte werden die Teilstrukturen des Modells, also die Güte der Schätzung einzelner Parameter, beurteilt. Diese können anhand der „Fitted Residuals" sowie anhand der T-Werte begutachtet werden. Die „Fitted Residuals" (FR) bewegen sich bei der hier vorliegenden Untersuchung in einem Intervall von $-0{,}14 \leq FR \leq 0{,}12$. Die errechneten Residualwerte können bei einem durchschnittlichen RMR-Wert von 0,051 als akzeptabel bewertet werden. Die ermittelten T-Werte liegen bei allen geschätzten Lambda-Parametern sowie bei den hypothesenprüfenden Gamma-Pfaden über dem Schwellenwert von 2 ($2{,}19 \leq$ T-Werte $\leq 14{,}86$). Somit kann auch die lokale Anpassungsgüte des Modells als zufriedenstellend gekennzeichnet werden.

LITERATUR

Areni, C.S. und D. Kim: The influence of background music on shopping behavior: Classical versus Top-Forty Music in a wine store, in: Advances in Consumer Research, Vol. 20, 1993, hrsg. von McAlister, L. und M.L. Rothschild, S.336-340.

Baker, J., L. Berry und A. Parasuraman: The Marketing Impact of Branch Facility Design, in: Journal of Retail Banking, Vol. 10, No. 2 (Sommer)/1988, S.33-42.

Baker, J., D. Grewal und A. Parasuraman: The Influence of Store Environment on Quality Inferences and Store Image, in: Journal of the Academy of Marketing Science, Vol. 22, No.4/1994, S.328-339.

Berekoven, L.: Erfolgreiches Einzelhandelsmarketing, 2. Aufl., München 1995.

Bloom, P.N. und T. Reve: Transmitting Signals to Consumers for Competitive Advantage, in: Business Horizons, July-August/1990, S.58-66.

Bost, E.: Ladenatmosphäre und Konsumentenverhalten, Heidelberg 1987.

Diller, H.: Strategische Grundlagen des Preis-Marketing im Einzelhandel, in: Handels-Marketing, hrsg. von Hasitschka W. und H. Hruschka, Berlin-New-York 1984, S.237-250.

Diller, H.: Das Preiswissen von Konsumenten, in: Marketing ZFP, Heft 1/1988, S.17-24.

Diller, H.: Preispolitik, 2. Aufl., Stuttgart u.a. 1991.

Diller, H.: Preisimage, in: Vahlens Großes Marketing Lexikon, hrsg. von Diller, H., München 1992, S.906-907.

Doepner, F.: Fabrikverkauf - Wenn Hersteller handeln, in: Der Handel, Heft 12/1995, S.24-27.

Donovan, R.J. und J.R. Rossiter: Store Atmosphere, in: Journal of Retailing, Vol. 58, No 1 (Spring)/1982, S.34-57.

Donovan, R.J. et al.: Store Atmosphere and Purchasing Behavior, in: Journal of Retailing, Vol. 70, No. 3 (Fall)/1994, S.283-294.

Fikenscher, A. : Entwicklungstendenzen im Konsumentenverhalten und Handel, Erkenntnisse der Firma A.C. Nielsen, in: Tagungsdokumentation der 2. Konferenz Shopping-Center-Management, 16.-17. August 1995, veranstaltet von Management Circle, Berlin 1995.

Gardner, M.P. und G.J. Siomkos: Toward a Methodology for Assessing Effects of In-Store Atmosphere, in: Advances in Consumer Research, hrsg. von Lutz, R., Chicago 1985, S.27-31.

Giersberg, G.: Der erbitterte Preiskampf im Einzelhandel läßt selbst die Giganten zittern, in: Frankfurter Allgemeine Zeitung vom 4.10.1995, Nr.230, S.29.

Graumann, C.F. und G. Schneider: Theorien und Methoden der Umweltpsychologie, in: Report Psychologie, Oktober 1988, S. 16-21.

Gröppel, A.: Erlebnisstrategien im Einzelhandel - Analyse der Zielgruppen, der Ladengestaltung und der Warenpräsentation zur Vermittlung von Einkaufserlebnissen, Heidelberg 1991.

Gröppel, A.: Die Erfolgswirksamkeit der Preisführerschafts- und Differenzierungsstrategie im Einzelhandel, in: Handelsforschung 1993/94: Systeme im Handel, hrsg. von Trommsdorff, V., Wiesbaden 1993, S.165-182.

Gröppel, A.: In-Store-Marketing, in: Handwörterbuch des Marketing, hrsg. von Tietz, B., R. Köhler und J. Zentes, 2. Aufl., Stuttgart 1995, S.1020-1030.

Gröppel, A.: Wettbewerbsstrategien im Einzelhandel - Chancen und Risiken von Preisführerschaft und Differenzierung im Non-Food-Handel unter Berücksichtigung der Managerpersönlichkeit, Habilitationsschrift, Paderborn 1996 (in Druck).

Kroeber-Riel, W.: Konsumentenverhalten, 5. Aufl., München 1992.

Lenzen, W.: Die Verarbeitung von Preisen durch die Konsumenten, Frankfurt 1984.

LZ: Marks und Spencer will in Deutschland einsteigen, in: Lebensmittelzeitung Nr. 13 vom 31. März 1995, S. 4.

Mehrabian, A. und J.A. Russell: An Approach to Environmental Psychology, Cambridge (Mass.) 1974.

Mehrabian, A.: Räume des Alltags - Wie die Umwelt unser Verhalten bestimmt, 2. Aufl., Frankfurt a.M. 1987.

Miller, A. und G. Dess: Assessing Porter's (1980) Model in Terms of its Generalizability, Accuracy and Simplicity, in: Academy of Management Journal, No. 4/1993, S.763-788.

Müller-Hagedorn, L.: Handelsmarketing, 2. Aufl., Stuttgart 1993.

Müller-Hagedorn, L.: Betriebstypen im Einzelhandel, in: Handwörterbuch des Marketing, hrsg. von Tietz, B., R. Köhler und J. Zentes, 2. Aufl., Stuttgart 1995, S.238-255.

Nieschlag, R., E. Dichtl und H. Hörschgen: Marketing, 16. Aufl., Berlin 1991.

Nisbett, R.E. und L. Ross: Human inference: Strategies and shortcomings of social judgement, London 1980.

Nystroem, H.: Retail Pricing - An Integrated Economic and Psychological Approach, Stockholm 1970.

Porter, M.: Competitive Strategy, New York 1980.

Porter, M.: Wettbewerbsstrategien - Methoden zur Analyse von Branchen und Konkurrenten, 7. Aufl., Frankfurt a.M. 1992 (deutsche Version von: Competitive Strategy, New York, 7. Auflage).

Russell, J.A. und G. Pratt: A Description of the Affective Quality Attributed to Environments, in: Journal of Personality and Social Psychology, 38/1980, S.311-322.

Schmalen, H.: Preispolitik, 2.Aufl., Stuttgart - Jena 1995.

Simon, H.: Preismanagement, 2. Aufl., Wiesbaden 1992.

Trommsdorff, V. (Hrsg.): Handelsforschung 1992/93 - Handel im integrierten Europa, Wiesbaden 1993.

Zeithaml, V.A.: Consumer Response to In-Store Price Information Environments, in: Journal of Consumer Research, Vol. 8, März/1982, S.357-369.

Zeithaml, V.A.: Consumer Perceptions of Price, Quality, and Value: A Means-End Model and Synthesis of Evidence, in: Journal of Marketing, Vol.52, Juli/1988, S.2-22.

Zentes, J. und N. Ferring: Internationales Handelsmarketing, in: Internationales Marketing Management, hrsg. von Hermanns, A. und U.K. Wissmeier, München 1995, S.410-436.

Förderung der Mental Convenience beim Einkauf durch Cognitive Maps und kundenorientierte Produktgruppierungen

Franz-Rudolf Esch und Peter Billen

Orientierungsprobleme von Kunden in SB-Warenhäusern sind keine Seltenheit. Ursachen dafür sind wenig übersichtliche Ladengestaltungen, fehlende bzw. schlecht wahrnehmbare Orientierungshilfen sowie Warenanordnungen, die zum Teil nicht hinreichend die Kundenbedürfnisse berücksichtigen. Meist dominiert bei Ladengestaltungsmaßnahmen und Artikelgruppierungen noch eine "inside-out"-Perspektive. In diesem Beitrag werden verhaltenswissenschaftliche Zugänge zum Aufbau von gedanklichen Lageplänen und zur kundenfreundlicheren Verbundpräsentation skizziert, erste Ergebnisse aus Studien zur Orientierung in SB-Warenhäusern im deutschsprachigen Raum vorgestellt sowie Empfehlungen zur Gestaltung orientierungsfreundlicher Umwelten gegeben, um die "mental convenience" der Kunden zu fördern.

1 PROBLEMSTELLUNG

Kunden, die in Läden herumirren und vergeblich nach bestimmten Waren suchen, weisen auf ein Problem hin: die geringe Orientierungsfreundlichkeit von Einkaufsstätten. Eine erschwerte Orientierung ist bei Erstkunden und auch bei Stammkunden beobachtbar, die nach selten benötigten Artikeln suchen. Zwei Aspekte verschärfen das Problem der Orientierung:

1) Durch die Umstellung von Geschäften auf das Selbstbedienungskonzept stehen kaum Verkäufer zur Verfügung, die man bei Bedarf nach bestimmten Artikeln fragen kann (Tietz 1993, S. 421). Um einen bequemen Einkauf zu gewährleisten, muß den Kunden deshalb die Orientierung im Laden so leicht wie möglich gemacht werden.
2) Aufgrund der gewachsenen Verkaufsflächen im Einzelhandel verschärft sich das Problem der Orientierung. So liegt bei SB-Warenhäusern die durchschnittliche Verkaufsfläche bei 6.851 qm (Groner 1996, S. 80). Je größer jedoch eine Verkaufsfläche

ist, desto wichtiger wird eine durch die Ladengestaltung geförderte gute Orientierung für die Kunden.

Orientierungsprobleme in SB-Geschäften sind im wesentlichen auf zwei Ursachen zurückführbar:

1) *Es fehlen Orientierungshilfen im Laden*: Dies erschwert den Einkauf für die Kunden. So behaupten Konsumenten in explorativen Untersuchungen, daß ein Einkauf in einem unbekannten SB-Warenhaus bis zu 50% mehr Zeit verschlingt als in einem bekannten SB-Warenhaus. Fehlende Orientierungspunkte erschweren das Zurechtfinden im Laden und die Bildung eines inneren Bildes von der Einkaufsstätte. Gerade SB-Warenhäuser bieten meist keine prägnanten Orientierungshilfen, die einzelnen Regale und Gänge sind kaum voneinander zu unterscheiden. Dabei ließe sich - Untersuchungsergebnissen von Bower und Reitman (1986) zufolge - alleine durch das kundenorientierte Gruppieren von Artikeln eine bessere Erinnerung und demnach auch ein besseres Sich-Zurechtfinden im Laden bewirken als bei warengruppenbezogener Darbietungsform.
2) *Produkte mit Verwendungszusammenhang werden nicht im Verbund präsentiert: Beispiel*: Eine Frau kauft für Kaffeegäste im SB-Warenhaus Kaffee, Milch, Plätzchen usw. ein. Zu Hause stellt sie fest, daß sie die Filtertüten vergessen hat. Das fehlende Produkt, das sie im SB-Warenhaus vergaß und das ihr dort auch nicht auffiel, kauft sie noch schnell im nahe gelegenen Supermarkt. Dadurch entgehen dem SB-Warenhaus potentielle Umsätze aufgrund entkoppelter Artikelplazierungen. Bei einer an Kundenbedürfnissen ausgerichteten Warenanordnung im SB-Warenhaus wäre der Bedarf dort und nicht in einem anderen Geschäft gedeckt worden.

Unübersichtliche Geschäfte, kundenunfreundliche Warenanordnungen und eine daraus resultierende Orientierungsfeindlichkeit sind keine Seltenheit.

Manager in Handelsunternehmen sind sich dieser Probleme bewußt. Man arbeitet an einer besseren Orientierung und Warenanordnung. Es werden auch erkennbare Fortschritte erzielt. Allerdings dominiert nach wie vor eine "inside-out"-Perspektive, z. B. eine Orientierung an logistischen Anforderungen. Solche Überlegungen sind notwendig, aber nicht hinreichend für eine optimierte Ladengestaltung und Warenanordnung. Sicher ist eine Getränkeabteilung so zu plazieren, daß das Nachfüllen sperriger Kästen schnell und einfach, d. h. ohne Überbrückung längerer Distanzen möglich ist. Ebenso zweckmäßig ist eine Flächenverteilung nach Kauf- und Umschlagshäufigkeiten sowie die Berücksichtigung strategischer Aspekte, die Gestaltungsvorgaben nach sich ziehen. Will sich ein SB-Warenhaus beispielsweise als Frischemarkt positionieren, erfordert dies eine zentralere Anordnung der Frischeabteilungen als in anderen Märkten. Daß bei solchen Überlegungen der Kunde jedoch zum Teil in den Hintergrund gedrängt wird, ist kaum nachvollziehbar. Die "inside-out"-Perspektive ist um eine "outside-in"-Perspektive zu ergänzen.

Die mangelnde Beachtung von Orientierungsaspekten und Warengruppierungen spiegelt sich auch in der *Handelsforschung* wider. Uns sind lediglich aus dem englischsprachigen Raum Untersuchungen zur Orientierung in Läden bekannt (Downs/Stea 1977). In Deutschland hingegen liegt die Dominanz der Untersuchungen zur Ladengestaltung auf emotionalen Aspekten der lust- und erlebnisbetonten Gestaltung von Läden (Bost 1986; Gröppel 1991; Weinberg/Gröppel 1988; Diller 1990; Diller/Kusterer 1986; Ahlert/Schröder 1990; Esch/Meyer 1995). Durch eine erlebnisbetonte Ladengestaltung soll die Verweildauer im Laden und die Zahl der Käufe erhöht werden. Diese atmosphärische Gestaltung ist bei vielen Betriebsformen wichtig. Bei SB-Warenhäusern und Verbrauchermärkten ist hingegen die Gewährleistung eines schnellen Einkaufs und die gute Orientierung von zentraler Bedeutung. Es handelt sich um Versorgungskäufe ohne großen Erlebniswert. Die Ladengestaltung wird hier nicht nur nach emotionalen, sondern auch nach kognitiven Gesichtspunkten bewertet. Beide Aspekte beeinflussen einander. So fühlt man sich in einem übersichtlich gestalteten Laden wohler als in einem unübersichtlich gestalteten Laden.

Ähnlich verhält es sich bei der Anordnung von Artikeln nach verbraucherorientierten Kriterien. Zwar wird eine *Sortimentsbündelung und Verbundpräsentation* gefordert, es liegen allerdings nur wenige Untersuchungsergebnisse dazu vor (aus dem Textilbereich: Diller/Kusterer 1986, S. 86; Gröppel 1991; Diller 1986; Heidel/Müller-Hagedorn 1989 im Lebensmittelbereich). Es mangelt jedoch noch an operationalen Umsetzungskriterien, damit sich Verbundpräsentationen erfolgversprechend im Vergleich zu herkömmlichen Präsentationen auswirken.

In der Handelsforschung wird in jüngerer Zeit auch die in der Praxis für die Praxis entwickelte Methode der *DPR-Analyse* zur Optimierung des Artikelumschlags in Regalen aufgegriffen und systematisiert (Günther/Mattmüller 1993; Hallier 1995; Möhlenbruch 1992; Tomczak/Lindner 1992; Treeck 1993). Das gleiche gilt für Maßnahmen des Category Managements (Nielsen 1992; Töpfer 1995; Lindner 1996). Dabei erfolgt eine kritische Auseinandersetzung mit Chancen und Möglichkeiten solcher Analysen. So wertvoll und unverzichtbar DPR-Analysen zweifelsfrei sind, eines darf dabei nicht vergessen werden: DPR-Analysen setzen an einem "Status Quo" an, einer Ursprungsbestückung in einem Regal, die nicht in Frage gestellt wird. Diese Ursprungsbestückung dient als Ausgangspunkt der Optimierung. Insofern leisten solche Überlegungen für unsere Problemstellung nur einen geringen Erklärungsbeitrag. Anders verhält es sich in Bezug auf das Category Management. Das Category Management kann als integrierter Ansatz zur Restrukturierung von Artikel-Regalbelegungen aufgefaßt werden, bei denen vorwiegend nach verwendungsbezogenen Aspekten Kategorien (neu) definiert werden. Hier bieten sich aus verhaltenswissenschaftlicher Perspektive vor allem zwei Anknüpfungspunkte:

– *Bildung der Kategorien*: Dazu werden bisher DPR- sowie Verbundkaufanalysen herangezogen. Hier könnte ergänzend überprüft werden, welchen Beitrag Erkenntnisse der kognitiven Psychologie zur Bildung kundenorientierter Kategorien leisten können.

- *Räumliche Anordnung der Kategorien im Laden*: Bislang wurden hier Determinanten wie logistische Anforderungen oder Kundenlaufstudien eingesetzt. Zur Gestaltung orientierungsfreundlicher Läden könnten hier zusätzlich Erkenntnisse der Umweltpsychologie sowie der Imageryforschung herangezogen werden.

In diesem Beitrag wird auf Möglichkeiten zur Verbesserung der Orientierung im Laden und der kundenfreundlicheren Warenanordnung eingegangen. Dabei werden zunächst theoretische Zugänge zu diesen Problemstellungen skizziert. Anschließend wird auf erste Untersuchungsergebnisse zur Orientierung und Warenanordnung in SB-Warenhäusern im deutschsprachigen Raum eingegangen. Aus diesen Ergebnissen werden Handlungsempfehlungen für die Praxis und die Handelsforschung abgeleitet. Dabei wird zunächst bewußt von Ertrags- und Kostenaspekten abstrahiert.

2 THEORETISCHE GRUNDLAGEN

2.1 Erkenntnisse aus der Umweltpsychologie

Die Umweltpsychologie geht von Wechselwirkungen zwischen Mensch und Umwelt aus: Einerseits hat die Umwelt Einfluß auf das menschliche Verhalten, andererseits kann die Umwelt auch von Menschen beeinflußt werden (Ittelson 1977; Kroeber-Riel 1992). Im Bereich der Umweltpsychologie gibt es zwei Ansatzpunkte zur Erklärung von Umweltwirkungen:

- emotionspsychologische Ansätze, insbesondere das Modell von Mehrabian und Russell (Mehrabian/Russell 1974; Donovan/Rossiter 1982)
- kognitive Ansätze, die sich mit der Orientierung in Läden befassen.

Wir konzentrieren uns hier auf kognitive Ansätze. Der Einzelne möchte seine Umgebung begreifen, um sich in ihr problemlos orientieren zu können (Gröppel 1991, S. 6). Orientierung bedeutet "das sinnvolle Sichzurechtfinden in der Wirklichkeit ..." (Brockhaus 1971, S. 808). Eine gute Orientierung gibt dem Kunden ein Gefühl der Sicherheit und Kontrolle und führt zu einem positiven Stimmungsgefühl (Bost 1986, S. 16), weil das Zurechtfinden in und der Umgang mit der Umwelt vereinfacht wird.

Einen wesentlichen Beitrag dazu leisten *Cognitive Maps*. Diese bezeichnen das Wissen über räumliche Anordnungen. Es handelt sich um gedankliche Lagepläne von Umwelten, über die Konsumenten im Gedächtnis verfügen. Bezogen auf unsere Problemstellung ist eine Cognitive Map eine bebilderte Landkarte eines Ladens. Eine solche Landkarte entsteht aufgrund von Erfahrung beim Einkauf in einem Laden. Sie hängt zudem von Orientierungspunkten im Laden zur Ausgestaltung der Cognitive Map ab. Durch Lernprozesse werden diese bildlichen Landkarten zunehmend konkreter und differenzierter (Russell/Ward 1982, S. 660; Downs/Stea 1977, S. 27).

Cognitive Maps erleichtern den Umgang mit und das Zurechtfinden in dem Laden (Downs/Stea 1977, S. 27). Kunden sind sich dadurch der eigenen Position im Laden bewußt (Grossbart/Rammohan 1980, S. 129), sie können deshalb Artikel leichter lokalisieren und deren Plazierung beschreiben.

2.2 Erkenntnisse der kognitiven Psychologie

Für unsere Problemstellung spielen die Gedächtnisstrukturen der Konsumenten eine wichtige Rolle. Die vorhandenen Gedächtnisstrukturen lenken unser Verhalten, sie beeinflussen die Informationsaufnahme, -verarbeitung und -speicherung neuer Informationen aus dem Umfeld.

Die "... Organisation von Wissen und Erfahrungen im Gedächtnis ..." (Grunert 1991, S.11) wird als kognitive *Struktur* bezeichnet. Dabei impliziert der Begriff Struktur eine Organisation von Informationen in der Weise, daß diese miteinander in Verbindung stehen und sich gegenseitig beeinflussen können. Kognitive Strukturen bilden demnach einen Bezugsrahmen, auf dem der Mensch aufbaut (Neisser 1974, S. 358 ff.).

Der Aufbau kognitiver Strukturen kann sich auf zwei Arten vollziehen: Die wahrgenommenen Informationen werden mit bereits vorhandenem Wissen verknüpft, das gegebenenfalls ergänzt oder modifiziert wird. Ebenso können neue Informationen aufgenommen und verarbeitet werden, ohne daß eine Verknüpfung mit bereits vorhandenem Wissen erfolgt. Erst bei mehrmaliger Wahrnehmung dieser Information wird evtl. eine Zuordnung in kognitive Strukturen erreicht. Beispiel: Kennt ein Arbeitnehmer seinen Weg zum Büro noch nicht, orientiert er sich an Hinweisschildern. Nach mehreren Fahrten verinnerlicht er den Streckenverlauf und ist auf Hinweisschilder nicht mehr angewiesen. Er fügt also bei jeder Fahrt Informationen wie Verkehrszeichen, den Verlauf der Straße, Häuserfassaden zu einem Geflecht zusammen. Diese Verinnerlichung von Informationen ermöglicht ihm einen automatisierten Handlungsablauf ohne große gedankliche Anstrengungen. Künftig kann er auf diese kognitiven Strukturen einfach zurückgreifen.

Das erworbene Wissen wird im Gedächtnis in Form semantischer Netzwerke bzw. Schemata gespeichert. Schemata kann man als große, komplexe Wisseneinheiten bezeichnen, die typische Eigenschaften, d. h. feste, standardisierte Vorstellungen, von bestimmten Objekten, Personen oder Ereignissen umfassen (Rumelhart/Ortony 1977; Kroeber-Riel 1992; Bartlett 1932; Alba/Hasher 1983). Man unterscheidet Objektschemata und Scripts:

Objektschemata beinhalten Wissen bezüglich eines bestimmten Sachverhaltes. Den Objekten werden typische Schemaattribute zugewiesen. Solche Schemaattribute sind bei Kaffee beispielsweise Kaffeearten (koffeinfrei, koffeinhaltig usw.; löslicher Kaffee, Kaffeebohnen, gemahlener Kaffee), Verpackung (vakuumverpackt, im Glas usw.), Zubereitungs- und Geschmacksmerkmale (heiß, stark, schwarz) oder verschiedene Marken

(Jacobs, Tchibo, Eduscho). Schemata sind hierarchisch strukturiert: Markenschemata (Tchibo) sind Produktschemata (Kaffee) untergeordnet, diese wiederum bestimmten Produktgruppen (Heißgetränke). Zwischen einzelnen Schemata bestehen Verbindungen. So werden mit Kaffee häufig andere Produkte (Milch, Zucker usw.) oder Verwendungszusammenhänge (Frühstückskaffee, Pausenkaffee usw.) verbunden. So könnte der Kunde gelernt haben, daß man zum Kaffeebrühen Filtertüten benötigt und daß Kaffee mit Kondensmilch besser schmeckt als ohne. Diese Produkte stehen für den Verbraucher in einem engen Bedarfs- und Verwendungszusammenhang; sie werden beim Stichwort "Kaffee" damit assoziiert. Objektschema können auch Vorstellungen über die Zusammengehörigkeit von Objekten sein, z.B. über deren Bedarfs- und Verwendungszusammenhang.

Skripts beziehen sich auf Ereignisse. Ein Skript kann als "... Drehbuch [bezeichnet werden], das die angemessene Abfolge von Ereignissen in vertrauten Alltagssituationen beschreibt." (Abelson 1981; Schwarz 1985, S. 274). Skripts umfassen typische, zeitlich geordnete Sequenzen eines bestimmten Ereignisses. Das Script eines SB-Warenhaus-Einkaufs beinhaltet etwa (in dieser Reihenfolge) das Suchen nach einem Parkplatz, das Auslösen eines Einkaufswagens, das Betreten des SB-Warenhauses, den Gang durch das Drehkreuz, bis hin zum Warten an der Kasse.

2.3 Erkenntnisse der Imageryforschung

Die Imageryforschung beschäftigt sich mit der Entstehung, Verarbeitung und Speicherung von Bildern (Paivio 1986; Kroeber-Riel 1992; Ruge 1988). Für unser Forschungsinteresse sind zwei Aspekte wichtig:

1) Bilder werden schneller aufgenommen, verarbeitet und gespeichert als Sprache. Bilder erregen auch stärker die Aufmerksamkeit der Kunden als Sprache, und werden im Gegensatz zur Sprache mit geringerem kognitivem Aufwand verarbeitet. Dies hat erhebliche Auswirkungen für die Gestaltung der Orientierungshilfen im Laden. Hier bieten bildliche Orientierungshilfen voraussichtlich leichtere Orientierungsmöglichkeiten als verbale.
2) Gedächtnisbilder, sogenannte innere Bilder, sind besonders verhaltenswirksam. Eine Cognitive Map kann man als inneres Bild vom Laden bezeichnen. Je klarer und lebendiger eine Cognitive Map, desto stärker müßte der Laden bei ansonsten gleichen Bedingungen von den Kunden präferiert werden.

2.4 Prozeß der Orientierung im Handel

Zur Orientierung werden Umweltreize aufgenommen, verarbeitet und gespeichert. Es erfolgt ein Wiedererkennen einzelner Elemente (*recognizing*) und deren Einordnung in einen größeren Kontext (*patterning*) (Rapoport 1977, S. 147). Dies kann als Rückgriff auf bestehende kognitive Strukturen gedeutet werden. Es wird ein Schema aktiviert, das das Zurechtfinden in einer konkreten Situation unterstützt. Daneben dienen auch direkt wahrgenommene Informationen der Orientierung (*positioning*). Im Handel sind dies vor allem Elemente der Ladengestaltung, wie Hinweisschilder oder andere auffällige Merkmale des Ladens. Damit vollzieht sich die Orientierung auf zwei Dimensionen. Einerseits durch Gedächtnisleistungen, indem auf Schemata zurückgegriffen wird und andererseits, indem Außenreize, also zusätzliche Informationen der Umwelt, genutzt werden (vgl. *Abbildung 1*).

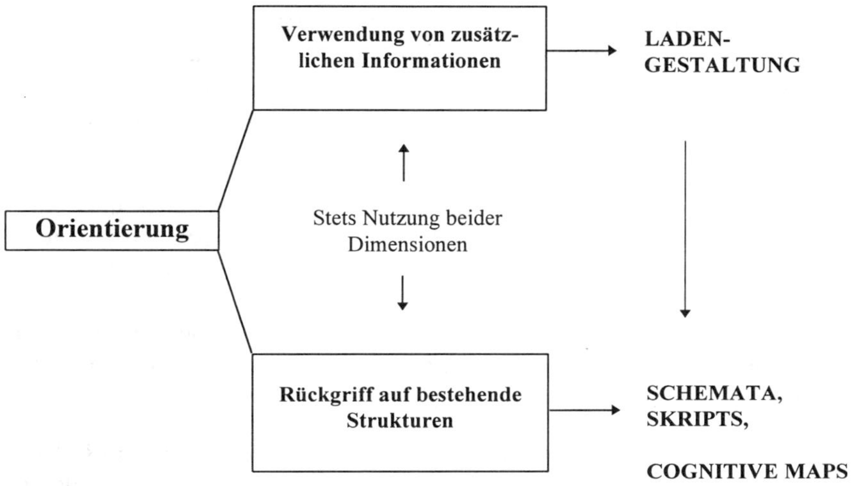

Abbildung 1: Dimensionen der Orientierung

Beispiel: Ein Kunde möchte Vanillinzucker einkaufen. Er verfügt bereits vor dem Betreten des Ladens über ausgeprägte kognitive Strukturen. So verbindet er mit Vanillinzucker eine Zutat zum Backen (Objektschemata) und besitzt Vorstellungen über das Aussehen der Einkaufsstätte (Cognitive Map). Liegt eine ausgeprägte Cognitive Map vor, so kann er sich durch deren Hilfe im Laden schnell und zielstrebig zur Backwarenabteilung begeben. Die Orientierung vollzieht sich im wesentlichen durch Nutzung vorhandener kognitiver Strukturen. Vorstellbar wäre aber auch ein Kunde ohne ausgeprägte Cognitive Map. Er besitzt zwar auch ein Objektschema, das ihm vermittelt, daß Vanillinzucker in der Backwarenabteilung zu finden sein wird. Während des Einkaufs orientiert sich der Kunde im Laden nun hauptsächlich an Hinweisschildern, um den Weg in die Backwarenabteilung zu finden. Hier spielt die Ladengestaltung die wichtigste Rolle.

Um den Prozeß der Orientierung zu vereinfachen, sollten bei der Ladengestaltung zwei Aspekte berücksichtigt werden: Zum einen sollte die Umwelt verständlich erscheinen, indem wahrgenommene Reize schnell und einfach verarbeitet werden können, zum anderen sollte die Umwelt einprägsam sein, so daß eine Aufnahme zusätzlicher Informationen in das entsprechende Schema schnell und einfach erfolgen kann. Lynch spricht in diesem Zusammenhang auch von *Lesbarkeit* (*Legibility*) und von *Einprägsamkeit* (*Imageability*) (Lynch 1960, S. 9).

2.5 Zur Beziehung zwischen Orientierungsfreundlichkeit, Verbundpräsentation sowie habitualisierten und impulsiven Kaufentscheidungen

Viele Konsumenten betrachten den Lebensmittelkauf als notwendiges Übel, das man rasch und problemlos erledigen will. Es handelt sich meist um habitualisierte und z. T. auch um impulsive Käufe, die mit geringem Involvement, also mit geringer gedanklicher Steuerung erfolgen (Weinberg 1992; Kroeber-Riel 1992; Laurent/Kapferer 1985; Trommsdorff 1994). Beide Kaufprozesse sind durch das Streben nach einer zügigen Abwicklung gekennzeichnet, da vorab keine intensive Informationsaufnahme und -verarbeitung stattfindet.

Das Wissen über die räumliche Struktur des Geschäftes und über die Zusammengehörigkeit von Produkten unterstützt den Ablauf gewohnheitsmäßiger Kaufentscheidungsprozesse; es bietet eine kognitive Entlastung. Ein Unternehmen kann demnach bei *gewohnheitsmäßigem Kaufverhalten* durch eine orientierungsfreundliche Ladenstruktur den Kunden bei ihren Käufen Hilfestellungen leisten. Entscheidend ist hier der Aufbau einer kognitiven Landkarte durch entsprechende Ladengestaltungsmaßnahmen.

Beim impulsiven Verhalten spielen hier *Erinnerungsimpulskäufe* (Kroeber-Riel 1992, S. 385) eine entscheidende Rolle. Erinnerungsimpulskauf bedeutet, daß der Kunde Produkte wahrnimmt, an die er nicht gedacht hatte bzw. die nicht auf seiner Einkaufsliste standen, die er aber gebrauchen kann, weil die Vorräte zur Neige gehen oder weil sie für einen bestimmten Anlaß benötigt werden. Solche Erinnerungsimpulskäufe können durch kundenorientierte Verbundpräsentationen erhöht werden.

3 ANSATZPUNKTE ZUR REALISIERUNG ORIENTIERUNGSFREUNDLICHER LADENGESTALTUNGEN

3.1 Grundlegende Optionen von Handelsunternehmen zur Gestaltung der Orientierungsfreundlichkeit

Zur Erleichterung der Orientierung im Laden und für eine kundenfreundlichere Warenanordnung kann der Handel zwischen zwei grundlegenden Optionen wählen, die gemeinsam zum Einsatz kommen können:

1) *Anpassung* des Handelsunternehmens an die Bedürfnisse und Wünsche der Konsumenten: Hier müssen die Schemata der Konsumenten bzgl. der Ladengestaltung realisiert werden. Produkte, die vom Kunden als zusammengehörig empfunden werden

bzw. die für diese in einem engen Bedarfs- und Verwendungszusammenhang stehen, sind gemeinsam anzuordnen (Realisierung von Objektschemata). Da das Orientierungsvermögen den Kunden zu größerer Sicherheit verhilft, ist es für Handelsunternehmen wichtig, orientierungsfreundliche Ladenumwelten zu schaffen.

2) *Beeinflussung* der Bedürfnisse und Wünsche in die Zielrichtung des Unternehmens: Kunden können durch Reize auf Produktstandorte hingewiesen werden, die vorher in ihren gedanklichen Lageplänen nicht vorhanden waren. Solche Reize, wie Hinweisschilder oder Fascination Points, müssen zielgerichtet eingesetzt werden. Nimmt der Kunde diese Zusatzinformationen über die räumliche Umwelt wiederholt auf, erfolgt eine Erweiterung der Cognitive Map. Eine Möglichkeit zur Beeinflussung der Objektschemata besteht darin, Produkte in einem für den Kunden neuen Bedarfs- und Verwendungszusammenhang anzuordnen. Dies könnte dazu führen, daß der Kunde nach häufigem Wahrnehmen diese Produktzusammenstellung akzeptiert und gegebenenfalls nach einer gewissen Zeit als zusammengehörig erachtet.

3.2 Ladengestaltungsmaßnahmen zur besseren Orientierung

Ladengestaltungsmaßnahmen lassen sich nach Baumgartner (1981, S. 26) in folgende (für uns wichtige) Problembereiche differenzieren:

1) *Space Utilisation*: Bei der Raumaufteilung wird zwischen der qualitativen und der quantitativen Raumzuteilung unterschieden. Bei der qualitativen Raumzuteilung wird die räumliche Anordnung von unterschiedlichen Warengruppen und Artikeln festgelegt, die quantitative Raumzuteilung umfaßt deren quadratmetermäßige Aufteilung nach Ertragsgesichtspunkten.

Für unsere Fragestellung ist die *qualitative Raumzuteilung* wichtig. Hierzu liegen bereits Erkenntnisse zu typischen Verhaltensmustern von Kunden vor. So konnte bei Einzelhandelskunden herauskristallisiert werden (Sommer/Aitkens 1982), daß diese sich bevorzugt in Außengängen aufhalten, hingegen Ecken sowie die Ladenmitte meiden. Diese Ergebnisse dienten bislang als Begründungen dafür, attraktive Warengruppen, z.B. Milchprodukte, in entlegene Zonen des Marktes zu verlagern (Marzen 1986, S. 1[illegible]5 ff.). Das Ausmaß des Suchaufwandes und die Auswirkungen auf die Kundenorientierung sind offensichtlich.

Ein für beide Seiten effizienteres System zur Warenanordnung ist die *Verbundpräsentation*. Diese kann den Kunden Zeit ersparen, indem sie miteinander in Beziehung stehende Produkte schneller finden können. Dies ist beispielsweise bei der Verbundpräsentation von Kaffee, Milch und Zucker öfter realisiert. Ferner kann der Kunde durch geschickte Zusammenstellung eines Verbundes motiviert werden, bisher nicht berücksichtigte Produkte wahrzunehmen und Zusatzkäufe zu tätigen (Heidel/Müller-Hagedorn 1989, S. 20). Verbundpräsentationen erfordern zwar häufiger Doppelplazierungen und bedingen dadurch einen erhöhten Regalbestückungsaufwand. Andererseits sind dadurch jedoch Umsatzzuwächse realisierbar.

2) *Interior Design* umfaßt die Gestaltung der Raumelemente im Verkaufsraum. Darunter kann man Dekorationen, Farbgestaltungen, die Art und Weise der Warenpräsentation (z. B. Wühltische, Regale), vorhandene Sichtbarrieren sowie Hinweisschilder und Orientierungszeichen subsumieren (Rapoport 1977, S. 148). Für unsere Überlegungen bietet sich folgende Einteilung der Gestaltungselemente im Rahmen des Interior Designs an:

a) *Kundenleitsysteme* betreffen Wegesysteme und Hinweisschilder. Durch die Anordnung der Wege innerhalb des Verkaufsraums sowie deren Ergänzung durch Hinweisschilder wird der Konsument bei seinem Einkauf geführt. Leitsysteme dienen dem besseren Zurechtfinden (Rapoport 1977, S. 148; Bost 1986, S. 18). Voraussetzung für die Nutzung dieser Information ist allerdings deren Verständlichkeit. Somit sind durch Hinweisschilder vor allem "*Kurzfristwirkungen*" bei Kunden erzielbar, die zum ersten Mal oder selten in einem SB-Warenhaus einkaufen. Bei der Gestaltung der Hinweisschilder sind folgende Aspekte zu beachten:

- Bildhinweise werden schneller aufgenommen als Sprachhinweise.
- Zu viele Hinweisschilder bewirken eher eine Verstärkung der Unübersichtlichkeit als eine Hilfe bei der Orientierung: Weniger ist mehr. Verbundanordnungen erfordern stärkere kundengruppenbezogene Warenzusammenfassungen (z. B. "Alles fürs Frühstück") und verlangen demnach weniger Hinweisschilder.
- Hinweisschilder müssen hinreichend groß gestaltet sein und so plaziert werden, daß man sie auch wahrnehmen kann.

b) *Orientierungspunkte* sind Elemente der Verkaufsfläche, wie Kassenanlage, Ein- und Ausgänge oder Rolltreppen sowie sogenannte *Fascination Points*, die in erster Linie die Aufmerksamkeit auf konkrete Waren lenken sollen. Markante Punkte, wie Grünpflanzen oder langfristig eingerichtete Aktionsstände, erleichtern die Orientierung im Laden. Die Orientierungsfreundlichkeit nimmt nicht mit der Zahl der Orientierungszeichen zu, vielmehr spielen Ausgewogenheit und Wahrnehmungsmöglichkeiten eine große Rolle. Diese Punkte sind in der Regel Ausgangsbasis für die Bildung einer Cognitive Map. Demnach zielen Orientierungspunkte auf eine *Langfristwirkung* ab, den erleichterten Aufbau einer kognitiven Landkarte.

c) *Warenpräsentation*: Mit Displays oder verschiedenen Regaltypen kann man Kunden auf Waren aufmerksam machen. Gleichzeitig können die davon ausgehenden Reize Schemata aufbauen bzw. aktivieren. So kann die Präsentation verschiedener Warengruppen auf unterschiedlich farbigen Warenträgern erfolgen. Diese leichter einprägsame Warenpräsentation kann die Orientierung erleichtern. Dadurch ist ein Langzeiteffekt erzielbar.

4 UNTERSUCHUNG ZUR ORIENTIERUNGSFREUNDLICHKEIT UND ZUR VERBUNDPRÄSENTATION

Im folgenden gehen wir auf zwei Untersuchungen in SB-Warenhäusern zur Orientierungsfreundlichkeit und zur Verbundpräsentation ein. Dabei erfolgt eine Konzentration auf die erste, in einem großen SB-Warenhaus im südwestdeutschen Raum durchgeführte Untersuchung. Die zweite Untersuchung in einem österreichischen SB-Warenhaus wird ergänzend in Bezug auf bestimmte Untersuchungsergebnisse herangezogen.

4.1 Aufbau der Untersuchung

Die Untersuchung im deutschen SB-Warenhaus hatte das Design einer Vorher-Nachher-Befragung[1)]. Dieselben Kunden wurden im Eingangsbereich des Parkdecks vor und nach dem Kauf befragt. So konnten bereits vorhandene kognitive Strukturen unabhängig von neuen Eindrücken ermittelt werden. Vor dem Kauf wurde die Dauer der Kundenzugehörigkeit und die Einkaufshäufigkeit erfaßt sowie Fragen zum persönlichen Befinden und zur Stimmung gestellt. Danach wurden Objektschemata zu Kaffeefiltern, Kaffee und Nudeln ermittelt. Zum Abschluß mußten die Probanden auf einer vereinfachten Ladenskizze mit zum Teil vorgegebenen Abteilungen die fehlenden Abteilungen ergänzen. Vor dem eigentlichen Einkauf wurden die Probanden für Ladengestaltungselemente, wie Hinweisschilder, sensibilisiert. Nach dem Kauf wurden die Orientierungsfreundlichkeit im Laden sowie die Wahrnehmung von Ladengestaltungselementen erfragt. Zudem wurden Zusatzkäufe erfaßt und die Gründe für diese ermittelt. Schließlich wurden wiederum das persönliche Befinden und die Stimmung sowie sozio-demographische Daten ermittelt.

In der österreichischen Untersuchung wurde eine Befragung nach dem Kauf durchgeführt. Dabei wurden ähnliche Fragen wie in der deutschen Untersuchung gestellt[2)]. Durch die Nachher-Befragung sollten die Probanden nicht für den Einkauf sensibilisert werden. Während in der ersten Befragung durch entsprechende Instruktionen bewußt das Involvement der Befragten für den Kauf erhöht wurde, sollten in der zweiten Untersuchung Ergebnisse zu einem Kauf bei normalem Involvement erfaßt werden.

4.2 Ergebnisse der Untersuchungen

Ergebnisse zum gedanklichen Lageplan der Kunden: Die 132 repräsentativ ausgewählten Probanden konnten auf dem vor dem Kauf vorgelegten Lageplan, in dem bereits verschiedene Produktbereiche vorgegeben waren, durchschnittlich nur 9 von 19 offenen Abteilungen korrekt zuordnen. Mehr als die Hälfte der Abteilungen wurden von den Befragten auf dem Lageplan falsch eingetragen! Dabei ordneten rund 3% der Befragten bis zu 6 Warenbereiche korrekt zu, 47% zwischen 7 und 12 Abteilungen und 22% der Probanden ordneten 13 und mehr Abteilungen richtig ein. Dies ist ein erschütterndes Ergebnis, wenn man bedenkt, daß 98% der Befragten Stammkunden des SB-Warenhauses waren, d. h. bereits seit längerem wenigstens einmal wöchentlich dort einkauften. Die acht Warenbereiche, die von mehr als 50% der Befragten korrekt zugeordnet wurden, lagen überwiegend im Randbereich des Ladens an der Wand. Warenbereiche in Mittellagen wurden häufiger falsch zugeordnet. Sie konnten zum Teil nur von weniger als 20% der Befragten korrekt genannt werden.

Die *Wand* dient dem Kunden demnach *als Orientierungspunkt*. Dies ist umso eher zu erwarten, je weniger andere Orientierungspunkte im Laden eingesetzt werden. In der untersuchten Einkaufsstätte sind kaum weitere Orientierungshilfen vorhanden. In einer offenen Frage nach Orientierungspunkten im Laden nannten lediglich 46 Probanden solche Punkte. Von diesen Nennungen entfielen (Mehrfachnennungen möglich) 24 Nennungen auf die Rolltreppe, 13 auf bestimmte Abteilungen, 10 auf Bedienungstheken (Fleisch-, Wurst-, Käsetheke), 5 auf die Informationstheke, 6 auf die Kassenzone und nur 8 Nennungen auf Schilder und Farben. Die genannten Punkte wurden überwiegend nicht bewußt zur besseren Orientierung der Kunden geschaffen. Diese Ergebnisse bestätigen unsere Vermutung von fehlenden Orientierungshilfen!

Ausnahmen von den schlechten Zuordnungswerten bilden Produktbereiche des täglichen Bedarfs. Die *Einkaufshäufigkeit* beeinflußt das Wissen um die Produktplazierung. Je öfter ein Produkt gekauft wird, umso stärker ist aufgrund des regelmäßigen Aufsuchens der Abteilung die Vorstellung von der Lage des Produkts in der Einkaufsstätte. Der Gewohnheitseffekt schlägt durch. Die Vorstellung von der Lage des Produkts im Laden wird auch durch die Überschaubarkeit von Warenbereichen beeinflußt. Überschaubare und großräumig angelegte Warenbereiche erleichtern die Orientierung.

In der Nachher-Befragung im österreichischen SB-Warenhaus sollten die 101 Befragten in einem detaillierten Lageplan vorgegebene Produkte einordnen. Möglicherweise fällt den Kunden die Zuordnung konkreter Produkte leichter als die Zuordnung von Abteilungen ohne Vorgaben. Diese Produkte wurden danach ausgewählt, ob sie häufig oder selten gekauft werden und in Rand- oder Mittellagen plaziert sind (*Abbildung 2*).

Umschlagshäufigkeit / Plazierung im Laden	schnell drehende Produkte	langsam drehende Produkte
Randlage	Mineralwasser, Kaffee	Servietten
Mittellage	Schokolade	Senf, Süßstoff

Abbildung 2: Übersicht über das Design der in den Lageplan einzuordnenden Produkte im österreichischen SB-Warenhaus

Auch hier konnte keine stark ausgeprägte kognitive Landkarte bei überwiegend Stammkunden ermittelt werden. Die Trefferquote lag für die sechs zuzuordnenden Produkte bei knapp 24% (n = 101). Die Produkte konnten nur selten im Lageplan dem korrekten Regal zugeordnet werden. Selbst bei großzügigerer Auswertung, bei der noch die unmittelbar neben dem eigentlichen Regal plazierten Warenträger als korrekte Zuordnungen akzeptiert wurden, stieg die Trefferquote nur auf etwa 55% (*Abbildung 3*). Am besten wurden häufig gekaufte Produkte in Randlagen, am schlechtesten selten gekaufte Produkte in Mittellagen korrekt zugeordnet (*Abbildung 4*).

Fazit: Selbst Stammkunden finden Produkte nur dann auf Anhieb, wenn diese häufig gekauft werden oder in Randlagen plaziert sind. Es fehlen demnach Orientierungspunkte zur Erleichterung des Aufbaus einer kognitiven Landkarte in den Mittelbereichen des Ladens. Dies müßte sich in einer entsprechend mäßigen Orientierung äußern.

Ergebnisse zur Orientierungsfreundlichkeit: Auf einer Ergebnisskala von 1 (sehr gute Orientierung) bis 5 (sehr schlechte Orientierung) wurde die Orientierung im SB-Warenhaus nur als durchschnittlich beurteilt (Mitelwert = 2,6; Standardabweichung = 0,7; n = 132), und dies bei 98% Stammkunden. 22% der Befragten konnten sich eher schlecht orientieren (Mittelwert auf der Ergebnisskala >3). Um herauszufinden, welche unabhängigen Variablen die Orientierung beeinflussen, wurde eine Regressionsanalyse mit folgenden Faktoren durchgeführt:

Zuordnung auf Lageplan / Produkt	korrekt	in der Nähe	falsch
Mineralwasser	38 %	30 %	32 %
Kaffee	31 %	29 %	40 %
Schokolade	20 %	51 %	29 %
Senf	15 %	31 %	54 %
Süßstoff	20 %	31 %	49 %
Servietten	19 %	19 %	62 %

n = 103

Abbildung 3: Zuordnungsergebnisse der Artikel im Lageplan des österreichischen SB-Warenhauses

- Grad der Übereinstimmung der Objektschemata mit der Warenanordnung
- Detailliertheit der Cognitive Map
- Erkennbarkeit von Kundenleitsystemen
- Erkennbarkeit und Güte der Orientierungspunkte
- Wahrnehmung der Warenpräsentation

Von den berücksichtigten unabhängigen Variablen hatte nur die Variable Cognitive Map einen nachweisbaren Einfluß auf die Orientierung. Immerhin 37% der empirischen Orientierungswerte wurden durch diese Variable erklärt (n = 107).

Erwartungsgemäß hatte die Detailliertheit der gedanklichen Landkarte einen erheblichen Einfluß auf die Orientierung im Laden. Ebenso wenig kann es überraschen, daß fehlende Orientierungspunkte auch keinen Beitrag zur Orientierung leisten können. Ungewöhnlich ist jedoch, daß das Kundenleitsystem zwar gut beurteilt wurde, jedoch keinen Einfluß auf die Orientierung nahm. Möglicherweise waren die Befragten durch die Instruktion vor dem Kauf zu stark für diese ladengestalterischen Maßnahmen sensibilisiert, so daß deshalb kein Zusammenhang zur Orientierung ermittelt werden konnte. Vielleicht ist jedoch der Beitrag herkömmlicher Kundenleitsysteme mit verbalen Hinweisschildern generell gering. Dafür sprechen auch die Ergebnisse der österreichischen Studie. Hier wurden die Probanden nicht vorab für Hinweisschilder und andere Orientierungshilfen sensibilisiert. Auf die offene Frage nach Orientierungshilfen im Geschäft gaben 31% der Befragten an, es gäbe überhaupt keine Orientierungshilfen, nur 48% nannten Hinweisschilder als Hilfen (n = 101). Diese Hinweisschilder werden anscheinend nur selten genutzt, wenn man Artikel sucht. In diesem Fall wendet man sich bevorzugt an das SB-Warenhaus-Personal. 66% der 101 Befragten ergriffen bevorzugt diese Strategie.

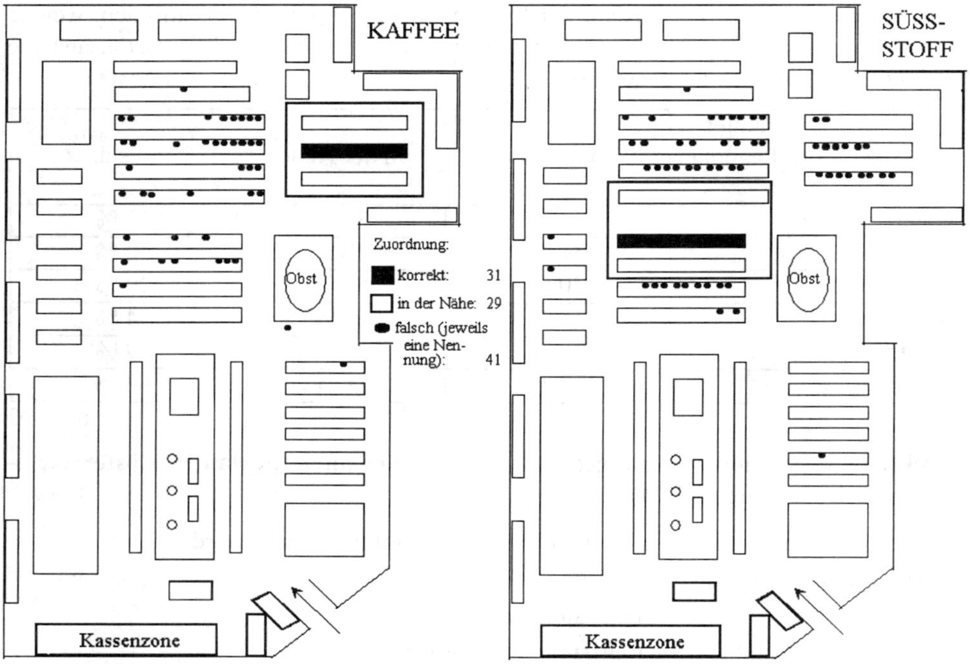

Abbildung 4: Ergebnisse der Zuordnung von Kaffee und von Süßstoff in den Lageplan des österreichischen SB-Warenhauses

Daß Objektschemata keinen Einfluß auf die Orientierung haben, ist plausibel, weil diese noch nicht in der Warenanordnung realisiert werden. Das gleiche gilt für die Warenpräsentation, die auf Mikroebene, d. h. in einem gegebenen Regal, eine Rolle spielt, nicht jedoch auf Makroebene, d. h. bezogen auf die Orientierung im Laden an sich.

Ergebnisse zu den Objektschemata: Im Rahmen dieses Fragenkomplexes sollten die Probanden alles nennen, was ihnen zu den Produkten Nudeln, Kaffee und Filter einfällt. Mit Nudeln assoziierten fast 70% der Befragten spontan Soße. Nur etwa halb so viele nannten z. B. Wurst und Fleisch. Diese hohen Prozentwerte signalisieren, wie stark diese Warenbereiche mit dem Produkt Nudeln in den Köpfen der Kunden verknüpft sind, weil sie ganz offensichtlich in einem engen Bedarfs- und Verwendungszusammenhang stehen.

Die Auswertung der Assoziationen zu Filter und Kaffee brachte die erwarteten Ergebnisse, da beide Produkte in einem gemeinsamen Verwendungszusammenhang stehen. Ein Vergleich der beiden Schemata zeigt eindeutige Überschneidungen. Das Schema zu Filter entspricht weitgehend dem des Kaffees. So nennen 84% der Probanden zu Filter das Produkt Kaffee, gefolgt von Kaffeeweißer und Zucker. Diese Produkte wurden ebenfalls häufig mit Kaffee in Verbindung gebracht (*Abbildung 5*).

Im untersuchten SB-Warenhaus waren die Objektschemata der Probanden zu Kaffeefiltern und Kaffee nur zum Teil realisiert. Während Kaffeesurrogate (wie Tee oder Kakao), Kaffeederivate (wie Capuccino, Mocca) sowie Kuchen und Gebäck in der Nähe des Kaffees plaziert waren, traf dies für Kaffeefilter und -weißer nicht zu. Die Befragten wünschen jedoch eine Plazierung in unmittelbarer Nähe des Kaffees. 43% der Probanden, die Filtertüten mit Kaffee assoziierten, würden eine Plazierung im gleichen Regal bevorzugen und 39% im gegenüberliegenden Regal (*Abbildung 6*).

Daß der Verbundpräsentation bei der Warenpräsentation verstärkte Aufmerksamkeit zu widmen ist, zeigt sich auch daran, daß rund die Hälfte der Befragten angab, ungeplante Käufe getätigt zu haben (n = 65). Als Begründung wurde von mehr als 60% dieser Personen die Zusammenstellung der Produkte angegeben. Nur 31% wurden aufgrund von Displays und Aktionsständen auf Produkte aufmerksam.

5 FOLGERUNGEN FÜR HANDELSPRAXIS UND -FORSCHUNG

Für Handelsunternehmen gewinnen orientierungsfreundliche Läden und verbundgruppenbezogene Warenanordnungen an Bedeutung. Eine gute Orientierung erleichtert den Einkauf und schafft eine erhöhte Zufriedenheit beim Kunden. Kundenbezogene Warengruppenanordnungen erhöhen die "mental convenience" der Kunden und fördern Zusatzkäufe. Hier besteht im Handel jedoch noch erheblicher Handlungsbedarf. Zwar wird die Orientierung in den untersuchten Läden nicht schlecht eingeschätzt, die gedanklichen Lagepläne der Kunden spiegeln jedoch ein anderes Bild wider. Sie sind schlecht ausgeprägt. Diese Diskrepanz kann nicht überraschen. Daß die Orientierung subjektiv als "befriedigend" angegeben wird, hat im wesentlichen zwei Gründe:

Assoziationen zu Kaffee	*Anzahl der Nennungen*	*in Prozent*	*Anzahl der Nennungen*	*in Prozent*	*Assoziationen zu Filter*
Kaffee	/	/	110	84,0	Kaffee
Filter	28	21,2	/	/	Filter
Kaffeeweißer	73	55,3	60	45,8	Kaffeeweißer
Kuchen, Gebäck, Schokolade	60	45,5	30	22,9	Kuchen, Gebäck, Schokolade
Zucker	46	34,8	39	29,8	Zucker
Kaffeesurrogate	38	28,8	31	23,7	Kaffeesurrogate
Kaffeederivate	32	24,2	14	10,7	Kaffeederivate
Kaffeegedeck	23	17,4	20	15,3	Kaffeegedeck
Brot	21	15,9	5	3,8	Brot
Kaffeemaschine	21	15,9	29	22,1	Kaffeemaschine
alkoholfreie Getränke	11	8,3	8	6,1	alkoholfreie Getränke
süßer Brotaufstrich	8	6,1	3	2,3	süßer Brotaufstrich
herzhafter Brotaufstrich	7	5,3	nicht genannt		herzhafter Brotaufstrich
Kaffeezubehör	6	4,5	19	14,5	Kaffeezubehör
alkoholische Getränke	6	4,5	3	2,3	alkoholische Getränke
Papierwaren	nicht genannt		3	2,3	Papierwaren

n = 132 n = 131

Abbildung 5: Assoziationsergebnisse zu Kaffee und Kaffeefilter

Plazierung / Produkte	gleiches Regal	gegenüber liegendes Regal	nächster Gang	weiter weg	egal	n
Kaffeeweißer	9,7	25,0	16,7	23,6	25,0	72
Zucker	15,2	32,6	26,1	6,5	19,6	46
Kaffeesurogate	23,7	55,3	7,9	-	13,2	38
Kaffeederivate	72,7	18,2	6,1	-	3,0	33
Filter	42,9	39,3	7,1	-	10,7	28

Anmerkung: Die Zahl der Befragten bezieht sich auf die Probanden, die spontan das jeweilige Produkt zu Kaffee anführten.

Abbildung 6: Plazierungswünsche der zu Kaffee assoziierten Produkte (Auszug, Angaben in %)

1) Der Gewohnheitseffekt schlägt durch.
2) Es mangelt den Kunden an Vergleichsmaßstäben, da praktisch kein SB-Warenhaus herausragende Orientierungsmöglichkeiten bietet.

Insofern gibt die Zahl der korrekten Zuordnungen bei der Plazierung von Artikeln in der Landkarte eines SB-Warenhauses einen besseren Aufschluß über die Leichtigkeit des Sich-Zurechtfindens im Laden.

Zur Erhöhung der "mental convenience" der Kunden durch eine bessere Orientierung wären folgende Maßnahmen im Laden denkbar:

- Schaffung von *Orientierungspunkten* durch warengruppenbezogene Fascination Points, vor allem im Mittelteil des Ladens. Dies könnten überdimensionale Plastiken sein, z. B. eine Dose als Hinweis zur Konservenabteilung,
- *Farbliche Differenzierungen* einzelner Abteilungen, sofern sich dies mit Corporate Identity und Corporate Design-Überlegungen des Unternehmens vereinbaren läßt.
- *Restrukturierung der Hinweisschilder*. Vielfach sind Schilderwälder zu beobachten, in denen einzelne Hinweisschilder - gerade aus der Ferne - von anderen Schildern überdeckt werden. Steht man direkt vor einem relevanten Hinweisschild, ist dies meist zu hoch angebracht und deshalb kaum wahrnehmbar. Deshalb sollte künftig die Zahl der Hinweisschilder reduziert und diese wahrnehmungsadäquat in den Gängen angebracht werden. Bilder sollten nicht zuletzt wegen der größeren Fernwirkung verstärkt zum Einsatz kommen.
- Anbringung von *Informationstafeln mit einem Lageplan des Ladens* mit bildlicher Darbietung von Zeigerartikeln für einzelne Abteilungen auf einem Lageplan. Auf jedem Lageplan sollte auch der eigene Standort vermerkt sein.
- *Lageplan am Einkaufswagen*. Dadurch fällt die Orientierung während des Kaufs leichter, sofern der Lageplan identifizierbare Orientierungspunkte enthält.

Die genannten Maßnahmen greifen ineinander. So erleichtern vom Unternehmen geschaffene Orientierungspunkte beispielsweise auch das Zurechtfinden auf einem Lageplan in der Beilage, auf dem möglicherweise die Angebote eingetragen sind.

Zur Optimierung der Orientierung und zur Verbesserung der Warenanordnung sollten regelmäßig Untersuchungen in SB-Warenhäusern durchgeführt werden: Zur Messung der Orientierung bieten sich vor allem *Prozeßverfolgungsmethoden* an, da durch diese der Ablauf der Orientierung und Orientierungsprobleme besser erkennbar werden als durch Ex-Post-Befragungen. So vermitteln *Blickaufzeichnungsanalysen* beim Kauf Erkenntnisse über das Informationsaufnahme- und Wahrnehmungsverhalten, konkret: Welche Orientierungshilfen werden überhaupt wahrgenommen und genutzt? *Protokolle lauten Denkens* während des Einkaufs können ebenfalls Auskunft über Orientierungsprobleme liefern. *Suchaufträge* an Kunden für das Auffinden bestimmter Produkte mit entsprechender Zeitmessung und der Erfassung von Fehlorientierungen können als Indikator für die Orientierungsfreundlichkeit dienen. Last but not least sollten regelmäßig die *Cognitive Maps* der Kunden erfragt werden.

Während es zur Prüfung der Orientierung bereits praktisch einsetzbare Meßinstrumente gibt, ist der Zugang zu einer kundenfreundlicheren Warenanordnung und die entsprechende Messung noch problematisch. Hier ist die Handelswissenschaft gefordert. Der Zugang über die Produktschemata liefert nur zum Teil umsetzbare Resultate. Was bei Kaffee und Kaffeefiltern noch funktioniert, läßt sich bei einer Vielzahl anderer Produkte nicht realisieren. Teilweise empfiehlt sich sicherlich ein Zugang zu kundenfreundlichen Warengruppierungen durch übergeordnete Themenbereiche, wie "Alles zum Frühstück". Bei welchen Produkten welcher Zugang zweckmäßig ist, welche Konsequenzen sich daraus für Erst- und Zweitplazierungen ergeben und wie die Gestaltung der Anordnung entsprechender Abteilungen für einen möglichst reibungslosen Ablauf erfolgen sollte, sind Fragen, denen sich die Handelsforschung künftig verstärkt stellen muß.

Da sich Kunden oft keine wünschenswerten Ladenumwelten zur besseren Orientierung vorstellen können und viele Einzelaspekte zur Verbesserung der Optimierung synergetisch wirken, sind hier verstärkt experimentelle Studien mit systematischer Variation von Orientierungshilfen durchzuführen. Dies kann künftig durch Computersimulationen und die Entwicklung virtueller Einkaufswelten zur Simulation der Wirklichkeit erfolgen.

DANKSAGUNG

1) Für die Durchführung der Erhebung möchten wir uns bei Barbara Clasen, Judith Menne, Bianka Michels und Markus Werner, alles hochmotivierte Studenten einer vom Erstautor veranstalteten praxisbezogenen Studienform zum Handelsmanagement in Trier, herzlich bedanken.
2) Die Untersuchung in Österreich wurde im Rahmen eines vom Erstautor geleiteten Seminars zum Handelsmanagement durchgeführt. Für die hervorragende Unterstützung gilt mein Dank Frau Dr. Eva Thelen und Frau Dr. Gaby Mayramhofer vom Lehrstuhl für Marketing der Universität Innsbruck. Mein Dank gilt auch den engagierten Studenten Monika Neuner, Manfred Mühllechner, Paul Teissl, Hanns Koch, Thomas Aichner, Helmut Gruber, Johanna Raffl, Peter Rottensteiner und Petra Zöggeler für die Durchführung der Untersuchung.

LITERATUR

Abelson, R. P.: Psychological Status of the Script Concept. In: American Psychologist, 36 (1981), Nr. 7, S. 715-729.

Ahlert, D.; Schröder, H.: Erlebnisorientierung im stationären Einzelhandel: Eine Aufgabe des evolutionären Handelsmanagements. In: Marketing ZFP, 12 (1990), Heft 4, S. 221-229.

Alba, J. W.; Hasher, L.: Is Memory Schematic?. In: Psychological Bulletin, 93 (1983), Nr. 2, S. 201 - 231.

Bartlett, F. C.: Remembering: A Study in Experimental and Social Psychology (Nachdruck 1954), Cambridge, England 1932.

Baumgartner, L.: Ladenerneuerung, St. Gallen 1981.

Bost, E.: Ladenatmosphäre und Konsumentenverhalten, Heidelberg 1986.

Bower, G.; Reitman, J.: Mnenonic elaboration in multilist learning. In: Journal of Verbal Learning and Verbal Behavior, 11 (1986), S. 478-485.

Brockhaus: Enzyklopädie, Band 13, Wiesbaden 1971.

Diller, H.: Zielgruppen für den Erlebnishandel. In: Trommsdorff, V. (Hrsg.): Handelsforschung 1990. Internationalisierung im Handel, Jahrbuch der Forschungsstelle für den Handel, Berlin (FfH), Wiesbaden 1990, S. 136-156.

Diller, H.; Kusterer, M. Erlebnisbetonte Ladengestaltung im Einzelhandel - eine empirische Untersuchung. In: Trommsdorff, V. (Hrsg.): Handelsforschung 1986, Jahrbuch der Forschungsstelle für den Handel e. V., Wiesbaden 1986.

Donovan, R. J.; Rossiter J. G.: Store Atmosphere: An Environmental Psychology Approach. Journal of Retailing, 58, (1982) Nr. 1, S. 34-57.

Downs, R. M.; Stea, D.: Maps in Mind: Reflections on Cognitive Mapping, New York 1977.

Dynamik Im Handel/Deutsches Handelsinstitut Köln E. V. (Hrsg.): Auf dem Weg zur Direkten Produkt-Rentabilität. Wichtiger Baustein in Gesamtkonzept des Marketing, Reihe "Enzyklopädie des Handels", Deutsches Handelsblatt GmbH, Köln 1992.

Esch, F.-R.; Meyer; S.: Umsetzung erlebnisbetonter Positionierungskonzepte in der Ladengestaltung von Handelsunternehmen", in: Trommsdorff, V. (Hrsg.) (1995): Handelsforschung 1995/96 - Informationsmanagement im Handel, Wiesbaden 1995, S. 287-312.

Goss, S.; Vossebein, K.: Raumkosten dominieren. DPR-Projekt "Fruchthaltige Getränke" legt Kostenstruktur im Afb-Bereich offen. In: Dynamik im Handel, 36 (1992), Heft 2, S. 94-98.

Gröppel, A.: Erlebnisstrategien im Einzelhandel, Heidelberg 1991.

Groner, B.: Leistungen und Kosten im LEH. In: Dynamik im Handel, 40 (1996), Heft 2, S. 78-84.

Grossbart, S. L.; Rammohan, B.: Cognitive Maps and Shopping Convenience. In: Advances in Consumer Research, 8 (1980), S. 128-134.

Grunert, K. G.: Kognitive Strukturen von Konsumenten und ihre Veränderung durch Marketingkommunikation - Theorien und Meßverfahren. In: Marketing ZFP, 13 (1991), Heft 1, S. 11-22.

Guenther, T.; Mattmüller, R.: Möglichkeiten und Grenzen der Regaloptimierung im Handel. In: Marketing ZFP, 15 (1993), Heft 2, S. 77 - 86.

Hallier, B.: Direkte Produkt-Profitabilität. In: Tietz, B., Köhler, R., Zentes, J. (Hrsg.): Handwörterbuch des Marketing, Stuttgart 1995, Sp. 492-498.

Heidel, B.; Müller-Hagedorn, L.: Plazierungspolitik nach dem Verbundkonzept im stationären Einzelhandel: Eine Wirkungsanalyse. In: Marketing ZFP, 11 (1989), Heft 1, S. 19-26.

Ittelson; W. H.; Proshansky, H. M.; Rivlin, L. G.; Winkel, G. H.: Einführung in die Umweltpsychologie, Stuttgart 1977.

Kroeber-Riel, W.: Konsumentenverhalten, 5. Aufl., München 1992.

Laurent, G.; Kapferer, J. N.: Measuring Consumer Involvement Profiles. In: Journal of Marketing Research, 22 (1985), S. 41-53.

Lindner, A.: ECR Europe ergreift die Initiative. In: Lebensmittel-Zeitung Nr. 2 vom 12. Januar 1996, S. 41-48.

Lynch, J. G.: The Image of the City, Cambridge, Massachusetts 1960.

Marzen, W.: Marketing der Handelsbetriebe, Wien 1986.

Möhlenbruch, D.: Artikelbezogene Sortimentskontrolle. In: THEXIS, 9 (1992), Heft 4, S. 4-8.

Neisser, U.: Kognitive Psychologie, Stuttgart 1974.

Nielsen (Hrsg.): Category Management. Nielsen Marketing Research. Nielsen Plaza, Northbrook, IL 1992.

Oehme; W.: Handels-Marketing: Entstehung, Aufgabe, Instrumente, 2. Aufl., München 1992.

Paivio, A.: Mental Representations: A Dual Code Approach, New York, Oxford 1986.

Pretzel, J.: Gestaltung der Hersteller - Handel-Beziehung durch Category Management. In: Der Markenartikel, 1996, Heft 1, S. 21-25.

Rapoport, A.: Human Aspects of Urban Form, Oxford u.a. 1977.

Ruge, H.-D.: Die Messung bildhafter Konsumerlebnisse, Heidelberg 1988.

Rumelhart, D. E.; Ortony, A.: The Representation of Knowledge in Memory. In: Anderson, R. C.; Spiro, R. J.; Montague, W. E. (Hrsg.), Schooling and the Acquisition of Knowledge, Hillsdale, NJ 1977, S. 99-135.

Russell, J. A.; Ward, L. M.: Environmental Psychology. In: Annual Review of Psychology, 33 (1982), S. 651-688.

Schwarz, N.: Theorien konzeptgesteuerter Informationsverarbeitung. In: Frey, D.; Irle, M. (Hrsg.): Theorien der Sozialpsychologie, Bern 1985, S. 269-291.

Sommer, R.; Aitkens, S.: Mental Mapping of Two Supermarkets. In: Journal of Consumer Research, 9 (1982), Nr. 2, S. 211-216.

Tietz, B.: Der Handelsbetrieb: Grundlagen der Unternehmenspolitik, 2. Aufl., München 1993.

Töpfer, A.: Efficient Consumer Response - Bessere Zusammenarbeit zwischen Handel und Herstellern. In: Trommsdorff, V. (Hrsg.): Handelsforschung 1995/96 - Informationsmanagement im Handel, Wiesbaden 1995, S. 187-200.

Tomczak, T., Lindner, U.: Keine Zukunft für DPR?. In: THEXIS, 9 (1992), Heft 4, S. 35-38.

Treeck, S. G. M.: DPR im Marketing-Mix. In: Dynamik im Handel, 37 (1993), Heft 2, S. 60-66.

Trommsdorff, V.: Involvement. In: Tietz, B., Köhler, R., Zentes, J. (Hrsg.), Handwörterbuch des Marketing, Stuttgart 1994, Sp. 1067 - 1078.

Weinberg, P.: Habitualisierte Kaufentscheidungen von Konsumenten. In: Becker, K. E. (Hrsg.): Konsum, Frankfurt am Main u.a. 1992, S. 133-152.

Weinberg, P.; Gröppel, A.: Formen und Wirkungen erlebnisbetonter Kommunikation. In: Marketing ZFP, 10 (1988), Heft 3, S. 190-197.

Ein gedächtnispsychologischer Ansatz zur Erklärung des Geschäftswahlverhaltens des Konsumenten

Eva M. Thelen, Innsbruck und Arch G. Woodside, New Orleans

Aufbauend auf gedächtnispsychologischen Ansätzen wird ein Zwei-Stufen-Modell zur Erklärung der Geschäftswahl vorgestellt. Die Konsumenten konzentrieren sich zuerst auf eine spezifische Einkaufsaufgabe, in der einige wenige Nutzen von Geschäftsalternativen für sie relevant sind. Zu den relevanten Nutzen wird in einem zweiten Schritt automatisch ein Geschäftsname aus dem Gedächtnis abgerufen. Nach einer theoretischen Fundierung des Modells werden Hypothesen formuliert, die mit Hilfe einer empirischen Untersuchung von 401 Haushalten überprüft werden.

1 PROBLEMSTELLUNG

Das Marken- und Geschäftswahlverhalten des Konsumenten versuchte man bislang hauptsächlich mit Hilfe von multiattributiven Einstellungsmodellen zu erklären (Bühler 1991; Müller/Beskow 1982; Lutz 1981; Geise 1978; Fishbein/Ajzen 1975; Wilkie/Pessemier 1973). Den Befragten wird dabei eine Liste von Marken- bzw. Geschäftsmerkmalen präsentiert, die sie mit Hilfe von Ratingskalen in Bezug auf ihre Ausprägung bei den zu beurteilenden Objekten und in Bezug auf ihre Wichtigkeit für die eigene Kaufentscheidung bewerten.

Diese Methode geht von einigen fragwürdigen Annahmen aus:

1) Der Konsument setzt sich gedanklich mit der Einkaufsstätte auseinander.
2) Der Konsument befaßt sich gedanklich mit genau jenen Geschäftsmerkmalen und Nutzen, die in der vorgelegten Liste enthalten sind.
3) Der Konsument wählt eine Einkaufsstätte mit Hilfe derselben Entscheidungsroutine, die dem Multiattribut-Modell zugrunde liegt.

In der tatsächlichen Entscheidungssituation sind aber viele Konsumenten nicht einmal in der Lage, den Namen des zu beurteilenden Geschäftes ungestützt zu erinnern. Dieses Geschäft ist dann nicht als relevant erachtete Alternative im evoked set vorhanden. Darüber hinaus entsprechen die vorgelegten Geschäftsmerkmale häufig nicht den für den Befragten in der Entscheidungssituation relevanten Kriterien. Vielmehr wird durch die Vorlage von Attributlisten wahrscheinlich die kognitive Struktur des Befragten verändert. Die Erhebung und Analyse derartiger Ratingdaten führt daher oft zu falschen Schlüssen über die Images von konkurrierenden Geschäften.

Sowohl Lindquist (1975) als auch Corstens/Doyle (1989) konstatieren aufgrund ihrer Analysen von Studien zur Marken- bzw. Geschäftswahl, die Multiattributmodelle verwenden, daß die empirischen Ergebnisse enttäuschen. In einer Metaanalyse von 26 Studien, die Multiattributmodelle zur Erklärung und Vorhersage von Markenentscheidungen verwenden, fand Grunert (1988) nur niedrige Korrelationen zwischen Einstellung und Verhalten. Die mangelnde Erklärung von tatsächlichem Konsumentenverhalten dürfte neben der Veränderung der kognitiven Struktur durch die Befragung in erster Linie darin begründet sein, daß die kognitiven Prozesse des Konsumenten in der Erhebungsssituation nicht denen in der tatsächlichen Entscheidungssituation entsprechen. Im vorliegenden Beitrag wird ein Modell vorgestellt, das aufgrund seiner gedächtnispsychologischen Fundierung besser in der Lage sein sollte, das Image von Einkaufsstätten zu erfassen und die Geschäftswahl zu erklären.

2 KOGNITIVE PROZESSE

In der kognitiven Psychologie werden kognitive Prozesse in zwei Klassen eingeteilt: Strategische und automatische Prozesse (Grunert, 1988). *Strategische Prozesse* sind bewußt oder zumindest bewußtseinsfähig. Sie sind willentlich beeinflußbar, laufen seriell ab und unterliegen Kapazitätsbeschränkungen. *Automatische Prozesse* sind unbewußt, willentlich nicht beeinflußbar und unterliegen, da sie parallel ablaufen, keinerlei Kapazitätsbeschränkungen. Jedes Verhalten ist sowohl durch automatische als auch durch strategische Prozesse gekennzeichnet. Anteil und Komplexität strategischer Prozesse können sich aber erheblich unterscheiden.

Grunert geht davon aus, daß bei den meisten Konsumentenentscheidungen der Anteil strategischer kognitiver Prozesse gering ist. Informationsverarbeitung erfolgt meist unbewußt.

„The recognition of outside stimuli, and the decision to select them for conscious attention or not, are unconscious processes. The integration of new information with information already stored in memory is an unconscious process. Retrieval of information from long-term memory is unconscious as well. The basic pattern is clear, unconscious information processing sets the limits within which conscious information processing can occur "(Grunert, 1988, S. 177-178).

Automatische kognitive Prozesse werden hier durch parallele Aktivierungsverbreitung erklärt. Von den aktivierten kognitiven Kategorien breitet sich die Aktivierung entlang der Assoziationen zu anderen kognitiven Kategorien aus.

3 DIE ERKLÄRUNG DER GESCHÄFTSPRÄFERENZ DURCH AUS DEM GEDÄCHTNIS ABGERUFENE ASSOZIATIONEN

Den obigen Ausführungen zufolge aktiviert der Konsument in einer Handlungssituation unbewußt das in seinem Langzeitgedächtnis gespeicherte Wissen. Dieser Vorgang kann mehr oder weniger schnell ablaufen. Die Geschwindigkeit des Zugriffs steht dabei in Zusammenhang mit der Verhaltensrelevanz (Fazio et al., 1989).

Die Notwendigkeit, die Verfügbarkeit von möglichen Alternativen für eine spezifische Einkaufsaufgabe aus dem Langzeitgedächtnis der Konsumenten zu untersuchen, ist von verschiedenen Forschern betont worden (Cohen 1966; Fazio/Powell/Herr 1983; Fazio 1986; Fazio/Powell/Williams 1989; Holden/Lutz 1992; Woodside/Trappey 1992a, 1992b; Holden 1993). Dick und Basu (1994, S. 102) definieren Verfügbarkeit als: "the ease with which an attitude can be retrieved from memory" und führen dazu aus: „The strength of association between an attitude object and its evaluation influences the accessibility of the attitude. Accessibility may be viewed in terms of a continuum, ranging from unretrievable to a well-learned attitude so highly accessible that it will be activated *automatically* upon encountering the attitude object".

Eine automatisch aktivierte Einstellung ist mit größerer Wahrscheinlichkeit verhaltensrelevant als eine, die erst durch interne Suchprozesse aus dem Gedächtnis hervorgerufen werden kann (Fazio/Powell/Williams 1989). Nach Grunert (1988) fällt eine Kaufentscheidung am ehesten für diejenige Produktalternative, die aufgrund automatischer Aktivierungsprozesse im Rahmen eines Handlungsplanes, der eine Kaufentscheidung vorbereitet, am stärksten aktiviert wird.

Holden und Lutz (1992) führten Unterschiede zwischen Konsumenten beim Abruf verschiedener Marken aus dem Langzeitgedächtnis ebenfalls auf die unterschiedliche Stärke der Assoziationen von Stimuli (z.B. Produktmerkmale, -nutzen) zu den verschiedenen Marken zurück. Sie leiten daraus die Notwendigkeit ab, bei der Erhebung von Assoziationen die Richtung der Befragung umzukehren. "Consequently, an important priority is to investigate what are the cue constellations that instigate purchase and/or use of a specific brand. In effect, attention needs to be directed at the important issue of what evokes the brand in a choice situation rather than simply what the brand evokes" (Holden/Lutz 1992, S. 106).

In seinen Studien von amerikanischen und kanadischen Supermarktkunden hat Tigert (1983) eine Art von "top-down" Analyse von automatischen kognitiven Prozessen angewendet, um die für die Wahl des Primärgeschäftes ausschlaggebenden Geschäftsmerkmale zu erheben. Mit Primärgeschäft wird hier jenes Geschäft bezeichnet, in dem der Konsument überwiegend einkauft. Die Befragten wurden gebeten, die Gründe, die ihnen für die Wahl des Supermarktes, in dem sie am häufigsten einkaufen, spontan einfallen, anzugeben. Dieser Ansatz kann als "top-down" bezeichnet werden, da zuerst nach dem Namen des Supermarktes gefragt wird und daran anschließend nach den Geschäftsmerkmalen, die als erstes und als zweites zu diesem Supermarkt einfallen.

Woodside/Trappey (1992) hingegen verwendeten in ihrer Studie zur Erklärung der Einkaufsstättenwahl über automatische kognitive Prozesse einen „bottom-up" Ansatz. Die Befragten wurden aufgefordert, zu einer Reihe von Geschäftsmerkmalen diejenigen Geschäfte zu nennen, die ihnen zu dem jeweiligen Attribut als erstes einfielen. Die Ergebnisse dieser Studie zeigen, daß diese Erhebungsmethode zu besseren Ergebnissen bei der Erklärung der Geschäftswahl führt als "top-down" Methoden. Der vorliegende Beitrag baut auf dieser Arbeit auf und erweitert das Modell um den Aspekt der Einkaufssituation. Neben Einstellungen bestimmen situative Faktoren das Kaufverhalten (Howard/Sheth 1969). Die Einkaufstättenwahl beinhaltet die Auswahl einer spezifischen Geschäftsalternative aus einem Set von verfügbaren Alternativen in einer spezifischen Entscheidungssituation. Die Entscheidungsituation bildet den Rahmen für die Entscheidung. Für den Einkauf von Lebensmitteln identifizierte Filser (1986) typische Einkaufssituationen, die den Entscheidungsproze der Konsumenten beeinflussen, dazu gehören z. B. der tägliche Einkauf (im weiteren auch Normaleinkauf genannt) und der Vorratseinkauf.

4 HYPOTHESEN

Die folgenden Hypothesen werden zum Zusammenhang von spontaner Geschäftsstättennennung und Wahl des Primärgeschäfts bei der Auswahl von Supermärkten für den Einkauf von Lebensmitteln formuliert. Sie dürften aber auch auf andere Branchen und Betriebstypen übertragbar sein.

Bisherige empirische Untersuchungen (Tigert 1983) lassen vermuten, daß die Einkaufsstättenwahl anhand einiger weniger Geschäftsmerkmale erfolgt und daß Konsumenten ihr Primärgeschäft genau hinsichtlich dieser Merkmale als den anderen Alternativen überlegen wahrnehmen. Daraus läßt sich die folgende zentrale Hypothese ableiten:

H1: Das Primärgeschäft wird nur zu einigen wenigen Geschäftsmerkmalen (2 - 7) als erstes assoziiert.

Es ist zu erwarten, daß die meisten Konsumenten aufgrund ihrer bisherigen Einkaufserfahrung und ihrer persönlichen Präferenzen in der Lage sind, spontan einen spezifischen Supermarkt zu nennen, wenn sie gefragt werden: "Welcher Supermarkt fällt Ihnen spontan zu der Eigenschaft.... (beste bzw. schlechteste Ausprägung einer spezifischen Eigenschaft.) ein? Solche Geschäftseigenschaften sind z. B.: die größte Auswahl, das niedrigste Preisniveau, die schlechteste Fleischqualität und die längsten Wartezeiten an der Kasse.

Es ist aber nicht zu erwarten, daß die Primärkunden eines Geschäftes dieses Geschäft zu allen positiven Geschäftseigenschaften (benefits) assoziieren. Da die meisten Konsumenten neben ihrem Primärgeschäft noch in weiteren Supermärkten einkaufen, ist anzunehmen, daß sie diese weiteren Geschäfte bei zumindest einem Merkmal als ihrem Primärgeschäft überlegen wahrnehmen. Darüberhinaus dürften intensive Werbekampagnen von Handelsunternehmen, die darauf abzielen, das betreffende Unternehmen im Hinblick auf einen spezifischen Nutzen als führend zu positionieren, dazu führen, daß Filialen dieses Unternehmens auch zu diesem Nutzen assoziiert werden. Diese Überlegungen führen zur zweiten Hypothese:

H2: Jedes Geschäft wird mit einer einzigartigen Struktur von dominierenden Geschäftsmerkmalen, die seine Wahl als Primärgeschäft begründen, als erstes assoziiert

Ein spezifisches Geschäftsmerkmal wird hier als dominierend verstanden, wenn das Geschäft von der Mehrheit der Primärkunden zu dem betreffenden Merkmal als erstes genannt wird. Wenn z.B. alle konkurrierenden Supermärkte für sich beanspruchen, der preisgünstigste Anbieter zu sein, so ist es dennoch unwahrscheinlich, daß die Mehrheit der Primärkunden aller Supermärkte ihren Supermarkt als den preisgünstigsten wahrnehmen und im Gedächtnis abspeichern. Vielmehr wird ein nicht unbeträchtlicher Teil der Primärkunden ihren Supermarkt sogar als den teuersten wahrnehmen, dort aber trotzdem einkaufen, da sie ihren Supermarkt bei anderen Merkmalen als der Konkurrenz überlegen einschätzen. Es ist anzunehmen, daß der gewählte Supermarkt zumindest in einem Merkmal als der Konkurrenz überlegen eingeschätzt wird. Auf der anderen Seite kann ein Geschäft auch mit einer zweiten einzigartigen Struktur von negativen Geschäftsmerkmalen zuerst assoziiert werden, die mit der Ablehnung dieses Geschäftes in Verbindung stehen.

Jede Einkaufsstätte hat demnach ihr einzigartiges Image, wobei Image hier als die Struktur der Spontanassoziationen zu Geschäftsmerkmalen verstanden wird. Wenn man davon ausgeht, daß es in der Praxis auch in Filialsystemen kaum möglich ist, einen identischen Marktauftritt zu erzielen, ergibt sich die folgende Hypothese:

H3: Jede einzelne Filiale eines Handelsunternehmens wird mit einer einzigartigen Struktur von dominierenden Geschäftsmerkmalen, die ihre Wahl als Primärgeschäft begründen, als erstes assoziiert, auch wenn sie unter gleichem Namen und einem einheitlichen Marketingkonzept geführt wird.

Dafür dürften Kriterien der Geschäftsatmosphäre (Kotler 1991) und der Managementqualitäten in Bezug auf Sortimente, Mitarbeiter und Kundenbeziehungen verantwortlich sein. Die Managementqualitäten von Filial- und Abteilungsleitern variieren ebenso von Filiale zu Filiale wie die Art der Interaktionen zwischen Mitarbeitern und zwischen Mitarbeitern und Kunden.

Die spontane Geschäftsassoziation zu spezifischen Geschäftsmerkmalen beruht auf einem automatischen kognitiven Prozeß (Grunert 1988, 1990). Die Stärke dieser Assoziationen dürfte dabei durch die Einkaufssituation beeinflußt werden.

Fragt man z.B. Konsumenten nach dem Geschäft, das ihnen als erstes für den täglichen Einkauf von Lebensmitteln einfällt, wird ein beträchtlicher Anteil ein anderes Geschäft nennen als bei der Frage nach einem Geschäft für den Einkauf von Vorräten. Beide Einkaufssituationen können für ein und denselben Konsumenten relevante Einkaufssituationen darstellen. Fragt man diese Konsumenten, welches Geschäft sie zum Merkmal "am nächsten zur Wohnung" assoziieren, werden sie wahrscheinlich das Geschäft nennen, in dem sie ihre täglichen Einkäufe erledigen. Zum Merkmal "niedrigstes Preisniveau" werden sie wahrscheinlich das Geschäft nennen, in dem sie ihre Vorratskäufe tätigen. Diese Überlegungen führen zur Hypothese:

H4: Situative Faktoren (wie z. B. die Einkaufssituation oder die geplante Verwendung) beeinflussen die spontanen Assoziationen von Geschäften zu Geschäftsmerkmalen und den Zusammenhang von Spontanassoziationen und Geschäftswahl.

5 EMPIRISCHE STUDIE

5.1 Untersuchungsdesign

Im Juni 1994 wurde eine telefonische Haushaltsbefragung in einer kleineren Stadt (ca. 6000 Haushalte) im Westen Österreichs durchgeführt. Eine geschichtete Zufallsstichprobe von 600 Haushalten wurde aus dem örtlichen Telefonbuch gezogen. In jedem gezogenen Haushalt wurde diejenige Person befragt, die überwiegend die Lebensmitteleinkäufe tätigt. Wurde die Person beim ersten Anruf nicht erreicht, wurden zwei weitere Versuche zu unterschiedlichen Tageszeiten und Wochentagen unternommen. 423 telefonische Interviews (71%) konnten durchgeführt werden, 22 davon mußten wegen fehlender Angaben (z.B. wurden mehrere Supermärkte zu einem Geschäftsmerkmal angegeben, ohne die Reihenfolge der Nennung festzuhalten) ausgeschieden werden. 411 vollständig ausgefüllte Fragebögen konnten in die Auswertung einbezogen werden.

5.2 Fragebogen

Aufbauend auf bisherigen Forschungsergebnissen über für die Geschäftswahl relevante Geschäftsmerkmale (Lindquist 1975; May 1975; Gensch/Recker 1979; Tigert 1983; Woodside/Trappey 1992) und einem Pretest wurden in dieser Studie elf positive und acht negative Geschäftseigenschaften benutzt. Diese entsprachen den von Howard (1989) identifizierten drei Schlüsseldimensionen des Einkaufsstättenimages: Einkaufsbequemlichkeit, Preisniveau und Sortiment.

Um Top-of-mind Assoziationen (im weiteren auch TOM-Assoziationen genannt) zu messen, wurde bei jeder Eigenschaft der Superlativ benutzt, z. B. das niedrigste Preisniveau, die beste Warenqualität und das unfreundlichste Personal. Um Halo-Effekte zu vermeiden, wurde die Reihenfolge der Nennung der Attribute verändert. Soweit wie möglich wurden positive und negative Attribute abwechselnd präsentiert. Es wurden nur Antworten ausgewertet, die innerhalb von 3 Sekunden gegeben wurden. So sollte sichergestellt werden, daß automatische kognitive Prozesse gemessen werden (vgl. dazu Grunert 1988, 1990).

Im Anschluß folgten Fragen zum tatsächlichen Einkaufsverhalten beim täglichen Einkauf und beim Vorratseinkauf. Als Kontrollfragen wurden offene Fragen zu den Hauptgründen für die Wahl des Primärgeschäftes für beide Einkaufssituationen gestellt. Fragen zur Person beendeten den Fragebogen.

5.3 Ergebnisse

Für den täglichen Einkauf wurden fünf Supermärkte, für den Vorratseinkauf wurden vier Supermärkte von mindestens 6 Prozent der Befragten als ihr Primärgeschäft genannt. Es wurden zwar weitere Geschäfte als Primärgeschäfte angegeben, die Untergruppen waren aber so klein, daß auf eine getrennte Auswertung verzichtet wurde. Die Geschäftsnamen wurden auf Wunsch der an der Untersuchung beteiligten Unternehmen in griechische Buchstaben verschlüsselt. Bei mehreren Unternehmen wurden unterschiedliche Filialen als Primärgeschäfte genannt, sie werden hier durch Numerierung gekennzeichnet.

Die Spontanassoziationen zu den Geschäftsmerkmalen sind in Übersicht 1 für den täglichen Einkauf und in Übersicht 2 für den Vorratseinkauf dargestellt. Zwei Filialen des Unternehmens Alpha wurden am häufigsten als Primärgeschäft für den täglichen Einkauf genannt. Alpha verfügt demnach mit seinen beiden Filialen über einen geschätzten Marktanteil von 53 Prozent für den täglichen Einkauf. Der Supermarkt Alpha 1 dominiert die Konkurrenz, indem er vom Gesamtsample (Spalte G) am häufigsten zu positiven Geschäftsmerkmalen (Benefits) assoziiert wird. Das dominierende Geschäftsmerkmal ist die Nähe zur Wohnung. Der Anteil der Spontannennungen von Primärkunden (Spalte P) ist hier am höchsten. Die Anteile reichen von 59 Prozent für Alpha 2 bis 86 Prozent für Beta 1. Für Beta 1 und Beta 2 ist die Nähe zur Wohnung das einzige Geschäftsmerkmal, mit dem die Filialen von der Mehrheit ihrer Primärkunden assoziiert werden. Im Vergleich dazu sind es bei den Alpha Filialen und bei Gamma vier oder mehr Benefits, mit denen die Primärkunden ihr Geschäft assoziieren.

Die TOM-Assoziationen für den Vorratseinkauf unterscheiden sich stark von denen für den täglichen Einkauf. Überwiegend wurden unterschiedliche Geschäfte für die beiden Einkaufssituationen genannt. Nur der Supermarkt Alpha 1 wird als Primärgeschäft für beide Einkaufsprobleme genannt, 35 Prozent des Gesamtsamples nannten Alpha 1 als Primärgeschäft für den täglichen Einkauf und 8 Prozent als Primärgeschäft für den Vorratseinkauf. Delta, eine Filiale eines österreichweit operierenden Discounters, ist mit 19 Prozent der Marktführer für den Vorratseinkauf. Das dominierende Geschäftsmerkmal für den Vorratseinkauf in Alpha 1, Epsilon 1 und Epsilon 2 ist die große Warenauswahl, für den Vorratseinkauf bei Delta ist es das niedrige Preisniveau. Alpha 1 hat bei nahezu allen Geschäftsmerkmalen einen wesentlich höheren Anteil an Spontannennungen als die beim Vorratseinkauf konkurrierenden Supermärkte, was darauf zurückzuführen ist, daß Alpha 1 für ein Viertel des Gesamtsamples auch Primärgeschäft für den täglichen Einkauf ist.

Übersicht 1: TOM-Assoziationen von Supermärkten zu Geschäftsmerkmalen beim Gesamtsample und bei Primärkunden der jeweiligen Supermärkte für den täglichen Einkauf

Attribute	Supermärkte									
	Alpha 1		Alpha 2		Beta 1		Beta 2		Gamma	
	G[1]	P[2]	G	P	G	P	G	P	G	P
	%	%	%	%	%	%	%	%	%	%
am nächsten zur Wohnung	38	78	15	59	11	86	8	78	13	65
niedrigstes Preisniveau	27	53	15	56	3	29	3	35	7	54
beste Warenqualität	25	53	13	52	5	39	4	35	4	50
unfreundlichstes Personal	7	8	3	3	8	11	3	4	5	8
beste Obstqualität	23	47	9	39	2	18	3	26	3	27
beste Fleischqualität	10	21	5	20	3	21	4	26	2	20
größte Warenauswahl	30	55	14	41	3	32	2	26	4	35
am meisten Zusatz-Service	8	11	4	17	2	21	1	13	1	8
größtes Parkplatzangebot	14	23	18	51	0	0	1	4	2	12
längste Wartezeiten an den Kassen	14	23	7	18	5	11	4	26	2	15
am leichtesten mit dem Auto zu erreichen	20	36	13	41	1	7	2	17	3	23
geringste Warenauswahl	2	0	2	4	5	0	4	4	7	15
höchstes Preisniveau	4	4	2	4	4	7	3	9	5	4
schlechteste Obstqualität	5	6	3	6	10	14	4	4	10	4
schlechteste Fleischqualität	5	8	4	10	4	0	2	4	6	4
kundenfreundlichste Öffnungszeiten	20	47	14	55	2	14	2	22	8	46
freundlichstes Personal	22	49	13	52	5	46	3	44	5	50
kürzeste Wartezeiten an der Kasse	13	28	7	31	4	21	1	9	3	35
am schwersten mit dem Auto zu erreichen	4	4	1	1	5	7	8	22	5	4
schlechteste Warenqualität	2	2	1	0	6	0	2	0	6	0
Basis	401	141	401	71	401	28	401	23	401	26

[1)] G = Gesamtsample [2)] P = Primärkunden

Von nahezu allen Befragten wurden drei bis sechs unterschiedliche Supermärkte zu den verschiedenen Geschäftseigenschaften assoziiert. Die Tatsache, daß das Primärgeschäft nicht zu allen positiven Geschäftsmerkmalen assoziiert wurde, unterstützt die Hypothese 1.

Übersicht 2: TOM-Assoziationen von Supermärkten zu Geschäftsmerkmalen beim Gesamtsample und bei Stammkunden der jeweiligen Supermärkte für den Vorratseinkauf

Attribute	Supermärkte							
	Alpha 1		Delta		Epsilon 1		Epsilon 2	
	G[1]	P[2]	G	P	G	P	G	P
	%	%	%	%	%	%	%	%
am nächsten zur Wohnung	38	50	0	0	0	3	0	0
niedrigstes Preisniveau	27	61	26	56	3	20	1	23
beste Warenqualität	25	46	1	0	4	20	2	14
unfreundlichstes Personal	7	6	3	4	1	7	0	0
beste Obstqualität	23	46	1	1	2	0	2	14
beste Fleischqualität	10	18	0	0	3	17	1	9
größte Warenauswahl	30	76	1	5	15	60	6	73
am meisten Zusatz-Service	8	15	1	1	7	23	1	5
größtes Parkplatzangebot	14	42	5	17	18	73	4	14
längste Wartezeiten an den Kassen	14	15	7	13	4	17	1	46
am leichtesten mit dem Auto zu erreichen	20	46	5	17	10	57	2	18
geringste Warenauswahl	2	3	3	4	0	0	0	0
höchstes Preisniveau	4	3	0	0	4	7	1	5
schlechteste Obstqualität	5	3	6	12	1	3	0	0
schlechteste Fleischqualität	5	6	3	5	0	0	0	0
kundenfreundlichste Öffnungszeiten	20	42	2	7	4	20	2	5
freundlichstes Personal	22	42	1	3	3	13	1	0
kürzeste Wartezeiten an der Kasse	13	27	3	7	5	23	1	5
am schwersten mit dem Auto zu erreichen	4	0	1	1	1	3	0	0
schlechteste Warenqualität	2	0	8	5	0	0	0	0
Basis	401	33	401	75	401	30	401	22

[1] G = Gesamtsample [2] P = Primärkunden

Für beide untersuchten Einkaufssituationen zeigte sich ein starker Zusammenhang zwischen spontaner Geschäftsassoziation zu positiven Geschäftsmerkmalen und der Wahl als Primärgeschäft. Die Korrelationskoeffizienten sind in Übersicht 3 für den täglichen

Einkauf und in Übersicht 4 für den Vorratseinkauf zusammengestellt. Bei allen fünf Supermärkten für den täglichen Einkauf korreliert das Geschäft, das zum Merkmal "am nächsten zur Wohnung" genannt wird, sehr hoch mit dem Geschäft, das als Primärgeschäft für den täglichen Einkauf genannt wird. (z.B. r = .64, p < .01 für Alpha 1). Dieses Ergebnis ist zu erwarten, da für den täglichen Einkauf kaum größere Unbequemlichkeiten in Kauf genommen werden. Beim Supermarkt Gamma ist diese Korrelation allerdings im Vergleich zu den anderen Alternativen mit r = .42 wesentlich geringer. Dafür sind bei zwei anderen Geschäftsmerkmalen, "beste Warenqualität" und "freundlichstes Personal", sehr hohe Korrelationen mit r = .62 zu finden. Die Nähe zur Wohnung ist demnach nicht in allen Fällen das beim täglichen Einkauf dominierende Geschäftsmerkmal für die Wahl des Primärgeschäftes. Dieses Ergebnis stützt Hypothese 2. Die Korrelationen für den Vorratseinkauf in Übersicht 4 sind wesentlich geringer als die für den täglichen Einkauf in Übersicht 3. Das Problem des Vorratseinkaufs taucht nicht so häufig auf, bei den meisten Befragten nur zwei bis drei Mal im Monat. Es ist davon auszugehen, daß entscheidungsrelevante Kognitionen seltener aktiviert werden und demnach schwächer ausgeprägt sind als beim täglichen Einkauf.

Die spontane Geschäftsstättenassoziation zu den Merkmalen "niedrigstes Preisniveau", "größte Warenauswahl" und "größtes Parkplatzangebot" korreliert am höchsten mit der Nennung als Primärgeschäft für den Vorratseinkauf. Auffallend sind die hohen Korrelationen zum Merkmal "längste Wartezeiten an der Kasse" für Epsilon 1 und Epsilon 2 in Übersicht 4. Diese starke Assoziation zu einer negativen Geschäftseigenschaft weist darauf hin, daß Konsumenten bereit sind, Abstriche in Bezug auf ihre Erwartungen in Kauf zu nehmen, um gewünschte Nutzen zu bekommen. Eine verwirrende Konstellation ergibt sich für Alpha 2 und Gamma in Übersicht 3 und für Epsilon 1 in Übersicht 4. Für diese Supermärkte ergaben sich signifikante Korrelationen sowohl beim Merkmal "kürzeste Wartezeiten an der Kasse" als auch beim Merkmal "längste Wartezeiten an der Kasse". Ein Blick in Übersicht 1 und Übersicht 2 zeigt, daß ein beträchtlicher Anteil der Primärkunden diese Geschäfte sowohl zur positiven als auch zur negativen Ausprägung des Merkmals assoziiert. Ein Grund dafür könnte in der unterschiedlichen Kassenbesetzung im Tages- bzw. Wochenverlauf liegen.

Zur weiteren Prüfung der Hypothese 2 wurden lineare und logistische Regressionen durchgeführt. Abhängige Variable in den Regressionsmodellen war das gewählte Primärgeschäft und als unabhängige Variablen wurden die Spontanassiationen des jeweiligen Primärgeschäfts zu den unterschiedlichen Geschäftsmerkmalen in das Modell einbezogen. Die Ergebnisse der linearen Regression sind in Übersicht 5 für den täglichen Einkauf und in Übersicht 6 für den Vorratseinkauf dargestellt. Die Ergebnisse der logistischen Regression stimmen nahezu mit denen der linearen Regression überein.

Beim täglichen Einkauf variiert die erklärte Varianz (R^2) von .55 bis .62. Bei vier der fünf Supermärkte hat das Merkmal „am nächsten zur Wohnung“ den höchsten Erklärungsbeitrag, beim fünften Supermarkt Gamma den dritthöchsten. Neben diesem Merkmal sind es einige wenige weitere Geschäftseigenschaften, die einen erheblichen

Anteil der Geschäftswahl erklären. Diese weiteren Merkmale unterscheiden sich für die einzelnen Geschäfte.

Beim Vorratseinkauf variiert die erklärte Varianz zwischen .11 und .53. Auch hier ergeben sich für die analysierten Supermärkte einzigartige Konfigurationen von TOM-Assoziationen, die zur Erklärung der Wahl des jeweiligen Supermarktes als Primärgeschäft beitragen. Hypothese 2 findet durch diese Ergebnisse weitere Unterstützung. Unterschiede zwischen den einzelnen Filialen ein und desselben Unternehmens sind zwar festzustellen, aber diese sind eher marginal. Hypothese 3 wird demnach nur eingeschränkt unterstützt.

Übersicht 3: Korrelation zwischen TOMA-Supermarkt und Primärgeschäft für den täglichen Einkauf

	Supermarkt				
Attribute	Alpha 1	Alpha 2	Beta 1	Beta 2	Gamma
am nächsten zur Wohnung	.64**	.59**	.65**	.66**	.42**
niedrigstes Preisniveau	.41**	.56**	.46**	.48**	.47**
beste Warenqualität	.47**	.58**	.45**	.46**	.62**
unfreundlichstes Personal	.03	-.01	.03	.02	.03
beste Obstqualität	.41**	.48**	.29**	.33**	.41**
beste Fleischqualität	.28**	.31**	.28**	.27**	.30**
größte Warenauswahl	.41**	.38**	.47**	.46**	.39**
am meisten Zusatz-Service	.10*	.29**	.45**	.35**	.15**
größtes Parkplatzangebot	.20**	.41**	.01	.10*	.22**
längste Wartezeiten an den Kassen	.19**	.23**	.08	.28**	.23**
am leichtesten mit dem Auto zu erreichen	.30**	.40**	.17**	.29**	.31**
geringste Warenauswahl	-.08	.10*	.06	.01	.08
höchstes Preisniveau	.00	.10*	.05	.08	.01
schlechteste Obstqualität	.04	.10	.04	.01	.05
schlechteste Fleischqualität	.09	.15**	.05	.06	.02
kundenfreundlichste Öffnungszeiten	.48**	.56**	.24**	.38**	.37**
freundlichstes Personal	.48**	.56**	.56**	.59**	.62**
kürzeste Wartezeiten an der Kasse	.32**	.42**	.27**	.17**	.47**
am schwersten mit dem Auto zu erreichen	.01	.03	.04	.13*	-.01
schlechteste Warenqualität	.04	-.04	.07	-.04	-.06

* p > .05 ** p > .01

Der Einfluß der Einkaufssituation dagegen ist offensichtlich. Mit Ausnahme von Supermarkt Alpha 1 werden unterschiedliche Einkaufsstätten für die beiden Einkaufssituationen genannt. Die Regressionsmodelle für die zwei Einkaufssituationen unterscheiden sich zum einen durch die Anzahl der einbezogenen Merkmale. In die Modelle für den täglichen Einkauf finden vier bis sechs Merkmale Eingang, bei den Modellen für den Vorratseinkauf sind es nur zwei bis vier Merkmale. Zum anderen dominieren je nach Einkaufssituation unterschiedliche Geschäftsassoziationen in den Regressionsmodellen. So wurde das Merkmal „am nächsten zur Wohnung" in alle Regressionsmodelle zur Erklärung des täglichen Einkaufs einbezogen, findet sich aber in keinem Regressionsmodell zur Erklärung des Vorratseinkaufs. Das Merkmal „am leichtesten mit dem Auto zu erreichen" findet sich in zwei der vier Regressionsmodelle für den Vorratseinkauf, aber in keinem Regressionsmodell für den täglichen Einkauf. Auch Hypothese 4 kann durch die Ergebnisse gestützt werden.

Übersicht 4: Korrelation zwischen TOMA-Supermarkt und Primärgeschäft für den Vorratseinkauf

	Supermarkt			
Attribute	Alpha 1	Delta	Epsilon 1	Epsilon 2
am nächsten zur Wohnung	.16**	-.05	.18**	.16**
niedrigstes Preisniveau	.22**	.35**	.30**	.47**
beste Warenqualität	.14**	-.05	.22**	.24**
unfreundlichstes Personal	-.01	.06	.14**	-.01
beste Obstqualität	.16**	.00	-.04	.18**
beste Fleischqualität	.09	.00	.26**	.17**
größte Warenauswahl	.30**	.15*	.37**	.69**
am meisten Zusatz-Service	.09	.10	.18**	.14**
größtes Parkplatzangebot	.25**	.29**	.41**	.53**
längste Wartezeiten an den Kassen	.01	.13*	.20**	.31**
am leichtesten mit dem Auto zu erreichen	.21**	.31**	.45**	.28**
geringste Warenauswahl	.04	.02	-.01	.00
höchstes Preisniveau	-.01	-.05	.04	.14**
schlechteste Obstqualität	-.03	.05	.09	-.01
schlechteste Fleischqualität	.01	.02	.00	.00
kundenfreundlichste Öffnungszeiten	.17**	.22**	.23**	.06
freundlichstes Personal	.15**	.14*	.18**	-.02
kürzeste Wartezeiten an der Kasse	.13*	.12	.26**	.09
am schwersten mit dem Auto zu erreichen	-.06	.04	.05	.00
schlechteste Warenqualität	-.04	-.09	.00	.00

* p > .05 ** p > .01

6 FAZIT

Die empirischen Ergebnisse zeigen, daß die Geschäftsassoziationen zu Geschäftsmerkmalen wichtige Hinweise auf das Konsumentenverhalten in der tatsächlichen Entscheidungssituation geben. Die Untersuchung unterstützt die Annahme, daß Einkaufsstätten eine einzigartige Konfiguration von dominierenden Geschäftsassoziationen bei ihren Primärkunden haben, die ihre Wahl als Primärgeschäft erklären. Die Einkaufssituation ist hier ein bedeutender Einflußfaktor. Die Konfigurationen können unterschiedlich komplex sein, beim Vorratseinkauf sind die erklärenden Sets von Geschäftsassoziationen kleiner als beim täglichen Einkauf. Ein und dasselbe Geschäft wird kaum gleichzeitig mit für unterschiedliche Einkaufssituationen relevanten Benefits assoziiert. Die Wettbewerbsposition eines Handelsunternehmens ist umso besser, je häufiger es zu den für eine spezifische Einkaufssituation relevanten Geschäftsmerkmalen assoziiert wird. Die Kenntnis des die Wahl als Primärgeschäft erklärenden Sets an Geschäfts-Merkmals-Assoziationen gibt dem Handelsmanagement wertvolle Hinweise über die eigene Positionierung und zeigt Ansatzpunkte für zukünftige Marketingstrategien.

Übersicht 5: Multiple Regression der Haupteffekte der Geschäftswahl für den täglichen Einkauf

	Standardisierte Regressionskoeffizienten				
Unabhängige Variablen	Alpha 1	Alpha 2	Beta 1	Beta 2	Gamma
Bequemlichkeitsbezogene Faktoren					
Am nächsten zur Wohnung	.49	.35	.45	.42	.23
Am nächsten zur Arbeit		.11			
kundenfreundlichste Öffnungszeiten	.17	.23		.10	.11
am leichtesten mit dem Auto zu erreichen	.09				
kürzeste Wartezeiten an der Kasse	.12				.25
größtest Parkplatzangebot		.12			
freundlichstes Personal			.25	.26	.18
Warenbezogene Faktoren					
größte Warenauswahl			.24	.11	
beste Warenqualität	.17	.20	.19	.16	.40
beste Obstqualität		.13			
schlechteste Obstqualität					-.13
Adjusted R Square	.55	.58	.62	.58	.62

Übersicht 6: Multiple Regression der Haupteffekte der Geschäftswahl für den Vorratseinkauf

Lineare Regression	Standardisierte Regressionskoeffizienten			
Unabhängige Variablen	Alpha 1	Delta	Epsilon 1	Epsilon 2
Bequemlichkeitsbezogene Faktoren				
am leichtesten mit dem Auto zu erreichen		.17	.27	
größtest Parkplatzangebot		.14	.20	.18
Warenbezogene Faktoren				
niedrigstes Preisniveau	.25	.28	.12	.21
größte Warenauswahl	.14			.49
beste Fleischqualität			.17	
schlechteste Warenqualität		.19		
Adjusted R Square	.11	.18	.28	.53

Die Methode der Analyse von Geschäftsassoziationen zu Benefits erfüllt die drei Anforderungen von Axelrod (1989) für Konstrukte bzw. Methoden, die Wahlverhalten bzw. Kaufverhalten vorhersagen. (1) Empfindlichkeit: Die Methode ist in der Lage, auch bei kleinen Samples Unterschiede zwischen Geschäftsalternativen aufzuzeigen. (2) Stabilität: da automatische kognitive Prozesse untersucht werden, d. h. Prozesse, die unbewußt ablaufen, ist die Beeinflußbarkeit und damit die Störanfälligkeit durch externe Einflüsse gering. (3) Vorhersagekraft: Die Ergebnisse der Studie zeigen einen wesentlich höheren Anteil an erklärter Varianz als traditionelle Verfahren.

Forschung zur Geschäftswahl des Konsumenten sollte in Zukunft einen stärkeren Fokus auf automatische kognitive Prozesse und Geschäftsassoziationen richten. Zwei Fragen sind dabei von besonderem Interesse. Das hier vorgestellt Modell berücksichtigt nur direkte gedankliche Verbindungen zwischen Geschäftsmerkmal und Geschäftsalternative. Ausgehend von Modellen kognitiver Netzwerke (Grunert, 1988, 1990) ist aber anzunehmen, daß mit einem Geschäftsmerkmal nicht unbedingt direkt eine Geschäftsalternative gedanklich verknüpft wird, sondern daß zuerst ein anderes Attribut assoziiert wird und mit diesem dann eine Geschäftsalternative. So ist es z.B. denkbar, daß ein Konsument auf die Frage „Welcher Supermarkt fällt Ihnen spontan zur Eigenschaft „größtes Angebot an Fleisch- und Wurstwaren“ ein, zuerst die Eigenschaft „größte Warenauswahl“ assoziiert und erst zu diesem Merkmal eine Geschäftsalternative. Die Vernachlässigung der indirekten Assoziationskette könnte zu falschen Schlüssen bezüglich der ursprünglich gefragten Geschäftseigenschaft führen. Nicht die Fleisch- und Wurstwarenabteilung begründet in dem genannten Beispiel die Geschäftswahl, sondern die große Warenauswahl generell.

Eine weitere interessante Fragestellung ist, unter welchen Bedingungen und auf welche Weise Geschäftsassoziationen zu Geschäftsmerkmalen bzw. Benefits revidiert werden. Experimente oder Längsschnittuntersuchungen könnten darauf eine Antwort geben.

LITERATUR

Axelrod, J. N.: Attitude measures that predict purchase, Journal of Advertising, 8 (1968), Nr 1, S. 3 - 17.

Axelrod, J. N.: Minnie, Minnie Tickled the Parson, Journal of Advertising, 26 (1986), Nr. 1, S. 89 - 96.

Dick, A. S.; Basu, K.: Customer Loyalty: Towards an Integrated Conseptual Framework, in: Journal of the Academy of Marketing Science, April (1994), S. 99 - 113.

Bühler, Th.: City-Center: Erfolgsfaktoren innerstädtischer Einkaufszentren, Wiesbaden 1991.

Cohen , L.: The level of consciousness: A dynamic approach to the recall technique, Journal of Marketing Research, 3 (1966), Nr 2, S. 142 - 148.

Corstens, M.; Doyle, P.: Evaluating alternative retail repositioning strategies, Marketing Science 8 (1989), Nr. 2, S. 170 - 180.

Fazio, R.M.; Powell, M.C.; Herr, P.M.: Towards a process model of the attitude-behavior relation: accessing one´s attitude upon mere observation of the attitude object, Journal of Personality and Social Psychology, 44 (1983), Nr. 6, S. 723 - 735.

Fazio, R.H.: How attitudes guide behavior?, in:Sorentino, R.M., Higgins, E.T. (Hrsg.), Handbook of Motivation and Cognition: Foundation of Social Behavior, New York 1986, S. 204 - 243.

Fazio, R.H.; Powell, M.C.; Williams, C.J.: The role of attitude accessibility in the attitude-to-behavior process, Journal of Consumer Research, 16 (1989), Nr. 4, S. 280 - 288.

Filser, M.: Quelles formules de distribution pour demain? Les résponses de la segmentation par avantages recherchés, in: Recherche et Application en Marketing, 1 (1986), April, S. 3 - 16.

Fishbein, M.; Ajzen, I.: Belief, attitude, intention and behavior, Reading 1975.

Geise, W.: Die Operationalisierung von Einkaufstättenimages auf der Basis eines mehrdimensionalen Imagekonzepts, Der Markt, 17 (1978), Nr. 66, S. 52 - 65.

Grunert, K.G.: Research in consumer behavior: beyond attitudes and decision-making, European Research: The journal of the European Society for Opinion and Marketing Research, 16 (1988), Nr. 5, S. 172 - 183.

Holden. St.J.S.; Lutz, R.J.:Ask not what the brand can evoke: ask what can evoke the brand?, in: Sherry, J.F.Jr., Sternthal, B. (Hrsg.), Advances in Consumer Research, 19 (1992), S.101 - 107.

Howard, J.: Consumer Behavior: Application of Theory, New York 1977.

Howard, J.: Consumer Behavior and Marketing Management, New York 1989.

Howard, J. A.; Sheth, J. N.: The Theory of Buyer Behavior, New York 1969.

Lindquist, J.D.: Meaning of Image, Journal of Retailing, 50 (1975), Nr. 4, S. 29 - 38.

Lutz, R.J.: Lessons learned from a decade of multiattribute attitude research in marketing (Working paper), Los Angeles UCLA Center for Marketing Studies 1981.

Kotler , P.: Marketing Management, Englewood Cliffs, 1991.

Müller, St.; Beeskow, W.: Einkaufsstättenimage und Einkaufsstättenwahl, JAVF, 28 (1982), Nr. 4, S. 401 - 426.

Tigert, D. J.: Pushing the Hot Buttons for a successful Retailing Strategy, in: Darden, W. R.; Lusch, R. F.: Patronage Behavior and Retail Management, New York 1983, S. 89 - 113.

Wilkie, W.L.; Pessemier, E.A.: Issues in marketing´s use of multi-attribute attitude models, Journal of Marketing Research, 1973, S. 428 - 441.

Woodside, A.G.; Trappey, R.J. III (1992a): Finding out why customers shop your store and buy your brand: automatic cognitive processing models of primary choice, Journal of Advertising Research, 32 (1992), November, S. 59 - 78.

Woodside, A.G.; Trappey, R.J. III (1992b): Incorporating Competition in Attitude-Accessibility Models of Customers´ Primary Store Choice, in: Darden, W.R.; Lusch, R.F. (Hrsg.), The Cutting Edge, Proceedings of the 1991 Symposium on Patronage Behavior and Retail Strategy, Baton Rouge , LA: Loisiana State University, S. 295 - 310.

Internationales Handelsmanagement

Information als Erfolgsfaktor im internationalen Großhandelsunternehmen (International Trading-House - ITH)

Albert Gamper, Salzburg und Hubert F. Marschner, Innsbruck

In internationalen Handelsunternehmen sollte die Gewinnung und Handhabung internationaler Informationsvorteile vor dem Hintergrund der zunehmenden Integration des Weltmarktes einen zentralen Stellenwert einnehmen. Der Beitrag stellt sowohl auf die internationale Marktinformation, deren Gewinnung und Handhabung sowie auf den Einsatz moderner Informationstechnologien ab. Eine europaweit angelegte Analyse diagnostiziert, daß Information in der Praxis als ambivalenter Erfolgsfaktor wahrgenommen wird.

1 EINLEITUNG

Im Zusammenhang mit der Gestaltung von Informationssystemen wurde das systematische Auffinden von Schlüsselinformationen (Daniel 1961, S. 111) über dominierende Einflußgrößen, trotz der Multikausalität des langfristigen Erfolgs, zu einem zentralen betriebswirtschaftlichen Forschungsanliegen. Der Identifikation strategischer Erfolgsfaktoren (Grünig/Heckner/Zeus 1996, S. 4 ff.), welche den langfristigen Erfolg internationaler Handelsunternehmen bestimmen, wurde bisher kein Augenmerk geschenkt.

Dieser Beitrag resultiert aus einem Forschungsprojekt zur „Position österreichischer Handelsunternehmen in der Europäischen Union" des österreichischen Fonds zur Förderung der wissenschaftlichen Forschung (FWF). Er konzentriert sich auf den internationalen institutionellen Großhandel Europas in Form des internationalen Handelshauses (Marschner 1993, S. 211 ff) bzw. des International Trading-houses - ITH (Multinational Trading Company - Balabanis, Baker 1993, S. 58). Als eigenständige, beachtenswerte Gruppe internationaler Unternehmen wird ihre viele Länder umspannende Handelstätigkeit zu einem herausragenden Merkmal internationaler Arbeitsteilung. ITH's lösen sich durch ihre geographische, sektorale bzw. funktionale Dezentralisierung aus dem direkten Wirkungsbereich (Broll 1993, S. 54 ff.) nationaler Betätigung. Neben dem internationalen Warenhandel sind damit globale Geld- und Kapitalbewegungen sowie der Technologietransfer verbunden.

Die hierzu erforderlichen weltweiten Informationen und deren Handhabung bilden den Kern der folgenden Überlegungen, Analysen und Interpretationsversuche. Aufbauend auf der Grundidee der Erfolgsfaktorenforschung (Bullen/Rockart 1981, S. 35) im Handelsunternehmen wird unterstellt, daß internationale Erfolge von ITH's auf einer begrenzten Zahl von Einflußfaktoren beruhen bzw. zumindest situativ erklärbar sind. Um diese Einflußfaktoren zu ermitteln oder zu analysieren, werden ausgewählte strukturelle, institutionelle und funktionale Variable von ITH's in einer Erfolgsanalyse zueinander in Beziehung gesetzt und die Ergebnisse in selektiver Form präsentiert. Unter diesen Einflußfaktoren nimmt die Information und deren Handhabung einen zentralen Stellenwert ein.

2 INFORMATION ALS FORSCHUNGSFELD EINER INTERNATIONALEN HANDELSWISSENSCHAFT

2.1 Die Erfassung des Konstrukts Information

Nach neuerer Auffassung bilden Energie, Materie und Information die drei wichtigsten Grundbegriffe der Natur- (und Ingenieur-) Wissenschaften.

Eine allgemeine Wissenschaft der Information scheint noch in weiter Ferne. Die „Klassische Informationstheorie" (Shannon, Weaver 1949) beschäftigt sich mit dem informationsrelevanten Teil einer Theorie der Nachrichtenübertragung (elektrische Signalübertragung). Die exakt definierte Information der Nachrichtentechnik ist aber etwas anderes als die z.Z. noch intuitiv aufzufassende Information in der Informatik (Völz 1991, S. 6).

Um „Information" in der Erfolgsfaktorenforschung im Handel (Ahlert/Schröder 1993; Hentze/Kammel 1994; Hildebrandt/Trommsdorff 1989; Meyer 1991; Schröder 1994) einsetzen zu können, bedarf es definitorischer Präzisierungen (Chmielewicz 1979, S. 55 f., S. 119), denn auch in der Handelswissenschaft besteht noch erheblicher Einigungsbedarf über das Wesen und die Inhalte von Information (Trommsdorff 1995).

Information als Nachricht bezeichnet eine von Menschen für Menschen gegebene Mitteilung und kann von Signalen, Symbolen u.a. unterschieden werden. Zwischen Information, Nachricht, Mitteilung, Message, Botschaft, Auskunft, Aufklärung, Belehrung (Lutz/Roithmayr 1992) etc. wird aber ebenso häufig differenziert wie diese Begriffe auch synonym verwendet werden.

Für den vorgelegten Beitrag wird der Begriff *Information systemorientiert* mit folgenden Sachverhaltsgruppen (*Abbildung 1*) umschrieben:

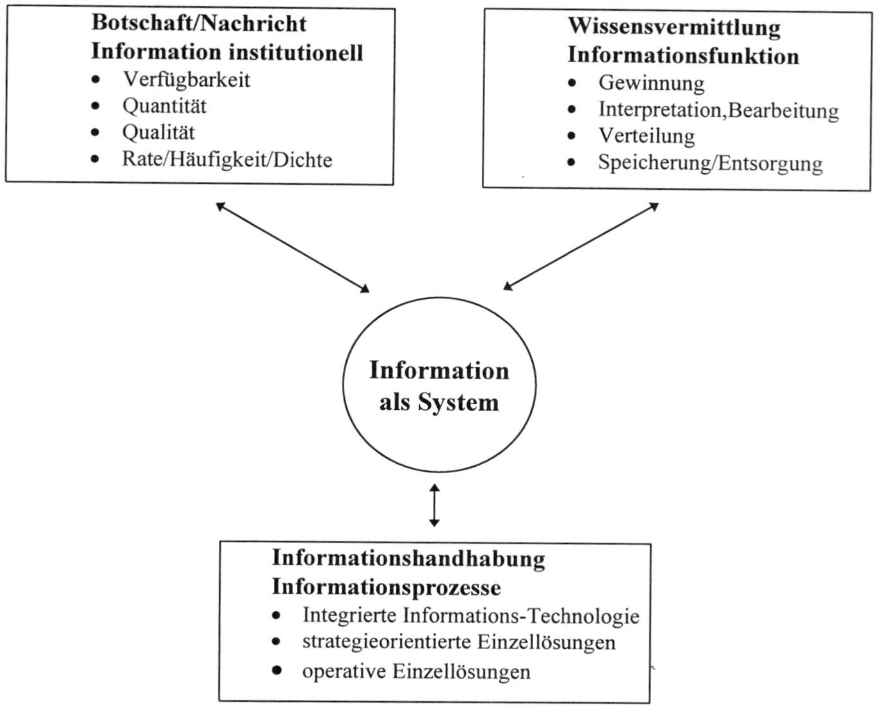

Abbildung 1: Strukturierung von Information

Die Information erfüllt ihre Funktion durch *Wissensmehrung* im ITH und damit zur Entscheidungs- bzw. Handlungsunterstützung. Ferner scheint das Informationsproblem für ITH's sowohl als Informationshypertrophie als auch als Informationsinterpretationsproblem relevant. Im einen Falle kommt es zur Nachrichtenüberflutung mit dem dazugehörigen Selektionsproblem, im anderen Falle kommt es zum Methodenproblem, nämlich brauchbare Algorithmen zu finden bzw. zu entwickeln, welche Deutungen zulassen.

Das zentrale Anliegen dieses Beitrags bezieht sich auf die wirtschaftliche Versorgung (Augustin 1990) des internationalen Handelsunternehmens (Informationsfunktion) mit relevanten Informationen (institutionelle Wissenskomponente) als Erfolgsfaktor. Dabei erhält die Informationstechnologie (Verarbeitungsprozeß) naturgemäß einen besonderen Stellenwert.

2.2 Existenzbegründende Information in internationalen Handelsunternehmen aus handelswissenschaftlicher Sicht

Literaturanalysen (Algermissen 1975) zur Handelsbetriebslehre weisen nach, daß jede systematische Handelstätigkeit spezielle Informationen zur Generierung von Wettbewerbsvorteilen benötigt. Historisierend belegen Jaeck (1979, über Urzeit und Antike) und Braudel (1985, über das Mittelalter) den Wert des grenzüberschreitenden Informationsaustauschs, so daß die Geschichte der Menschheit auch die Geschichte grenzüberschreitenden Handels ist. Aus volkswirtschaftlicher Sicht wird der handelsrelevante Informationsaspekt nicht näher analysiert, da (internationale) Handelsunternehmen aus der Theorie wegdefiniert sind (Schneider 1985; Marschner 1993). Die Betriebsinformatik widmet sich den Informationsprozessen, insbes. von Produktionsunternehmen (Scheer 1995; Reichwald 1992), eine wissenschaftliche Durchdringung des Informationsaspekts im Rahmen von „International Management" fehlt bisher und internationale Handelsunternehmen stehen nicht im Zentrum wissenschaftlicher Beachtung (Dichtl/Lingenfelder/Müller 1991).

Defizite der Handelswissenschaften dürften neben universitären Kapazitätsproblemen daraus resultieren, daß der institutionelle Handel an seiner wissenschaftlichen Durchdringung weniger interessiert scheint: Zwei Drittel der privat finanzierten Handelsforschungsprojekte Europas werden durch die Konsumgüter- und Elektronikindustrie finanziert (Covi/Marschner 1994), Ergebnisse universiätsbezogener Forschungskooperationen von ITH's wurden bisher nicht bekannt.

2.3 Information als kritischer Erfolgsfaktor zur Existenzsicherung im ITH

Als Erfolgsfaktor wird in Anlehnung an Grunert/Ellegaard (1993, S. 245) ein strategisch abgrenzbares Element verstanden, welches über Ressourcen bzw. Fähigkeiten aufgebaut und abgesichert werden kann. Ein Erfolgsfaktor kann vom ITH im internationalen Wettbewerb zur Existenzsicherung oder zum Wachstum durch Erzielung von Nutzen- und/oder Kostenvorteilen eingesetzt werden. Wissen bzw. Know-How steht in engem Zusammenhang mit der Schaffung solcher Kernkompetenzen (Fink 1994).

Information als Ressource definiert, wird als internationale Marktinformation entweder vom ITH exogen beschafft und gefiltert oder als Betriebsinformation intern evaluiert. Neben der Informationsnachfrage und dem Informationsangebot (Qualität, Quantität und Kongruenz) stellt die Informationshandhabung das zentrale Element zur Steuerung des internationalen Handelsunternehmens dar. Internationale Handelsstrategien erfordern konsequenterweise optimal angepaßte Organisationsstrukturen zur Informationshandhabung.

Wie differenziert die praktische Lösung des Problems ausfällt, zeigt im internationalen Vergleich das Beispiel der japanischen Generalhandelshäuser („Sogo Shosha",

Marschner 1993), welche im Gegensatz zu europäischen Systemen über ein globales Kommunkationsnetz zur Informationsbewältigung verfügen.

Für das Forschungsprojekt wurde der ökonomische interne Erfolg eines ITH's herangezogen. Zur weiteren Präzisierung wurde auf den quantitativen Fünfjahres-Erfolg mit der Bedingung abgestellt, daß qualitative Erfolgsmerkmale sich (wenn auch zeitlich verschoben) darin abbilden müssen. Erfolgsfaktoren lassen sich unterschiedlich systematisieren. Neben den institutionellen Einflußfaktoren wurden die funktionalen und prozeßbezogenen Typen von Erfolgsfaktoren (Gamper 1995) verfolgt:

1) *Institutionelle Erfolgsfaktoren*:
   Als institutioneller Erfolgsfaktor i.e.S. ist es die internationale Marktinformation als Botschaft, die einen potentiellen und zu differenzierenden Erfolgsfaktor darstellt. Strukturelle Einflußfaktoren auf die Marktinformation ergeben sich aus der derzeitigen Situation des Unternehmens (Größe, Standort, Rechtsform, Branche etc.) Es wurden bestehende Ressourcen und deren informationsbezogene Erfolgsrelevanz analysiert.
2) *Funktionale Erfolgsfaktoren*:
   Besonders internationale Marktforschung, Kommunikation und Ausbildung sowie Kompetenz- bzw. Know-how-spezifische Elemente standen hier im Mittelpunkt der Untersuchung.
2) *Prozessbezogene Erfolgsfaktoren*:
   Dem Einsatz von technolgischen Informationssystemen wurde unter Managementaspekten Augenmerk geschenkt.

Unter den bisher identifizierten Erfolgsfaktoren in ITH's scheint es kritische und weniger kritische - und zwar nicht nur im Sinne von Chance und Risiko - sondern auch solche mit besonderer Empfindlichkeit zu geben. Deren Steuerung und Sicherung erweisen sich im internationalen Wettbewerb als vergleichsweise sensibel. Diese Sichtweise weicht von bisherigen Erkenntnissen zu kritischen Erfolgsfaktoren (Hoffmann 1986, S. 831 ff.) ab.

3 ERFOLGSFAKTORENANALYSE EUROPÄISCHER ITH'S

3.1 Das Untersuchungsdesign des Forschungsprojekts „International Tradinghouses" in Europa

In der explorativen Phase wurden jene Großformen des internationalen Handels identifiziert, welche sich international mit dem institutionellen Großhandel in Form von Volumensgeschäften (z.B. große Mengen Getreide, Komponenten) und/oder hohen Transaktionswerten (z.B. Handel mit Industrieanlagen, Flugzeugen) beschäftigen. In dieser ausgedehnten Phase (1992/1993) zeigte sich , daß ITH's nicht in allen europäischen Staaten existieren. Vor allem in Großbritannien, Frankreich, Schweiz, Deutschland,

Niederlande und Österreich sind sie nachweisbar, hingegen in den skandinavischen Ländern nur in geringem Umfang und in Griechenland, Spanien und Italien kaum existent.

Ein Hauptaugenmerk wurde im verfolgten Forschungsprojekt zu internationalen Trading-houses auf den Faktor Information als existenzsicherndes und/oder erfolgsbegründendes Element im Rahmen des situativen Forschungsansatzes gelegt. In einem theoretischen Erfolgsfaktorenmodell wurden unterschiedliche wissenschaftliche Ansätze miteinander verknüpft (institutionelle, funktionale, systemorientierte und verhaltensorientierte Perspektiven) und empirisch getestet. Um den vielfältigen Anforderungen des Forschungsprojekts gerecht zu werden, und um den konfirmatorischen Charakter der Untersuchung auf eine breitere Basis zu stellen, wurden auch andere ökonomische Ansätze zur Generierung eines allgemeinen Erfolgsfaktorenmodells für ITH's als Großbetriebsformen des internationalen Großhandels herangezogen (z.B. psychologische, entscheidungsorientierte, volkswirtschafts- und außenhandelstheoretische Ansätze).

Von rund 600 nach der zugrundeliegenden Systematik identifizierten internationalen Großhandelsunternehmen konnten 1994 nach Pretests 106 Antwortbögen einer schriftlichen Befragung (18%) ausgewertet werden. Wie in solchen Fällen üblich, erhebt auch diese Untersuchung keinen Anspruch auf Repräsentativität.

Die diesem Beitrag zugrundeliegenden, in Form von Statements abgefragten Hypothesen, die detaillierten Ergebnisse und die sich aus den durchgeführten Analysen ergebenden faktoriellen Besonderheiten sowie Schlußfolgerungen daraus werden, soweit nicht angeführt, an anderer Stelle (Gamper 1995) zugänglich gemacht.

3.2 Die informationsrelevanten Erfolgsfaktoren in europäischen ITH's

Um einen Eindruck zu vermitteln, führen wir die Bandbreiten von Größenindikatoren an, welche die europäischen ITH's der Untersuchung aufwiesen:

- Zahl der Mitarbeiter: 10 bis 27 000
- Umsatzhöhe in ATS: 20 Mio bis 358 Mrd (ca. DM 3 Mio bis 51 Mrd)
- Zahl der Auslandsniederlassungen: 0 bis 460

Zwischen den Rängen der drei Variablen bestehen jeweils positive lineare Zusammenhänge (Spearman Korrelations-Koeffizient): Je höher der Umsatz, desto höher die Zahl der Niederlassungen bzw. die Zahl der Mitarbeiter. Daraus folgte, daß diese Bandbreiten für die Untersuchung operationalisiert werden mußten, indem verschiedene Kategorisierungen durchgeführt wurden. Im allgemeinen wurde auf einen synthetischen Größenindikator zurückgegriffen, welcher aus der Zahl der Mitarbeiter bzw. Niederlassungen gebildet wurde und drei Größentypen von ITH's ergab (kleine, mittlere und große ITH's). Ferner wurden vier Umsatzkategorien (geringe, mittlere, große und sehr große Umsatzvolumina) gebildet.

Die Erfassung von Erfolgsfaktoren erfordert die Trennung erfolgreicher von nicht erfolgreichen Trading-houses. Für die empirische Untersuchung erschien es aufgrund der Problematik der qualitativen Erfolgsmessung zweckmäßiger, den Unternehmungserfolg mit Hilfe quantitativ meßbarer Indikatoren zu bestimmen. Gleichzeitig wird festgestellt, daß der ökonomische Erfolg nur dann erzielt werden kann, wenn auch die qualitative Dimension des Erfolges in der Unternehmensstrategie Berücksichtigung findet. Ferner wurde nicht auf einen Zeitpunkt zur Erfolgsbestimmung abgestellt, sondern ein Zeitraum von fünf Jahren bestimmt, innerhalb dessen Angaben zu den Variablen erfolgen sollten. Immerhin 34% der ITH's weisen weder eine Veränderung des Umsatzes oder der Zahl der Niederlassungen noch der Gewinnspanne innerhalb der letzten 5 Jahre aus (bis 1994).

Es wurden im Rahmen der Untersuchung zwei Erfolgsdimensionen für ITH's kategorisiert und hinsichtlich signifikanter Unterschiede überprüft: Dazu wurden für die Erfolgskategorie I fünf Erfolgsindikatoren benutzt, für die Erfolgsdimension II hingegen drei Indikatoren herangezogen. Dort, wo signifikante Zusammenhänge zwischen Erfolg und untersuchtem Einflußfaktor festzustellen waren, wurde ein Erfolgsfaktor identifiziert.

Die Frage nach der Stärke des Zusammenhanges zwischen Erfolg und den Erfolgsfaktoren wurde zu einem Schlüsselproblem. Die Messung erfolgte mit Hilfe eines Kontingenzmaßes. Unter Berücksichtigung des Skalenniveaus und der Abhängigkeit der Variable war der entsprechende Koeffizient heranzuziehen. Für die vorliegenden Fälle wurden die beiden Koeffizienten Kendall T_b (für ordinal skalierte Variable) sowie Cramers V (für nominal skalierte Variable) herangezogen. Weitere Erläuterungen zu den nicht-parametrischen Testverfahren finden sich bei Gamper (1995, S. 274 ff.).

3.2.1 Der institutionelle Faktor Information und Informationsquellen als Ressource

Die Information als Botschaft wird durch Informationsnachfrage und Informationsangebot auf internationalen Märkten in ihrem Wert bestimmt.

Es besteht Grund zur Annahme, daß ein Zusammenhang zwischen Qualität, Quantität und Kongruenz von Marktinformationen einerseits und der eingesetzten Informationstechnologie andererseits besteht: Wir waren der Ansicht, daß ITH's als Großbetriebsformen des internationalen Großhandels gegenüber sonstigen internationalen Konkurrenten über ausgeklügelte Methoden zur Generierung, Sicherung und Wahrung von erfolgsrelevanten Informationsvorteilen, z.B. in Form von aktiver und/oder selektiver Marktforschung verfügen würden.

a) Erfolgsrelevanz internationaler Marktinformationen:

Der Marktinformation wird von allen untersuchten ITH's Bedeutung zugemessen, doch lediglich für ganz große ITH's wird unsere diesbezügliche Annahme gestützt. Mit faktoranalytischen Methoden läßt sich kein eindeutig relevanter Erfolgsbezug ablesen. Insgesamt spielen Marktneuigkeiten bei weitem nicht jene Rolle, die wir ihnen hypothetisch zugedacht haben. Das bestehende Informationsniveau scheint ausreichend zu sein. Für die Gewinnung relevanter Marktinformationen können Kundenbesuche im Ausland und der Besuch internationaler Messen bedeutsam sein. Von einiger Bedeutung für Informationen erweist sich die Zahl der internationalen Niederlassungen und offenbar auch die langfristigen Beziehungen zu internationalen Märkten. Für weit mehr als die Hälfte der analysierten ITH's (60%) spielt die Verbundenheit mit bestimmten Kulturkreisen eine Rolle. Obwohl keine signifikanten Unterschiede feststellbar sind, trifft dies vor allem auf französische, britische und niederländische Handelshäuser zu. Interessanterweise sind dies die ITH's jener Länder, welche mehr (Holland, Großbritannien) oder weniger (Frankreich) erfolgreich auf die Gründung und Führung von Ost-Indien-Gesellschaften zurückblicken können. Für belgische ITH's scheint keine Bindung feststellbar, für deutsche, österreichische und schweizerische ITH's lassen sich keine eindeutigen Aussagen treffen.

Diese für uns überraschenden generellen Erkenntnisse werden im wesentlichen durch strukturelle Besonderheiten (insbes. Größe) von ITH's und die Analysen zur Informationsgewinnung und Informationshandhabung weiter gestützt.

a) Informationsrelevante strukturelle Faktoren europäischer ITH's:

Wie vermutet, besteht z.T. ein Zusammenhang zwischen Information und strukturellen Eigenheiten von ITH's. Da hiervon das Niveau (Intensität und Qualität) von Marktinformationen betroffen scheint, wird hier ein Auszug der Ergebnisse präsentiert, die sich auf diesen Zusammenhang beziehen.

(1) Größe: Sowohl nach Umsatzgröße als auch nach der Zahl der Niederlassungen und/oder Mitarbeiter besteht ein signifikanter Zusammenhang zwischen Größe eines ITH's und seinem Erfolg: Große ITH's erweisen sich als erfolgreicher. Sie verfügen aufgrund ihres Ressourcen-Potentials über Vorteile in der Erschließung neuer Märkte. Die Unternehmensgröße erleichtert somit den internationalen Zugang bzw. Markteintritt. Kleine ITH's haben ihrerseits die Flexibilität (Marschner 1996), auf Veränderungen internationaler Märkte rasch reagieren zu können. Nach der Zahl der Beschäftigten sind ITH's überwiegend als mittelständische Unternehmen, im Vergleich zu den USA oder Japan hingegen eher als Kleinunternehmen zu bezeichnen. Rund ein Viertel dieser europäischen Trading-houses wies einen Umsatz von mehr als 5 Mrd. ATS aus. Rund 30 Prozent der ausgewerteten europäischen Trading-houses weisen keine Auslandsniederlassungen aus, hingegen knapp ein Viertel mehr als vier solcher Einrichtungen.

(2) Standort: Für rund die Hälfte der untersuchten ITH's stellt die Bewertung von Informationen über logistische Einrichtungen des Standorts einen relevanten Faktor dar. Für die andere Hälfte ergab dies keinen erfolgsrelevanten Faktor. Allerdings: wenn die Transaktionsform „Streckengeschäft“ und die globale Informationsverfügbarkeit zusammentreffen, so kann von jedem beliebigen Punkt der Erde aus eine Handelsbeziehung verfolgt werden. Überprüfenswert scheinen die Ergebnisse hinsichtlich der geringen Relevanz von Beschaffungs- und Absatzmärkten als Erfolgsfaktor für den Standort des Trading-houses. Zumindest für die internationalen Niederlassungen dürften diese Standortfaktoren bedeutsam sein, wie sich aus anderen Ergebnissen hinsichtlich der Marktbearbeitung ableiten läßt. Ein diffuses Bild bieten die staatlichen Rahmenbedingungen als Standortfaktor.

(3) Rechtsform: Mit rund zwei Drittel der ausgewiesenen Antworten stellt die Kapitalgesellschaft nicht nur die am häufigsten vertretene Rechtsform dar, sondern diese beeinflußt offensichtlich auch den Unternehmenserfolg: Immerhin sind diese Trading-houses zu über 80% erfolgreich, hingegen nur 42% der Einzelunternehmen und 65% der Personengesellschaften. Von Interesse, wenngleich nicht weiter verfolgt, ist der Gründungszeitraum bzw. das Unternehmensalter : Rund 30% wurden vor 1920 gegründet, insgesamt die Hälfte der europäischen Trading-houses firmierten bereits vor 1945 und 35% zwischen 1945 und 1980. Seither scheint es eine Art Gründungsboom gegeben zu haben, denn fast ein Fünftel wurde in den letzten 15 Jahren gegründet.

(1) Branche/Sortiment: Der gehandelte Warenkreis determiniert die Branchenzugehörigkeit und i.d.R. die Wettbewerbs- bzw. Marktsituation. Abgesehen von Konsumgütern i.w.S. (17%) steht der Handel mit Rohstoffen mit jeweils rund 16% an erster Stelle unter den Sortimentsschwerpunkten der ITH's, gefolgt von Investitionsgütern und Halbfertigwaren (je ca. 11%) sowie High-tech-Produkten (10%). Von den ausgewerteten Einheiten weisen rund die Hälfte (53%) ein schmales und 35% ein mittleres Sortiment aus. Gut 12% hingegen haben ein breites Sortiment. Die Zahl der „Generalhandelshäuser" mit mehreren Warengruppen und breitem Sortiment ist unter den ITH's gering (12%). Mehr als die Hälfte handelt innerhalb eng definierter Sortimentsgrenzen, ein Drittel verfügt über ein breiteres Sortiment mit vor- bzw. nachgelagerten Sortimentsfunktionen (Manipulation, Veredelung etc.). Zwischen Unternehmenserfolg und Sortimentsstruktur lassen sich aufgrund der sortimentsbezogenen zersplitterten Daten nur schwach erfolgsrelevante Zusammenhänge ableiten. Jedenfalls scheinen Massenwaren weniger erfolgsträchtig zu sein als etwa Konsumgüter. Rohstoffe und Halbfertigprodukte bieten immer noch Chancen, während sich für die übrigen Sortimentskategorien ein diffuses aber keineswegs negatives Bild ergibt. Die meisten der geführten Warenbereiche von ITH's beanspruchen wenig technisches Know-How.

(5) Transaktionsform und Relationship: Die Mehrzahl von rund 56% der europäischen Trading-houses zählt sich zu den internationalen Streckenhändlern. Es handelt sich dabei überwiegend um größere ITH's. Hingegen betreibt der Rest überwiegend das Lagergeschäft. Während der explorativen Vorarbeiten wurde die Bedeutung historisch determinierter Faktoren für die Entstehung von Handelshäusern deutlich und durch die Untersuchung bestätigt: In ITH's besteht eine deutliche Neigung, den Aufbau von Geschäftsverbindungen stets auch unter längerfristigen Aspekten zu sehen. Darüber hinaus ist eine deutliche Tendenz (knapp 70%) zu beobachten, daß ITH's Geschäftsverbindungen zu jenen Ländern herzustellen suchen, zu denen bereits historisch gewachsene Beziehungen bestehen.

3.2.2 Der funktionale Faktor Information und informationsrelevante Fähigkeiten in ITH's

a) Informationsgewinnung

Die einzelnen ermittelten Werte dokumentieren jeweils einen schwachen Zusammenhang zwischen funktionalen Erfolgsfaktoren und den kategorisierten Erfolgstypen europäisch-internationaler Trading-houses.

(1) Gewinnung von Marktinformationen: Internationale Marktforschung und Marktanalysen sowie die Anpassungsfähigkeit an internationale Marktveränderungen haben naturgemäß einen besonderen Stellenwert für 60% der ITH's, während der Rest wenig Interesse an gezielter Gewinnung von Marktinformationen zeigt. Die Interdependenz mit der institutionellen Marktinformation ist somit evident. Im Rahmen der Faktoranalyse zeigt sich, daß das Informationsverhaltens nicht generell als signifikanter Erfolgsfaktor wahrgenommen wird. Nur die größeren ITH's sind über ihre Wettbewerbssituation auf internationalen Märkten informiert, kleinere ITH's kennen weder ihre direkten noch indirekten, geschweige denn internationalen Mitbewerber. Informationsrelevante Faktoren, welche kundenbezogene Maßnahmen betreffen, wurden durch die Analysen in eine Beziehung zum Erfolg gebracht: So werden z.B. Kommunikation und Sprachkenntnisse als Erfolgsfaktor gewertet. Wir fanden aber keine Hinweise darauf, daß eine Veränderung des international marktrelevanten Informationsniveaus angestrebt würde.

(2) Methodischer Umgang mit Marktinformationen: Strategische Planung erfordert u.a. den Einsatz verschiedener Analysetechniken. Wir vermuteten, daß erfolgreiche Trading-houses über ein komplexes, häufig EDV-unterstütztes System zur Erstellung von Prognosen oder Szenarien zur Beurteilung der Entwicklung internationaler Produkt- bzw. Ländermärkte verfügen. Die Beobachtung von internationalen Märkten, um rechtzeitig auf Veränderungen reagieren zu können, halten knapp 73%, also die überwiegende Mehrheit, für sinnvoll. Internationale Marktbeobachtung kann also als (selbstverständlicher) informationsbezogener Erfolgsfaktor gewertet werden. Präzise und systematische Analysen haben jedoch geringere praktische Bedeutung, obwohl sie als Erfolgsfaktor zu werten wären: Von den erfolgreichen bzw. sehr erfolgreichen Handelshäusern benutzen rund zwei Drittel der Befragten ein System von Analysetechniken, während 73% der wenig erfolgreichen Trading-houses dies offensichtlich nicht tun. Je erfolgreicher ein Trading-house ist, desto eher setzt es moderne Instrumente der Unternehmungsführung im Rahmen der strategischen Planung ein. Es handelt sich hier um einen Erfolgsfaktor.

(3) Sensibilisierung von Mitarbeitern: Die Erfolgsbeziehung aus den Anforderungen an die Mitarbeiter, deren Aus- und Weiterbildung sowie Spezialfähigkeiten werden ebensowenig als Erfolgsfaktoren gesehen wie die Mitarbeiterrekrutierung aus dem jeweiligen Gastland (Heimvorteil, native Speaker). Ähnliches gilt für die strategische, fachliche und soziale Kompetenz der Führung internationaler Trading-houses.

b) Informationsrelevante Fähigkeiten von ITH's

(1) Organisatorische Fähigkeiten: Wir haben auf die Bedeutung der Dezentralisierung von ITH's bereits hingewiesen. Nach der Analyse des Wertes „Cramers V" sind insbesondere dezentrale Organisationsformen als Erfolgsfaktor zu werten. Der Aufbau von Absatzorganisationen auf internationalen Märkten und die Autonomie der Niederlassungen scheinen als anzustrebende Erfolgsfaktoren auf, was jedoch teilweise im Widerspruch zu den gewonnen realen Informationen hinsichtlich der Verbreitung und Führung von Niederlassungen steht (vgl. *Abbildung 2)*.

(2) Fähigkeit zur Beurteilung des Zeitpunkts des Markteintritts: Informationen über den Zeitpunkt des internationalen Eintritts in neue Märkte scheinen selektiv eine Rolle zu spielen. Jedenfalls üben Trading-houses - entgegen den Vermutungen zur Ausübung von Handelsfunktionen - keine Pionierrolle auf Absatzmärkten aus: 55% Verneinung stehen lediglich 18% Bejahung gegenüber, während der Rest eher indifferent bis diffus antwortet. Wenn überhaupt, so ist diese Fähigkeit noch am ehesten für größere Trading-houses nachweisbar, was nicht zuletzt auch auf die (überwiegend wenig anspruchsvolle) Art der geführten Sortimente zurückzuführen sein dürfte.

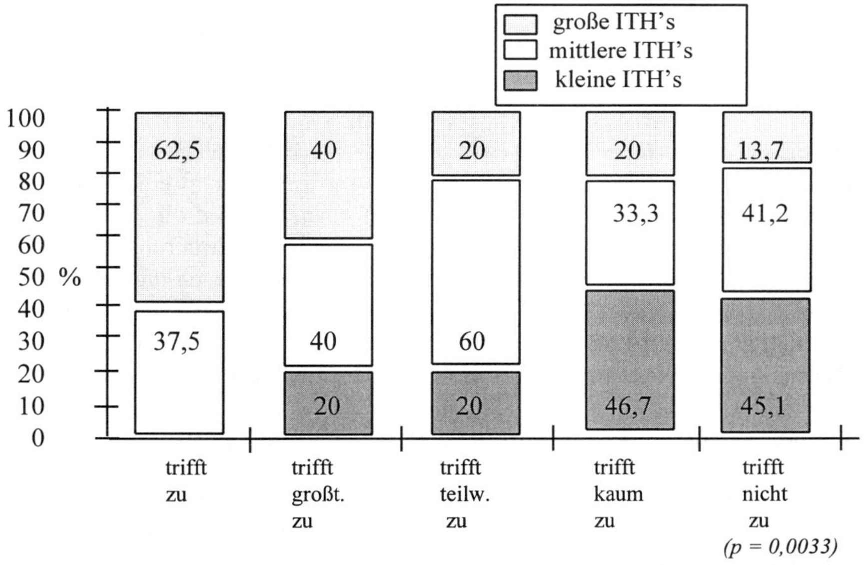

Abbildung 2: Zusammenhang zwischen internationaler Absatzorganisation und Unternehmungsgröße (Gamper S. 209, IHAM Innsbruck 1996)

(3) Kontrahierungsfähigkeiten: Die Untersuchung ging von der Hypothese der Fähigkeit bzw. des Einsatzes einer aktiven und international differenzierten Preispolitik aus. Wir mußten zur Kenntnis nehmen, daß dies für ein Drittel der europäischen Trading-houses zutrifft, für ein weiteres Drittel nicht, und der Rest sich lediglich teilweise mit dem zugehörigen Statement identifizieren konnte. Wir nahmen ferner an, daß die Fähigkeiten, das Finanzierungsinstrumentarium international effizient einzusetzen, für den Erfolg relevant sein müßte. 51% der Befragten stimmen der Aussage kaum bzw. nur teilweise zu. Für lediglich 13% trifft die Bedeutung des komplexen Finanzierungssystems voll zu. Insgesamt muß die derzeitige Bedeutung des Einsatzes eines differenzierten Finanzierungssystems im internationalen Handel als eher gering eingestuft werden. Der finanziellen Risikoübernahme, insbes. bei Exportgeschäften, wird aber von knapp zwei Dritteln der Unternehmen Bedeutung beigemessen. Die Gewährung von Zahlungszielen im internationalen Geschäft ist für knapp mehr als die Hälfte der ITH's von zentralem Interesse. Der Importfinanzierung hingegen kommt weniger Gewicht zu, wird jedoch von einem Drittel der antwortenden Unternehmen als effizient empfunden.

(4) Fähigkeiten zum Countertrade (CT): Internationale Gegengeschäfte, vor allem Commercial Countertrade und seine Spielarten (Marschner 1989, S. 235 ff.), können aus unterschiedlichem Blickwinkel betrachtet werden: Als *Finanzierungsinstrument* von Hauptgeschäften dient CT der Realisierung des Veräußerungserlös und wird als unumgängliches Übel betrachtet. Als *Marketinginstrument* dient es der Erschließung sonst unzugänglicher Märkte bzw. Transaktionen und dient der innovativen Marktausweitung bzw. Unternehmensexpansion. Als *Dienstleistung* bekommt CT den Charakter von Value Adding im Sinne eines Gesamtleistungspakets der Sortiments- und Programmpolitik. Insgesamt erachten rund 30% der Trading-houses solche CT-Fähigkeiten für bedeutsam.

(5) Sonstige Service-orientierte Fähigkeiten: Logistische Fähigkeiten spielen entgegen den formulierten Hypothesen mit 79% negativer Antworten kaum eine Rolle und deuten in Zusammenhang mit gewonnenen Standortinformationen auf die Auslagerung dieser Funktion hin. Die im Vorfeld der Untersuchung geäußerte Vermutung, daß internationale Handelsunternehmen sich von der Technologieentwicklung im internationalen Handelssortiment „verabschiedet" bzw. dieser noch nicht zugewandt haben, wurde weitgehend bestätigt: Für nur rund ein Drittel der europäischen Trading-houses spielen technische Wartung (Gewährleistung, Reparatur) und/oder Engineering eine Rolle.

3.2.3 Prozessuale Aspekte der Information als Erfolgsfaktor in ITH's

Technisches Kommunikations-Know-How und Einsatz von Informationssystemen sind in modernen internationalen Unternehmen eng miteinander verbunden. Eine Reihe von Fragen setzte sich daher mit dem Einsatz neuer Informations- und Kommunikationstechnologien im internationalen Handel auseinander. Sie werden künftig einerseits Systembestandteil der Unternehmung sein, andererseits wird ihnen selbst systemimmanenter Charakter zukommen. Dies gilt besonders für einzelne informationsrelevante

Technologiesysteme, die für künftig bedeutsam erachtet werden, deren Anwendung jedoch real noch nicht weit fortgeschritten scheint. Zur Erinnerung: Trading-houses sind global operierende Unternehmungen.

(1) Management Informationssystem: Es wurde vermutet, daß der Einsatz moderner Management-Informations- und Kommunikationssysteme insbesondere für international tätige Handelsunternehmungen vorteilhaft ist. Beinahe drei Viertel der antwortenden Trading-houses (73%) verfügt aber über kein derartiges System bzw. hat ein System nur ansatzweise zur Verfügung. Lediglich 9% stimmen der Aussage zu. Der Einsatz eines Informationssystems ist für große bzw. erfolgreiche Trading-houses symptomatisch, wenngleich es sich nicht um einen statistisch abgesicherten Erfolgsfaktor handelt.

(2) EDV-gestütztes Kostenrechnungssystem: Eine Analyse hinsichtlich des Zusammenhangs zwischen Einsatz eines Kostenrechnungssystems und der Unternehmungsgröße zeigt, daß klare Unterschiede zwischen den drei benutzten Größenkategorien bestehen. Mit zunehmender Unternehmungsgröße wird auf den Einsatz eines EDV-unterstützten Kostenrechnungssystems zurückgegriffen: Während 76% der großen Trading-houses der Aussage zustimmen, sind es 43% der kleinen Handelshäuser, die ihr zustimmen. Es wird damit die Frage relevant, ob dieses System einen Erfolgsfaktor darstellt. Der Zusammenhang zwischen dem Erfolg eines ITH's und dem Einsatz eines Kostenrechnungssystems ist signifikant. Weniger erfolgreiche ITH's verfügen über kein derartiges System.

(3) Rechnergestütztes internationales Warenwirtschaftssystem (IWWS): Die grenzüberschreitende physische Warenbewegung ist Teil der Handelsleistung eines internationalen Trading-houses. Insbesondere für lagerhaltende Trading-houses gewinnt der Einsatz moderner Warenwirtschaftssysteme an Bedeutung, aber auch im Streckengeschäft kann die Überwachung von Logistikprozessen informatorische Vorteile bringen. Rund ein Viertel der ITH's nutzen ein IWWS, mehr als ein Drittel der befragten Unternehmungen verfügt über kein IWWS. Insgesamt verfügt rund die Hälfte der ausgewerteten ITH's zumindest ansatzweise über ein derartiges System. Die Einrichtung eines IWWS wird auch durch die Umsatzhöhe determiniert. Es bestehen zwischen den einzelnen Größenkategorien Unterschiede: Mit zunehmender Unternehmungsgröße (nach Mitarbeiterzahl und Niederlassungen) nimmt die Häufigkeit des Einsatzes eines IWWS zu. Ist also ein rechnergestützes internationales Warenwirtschaftssystems als Erfolgsfaktor zu bewerten? Es bestehen zwischen den einzelnen Erfolgstypen Unterschiede. Für 45% der wenig erfolgreichen Trading-houses, für 40% der erfolgreichen und für 16% der sehr erfolgreichen Handelshäuser trifft das Statement nicht zu. Offenbar steht das Ausmaß des Erfolges einer Unternehmung in einem Zusammenhang mit dem Einsatz eines elektronisch unterstützten Warenwirtschaftssystems. Damit kann der Einsatz dieses Instrumentariums als Erfolgsfaktor betrachtet werden.

(4) Cash-Management-System: ITH's sind u.a. mit dem Problem konfrontiert, die Zahlungsabwicklung in verschiedenen internationalen Währungen durchzuführen. Es geht hierbei um die kurzfristige Disposition und Veranlagung von Zahlungsmitteln. Der Einsatz moderner elektronisch unterstützter Systeme vereinfacht diesen Prozeß. Nur eine Minderheit von 9% der befragten ITH's, meist umsatzstarke und/oder niederlassungsreiche (überdies erfolgreiche) Unternehmen, besitzt ein derartiges System. Mit der Analyse läßt sich nachweisen, daß der Einsatz dieses Systems durch die mittelständische Unternehmungsgröße offensichtlich verzögert wird. Trotz der geringen Verbreitung scheint sich zu bestätigen, daß der Einsatz eines derartigen Systems zur Steuerung der Zahlungsmittel den Unternehmenserfolg positiv beeinflußt.

4 DIE INFORMATIONSRELEVANTE INTERPRETATION DER EMPIRISCHEN HAUPTERGEBNISSE

Informationen sind für ein internationales Trading-house in funktionaler Hinsicht als Quer- und Längsschnittfunktion zur horizontalen und vertikalen Informationsvernetzung von Relevanz:

4.1 Internationale Marktinformation als Ressource bzw. institutioneller Erfolgsfaktor

Welche internationalen Marktinformationen als Botschaften sind für ein internationales Trading-house von Relevanz? Der Erfolgsfaktor „internationale Marktinformation" im internationalen Handelsunternehmen kann auf der institutionellen Systemebene als „Hard fact" evaluiert werden. Aus den Untersuchungsergebnissen läßt sich die Vermutung stützen, daß die Relevanz der internationalen Informationsbeschaffung determiniert wird durch:

- die Marktkenntnis (Status der internationalen Marktbearbeitung, Kenntnis der globalen und nationalen Konkurrenz bzw. Kunden)
- die Marktphase (Status der international differenzierten Marktreife hinsichtlich Angebots- und Nachfragepotential, differenzierter Status im Konjunkturzyklus)
- die geographische und kulturelle Distanz des zu bearbeitenden internationalen Marktes (internationale Konvergenz- und Differenzierungstrends, Verkürzung oder Vergrößerung der Distanzen).

Informationen über internationale Beschaffungs- und Absatzmärkte werden im internationalen Trading-house grundsätzlich verfügbar gemacht

- durch standardisierte Methoden der internationalen Marktforschung,
- durch internationale Niederlassungen bzw. Auslandsvertretungen,
- durch direkte und indirekte internationale Lieferanten- und Kundenkontakte,
- durch befreundete nationale und internationale Unternehmen (Banken, Versicherungen, Spediteure etc.),
- durch externe Stellen (z. B. staatliche Außenhandelsvertretungen, Regierungskontakte).

Die internationale Marktinformation als Botschaft entsteht überwiegend durch die Ausübung von internationalen Funktionen bzw. Herstellung von Kontakten. Die Untersuchung weist einen direkten Zusammenhang zwischen Unternehmensgröße und Erschließung neuer internationaler Märkte aus: Große Trading-houses sehen den raschen Zugang (Zeitinformation) zu neuen Absatzmärkten als wichtig an. Kleinere Trading-houses nehmen für sich in Anspruch, auf Veränderungsinformationen vergleichsweise flexibler reagieren zu können. Die Art der internationalen Kontakte und das Selbstverständnis des internationalen Trading-house als Informationsempfänger bestimmen somit die Qualität der internationalen Marktinformation.

4.2 Die Gewinnung und Handhabung internationaler Marktinformationen

Die Methodik der Informationsbeschaffung wird stark von institutionellen Unternehmensmerkmalen – insbesondere der Unternehmungsgröße – determiniert. Zwar halten 50% der untersuchten Trading-houses die internationale Marktforschung für sehr wichtig, die Operationalisisierung erfolgt jedoch selten auf dem Wege der Primärforschung. Häufig wird Sekundärmaterial als Informationsmedium zur Bearbeitung neuer Märkte herangezogen. Präzise Analysen vor dem Eintritt in neue Märkte werden von lediglich 16% der Befragten durchgeführt. In der Untersuchung als erfolgreich zu bezeichnende Trading-houses nutzen die Informationsgewinnung durch internationale Marktforschung vergleichsweise intensiver als weniger erfolgreiche Unternehmen.

Als Informationslieferanten dienen internationale Marktpartner sowohl auf der Beschaffungs- als auch auf der Absatzseite. Die internationale Kontaktpflege gilt allgemein als Voraussetzung für den längerfristigen Erfolg. Mehr als drei Viertel der Befragten stuft Kundenbesuche im Ausland als sehr wichtig ein, mehr als die Hälfte sieht auch in der Pflege der Kontakte auf Beschaffungsseite einen hohen Stellenwert. Die Präsenz auf internationalen Fachmessen – allerdings meist als Besucher und seltener als Aussteller – wird als wichtig erachtet. Eine untergeordnete Rolle als Informationslieferant für europäische Trading-houses spielen die meist staatlich finanzierten Auslandsorganisationen (Handelsattachés, Außenhandelsstellen). Lediglich ein Viertel der Befragten nutzt diese Stellen für die Informationsbeschaffung, wobei auf länderspezifische Unterschiede in der Verfügbarkeit derartiger Einrichtungen hinzuweisen ist.

Als zentrale Fragen stehen im Vordergrund: Wie können internationale Marktinformationen im Trading-house genutzt werden, welche Verteilungs- und Kontrollmechanismen stehen zur Verfügung?

Das von Johanson/Vahlne (1977, S. 23) entwickelte Internationalisierungsmodell sieht durch die Veränderung der Marktkenntnisse den Prozeß der Internationalisierung eines Unternehmens beeinflußt: ITH's überprüfen permanent ihre internationalen Aktivitäten hinsichtlich des erzielbaren Erfolgs und ziehen sich gegebenenfalls aus unattraktiv gewordenen internationalen Teilmärkten wieder zurück. Allerdings werden moderne Management-Methoden, z.B. Strategieplanungssysteme und Analysemethoden, wie Szenariotechniken oder Länder- bzw. Sortimentsportfolios u.a.m. nur zögernd bzw. in großen - und derzeit erfolgreichen - ITH's eingesetzt.

Der Ausbau langfristiger Geschäftsbeziehungen erfolgt in der Regel stufenweise und nicht simultan. Mit zunehmendem Kenntnisgrad eines internationalen Teilmarktes werden weitere – meist durch ähnliche Merkmale verbundene – nationale Märkte bearbeitet. Voraussetzung für den Aufbau von internationaler Marktkenntnis ist offensichtlich die Präsenz auf diesen Märkten – entweder durch eigene Auslandsniederlassungen, durch Auslandsvertretungen – oder durch intensiven persönlichen Kontakt zu den internationalen Transaktionspartnern. Bemerkenswert in diesem Zusammenhang ist die positive Veränderung der Auslandsniederlassungen: Rund die Hälfte der Niederlassungen meldenden ITH's verzeichnet eine Vermehrung, lediglich 10% eine Verringerung. Aber: Ein knappes Drittel der ausgewerteten Trading-houses weist keine Auslandsniederlassungen und somit keine eigenen international-institutionellen Informationsquellen auf.

4.3 Informationstechnologie im ITH

Es überrascht, daß nur ca. 20% der befragten Trading-houses über ein einheitliches, weltweit vernetztes elektronisches Informations- und Kommunikationssystem verfügen. Die Übermittlung von Informationen von internationalen Niederlassungen an das Stammhaus vollzieht sich in der Regel auf traditionellem, meist telegraphischem Wege, selten jedoch mit Hilfe moderner EDV (EDI bzw. EDIFACT, Marschner 1996) bzw. sonstiger technischer Kommunikationsnetze (Funksatellit).

Für die Bewertung des Erfolges auf ausländischen Märkten sind insbesondere Instrumente des betrieblichen Controllings (Horvath 1989, S. 242 ff.) heranzuziehen. Für das Controlling von ITH's ergeben sich zwei Aktionsrichtungen: Controlling steuert die Informationsversorgung im Trading-house und fördert damit die Kommunikation. Dadurch trägt es zur Sicherung der Koordinationsfähigkeit der Unternehmensführung bei. Es unterstützt das Management der ausländischen Niederlassungen des Trading-houses und/oder die Auslandsvertretungen. Mit Ausnahme von Systemen zur Kostenrechnung finden technologische Innovationen zur Informationshandhabung nur zögernd Eingang in ITH's. Die Vernetzung der Niederlassungen oder die Integration von Marktpartnern wird zwar angestrebt, ihre Realisierung scheint jedoch noch in weiter Ferne.

Der Erfolgsfaktor „Information" im internationalen Handelsunternehmen kann auf der Systemebene als „Hard fact" evaluiert werden, der *Umgang* mit Information erfolgt hingegen häufig intuitiv. Informationen, die beispielsweise das betriebliche Controlling bereitstellt, stellen somit lediglich eine Entscheidungshilfe, nicht jedoch eine Entscheidungsbedingung dar.

5 ZUSAMMENFASSUNG UND AUSBLICK

Information wurde als „harter" Faktor, der den Erfolg determiniert, erfaßt. Objektiv meßbare Kriterien wurden zur Identifikation und Beurteilung dieser harten Erfolgsfaktoren herangezogen. Die systemische Bearbeitung der Information und die daraus resultierende Trennung in institutionelle, funktionale und prezesshafte Aspekte erwies sich als sinnvoll. Die Erfassung verhaltensbezogener Fähigkeiten, die notwendig sind, Informationen zu verwerten, gestaltete sich problematisch. Eine Ursache für dieses Phänomen liegt offensichtlich in der Nicht-Erfaßbarkeit einer Reihe psychisch determinierter Verhaltensmerkmale, die im Bereich der Irrationalität menschlichen Verhaltens zu liegen scheinen. Einige der ermittelten Erfolgsfaktoren erwiesen sich als ambivalent, andere als überaus erfolgssensibel.

Methodisch sei angemerkt, daß bei bisherigen Untersuchungen zur Erfolgsfaktorenforschung anscheinend immer von der Normalverteilungsannahme der Daten ausgegangen wurde. Wir hatten es mit dem gegenteiligen Problem zu tun: Durch die Nicht-Normalverteilung der Daten wurden die faktoriellen Zusammenhänge wesentlich schwächer ausgewiesen. Hätte man innerhalb der ITH's homogene Gruppen geschaffen und für diese eine Faktorenanalyse bzw. ein Lisrel gelegt, wären die Zusammenhänge vermutlich besser strukturierbar. Dann wären aber wiederum die einzelnen Gruppen sehr klein ausgefallen.

Unter den institutionellen informationsrelevanten Faktoren fällt auf, daß innerhalb der Großformen des internationalen europäischen Handels zwischen großen und kleinen ITH's recht deutliche Unterschiede nachweisbar sind und auch die Rechtsform eine erhebliche Bedeutung einnimmt. Funktional läßt sich beobachten, daß im Rahmen der Bedeutung von Qualität und Quantität von verfügbaren Informationen, in Struktur und Bedeutung der Informationsgewinnung nur bedingt Erfolgsfaktoren zu ermitteln sind. Die technologisch ausgebildeten, prozeßorientierten Informationssysteme für ITH's weisen hingegen deutlichen Erfolgsbezug aus.

Das sich aus den Untersuchungsergebnissen abzeichnende Bild des europäischen institutionellen Großhandels, besonders der International Trading-houses als Großbetriebsform des institutionell internationalen Handels, zeigt nicht ganz das erwartete Bild. Anstelle einer von deutlich identifizierbaren Erfolgsfaktoren gekennzeichneten Handelsunternehmen zeigt sich ein diffuses Bild der analysierten Betriebsform „International Trading-house". Insgesamt erweisen sich ITH`s als eher differenzierte und konservative Unternehmen, welche weniger durch aktive, sondern eher reaktive Marktteilnahme (nicht) auffallen. Moderne Managementtechniken und Informationstechnologien finden nur zögernd Eingang, in großen ITH`s allerdings schneller und intensiver als in kleineren Unternehmen. ITH's weisen gegenüber ihren internationalen produktionsorientierten Wettbewerbern (Hoffmann 1986, S. 831 ff.) offensichtlich Defizite auf.

Die Autoren betrachten die vorgelegte Auswahl an Ergebnissen als Diskussionsbeitrag im Rahmen wissenschaftlicher Erfahrung (Komrey 1991, S. 21), denn Information und Informationshandhabung im ITH erweisen sich insgesamt als bemerkenswert komplexer, ambivalenter und häufig auch sensibler Erfolgsfaktor.

LITERATUR

Ahlert, D.; Schröder H.: Strategische Erfolgsforschung im Handel - ein Forschungsprogramm, Arbeitspapier der Westfälischen Wilhelms-Universität Münster, Münster 1993

Algermissen, J.: Der Handelsbetrieb, eine typologische Studie aus absatzwirtschaftlicher Sicht, Frankfurt a.M., Zürich 1975.

Augustin, S.: Information als Wettbewerbsfaktor, Köln 1990.

Balabanis, G.I.; Baker. M.J.: Determinants and Directions of Trading Companies' Development in Europe. In: EJoM (27)9/1993, pp 58 - 76.

Braudel, F.: Sozialgeschichte des 15. - 18. Jahrhunderts, Der Handel, München 1986.

Broll, U.: Multinationale Unternehmen. In: WiSt 2/1993, S. 54 - 59.

Bullen, C. V.; Rockart J.F.: A Primer on critical success factors, CISR No. 69, Sloan WP No 1220/ 81, Center for Information Systems Research, Sloan School of Management, MIT 1981, pp. 35 - 48.

Chmielewicz, K.: Forschungkonzeptionen der Wirtschaftswissenschaft, 2. überarb. Auflg. 1979.

Covi, A.; Marschner, H.F.: Internationale Handelsforschung in Europa. In: Trommsdorff, V. (Hrsg.), Handelsforschung 1994/95, Jahrbuch der Forschungsstelle für den Handel, Wiesbaden 1994, S. 255 - 269.

Daniel, G.B:. Management Information Crisis. In: Harvard Business Review, 5/1961, S. 111, zitiert nach: Grünig, R.; Heckner F.; Zeus A., Identifikation strategischer Erfolgsfaktoren. In: Die Unternehmung 1/1996, S. 4 - 12.

Dichtl, E.; Lingenfelder, M.; Müller, St.: Die Internationalisierung des institutionellen Handels im Spiegel der Literatur. In: zfbf 12/1991, S. 1023 - 1047.

Erckert, V.; Scherf, J.: Informatiosmanagement am Beispiel eines Dienstleistungsunternehmens. In: Bullinger H.-J. (Hrsg.): Handbuch des Informationsmanagements im Unternehmen, Band I, München 1991, S.199 - 226.

Fink, K.: Dimensionen des Terminus Know-How, DA, Innsbruck 1994.

Gamper, A.: Erfolgsfaktoren im internationalen Handel am Beispiel europäischer Trading-houses, Innsbruck 1995.

Grünig, R.; Heckner, F.; Zeus, A.: Identifikation strategischer Erfolgsfaktoren. In: Die Unternehmung 1/1996, S. 4 - 12.

Grunert, K.; Ellegaard, Ch.: The concept of Key Success Factors - Theory and Method. In: Baker M.J. (Ed.): Perspectives on Marketing management, Vol III, Wiley, Chichester 1993, pp 245 - 273.

Hentze, J.; Kammel, A.: Erfolgsfaktoren im internationalen Management. In: Die Unternehmung 4/1994, S. 265 - 274.

Hildebrandt, L; Trommsdorff, V.: Anwendungen der Erfolgsfaktorenforschung im Handel. In: Trommsdorff V. (Hrsg.), Handelsforschung 1989, Wiesbaden 1989, S. 15 - 26.

Hoffmann, F.: Kritischer Erfolgsfaktoren - Erfahrungen in großen und mittelständischen Unternehmungen, in ZfBF 10/1986, S. 831 - 843.

Jaeck, H.-J.: Der Markt im Wandel der Jahrtausende, Berlin 1979.

Kromrey, H.: Empirische Sozialforschung, 5. Auflg., Heidelberg 1991.

Lutz, H.J.; Roithmayr, F.: Wirtschaftsinformatik-Lexikon, München, Wien 1992.

Marschner, H. F.: Die strategische Orientierung von Handelsbetrieben im Countertrade. In: Trommsdorff, V. (Hrsg.), Handelsforschung 1989, Jahrbuch der Forschungsstelle für den Handel, Wiesbaden, 1989, S. 235 - 251.

Marschner, H. F.: Eine Typologie europäisch-internationaler Handelsunternehmen. In: Trommsdorff V. (Hrsg.): Handelsforschung 1992/93, Wiesbaden 1993, S. 211 - 229.

Marschner, H. F.: Modellierung flexibilitätsorientierter integrierter Warenwirtschaftssysteme (IIWWS) für internationale Handelsunternehmen. In: JfB (1996 im Druck).

Reichwald, R. (Hrsg.): Marktnahe Produktion, Wiesbaden 1992.

Scheer, A.-W.: Wirtschaftsinformatik, Berlin et al 1995.

Schneider, D.: Die Unhaltbarkeit des Transaktionskostenansatzes für die „Markt oder Unternehmung"-Diskussion. In: ZfB 12/1985, S. 1237 - 1254.

Schröder, H.: Erfolgsfaktorenforschung im Handel. In: Marketing ZFP 2/1994, S. 89 - 105.

Shannon, C.; Weaver, W.: The mathematical Theories of Communication, Illinois 1949.

Trommsdorff, V. (Hrsg.): Handelsforschung 1995/96 (Informationsmanagement im Handel), Wiesbaden 1995.

Völz, H.: Grundlagen der Information, Berlin 1991, S. 6.

Revolution in der japanischen Distribution? Großunternehmen des Einzelhandels in einer Phase der Neuorientierung

Hendrik Meyer-Ohle, Tokyo

Veränderungen der Binnenhandelspolitik und im Verbraucherverhalten Anfang der 1990er Jahre haben zu einer Situation geführt, die in den japanischen Medien als "Revolution in der Distribution" bezeichnet wird und die im Einzelhandel in einer starken Intensivierung des Wettbewerbs ihren Ausdruck findet. Die bisher dominierenden Betreiber von großflächigen Supermärkten sehen ihre Unternehmensstrategien in Frage gestellt und haben mit einer umfassenden Neuorientierung begonnen. Deren Darstellung verdeutlicht den derzeitigen Entwicklungsstand des japanischen Einzelhandels und erlaubt Rückschlüsse auf zukünftige Entwicklungen in der japanischen Distribution, die auch für ausländische Unternehmen von Bedeutung sind, die auf dem japanischen Markt aktiv werden wollen.

1 EINFÜHRUNG

Die Darstellung des japanischen Einzelhandels in westlichen Veröffentlichungen ist heute zwiespältig. Häufig, und insbesondere im Zusammenhang mit Exportbemühungen nach Japan, dominiert noch das Bild eines Distributionssystems mit einer Vielzahl von Kleinstunternehmen (Sabel/Weiser 1995, S. 109), langen Distributionswegen und dominanten Herstellern. Auf der anderen Seite rangieren heute drei japanische Betreiber von großflächigen Supermärkten unter den zehn umsatzstärksten Einzelhändlern der Welt (Fortune 7.8.1995, S. F19 f.) und der führende amerikanische Betreiber von Convenience-Stores, Southland, wurde schon 1991 von seinem japanischen Franchisenehmer, Itô Yôkadô, übernommen (Sparke 1995). Gleichzeitig fallen japanische Einzelhändler durch ehrgeizige Pläne zur Erschließung der wachsenden Konsummärkte in Asien auf (Davies/Fergusson 1995).

Die weitergehende Betrachtung zeigt jedoch: Dieselben Großunternehmen, die zunehmend Anerkennung im Ausland finden und so das Image des japanischen Einzelhandels nach und nach verändern, sind auf ihrem Heimatmarkt inzwischen etablierte Unternehmen und blicken auf eine fast vierzigjährige Entwicklungsgeschichte zurück. In den

1990er Jahren sehen sie sich Veränderungen gegenüber, die sie zu einer drastischen Neuorientierung zwingen. Die Darstellung der Faktoren, die diesen Veränderungsdruck bewirken, des Handlungsbedarfs und der Reaktion führender Unternehmen der Supermarktwirtschaft steht im Mittelpunkt dieses Aufsatzes. Abschließend kann diskutiert werden, inwieweit sich aus den vorgestellten Veränderungen Konsequenzen für das gesamte japanische Distributionssystem und damit auch für die Stellung von ausländischen Unternehmen im japanischen Markt ergeben.

2 ENTWICKLUNG VON GROSSFILIALISTEN IM JAPANISCHEN EINZELHANDEL

Die Einführung des Warenhauses war die Grundlage der ersten Entwicklungswelle von Großunternehmen im japanischen Einzelhandel in den 1920er und 1930er Jahren und nach der Unterbrechung durch den Krieg in den frühen 1950er Jahren. Der Erlaß eines Warenhausgesetzes 1958 bremste jedoch die Expansion von Warenhausunternehmen. Die meisten Warenhausbetreiber konzentrieren sich bis heute auf den Betrieb von nur wenigen, dafür aber häufig sehr großflächigen und umsatzstarken Verkaufsstätten. Eine zweite Entwicklungswelle setzte in den späten 1950er Jahren ein. Durch die gleichzeitige Übernahme von drei zu verschiedenen Zeitpunkten im amerikanischen Einzelhandel entwickelten Techniken, nämlich der Filialisierung, der Selbstbedienung und dem Discountprinzip, konnten sich die Unternehmen etablieren, die heute eine führende Stellung im japanischen Einzelhandel innehaben: Daiei, Itô Yôkadô, Seiyû, Jusco, Nichii und Uny (*Tabelle 1*).

Tabelle 1: Rangliste der umsatzstärksten Unternehmen des japanischen Einzelhandels (zusammengestellt nach NRS 1973, 1983, 1993 und Shôgyôkai 1969)

	1969	1972	1982	1992	1992 mit CS*
1	Mitsukoshi (W)	Daiei (AS)	Daiei (AS)	Daiei (AS)	Daiei (AS)
2	Daimaru (W)	Mitsukoshi (W)	Itô Yôkadô (AS)	Itô Yôkadô (AS)	Itô Yôkadô (AS)
3	Takashimaya (W)	Daimaru (W)	Seiyû (AS)	Seiyû (GM)	Seven-Eleven (CS)
4	Matsuzakaya (W)	Takashimaya (W)	Jusco (AS)	Jusco (GM)	Seiyû (AS)
5	Seibu (W)	Seiyû Store (AS)	Mitsukoshi (W)	Mitsukoshi (W)	Jusco (AS)
6	Daiei (AS)	Seibu (W)	Nichii (AS)	Seibu (W)	Mitsukoshi (W)
7	Seiyû Stores (AS)	Jusco (GM)	Takashimaya (W)	Nichii (AS)	Seibu (W)
8	Isetan (W)	Matsuzakaya (W)	Seibu (W)	Takashimaya (W)	Nichii (AS)
9	Tôkyû Hyakkaten (W)	Nichii (S)	Daimaru (W)	Daimaru (W)	Takashimaya (W)
10	Hankyû Hyakkaten (W)	Uny (GM)	Uny (AS)	Uny (AS)	Daiei (CS)

() = Schwerpunkt der Unternehmenstätigkeit: W = Warenhaus, AS = Allgemeiner Supermarkt, CS = Convenience Store.

* Unter Einbeziehung der Umsätze der Betriebe der angeschlossenen Franchisenehmer.

Die Geschichte dieser Unternehmen ist unterschiedlich und eng mit der Herkunft ihrer Gründer verknüpft. Das Unternehmen Daiei hatte anfangs seinen Schwerpunkt im Verkauf von Pharmazeutika, Itô Yôkadô verkaufte westliche Haushaltsartikel, Seiyû wurde als Tochterunternehmen des Eisenbahn- und Warenhauskonzerns Seibu gegründet, Nichii entstand aus dem graduellen Zusammenschluß von Textilhändlern und auch Jusco hatte seinen Ursprung in dieser Branche. Gegründet wurden diese Unternehmen von einer neuen Generation von Unternehmern, die über Entwicklungen im amerikanischen Einzelhandel gut informiert war und ehrgeizige Wachstumsziele verfolgte (Meyer-Ohle 1995a, S. 55 ff.).

Gleichzeitig begannen die Unternehmen, in ihren Geschäften die Sortimente auszudehnen, bis sie schließlich alle Warenbereiche umfaßten. Ihre Verkaufsstätten sind so einem Betriebstyp zuzuordnen, der wegen seiner fehlenden Sortimentsspezialisierung entsprechend der japanischen Bezeichnung *sôgô suupaa* als "allgemeiner Supermarkt" bezeichnet werden kann, im englischen wird der Betriebstyp als *General Merchandising Store* bezeichnet. Mit der Erweiterung der Sortimente ging eine Vergrößerung der Geschäftsflächen einher; schon Anfang der 1970er Jahre wurden Verkaufsstätten mit einer Fläche von bis zu 20.000 qm eröffnet. 1974 bestanden 627 Geschäfte mit einer Größe von mehr als 1.500 qm dieses Betriebstyps. Ihre durchschnittliche Fläche betrug 4.370 qm, und sie erreichten insgesamt einen Marktanteil von 3,9% (TCB 1983, S. 20 ff.). Das umsatzstärkste Unternehmen, Daiei, verfügte zu diesem Zeitpunkt über 111, Seiyû über 105 und Jusco über 91 Filialen (Satô 1974, S. 103).

Die schnelle Entwicklung dieser Unternehmen wurde in den 1960er Jahren durch eine Reihe von Faktoren begünstigt. Am wichtigsten waren Bevölkerungsbewegungen, nämlich das schnelle Wachstum von Vororten im Umkreis der Großstädte. In den Randlagen waren die Bodenpreise niedrig, und es bestand keine gewachsene Einzelhandelsstruktur. Die Unternehmen fanden eine junge konsumstarke, aber gleichzeitig preisbewußte Kundschaft, die neue Verkaufskonzepte schnell akzeptierte und nicht nur Lebensmittel und Textilien, sondern zur Einrichtung neugegründeter Haushalte auch Einrichtungsgegenstände und Haushaltsartikel und damit breite Sortimente forderte (Meyer-Ohle 1995a, S. 69). In einem wachsenden Markt wurden Konflikte mit dem traditionellen, branchenorientierten Einzelhandel gemildert. Politik und Wissenschaft vertraten die Meinung, daß die Entwicklung der Massenproduktion eine entsprechende Entwicklung in der Distribution erfordere. Deshalb wurden zunächst keine restriktiven Maßnahmen ergriffen (Tsuchida 1993, S. 111).

Steigende Spannungen zwischen Großbetreibern und kleinen Einzelhändlern in den 1970er Jahren führten jedoch dazu, daß die Binnenhandelspolitik zum dominierenden Einflußfaktor wurde. Der Erlaß des Gesetzes für großflächige Geschäfte im Jahr 1973 unterwarf die Neueröffnung von Geschäften mit einer Verkaufsfläche von über 1.500 qm einem Regulierungsverfahren. 1978 wurde die Grenze auf 500 qm gesenkt. Das Gesetz erschwerte die Eröffnung von neuen großflächigen Geschäften in verschiedener Hinsicht. Es eröffnete die Möglichkeit, für jedes einzelne Geschäft gesonderte Vorschriften in Hinsicht auf Größe, Öffnungszeiten und Ruhetage zu erlassen. Die Dauer des Regulierungsprozesses war ungewiß. Im Durchschnitt vergingen gut vier Jahre bis zur Geschäftseröffnung, in einzelnen Fällen aber auch bis zu dreizehn Jahre (Kusano 1992, S. 56).

Für die neuen Großfilialisten hatte das Gesetz jedoch nicht nur negative Aspekte. Einerseits behinderte es zwar ihre weitere Expansion, andererseits gewährte es jedoch ihren schon existierenden Betriebsstätten einen Bestandsschutz, nicht nur vor der Konkurrenz anderer Betreiber des gleichen Betriebstyps, sondern auch vor Lebensmittelsupermärkten, Hartwarendiscountern und Home-Centern, deren Betreiber Anfang der 1970er Jahre auf den Markt drängten. Zusätzlich verfügten die inzwischen etablierten Unternehmen im Gegensatz zu neu in den Markt tretenden Unternehmen über genügend personelle und finanzielle Ressourcen, um auch langwierige und unsichere Regulierungsprozesse durchzustehen bzw. diese durch eine Kooperation mit dem lokalen Einzelhandel, etwa durch den gemeinsamen Geschäftsbetrieb in Einkaufszentren, zu beschleunigen (Meyer-Ohle 1995b, S. 26 ff.). Infolge der erschwerten Expansion in ihrem Kernbereich strebten die Unternehmen gleichzeitig nach einer Diversifizierung ihrer Geschäftsfelder und entwickelten sich zu Unternehmenskonglomeraten mit einem Schwerpunkt im Dienstleistungssektor. Im Handel engagierten sie sich stark in der Entwicklung von kleinflächigen Betriebstypen wie Convenience-Stores und Fachgeschäften, ihr Kerngeschäft blieb jedoch der Betrieb von großflächigen allgemeinen Supermärkten (Larke 1994, S. 203). 1994 bestanden 1.360 Verkaufsstätten dieses Betriebstyps mit einer durchschnittlichen Verkaufsfläche von 7.450 qm und 171 Beschäftigten. Der durchschnittliche Umsatz eines Geschäftes von 5,9 Milliarden Yen bestand zu 42% aus Lebensmitteln, zu 31% aus Textilien und zu 26% aus Haushaltswaren und -geräten (TCB 1995, S. 26 ff.).

3 VERSCHÄRFTER WETTBEWERB DURCH VERÄNDERUNGEN IM UMFELD

In der ersten Hälfte der 1990er Jahre sahen sich die etablierten Großunternehmen des japanischen Einzelhandels einer stark veränderten Situation gegenüber. Besonders Entwicklungen im Konsumentenverhalten und im regulatorischen Umfeld stellten bisherige Strategien in Frage und zwangen zu einer Neuorientierung.

3.1 Konsumentenverhalten

In den frühen 1990er Jahren veränderte sich das Pro-Kopf-Einkommen in Japan nur noch wenig und auch die Konsumausgaben der Haushalte stiegen nur noch geringfügig bzw. gingen sogar zurück (*Tabelle 2*). Diese Entwicklung kann als die Fortführung der Situation vor der sogenannten *bubble economy* (ca. 1987-1991) gesehen werden. So war in den frühen 1980er Jahren schon einmal der Übergang zu einer Phase vorhergesagt worden, in der der materielle Bedarf der Haushalte weitgehend gesättigt sei (Koyama/Togawa 1992, S. 172). In der insgesamt positiven Grundstimmung der *bubble economy* steigerten die japanischen Haushalte jedoch ihre Ausgaben erneut, die Bedeutung des Preises als Determinante von Einkaufsentscheidungen ließ nach, neben die in Japan traditionell wichtigen Faktoren der räumlichen Nähe der Einkaufsstätte zur Wohnung, der Qualität der angebotenen Ware und der Sortimentsgröße traten Faktoren wie Markenprestige, aufwendige Gestaltung der Verkaufsräume, Einkaufserlebnis und zusätzliche Dienstleistungen. Untersuchungen in den 1990er Jahren zeigen jedoch, daß nach dem Ende der *bubble-economy* vor allem zwei Faktoren bei der Auswahl von Einkaufsstätten an Bedeutung gewonnen haben. Dies sind einerseits die Preisgünstigkeit, andererseits die leichte Erreichbarkeit der Einkaufsstätte mit dem Pkw (Nikkei ryûtsû shinbun 29.7.1993 S. 30; RMK 1995, S. 31 ff.).

Tabelle 2: Veränderung der durchschnittlichen Ausgaben privater Haushalte 1973 - 1993 (zusammengestellt nach: ST verschiedene Jahre)

(Veränderung gegenüber dem Vorjahr in %)

Jahr	1973	1974	1976	1975	1977	1978	1979	1980	1981	1982	1983
nominal	4,6	21,3	10,6	16,1	9,0	5,9	6,4	7,4	4,1	5,5	2,5
Jahr	1984	1985	1986	1987	1988	1989	1990	1991	1992	1993	1994
nominal	2,6	2,6	1,2	1,7	3,6	2,8	3,9	4,1	2,0	0,5	-0,4

Die Konsumtrends werden durch weitere Entwicklungen verstärkt. Dies ist zum einen die starke Aufwertung des Yen im Jahr 1994 und darauf folgend das verstärkte Angebot von importierten, preisgünstigen Konsumgütern, vor allem sind aber Veränderungen im regulatorischen Umfeld zu diskutieren.

3.2 Regulatorisches Umfeld

Die strenge Regulierung der Eröffnung großflächiger Einzelhandelsbetriebe geriet in den späten 1980er Jahren zunehmend in die Kritik. Dem Distributionssystem wurde in der Diskussion um die Ursache der im internationalen Vergleich hohen japanischen Verbraucherpreise eine Teilschuld zugeschrieben. Gleichzeitig verdeutlichte sich, daß etablierte Akteure des Einzelhandels, geschützt durch die Regulierung, zuwenig Initiative entwickelten, den Konsumentenwünschen entsprechende Einkaufsmöglichkeiten anzubieten. Ausländischer Druck in den sogenannten amerikanisch-japanischen Strukturverhandlungen wurde schließlich zum Auslöser für konkrete Reformen. Anfang des Jahres 1990 wurden Vorschriften gelockert, so daß es zu einer Verkürzung der Genehmigungszeiträume kam. 1992 wurde diese Vereinfachung Teil einer Gesetzesänderung. Seit 1992 ermöglicht das Ministerium für internationalen Handel und Industrie (MITI, Tsûshô Sangyôshô) Betreibern von Großgeschäften eine Verlängerung der Öffnungszeiten und eine Reduzierung der Ruhetage. Die Eröffnung von Geschäften mit einer Fläche von bis zu 1.000 qm wurde praktisch freigestellt.

Diese Veränderungen lösten eine Eröffnungswelle großflächiger Geschäfte aus. Besonders die Betreiber von Lebensmittelsupermärkten, Home-Centern und Hartwaren-Discountern, die vorher durch eine Begrenzung ihrer Flächen der Gesetzgebung für großflächige Geschäfte ausgewichen waren, nutzten die neue Situation und forcierten die Eröffnung großflächiger Geschäfte (*Abbildung 1*). Folge dieser Strategien ist eine schnelle Steigerung der Verkaufsfläche in großflächigen Geschäften und so eine nachhaltige Verschärfung des Wettbewerbs.

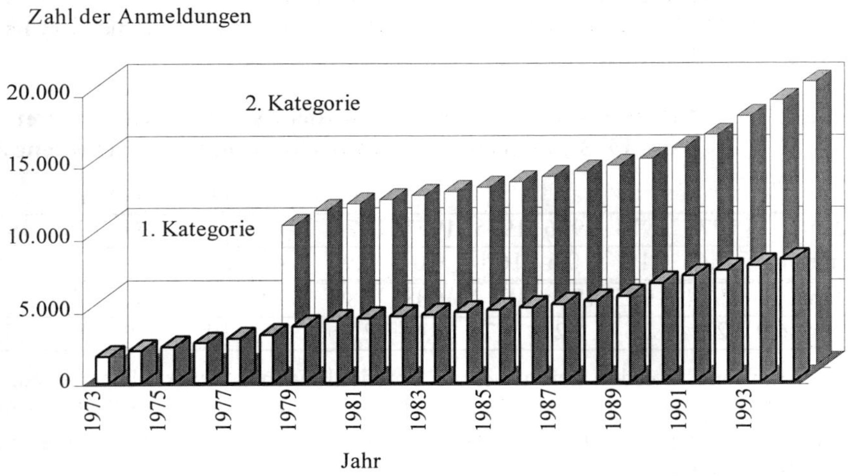

Abbildung 1: Anmeldungen zur Eröffnung großflächiger Geschäfte (zusammengestellt nach: TRS 1994, S.128; SC 1995, S. 124)

Anmerkung: 1. Kategorie: Bis 1991 Geschäfte mit einer Fläche von über 1.500 qm (in besonders ausgewiesenen Ballungsräumen mit einer Fläche von über 3.000 qm), seit 1992 Geschäfte mit einer Fläche von über 3.000 qm, in besonders ausgewiesenen Ballungsräumen über 6.000 qm. 2. Kategorie: Seit 1979 alle Geschäfte mit einer Fläche von mehr als 500 qm, die nicht der ersten Kategorie angehören.

Eine weitere Veränderung im regulatorischen Umfeld ist die Verschärfung der Überwachung der Handelspraktiken durch die japanische Kartellbehörde. Diese hatte bisher Maßnahmen der Hersteller zur Kontrolle der Preise auf den einzelnen Handelsstufen weitgehend toleriert, stellte jedoch 1991 - auch in diesem Fall auf amerikanischen Druck - Richtlinien für das Verhalten der Akteure in der Distribution auf (NRS 1991, S. 24-73). Die Kartellbehörde stärkte die Position des Einzelhandels, indem sie dessen Recht auf eine selbständige Preissetzung betonte und gegen Maßnahmen der Hersteller zur Kontrolle der Preise auf der Einzelhandelsstufe weitaus energischer vorging als in der Vergangenheit. Besonders Unternehmen, die in ihren Verkaufsstätten preisorientierte Absatzstrategien verfolgen, wurden durch diese neue Politik gefördert. Die japanische Regierung plant die Fortsetzung der Deregulierung im Handel durch die Aufhebung der Preisbindung bei bestimmten Pharmazeutika und Kosmetika und eine Lockerung bzw.

die Abschaffung des Lizensierungssystems zum Verkauf von Alkohol, Tabakwaren und Reis (RMK 1995, S. 36 ff.).

3.3 Eine neue Wettbewerbssituation

Die etablierten Unternehmen der japanischen Supermarktwirtschaft sehen sich aufgrund des veränderten Konsumentenverhaltens und des Wandels im regulativen Umfeld einer Wettbewerbsverschärfung gegenüber, die sich in den Unternehmensabschlüssen und in der Handelsstatistik klar widerspiegelt. Die Handelsstatistik (*Abbildung 2*) zeigt, daß einer starken Ausweitung der Verkaufsfläche und auch der Beschäftigtenzahl kein entsprechendes Umsatzwachstum gegenübersteht. Fallende Umsätze sowohl pro Beschäftigten als auch pro Quadratmeter Verkaufsfläche führen zu einer Veränderung der Kostenstruktur der Unternehmen (*Tabelle 3)*.

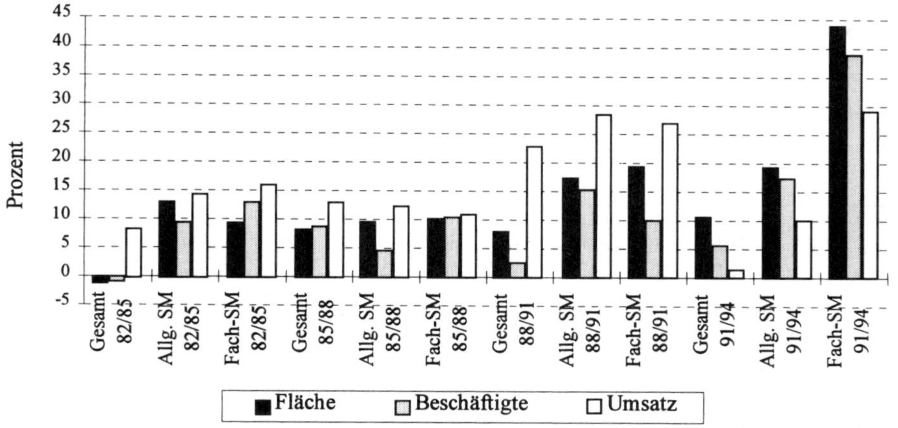

Abbildung 2: Umsätze, Verkaufsflächen und Beschäftigte im japanischen Einzelhandel 1982-1994 (zusammengestellt nach: TCB 1985, 1990, 1993, 1995)

Anmerkung: Ergebnisse der Handelsstatistik, die in dreijährigen Intervallen durchgeführt wird. Veränderung jeweils gegenüber dem Jahr der letzten Erhebung.

Insgesamt sehen sich die Unternehmen einer Situation gegenüber, die sich von einem bloßen Nachfragerückgang infolge eines konjunkturellen Abschwunges stark unterscheidet. Diese Situation erfordert langfristige und umfassende Maßnahmen, die über eine vorübergehende, kurzfristige Anpassung der Absatzpolitik weit hinausgehen.

4 HANDLUNGSBEDARF UND NEUORIENTIERUNG

Der Handlungsbedarf, dem sich Unternehmen angesichts der veränderten Wettbewerbssituation gegenübersehen, spiegelt sich deutlich in Aussagen ihrer führenden Vertreter wider (zitiert bei: Igarashi 1995, S. 45 ff.):

"Wir haben dieses Jahr zum Jahr des Wandels und des Überlebens erklärt. Um die Kunden zufriedenzustellen, müssen wir die gesamte Organisation um 180 Grad von der Form des 20. Jahrhunderts in die Form des 21. Jahrhunderts drehen" (Daiei).

Tabelle 3: Rentabilität und Kostenstruktur führender Unternehmen (zusammengestellt nach: Ôkubo 1995b: 82-85)

Jahr	1990	1991	1992	1993	1994	1990	1991	1992	1993	1994
Unternehmen	Umsatzrentabilität					Kapaitalrentabilität				
Daiei	2,2	2,1	1,8	1,6	0,4	3,1	2,8	2,4	2,2	0,6
Itô Yôkadô	8,0	8,2	3,2	6,6	5,9	15,6	15,5	14,5	11,7	10,2
Jusco	4,1	4,0	3,6	3,2	2,4	5,1	4,9	4,3	3,8	3,1
Seiyû	1,4	1,6	1,3	0,7	0,4	2,9	3,2	2,3	1,3	0,7
Nichii	4,0	3,9	3,4	1,9	1,4	4,8	4,5	3,4	1,8	1,3
Uny	4,2	3,7	2,5	0,6	1,5	6,3	5,5	3,7	1,0	2,3
	Personalkosten zu Rohertrag in %					Kosten für Gebäude und Anlagen zu Rohertrag in %				
Daiei	40,8	41,3	41,4	40,6	42,4	32,2	34,3	36,9	40,0	42,7
Itô Yôkadô	32,8	33,5	34,2	36,2	37.4	24,6	24,6	25,9	28,6	29,1
Jusco	41,0	41,4	43,1	44,2	44,8	32,6	32,5	33,7	36,1	38,4
Seiyû	39,1	40,0	41,2	43,9	44,2	37,1	37,0	39,8	43,6	45,8
Nichii	37,5	37,5	40.2	42,4	45,4	35,8	37,1	36,8	40,2	43,1
Uny	47,6	47,6	50,1	54,0	52,2	30,7	31,6	33,3	36,6	35,0

"Wir müssen eigenhändig und gründlich Markt- und Produktinformationen sammeln, den Kundenbedürfnissen entsprechende Produkte entwickeln, im Verkaufsraum den Kunden den Wert der Ware gründlich vermitteln und die bisherigen Verkaufsmethoden ändern" (Itô Yôkadô).

Die Grundsätzlichkeit dieser Aussagen überrascht und verlangt eigentlich die Hinterfragung des bisherigen Verständnisses der Unternehmen in Bezug auf ihre Tätigkeit im Einzelhandel. Indessen ist dieser Punkt kein japanisches Spezifikum, sondern in der Literatur zur Dynamik der Betriebsformen im Handel früh als Problem "reifer" Unternehmen angesprochen worden (McNair 1931, S. 39; Nieschlag 1954, S. 9 ff.; Converse 1959).

So sehen sich die Unternehmen erneut der Beantwortung folgender Fragen gegenüber.

1) Mit welchen Absatzkonzeptionen sollen sie zukünftig Konsumenten und Wettbewerbern entgegentreten?
2) Wie kann eine Veränderung der Strategie auf den Beschaffungsmärkten zur Stärkung der Wettbewerbsposition beitragen?

3) Wie soll die verschärfte Wettbewerbssituation organisationell bewältigt werden?

4.1 Differenzierung von Betriebstypen

In Betriebstypen spiegeln sich die Entscheidungen von Handelsunternehmen über die Gestaltung des absatzpolitischen Instrumentariums wider. Als eine spezifische Kombination fremderstellter Sachleistungen und selbsterstellter Dienstleistungen sind sie als Produkt des Einzelhandels zu sehen, und ihre Akzeptanz durch den Kunden entscheidet letztendlich über den Erfolg der im Einzelhandel tätigen Unternehmen (Barth 1993, S. 42 ff.). Unternehmen orientieren sich bei der Gestaltung von Betriebstypen an einer Reihe von Faktoren: Innerbetriebliche Zielvorstellungen und Ressourcenausstattung, Verbraucherverhalten, Verhalten der Wettbewerber und Lieferanten, regulatives Umfeld. Die Bedeutung einzelner Faktoren kann sich im Zeitablauf stark verändern.

Eine Betrachtung der Verkaufsstätten japanischer Supermarktbetreiber zeigt, daß für diese Unternehmen meist die Ausweitung des Umsatzes im Vordergrund stand (Yahagi 1994, S. 27). Die Fortsetzung dieser Zielsetzung in einem regulierten Umfeld, das einerseits die Eröffnung neuer Betriebsstätten erschwerte, andererseits vor der Konkurrenz durch neu in den Markt eintretende Unternehmen schützte, führte dazu, daß die Unternehmen stark von ihren ursprünglichen Prinzipien abwichen, was zu einer Heterogenisierung ihrer Absatzpolitik führte (Meyer-Ohle 1995a, S. 205):

- Alte Betriebsstätten, häufig in ungünstiger Lage und mit kleinen Verkaufsflächen, wurden trotz stetig fallender Umsätze weiterbetrieben.
- Eine Angleichung der Verkaufskonzepte aller Betriebsstätten war nicht möglich bzw. wurde auch nicht angestrebt. Zum Weiterbetrieb einzelner Geschäfte wurden stark standortspezifische Konzeptionen entwickelt.
- Unternehmen versuchten, nachdem ihnen die Eröffnung eines Geschäftes an einem bestimmten Standort gelungen war, durch extrem große Verkaufsflächen und einem breiten Waren- und Dienstleistungsangebot einen Großteil der Nachfrage auf ihre Verkaufsstätten zu lenken.
- Allgemeine Supermärkte wurden von Verbrauchern zunehmend für die Möglichkeit des One-Stop-Shopping akzeptiert. Breite Sortimente lösten die Preispolitik als dominierendes Element innerhalb der Absatzpolitik ab.

Ergebnis der einseitigen Verfolgung des Umsatzzieles ist ein nur niedriger Standardisierungsgrad der einzelnen Betriebsstätten, der sich exemplarisch in den Betriebsgrößen widerspiegelt. So beträgt etwa die durchschnittliche Verkaufsfläche der Betriebsstätten von Daiei 7.430 qm, dies sagt jedoch nur wenig über die Flächen einzelner Geschäfte aus (*Tabelle 4*).

Der Versuch der Supermarktbetreiber, möglichst viele Verbraucher anzusprechen, resultierte in einem diffusen Bild diese Betriebstyps bei Verbrauchern. Umfragen in den späten 1980er Jahren zeigten, daß japanische Verbraucher von Supermärkten nicht nur

Preisgünstigkeit, sondern auch breite und tiefe Sortimente und zusätzlich Service erwarteten (TSS 1989, S. 307).

Im Hinblick auf die Überarbeitung bestehender und die Gestaltung von neuen Verkaufsstätten stehen die Unternehmen der Supermarktwirtschaft vor zwei Problemen:

1) Veränderungen im Konsumentenverhalten zwingen die Unternehmen bei der Gestaltung ihrer Betriebstypen, ein prägnanteres Erscheinungsbild anzustreben.
2) Die Verschärfung der Wettbewerbssituation erfordert ein Abrücken vom Umsatzwachstum als bisher dominierendem Unternehmensziel. Ertragsziele und damit die nachhaltige Beachtung von Kostenaspekten in der Planung, Gestaltung und dem Betrieb von Verkaufsstätten werden wichtiger.

Tabelle 4: Verteilung der Verkaufsflächen der Betriebsstätten von Daiei (eigene Zusammenstellung nach Ôkurashô Insatsukyoku 1995, S. 31 ff.)

Größe in qm	bis 1.499	1.500 - 2.999	3.000 - 5.999	- 6.000 - 8.999	- 9.000 - 11.999	- 12.000 - 14.999	- 15.000 - 19.999	- über 20.000
Zahl Geschäfte	21	32	75	101	78	15	11	2

In der Neuorientierung der Absatzpolitik verfolgen die Unternehmen verschiedene Strategien: Erstens, die Entwicklung von deutlich discountorientierten, großflächigen Supermärkten durch die Reduzierung des Serviceangebotes, die Erhöhung des Anteiles von Eigenmarken, eine Ausrichtung der Sortimente auf Alltagsbedarf, die Aktivierung der Preispolitik, Einsparungen in der Verkaufsraumgestaltung, Werbung mit Dauerniedrigpreisen und gute Erreichbarkeit mit dem Pkw. Diese Richtung vertritt insbesondere Japans führender Einzelhändler Daiei.

Zweitens, die Entwicklung von sogenannten Junior- oder auch Alltagswarenhäusern, die die Unternehmen Nichii und Itô Yôkadô verfolgen. Bei Nichii bedeutet dieses die Reduzierung des Anteils der Artikel des Grundbedarfs von 80% auf 60%. Verstärkt in das Sortiment aufgenommen werden Modeartikel im Textilbereich und Spezialitäten im Lebensmittelbereich, der Verkauf dieser Produkte erfolgt im Shop-in-the-Shop-Prinzip, teilweise auch in Bedienung. Während Unternehmen, die die ersten beiden Strategien verfolgen, zwei Grundmerkmale des allgemeinen Supermarktes, die Großflächigkeit und das breite Sortiment, beibehalten, rücken andere Unternehmen zumindest bei der Eröffnung neuer Verkaufsstätten deutlich hiervon ab. Jusco begann mit der Errichtung von sogenannten Supersupermärkten oder Nachbarschaftseinkaufszentren. Dies sind Geschäfte, die mit einer mittelgroßen Verkaufsfläche und einem Schwerpunkt im Lebensmittelverkauf, oft in Kombination mit Heimwerkerbedarf oder Drogerieartikeln, auf ein deutlich kleineres Einzugsgebiet zielen als allgemeine Supermärkte (Henshûbu 1994, S. 53 ff.).

Die genannten Strategien sind insbesondere vor dem Hintergrund der Notwendigkeit der Revitalisierung existierender Betriebsstätten zu sehen. Wurden viele der heute existierenden Verkaufsstätten zunächst in neu erschlossenen Vororten in der Nachbarschaft der Pendlerbahnhöfe errichtet, haben sich um sie herum inzwischen selbst wieder Zentren gebildet. Diese Tatsache erschwert vor allem die Umsetzung der ersten Strategie, die Konzentration auf Alltagsbedarf und eine aktive Preispolitik, da fehlende Parkplätze und schwierige Verkehrsverhältnisse den Einkauf mit dem Pkw erschweren. Die mehrstöckige Bauweise (oft bis zu sieben Stockwerke) macht die durchgängige Nutzung von Einkaufswagen und eine systematische Planung der Kundenlaufwege unmöglich, bereitet logistische Probleme und erhöht zusätzlich die sicherheitstechnischen Anforderungen.

Weitaus geeigneter zur Revitalisierung bestehender Verkaufsstätten erscheint deshalb die zweite Strategie, die Entwicklung von sogenannten Juniorwarenhäusern. Diese Strategie kommt der Lage dieser Verkaufsstätten in den inzwischen eigenständigen Zentren um die Pendlerbahnhöfe entgegen. Durch stetige Zuzüge haben sich die Alters-, Einkommens-, und Haushaltsstrukturen in den Vororten inzwischen stark heterogenisiert, es besteht nicht mehr nur ein Bedarf nach preiswerten, sondern auch nach attraktiven hochwertigeren Einkaufsstätten.

Es gibt aber auch Großunternehmen der Supermarktwirtschaft, die das Konzept des allgemeinen Supermarktes weiterverfolgen. Diese Unternehmen sehen Möglichkeiten zur Stärkung ihrer Wettbewerbsposition hauptsächlich in innerbetrieblichen Rationalisierungsmaßnahmen bzw. in einer Stärkung ihrer Position auf den Beschaffungsmärkten.

4.2 Stärkung der Position auf den Beschaffungsmärkten

In der Marketingliteratur wird mit dem Auftreten von Großunternehmen des Einzelhandels fast zwangsläufig die Ausschaltung des Großhandels und der Übergang des Rechts der Preissetzung von der Industrie auf den Einzelhandel verbunden. Auch für Japan war dieser Prozeß in den frühen 1960er Jahren als unausweichlich vorhergesagt worden. Diese Prognose erfüllte sich jedoch nicht (Atsumi 1993, S. 29; Kawasaki 1993, S. 59; Yahagi 1993, S. ff.):

- Supermarktbetreiber hatten als nicht etablierte Unternehmen zunächst keinen Zugang zu den Kreditmärkten. Sie finanzierten ihre Expansion daher über Wechselkredite des Großhandels und schufen damit die Grundlage für stabile Beziehungen. Zusätzlich wurde der Warentransport weitgehend dem Großhandel überlassen, da Supermarktbetreiber ihre Ressourcen in die Eröffnung neuer Verkaufsstätten konzentrierten.
- Konsumgüterhersteller begannen früh mit dem Aufbau von vertikalen Marketingsystemen für ihre Produkte. Obschon die Möglichkeit der Preisbindung rechtlich bei den meisten Produkten seit den frühen 1970er Jahren nicht mehr besteht, gelang es ihnen durch ausgeklügelte Rabattsysteme und andere Handelspraktiken (Möglichkeit

der Warenrückgabe, Verkaufsförderungen) weitgehend, die Preise auf allen Distributionsstufen zu bestimmen.

- In den 1970er und 1980er Jahren weiteten Supermarktbetreiber ihre Sortimente stetig aus. Bei der Aufnahme neuer Produktgruppen minimierten sie häufig ihr Risiko, indem sie entweder Flächen ganz vermieteten oder das Recht auf Warenrückgabe und Personalunterstützung der Hersteller und des Großhandels in Anspruch nahmen. Das Verhältnis zwischen Supermärkten, Großhändlern und der Industrie wurde enger und kooperativer, Konflikte um die Festlegung der Endverkaufspreise gingen zurück.

Insgesamt führten die Zusammenarbeit mit einer Vielzahl regionaler Großhändler, die Vielfalt der geführten Artikel, die heterogene Beschaffungsorganisation der Großunternehmen sowie die Existenz alternativer Absatzwege der Industrie dazu, daß sich die relativ starke Position der Großunternehmen auf den Absatzmärkten, auf den Beschaffungsmärkten nicht entsprechend widerspiegelte. Die nachhaltige Verschärfung des Wettbewerbs im Einzelhandel in den 1990er Jahren zwang die Unternehmen, ihre Beschaffungsaktivitäten zu revaluieren. Die Einzelhändler erkannten das Rationalisierungspotential dieses Bereiches und damit dessen zentrale Rolle für ihren zukünftigen Unternehmenserfolg:

- Senkung der Einstandskosten durch die Zentralisierung der Einkaufsaktivitäten und ein stärkeres Auftreten gegenüber Herstellern und dem Großhandel.
- Kosteneinsparungen durch die Einführung von modernen Logistik- und Informationssystemen.
- Einsparungen durch die Erschließung von Beschaffungsquellen im Ausland und hiermit verbunden eine Stärkung der Position gegenüber heimischen Herstellern.
- Steigerung der Attraktivität und Individualität der Sortimente durch die Aneignung von eigenen Kenntnissen der Produktentwicklung.

Die Maßnahmen der Einzelhändler zu einer Reorganisation ihrer Beschaffungsaktivitäten sind unterschiedlich weit fortgeschritten (RMK 1995, S. 91 ff.). Daiei hat in einem ersten Schritt zwei affiliierte Einzelhändler voll übernommen und damit seinen Marktanteil erhöht. Gleichzeitig reduzierte das Unternehmen die Zahl der Großhändler, mit denen es zusammenarbeitete, und konzentrierte damit sein Einkaufsvolumen. Zum Abbau der Abhängigkeit von heimischen Herstellern wird die Zusammenarbeit mit ausländischen Herstellern intensiviert. So produziert Agfa Filme, die Daiei unter seiner Eigenmarke verkauft. Das schnelle Wachstum discountierender Betriebstypen fördert aber auch die Kooperationsbereitschaft der heimischen Hersteller, die eine Zusammenarbeit mit den etablierten Supermarktbetreibern einer Belieferung der weitaus preisaggressiveren Discounter vorziehen. Daiei, das infolge eines Konfliktes mit Matsushita dessen Produkte lange Zeit nicht führte, bzw. von Matsushita nicht beliefert wurde, konnte so nach einer fast dreißigjährigen Unterbrechung die Produkte von Matsushita wieder in sein Sortiment aufnehmen.

Die Entscheidung über die Aufnahme von neuen Produkten in die Sortimente wurde häufig der vorgelagerten Stufe überlassen. Den Unternehmen fehlte die Erfahrung in der selbständigen Erschließung neuer Beschaffungsquellen bzw. in der Entwicklung von Eigenmarken. Zur Schließung dieser Lücke suchen die Unternehmen ausländische Hilfe. Japans zweitgrößter Einzelhändler Itô Yôkadô ging Kooperationen mit der europäischen Metro-Gruppe und dem amerikanischen Unternehmen Wal-mart ein.

4.3 Innerbetriebliche Rationalisierungsmaßnahmen

Innerbetriebliche Maßnahmen beziehen sich auf drei Bereiche, die Personalpolitik, Organisationsstrukturen und Informationssysteme. Die ersten beiden Punkte sollen angesprochen werden.

Untersuchungen zur Personalpolitik japanischer Unternehmern haben in der Vergangenheit folgende Merkmale betont: Die lebenslange Anstellung, das Senioritätsprinzip und das Vorherrschen von Generalisten. Diese Merkmale wurden meist für die Industrie beschrieben, lassen sich aber auch im Handel deutlich aufzeigen. So korreliert die Altersstruktur der Mitarbeiter deutlich mit dem Alter des jeweils hauptsächlich betriebenen Betriebstyps (*Tabelle 5*).

Tabelle 5: Altersstruktur der Beschäftigten im japanischen Einzelhandel (1994) (zusammengestellt nach: Atsumi 1995, S. 52.)

(Durchschnittsalter der Beschäftigten)

Betriebstyp	Warenhaus	Allgemeiner Supermarkt	Lebensmittel-supermarkt	Home-Center
Männer	40,4	35,2	33,5	30,7
Frauen	28,0	26,5	27,5	27,5

Anmerkung: Weibliche Angestellte sind meist Teilzeitbeschäftigte, für die Prinzipien, wie die lebenslange Beschäftigung und Entlohnung nach Seniorität, nicht verwendet werden.

Spätestens in den frühen 1990er Jahren zeigte sich jedoch, daß dieses Modell der Personalpolitik stark auf Unternehmen im Wachstum zugeschnitten ist (Dirks 1995). Durch die Koppelung der Einkommen an die Beschäftigungsdauer sehen sich Unternehmen in Zeiten zurückgehender Erträge zwangsläufig steigenden Personalkosten gegenüber. Die Unternehmen versuchen zwar, diese Entwicklung durch eine Erhöhung der Quote der Teilzeitarbeitskräfte auszugleichen, was jedoch bei einem jetzt schon hohen Anteil von 56,5% nicht unbegrenzt weitergeführt werden kann. Insbesondere für Unternehmen, die eine Aufwertung ihrer Sortimente und eine Erhöhung der Beratungsleistungen im Verkaufsraum anstreben und deshalb auf qualifizierte Mitarbeiter angewiesen sind, ist diese Vorgehensweise problematisch (Ôkubo 1995, S. 42). Daneben wird aber auch die vermehrte Einstellung von Spezialisten, insbesondere im Controlling und im Informationswesen, gefordert, um in den Unternehmen die stärkere Durchsetzung von Ertragszielen sicherzustellen (Kawasaki 1995, S. 55).

In diese Richtung zielen auch Veränderungen in den Organisationsstrukturen der Unternehmen. Den Großunternehmen des japanischen Einzelhandels wird von Beratern und Kritikern immer wieder vorgeworfen, daß es ihnen zwar gelungen sei, umfassende Filialnetze aufzubauen, sie aber hierbei organisationelle Aspekte vernachlässigt hätten und deshalb in Hinsicht auf Organisation und Strategie weit hinter den amerikanischen Filialunternehmen zurückgeblieben seien (Atsumi 1996, S. 24). Betrachtet man die bisherige Heterogenität der Strategien japanischer Großunternehmen sowohl auf den Absatz- als auch auf den Beschaffungsmärkten, so scheinen tatsächlich erhebliche Rationalisierungspotentiale in einer Zentralisierung von Entscheidungen und einer Standardisierung von Absatz- und Beschaffungskonzeptionen zu liegen. Der verschärfte Wettbewerb auf den Absatzmärkten und Restriktionen infolge bestehender Verkaufsstätten erfordern jedoch gleichzeitig eine flexible Anpassung an Kundenbedürfnisse und lokale Gegebenheiten zum Erhalt von Marktpositionen und zur Ausnutzung zukünftiger Wachstumschancen. Es gilt also, organisationelle Lösungsansätze zu finden, die beiden Aspekten entsprechen.

Für das größte Unternehmen Daiei bedeutet die Restrukturierung eine stärkere Abgrenzung der Zuständigkeit und Gewinnverantwortung einzelner Abteilungen als vorher. Den Abteilungen wird eine weitreichende Kompetenz für den Betrieb einer bestimmten Absatzkonzeption übertragen (allgemeine Supermärkte, Lebensmittelsupermärkte, Discountmärkte etc.). Diese Abteilungen werden als Unternehmen, ihr Leiter als Präsident bezeichnet. Mit dieser Maßnahme soll auch ihre Stellung gegenüber der zentralen Einkaufsabteilung gestärkt werden, die bisher die Sortimentspolitik dominierte. Eine abgeflachte Unternehmenshierarchie soll den Informationsfluß im Unternehmen verbessern (Henshûbu 1996, S. 52 ff.). Nichii, das seine Geschäfte als Juniorwarenhäuser versteht und in ihnen das Shop-in-the-Shop-Prinzip verfolgt, hat den Betrieb dieser Shops an selbständige Tochtergesellschaften ausgegliedert. Den Tochtergesellschaften ermöglicht diese Konstruktion auch die eigenständige Eröffnung von Fachgeschäften. Mit der umfassenden Reform der Absatzstrategien und der Unternehmensorganisation verband das Unternehmen zusätzlich eine Änderung des Unternehmensnamens in Mycal (Hayashi 1996, S. 60 ff.).

Organisatorische Veränderungen in den Unternehmen hängen aber häufig nicht nur mit einer stärkeren Verankerung von Ertragszielen zusammen. Nach einer fast vierzigjährigen Entwicklungsgeschichte des allgemeinen Supermarktes steht bei vielen Unternehmen der Rückzug der Unternehmensgründer aus der Unternehmensführung an.

5 FAZIT: STRATEGIEN IM EINZELHANDEL UND WANDEL DES JAPANISCHEN DISTRIBUTIONSSYSTEMS

Die Betrachtung der Strategien führender japanischer Einzelhändler in Reaktion auf die starke Verschärfung des Wettbewerbs im japanischen Einzelhandel hat gezeigt, daß die

Unternehmen im Kern gezwungen sind, für drei grundlegende Fragen von Handelsbetrieben erneut Lösungsmöglichkeiten zu definieren:

1) Die Verteilung von Aufgaben zwischen der eigenen Handelsunternehmung und den Marktpartnern;
2) Den Zentralisierungsgrad der Entscheidungsfindung in den Filialunternehmen;
3) Den Grad der Standardisierung bzw. Lokalisierung von Absatzkonzepten und Abläufen.

Die Strategien, die die führenden Handelsunternehmen zur Zeit entwickeln, sind jedoch nicht nur für ihren individuellen Unternehmenserfolg von Bedeutung, sondern werden auch die zukünftige Entwicklung des gesamten japanischen Distributionssystems prägen. Dies gilt insbesondere für die Neuorientierung in der Beschaffungspolitik. Aus der verstärkten Konzentration der Unternehmen auf diesen Bereich auf eine schnelle Entwicklung zu einem einzelhandelsdominierten Distributionssystem mit nur noch wenigen Akteuren zu schließen, wäre jedoch falsch:

- Die Erschließung von Rationalisierungspotentialen durch den Einzelhandel im Beschaffungsbereich ist mit erheblichen Investitionen in Logistik, Informationssysteme und die Personalentwicklung verbunden. Gleichzeitig müssen jedoch bestehende Verkaufsstätten modernisiert und neue eröffnet werden. Bei einigen Unternehmen ist die Finanzdecke infolge der Bewältigung des Erdbebens in Kôbe oder verlustreicher Diversifizierungsprojekte während der *bubble economy* zusätzlich stark angespannt. Die Unternehmen suchen deshalb die Kooperation des Großhandels und der Industrie. Durch den Aufbau gemeinsamer Systeme wird die Grundlage für neue stabile Beziehungen gelegt, eine völlige Ausschaltung der Großhandelsstufe wird nicht angestrebt.
- Infolge des starken Wachstums von reinen Lebensmittelsupermärkten und Discountern im Nicht-Lebensmittelbereich erhöht sich zunächst die Zahl der Unternehmen, die als Großunternehmen zu betrachten sind, obwohl es fraglich ist, ob alle Unternehmen, die zur Zeit schnell expandieren, zukünftig als selbständige Unternehmen weiter existieren werden.
- Der Großhandel ist nach erheblichen Zugeständnissen zu weiteren Preissenkungen eher bereit, wenn der Einzelhandel mehr Funktionen und Risiko übernimmt. Der Aufbau der hierfür notwendigen Infrastruktur und Fähigkeiten ist jedoch zeit- und ressourcenaufwendig.

Insgesamt ist also festzustellen: Obwohl sich die dargestellten Veränderungen in der japanischen Distribution aus der Perspektive einzelner Akteure der Distribution durchaus als grundlegender Wandel darstellen mögen, fällt es doch schwer, sie in Bezug auf das gesamte japanische Distributionssystem als revolutionär zu bezeichnen.

Abschließend kann nach der Bedeutung der Veränderungen in der japanischen Distribution für ausländische Unternehmen gefragt werden, die einen Einstieg in den japanischen Markt ins Auge fassen. Die begonnene Neuorientierung der japanischen Einzelhandelsunternehmen erscheint hierfür eine gute Chance zu sein. Die Unternehmen müssen jedoch bereit sein, dem japanischen Einzelhandel in der Produktentwicklung und Preisstellung entgegenzukommen - die Durchsetzung der bisher häufig verwendeten Hochpreisstrategien wird schwieriger werden - und schließlich auch, den Einzelhandel bei seinen Rationalisierungsbemühungen zu unterstützen. Aufgrund ihrer Erfahrungen im Aufbau gemeinsamer Systeme zwischen Industrie und Handel in ihren Heimatländern verfügen sie auf diesem Gebiet über Vorteile gegenüber einheimischen Herstellern. Hier liegt auch eine besondere Möglichkeit für den Aufbau langfristiger Beziehungen und von Wettbewerbsvorsprüngen gegenüber später in den Markt eintretenden Unternehmen.

LITERATUR

Atsumi, S.: Nihongata suupaa sutoa wa katoki no foomatto da (Der japanische Super-Store ist ein Format in der Umbruchsphase), Hanbai kakushin, September 1993, S. 26-33.

Atsumi S.: Kabushiki kôkai kigyô 94 nendo keiei kôritsu bunseki (Analyse der Unternehmensabschlüsse von publizierenden Aktiengesellschaften), Hanbai kakushin, September 1995, S. 51-59.

Atsumi, S.: Nihonjin no kurashi o kaeru cheen sutoa o tsukure (Das Filialgeschäft schaffen, das das Leben der Japaner verändert), Hanbai kakushin, April 1996, S. 22-33.

Barth, K.: Betriebswirtschaftslehre des Handels, Wiesbaden 1993.

Converse, P. D.: Mediocrity in Retailing, The Journal of Marketing, April 1959, S. 419-420.

Davies, K.; Fergusson F.: The International Activities of Retailers, The Service Industries Journal, 15 (1995), Heft 4, S. 97-117.

Dirks, D.: Japanisches Management am Scheideweg?, Japanstudien 7 (1995), S. 323-365.

Hayashi, K.: Nichii kara Maikaru he (Von Nichii zu Mycal), Hanbai kakushin, April 1996, S. 60-62.

Henshûbu: Soshiki henkô to jinji idô (Organisationsveränderungen und Personalbewegungen), Hanbai kakushin, April 1996, S. 52-55.

Igarashi, T: Okyaku dai ichi shûgi o kakunin shita keiei toppu no nentô shokan (Das Prinzip des "der Kunde geht vor" bestätigt sich in den Neujahrsworten der Unternehmensspitzen), Hanbai kakushin, Februar 1996, S. 45-47.

Kawasaki, S.: Nichi-Bei cheen sutoa gekidô no 30 nenshi (30 Jahre abwechslungsreicher Entwicklung amerikanischer und japanischer Filialunternehmen), Hanbai kakushin, Mai 1993, S. 49-69.

Kawasaki, S.: Gekihen suru keiei kankyô ni taiô suru tameni (Reaktion auf das sich schnell wandelnde Managementumfeld), Hanbai kakushin, Juni 1995, S. 52-55.

Koyama, S.; Togawa, Y.: *Depaato • Suupaa* (Warenhaus und Supermarkt), Tôkyô 1992.

Kusano, A.: Daitenhô - keizai kisei no kôzô (Gesetz für großflächige Geschäfte - Struktur der Wirtschaftsbeschränkungen), Tôkyô 1992.

Larke, R.: Japanese Retailing, London 1994.

McNair, M. P.: Trends in Large-Scale Retailing, Harvard Business Review, 10 (1931), Heft 1, S. 30-39.

Meyer-Ohle, H. (1995a): Dynamik im japanischen Einzelhandel - Einführung, Durchsetzung und Fortentwicklung neuer Betriebstypen 1954-1994, Wiesbaden 1995.

Meyer-Ohle, H. (1995b): Staat, innovatives Unternehmertum und Strukturwandel im japanischen Einzelhandel, Philipp-Franz-Von-Siebold-Stifung - Deutsches Institut für Japanstudien, 1995, Arbeitspapier 95/4.

Nieschlag, R.: Die Dynamik der Betriebsformen im Handel, Rheinisch Westfälisches Institut für Wirtschaftsforschung, Schriftenreihe, Neue Folge Nr. 7, Essen 1954.

NRS (Nikkei Ryûtsû Shinbun) (Hg.): Ryûtsû keizai no tebiki (Überblick über die Distributionswirtschaft), Tôkyô: 1973, 1983, 1993.

NRS (Nikkei Ryûtsû Shinbun) (Hg.): Kore kara dô naru shôkankô (Wie werden die zukünftigen Handelspraktiken?), Tôkyô 1991.

Ôkubo, T. (1995a): Shôhin kaihatsu, ritchi sôzô de môkaru kôzô ni tenkan shiyô (Durch Produkt- und Standortentwicklungen in eine profitable Organisation wechseln), Hanbai kakushin, Dezember 1995, S. 40-43.

Ôkubo, T. (1995b): GMS ôte 6 sha no keiei kôritsu torendo bunseki (Analyse der Effizienz der 6 großen Betreiber allgemeiner Supermärkte), Hanbai kakushin, November 1995, S. 81-89.

Ôkurashô Insatsukyoku (Hg.): No. 19-89, Yûka shôken hôkokusho sôran - Kabushiki Kaisha Daiee, Heisei 7 nen (No. 19-89, Wertpapierbericht, Daiee AG, 1995), Tôkyô 1995.

RMK (Ryûtsû Mondai Kenkyûkai): Kakaku keisei no henyô to ryûtsû kakushin (Veränderung der Preissetzung und Revolution in der Distribution). In: Miyazawa K. (Hg.): Kakaku kakumei to ryûtsû kakushin (Preisrevolution und Reform der Distribution), Tôkyô 1995, S. 14-150.

Sabel, H.; Weiser, C.: Dynamik im Marketing, Wiesbaden 1995.

Satô, H.: Nihon no ryûtsû kikô (Japanische Distributionsstruktur), Tôkyô: 1974.

SC (Sômuchô) (Hg.): Kisei kanwa suishin no genkyô – Kisei kanwa hakusho (Zur Situation des Fortschritts der Deregulierung – Weißbuch der Deregulierung), Tôkyô 1995.

Shôgyôkai (Hg.): 69 nenpan Nihon shôgyô nenkan (Jahrbuch des japanischen Handels 1969), Tôkyô 1969.

Sparke, L.: Reciprocal Retail Internationalisation: The Southland Corporation, Ito-Yokado and 7-Eleven Convenience Stores, The Service Industries Journal, 15 (1995), Heft 4, S. 57-96.

ST (Sômuchô Tôkeikyoku): Nihon tôkei nenkan (Statistisches Jahrbuch Japan); Tôkyô: verschiedene Jahre.

TCB (Tsûshô Sangyô Daijin Kanbô Tôkei Chôsabu) (Hg.): Shôwa 57 nen serufu saabisu mise tôkeihyô (Statistik für Selbstbedienungsgeschäfte 1982), Tôkyô 1983.

TCB (Tsûshô Sangyô Daijin Kanbô Tôkei Chôsabu) (Hg.): Shôgyô tôkeihyô, gyôtai betsu tôkeihen (Handelsstatistik, Betriebstypenstatistik), Tôkyô 1985, 1990, 1993.

TCB (Tsûshô Sangyô Daijin Kanbô Tôkei Chôsabu) (Hg.): Heisei 6-nen shôgyô tôkei sokuhô (Handelsstatistik 1994, Eilbericht), Tôkyô 1995.

TRS (Tsûshô Sangyôshô Sangyô Seisakukyoku Ryûtsû Sangyôka) (Hg.): Kore kara no daitenhô (Das zukünftige Gesetz für großflächige Geschäfte), Tôkyô 1994.

TSS (Tsûshô Sangyôshô Shôseika) (Hg.): 90 nendai no ryûtsû bijon (Vision der Distribuion der 1990er Jahre), Tôkyô 1989.

Tsuchida, K.: Daikibo kouri gyôsha to kouri shijô (Großunternehmen des Einzelhandels und Einzelhandelsmärkte). In: Kaneko, A.; Tsuchida, K.; Wada, T.; Fujita, M.

(Hrsg.): Ryûtsû sangyô to hô (Distributionswirtschaft und Recht), Tôkyô 1993, S. 83-156.

Yahagi, T.: Soshiki kourigyô no hatten (Entwicklung von Organisationsformen im Einzelhandel. In: Nihon Keizai Shinbunsha (Hg.): Ryûtsû gendaishi (Gegenwartsgeschichte der Distribution), Tôkyô 1993, S. 56-87.

Yahagi, T.: Konbiniensu sutoa shisutemu no kakushinsei (Revolutionäre Merkmale der Convenience-Store Systeme), Tôkyô 1994.

Hersteller-Handels-Beziehungen

Netzwerkartige Hersteller-Handel-Serviceanbieter-Beziehungen aufgrund moderner Informations- und Kommunikationssysteme – Eine transaktionsanalytische Untersuchung

Manfred Bruhn und Stephan Maria Weber, Basel

Der folgende Artikel analysiert die Auswirkungen moderner Informations- und Kommunikationssysteme auf die Bildung von Netzwerken zwischen Herstellern, Handel und Serviceanbietern auf der Grundlage des Transaktionskostenansatzes. Nach der Darstellung des Problemhintergrunds erfolgt die überblickartige Darstellung der technischen Basis des Hersteller-, Handel-, Serviceanbieter-Netzwerkes. Darauf aufbauend erfolgt eine Diskussion des theoretischen Konstrukts Netzwerk, die Analyse von Herstellern, Handel und Serviceanbietern als kollektiven Akteuren in einem Netzwerk sowie dessen Betrachtung vor dem Hintergrund des Transaktionskostenansatzes. Die marketing- und wettbewerbsbezogenen Effekte, die sich aus der Netzwerkbildung ergeben, werden abschließend beleuchtet.

1 PROBLEMSTELLUNG UND VORGEHENSWEISE

Mit den großen Fortschritten in der Telekommunikation des 20. Jh. vollzieht sich ein Wandel hin zu einer umfassenden Informationsgesellschaft. Die Entwicklung hochintegrierter Elektronikbausteine, kombiniert mit Innovationen wie der Digitalisierung, der Glasfasertechnik und den optischen Nachrichtentechniken, führt zu einer enormen Steigerung der Informationsverarbeitungskapazitäten. Bestehende Schnittstellen zwischen der Informationsübermittlung und -verarbeitung zerfließen zunehmend, die Kommunikationstechnik verschmilzt mit der klassischen Informationstechnik. „*Speicherung, Wiedervorlage, Weiterleitung oder Weiterverarbeitung von Informationen können sich nahtlos an die Endpunkte der Kommunikationsstrecken anschließen.*" (Picot/Reichwald 1984, S. 28). Damit wird die Übermittlung und Weiterverarbeitung von Daten ohne Medienbruch möglich. Wortschöpfungen wie Telematik (Telekommunikation & Informatik) oder Compunication (Computertechnologie & Communication) sind Ausdruck einer zunehmenden Verschmelzung der Daten- und Nachrichtentechnik zu einer neuen Stufe der Informationsverarbeitung, insbesondere in vernetzten Systemen.

Unmittelbare Konsequenz dieser veränderten Informations- und Kommunikationsinfrastruktur (IuK) sind deutlich sinkende Kosten für den Produktionsfaktor Information in der Unternehmensführung. Dies löst eine neue Marktdynamik und einen neuen Wettbewerb in existierenden und neu entstehenden Branchen aus. Die technologiegerechte Veränderung der Organisationsstruktur ist dabei einerseits Voraussetzung für den effizienten Technologieeinsatz. Andererseits ermöglichen moderne IuK-Technologien die Reorganisation der betrieblichen und überbetrieblichen Wertschöpfungsstrukturen (Pfohl/Large 1992, S. 23; Sydow/Windeler 1994, S. 1). So erleichtert die Flexibilisierung und Beschleunigung der IuK-Prozesse die informatorische Einbindung unternehmensfremder Dritter bzw. die Auslagerung bestimmter Unternehmensbereiche aus dem Unternehmen. Als Ergebnis dieser Kooperations- und Auslagerungsprozesse entwickelt sich in zahlreichen Branchen, wie z.B. der Automobilindustrie, das erfahrungswissenschaftliche Phänomen vertikaler Netzwerke zwischen den unterschiedlichen Stufen der Wertschöpfungskette. Wie weitreichend die hierdurch ausgelösten Veränderungen sein können, zeigt die Entwicklung des US-Handelsunternehmens Wal-Mart, welches durch die Bildung eines Netzwerkes mit Industrie- und Dienstleistungsunternehmen innerhalb weniger Jahre zu einem der mächtigsten Handelsunternehmen mit über $ 40 Mrd. Umsatz wurde. Entsprechend ist die Aktivierung von Rationalisierungsreserven durch gemeinsame Wertschöpfungsstrategien zwischen Industrie und Handel derzeit das aktuelle Thema in zahlreichen Fachveröffentlichungen.

Aufgrund dieser Entwicklung in der Konsumgüterbranche sowie den theoretischen Defiziten in der Analyse von Netzwerken erwächst die Notwendigkeit zur praktischen und theoretischen Auseinandersetzung mit dem sich derzeit konstituierenden institutionellen Design des Netzwerkes zwischen Herstellern, Handel und Serviceanbietern. Hierbei interessiert insbesondere die Frage nach dem Zusammenhang von Technik und Organisation sowie den Effekten der Entwicklung moderner IuK-Systeme auf die Beziehungs- und Organisationsstrukturen zwischen Herstellern, Handel und Serviceanbietern. Die Diskussion erfolgt vor dem Hintergrund der Netzwerkanalyse, des Transaktionskostenansatzes sowie mit Perspektive auf die Implikationen für das vertikale Marketing.

2 MODERNE INFORMATIONS- UND KOMMUNIKATIONSSYSTEME ALS BAUSTEINE FÜR DIE BILDUNG VON HERSTELLER-HANDEL-SERVICEANBIETER-NETZWERKEN

Erst der Einsatz moderner IuK-Systeme ermöglicht eine überbetriebliche Vernetzung der Informationsverarbeitung der Hersteller, des Handels und der Serviceanbieter auf hohem technischen Niveau. Als organisatorische Konsequenz zieht dies die Integration betriebsübergreifender Vorgangsketten nach sich (Pfohl/Large 1992, S. 23; Heubeck 1991, S. 10ff.; Darr 1992, S. 80; Picot/Reichwald 1984, S. 7ff.). Moderne IuK-Technologien umfassen sämtliche *„technische Einrichtungen zur Informationsspeicherung, Informationsverarbeitung und Informationsübertragung"* (Ernst 1990, S. 2) sowie die in jüngster Zeit verstärkt im Handel zum Einsatz kommenden Technologien der Informationserhebung.

2.1 Moderne Technologien zur Informationserhebung und -übermittlung

Für ein Hersteller-Handel-Serviceanbieter-Netzwerk (HHS-Netzwerk) ist die maschinelle Datenerfassung von Abverkaufszahlen am Point of Sale (POS) der Handelsfilialen mittels Scannerkassen, mobilen Datenerfassungsgeräten (MDE) und Formularlesegeräten der erste Schritt des Kommunikationskreislaufs, bevor via Datenfernübertragung (DFÜ) und Electronic Data Interchange (EDI) der Transfer an andere Datenverarbeitungsanlagen zur weiteren Bearbeitung erfolgt.

Die Instrumente zur Informationsübermittlung beinhalten Telekommunikationsnetze, -dienste und Endgeräte. Telekommunikationsnetze stellen im Rahmen der Informationsübermittlung die *„Infrastruktur, welche die Abwicklung von Fernmeldeverkehr gestattet"* (Albensöder 1990, S. 69). Sie sind die technischen Kanäle, über die Sender und Empfänger verbunden werden. Entsprechend ihrer Trägerschaft und ihres Wirkungskreises können Netze in private, sogenannte Local Area Networks (LAN), und öffentliche Wide Area Networks (WAN) unterteilt werden. Telekommunikationsdienste stellen die Verbindung von Netzen und Endgeräten (PC, Personal Digital Assistant (PDA) usw.) dar. Hierbei sind bestimmte Standards hinsichtlich der Prozeduren, Zeichensysteme und technischen Einrichtungen sowie eine gewisse Dienstgüte (Übertragungsqualität und Geschwindigkeit) einzuhalten. Die Entwicklung des Telekommunikationsbereiches geht dahin, ein Universalnetz und multifunktionale Terminals einzusetzen, bei gleichzeitiger Erhöhung der Angebotsvielfalt alternativer Zusatzdienstleistungen, wie z.B. Nachrichtenbehandlung, Informationsabruf und Zugang zur Informationsverarbeitung.

2.2 Informationsübermittlung via Electronic Data Interchange (EDI)

Eine Form der Informationsübermittlung, die zunehmend an Bedeutung gewinnt, ist der zwischenbetriebliche Geschäftsdatenaustausch auf der Grundlage von Electronic Data Interchange (EDI). Stahlknecht definiert EDI als den *„Austausch strukturierter Daten mit Hilfe der Datenübertragung zwischen zwei oder mehreren rechtlich selbständigen Unternehmen"* (Stahlknecht 1989, S. 355). Im Gegensatz zur unstrukturierten Datenübertragung ermöglicht dies eine weitgehende Automatisierung der Weiterverarbeitung. Die Effizienz von EDI steigt dabei mit dem Strukturierungsgrad der auszutauschenden Daten. Zentraler Vorteil ist die schnelle Datenübermittlung und direkte Weiterverarbeitung ohne Medienbruch – und damit ohne Fehler durch Wiedereingabe –, wodurch zeitkritische Zusatzfunktionen, wie z.B. eine termintreue Rampenplanung, möglich werden.

Genaues Datenmaterial über das Volumen der via EDI in der Konsumgüterbranche ausgetauschten Daten existiert nicht. Ursache hierfür ist die Vielzahl der beteiligten Unternehmen und Unternehmensbereiche. Via EDI ausgetauscht werden in erster Linie Rechnungsdaten, Bestelldaten sowie vereinzelt Artikelstammdaten.

2.3 Moderne Technologien der Informationsverarbeitung sowie Informations- und Kommunikationsstandards

Zentrale Bausteine für eine systematische Informationsverarbeitung sind die modernen Technologien der elektronischen Datenverarbeitung, wobei das eigentlich „Neue“ ihre extrem gesteigerte Leistungsfähigkeit und Anwenderfreundlichkeit ist. Aufgrund stark verkürzter Innovationszyklen ist es problematisch, im Detail von „modernen" Technologien zu sprechen. Unerläßliche Voraussetzung für jegliche Form der standardisierten Datenübermittlung mit anschließender direkter Weiterverarbeitung ohne Medienbruch sind allgemeine IuK-Standards. Die wichtigsten Standards im Rahmen des HHS-Netzwerkes sind:

- *Bundeseinheitliche Betriebsnummer (BBN)* zur Vereinheitlichung von Kunden- und Lieferantennummern,
- *Europäische Artikelnummer (EAN)* zur Unterstützung und Vereinheitlichung des nationalen und internationalen Warenverkehrs,
- *Sinfos* zum Austausch von *Stammdateninformationssätzen,*
- *Sedas (Standardregelungen einheitlicher Datenaustauschsysteme)* als nationaler Standard für den Austausch von Bestellungen, Lieferungen, Rechnungen und Reklamationen,
- *Madakom* als Standard für die automatisierte Marktdatenkommunikation,
- *Edifact (Electronic data interchange for administration commerce and transport)* als einziger branchenneutraler und internationaler Standard für den Datenaustausch von Bestellungen, Lieferungen, Rechnungen, Reklamationen usw.

2.4 Netzwerkartige Warenwirtschaftssysteme als umfassende Form moderner Informations- und Kommunikationssysteme

Durch den konzertierten Einsatz moderner IuK-Technologien im Rahmen von IuK-Systemen eröffnet sich dem gesamten angeschlossenen Benutzerkreis ein erhebliches ökonomisches Potential. Zwar besteht keine einheitliche Meinung über das Spektrum der IuK-Systeme, doch es herrscht zumindest Einigkeit, daß EDV-gestützte Warenwirtschaftssysteme (WWS) die Grundlage sämtlicher Informations- und Analysesysteme innerhalb eines Unternehmens darstellen (Olbrich 1992, S. 26ff.; Gröner 1991, S. 27; Zentes/Exner/Braune-Krickau 1989, S. 21ff.). Für Handelsunternehmen haben sich die vier Basis- und Funktionsmodule Wareneingang, Warenausgang, Disposition und Bestellwesen sowie das Marketing- und Managementinformationsmodul herauskristallisiert. Die operative Steuerung erfolgt durch das Wareneingangs- und das Warenausgangsmodul, die Unterstützung weiterführender Entscheidungsprozesse sowohl durch das Dispositions- und Bestellwesenmodul als auch das Marketing- und Managementinformationsmodul.

Nach dem Abdeckungsgrad der warenwirtschaftlichen Aufgabenbereiche und ihrem Integrationsgrad kann zwischen isoliert-offenen oder geschlossenen, betrieblich teil- oder vollintegrierten sowie netzwerkartigen Systemen unterschieden werden. Isoliert-offene bzw. geschlossene Systeme stellen hierbei die Grundlage und Vorstufe betrieblich teil- bzw. vollintegrierter Systeme dar. In ihrer höchsten Stufe überwindet die integrierte Datenverarbeitung die Unternehmensgrenzen und bindet externe Geschäftspartner in überbetrieblich teilintegrierte bzw. in letzter Konsequenz vollintegrierte Systeme ein. Die Beziehungen innerhalb überbetrieblich vollintegrierten Systemen gleichen durch die informationstechnische Quasi-Integration einem geschlossenen WWS, mit dem Unterschied, daß die Module unabhängige Unternehmen sind. So sind die Handelsunternehmen im HHS-Beziehungsgeflecht mit ihrer POS-Schnittstelle zum Endverbraucher gleichsam das Warenausgangsmodul im netzwerkartigen Informationssystem des HHS-Netzwerkes. In der höchsten Stufe der Datenverarbeitung gleichen die gesamten Beziehungen zwischen den einzelnen Geschäftspartnern einem Netzwerk, weshalb sie hier als netzwerkartige WWS bezeichnet werden.

Die Realisierung derartiger IuK-Strukturen ist mit organisatorischen Veränderungen für die im HHS-Netzwerk integrierten Unternehmen sowie der Strukturierung der Beziehung der Netzwerkmitglieder untereinander verbunden. Ohne entsprechende organisatorische Veränderungen im HHS-Beziehungsgeflecht ist eine effiziente Datenverarbeitung ohne Medienbruch im HHS-Netzwerk nicht möglich.

3 HERSTELLER, HANDEL UND SERVICEANBIETER ALS KOLLEKTIVE AKTEURE IN EINEM NETZWERK

Ein HHS-Netzwerk ist ein komplexes Beziehungsgeflecht zwischen Unternehmen, bei dem die ganzheitliche Perspektive der Gesamtsystemoptimierung erste Priorität hat. Die Netzwerkforschung, die auf den organisatorischen Interaktionsansätzen basiert, hat diese Perspektive (Kleinaltenkamp/Marra 1995, S. 101ff.), wobei das Netzwerkprinzip als spezifischer Denkansatz für organisatorische Gestaltungsaufgaben die „*Interaktion der am arbeitsteiligen Leistungsprozeß beteiligten ... Wirtschaftseinheiten in den Mittelpunkt der Betrachtungen.*" rückt. Die rationale Gestaltung und Strukturierung „*durchgängiger, d.h. stellen-, abteilungs- und unternehmensübergreifender Wertschöpfungs- oder Vorgangsketten*" ist ihr zentrales Anliegen. Innerhalb eines HHS-Netzwerkes bedeutet dies die bezüglich der Transaktionskosten effiziente Strukturierung der Wertschöpfungskette, wobei sämtliche Austauschprozesse innerhalb des HHS-Beziehungsgeflechts „*in ihrer Anzahl, Intensität, Verknüpfung und inhaltlichen Ausprägung*" (Bruhn/Bunge 1994, S. 52; Bogaschewsky 1995, S. 159ff.; Kaas 1995, S. 1ff.) im Mittelpunkt stehen.

3.1 Das theoretische Konstrukt Netzwerk

Netzwerke werden – je nach wissenschaftlicher Betrachtungsperspektive – als technisches Konstrukt zur Übermittlung von Daten oder in den Sozialwissenschaften als soziales Beziehungsgeflecht zwischen rechtlich selbständigen Netzwerkteilnehmern definiert (Sydow 1992, S. 93). In der betriebswirtschaftlichen Fachliteratur existiert bisher keine einheitliche Definition. Einigkeit besteht lediglich darüber, daß sie Ergebnis einer Kooperationsstrategie sind, auf Verträgen basieren und die kollektive Verfolgung von Wettbewerbsvorteilen zum Ziel haben.

Als Netzwerk bezeichnete Institutionsformen sind institutionelle Arrangements auf einem Kontinuum „*from loose to tight, from arm's-length bargaining to total integration, from spot transaction via standing relations to the internalization of markets*" (Baur 1990, S. 104). Die Hauptentscheidung liegt hierbei in der strategischen Führung strategischer Netzwerke durch fokale Unternehmen. Deren Beziehungen zu den übrigen Netzwerkteilnehmern haben „*most of the characteristics of a hierarchical relationship: relatively unstructured tasks, long term point of view, relatively unspecified contracts. ... yet, the >contracting parties< remain as independent organizations, with few or no points of contact along many of their dimensions*" (Jarillo 1988, S. 35). Aufgrund der Machtverhältnisse in der Konsumgüterbranche etablieren sich innerhalb der HHS-Wertschöpfungskette strategische Netzwerke unter der Führung marktmächtiger Handelsunternehmen bzw. Herstellerunternehmen, die über derart starke Marken verfügen, daß der Handel nicht ohne empfindliche Umsatzeinbußen auf sie verzichten kann. Auch nimmt die CCG durch ihre koordinierende Funktion eine gewisse strategische Führungsfunktion wahr. Inhalt der strategischen Führung durch die fokalen Unternehmen ist, daß sie stärker als alle übrigen Netzwerkteilnehmer die allgemeine Marktbearbeitungsstrategie bestimmt und bei der Systematisierung des Rationalisierungsprozesses die Rolle eines strategischen Metakoordinators einnimmt. Beurteilungsmaßstab der relativen Effizienz sind die durch netzwerkartige Strukturen und moderne IuK-Systeme reduzierten Transaktionskosten.

Netzwerke als Koordinationsform agieren aus „*einem gemeinsamen, aus dem intuitiven Verständnis um wechselseitige Abhängigkeit hervorgegangenem Werte- und Normengefüge*" (Picot/Dietl 1990, S. 182) heraus. Die gemeinsamen Werte und Normen „*...provide the harmony of interest that erase the possibility of opportunistic behavior*" (Pfohl/Large 1992, S. 28). Grundsätzlich verhalten sich die Transaktionspartner innerhalb eines Netzwerkes demnach weniger opportunistisch, falls sie ein als sinnvoll erachtetes, *gemeinsames Ziel* verfolgen, Vertrauen haben, langfristig gerecht behandelt zu werden, gemeinsame Werte und Traditionen etablieren und Kenntnis über die zu erwartenden Sanktionen bei Fehlverhalten haben.

3.2 Beschreibungskriterien von Netzwerkkonstrukten

Kooperation, verstanden „als das gemeinsame Ausüben betrieblicher Funktionen mit dem Ziel größerer Wirtschaftlichkeit und Rentabilität der einzelnen Unternehmen" (Rühle von Lilienstein 1979, S. 928; Bogaschewsky 1995, S. 161), ist das tragende Element von Netzwerkkonstrukten im hier verstandenen Sinn wie auch dem HHS-Netzwerk. Durch kontinuierliche, kooperative Interaktion der Netzwerkunternehmen entsteht eine Harmonisierung der zwischenbetrieblichen Abläufe und Prozesse bei Optimierung des gesamten Wertschöpfungssystems. Primäres Kooperationsfeld im HHS-Netzwerk ist aufgrund des hohen Einsparungspotentials der Logistikbereich. Kooperationen finden grundsätzlich sowohl horizontal zwischen den Netzwerkunternehmen einer Wertschöpfungsstufe (z.B. Nutzung von gemeinsamem Lagerraum) als auch vertikal zwischen den Teilnehmern unterschiedlicher Stufen statt (z.B. automatische Auftragsabwicklung). Um das Kooperationsziel, die Optimierung der überbetrieblichen Vorgangsketten, zu erreichen, muß das Verhalten der Interaktionspartner vom Vertrauen in die Reziprozität der Netzwerkbeziehungen und -leistungen geprägt sein (Powell 1990, S. 304ff.; Sydow 1992, S. 95). Das Vertrauen in Leistung und Gegenleistung ist insbesondere bei asymmetrischer Machtverteilung konstitutives Element von Netzwerkbeziehungen.

Neben der Reziprozität ist die Macht der fokalen Unternehmen konstituierendes Moment, speziell für strategische Netzwerke (Sydow 1992, S. 89). In ökonomischen HHS-Beziehungen erwächst Machtpotential aus Umsatzgröße, Expertentum, Konsens, Legitimität und Identifikation. Als Folge asymmetrischer Machtverteilung, wie sie auch in der Konsumartikelbranche zu einem gewissen Umfang zwischen Herstellern, Handel und Spediteuren existiert, entsteht innerhalb der Geschäftsbeziehungen eine wirtschaftliche Abhängigkeit. Im Rahmen strategischer Netzwerke kumulieren Asymmetrien in einer mehr oder weniger hierarchischen Struktur mit einer Machtkonzentration auf fokale Unternehmen. Das Konzept der kontrollierten oder gesteuerten Autonomie fängt speziell die negativen Effekte eines dirigistischen Machteinsatzes (Verlust des Innovationspotentials und Risikosteigerung) durch die bewußte Förderung einer gewissen Selbständigkeit ab (Bieber/Sauer 1991, S. 230). In kontrolliert-autonomen Beziehungen wird dem Geschäftspartner in bestimmten Bereichen durch das fokale Unternehmen ein hohes Maß an Unabhängigkeit zugestanden, während er sich in anderen Bereichen strikten Anordnungen unterzuordnen hat. Auf diese Weise bleibt das Innovationspotential der Zulieferbetriebe, bei gleichzeitiger Beherrschung der strategischen Ausrichtung und operativer Abstimmung der Netzwerkteilnehmer, erhalten.

Die Dynamik der Netzwerkumwelt verändert nicht nur die Struktur und den Bestand der Netzwerkteilnehmer, wobei die Handels- und die großen Herstellerunternehmen relativ fixe Größen im HHS-Netzwerk sind. Einzelne Hersteller werden durch Auslistung ihrer Produkte durch den Handel aus dem Netzwerk eliminiert, ebenso können Hersteller die Belieferung bestimmter Handelsunternehmen aussetzen bzw. beenden. Häufiger sind Wechsel zwischen den Serviceanbietern sowie Veränderungen der Bedeutung und Position einzelner Unternehmen. Somit ist ein Netzwerk ein dynamisches Konstrukt mit nur begrenzter zeitlicher Stabilität im Sinne einer Konstanz interorganisationaler Beziehungen. Diese Dynamik erschwert auch die Abgrenzung zwischen einer losen zwischenbetrieblichen Beziehung und einem Netzwerk. So wirkt in erster Linie die Kombination aus Macht bzw. Einfluß und Vertrauen als stabilisierendes Moment innerhalb von Netzwerken.

3.3 Die Entstehung des Hersteller-Handel-Serviceanbieter-Netzwerkes

HHS-Netzwerke sind Produkte intentionalen Handelns, die aus der Quasi-Funktionsexternalisierung einzelner Glieder der Wertschöpfungskette eines Unternehmens bzw. der Quasi-Internalisierung anderer Wertketten in das Gesamtwertschöpfungssystem eines Netzwerkes entstehen, wobei Markt bzw. Hierarchie die jeweiligen Ausgangspunkte bilden (Sydow 1991a, S. 14ff.; Teubner 1992, S. 201f.).

Bei der Installierung des HHS-Netzwerkes steht nicht die Erlangung wirtschaftlicher oder gar rechtlicher Abhängigkeit im Vordergrund, auch wenn dies in der Realität oftmals der Fall ist. Eine derartige totale Integration von Leistungen in das HHS-Netzwerk würde die angestrebte Nutzung sowohl der Vorteile des Marktes und der Hierarchie berauben. Im Gegensatz zur vertikalen Integration strebt das Konzept der Quasi-Internalisierung lediglich eine kooperative, wirtschaftliche Zusammenarbeit an, ohne die rechtliche Selbständigkeit der Netzwerkunternehmen zu beeinträchtigen (Sydow 1991b, S. 9). Ein Beispiel für die Quasi-Internalisierung von Leistungen ist die Nutzung von Zentrallagerfunktionen bei einem Serviceanbieter, der inklusive der Bereitstellung des Lagerraumes für die komplette Abwicklung der Logistikprozesse zuständig ist. Abgesehen von den Restriktionen, die aus der Gestaltung des Servicevertrages erwachsen, behält der Serviceanbieter hierbei seine vollständige rechtliche Selbständigkeit. Das Maß der Integration wird hierbei bestimmt durch die Anzahl der zu koordinierenden Prozesse sowie den Automationsgrad, in dem diese Prozesse erledigt werden. Auf der untersten Stufe ermöglichen gemeinsame Datenbestände einen schnellen und effizienten Informationsaustausch zur Koordination der zwischenbetrieblichen Prozesse. Auf der obersten Automationsstufe, der Anwendungsintegration, kommt es zu einer automatischen Abwicklung des zwischenbetrieblichen Prozesses, d.h. die Aufgabe wird ohne menschliche Intervention von den Anwendungsprogrammen der Computer durchgeführt (Beispiel: Das automatische Auslösen und Durchführen eines Bestellvorganges und die Optimierung des Zentrallagerbestands im HHS-Netzwerk).

Unter Funktionsexternalisierung im Zuge institutioneller Vereinbarungen versteht man die Auslagerung bestimmter Prozesse bzw. bestimmter Teilbereiche der Wertkette eines Unternehmens in andere Unternehmen mit dem Ziel der Rationalitäts-, Flexibilitäts- und Kompetenzsteigerung. Unternehmensintern koordinierte Leistungen werden zukünftig unternehmensextern organisiert, womit i.d.R. ein Verlust rechtlicher und wirtschaftlicher Einflußnahme verbunden ist. Hiervon ist die Quasi-Funktionsexternalisierung zu unterscheiden, bei der das externalisierende Unternehmen sowohl an den positiven wirtschaftlichen Beziehungen einer hierarchischen Koordination zu ausgelagerten Funktionsbereichen als auch an den positiven Aspekten einer marktlichen Lösung (z.B. die Flexibilitäts- und Rationalitätssteigerung) interessiert ist (Sydow 1991b, S. 2ff.). Im Rahmen des HHS-Netzwerkes trifft dies für den Einsatz von Serviceanbietern zu, die z.B. die Verpackung oder Abfüllung von Produkten sowie die Bereitstellung von Logistikleistungen übernehmen. Positive Effekte der Quasi-Internalisierung und Quasi-Externalisierung sind:

- *Zeitvorteile*, z.B. durch verkürzte Entwicklungszeiten,
- *Know-how-Vorteile* und *Kompetenzgewinne*, z.B. Forschungsprojekte in sich ergänzenden Geschäftsbereichen wie der Sortiments- und Bestandsoptimierung,
- *Reduktion bzw. Eliminierung von Marktzutrittsbarrieren,* z.B. bei protektionistisch oder ökonomisch begründeten Eintrittsbarrieren,
- *Kostenvorteile*, die aus Skalen- und Erfahrungskurveneffekten erwachsen, z.B. gemeinsame Nutzung von Ressourcen, Lägern, Vertrieb usw.

Grundsätzlich resultieren aus einem HHS-Netzwerk sowohl technische als auch organisatorische und arbeitsinhaltliche Veränderungen in sämtlichen Unternehmensbereichen, die exemplarisch an der interorganisatorischen Logistik vom Fertigwarenlager des Herstellers bis zum POS beim Handel betrachtet werden sollen.

Sowohl Quasi-Internalisierung als auch -Externalisierung von Funktionen im Beziehungsgeflecht aus Herstellern, Handel und Serviceanbietern basieren auf vertikalen Marketing-, Vertriebs- und Logistikkooperationen zwischen den Teilnehmern des Wertschöpfungssystems (Picot 1991, S. 336ff.), die auf unternehmensübergreifende, langfristige Maßnahmen zur Steigerung der Effizienz zielen. Hierzu zählen sämtliche Leistungen des physischen Waren- und Informationsflusses. Ziel ist es, einerseits die Prozeßkosten in der Logistik zu senken, andererseits Marktanteile und Umsätze zu steigern. Der Konsumgüterhersteller ist dabei der Spezialist des HHS-Netzwerkes für Produktentwicklung, Produktion und Marketingplanung, der Handel für Vermarktung und Auslieferung an die Konsumenten. Serviceanbieter übernehmen grundsätzlich jene Funktionen, die von den Herstellern, dem Handel oder von anderen Serviceanbietern quasi-externalisiert werden. Zudem können sie Zusatzfunktionen, die bisher im HHS-Netzwerk nicht erstellt wurden, durch ihre Quasi-Internalisierung einbringen. Zu den traditionellen Aufgaben eines Spediteurs übernehmen sie Leistungen, wie z.B. Verpackung, Kundendienst, Qualitätskontrolle, Regalservice, Bestellabwicklung, Bestandsführung und Lagerhaltung. Leicht austauschbare Teilleistungen werden fremdbezogen (z.B. der Warentransport durch Frachtführer). Als solche sind die Serviceanbieter Koordinatoren von Komplettlösungen im Bereich des Warenhandling.

3.4 Beziehungsstrukturen und Schnittstellen innerhalb des Hersteller-Handel-Serviceanbieter-Netzwerkes

Die Struktur des HHS-Netzwerkes wird definiert durch die Netzwerkmitglieder sowie durch das Beziehungsgeflecht zwischen ihnen. *Fokale oder „hub" Unternehmen* sind Firmen, die die Führung strategischer Netzwerke übernehmen. Daneben existieren in strategischen Netzwerken *zentrale und periphere Unternehmen*. Steht das Attribut fokal für einen Führungsanspruch, so beschreiben die Attribute zentral und peripher die Position innerhalb des Netzwerkes. Ausdruck des Integrationsgrades ist das Zentralitätsmaß, welches sich aus der relativen Kontakthäufigkeit eines Unternehmens zu den übrigen Netzwerkteilnehmern ergibt. Periphere Unternehmen sind nur relativ schwach in das Netzwerk eingebunden. Ihre Leistungen haben lediglich unterstützenden Charakter und beinhalten selten koordinierende Tätigkeiten. Im HHS-Netzwerk nehmen in erster Linie Banken, Value Adding Networks und andere Serviceanbieter die Position zentraler Unternehmen ein. Grundsätzlich periphere Leistungserbringer sind z.B. Medien, Marktforschungsinstitute, öffentliche Verwaltungen (einschließlich Zoll, PR-, Text- und Werbeagenturen, Verbraucherverbände und Versicherungen).

Basis des HHS-Netzwerkes sind die Beziehungen zwischen einzelnen Herstellern, Full-Serviceanbietern sowie dem Handelsunternehmen als Bindeglied zum Endverbraucher. Jedes einzelne Handelsunternehmen steht dabei im Mittelpunkt eines mit den übrigen Handelsunternehmen um Kunden konkurrierenden Netzwerks. Die Aggregation dieser Einzelnetzwerke bestimmt das Bild der Branche. *Abbildung 1* stellt die Grundstruktur eines HHS-Netzwerkes dar, in dessen Zentrum das einzelne Handelsunternehmen steht, welches die Netzwerksteuerung auf der Grundlage seiner POS-Zahlen übernimmt. Um dieses sind in Partialnetzwerken die einzelnen HHS-Beziehungsgeflechte gruppiert. Im Gegensatz zu den Herstellerunternehmen sind die Serviceanbieter nicht auf die einzelnen Partialbereiche des betrachteten Netzwerkes beschränkt, sie können unabhängig von den betreuten Industrie- und Handelsunternehmen in allen Partialnetzwerken, in anderen strategischen Handelsnetzwerken oder gar in branchenfremden Netzwerken aktiv sein. In einzelnen Bereichen (z.B. Lagerhaltung oder Verteilergutlieferungen) ist aus Effizienzgesichtspunkten die Nutzung lediglich eines Serviceanbieters erstrebenswert bzw. sogar unerläßlich. Als Koordination von Einzelleistungen bilden sie Subnetzwerke mit eigenen Beziehungsgeflechten und Abhängigkeitsstrukturen. Gleiches gilt für die Hersteller, die eigene Netzwerke mit ihren Zulieferbetrieben bilden. Sie sind in praktisch jedem Handelsnetzwerk der Branche als Lieferanten aktiv.

4 DIE ANALYSE DES HERSTELLER-HANDEL-SERVICEANBIETER-NETZWERKES AUF DER GRUNDLAGE DES TRANSAKTIONSKOSTENANSATZES

Durch die Transaktionskostenanalyse sollen die mit der Leistungserbringung verbundenen Kosten sowie die Faktoren, welche sie beeinflussen, in Beziehung zur institutionellen Einbindung, in der die Leistungserbringung stattfindet, gesetzt werden. Transaktionskosten werden hierbei primär durch die Informations- und Koordinationskosten eines Leistungsaustauschs definiert, weshalb sie sich besonders für die Analyse moderner IuK-Systeme und die Quasi-Externalisierung bzw. Quasi-Internalisierung von Leistungen eignen.

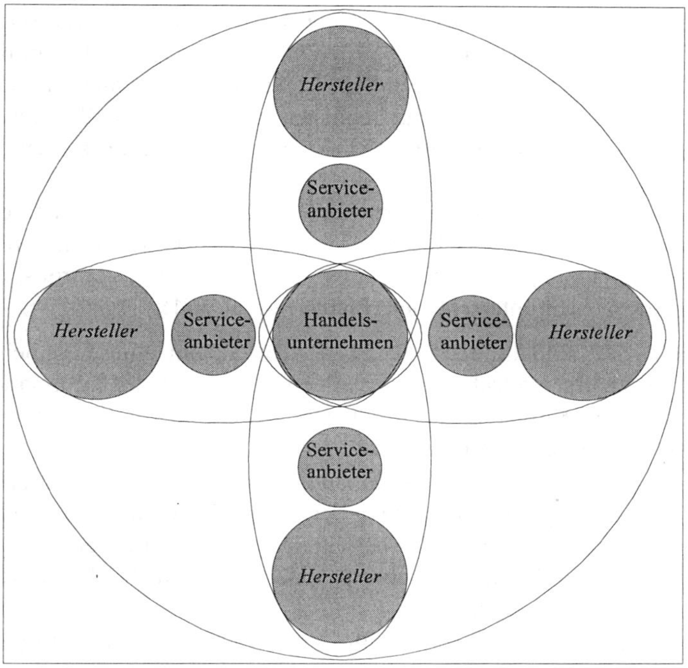

Abbildung 1: Hersteller-Handel-Serviceanbieter-Netzwerkgrundstruktur

4 DIE ANALYSE DES HERSTELLER-HANDEL-SERVICEANBIETER-NETZWERKES AUF DER GRUNDLAGE DES TRANSAKTIONSKOSTENANSATZES

Durch die Transaktionskostenanalyse sollen die mit der Leistungserbringung verbundenen Kosten sowie die Faktoren, welche sie beeinflussen, in Beziehung zur institutionellen Einbindung, in der die Leistungserbringung stattfindet, gesetzt werden. Transaktionskosten werden hierbei primär durch die Informations- und Koordinationskosten eines Leistungsaustauschs definiert, weshalb sie sich besonders für die Analyse moderner IuK-Systeme und die Quasi-Externalisierung bzw. Quasi-Internalisierung von Leistungen eignen.

4.1 Zur Methode des Transaktionskostenansatzes

Grundeinheit der ökonomischen Analyse sind die zwischen den Akteuren der HHS-Wertschöpfungskette stattfindenden Transaktionen. Deren Analyse beinhaltet sowohl den physischen Austausch (z.B. Warentransport vom Herstellerlager des Kunden) als auch Vereinbarungen (z.B. Festlegung und Übermittlung des Auftrages). Ausgangspunkt für die Wirkungsanalyse der HHS-Netzwerkstrukturen auf der Basis moderner IuK-Systeme sind die den Austausch begleitenden IuK-Prozesse. Die mit diesen Transaktionen verbundenen Kosten sind nach dem Verständnis des Transaktionskostenansatzes die zentralen Erklärungsgrößen für jeglichen institutionellen Wandel (Williamson 1985, S. 1ff.). Definition und Operationalisierung der Transaktionskosten haben derzeit nur

exemplarische Züge. Gängige Vorgehensweise ist die Unterteilung nach den Schritten des Transaktionsprozesses in verschiedene Transaktionskostenarten. Im HHS-Netzwerk werden analog Anbahnungs-, Vereinbarungs-, Abwicklungs-, Kontroll-, Anpassungs- sowie Beendigungskosten unterschieden (Picot 1991, S. 344):

- *Anbahnungskosten* sind im HHS-Netzwerk Kosten, um eine allgemeine Verhandlungs- und Geschäftsbereitschaft herzustellen (z.B. Kosten der Informationssuche für Jahresgespräche im Key Account, Kapazitätsplanung im Logistikbereich oder Identifikation potentieller Serviceanbieter und deren Konditionen).
- *Vereinbarungskosten* sind z.B. „Verhandlungskosten, die von der Intensität und der zeitlichen Ausdehnung der Verhandlung abhängen, Kosten der Vertragsformulierung und Kosten des Einigungsprozesses bei Unklarheit" (Pfohl/Large 1992, S. 20), z.B. Kosten für die Durchführung der Jahresgespräche, Absprache der Anliefermodalitäten, Listungsverhandlungen usw.
- *Abwicklungskosten* fallen z.B. bei der Prozeßsteuerung an und sind Managementkosten der Führung und Koordination.
- *Kontrollkosten* entstehen für die Rückversicherung der Leistungserbringung (z.B. Kontrolle von Lieferscheinen, Rechnungen, Listungsabsprachen usw.).
- *Anpassungskosten* fallen bei der „Durchsetzung von Termin-, Qualitäts-, Mengen- und Preisänderungen aufgrund veränderter Bedingungen während der Laufzeit der Vereinbarungen" an (Picot 1982, S. 270), z.B. Kosten für Rückkauf von Bruchware, Rampenwartezeiten, Nachlieferungen usw.
- *Beendigungskosten* fallen bei Beendigung der Netzwerkbeziehungen an. Es sind dies vertragsspezifische Investitionen, z.B. spezielle EDV-Systeme, Investitionen in Lagerraum, potentielle Wechselkosten bei unterschiedlichen Kommunikationsstandards oder verlorene Listungsgelder.

Analog zu Williamson wird das Transaktionskostenniveau einer Institutionsform als Konsequenz des Zusammenspiels von transactional, human und environmental factors bzw. der Transaktionsatmosphäre verstanden. Human factors sind hierbei die begrenzte Rationalität der Wirtschaftssubjekte zur objektiven Problemlösung komplexer Problemstellungen sowie unterschiedliche Formen des Opportunismus im Sinne einer

Vorteilsnahme der Wirtschaftssubjekte. Eine weitere zentrale Annahme ist das Vertrauen zwischen den Geschäftspartnern,ohne das Organisationsformen wie das HHS-Netzwerk nicht zustandekommen können. Transactional factors sind dagegen in der Transaktion an sich bzw. dem Transaktionsgegenstand begründet (Unsicherheit, Komplexität, Häufigkeit sowie unterschiedliche Formen von Spezifität und die strategische Bedeutung einer Transaktion). Die Transaktionsatmosphäre wird primär durch die allgemeinen rechtlichen sowie die hier stark interessierenden technischen Rahmenbedingungen definiert. Erst in ihrem Zusammenwirken entwickeln die einzelnen Determinanten ihre volle Wirkung auf das Transaktionskostenniveau. Verändern sich eine oder mehrere dieser Determinanten, so verändern sich zum einen das Transaktionskostenniveau, zum anderen die Anforderungen an die Koordinationsform, in der die Transaktion stattfindet. Entstehung und Wandel von Institutionen sind solchermaßen das Ergebnis von „economizing on transaction costs" (Williamson 1981, S. 1543).

4.2 Bedeutung und Wirkungsweise moderner Informations- und Kommunikationssysteme

Moderne IuK-Systeme verändern die Transaktionsatmosphäre grundlegend, wobei Primär- und Sekundäreffekte unterschieden werden (*Abbildung 2*). Insbesondere im operativen Bereich zeigt sich, daß sie schneller und billiger sind als traditionelle Kommunikationsformen, daß sie die ständige Erreichbarkeit der Geschäftspartner gewährleisten und die bisher notwendige Wiedereingabe von Daten entfallen lassen. Primäreffekte, welche sich aus der Nutzung gemeinsamer Datenbestände, abgestimmter Kommunikationsstrukturen und der Automatisierung administrativer Abläufe ergeben, bestehen in einem beschleunigten Informationsfluß und reduzierten Kosten bei der Vorgangsbearbeitung (z.B. Reduktion bzw. Elimination wiederholter Eingabevorgänge und damit verbundener Fehler durch EDI).

Aus dem Einsatz netzwerkartiger WWS resultieren beim Merchandising und in der Administration erhebliche Rationalisierungspotentiale. So wird aufgrund der besseren Informationsbasis eine optimierte Marketing- und Logistikplanung möglich (optimierte Sortimentsplanung, In-Store-Marketing sowie Preis-, Werbe- und Sonderangebotspolitik; optimierte Bestands-, Touren-, Ladungs- und Rampenplanung). Aus transaktionskostentheoretischer Sicht bedeutet dies:

- Komplexitätsreduktion der netzwerkinternen Informationsabläufe und Erhöhung der System- und Informationstransparenz,
- Erhöhtes Rationalitätsniveau der am Entscheidungsprozeß Beteiligten und Reduktion von Unsicherheit aufgrund eines verbesserten Informationsniveaus,
- Verringerung auf Informationsasymmetrien beruhenden opportunistischen Verhaltens der Mitarbeiter und Netzwerkpartner.

Der Einsatz moderner IuK-Systeme beeinflußt damit das Transaktionskostenniveau und die Effizienz bestehender Koordinationsformen nachhaltig (Neuburger 1994, S. 49ff.).

Neben diesen Primäreffekten wird eine Veränderung des zwischenbetrieblichen Geschäftsverkehrs mit entsprechenden Sekundäreffekten für das einzelne Unternehmen und die gesamte Branche möglich (im HHS-Netzwerk z.B. Abstimmung, arbeitsteilige Prozesse inklusive Reorganisation der internen und zwischenbetrieblichen Abläufe sowie Verlagerung von Funktionen und Kompetenzen innerhalb der Wertschöpfungskette aus Herstellern, Handel und Serviceanbietern).

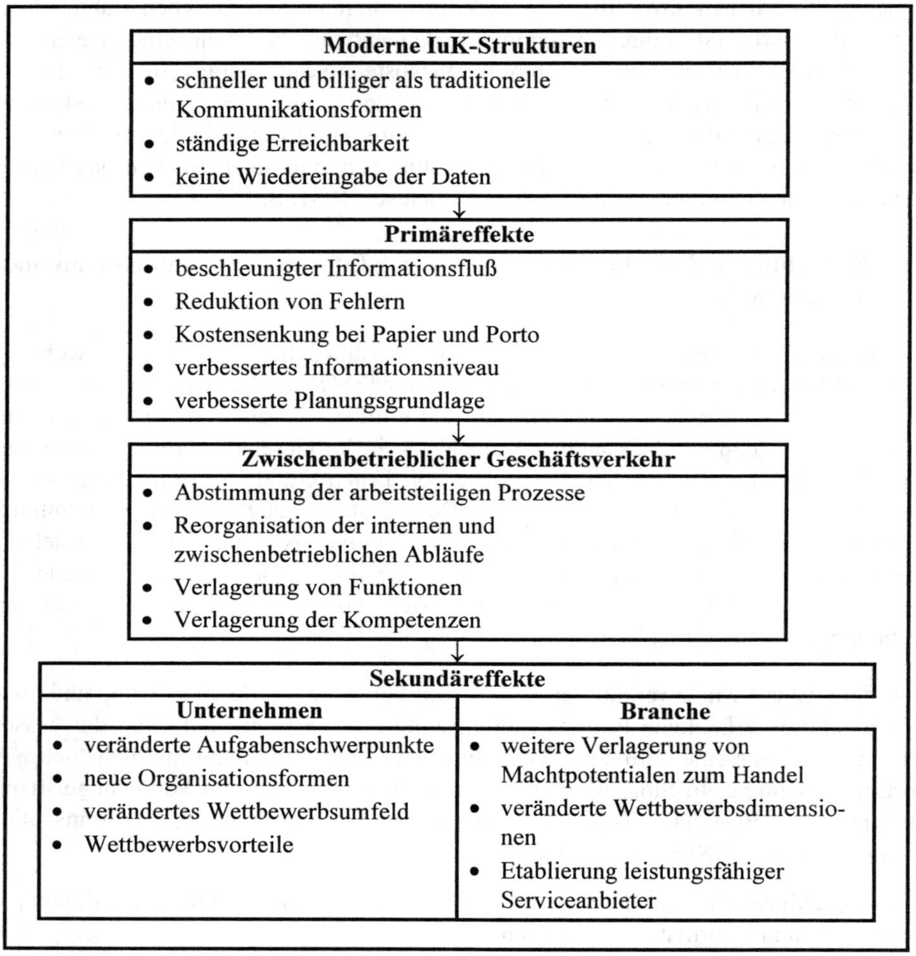

Abbildung 2: Wirkungskette einer modernen Informations- und Kommunikationsstruktur

4.3 Das Hersteller-Handel-Serviceanbieter-Netzwerk aus transaktionskostentheoretischer Sicht

Ausgehend von den Transaktionskosten ist die Bildung des HHS-Netzwerkes sinnvoll, wenn die Transaktionskosten einer netzwerkinternen Koordination unter den Kosten für eine externe Koordination liegen. Der Netzwerkaufbau ist zu empfehlen, wenn einerseits ein hohes strategisches Risiko bei einer vollständigen Funktionsexternalisierung an den Markt besteht, andererseits die Unternehmenskompetenz nicht zur Eigenfertigung ausreicht. Durch ihre intermediäre Struktur (Verträge nehmen organisatorische Elemente in sich auf, Organisationen werden mit marktlichen Elementen durchsetzt) verbinden Netzwerke sowohl Vorteile einer marktlichen Koordination durch spontane Anpassungsfähigkeit und Anreizstärke als auch der hierarchischen Koordination durch administrative Kontrollmöglichkeiten und zielgerichtete Anpassung durch die Organisation (Teubner 1992, S. 199). Hieraus erwächst ein Optimierungspotential der Gesamtorganisation mit verschiedenen Vorteilen gegenüber einer marktlichen bzw. einer hierarchischen Regelung:

- Risikominimierung mittels langfristiger Absprachen bei idiosyncratic investments,
- Reduktion von Transaktionskosten aufgrund der Langfristigkeit der Beziehungen sowie der Abstimmung der zwischenbetrieblichen Prozesse,
- schnelle Durchsetzung von Innovationen und Erhaltung eines innovationsfreundlichen Klimas,
- Minimierung von Qualitätsrisiken durch intensive gegenseitige Information mittels interorganisationaler Informations- und Kontrollsysteme,
- Schaffung einer Vertrauensbasis zur Reduktion opportunistischen Verhaltens.

Die momentane Diskussion in den sich konstituierenden HHS-Netzwerken der Konsumgüterbranche zeigt aber auch, daß Konflikte aus der Aufteilung der Netzwerkrente sowie der anfallenden Transaktionskosten resultieren können. Eine genaue Quantifizierung der eingesparten Transaktionskosten ist aufgrund der Komplexität des Untersuchungsgegenstandes und der angedeuteten Operationalisierungsproblematik derzeit nicht möglich. Die Ergebnisse einer europaweit durchgeführten Studie quantifizieren exemplarisch einige Effekte, die sich aus einer netzwerkartigen Zusammenarbeit im Marketing und Logistikprozeß ergeben (Ring/Borger/Lerner 1993, S. 12; Lintner 1996, S. 41ff.). So wird davon ausgegangen, daß durch die Kooperation im Marketing sowie die Abstimmung des physischen Warenstroms innerhalb des HHS-Netzwerkes, eine netzwerkübergreifende Bestandsdisposition und die Abstimmung der Daten, Informationen und administrativen Abläufe die Transaktionskosten um ca. 3,4% des Umsatzes zu Konsumentenpreisen reduziert werden können. Nicht berücksichtigt sind hierbei jene Effekte, die sich aus einer weitreichenden Quasi-Externalisierung von Funktionen wie der Lagerbereitstellung und -bewirtschaftung an Serviceanbieter ergeben.

5 MARKETING- UND WETTBEWERBSTHEORETISCHE IMPLIKATIONEN DES HERSTELLER-HANDEL-SERVICEANBIETER-NETZWERKES

5.1 Netzwerkmarketing und Beziehungsmanagement

Wenn sich die traditionellen Grenzen einer Branche schneller ausbreiten als die Unternehmen in der Lage sind, die Geschäftsfelder zu definieren, müssen die Unternehmen ihre Ressourcen von der Entwicklung bis hin zum Absatz, einschließlich der Beschaffungs- und Distributionslogistik, zusammenfassen, um gemeinsam wettbewerbsfähig zu bleiben. So greift aus strategischer Sicht die ausschließliche Orientierung am Markt für das HHS-Netzwerk zu kurz. Die Netzwerkperspektive rückt demgegenüber als spezifischer Denkansatz für die Unternehmensführung „*die Interaktion der am arbeitsteiligen Leistungsprozeß beteiligten (elementaren oder aggregierten) Wirtschaftseinheiten in den Mittelpunkt der Betrachtung*" (Delfmannn 1989, S. 97). Entsprechend definiert Netzwerkmarketing das Management komplexer Austauschbeziehungen mit der Aufgabe, Beziehungen zu entwickeln, aufrechtzuerhalten, zu verändern oder auch zu beenden. Grundprinzip ist die holistische, schnittstellenübergreifende, prozedurale Rationalität und Gesamteffizienz der Beziehungen bzw. Beziehungssysteme. Netzwerkmarketing oder Networking spiegelt die Interaktionsorientierung der HHS-Netzwerkunternehmen wider, ohne jedoch die Bedürfnisse der Konsumenten zu vernachlässigen. Als solches steht Networking für das Bemühen eines Unternehmens, ein Geflecht rationell funktionierender Beziehungen aufzubauen und damit die Transaktionsatmosphäre in Richtung eines partnerschaftlichen Vertrauens zu verändern. Wenn die jeweilige Unternehmensführung die Organisation als „*hyper open and network-bound systems*" (Sydow 1991b, S. 19) akzeptiert, so kommt als Folge dem Aufbau eines tragfähigen Beziehungsmanagements zentrale Bedeutung zu. In der Situation des HHS-Netzwerkes muß sich das Beziehungsmanagement auf Maßnahmen konzentrieren, welche die Bindungen zwischen den Netzwerkunternehmen festigen und Vertrauen schaffen, um die langfristige Stabilität des Netzwerkes zu gewährleisten. Damit den Unternehmen im Schutz der Netzwerkbeziehungen Innovationskraft, Qualitätsbewußtsein und Kreativität nicht verloren gehen, müssen sie permanent weiter in Netzwerkbeziehungen investieren, da die Bedrohung durch netzwerkfremde Unternehmen bestehen bleibt. Weiterhin muß das Beziehungsmanagement zur Sicherung der Netzwerkbeziehungen den Verteilungskonflikt um die Netzwerkrente und die netzwerkinternen Transaktionskosten mildern und eine effiziente Konfliktregulierung ermöglichen. Die veränderte Rolle des Kundenmanagers ist primär die eines „boundary spanners", komplementäre Kompetenzen der Netzwerkunternehmen und unterschiedlicher Funktionsbereiche zu vernetzen. Hauptaufgaben des Netzwerkmanagers sind die Systemanalyse und das Benchmarking verbesserter Systemangebote netzwerkfremder Unternehmen, das Aushandeln und Überwachen von Verträgen sowie Motivation, Abstimmung und Schnittstellenmanagement der Netzwerkmitglieder. Organisatorische Voraussetzung hierfür ist die Etablierung eines Netzwerkcontrolling mit schnittstellen- und funktionsübergreifenden Teams inklusive eines speziellen Key-Serviceanbieter-Managements.

5.2 Wettbewerbsdimensionen im Hersteller-Handel-Serviceanbieter-Netzwerk

Die Beziehungen innerhalb des HHS-Netzwerkes sind substantiell kooperativ und damit auf die Ausschaltung von Wettbewerbsprozessen ausgelegt, welche die Effizienz des Gesamtsystems reduzieren. Gemäß der Kooperationsstrategie werden die Unterlassung einander neutralisierender Aktivitäten, die Vermeidung von Doppelaktivitäten sowie die Überwindung von Unvollkommenheit der Faktorausstattung angestrebt (Sydow 1992, S. 93). Grundsätzlich ist damit in bestimmten Bereichen die Koexistenz von Kooperation und Wettbewerb innerhalb des Netzwerkes möglich. Dabei ist grundsätzlich, wie *Abbildung 3* zeigt, zwischen dem Wettbewerb unter Netzwerkmitgliedern und dem mit der Netzwerkumwelt zu unterscheiden.

So befinden sich Industrie, Handel und Serviceanbieter weiterhin im horizontalen Wettbewerb mit ihren jeweiligen Industry Competitors. Auch bleibt unabhängig vom Schutz, welcher aus den Netzwerkbeziehungen für die horizontalen Stufen des Gesamtsystems erwächst, die Bedrohung durch „potential entrants" und „substitutes", welche von der Netzwerkmitgliedschaft eine höhere Rendite erwarten und durch innovative Leistungen für das Netzwerk attraktiv sind. Ein Wettbewerb um die vertikale Aufgabenverteilung zwischen den Wirtschaftsstufen findet nicht statt, da sie kooperativ nach Gesamteffizienzgesichtspunkten ermittelt wird. „*Netzwerke werden ... zu mehr oder weniger geschlossenen Systemen mit Ein- und Austrittsbarrieren*" (Delfmann 1989, S. 109). Die Netzwerkmitgliedschaft wird damit neben Umsatzstärke und Innovationskraft zunehmend wichtig für die Marktposition der Unternehmen. Zudem gewinnt die Position des einzelnen Netzwerkunternehmens innerhalb des Netzwerkes an Bedeutung. Diese Gesamtentwicklung führt zu einer Ausweitung der traditionellen Wettbewerbsdimensionen um den Wettbewerb zwischen den HHS-Netzwerken. Wettbewerbskriterien zwischen den Netzwerken sind deren Gesamteffizienz sowie der Erfolg der Vermarktungsstrategie des jeweiligen Fokalunternehmens beim Endkonsumenten.

6 SCHLUSSBETRACHTUNGEN

Die Entwicklung in der Praxis zeigt, daß Netzwerke zwischen Herstellern, Handel und Serviceunternehmen auch in Europa zunehmend konkrete Züge annehmen. So werden bereits heute von Konsumgüterherstellern wie Procter & Gamble Rabatte gewährt, die konkrete Leistungen des Handels honorieren (z.B. automatische Auftragserstellung und -übermittlung, Bestellung, logistikgerechte Losgrößen und den automatischen Bankeinzug). Vergleichbar fordert die REWE-Handelsgruppe von ihren Zulieferbetrieben zusätzliche Logistikrabatte, die mit der Optimierung der Wertschöpfungskette mit den Industrieunternehmen begründet werden. Category Management als intensivierte Form der Zusammenarbeit zwischen Industrie und Handel gewinnt in der Konsumartikelbranche zunehmend an Bedeutung. Die Grundsteine für eine weitere Gesamtsystemoptimierung über sämtliche Stufen der HHS-Wertschöpfungskette sind damit gelegt. Ein großes Entwicklungspotential ist in den kommenden Jahren aufgrund der verstärkten Quasi-Externalisierung und -Internalisierung besonders bei den Anbietern von Serviceleistungen zu sehen.

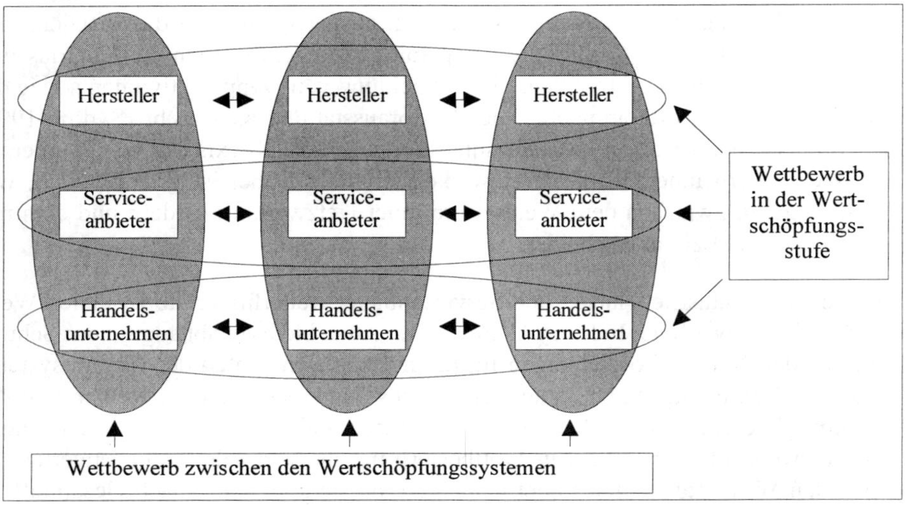

Abbildung 3: Erweiterte Wettbewerbsdimensionen von Netzwerken

LITERATUR

Albensöder, A.: Netze und Dienste der Deutschen TELEKOM, Heidelberg 1990.

Baur, C.: Make-or-Buy-Entscheidungen in einem Unternehmen der Automobilindustrie: Empirische Analyse und Gestaltung der Fertigungstiefe aus transaktionskostentheoretischer Sicht, München 1990.

Bieber, D.; Sauer, D.: Kontrolle ist Gut! Ist Vertrauen besser? Autonomie und Beherrschung in Abnehmer-Zulieferbeziehungen. In: Mendius, H.G.; Wendeling-Schröder, U. (Hrsg.), Zulieferer im Netz. Köln 1991, S. 228-254.

Bruhn, M.; Bunge, B.: Beziehungsmarketing – Neuorientierung für Marketingwissenschaft und -praxis? In: Bruhn, M.; Meffert, H.; Wehrle, F. (Hrsg.), Marktorientierte Unternehmensführung im Umbruch. Effizienz und Flexibilität als Herausforderungen des Marketing, Stuttgart 1994, S. 41-84.

Bogaschewsky, R.: Vertikale Kooperationen – Erklärungsansätze der Transaktionskostentheorie und des Beziehungsmarketing. In: Zeitschrift für betriebswirtschaftliche Forschung, 47 (1995), Sonderheft Nr. 35, S. 1-19.

Delfmann, W.: Das Netzwerkprinzip als Grundlage integrierter Unternehmensführung In: Delfmann, W. (Hrsg.), Der Integrationsgedanke in der Betriebswirtschaftslehre, Festschrift für Helmut Koch zum 70. Geburtstag, Wiesbaden 1989, S. 86-113.

Ernst, M.: Neue Informations- und Kommunikationstechnologie und marktwirtschaftliche Allokation. Eine informations- und transaktionskosten-theoretische Analyse, München 1990.

Gröner, U.: Integrierte Informationsverarbeitung – eine Standortbestimmung aus der Sicht der Anwender. In: Jacob, H.; Becker, J.; Kremar, H. (Hrsg.), Integrierte Informationssysteme, Saarbrücken 1991, S. 26ff.

Heubeck, M.: Intelligente Dienste im Telekommunikationsnetz, Bayreuth 1991.

Jarillo, J.C.: On Strategic Networks. In: Strategic Management Journal, 9 (1988), S. 31-41.

Kaas, K.P.: Marketing und Neue Institutionenökonomik. In: Zeitschrift für betriebswirtschaftliche Forschung, 47 (1995), Sonderheft Nr. 35, S. 1-19.

Kleinaltenkamp, M.; Marra, A.: Institutionenökonomische Aspekte der Customer Integration. In: Zeitschrift für betriebswirtschaftliche Forschung, 47 (1995), Sonderheft Nr. 35, S. 101ff.

Lintner, A.: ECR Europa ergreift die Initiative. Top Händler und Hersteller befassen sich mit Efficient Consumer Response. In: Lebensmittelzeitung Nr. 2, ECR – Spezial, 12.01.1996, S. 41ff.

Neuburger, R.: Auswirkungen von EDI auf die zwischenbetriebliche Arbeitsteilung und Koordination – Eine transaktionskostentheoretische Analyse. In: Sydow, J.; Windeler, A. (Hrsg.), Management interorganisationaler Beziehungen, Opladen 1994, S. 49-70.

Olbrich, R.: Informationsmanagement in mehrstufigen Handelssystemen, Frankfurt u.a. 1992.

Pfohl, H.C.; Large, R.: Gestaltung interorganisatorischer Logistiksysteme auf der Grundlage der Transaktionskostentheorie. In: Zeitschrift für Organisation, 61 (1992), S. 15-51.

Picot, A.; Reichwald, R.: Bürokommunikation Leitsätze für den Anwender, 3. Aufl., München 1987.

Picot, A.; Dietl, H.: Transaktionskostentheorie. In: Wirtschaftswissenschaftliches Studium, 19 (1990), Heft 4, 1990, S. 178-184.

Picot, A.: Der Transaktionskostenansatz in der Organisationstheorie: Stand der Diskussion und Aussagewert. In: Die Betriebswirtschaft, 42 (1982), Heft 2, S. 267-284.

Picot, A.: Ökonomische Theorien der Organisation: Ein Überblick über neuere Ansätze und deren betriebswirtschaftliches Anwendungspotential. In: Ordelheide, v.D.; Rudolph, B.; Büsselsmann, E. (Hrsg.), Betriebswirtschaftslehre und ökonomische Theorie, Stuttgart 1991, S. 143-161.

Powell, W.W.: Neither market nor hierarchy: Network Forms of Organization. In: Staw, B.M.; Cummings, L.L.(Hrsg.), Research in Organizational Behavior 12. JAI-Press. Greenwich, Conn. 1990, S. 295-336.

Ring, T.; Borger, C.; Larner, W.: Schnittstelle Hersteller/Handel: Potentiale ausloten. In: Lebensmittelzeitung-Journal Nr. 2, 15.01.1993, S. J 12.

Rühle von Lilienstern, H.: Kooperation, zwischenbetriebliche. In: Kern, H. (Hrsg.), Handwörterbuch der Produktion. Stuttgart 1972, S. 928-938.

Stahlknecht, O.: Einführung in die Wirtschaftsinformatik. 4. Aufl., Springer, Berlin u.a. 1989.

Sydow, J.: Unternehmensnetzwerke: Begriffe, Erscheinungsformen und Implikationen für die Mitbestimmung, Köln 1991a.

Sydow, J.: On the Management of Strategic Networks, Institut für Management, Freie Universität Berlin, Berlin 1991b

Sydow, J.: On the management of strategic networks. In: Ernste, H.; Meier, V. (Hrsg.), Regional development and contemporary industrial response. Belhaven. London 1992, S. 115-131.

Sydow, J.; Windeler, A.: Über Netzwerke, virtuelle Integration und Interaktionsbeziehungen. In: Sydow, J.; Windeler, A. (Hrsg.), Management interorganisationaler Beziehungen, Opladen 1994, S. 1-21.

Teubner, G.: Die vielköpfige Hydra – Netzwerke als Akteure höherer Ordnung. In: Krohn, W.; Küppers, G. (Hrsg.), Emergenz. Die Entstehung von Ordnung, Organisation und Bedeutung, Frankfurt 1992, S. 189ff.

Williamson, O.E.: The Modern Corporation: Orginis, Evolution, Attributes. In: Journal of Economic Literature, 19 (1981), S. 1537-1568.

Williamson, O.E.: The Economic Institutions of Capitalism, Firms, Markets, Relational Contracting, London/New York 1985.

Zentes, J.; Exner, R.; Braune-Krickau, M.: Studie Warenwirtschaftssysteme im Handel. In: Gottlieb Duttweiler Institut für wirtschaftliche und soziale Studien (gdi) (Hrsg.), Essen u. Rüschlikon 1989.

Zentes, J.: Grundbegriffe des Marketing, 2. Aufl., Stuttgart 1988.

Strategien der handelsorientierten Markenführung - Ergebnisse einer empirischen Studie im deutschen Lebensmitteleinzelhandel

Torsten Tomczak, St. Gallen, Stephan Feige, Ratingen und Marcus Schögel, St. Gallen

In einem Forschungsprojekt des Forschungsinstitutes für Absatz und Handel an der Universität St. Gallen wurden die Einkaufsentscheidungen des deutschen Lebensmitteleinzelhandels untersucht. Im Mittelpunkt der Untersuchung stand die Frage, welche Möglichkeiten Markenartikelhersteller zur Profilierung gegenüber dem Handel besitzen. Der vorliegende Beitrag schildert ausgewählte Erkenntnisse des Projektes und zeigt Ansatzpunkte für eine erfolgreiche handelsorientierte Markenführung auf.

1 BEZIEHUNG DER MARKENARTIKELINDUSTRIE ZUM LEBENSMITTELEINZELHANDEL

1.1 Problemfelder zwischen Industrie und Handel

Im Zusammenhang mit der zunehmenden Handelskonzentration ist die Situation der deutschen Markenartikelindustrie durch spezifische Herausforderungen gekennzeichnet (vgl. auch Kirschner 1988). Dabei sind vor allem drei Problembereiche von besonderer Bedeutung (Feige 1996, S. 53-70):

Der Zugang zum Endkunden: Zentrales Ziel der Industrie ist es, den Zugang zum Endkunden zu erhalten. Dazu müssen die Marken der Hersteller zunächst in den Handelszentralen gelistet und in den Verkaufsstellen verfügbar sein. Um Irritationen beim Endkunden vorzubeugen, müssen die Marken am Verkaufspunkt der Markenstrategie entsprechend präsentiert werden. Der Zugang zum Endkunden wird jedoch durch die zunehmende Entscheidungskonzentration in den Einkaufszentralen maßgeblich erschwert (Diller 1989). Handelsmarken begrenzen zudem den verfügbaren Regalplatz und setzen die Industrie unter einen verstärkten Listungsdruck.

Aufbrechen der klassischen Funktionsverteilungen zwischen Industrie und Handel: Veränderungen im Verhalten der Endkunden und strukturelle Veränderungen auf Handelsebene führen zu einer Funktionsverschiebung zu Gunsten des Handels. Immer mehr klassische Funktionen des Hersteller-Marketing werden vom Handel übernommen. Die Gestaltungsfreiräume und Wertschöpfungspotentiale der Industrie werden geringer und der Handlungsspielraum der Markenartikelhersteller nimmt ab (Tiphine 1990).

Verteilung der Gewinnspanne zwischen Industrie und Handel: Die Wertschöpfung, die mit einem Produkt erzielt wird, läßt sich zwischen Hersteller und Handel nur einmal verteilen. Durch den systemimmanenten Interessenskonflikt zwischen Handel und Industrie entsteht vielfach die Situation eines Nullsummenspiels, bei dem sich die Verhandlungserfolge der einen Seite negativ auf das Verhandlungsergebnis der anderen Seite auswirken (Irrgang 1989, S. 10 ff.).

1.2 Strategisches Herstellerziel: Aufbau von komparativen Konkurrenzvorteilen

Betrachtet man ausschließlich die Ziele von Industrieunternehmungen in einer Hersteller-Handels-Dyade, also gegenüber einer speziellen Handelsunternehmung, so lassen sich drei Zielbereiche identifizieren (Feige 1996, S. 79):

- Listung der Herstellermarken,
- strategieadäquates Verhalten der Handelsunternehmung und
- Bereitschaft der Handelsunternehmung zur kooperativen Zusammenarbeit.

Aus Sicht einer Handelsunternehmung ist die Rücksichtnahme auf diese Herstellerziele nur sinnvoll, wenn daraus ein Nutzen entsteht. Das bedeutet konkret, daß:

- Herstellermarken nur dann gelistet werden, wenn mit ihnen Umsatz oder Gewinn realisiert werden kann, der ansonsten nicht möglich wäre, oder wenn die Marke einen Beitrag zum Profil einer Vertriebslinie leistet;
- sich eine Handelsunternehmung nur dann an die Vorgaben einer Industrieunternehmung hält, wenn dies den eigenen Umsatz oder Gewinn erhöht;
- eine Handelsunternehmung nur dann mit einem Hersteller zusammenarbeitet, wenn sich ihr dadurch Chancen bieten, die sie sonst nicht nutzen kann (z.B. Mitarbeiterschulung oder die gemeinsame Optimierung der Regalflächen).

In jedem Fall ist es für den Handel nur attraktiv, auf die Wünsche eines Herstellers einzugehen, wenn der Nutzen einer solchen Zusammenarbeit deren Kosten übersteigt. Der Handel ist somit nur bei ausgewählten Marken daran interessiert, auf Herstellerwünsche einzugehen. Eine Marke ist für den Handel nur dann attraktiv, wenn sie Vorteile bietet, die andere Marken nicht haben. Sie muß, mit anderen Worten, über einen komparativen Konkurrenzvorteil (KKV) verfügen (vgl. Tomczak/Feige/Schögel 1995 sowie zu komparativen Konkurrenzvorteilen auch Backhaus 1992, S. 12 ff.; Simon 1988; Grosse-Oetringhaus 1994; Tomczak/Reinecke 1995).

Ein komparativer Konkurrenzvorteil kann realisiert werden, wenn folgende Forderungen erfüllt sind:

1) Die Industrieleistung stellt für die Handelsunternehmung einen bedeutsamen Nutzen dar. Dieser Nutzen kann sich z.B. auf die Verbesserung der Kostensituation, die Erhöhung des Umsatzes bzw. Absatzes, die Steigerung der Kundenfrequenz in den Verkaufsstellen, die Verbesserung des Vertriebslinienimages oder die Verbesserung des Kenntnisstandes der Mitarbeiter in den Märkten beziehen.
2) Der Nutzen grenzt das eigene Leistungsangebot vorteilhaft gegenüber Wettbewerbsangeboten ab. Die Industrieunternehmung muß die Handelsbedürfnisse sowohl besser als jeder Wettbewerber befriedigen als auch die Leistungsfähigkeit der Handelsunternehmung selbst übertreffen.
3) Die Abgrenzung muß dauerhaft sein. Das heißt, es muß den Wettbewerbern schwerfallen, die Leistung, welche den Nutzen bewirkt, ebenfalls zu erbringen.
4) Der erbrachte Nutzen basiert auf spezifischen Ressourcen der jeweiligen Industrieunternehmung. Dauerhafte Konkurrenzvorteile können nur dann vorliegen, wenn tatsächlich überlegene Fähigkeiten und Ressourcen vorhanden sind.
5) Der Nutzen muß schließlich von den relevanten Entscheidern des Handels wahrgenommen werden.

Eine Marke die einen KKV realisiert, hat beim Handel ein besseres Standing. Dies kann auch als erhöhte Gegenleistungsbereitschaft des Handels beschrieben werden. Der Handel ist bei diesen Marken eher bereit, auf Konditionenforderungen zu verzichten und Aktionen nach den Wünschen des Herstellers durchzuführen. Die Gegenleistungsbereitschaft gegenüber einer Marke steigt mit der Größe des KKV.

Kern der Herstellerbemühungen muß es daher sein, für den Handel Anreize zu schaffen, die ihn dazu motivieren sich im Sinne der Herstellerziele für eine Marke einzusetzen. In diesem Sinne ist es das Ziel der handelsorientierten Markenführung, die Absatzmittler zur Listung und Unterstützung der Herstellermarken zu bewegen. Die Entscheider des Handels müssen motiviert werden, die eigenen Marken denjenigen der Konkurrenz vorzuziehen.

Komparative Konkurrenzvorteile können prinzipiell durch alle Komponenten des Marketing-Mix geschaffen werden. Im Extremfall kann nur ein Kriterium wie z.B. ein überragender Absatz oder eine sehr hohe Gewinnmöglichkeit des Handels für einen KKV ausschlaggebend sein, in den meisten Fällen ist aber eine Kombination aus mehreren Elementen nötig (Tomczak/Gussek 1992).

Auf Grundlage aller Informationen, die über eine Marke zur Verfügung stehen, entscheidet der Handel über deren Listung. Neben den Marketingmaßnahmen der Hersteller ist somit auch deren Wirkung auf den Konsumenten von Bedeutung. Die Summe aller Maßnahmen und Wirkungen des eingesetzten industriellen Marketing-Mix können als handelsorientiertes Leistungssystem bezeichnet werden (Tomczak 1991, S. 239 ff.; Belz 1991, S. 36 ff.).

Handelsorientierte Markenführung beinhaltet neben direkt auf den Handel gerichteten Maßnahmen des Trade-Marketing auch die Instrumente des Consumer-Marketing, deren Zielgruppe die Konsumenten darstellen. Markenartikelhersteller können in der handelsorientierten Markenführung alle Marketingmaßnahmen einsetzen, die direkt oder indirekt auf die Absatzmittler wirken. Direkt an den Handel gerichtete Maßnahmen des Trade Marketing sind beispielsweise Schulungs- und Beratungsangebote der Hersteller sowie alle Arten finanzieller Zugeständnisse. Indirekt wirkende Maßnahmen sind alle konsumentengerichteten Aktivitäten des Consumer-Marketing. Auch diese sind in der Lage, den Handel von einer Marke zu überzeugen, wenn Sie beim Endkunden eine Wirkung in Form von Bekanntheit und Kaufabsichten erreichen (Zentes 1989).

2 ZENTRALE ERGEBNISSE DER EMPIRISCHEN UNTERSUCHUNG „HANDELSORIENTIERTE MARKENFÜHRUNG"

2.1 Ziele und Anlage der Untersuchung

Eine am Forschungsinstitut für Absatz und Handel an der Universität St. Gallen durchgeführte Studie untersuchte die Möglichkeiten der Profilierung von Markenartikelherstellern gegenüber dem Deutschen Lebensmitteleinzelhandel. Ziel der Untersuchung war es, Ansatzpunkte für eine erfolgreiche handelsorientierte Markenführung zu ermitteln (für eine umfassende Darstellung des Untersuchungsdesigns vgl. Feige 1996, S. 111-160).

Die Untersuchung wurde in Kooperation mit sechs deutschen Konsumgüterherstellern durchgeführt. Für jede Branche wurde eine separate Branchenstudie angefertigt, in der die Stellung von sechs eingeführten Markenartikeln beim Handel untersucht wurde. Für die Veröffentlichung wurden die Ergebnisse anonymisiert. Im einzelnen wurden folgende Branchen untersucht:

- Alkoholfreies Bier,
- eine Warengruppe aus dem Bereich Molkereiprodukte,
- Fruchtsaft/Fruchtnektar,
- Schokoriegel,
- Weinbrand und
- Geschirrspülmittel.

Kern der Untersuchung bildete eine schriftliche Befragung der Einkaufsentscheider im Lebensmitteleinzelhandel. In der Befragung wurde das Einkaufsverhalten des Handels bei Unternehmungen mit einem Umsatz über 50 Mio. DM im Jahr ermittelt. Insgesamt wurden 218 Einkaufsentscheider befragt. Zusätzlich wurden in 60 persönlichen Interviews Hersteller und Handelsvertreter zur Situation im vertikalen Marketing der Markenartikelindustrie befragt.

Die Studie ist insgesamt als explorativ zu bezeichnen. Sie gibt einen Einblick in die Situation der wettbewerbsintensivsten Märkte in Deutschland, kann jedoch nicht als repräsentativ bezeichnet werden. Die Auswahl der untersuchten Branchen und Marken wurde von den Kooperationspartnern beeinflußt und stellt keinen repräsentativen Querschnitt für alle Markenartikel dar. Des weiteren ist die Stichprobe der Handelsentscheider nicht repräsentativ. Entscheider mit einem Umsatz über 1 Mrd. DM sind zwar in der Stichprobe am stärksten vertreten, ihre Anzahl im Verhältnis zur Umsatzbedeutung ist jedoch zu niedrig.

2.2 Zentraler Erfolgsfaktor: Pull-Anreize

Ein zentrales Ziel der Untersuchung war die Analyse von Erfolgs- und Mißerfolgsfaktoren für die handelsorientierte Markenführung. Zu diesem Zweck wurden aus 32 unterschiedlichen Leistungsmerkmalen der untersuchten Marken Faktoren gebildet und ihre Bedeutung für den Erfolg der Marken beim Handel untersucht. Durch eine Faktorenanalyse konnten die Leistungsmerkmale der Marken auf vier Faktoren reduziert werden (vgl. Feige 1996, S. 186-199):

- Der erste Faktor faßt Variablen zusammen, die zur Verankerung der Marken beim Endkunden dienen. Da diese üblicherweise dem Pull-Marketing zugerechnet werden, wird der erste Faktor `Pull-Anreize´ genannt.
- Beim zweiten Faktor stehen Variablen im Vordergrund, die eher die Zusammenarbeit zwischen Hersteller und Handel sowie die Fähigkeit des Herstellers, für den Handel Leistungen zu erbringen, betreffen. Der Faktor wird daher `Kooperationskompetenz´ genannt.
- Der dritte Faktor fast vorwiegend konditionenorientierte Variablen zusammen. Da es sich dabei überwiegend um Maßnahmen des Hineinverkaufs handelt, wird dieser Faktor mit dem Begriff `Push-Anreize´ bezeichnet.
- Hinter dem vierten Faktor verbirgt sich ein Sammelbecken für nicht direkt zuordenbare Variablen. Da den Items die Eigenschaften Zuverlässigkeit und Kompetenz für eine Handelsunterstützung gemeinsam waren, wurde der Faktor mit dem Begriff der `unterstützenden Leistungen´ belegt.

Das Gewicht dieser vier Erfolgsfaktoren ist unterschiedlich. Eine überragende Bedeutung bei Listungsentscheidungen kommt den Pull-Anreizen zu. Sie erklären gemäß der Studie 66% des Erfolg einer Marke. Mit großem Abstand folgt die Kooperations-Kompetenz, die mit 19% zum Erfolg beiträgt. Die Push-Anreize einer Marke sind nur mit 3% für den Erfolgs verantwortlich, während den unterstützenden Leistungen eine Bedeutung von 12% zukommt. *Abbildung 1* zeigt das Gesamtergebnis der Untersuchung im Überblick.

In diesem Zusammenhang muß festgehalten werden, daß sich die Gewichte der einzelnen Faktoren in den Branchen unterscheiden, aber in allen eine eindeutige Tendenz zur Dominanz des Pull-Faktors festzustellen ist.

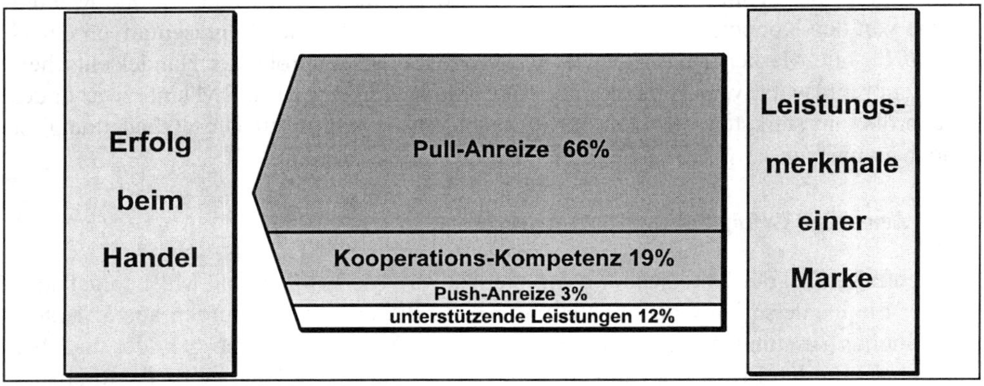

Abbildung 1: Gesamtergebnis der Untersuchung

3 ERFOLG UNTERSCHIEDLICHER STRATEGIEN GEGENÜBER DEM HANDEL

3.1 Situative Relativierung der Untersuchungsergebnisse

Handelsorientierte Markenführung kann nicht in allen Situationen nur auf die Realisierung eines möglichst hohen Consumer Pull reduzieren werden. Ein verstärkter Interbranchenwettbewerb um die Aufmerksamkeit des Endkunden erschwert zunehmend eine erfolgreiche Positionierung der Marken im Wettbewerbsumfeld (Tomczak/Müller 1992, S. 18-19). Zudem ist vor dem Hintergrund der geschilderten Problemfelder zwischen Industrie und Handel davon auszugehen, daß Hersteller im vertikalen Marketing gezwungen sind, zusätzliche Leistungen anzubieten, um sich im Wettbewerb um den Regalplatz durchsetzen zu können. Insofern muß untersucht werden, welche Strategien der handelsorientierten Markenführung erfolgreich sind und welche als erfolglos bezeichnet werden müssen.

Um den Erfolg unterschiedlicher Strategien bestimmen zu können, werden in einem ersten Schritt die in den Branchen führenden Marken den schwächsten gegenübergestellt. In einem weiteren Schritt werden branchenübergreifend Strategietypologien erfaßt. Es geht dabei weniger um absolute Ähnlichkeiten, sondern vielmehr um Strategiemuster und Schwerpunkte, die die einzelnen Marken bezüglich der Faktoren setzen.

In einer solchen Betrachtung können außerdem die Branchen- und Unternehmungshintergründe besser berücksichtigt werden.

Gleichzeitig wurde die Stellung der Marken in Verbindung mit situativen Variablen betrachtet. Ziel war es, Zusammenhänge zu erkennen, die auch über die betrachteten Branchen hinaus Gültigkeit besitzen. Neben der Unternehmungssituation wurden im einzelnen folgende situative (z.T. interdependente) Variablen in der Untersuchung berücksichtigt (Feige 1996, S. 23 f.):

Die Wettbewerbssituation: Die Stärke der Wettbewerbsintensität hat für die handelsorientierte Markenführung Auswirkungen auf die Art und Weise des Auftrittes des Herstellers gegenüber dem Handel. Je intensiver der Wettbewerb zwischen den Herstellern ist, desto größer sind die Bemühungen des Herstellers, sich gegenüber dem Handel zu profilieren.

Phase des Marktlebenszyklus: In wachsenden Märkten sind die Chancen für einen Gewinnzuwachs tendenziell größer als in stagnierenden und rezessiven Branchensituationen. Der Handel ist in frühen Phasen des Lebenszyklus eher dazu bereit, sein Sortiment auszuweiten. Die Listungschancen für den Hersteller sind größer als in späteren Phasen der Marktentwicklung.

Die Markenstärke: Je stärker die Position der Herstellermarken ist, desto geringer ist die Gefahr der Substitution durch Handelsmarken oder eine andere Herstellermarke.

Die Anbieterkonzentration: Je weniger Anbieter in einem Markt agieren, desto größer ist die Wahrscheinlichkeit, vom Handel gelistet zu werden. Jedoch bewirkt ein höherer Konzentrationsgrad auch einen intensiveren horizontalen Wettbewerb.

3.2 Strategien von Marktführern und Marktfolgern

Zunächst wurde die Stellung der jeweils führenden Marken beim Handel mit der der schwächsten Marken verglichen. Das Auswahlkriterium für die Unterteilung in führend und schwach ist dabei die Beurteilung des Handels. Die schwachen Marken sind solche, die auf die Frage "Auf welche der Marken könnten Sie unter Abwägung aller Aspekte insgesamt am ehesten verzichten?" von den Handelsentscheidern als erstes genannt wurden. Marken, die in dieser Rangreihung als letztes genannt wurden und auf die der Handel am wenigsten verzichten kann, wurden als die führenden Marken ausgewählt. Die führenden Marken in dieser Studie sind zumeist gleichzeitig die Marktführer in dem betreffenden Teilmarkt und können teilweise einen Marktanteil von über 10% realisieren. Die als schwach bezeichneten Marken sind in der Regel auch die absatzschwächsten der Stichprobe. Sie haben je nach Branche einen Marktanteil von nahezu null bis etwa 3,5%.

3.2.1 Typische Marktführerstrategien

Abbildung 2 zeigt die Profile der führenden Marken in den jeweiligen Branchen.

Die Pull-Anreize sind das herausragende Instrument aller betrachteten Marken. Der vom Handel wahrgenommene Pull ist in den Branchen unterschiedlich. Den stärksten Pull hat der Marktführer im Bereich Schokoriegel, gefolgt von Fruchtsaft, alkoholfreiem Bier, Spirituosen, Geschirrspülmittel und schließlich den Molkereiprodukten. Die Höhe des Pulls beim Marktführer läßt gleichzeitig auch Rückschlüsse auf die Erfordernisse des Marktes und die Wettbewerbssituation im Markt zu. So sind offensichtlich im Bereich Schokoriegel weitaus höhere Pull-Anreize nötig, als etwa bei Weinbrand oder Molkereiprodukten.

Betrachtet man die Ausprägung der Pull-Anreize in Verbindung mit den situativen Variablen, so fällt vor allem die Abhängigkeit von der Wettbewerbsintensität auf. Je intensiver der Wettbewerb ist, desto höher sind auch die Pull-Anreize, die dem Handel geboten werden. So haben die Marktführer in den wettbewerbsintensiven Märkten alkoholfreies Bier, Fruchtsaft und Schokoriegel einen deutlich höheren Pull als die in den weniger umkämpften Märkten Molkereiprodukte, Weinbrand und Geschirrspülmittel.

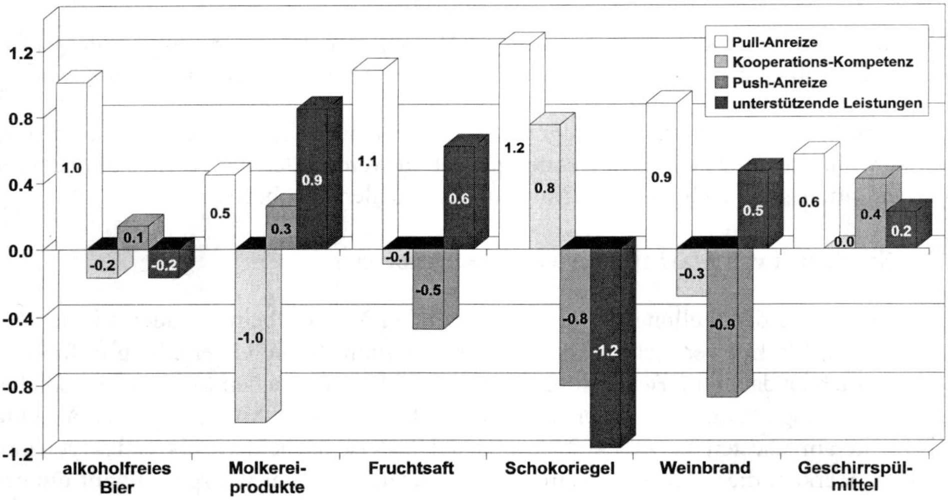

Abbildung 2: Profile der in den Branchen aus Handelssicht führenden Marken

Dies spricht eindeutig für die Erfolgsträchtigkeit von Pull-Strategien in heftig umkämpften Märkten. Gerade in wettbewerbsintensiven Branchen gelingt es ausschließlich über einen hohen Pull, zu den führenden Marken zu gehören. Hingegen ist bei geringem Wettbewerb offensichtlich ein etwas geringerer Pull ausreichend, wenngleich auch bei den dort führenden Marken das Hauptgewicht eindeutig auf diesem Faktor liegt.

Die Positionen der führenden Marken bei dem Faktor Kooperations-Kompetenz ist unterschiedlich. In den meisten Märkten ist er unterdurchschnittlich bis gerade durchschnittlich ausgeprägt. Eine Ausnahme stellt der Schokoriegelmarkt dar. Dort ist die Kooperations-Kompetenz ebenfalls sehr hoch. Dies bedeutet, daß eine hohe Kooperations-Kompetenz einen guten Pull zwar unterstützen kann, aber nicht zwangsläufig vorhanden sein muß.

Wiederum leistet die situative Variable Wettbewerbsintensität sowie auch die Anbieterkonzentration einen Erklärungsbeitrag für den Umfang der Kooperations-Kompetenz. Je höher die Konzentration der Anbieter und je schärfer der Wettbewerb ist, desto größer ist auch die Kooperations-Kompetenz. Dies ist ein Indiz dafür, daß in wettbewerbsintensiven Märkten mit wenigen verbliebenen Anbietern, die Kooperations-Kompetenz ein stärkeres Gewicht neben den Pull-Anreizen bekommt.

Wie bereits angedeutet, sind die Push-Anreize bei den Marktführern in der Summe unterdurchschittlich ausgeprägt. In den Branchen alkoholfreies Bier, Molkereiprodukte und Geschirrspülmittel ist die Position der Marktführer zwar auch besser als die ihrer Verfolger auf dem jeweiligen Markt, sie müssen allerdings mehr Push-Anreize aufwenden als der Durchschnitt aller 36 Marken. Dies ist darauf zurückzuführen, daß die Marken entweder fehlenden Pull oder mangelnde Kooperations-Kompetenz ausgleichen müssen.

Die Branchen, in denen auch führende Marken hohe Push-Anreize bieten, zeichnen sich dadurch aus, daß:

- die Markenstärke aller Marken der Branche relativ gering und
- die Anbieterkonzentration verhältnismäßig niedrig ist.

Gleichzeitig ist der Wettbewerb in diesen Branchen eher geringer als in den anderen. Es ist unmittelbar einsichtig, daß schwächere Marken den Forderungen des Handels weniger entgegenzusetzen haben als starke. Die Ursache für die generelle Schwäche in diesen Branchen kann zum einen in prinzipiell beschränkten Differenzierungsmöglichkeiten
- wie etwa im Bereich Geschirrspülmittel - liegen, zum anderen aber auch in mangelndem Wettbewerb und damit in fehlenden Anreizen bzw. dem Zwang zu einem entsprechenden Marktauftritt. Marken, die sich schon in einem intensiven horizontalen Wettbewerb zwischen den Herstellern beweisen mußten und in diesem erfolgreich bestehen konnten, erreichen auch gegenüber dem Handel eine bessere Position.

3.2.2 Typische Folgerstrategien

Als Gegensatz zu den führenden Marken, zeigt *Abbildung 3* die Profile der Marken, die in ihren Kategorien den geringsten Erfolg beim Handel haben.

Die Pull-Anreize der Marken liegen weit unter dem Durchschnitt aller Marken. Das Ausmaß, in dem der Mittelwert unterschritten wird, variiert jedoch sehr stark. Während in den Branchen Molkereiprodukte, Schokoriegel und Fruchtsaft der Rückstand nur gering ist, liegen die schwächeren Marken der Produktkategorien Spirituosen, Geschirrspülmittel und alkoholfreies Bier schon sehr deutlich unter dem Mittelwert. Dies liegt entweder am allgemein schlechten Niveau der Pull-Anreize, wie etwa in der Bierbranche, oder daran, daß die Nr. 6 des Marktes eine sehr kleine Marke ist, die national nur eine untergeordnete Rolle spielt. Dies ist beispielsweise bei den Geschirrspülmitteln der Fall. Dagegen stammen Marken, die nur geringfügig unter dem Durchschnitt liegen, aus Branchen, die einer größeren Zahl von Wettbewerbern Raum bieten. Diese Situation liegt beispielsweise im Schokoriegelmarkt vor, in dem insgesamt noch 20 Marken mehr als 1% Marktanteil realisieren können.

Auch die Kooperations-Kompetenz wird bei den schwächeren Marken, mit Ausnahme der Schokoriegel, unterdurchschnittlich beurteilt. Diese Ausnahme kommt zustande, weil die betroffene Marke zu einem großen Konzern gehört und diese Einbindung offensichtlich bei der Beurteilung durch die Handelsentscheider eine Rolle spielt. Gleiches gilt für die verhältnismäßig gute Bewertung der Biermarke.

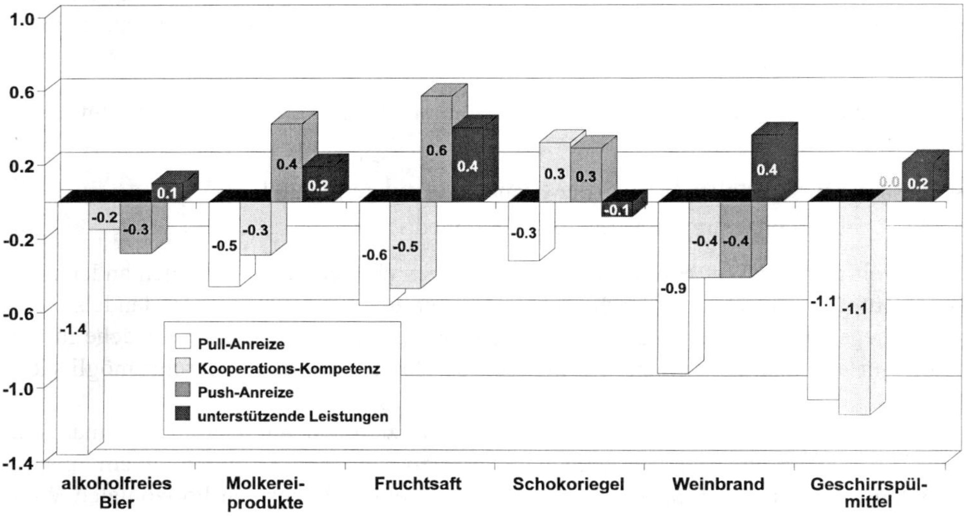

Abbildung 3: Profile, der in den Branchen aus Handelssicht uninteressanten Marken

Im Gegensatz zu den beiden ersten Faktoren werden die Push-Anreize der schwachen Marken in der Mehrzahl der Branchen überdurchschnittlich hoch eingestuft. Insbesondere bei den Molkereiprodukten, Fruchtsaft und Schokoriegeln werden offensichtlich umfangreiche Konditionen an den Handel gezahlt. In den Branchen Weinbrand, alkoholfreies Bier und Waschmittel hingegen beurteilen die Handelsentscheider auch die schwachen Marken hinsichtlich dieses Kriteriums als schlecht. Dafür kann es im Einzelfall drei Erklärungen geben:

- Der Handel hat aufgrund des geringen Volumens kein großes Interesse an Rabatten.
- Das Umsatzvolumen ist so niedrig, daß die prozentual evtl. interessanten Konditionen absolut gesehen trotzdem schlecht beurteilt werden.
- Die Hersteller der betroffenen Marken sind nicht mehr in der Lage, umfangreiche finanzielle Zugeständnisse zu machen.

3.3 Erfolgsstrategien

Nach der Betrachtung der zwei Extrempositionen - Marktführer vs. abgeschlagene Marktfolger - werden verschiedene Strategien bzw. Positionen von Marken differenziert analysiert. Dazu wurden die Marken wiederum anhand ihrer Faktorprofile untersucht. Ähnliche Profile der Marken stehen für eine ähnliche Wahrnehmung durch die Entscheider des Handels und für vergleichbare Positionen der Marken gegenüber dem Handel. Sie deuten ebenfalls auf ähnliche Strategien in der handelsorientierten Markenführung der Unternehmungen hin.

Die Profile werden qualitativ beurteilt. Gleichzeitig werden nicht alle untersuchten Marken berücksichtigt, sondern nur solche, deren Position mit anderen Marken vergleichbar ist. Dies verhindert unerwünschte Nivellierungen durch die Bildung von Durchschnittswerten und erlaubt somit einen besseren Blick auf die wesentlichen Punkte.

Es konnten vier Erfolgsstrategien herausgearbeitet werden, die im folgenden beschrieben werden. Die Benennung der Strategien erfolgte anhand von Auffälligkeiten, die die dazugehörenden Marken auszeichnen. Es handelt sich um:

- die kooperative Pull-Strategie
- die reine Pull-Strategie
- die professionelle Checklisten-Strategie und
- die Mittelstandsstrategie.

3.3.1 Die kooperative Pull-Strategie

Bei vier Marken kann eine Strategie beobachtet werden, die hauptsächlich auf den Faktoren Pull-Anreize und Kooperations-Kompetenz aufbaut. Push-Anreize werden nur in geringem Umfang oder überhaupt nicht gewährt. Auch bei den unterstützenden Leistungen wird keine gute Beurteilung angestrebt. Aufgrund dieser Konzentration der Kräfte wird die Strategie kooperative Pull-Strategie genannt. *Abbildung 4* zeigt die Profile der Marken.

Alle vier Marken haben beim Handel einen überdurchschnittlich großen Erfolg. Dies spricht für eine hohe Erfolgsträchtigkeit dieser Strategie. Die vier Marken, die diese

Strategie verfolgen, gehören zu den erfolgreichsten der untersuchten Stichprobe. Sie werden vom Handel als nahezu unverzichtbar eingestuft und haben damit eine sehr komfortable Position.

Drei der vier Marken sind auf dem Schokoriegelmarkt aktiv. Die vierte Marke gehört zu den Molkereiprodukten. Da insbesondere im Bereich Schokoriegel der Wettbewerb sehr intensiv und die Anbieterkonzentration sehr hoch ist, scheint die kooperative Pull-Strategie auch, oder sogar gerade, in extremen Wettbewerbssituationen erfolgreich zu sein.

3.3.2 Die reine Pull-Strategie

Vier Marken verfolgen eine Strategie, die sich alleine auf die Pull-Anreize als ausschlaggebenden Faktor stützt. Eine mäßige Kooperations-Kompetenz ist zwar vorhanden, sie wird vom Handel aber unterdurchschnittlich beurteilt. Push-Anreize werden nur in sehr geringem Maße angeboten. Die unterstützenden Leistungen werden überdurchschnittlich gut beurteilt. Die Strategie wird aufgrund der Konzentration auf die Pull-Anreize als reine Pull-Strategie bezeichnet. *Abbildung 5* zeigt die Profile der Marken, die diese Strategie verfolgen.

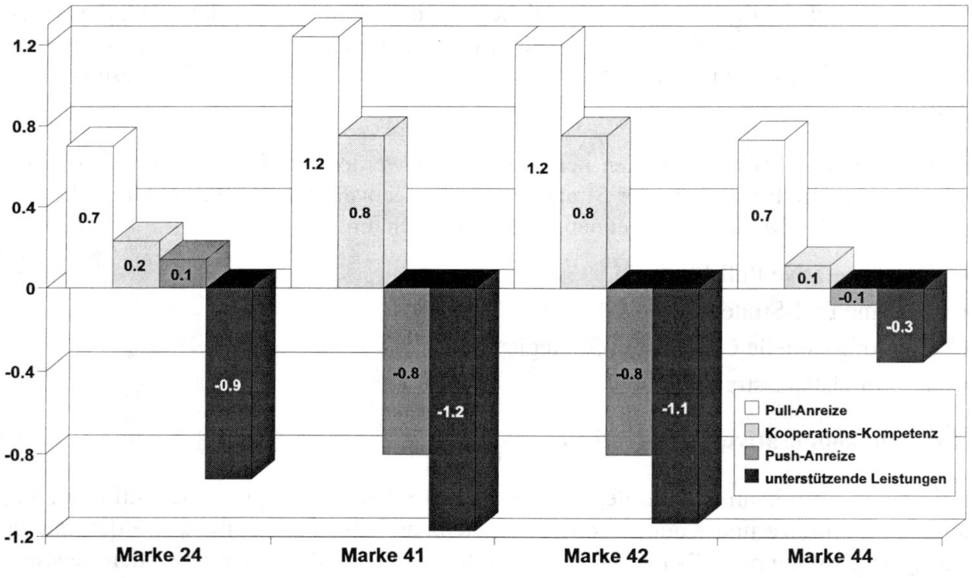

Abbildung 4: Erfolgsposition der kooperativen Pull-Strategie

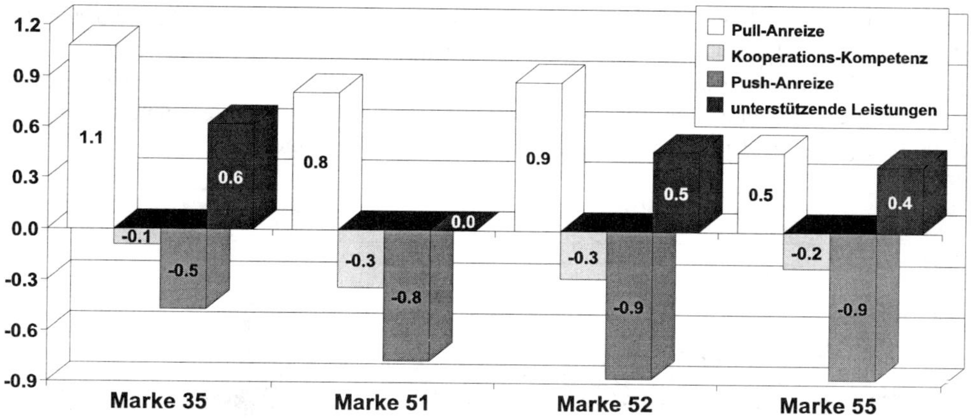

Abbildung 5: Erfolgsposition der reinen Pull-Strategie

Auch diese Marken haben beim Handel großen Erfolg. Dies zeigt, daß offensichtlich auch eine Konzentration auf den Faktor Pull-Anreize erfolgreich sein kann. Der Handel möchte auf Marken, die aus seiner Sicht einen hohen Pull haben, nicht verzichten. Diese Marken konnten sich damit eine gesicherte Position erarbeiten.

Wiederum kann beobachtet werden, daß die Marken vorzugsweise aus einem Markt stammen. Drei Marken sind im Bereich Weinbrand aktiv, eine weitere in der Warengruppe Fruchtsaft. Die reine Pull-Strategie scheint die Strategie der Top-Marken für weniger umkämpfte Märkte bzw. Märkte mit geringerer Anbieterkonzentration zu sein.

3.3.3 Die professionelle Checklisten-Strategie

Eine dritte Strategie wird von weiteren fünf Marken verfolgt. Diese Marken setzen im Gegensatz zu denen der beiden ersten Strategien keine eindeutigen Schwerpunkte. Die Entscheider des Handels beurteilen die Marken bei allen Faktoren als überdurchschnittlich gut. Teilweise liegt ein Schwerpunkt auf den Pull-Anreizen, bei einer Marke zusätzlich auf der Kooperations-Kompetenz. Diese unfokussierte Leistungsgestaltung hat zur Folge, daß die Marken bei keinem der vier Faktoren wirkliche Spitzenpositionen erreichen können. Die Marken werden zwar besser beurteilt als der Durchschnitt, insbesondere bei den Pull-Anreizen und der Kooperations-Kompetenz haben sie jedoch eine deutlich schlechtere Positionen als die Marken, die eine kooperative oder reine Pull-Strategie verfolgen.

Bei der Betrachtung der fünf Marken mit dieser Strategie fällt auf, daß alle Marken zu großen Konzernen gehören. Diese Unternehmungen haben in der Markenführung zum Teil jahrzehntelange Erfahrungen und betreiben ihr Marketing absolut professionell. Gleichzeitig verfolgen sie jedoch das Ziel, alle Bedürfnisse des Handels zu befriedigen. Aus der souveränen Position einer führenden Unternehmung heraus bestand nie der

Zwang, die vorhandenen Kräfte und Mittel zu konzentrieren. Im Zeitverlauf wurden die Prozesse im Marketing ausgefeilt und standardisiert. Es entstanden umfangreiche Kataloge, die die Anforderungen an das eigene Marketing beschreiben. Aus diesem Grund wird die beschriebene Position "professionelle Checklisten-Strategie" genannt. *Abbildung 6* zeigt die Profile der Marken, die diese Strategie verfolgen.

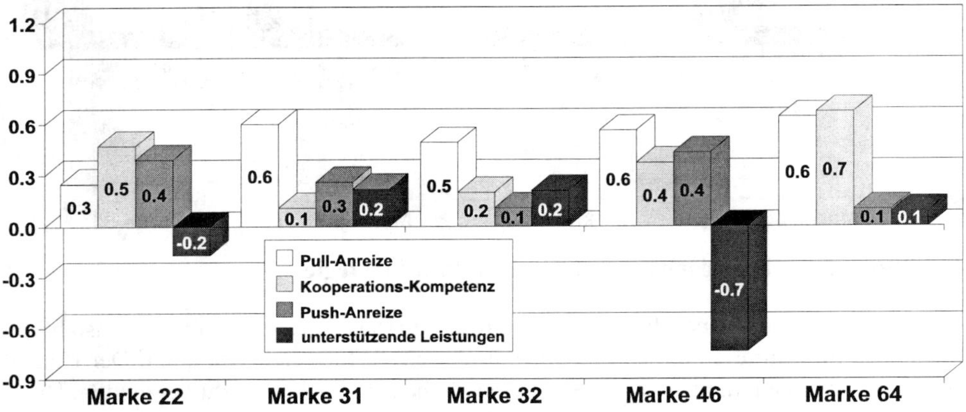

Abbildung 6: Erfolgsposition der professionellen Checklisten-Strategie

Der Erfolg dieser Strategie ist ebenfalls akzeptabel, allerdings nicht mehr so gut wie bei den Marken, die eine der ersten beiden Strategien verfolgen.

Hinsichtlich der Märkte, auf denen die Marken mit einer professionellen Checklisten-Strategie vertreten sind, lassen sich keine Auffälligkeiten feststellen. Die fünf Marken stammen aus vier verschiedenen Märkten. Es handelt sich sowohl um Marken, die in einem sehr scharfen Wettbewerb stehen, als auch um solche, deren Umfeld weniger kompetitive Züge trägt.

3.3.4 Die Mittelstandsstrategie

Die letzte beobachtbare Gruppe erfolgreicher Strategien enthält ausschließlich Marken, die von mittelständischen Herstellern geführt werden. Auch bei dieser Strategie liegt ein hohes Gewicht auf den Pull-Anreizen, die von den Handelsentscheidern überdurchschnittlich gut beurteilt werden. Hingegen ist die Kooperations-Kompetenz nur sehr schwach ausgeprägt. Dies ist darauf zurückzuführen, daß mittelständische Unternehmungen häufig nicht über die nötigen Ressourcen verfügen, um solche Fähigkeiten aufzubauen. Die fehlende Kooperations-Kompetenz muß bei den betrachteten Marken durch überdurchschnittlich hohe Push-Anreize in Form von Konditionen kompensiert werden. Die unterstützenden Leistungen werden gut beurteilt. Aufgrund der geschilderten Situation soll diese Strategie als Mittelstandsstrategie bezeichnet werden. Würde man die Herkunft der Marken vernachlässigen, so wäre auch die Bezeichnung als Pull-Push-Strategie zweckmässig.

Vier Marken verfolgen diese Strategie. Alle erfolgreichen Marken von Mittelständlern gehören dazu. *Abbildung 7* zeigt die Profile der Marken.

Der Erfolg von mittelständischen Herstellern ist in der Summe wiederum etwas geringer als bei den bisherigen Strategien. Es ist jedoch beachtenswert, daß es Mittelständlern überhaupt gelingt, unter den großen Nahrungsmittelkonzernen eine nennenswerte Rolle zu spielen.

Jedoch scheint der Erfolg nur in wenigen Märkten möglich. Drei der vier erfolgreichen mittelständischen Marken gehören der Branche Molkereiprodukte an. Die vierte Marke stammt aus der Warengruppe Geschirrspülmittel. Es handelt sich damit um wettbewerbsschwächere Branchen. In den stark umkämpften Märkten für Bier, Schokoriegel und Fruchtsaft lassen sich keine erfolgreichen Mittelständler finden.

3.4 Mißerfolgsstrategien

Neben den erfolgreichen Strategien gibt es auch weniger erfolgreiche. Auch hier kann eine Typologie gebildet werden. Die weniger erfolgreichen Strategien können vor allem danach unterschieden werden, ob eine Marke noch in der Lage ist, sich durch Push-Anreize in Form von umfangreichen Konditionenzugeständnissen beim Handel einzukaufen, oder ob dies nicht mehr möglich ist. Damit ergeben sich zwei Mißerfolgspositionen:

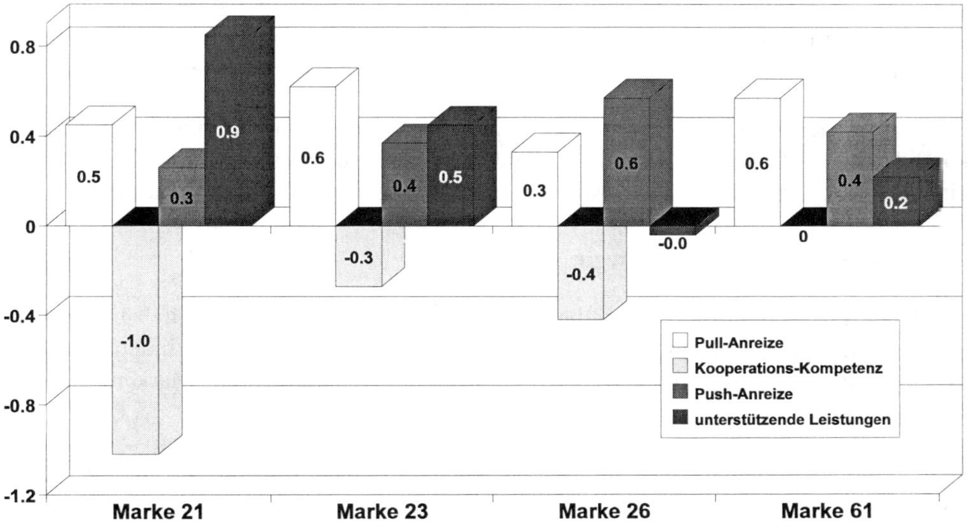

Abbildung 7: Erfolgsposition der Mittelstandsstrategie

- die Konditionenstrategie und
- die Null-Leistungs-Strategie.

Bei beiden Positionen ist fraglich, ob überhaupt von Strategien gesprochen werden sollte, da dieser Terminus eine bewußte Entscheidung und die Verfolgung eines Ziels unterstellt. Dies dürfte in diesen Fällen nicht unbedingt gegeben sein. Vielmehr muß angenommen werden, daß sich die Marken unfreiwillig in dieser schlechten Position befinden. Gründe dafür können sein:

- Die Marke befindet sich erst in der Einführungsphase. Solange die Umsätze und die Distribution noch gering sind, lohnt sich in der Regel umfangreiche Endverbraucherwerbung nicht. In dieser Situation kann es durchaus sinnvoll sein, den Handel mit Push-Anreizen zur Listung der Marke zu bewegen.
- Die Markenpflege wurde über Jahre vernachlässigt. Dies führte zu einer langsamen Erosion der Marke, der nicht ausreichend entgegengewirkt wurde. Sie steht am Ende ihres Lebenszyklus

Trotz dieser Kritik soll im folgenden der Begriff Strategie beibehalten werden. Die beiden nächsten Abschnitte beschreiben die Positionen der Marken in den geschilderten Situationen.

3.4.1 Die Konditionenstrategie

Marken, die eine Konditionenstrategie verfolgen, zeichnen sich dadurch aus, daß ihre Pull-Anreize vom Handel schlecht beurteilt werden. Auch die Kooperations-Kompetenz ist eher mäßig. Dagegen gelingt es ihnen, bezüglich der Push-Anreize von den Entscheidern im Handel deutlich besser wahrgenommen zu werden als die Wettbewerber. Die Ausprägung bei den wenig bedeutsamen unterstützenden Leistungen ist unterschiedlich. Fünf der 36 untersuchten Marken verfolgen eine Konditionenstrategie.

Der Erfolg der Konditionenstrategie ist sehr mäßig. Die Marken sind "Auslistungskandidaten" sind zum "Spielball des Handels" geworden. Dies zeigt eindrücklich, daß eine Marke, die alleine auf Push-Anreize setzt, für den Handel austauschbar bleibt.

3.4.2 Die Null-Leistungs-Strategie

Die letzte Position ist ein Sammelbecken für alle Marken, die sich täglich im Überlebenskampf, sprich im Kampf mit der Auslistung durch den Handel, befinden. Sie werden hinsichtlich der drei relevanten Kriterien schlecht beurteilt. Fünf Marken, aus drei verschiedenen Märkten, können zu dieser Gruppe gezählt werden.

Den Marken ist gemein, daß der Handel jederzeit ohne Probleme auf sie verzichten kann. Nur zwei Gründe führen zur Listung bei einigen Handelsunternehmungen oder Vertriebslinien:

- Aspekte der Sortimentsabrundung oder
- die Tatsache, daß die Marke von einem großen Konzern bei den Jahresgesprächen "mitverhandelt" wurde.

Über beide Mißerfolgsstrategien betrachtet, treten weniger erfolgreiche Marken gehäuft bei den alkoholfreien Bieren sowie in den Märkten für Weinbrand und Geschirrspülmittel auf. Im Bereich Schokoriegel gibt es keine, bei den Molkereiprodukten und Fruchtsaft nur je eine Marke mit größeren Problemen. Dies liegt vor allem an der Auswahl der in der Studie berücksichtigten Marken, die nur die sechs stärksten Marken jeder Branche erfaßte. Auch im Schokoriegelmarkt existieren Marken mit sehr geringem Erfolg. Dies betrifft allerdings erst die hier nicht untersuchte Nr. 7 im Markt. Die Probleme im Biermarkt haben ihre Ursache darin, daß es nur wenigen Unternehmungen überhaupt gelungen ist, eine Biermarke national zu einem Markenartikel zu machen.

Generell haben Marken mit einer schwachen horizontalen Konkurrenz zwar gegenüber ihren direkten Wettbewerbern keine Nachteile. Da der Handel lediglich an der Austauschbarkeit der Marke in seiner Unternehmung interessiert ist, befinden sie sich im vertikalen Wettbewerb trotzdem in einer außerordentlich kritischen Lage.

4 ZUSAMMENFASSUNG

Bei allen erfolgreichen Strategien sind die Pull-Anreize hoch gewichtet. Der Pull wird entweder alleine eingesetzt, wie bei der reinen Pull-Strategie, oder durch Kooperations-Kompetenz oder Push-Anreize unterstützt. Auch die Nutzung aller drei Anreizsysteme ist möglich.

Im folgenden sollen die Erfolgsfaktoren der sechs Strategien unter dem Aspekt zusammengefaßt werden, welche Faktoren für den jeweiligen Erfolg der Strategie ausschlaggebend sind.

Marken, die eine kooperative Pull-Strategie verfolgen, können einen hohen bis sehr hohen Erfolg vorweisen. Sie stützen sich auf Pull-Anreize und Kooperations-Kompetenz. Ebenso erfolgreich sind Marken, die eine reine Pull-Strategie anstreben. Deren einzig genutzten Instrumente gehören zu den Pull-Anreizen. Mit mittlerem bis hohem Erfolg sind Marken mit einer professionellen Checklisten-Strategie ebenfalls noch gut beim Handel positioniert. Sie nutzen alle zur Verfügung stehenden Instrumente aus und versuchen, den Handel in allen Bereichen zufriedenzustellen. Gleichen Erfolg können Marken mittelständischer Hersteller mit einer Konzentration auf Pull- und Push-Anreize erreichen.

Den weniger erfolgreichen Marken gelingt es nicht, sich auf relevanten Dimensionen positiv vom Wettbewerb zu differenzieren. Einige der Marken versuchen dies mit Hilfe einer Konditionenstrategie, die alleine auf Push-Anreize setzt. Der Erfolg ist jedoch nur unwesentlich höher, als bei den Marken, die auch auf Push-Anreize verzichten.

Es fällt auf, daß alle Strategien, die sich auf Pull-Anreize stützen, erfolgreich sind, egal ob weitere Faktoren einbezogen werden oder nicht. Hingegen sind Strategien, bei denen versucht wird, ohne Pull-Anreize auszukommen, zum Scheitern verurteilt. Dem Faktor Pull-Anreize kommt auch bei dieser Analyse eindeutig die höchste Bedeutung zu. *Abbildung 8* stellt die Leistungen der Strategien sowie deren Erfolg zusammen.

Strategie	besondere Leistungen der Marken	Erfolg
kooperative Pull-Strategie	hohe Pull-Anreize in Verbindung mit hoher Koopertations-Kompetenz	hoch - sehr hoch
reine Pull-Strategie	hohe Pull-Anreize	hoch - sehr hoch
professionelle Check-listen-Strategie	alle Kriterien auf überdurchschnittlichem Niveau	mittel - hoch
Mittelstandsstrategie	Pull- und Push-Anreize kombiniert	mittel - hoch
Konditionenstrategie	Ausschließlich Push-Anreize	eher gering
Null-Leistungs-Strategie	keinerlei überdurchschnittliche Anreize	sehr gering

Abbildung 8: Erfolg und Erfolgskriterium der sechs Strategien

In der Analyse konnte ein Einfluß der Wettbewerbsintensität und der Anbieterkonzentration auf die Wahl der Strategie festgestellt werden. Des weiteren spielte auch die Ausgangslage der Herstellerunternehmungen eine Rolle. Für Auswirkungen der Marktentwicklung auf die Strategiewahl fanden sich keine Anhaltspunkte. Durch diese Variablen kann die Strategiewahl der Herstellerunternehmungen erklärt werden:

- Konzerne verfolgen in vielen Fällen eine eher unfokussierte Checklisten-Strategie. Es herrscht ein Vollständigkeitsdenken, welches es nicht erlaubt, auf Wünsche des Handels ablehnend zu reagieren.
- Unternehmungen aus sehr wettbewerbsintensiven Märkten wie dem Schokoriegelmarkt tendieren zur kooperativen Pull-Strategie. Die Kooperations-Kompetenz bekommt in wettbewerbsintensiven Märkten mit wenigen verbliebenen Anbietern neben den Pull-Anreizen ein stärkeres Gewicht. Bei intensivstem Wettbewerb reicht eine Strategie, die sich ausschließlich auf Pull-Anreize stützt, offenbar nicht aus.
- Unternehmungen aus „ruhigeren" Märkten wie dem Weinbrandmarkt tendieren zur reinen Pull-Strategie.
- Mittelständische Unternehmungen stützen sich in vielen Fällen auf eine Strategie, die vor allem auf Pull- und Push-Anreize baut.

Aufgrund der geringen Zahl der untersuchten Märkte lassen sich die Aussagen lediglich als begründete Hypothesen verstehen. Weitere Forschungen im Bereich der handelsorientierten Markenführung sollten sich daher intensiver mit der Analyse und Untersuchung einzelner Strategien auseinandersetzen. Dabei dürften gerade die kooperative Pull-Strategie und die Mittelstandsstrategie von besonderem Interesse sein, da davon auszugehen ist, daß sich der Wettbewerb in vielen Märkten intensivieren wird und gerade mittelständische Unternehmungen nach neuen Ansätzen im vertikalen Marketing suchen müssen.

LITERATUR

Backhaus, K.: Investitionsgütermarketing. 3. überarb. Aufl., 1992.

Belz, Chr.: Suchfelder im Marketing, St. Gallen 1991.

Diller, H.: Key Account Management als vertikales Marketingkonzept. In: Marketing ZFP, Heft 4/1989, S. 213-223.

Feige, St.: Handelsorientierte Markenführung, Diss., St. Gallen 1996.

Grosse-Oetringhaus, W.: Value Marketing. In: Tomczak, T.; Belz, Chr. (Hrsg.): Kundennähe realisieren, St. Gallen 1994, S. 55-79.

Irrgang, W.: Strategien im vertikalen Marketing, München 1989.

Kirschner, U.: Die Erfassung der Nachfragemacht von Handelsunternehmen. Frankfurt a.M. u.a.O. 1988.

Simon, H.: Management strategischer Wettbewerbsvorteile. In: ZfB, Nr. 4/1988, S. 461-480.

Tiphine, B.: Der Kampf um die Wertschöpfungskette. In: LZ-Journal Heft 48/1990, S. J4-J10.

Tomczak, T.: Das Management indirekter Distributionssysteme. Habilitationsschrift, St. Gallen 1991.

Tomczak, T.; Gussek, F.: Handelsorientierte Anreizsysteme in der Konsumgüterindustrie. In: ZFB, Nr. 7/1992, S. 783-806.

Tomczak, T.; Müller, F.: Kommunikation als zentraler Erfolgsfaktor der strategischen Markenführung. In: Thexis, Nr. 6/1992, S. 18-22.

Tomczak, T.; Reinecke, S.: Die Rolle der Positionierung im strategischen Marketing. In: Thommen, J.-P. (Hrsg.): Management-Kompetenz, Zürich 1995, S. 499-517.

Tomczak, T.; Feige, St.; Schögel, M.: Zum Management von komparativen Konkurrenzvorteilen im vertikalen Marketing. In: Trommsdorff (Hrsg.): Handelsforschung 94/95, Wiesbaden 1995, S. 57-70.

Zentes, J.: Trade Marketing: Eine neue Dimesnion in den Hersteller-Händlerbeziehungen. In: Marketing ZFP, Heft 4/1989, S. 224-229.

Informationsmanagement im Handel

Informationsmanagement aus der Sicht der Handelspsychologie

Hans-Otto Schenk, Duisburg

Die Analyse des Informationsmanagements im Handel ist bisher durch drei Blikkeinengungen geprägt: 1. durch Betonung technologisch-organisatorischer Fragen (Informationstechnologie, I & K), 2. durch einseitige Ausrichtung auf Probleme des Absatzmarkts und 3. durch unzweckmäßige Betonung des strategischen Aspekts. Der vorliegende Aufsatz will diese Defizite überwinden durch Einbeziehung psychologischer Aspekte, durch Ausweitung der Informationsmanagement-Aufgaben auf die (echten) Kommunikationsbeziehungen zu den Partnern auf allen vier Märkten des Handelsbetriebs und durch Entwicklung psychostrategischer und psychotaktischer Entscheidungen des Informationsmanagements als Beitrag zu einer eigenständigen Handelspsychologie.

1 DIE TRADITION DES INFORMATIONSWESENS IM HANDEL

Die Erfolgsformeln im Handel sind schon immer im Bereich des Informationswesens zu suchen gewesen. Über die richtige Information in der richtigen Menge in der richtigen Form zur richtigen Zeit an der richtigen Stelle zu verfügen (Huppert 1993, S. 20) - das war das offene Erfolgsgeheimnis der spätmittelalterlichen Handelshäuser der Fugger, Behaim und Paumgartner genauso wie der Warenhausgründer im ausgehenden 19. Jahrhundert und der Verbundgruppenzentralen in den 90er Jahren unseres Jahrhunderts. Auch wenn es jahrhundertelang mühsam war, Informationen über die geeigneten Waren, ihre Produzenten und Lieferanten auf fernen Messen und Börsen zu erhalten und zu verwalten; auch wenn die Warenwünsche, Vorlieben und Abneigungen der Kunden oft nur mit der berühmten "feinen Nase" des Kaufmanns erspürt werden mußten; auch wenn das Verhalten der Mitbewerber (falls es nicht standesgemäß auf dem überschaubaren und wohlgeordneten Marktplatz in Regeln gefaßt war) beobachtet werden mußte; und selbst wenn das innerbetriebliche Wissen lange Zeit quasi als familiäre Geheimkenntnis tradiert wurde und die Handelsbücher den Jungkaufleuten ("Handelsdienern") kaum zugänglich waren - neben der Ware prägten stets Informationen, externe und interne Informationen, das mehr oder minder erfolgreiche Fortkommen im Handel. Und immer gehörte eine ordentliche Portion Menschenkenntnis zum Erfolg im Handel.

Über die psychologische Seite der Informationsbeschaffung und -verwertung in Handelshäusern machten sich Handelsherren wie Handelsgelehrte - immerhin die Ahnherren der modernen Betriebswirtschaftslehre - gleichermaßen gern Gedanken, etwa bis zum Aufkommen der Handelsakademien im 18. Jahrhundert. Johann Gottlieb Büsch gibt 1788 den jungen Handelsakademikern den Rat mit auf den Berufsweg: "Aus aller Klugheit des Lebens ist dem ... Kaufmann keine Regel so wichtig und nöthig, als diese: Man muß die Menschen so nehmen, wie sie sind." Und im Handelslehrbuch von Arnold Lindwurm (1878) heißt es: "Ein tüchtiger Weinhändler muß es einem Menschen gleich ansehen können, ob er Franzwein oder Rheinwein trinkt, ob er trockene oder süße Weine liebt." Generationen von Handelsbeflissenen erfuhren aus Jacques Savarys "Der perfekte Kauf- und Handelsmann" (1675, deutsch 1676), dem ersten handelswissenschaftlichen Lehrbuch, nicht nur den rechten Umgang mit Waren-, Münz-, Gewichts-, Kosten- und Ertragsinformationen, sondern auch den rechten Umgang mit Kunden, Lieferanten, Mitbewerbern und Mitarbeitern.

Man darf festhalten: Ohne knappe und begehrte Waren und Dienste keine Handelsmöglichkeit, ohne inner- und außerbetriebliche Informationen kein dauerhafter Handel - aber ohne psychologisches Geschick im Umgang mit Waren, Menschen und Informationen kein erfolgreicher Handel!

Die Sammlung und Weitergabe von kaufmännischen Informationen, ihre ständige Verfeinerung und Systematisierung - mit dem Höhepunkt der "Erfindung" der doppelten Buchführung und ihrer ersten Veröffentlichung in dem berühmten Buch "De Aritmetica" des Luca Pacioli (1495) - hat schließlich erst zur kaufmännischen Ausbildung geführt, zunächst zur "Handlungswissenschaft" (Rudolf Seyffert), dann zur Handelsbetriebslehre an den ersten Handelshochschulen in Aachen und Leipzig (1898), zum ersten Universitätslehrstuhl von Johann Heinrich Schär an der ETH Zürich (1911) und zuletzt in den 70er Jahren zur Ausbildung eines eigenständigen Handelsmarketing. Aber anders als die handelswissenschaftliche Beschäftigung mit Rechnungswesen, Kalkulation, Sortimentspolitik, Unternehmensplanung, die nach dem Niedergang der Handlungswissenschaft im 19. Jahrhundert im 20. Jahrhundert eine Renaissance erlebte, ist die handelswissenschaftliche Beschäftigung mit psychologischen Fragen gründlich in Vergessenheit geraten.

2 DAS INFORMATIONSWESEN IM MODERNEN HANDEL

Freilich hat sich der Umgang mit Informationen gewandelt. An die Stelle von Zufallsinformation ist die systematische Gestaltung der betrieblichen Informationsströme durch ein *Informationsmanagement* getreten (Reichwald/Koller 1995, Sp. 948). In modernen Handelsunternehmen, zumal in Konzernunternehmen und Verbundsystemen des Handels, erfolgt die Umsetzung der internen und externen Informationen in konkrete Unternehmensplanung durch das Controlling als organisatorisch verselbständigte Managementfunktion. Die wichtigsten quantitativen Informationen sind *Daten für die elektronische Verarbeitung* geworden. Im Sinne der Abgrenzung Erich Schäfers ist an die Stelle der unsystematischen Markterkundung die systematische Marktforschung getreten, wobei im Handel zutreffender von Märkteforschung gesprochen werden sollte, wie noch zu zeigen ist. Außer diesen Strategien der unsystematischen und der systematischen Informationsgewinnung können gerade im Handelsbetrieb noch quasi-experimentelle und rein experimentelle Strategien der Informationsgewinnung mit Erfolg eingesetzt werden. (Rosenstiel 1992, S. 21 f.)

Die Geschäftsvorfälle lückenlos aufzuzeichnen, Jahresabschlüsse zu fertigen, Inventuren durchzuführen - alles das ist längst gesetzlich vorgeschriebene Pflicht des ordentlichen Kaufmanns. Und was namentlich in den 20er Jahren an betrieblicher Informationsverbesserung entwickelt wurde - man denke nur an die Grundlagen der Kurzfristigen Erfolgskontrolle (KER), an die Fülle betrieblicher Kennzahlen und an das Informationssystem des Betriebsvergleichs - ist heute Standard für die Großunternehmen des Handels. Aber nicht nur Großunternehmen, sondern auch Klein- und Mittelbetriebe, die auch im Bereich des Informationswesens gegen mancherlei strukturelle Nachteile, insbesondere hinsichtlich der Informationsbeschaffungskosten, ankämpfen müssen (Böcker 1981, S. 208), haben begonnen, elektronische Datenkassen und Personal Computer mit Btx- oder Fax-Modem einzusetzen, Verkaufsdaten aus den EAN-Codes in Warenwirtschaftssystemen zu verarbeiten, mit Hilfe von maßgeschneiderten EDV-Programmen artikel- und tagesgenau optimale Bestellmengen ausdrucken zu lassen oder ihre Bestellungen mit Hilfe mobiler Datenerfassungsgeräte über Telefonleitungen an die Lieferanten oder an ihre Systemzentrale durchzugeben, den Jahresabschluß mittels elektronischer Datenträger über DATEV erstellen zu lassen oder betriebliche Daten in den Betriebsvergleich ihrer Verbundgruppe einzuspeisen. Die Zukunft des computergestützten Handelsmarketing hat längst begonnen.

Externe und interne Datenbanken werden schon in naher Zukunft interaktive Informationssysteme ermöglichen sowie neue Formen der Verkaufs- und Einkaufsgesprächsunterstützung (computer aided selling, CAS, bzw. computer aided buying, CAB). (Zentes 1991, S. 192; Hermanns 1995) Moderne Technologien zur Erfassung, Übertragung, Speicherung und Verarbeitung von Daten sowie Verfahren des elektronischen Datenaustauschs (Electronic Data Interchange, EDI) und der EDI-Vernetzung mit wichtigen Lieferanten, "key customers" und Branchenkollegen werden bereits erprobt (McKinnon 1990). Und über den Datenaustausch zwischen Handel und Industrie hinaus, wie er in elektronischen Handelspanels und Datenpoolsystemen wie MAKADOM (Marktdatenkommunikation) stattfindet, zeichnen sich bereits die Chancen einer Netzwerk-Integration zwischen Handel, Kreditinstituten und Logistik-Dienstleistern ab. (Zentes/Anderer 1993, S. 360 f.)

Und wieder spielen psychologische Faktoren eine Rolle. Ausgesprochen werden sie selten und sind dann meist euphorischer Art: "Gelegentlich diskutierte Vorschläge, ein völlig neues System der Investitionsrechnung zu entwickeln, das jungen Techniken eine frühere Chance der Implementierung eröffnet, wurzeln eher in gutgläubigem Fortschrittsidealismus als in wirtschaftlich gebotenem Realismus." (Zellekens 1993, S. 59 f.). Wichtiger - und einem effizienten Informationsmanagement eher im Wege stehend - sind die nicht ausgesprochenen psychologischen Faktoren. Zu ihnen zählen *Management-Phobien* aller Art: Angst vor Preisgabe eigener Daten, Angst vor Datenmißbrauch, Angst vor Zugriff durch Unberechtigte, Angst vor neuen Kommunikationsmedien und ihrem raschen Wandel, Sorge vor Informationskosten und Sorge vor Überinformation, "information overload". In Großunternehmen kommt zudem mit zunehmender Komplexität der Organisation und mehrfacher Filterung der Führungsinformationen auf den verschiedenen Managementebenen leicht das ängstigende Gefühl auf, nicht ausreichend („zu wenig, zu viel aber irrelevant, zu spät, einseitig gefärbt, irreführend") informiert zu sein. (Schuhmann 1991, S. 60 f.)

3 VON DER INFORMATIONSBESCHAFFUNG ZUR INFORMATIONSABGABE

Das Informationsmanagement beruht jedoch mit der Begrenzung auf die Hauptaufgabe der Informationsbeschaffung und -aufbereitung für betriebliche Planungs- und Steuerungszwecke auf einem zu engen Selbstverständnis. Das Informationsmanagement ist die organisatorische Stelle im Handelsbetrieb, die nicht nur Informationsbeschaffungspolitik für interne Zwecke betreiben sollte, sondern auch eine nach innen und außen gerichtete Informationsabgabepolitik betreiben, jedenfalls vorbereiten kann. (Der Vf. zieht die Begriffe „Informationsbeschaffungspolitik" und Informationsabgabepolitik" dem Begriff „Kommunikationspolitik" vor, da letzterer eine informatorische Verbindung zwischen den Beteiligten impliziert. Diese fehlt jedoch bei der Medienwerbung - „Einwegkommunikation"! - und ist allenfalls beim Verkaufsgespräch oder bei der Telefonwerbung gegeben.)

Unter *Marktinformationspolitik* oder Politik der Marktinformation wird im allgemeinen die planvolle und zielgerichtete Informationsabgabe von Unternehmen an ihre Marktpartner verstanden. Als (industrielles) Marketing-Instrument ist Marktinformationspolitik grundsätzlich auf den *Absatzmarkt* gerichtet. Empfänger dieser Marktinformationen sind tatsächliche oder potentielle Kunden, seien es gewerbliche Kunden (Weiterverwender oder Weiterverkäufer), seien es nicht-gewerbliche Kunden (Endverwender, Konsumenten). Dies entspricht jedenfalls der herrschenden Lehre vom Marketing, das im Regelfall Konsumgütermarketing ist. Im Ausnahmefall, z.B. beim Investitionsgütermarketing, beim Dienstleistungsmarketing oder beim Non-profit-Marketing, mag die Marktinformationspolitik inhaltlich leicht modifiziert werden - die Zielrichtung bleibt gleich: Der Absatzmarkt mit den entsprechenden gewerblichen Abnehmern oder den Diensteempfängern.

Für Handelsunternehmen sind die Marktprobleme regelmäßig erheblich komplexer als für Industrieunternehmen. In dreierlei Hinsicht vor allem unterscheiden sich die industriellen und die händlerischen Ausgangssituationen für die planvolle und zielgerichtete Informationsabgabe:

1) Zum einen sind die *Betriebsstrukturen* des Handels wesentlich *heterogener* als die Strukturen der Hersteller. Hersteller kennen im allgemeinen nicht die handelstypischen Differenzierungen nach Handelsstufen, Branchen bzw. Sortimenten, Diversifikation, Betriebsformen, Verkaufsformen, Systemzugehörigkeit, Standort und die diversen Mischformen (kombinierter Groß- und Einzelhandel, kombinierter Großhandel und Handelsvertretung, Handwerkshandel usw.).
2) Zum anderen können Hersteller ihre Marketingbemühungen auf einen Markt - den Absatzmarkt - konzentrieren, während Händler typischerweise *vier Märkte* als gleich wichtig beachten müssen. Handelsmarketing bedeutet nämlich immer systematische und widerspruchsfreie Erforschung und Gestaltung von vier Märkten:
   - Absatzmarkt (Struktur und Verhalten von effektiven und potentiellen Kunden),
   - Beschaffungsmarkt (Struktur und Verhalten von effektiven und potentiellen Lieferanten),
   - Konkurrenzmarkt (Struktur und Verhalten von Mitbewerbern) und
   - interner Markt (innerbetriebliche Waren-, Raum- und Personalstruktur und Verhalten von Mitarbeitern).

   Daher ist es zutreffender, im Handel anstatt von Marktforschung, Marktbearbeitung und Marktinformationspolitik von *Märkteforschung, Märktebearbeitung und Märkteinformationspolitik* zu sprechen.
3) Schließlich haben für Handelsbetriebe moderne Informations- und Kommunikationstechniken (I & K) den hochrangigen wettbewerblichen Stellenwert, der bei Industrieunternehmen der Forschung und Entwicklung (F & E) zukommt. Typischerweise ist der Wettbewerb im Handel daher nicht nur durch Qualitäts- und Preiswettbewerb, sondern auch durch *Informationswettbewerb* geprägt: Wer im Handel über die besseren, d.h. über die genaueren, schneller erhobenen und aufbereiteten Informationen verfügt, zieht daraus prinzipiell einen Wettbewerbsvorsprung. Wer als Hersteller über das bessere Produkt, d.h. über die knappe und begehrte Innovation verfügt, erzielt dadurch prinzipiell einen Wettbewerbsvorsprung. Wie das erfolgreiche Herstellerunternehmen Forschung und Entwicklung betreiben, F & E-Techniken anwenden oder entwickeln muß, so muß das erfolgreiche Handelsunternehmen Informations- und Kommunikationstechniken, I & K-Techniken, anwenden oder entwickeln. (Noch so geschicktes Marketing kann auch nicht für jedes beliebige Produkt Präferenzen, subjektive Begehrtheit schaffen, und nur kurzlebig läßt sich eine bescheidene Produktvariation und -differenzierung als Innovation "verkaufen". Langfristig garantiert allein die objektiv bessere Marktleistung Markterfolg).

Unter *Märkteinformationspolitik* im Handel ist also die planvolle und zielgerichtete Informationsabgabe von Großhandels- oder Einzelhandelsbetrieben oder von Handelsvertretungen an die Partner auf ihren vier Märkten zu verstehen: Kunden, Lieferanten bzw. vertretene Unternehmen, Mitbewerber und Mitarbeiter. Dieser neue Ansatz, die typische Einbindung von Handelsbetrieben in drei externe Märkte und einen internen Markt (Schenk 1991), ist daher auch bestens geeignet, die einseitige Betrachtung und die Reduktion der Informationsbeziehungen auf ein Unternehmen und seinen Absatzmarkt im Sinne eines "integralen Informationsmanagements" (Becker 1994, S. 169) zu überwinden.

Im Sinne der Informationsökonomik nutzt der einzelne Handelsbetrieb oder die einzelne Handelsvertretung dabei ein *Informationsgefälle* zwischen sich und den Partnern auf den vier Märkten. Man betreibt "signaling", d.h. Informationsübermittlung von der informierten an die uninformierte bzw. von der besser informierten an die schlechter informierte Marktseite. Wiederum liegt ein eminent *psychologisches (Ver-)Handlungspotential* in der Abgabe genauer, aktueller und kundennaher Informationen an Lieferanten, in der Abgabe lieferantenbezogener Informationen an Kunden, ggf. auch in der Abgabe von detaillierten Kunden- und Lieferanteninformationen an Konkurrenten (z.B. im Rahmen von Einkaufsverbänden, Einkaufsbörsen oder Erfa-Gruppen) sowie in der Abgabe von nützlichen Informationen aller Art an die Mitarbeiter. Die (stets singuläre, im Einzelfall wirksam werdende) *Anbieter- oder Nachfrageübermacht*, die gern aber zu eng auf strukturelle Verhandlungsunterschiede zurückgeführt wird, läßt sich womöglich zu einem großen Teil psychologisch, und zwar behavioristisch, mit dem Ausnutzen eines Informationsgefälles zwischen je zwei Marktpartnern erklären.

Als planmäßig betriebener Teil der Kommunikationspolitik erfordert Märkteinformationspolitik des Handels in zweifacher Hinsicht eine *Abgrenzung*:

a) *von der Marktforschung* als (primäre oder sekundäre) Märkteinformationsbeschaffung; diese erhebt, sammelt und bereitet Märktedaten für Zwecke der eigenen Information auf, liefert sie aber nicht an die Marktpartner,
b) *von Werbung und Öffentlichkeitsarbeit*. Werbung will bei den Marktpartnern Präferenzen für die eigenen Waren und Dienstleistungen hervorrufen - als Absatzwerbung den Kauf angebotener Waren und Dienste, als Beschaffungswerbung die Belieferung mit Waren auslösen oder festigen. Öffentlichkeitsarbeit will bei der Allgemeinheit eine positive Einstellung zum Unternehmen erreichen. Beide liefern aber ebenfalls keine über die eigenen Waren und Unternehmensleistungen hinausgehenden gezielten Informationen für die Marktpartner.

Bedingt durch ihre Mittlerstellung haben Handelsbetriebe wie auch die meisten Handelsvertretungen also die Möglichkeit, "maßgeschneiderte" Informationen an alle Partner auf ihren vier Märkten abzugeben. Dabei muß das Kriterium der *zweckgerichteten Information* erfüllt sein: Der Zweck liegt primär in der Verbesserung des Informationsstandes der Marktpartner. Somit bleiben hier alle zufälligen und alle routinemäßigen Informationen, bei den Handelsvertretungen zumal die Pflichtberichte, ausgeklammert.

Tabelle 1: Exemplarische Inhalte der Märkteinformationspolitik im Einzelhandel (In Anlehnung an Schenk 1991, S. 315)

Informationsabgabe an den Beschaffungsmarkt:
– Absatz-/Umsatzdaten vom POS für Lieferantenartikel (und ggf. für Konkurrenzartikel) – Vorabinformationen über geplante Aktionen, Sonder- und Jubiläumsveranstaltungen – Technische Informationen über Reklamationen/Reparaturen bei Lieferanten- und ggf. Konkurrenzartikeln – an Handelsvertreter/Reisende weitergegebene Kundenwünsche/Nachfragetrends – Lieferanteninformation über eigene Marktforschungsdaten
Informationsabgabe an den Absatzmarkt:
– Produktbeschreibungen, Qualitätshinweise (an der Ware, im Schaufenster, eigene, ggf. kooperative Gütezeichen) – Preislisten, Vergleichspreise, Preisindizes – persönlich-individuelle Beratung (personal selling) – Produktvorführung (persönlich oder medial über Video-Cassetten, Bildplatte, CD-ROM, Btx oder Teleshopping) – Ankündigung von geplanten Aktionen, Sonder- und Jubiläumsveranstaltungen – Kundeninformation über Neuigkeiten – Kundeninformation über eigene Marktforschungsdaten – Tips für Stammkunden ("relationship marketing")
Informationsabgabe an den Konkurrenzmarkt:
– Bilateraler Datenaustausch oder Gruppen-Datenaustausch über gemeinsame Informationsstelle (Umsatzstatistik, Kollegeninformation über "faule Kunden") – Betriebsvergleich – Firmenreport (in Verbands- und/oder Fachzeitschriften) – Erfahrungsaustausch (in Erfa-Gruppen; xx-group = experience exchange group)
Informationsabgabe an den internen Markt:
– Mitarbeiterkonferenzen – Mitarbeiterinformation über interne und externe Kontrolldaten – Mitarbeiterschulung – Hauszeitschrift – Plazierungs-, Präsentations- und Dekorationsempfehlungen – Kalkulationsempfehlungen, Formularsätze, Schaufensterwerbepläne – Informationen von Kooperationszentralen an die Mitgliedsfirmen

Es verbleiben genug Informationen, die ein Groß- oder Einzelhandelsbetrieb oder eine Handelsvertretung zum Zwecke der Informationsverbesserung der Marktpartner entgeltlich oder unentgeltlich abgeben kann. Sie haben vor allem den psychologischen Vorzug, nicht vordergründig als Werbebotschaft oder PR-Maßnahme zu fungieren und als solche erkannt und deshalb womöglich abgelehnt zu werden (Reaktanz-Auslöser). Sie sind die vertrauensbildenden Maßnahmen der echten händlerischen Kommunikationspolitik. Die

Inhalte der abzugebenden Informationen sind außerordentlich vielfältig. Sie variieren nicht nur von Branche zu Branche und von Betriebstyp zu Betriebstyp, sondern von Einzelbetrieb zu Einzelbetrieb. In *Tabelle 1* sind einmal ausgewählte Beispiele für Informationsabgabe an die vier Märkte einer Einzelhandlung zusammengestellt.

Die *Informationsabgabepolitik* als die planvolle Abgabe von originären Informationen an Lieferanten, Kunden, Mitbewerber und Mitarbeiter stellt in psychologischer Hinsicht ein vorzügliches "Bindemittel" zwischen dem einzelnen Handelsunternehmen und seinen Märkten dar.

Nicht zu vergessen sind die neuen Chancen für ein *kooperatives Informationsmanagement*. Hat sich der "Siegesszug der Kooperation" im Groß- und Einzelhandel bislang im wesentlichen im Bereich des Warengeschäfts abgespielt - mit horizontalen Kooperationsformen wie Einkaufsgenossenschaften, sonstigen Einkaufsvereinigungen, Betriebsvergleich, Gemeinschaftswarenhäusern, Gemeinschaftswerbung usw. und mit vertikalen Kooperationsformen wie Vertragshandel, Freiwillige Kette, Agentur- und Kommissionsagenturgeschäft usw. -, so eröffnet die gemeinschaftliche Märkteinformationspolitik neue, umfassendere Kooperationskonzepte über das Warengeschäft hinaus.

4 PSYCHOLOGISCHE GRUNDLAGEN FÜR DAS INFORMATIONSMANAGEMENT

Der Versuch, das Informationsmanagement psychologisch abzustützen, muß genauso wie der Versuch, eine eigenständige Handelspsychologie zu entwickeln, auf die Theorieansätze der Psychologie zurückgreifen.

Dabei besteht ein erstes Grundproblem darin, daß sich die wissenschaftliche Psychologie mit dem beschäftigt, was *ein Mensch* tut oder unterläßt und welche inneren Steuerungsmechanismen ihn dazu veranlassen, während das Informationsmanagement sich nicht mit dem Verhalten und Erleben jedes einzelnen Menschen auf den vier Märkten des Handelsbetriebs beschäftigen kann, sondern Annahmen über das *typische Verhalten und Erleben von Menschengruppen* für seine Entscheidungen benötigt. Dabei untersucht die Individualpsychologie nicht nur alle beobachtbaren und meßbaren Aktivitäten des Menschen, sondern auch nicht direkt beobachtbare geistige Prozesse wie Denken, Gedächtnis und Vorgänge des Erlebens (Pracht 1982, S. 9). Die Handelspsychologie kann solche individualpsychologischen Erkenntnisse und Theorieansätze nicht außer acht lassen. Sie muß jedoch darüber hinaus soziales bzw. Gruppenverhalten, also sozialpsychologische bzw. soziologische Erkenntnisse und Theorieansätze, berücksichtigen. Das Verhalten der Menschen, die mit einem Handelsbetrieb in Kontakt treten - Lieferanten, Kunden, Mitbewerber, Mitarbeiter usw. -, wird immer von individuellen *und* sozialen Einflüssen bestimmt. Das Verhalten der Marktpartner ist somit Ergebnis der Interaktion individueller und sozialer Einflußfaktoren. (Bänsch 1996) Es liegt auf der Hand, daß diese komplexe Interaktion von verhaltenssteuernden inneren und äußeren Faktoren ebensowenig mit Hilfe einer einzigen einfachen Theorie beschrieben und erklärt werden kann, wie das Verhalten und Erleben von Menschen(gruppen) vorhersagbar und somit exakt steuerbar wäre.

Ein zweites Grundproblem besteht darin, daß sich in der Psychologie im Laufe ihrer Geschichte aus unterschiedlichen Gegenstandsbestimmungen - Seelenwesen, Seelenleben, Bewußtsein, Unbewußtes, Erleben und Verhalten (Ueckert 1974, S. 19) - verschiedene theoretische Richtungen mit arteigenen Methoden und typischen Untersuchungsgegenständen ausgeformt haben und daß sich Psychologen häufig "orthodox" nur einer Richtung verschreiben.

Als *wichtigste gegenwärtige Theorierichtungen der Psychologie* (und ihre Hauptvertreter) sind zu nennen:

- Behaviorismus oder Verhaltenstheorie (J.B. Watson, B.F. Skinner),
- Kognitivismus (M. Fishbein; H. Heckhausen) und
- Psychoanalyse (S. Freud) und tiefenpsychologische Weiterentwicklungen (A. Adlers Individualpsychologie, C.G. Jungs analytische Psychologie, V.E. Frankls Existenzanalyse).

Der *Behaviorismus* ist an objektiven, wiederholbaren, möglichst physikalischen Messungen der Beziehungen zwischen (äußeren und inneren) Reizen und Reaktionen von Menschen interessiert. Der "technologische Transfer" besteht für das Informationsmanagement darin, in theoretischer Analyse die Bedingungen ausfindig zu machen, welche

a) unerwünschtes Verhalten erzeugen (um diese beseitigen oder abschwächen zu können) und
b) erwünschtes Verhalten auslösen (um diese in der Praxis einsetzen und verstärken zu können).

Welches Verhalten erwünscht und welches unerwünscht ist, kann - analog zur Zielfestlegung in Unternehmen - wissenschaftlich nicht abgeleitet werden.

Der *Kognitivismus* richtet sein Augenmerk auf die bewußten Erkenntnisse des Menschen (Kognitionen). Planungen und Handlungsabläufe beruhen auf dem Vergleich von Handlungsergebnissen mit Handlungsnormen, auf dem rationalen Abwägen von Eintrittswahrscheinlichkeiten und auf dem Bewerten von Handlungsausgängen. Heckhausen bezeichnet das subjektive Schätzen von Erfolgswahrscheinlichkeiten, das Vorwegnehmen von Belohnungen, die Ursachenerklärung und die Selbstbewertung mit "Kognitionen". In der praktischen Anwendung versucht die kognitivistische Psychologie allgemein zu begründbaren Entscheidungen zu gelangen. Wie sich der klinische bzw. beratende Psychologe kognitivistischer Richtung als gleichrangiger Partner seines Patienten bzw. Klienten begreift, so hat auch der psychologisch geschulte Informationsmanager im Handel seinen gleichrangigen Marktpartnern Alternativen für bewußte Problemlösungen anzubieten.

Die *Psychoanalyse* als bekannteste von verschiedenen tiefenpsychologischen Richtungen basiert auf der Freudschen Theorie des Unbewußten mit seinen Instanzen Es, Ich und Über-Ich. Sie sieht ihre praktische Hauptaufgabe darin, das (in primitiven und prägenital-frühkindlichen, ggf. sogar pränatalen Lebensphasen wurzelnde) Unbewußte bewußt zu machen und irrationalem Handeln der "Primitiv-Person" (L. v. Holzschuher) seine Irrationalität zu nehmen. Ein Verbraucher wird im entsprechenden psychoanalytischen Modell als konflikthaft verstanden. Seine ins Unbewußte verdrängten Triebe, Gefühle und Erfahrungen verbinden sich dort zu einem Komplex. (Schönpflug 1977, S. 38) Für den Psychoanalytiker bestimmen die *Triebe* (Sexualtrieb, Aggressionstrieb) weitgehend die Einstellungen und die zwischenmenschlichen Beziehungen und schaffen Spannungen, Konflikte und neurotische Störungen. Die Wirtschaftswerbung, namentlich die "Markenartikel"-Werbung, hat Techniken psychoanalytischer Therapie längst in entsprechende Werbeappelle umgesetzt, um durch Konfliktsteuerung eine höhere Werbewirksamkeit zu erzielen, z.B. durch Beruhigung ("Gönn Dir ein paar schöne Stunden - geh ins Kino!"), durch Bestärkung ("Menschen wie wir...") oder durch Rüge ("Krawatten-Muffel") (Gutjahr 1974, S. 42 f.). Nach Freud liegt die Libido als sexuelle Triebkraft allen Lebensäußerungen zugrunde, die auf *Lustgewinn* gerichtet sind.

Die analytischen Methoden zur Erschließung des Unbewußten (Gespräche, Bilderzeichnen, Traumdeutung, Spielen) stellen ganz auf die intime Aufklärungssituation zwischen Analytiker und Patient bzw. Klient ab. Es ist allerdings anzumerken, daß die Psychoanalyse nicht nur auf *Erfolge und Bestätigungen* der Freudschen und Jungschen Lehren verweisen kann - in den USA preisen heute nicht weniger als 450 verschiedene Schulen ihre psychoanalytischen Heilmethoden an -, sondern auch *Kritik und empirische Widerlegungen*, z.B. durch F. Bartlett, B. Forer, J. MacFarlane, B. Sloane, E. Thornton oder J. Masson, erfahren hat (vgl. dazu J. von Uthmann: Ödipus bei den Dollaronkels, in: FAZ-Beilage Nr. 100 v. 30.4.1994). Auf die Alltagspraxis im Handelsbetrieb, insbesondere auf das Informationsmanagement sind die psychoanalytischen Methoden gewiß nicht ohne weiteres übertragbar, zumal es zum Wesen unbewußter Handlungsabläufe gehört, sich der Erkenntnis zu entziehen. Auch ist die überreiche Warenauswahl eher geeignet, neue Auswahl-Konflikte bei den Kunden auszulösen. Dennoch ist anzunehmen, daß hin und wieder Formen von "Kauflust" und "Erlebnislust", die sich gerade im Einzelhandel äußern bzw. dort vermittelt werden, sehr wohl unbewußte Triebe ansprechen. Mitunter können unbewußte Verhaltensstörungen bei Kunden und Mitarbeitern aus symbolhaften Äußerungen erschlossen und quasi-therapeutisch positiv beeinflußt werden. Auch ist versucht worden, *Käufermotivation* und Kaufgründe als "Druckspannungen und Triebfedern des Kaufs" (Benesch) - Liebe, Sattheit, Erlebnis, Sicherheit, Erholung, Tätigkeit usw. - ebenso wie *Verkäufermotivation* - Sicherung des Unterhalts, Betätigungsdrang, Wahrung des sozialen Status, soziale Pflichterfüllung, Gelderwerb für ausgedehnte Bedürfnisse usw. - tiefenpsychologisch zu erschließen. Die Aufdeckung unbewußter Verhaltensantriebe bei den Partnern auf allen vier Märkten des Handelsbetriebs liefert dem Informationsmanagement wohl kaum quantifizierbare Daten, aber wichtige qualitative Informationen, die wieder in qualitative Beeinflussung der Kunden, Lieferanten oder

Mitarbeiter umgesetzt werden können - auch dies ein neuer Aspekt des Informationsmanagements im Handel.

Da die Orientierung an nur einer psychologischen Richtung oder "Schule" für den Handelspsychologen und für den Informationsmanager unzweckmäßig wäre, mag er durchaus verschiedene, situativ jeweils geeignete Hypothesen, Befunde oder Methoden aus allen Theorierichtungen auswählen. Psychologisch orientiertes Informationsmanagement im Handel braucht daher *Eklektizismus* nicht zu scheuen. Wichtig ist, daß das Informationsmanagement nicht nur die Informationstechnologie (IT) und die organisatorische Implementierung von Informations- und Kommunikationssystemen im Blick hat (Tietz 1993, S. 1072), sondern sich stets auch mit den psychologischen Implikationen seitens der Informationslieferanten, der Informationsverarbeiter und der Informationsempfänger auseinandersetzt.

Tabelle 2: Die theoretischen Hauptrichtungen der Psychologie und ihre unterschiedlichen Positionen (Schönpflug 1977, S.46)

Kritische Punkte	Behavorismus (B)	Kognitivismus (K)	Psychoanalyse (P)
Bewußtsein	Kein wissenschaftlicher Gegenstand	Mensch hat Erkenntnis, Einsicht	Unvollkommen, da in Konkurrenz mit dem Unbewußten
Verhalten	Alleiniger wissenschaftlicher Gegenstand	Untersuchungsgegenstand neben Bewußtsein	Neurotisches Verhalten ist vom Unbewußten gesteuert
Rationalität	Kein wissensschaftliches Problem	Mensch ist zur vernünftigen Entscheidung fähig	Verdrängte Komplexe beeinträchtigen Rationalität
Zeitperspektive	Gegewärtige Reize bestimmen Verhalten	Zukunft wird in Erwartungen vorweggenommen	Mensch ist durch seine Vergangenheit bestimmt
Untersuchungsmethode	Messung von Reiz und Reaktion	Offene Befragung, Selbstbeobachtung	Entschlüsseln von Symbolen des Unbewußten
Anwendungsziel	Herstellung erwünschten Verhaltens durch günstige Reizbedingungen	Beratung und Entscheidungshilfe	Beseitungung unbewußter Einflüsse durch Aufklärung

Was die unterschiedlichen wissenschaftlichen Positionen der drei theoretischen Hauptrichtungen der Psychologie in bezug auf ausgewählte Erkenntnisprobleme ("Kritische Punkte") betrifft, so vermittelt *Tabelle 2* einen ersten Überblick. Ohne Zweifel läßt sich jede theoretische Hauptrichtung der Psychologie auf Probleme des Handelsbetriebs und seines Informationsmanagements anwenden. Dazu mögen kursorisch ein paar *Beispiele* genügen:

- Reize, Reaktionen und Folgen auf Werbeaktionen (B),
- Kundenbeobachtung, Laufstudien (B),

- Ruhebänke im Warenhaus als "Verhaltenstherapie" (B)
- Wahrnehmung von Preisänderungen, Preiselastizitäten (B),
- Mehrkauf bei Obst- und Gemüse-Selbstbedienung als bei Bedienung (B),
- Preis- und Qualitätskenntnis (K),
- Imageanalyse (K),
- Diebstahlabschreckung: Videokameras, private Schutz- und Wachdienste (K),
- Kreditgewährung als Problemlösung (K),
- Mitarbeitermotivation durch materielle und immaterielle Anreize wie Geld- und/oder Zeitprämien (K),
- Selbstbedienung als Ausdruck der Freiheit der Entscheidung (K),
- mündliche, schriftliche oder telefonische Befragung in der Handelsmarktforschung (K),
- Personalbeurteilung durch offene Befragung (K),
- symbolische Bedeutung von Firmen- und Markenzeichen, Ladenmöbeln, Katalog- und Prospektabbildungen (P),
- Geborgenheitsgefühl im Kleinbetrieb (P),
- Aggressionstrieb beim Ladendiebstahl (P),
- Stressabbau durch Ruhezonen und "warme" Farben (P) sowie
- Klaustrophobie, neurotisches Verhalten, Rolltreppen-Angst (P).

Was die psychologischen Implikationen betrifft, so stellen sie neben den organisatorischen Aufgaben den zweiten Aufgabenbereich des Informationsmanagements dar. Bothe hat dies in seinem ganzheitlichen Ansatz klar herausgestellt (*Tabelle 3*). Allerdings beschränkt Bothe die psychologische Aufgabe auf "die richtige Einstellung der Mitarbeiter hinsichtlich der Nutzung der ihnen zur Verfügung stehen- den Systeme zu fördern". Weiterhin müsse "das IM den Mitarbeitern das notwendige Wissen vermitteln, wie man Informationen in Aktionen umsetzt und die Kommunikation zwischen den hierarchischen Stellen zur maximalen Nutzung der Information fördert". (Bothe 1990, S. 122)

Dieser auf den internen Markt des Handelsbetriebs (Mitarbeiter) beschränkte Ansatz kann ohne weiteres auf die drei externen Märkte (Lieferanten, Kunden und Konkurrenten) ausgeweitet werden. Schließlich soll psychologisch orientiertes Informationsmanagement die Kommunikation mit den Partnern auf allen Märkten fördern.

5 PSYCHOTAKTIK UND PSYCHOSTRATEGIE IM INFORMATIONSMANAGEMENT

Versteht man unter *Handelspsychologie* diejenige Teildisziplin der angewandten Psychologie, die sich mit dem Verhalten und Erleben von Menschen im Bereich des Handels befaßt (Schenk 1995, S. 22), dann wird deutlich, daß die Märkteinformationspolitik als Teilbereich des Informationsmanagements auch unter psychotaktischen und psycho-strategischen Überlegungen gesehen werden muß. Mit den Begriffen "*psycho-taktisch/Psychotaktik*" und "*psychostrategisch/Psychostrategie*" soll in knapper Form zum Ausdruck gebracht werden, daß es sich bei den bewußt psychologisch orientierten bzw. abgesicherten Entscheidungen entweder um

– mehr kurzfristig wirkende, laufende, delegierbare, risikoärmere Entscheidungen oder um

Tabelle 3: Aufgabenbereiche des Informationsmanagements (Bothe 1990, S. 121)

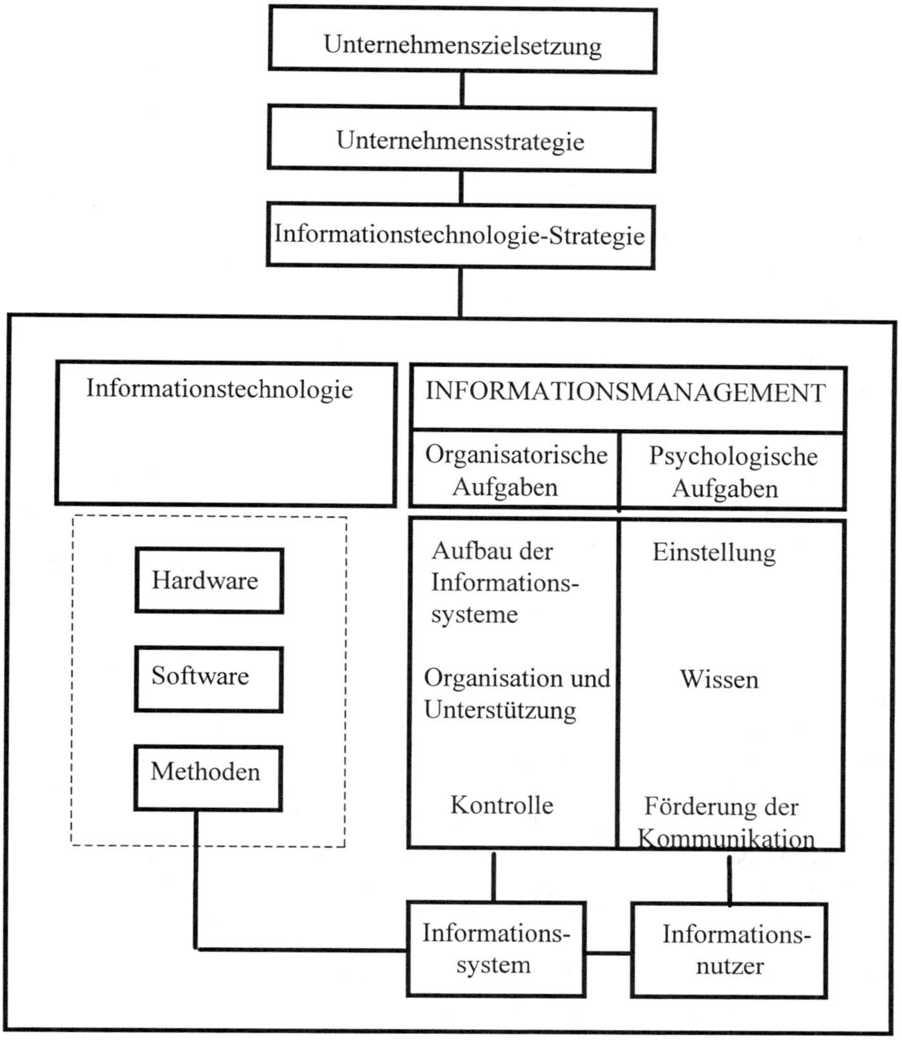

– mehr langfristig wirkende, fundamentale, von der Unternehmensleitung zu treffende risikoreichere Entscheidungen

handelt. Die entsprechende psychologisch orientierte Gestaltungsweise wird dann durch die Begriffe "psychotaktisches Informationsmanagement" bzw. "psychostrategisches Informationsmanagement" zum Ausdruck gebracht.

Viele Möglichkeiten der gezielten Informationsabgabe an die Marktpartner haben gleichzeitig Servicecharakter. Und nicht unähnlich den fast unbegrenzten Möglichkeiten, immer neue Servicearten zu entwickeln, können immer differenziertere und auch *innovative Formen der Märktekommunikation* eingesetzt werden. Eine psychotaktisch bemerkenswerte Neuerung hat vor Jahren das Basler Globus-Haus eingeführt: In seiner Lebensmittel-Abteilung wurden Abreißzettel mit Menü-Rezepten für Feinschmecker ausgehängt. Die Rezepte wurden wöchentlich gewechselt. Wer mochte, konnte die Zutaten sogleich in der Lebensmittel-Abteilung erstehen. Für die Kunden lag jedoch durchaus auch ein Reiz darin, die ausgefallenen Rezepte zunächst ohne Zutaten-Kauf zu sammeln. Die Lochung der Rezeptzettel diente als Anreiz zum Sammeln. Neue Kundenschichten unverbindlich und zwanglos an die exzellente Küche heranzuführen, die Sammelleidenschaft einiger Kunden (und damit ihren Wiederholungskauf oder -besuch) anzuregen, die nützlichen Informationen aufbewahrungsfähig zu gestalten, durch die Verbindung von unmittelbarem Nutzen mit Gratisabgabe der Information den Kund(inn)en als mündigen Partnern zu dienen - das alles zeigte ein hohes Maß an psychologischem Geschick.

Als ein gelungenes Beispiel für *Mitarbeiter-Motivation durch innovative Kommunikation* ist das über Satellit ausgestrahlte und im Supermarkt oder Warenhaus über einen Decoder, den sog. Spotselector, empfangene individuelle Ladenfunk-Programm zu erwähnen. Dem Vernehmen nach bereitet es den Mitarbeitern von Warenhaus- oder Supermarktfilialen viel Spaß, wenn frühmorgens individuelle Grüße oder Glückwünsche zu Geburtstag, Hochzeit, Taufe usw. von der Geschäftsleitung, Kollegen, Verwandten oder Freunden in das Programm eingeblendet werden.

Ein immer bedeutsamer werdendes psychologisches Betätigungsfeld im Bereich der Absatzmarktinformation stellt die *nonverbale Kommunikation* zwischen Verkäufer/Vertreter und Kunde dar. Je zuverlässiger z.B. das Verkaufspersonal im Einzelhandel die nichtsprachlichen Signale der Kunden (Körperhaltung, Mimik und Gestik) interpretiert, desto besser werden Beratung, Verkaufserfolg und Personalleistung ausfallen. Jeder Mensch verfügt über ein gewisses Maß an natürlicher Fähigkeit, Wünsche, Ängste, Emotionen anderer Menschen zu entschlüsseln. In dieser Fähigkeit können und sollten Verkäufer/-innen jedoch geschult werden (*Kommunikationstraining*).

Erste verkaufspsychologische Studien weisen zumindest einen Weg zu entsprechender Schulung. So wurde das "facial action coding system" FACS von Monique Rüdell mo-

difiziert und in einer empirischen Untersuchung an 800 Beobachtungsfällen im Facheinzelhandel der Parfümerie-, Schuh-, Textil- sowie der Sport- und Freizeitbranche erprobt. Ihre "R-FACS"-Studie kommt u.a. zu folgenden Ergebnissen: Kundenwünsche können besser erkannt und Kunden bereits vor dem Kontaktschluß deutlich von Nichtkunden
unterschieden werden, und zwar anhand von Kombinationen von 22 Indikatoren für die vier in *Tabelle 4* wiedergegebenen Emotionengruppen; ferner sind Verkäuferinnen durch die Beachtung des nonverbalen Verhaltens eines Kunden in der Lage, das Verkaufsgespräch zu steuern. (Rüdell 1993, S. 223)

Tabelle 4: Nonverbale Indikatoren des Kundenverhaltens (Rüdell 1994, S. 34 f.)

Emotionengruppe	Indikatoren
Interesse	1. Senken der Augenbrauen
	2. seitliche Neigung des Kopfes
	3. Nicken
	4. Blickkontakt
	5. Berührung des Produkts
	6. Berührung der eigenen Person (primär im Bereich des Kopfes)
	7. Vorbeugen des Oberkörpers
	8. Distanzverringerung
	9. offene Körperhaltung
Überraschung	10. Heben der Augenbrauen
	11. weit geöffnete Augen
	12. geöffneter Mund
	13. Zurückziehen des Oberkörpers
	14. offeneKörperhaltung
Freude	15. Heben der Mundwinkel und Wangen
	16. geöffneter Mund
	17. offene Körperhaltung
negativeEmotion	18. Faltenauf der Nasenwurzel
	19. Senken der Mundwinkel
	20. Kopfschütteln
	21. geschlossene Körperhaltung
	22. weite Distanz

Manche Implikationen der R-FACS-Studie (z.B. Vernachlässigung von Kundengefühlen wie Furcht oder Ekel) und manche Annahmen (z.B. bessere Stimmungsbefindlichkeit und "Freude" bei Kunden als bei Nichtkunden), wie überhaupt die Generierung von betriebsindividuell sinnvolle(re)n Indikatoren, mögen näheren Analysen vorbehalten bleiben. Immerhin ist damit eine fundamentale handelspsychologische Fragestellung der Praxis aufgegriffen worden.

6 AUSBLICK

Wenn bislang das Hauptaugenmerk auf ausgewählte Beispiele zum absatzmarktgerichteten Informationsmanagement im Handelsbetrieb fokussiert war, so darf nicht übersehen werden, daß die effektive und effiziente Erfassung und Umsetzung der betrieblichen Informationsströme sich auf *alle Teilbereiche des modernen Handelsmarketings* beziehen muß. Das psychologisch untermauerte, hochkomplexe Informations- und Kommunikationssystem (I&K-System) wird in Zukunft das gesamte Entscheidungsspektrum des Handelsbetriebs einbeziehen müssen - von der mehr psychostrategisch orientierten Wahl der Firma, der Betriebsform, der Betriebsgröße, des betrieblichen und innerbetrieblichen Standorts über die Bestimmung der Organisationsstruktur, der Verkaufsform, über die Personalpolitik und über die Imagepolitik bis hin zu den mehr psychotaktisch orientierten Beschaffungs-, Sortiments-, Preis-, Kredit-, Service- und Werbepolitiken. Dabei sind alle Elemente des I&K-Systems zu beachten: Die organisatorische Einbindung in das Handelsunternehmen (Abteilung I&K oder Controlling oder Stabsstelle Handelspsychologie) sowie Flankierung durch personalwirtschaftliche Maßnahmen und Unterstützung durch adäquate I&K-Technologien (Reichwald/Koller 1995, Sp. 948). Wenn es in Zukunft gelingt, die Schulung in Handelsbetriebsführung systematisch um psychologisches Wissen zu ergänzen, wird am Ende ein Handelspsychologe der geeignete Koordinator des Informationsmanagements sein.

LITERATUR

Bänsch, A.: Verkaufspsychologie und Verkaufstechnik, 6. Aufl., München/Wien 1996.

Becker, L.: Integrales Informationsmanagement als Funktion einer marktorientierten Unternehmensführung, Bergisch Gladbach/Köln 1994.

Böcker, F.: Größenbedingte Vor- und Nachteile mittelständischer Einzelhandelsunternehmen in der Informationswirtschaft. In: TREIS, B. (Hrsg.), Der mittelständische Einzelhandel im Wettbewerb, München 1981, S. 187-209.

Bothe, B.: Informationsmanagement als Herausforderung des Handels. In: Gruber, H.;Titze, W. A. (Hrsg.), Der Handel für die Märkte von morgen, Frankfurt a.M. 1990, S. 121.

Gutjahr, G.: Markt- und Werbepsychologie, Teil II, Heidelberg 1974.

Hermanns, A.: Computer-Aided-Selling (CAS). In: Tietz, B.; Köhler, R.; Zentes, J. (Hrsg.), Handwörterbuch des Marketing, 2. Aufl., Stuttgart 1995, Sp. 365-375.

Huppert, E.: Welche Informationen braucht das Handelsmarketing?, dynamik im handel, Heft 3/93, S. 20-28.

McKinnon, A.C.: Electronic Data Interchange in the Retail Supply Chain: The Distribution Contractor's Role, International Journal of Retail & Distribution Management, vol. 18, no. 2/1990, p. 39-42.

Pracht, E.: Psychologie für den Unterricht an Fachschulen und Fachoberschulen der Sozialpädagogik, 2. Aufl., Köln 1982.

Reichwald, R.; Koller, H.: Informations- und Kommunikationstechnologien. In: Tietz, B.; Köhler, R.; Zentes, J. (Hrsg.), Handwörterbuch des Marketing, 2. Aufl., Stuttgart 1995, Sp. 947-962.

Rosenstiel, L.v.: Grundlagen der Organisationspsychologie, 3. Aufl., Stuttgart 1992.

Rüdell, M.: Konsumentenbeobachtung am Point of Sale, Ludwigsburg/Berlin 1993.

Schenk, H.-O.: Marktwirtschaftslehre des Handels, Wiesbaden 1991.

Schenk, H.-O.: Handelspsychologie - Eine Einführung, Göttingen 1995.

Schönpflug, W.: System Mensch. Studientext zur Einführung in die Psychologie, Stuttgart 1977.

Schuhmann, W.: Informations-Management. Unternehmensführung und Informationssysteme aus systemtheoretischer Sicht, Frankfurt a.M./New York 1991.

Tietz, B.: Der Handelsbetrieb, 2. Aufl., München 1993.

Ueckert, H.: Psychologie heute. In: Ueckert, H.; Kakuska, R.; Nagorny, J. (Hrsg.), Psychologie die uns angeht, Gütersloh/Berlin/München/ Wien 1974, S. 3-15.

Zellekens, H.-J.: I&K-Techniken im Handel. Gegenwärtige und zukünftige Nutzung, dynamik im handel, Heft 11/1993, S. 58-63.

Zentes, J.: Informationssysteme im Marketing, Marketing ZFP 1991, Heft 3, S. 191-195.

Zentes, J.;Anderer, M.: Warenwirtschaftssysteme. In: Scheer, A.-W. (Hrsg.), Handbuch Informationsmanagement. Aufgaben - Konzepte - Praxislösungen, Wiesbaden 1993, S. 347-364.

Literaturdienst

Literaturdienst zur Handelsforschung 1996/97

1 STRATEGISCHE WETTBEWERBSVORTEILE

AHLERT, D., KOLLENBACH, S., KORTE, CH., **Strategisches Handelsmanagement: Erfolgskonzepte und Profilierungsstrategien am Beispiel des Automobilhandels, Stuttgart 1996, (329 S.),** ist ein Lehrbuch zum strategischen Handelsmanagement und zugleich ein praxisorientierter Leitfaden für das strategische Management eines Autohauses. Eingeflossen sind in das Werk drei Dissertationen am Münsteraner Institut für Handelsmanagement (über Diversifikation im Handel, über Positionierungsmanagement von Handelsunternehmen und über Kundenzufriedenheitsmessung) sowie ein Forschungsauftrag des Zentralverbandes Deutsches Kraftfahrzeuggewerbe zur empirischen Bestandsaufnahme der überdurchschnittlich erfolgreichen Autohauskonzeptionen in Deutschland. Nach einem Kapitel über das strategische Handelsmanagement, konkretisiert am Fall des Autohauses, werden zunächst die Informationsgrundlagen des strategischen Handelsmanagement dargelegt (Erfolgsfaktoren und Kundenzufriedenheits-Marktforschung). Das dritte Kapitel stellt, wie die anderen konkretisiert am Automobilhandel, die Aktionsgrundlagen des strategischen Handelsmanagement dar (Leitlinien und Marketingkonzepte sowie allgemeine Grundlagen). Das vierte Kapitel befaßt sich mit den Organisationsgrundlagen des strategischen Handelsmanagement (Umsetzung und Durchsetzung der Profilierungsstrategie, Gestaltung des strategischen Entwicklungsprozesses). Das letzte Kapitel behandelt das strategische Handelsmanagement aus der Perspektive der Industrie und liefert mit der Abhandlung des „Profilierungsmanagement in vertikalen Marketingsystemen der Automobilwirtschaft" Grundzüge der strategischen Händlernetzentwicklung. Abschließend werden Formen und Konsequenzen der Einbindung des Handelsbetriebes in die Systeme der Konsumgüterdistribution genannt. Das Buch zeichnet sich durch seine Integration der handelswissenschaftlichen Grundlagen mit den praktischen Gegebenheiten in einer konkreten Branche des Einzelhandels aus. (Volker Trommsdorff)

COATES, C., DOHERTY, N., FRENCH, A., KIRKUP, M., **Neuronal networks for store performance forecasting: an empirical comparison with regression techniques, The International Review of Retail, Distribution and Consumer Research, 4 (1995), S. 415-432.** Ziel des Beitrages ist es, die Eignung neuronaler Netze zur Modellierung von Filialerfolg zu beurteilen. Neuronale Netze stellen ein relativ neues, hochflexibles Modellierungswerkzeug dar, das ein hohes, bisher nur unzureichend erschlossenes Potential zur Unterstützung von Managemententscheidungen besitzt. Das bereits etablierte und von der Praxis akzeptierte Verfahren der multiplen Regression dient dabei als Referenzmaßstab. Der verwendete Datensatz stammt von einer Bekleidungskette. Die Resultate zeigen, daß neuronale Netze ein hochakzeptables Prognoseinstrument darstellen. In dem konkreten Anwendungsbeispiel verfügt das neuronale Netz über eine höhere Prognoseleistung als die multiple Regression. (Marcel Paulssen)

FROBÖSE, M., **Mikrogeographische Segmentierung von Einzelhandelsmärkten, Wiesbaden 1995, (341 S.).** Das Buch beschäftigt sich mit der mikrogeographischen Marktsegmentierung als Alternative zu klassischen Segmentierungskonzepten. Da sich klassische Segmentierungskonzepte insbesondere für die segmentspezifische Bearbeitung von Handelsmärkten als ungeeignet erweisen, diskutiert der Autor die Anwendungsmöglichkeiten und Grenzen der mikrogeographischen Segmentierung im Rahmen des Einzelhandelsmarketing. Als zentrales Ergebnis kann festgehalten werden, daß die mikrogeographische Marktsegmentierung gerade für den Einzelhandel ein großes Anwendungspotential zur Unterstützung der Marketingaktivitäten besitzt. Hauptanwendungsgebiete sollten nach Meinung des Autors die Sortimentspolitik, die Förderung des standortorientierten Marketing von Filialunternehmen sowie der Bereich Werbung darstellen. (Marcel Paulssen)

GASKILL, L., JASPER, C., BASTOW-SHOOP, H., JOLLY, L., KEAN, R., LEISTRITZ, L., STERNQUIST, B., **Operational planning and competitive strategies of male and female retailers, The International Review of Retail, Distribution and Consumer Research, 2 (1996), S. 76-96.** Die Autoren identifizieren - nachdem sie einen Überblick über den bisherigen Stand der Forschung gegeben haben - Unterschiede in der Führung und im Management von Handelsunternehmen, die vom Geschlecht des Eigentümers abhängen. Bei 254 Handelsunternehmen wurden sowohl die Personal-, Finanz- und Marketingplanung untersucht als auch die wahrgenommene Bedeutung der Entscheidung für eine von Porters Wettbewerbsstrategien. Insbesondere die Marketingplanung betreffend, weniger bei der Personal- und Finanzplanung, konnten signifikante geschlechtsspezifische Unterschiede festgestellt werden. Männer und Frauen sehen in Porters Strategie der Kostenführerschaft eine wichtige Strategie, um strategische Wettbewerbsvorteile zu erlangen, aber nur wenige Männer erkennen auch die Bedeutung der anderen Strategiealternativen. Untersuchungsgegenstand war ausschließlich die Ebene des operativen und strategischen Management, nicht aber das persönliche Führungsverhalten der Händler. (Andrea Bookhagen)

KREIMEL, F., KOLLETH, S., **Total Quality Management im Einzelhandel, Journal für Betriebswirtschaft, 3 (1995), S. 201-213,** stellt nach einem allgemeinen Überblick über TQM die Ergebnisse einer Studie zu diesem Thema in österreichischen Einzelhandelsunternehmen vor. Die Autoren untersuchten den aktuellen Entwicklungsstand der betrieblichen Qualitätspolitik und die Rahmenbedingungen für TQM. Dabei hat sich gezeigt, daß das Management einen starken Qualitätsdruck von seiten des Marktes verspürt, nicht zuletzt weil 82% des Verlustes an Kunden auf mangelnde Produkt- und Servicequalität zurückzuführen ist. Der Stellenwert von TQM wird dementsprechend hoch eingeschätzt, von der konkreten Umsetzung ist laut dieser Studie bislang nur wenig zu erkennen. So beschäftigen sich nur 56% der Betriebe mit der Thematik, ein Viertel hat erst mit der Realisierung von TQM begonnen. Es fehlt den Betrieben an: 1) klar definierten Qualitätszielen (60%), 2) Instrumenten der Qualitätskontrolle (63%), 3) der Ermittlung der Qualitätskosten, wie Fehler- oder Prüfkosten (60%) und 4) der Ermittlung der Kosten präventiver Fehlervermeidung (97%). Große Verbesserungspotentiale finden sich ferner im Organisations- und Personalbereich. Es mangelt an funktionierenden Kommunikationsstrukturen, die Einbeziehung der Mitarbeiter in die Neugestaltung von Arbeitsprozessen wird vernachlässigt. Daraus leiten die Autoren schließlich ihre Forderung nach einer Institutionalisierung von internem Marketing ab, dem bislang nur 15% aller Befragten größte Priorität beimessen. (Margit Binsack)

MILDE, H., **Kategorie-Management in der Praxis, Marktforschung & Management, 1 (1996), S. 10-17,** diskutiert die Möglichkeit, mit Hilfe eines neuen Managementsansatzes, die traditionell kontroversen Beziehungen zwischen Handel und Herstellern kooperativer zu gestalten. Drei generelle Trends in den neunziger Jahren führen zu einer Veränderung der traditionellen Beziehungen zwischen Handel und Herstellern. Die zunehmende Fragmentierung stagnierender Märkte macht Marketing komplexer und erhöht die Notwendigkeit der Zusammenarbeit zwischen Herstellern und Händlern. Globale Markenentwicklung wird zunehmend durch lokales Marketing und Instore Merchandising unterstützt. Ein weiterer Trend ist die wachsende Konzentration des Handels. Der Handel selbst ist gezwungen, sich im Wettbewerb zu positionieren und ein eigenes Image aufzubauen. Eigenmarken stellen einen wesentlichen Teil dieses Prozesses dar. Die zunehmende Verfügbarkeit von Daten durch Scanning stellt eine weitere wesentliche Entwicklung dar. Die daraus gewonnenen Informationen können entscheidende Wettbewerbsvorteile bedeuten. Die Adoption von Kategorie-Management-Techniken bieten Herstellern und Handel die Möglichkeit einer neuen Form der Zusammenarbeit. Das Management einer Warengruppe - Kategorie - wird für den Handel eine strategische Leitlinie, bei deren effizienter Umsetzung kompetente Hersteller als Berater und Lieferanten notwendig sind. Daten aus Konsumenten- und Handelspanels dienen der Analyse der strategischen Rahmenbedingungen der Kategorie, bei der auch eine Trend- und Sortimentsbeobachtung, Stärken- und Schwächenanalyse sowie eine Potentialanalyse durchgeführt werden. Ausgehend von den Analyseergebnissen werden von beiden Partnern gemeinsam Strategiealternativen entwickelt. Mit Hilfe der Simulation wird die Erfolgswahrscheinlichkeit der Alternativen abgeschätzt. Die erfolgreichste Strategie wird schließlich umgesetzt. Kategorie-Management endet jedoch nicht damit, sondern muß als kontinuierlicher Prozeß verstanden werden. (Marcel Paulssen)

SCHMIDT, A., FREUND, W., **Strukturwandel im mittelständischen Großhandel der Bundesrepublik Deutschland, Schriften zur Mittelstandsforschung, Nr. 60, Stuttgart 1995 (282 Seiten),** untersucht zukünftige Entwicklungen des Großhandels, der zur Zeit komplexe Anpassungsleistungen zu erbringen hat, um seine Überlebensfähigkeit zu sichern. Beispielsweise hat der Strukturwandel im Einzelhandel marktmächtige Großunternehmen und Filialisten hervorgebracht, die nicht oder nur noch in geringem Maße vom Großhandel beziehen. Andere ehemalige Abnehmer schließen sich zu Verbundgruppen zusammen, die direkt den Hersteller kontaktieren. Die aus solchen Beobachtungen abgeleitete These von einer langfristigen Auflösung des Großhandels wird von Schmidt und Freud theoretisch und empirisch überprüft. Zunächst beantworten die Autoren auf Basis des Transaktionskostenansatzes die Frage, warum der Großhandel generell existiert. Sie zeigen, daß es die „Funktion des Großhandels“, wie sie die traditionelle Handelsbetriebslehre beschreibt, in der modernen Warendistribution kaum noch gibt. Diese Funktion wird von speziellen Dienstleistern übernommen. Die These der Ausschaltung des Großhandels ist schließlich Gegenstand der empirischen Prüfung, mit dem Ergebnis, daß der Einschaltungsgrad des Großhandels nur noch bei unter 20% liegt. Zur Erfassung des Strukturwandels im Handel werden ferner Determinanten, welche die Einschaltung von Unternehmen der Großhandelsstufe bestimmen, dargelegt und auf mögliche Veränderungstendenzen überprüft. Diese Betrachtung erfolgt aus einzel- und gesamtwirtschaftlicher Perspektive auf Basis transaktionkostentheoretischer Überlegungen. Neben Transaktionkosten gehen in die einzelwirtschaftliche Betrachtung auch weiche Faktoren ein, wie die Fähigkeiten der externen Absatzmittler, zusätzliche Umsätze zu initiieren oder Risiko zu reduzieren. (Margit Binsack)

WARNABY, G., WOODRUFFE, H., **Cost effective differentiation: an application of strategic concepts to retailing, The International Review of Retail, Distribution and Consumer Research, 3 (1995), S. 253-270,** gehen davon aus, daß die wissenschaftliche Betrachtung von Strategie und ihrer Operationalisierung bisher auf Hersteller fokussiert war. „Selbstverständlich“ haben sie dabei keinen einzigen deutschen Beitrag, darunter viele in diesem Jahrbuch, zur Kenntnis genommen, obwohl das Publikationsmedium „International“ im Titel trägt. Der Beitrag resümiert gängige Strategieansätze mit Bezug auf Anwendungen im Handel. Die Strategiebedeutung für den Handel wird herausgestellt, und es wird referiert, was dazu in der (englischsprachigen!) Literatur vorliegt. Dann entwickeln sie ein Handelsstrategiekonzept auf der Basis von Porters Generic Strategies (Kostenführerschaft und Differenzierung). Daraus leiten sie ihr „eigenes“ Konzept der Kombination von Kostenführerschaft und Differenzierung ab, wie es in diesem Jahrbuch mehrfach indirekt, zweimal direkt behandelt (Ahlert & Reinke sowie Gröppel) und vom Herausgeber als Anwendung des „outpacing“ eingestuft wird. Das „model, termed ‘cost effective differentiation’“ kann auf Filialisten angewendet werden. Illustriert wird das am Beispiel „Marks and Spencer“, weshalb der Aufsatz in diesem Literraturdienst erwähnt wird. (Volker Trommsdorff)

2 BETRIEBSFORMEN UND BETRIEBSTYPEN

FINN, A., LOUVIERE, J., **Shopping Center Image, Consideration, and Choice: Anchor Store Contribution, Journal of Business Research, 35 (1996), S. 241-251,** untersuchen in ihrem Beitrag den Einfluß von "Anker“-Geschäften und anderen physischen Charakteristika von Einkaufszentren auf das Image von Konsumenten. Weitere physische Charakteristika sind in der vorliegenden empirischen Untersuchung neben den "Anker“-Geschäften andere Geschäfte sowie Größe und geographische Lage der Einkaufszentren. Das Image von Einkaufszentren ist aus Konsumenten- und Managementsicht relevant. Aus Kosumentensicht setzt sich der Gesamteindruck bzw. -nutzen eines Einkaufszentrums aus den Einzelbewertungen der in dem Einkaufszentrum subjektiv beachteten (Consideration Set) Geschäfte zusammen. Für das Management eines Einkaufszentrums ist die Kenntnis dieser Imagedeterminanten für langfristige Entscheidungen, wie Standortwahl, Zentrumgröße und vor allem für die Auswahl von und Vertragsgestaltung mit Geschäften relevant. In der empirischen Untersuchung wurden die Consideration Sets von Einkaufszentren bezüglich Bekleidung erhoben sowie die Wahrnehmung folgender Eigenschaften: Hohe Qualität, große Auswahl, guter Service, niedrige/ hohe Preise sowie Modernität der Bekleidung. Im Ergebnis wurde festgestellt, daß Discount-Geschäfte einen großen Einfluß auf das wahrgenommene Image von Einkaufszentren haben und sich negativ auf die Wahrnehmung der Eigenschaften hohe Qualität, große Auswahl, neueste Mode sowie guten Service auswirken. Die Entscheidung des Managements von Einkaufszentren, welche Art von Geschäften in ihnen anzusiedeln ist, ist somit von zentraler Bedeutung für das Gesamtimage von Einkaufszentren. (Constanze Hess)

FORWARD, J., FULOP, Ch., **Large established firms' entry into franchising: an exploratory investigation of strategic and operational issues, The International Review of Retail, Distribution and Consumer Research, 1 (1996), S. 34-52.** Beim Franchising trägt der Franchisenehmer das unternehmerische Risiko. Daher wird Franchising traditionell als geeignete Methode angesehen, das Wachstum eines Unternehmens zu unterstützten und zu finanzieren. Franchisenehmer zu suchen, hat sich inzwischen auch als vorteilhaft für Nischenanbieter im Handel erwiesen, wenn für diese eine schnelle Expansion notwendig wird, ebenso für große etablierte Anbieter, die Franchising als Methode der Geschäftsentwicklung ansehen. Der Beitrag untersucht exploratorisch am Beispiel von vierzehn Unternehmen Großbritanniens (1) die Beweggründe für ein bereits stark gewachsenes Unternehmen, sich im Anschluß an die Wachstumsphase für das Franchising zu entscheiden, sei es, um die bisherige Organisationsform zu ergänzen oder vollständig abzulösen; (2) die operativen Probleme, die etablierte Firmen, nun in der Rolle des Franchisegebers, haben; (3) die wichtigsten kulturellen Probleme und Managementprobleme, welche die Entscheidung für das Franchising mit sich bringt und bewertet (4) die Risiken und den Nutzen des Franchising für die untersuchten Unternehmen. (Andrea Bookhagen)

WIRTZ, B. W., **Technologie-Innovationen, Marketingstrategien und Preismanagement im Handel, Thexis, 4 (1995), S. 46-51.** Vor dem Hintergrund neuer Informations- und Kommunikationstechnologien beschreibt der Autor die Vision des „Virtuellen Handelsunternehmens",führt aktuelle Trends, potentielle Anwendungsfelder und Implikationen für das Management auf. Unter „Virtueller Organisation" versteht Wirtz ein temporäres Netzwerk von unabhängigen Wirtschaftssubjekten, das durch moderne Informations- und Kommunikationstechnologien verknüpft ist. Als wesentliche Diffusionsindikatoren für die Virtualisierung im Handel wertet der Autor die zunehmende Nutzung neuer informationstechnologischer Service-Angebote, wie elektronische Online-Dienste, und neuer Einkaufsformen, wie TV- und Home-Shopping. Diffusionsbeschleunigende Faktoren seien Zeitersparnisse und steigender Komfort für die Konsumenten sowie Preisvorteile durch Software-Agenten und transparente Märkte. Die Virtualisierung bewirke ferner Substitutionspotentiale entlang der traditionellen Wertschöpfungkskette: Durch die neuen Transaktionsformen besteht die Möglichkeit der direkten Interaktion zwischen Produzenten und Konsumenten, traditionelle Distributionszwischenstufen fallen weg. An deren Stelle könnten sich nach Meinung des Autors virtuelle Handelsunternehmen und neue Dienstleistungsbranchen etablieren, die er als „On Demand Distribution und Logistik“ bezeichnet. Als Folge der Virtualisierung führt der Autor erhebliche Preis- und Kostenveränderungen auf. Die größten Kostenreduktionspotentiale ergeben sich in der Distribution und der Kommunikation, was Wirtz anhand verschiedener Modellrechnungen nachweist. Preissenkungen entstehen durch Kostensenkungen und steigende Wettbewerbsintensität infolge der hohen Transparenz in Virtuellen Märkten. (Margit Binsack)

DE PAY, D., PLATH, U., **Die Organisation des Lebensmitteleinzelhandels in den neuen Bundesländern, Technische Universität Bergakademie Freiberg, Freiberger Arbeitspapiere, 6 (1996).** Nach der Wende wurden die meisten ostdeutschen Einzelhandelsgeschäfte von westdeutschen Handelsketten übernommen. Wie sollen diese Betriebe von ihrer Zentrale gesteuert werden? Der Beitrag analysiert, ob und wann Filial- oder Franchiseformen effizienter sind. Die bislang in den alten Bundesländern angewandten Entscheidungskriterien werden auf ihre Anwendbarkeit in den neuen Bundesländern geprüft. Nach einer transaktionskostentheoretisch abgeleiteteten Hypothese wird durch Befragung von Kunden in je zwei EDEKA-Märkten in West und Ost bestätigt: Bei einer heterogenen Struktur der innovationsgeneigten Konsumenten ist Franchising überlegen, in den neuen wie in den alten Bundesländern. (Volker Trommsdorff)

3 HERSTELLER-HANDELS-BEZIEHUNGEN

AILAWADI, K. L., BORIN, N., FARRIS, P. W., **Market Power and Performance: A Cross-Industry Analysis of Manufacturers and Retailers, Journal of Retailing, 3 (1995), S. 211-248.** In Forschung und Praxis wird diskutiert, ob in den letzten Jahren eine Verschiebung der Machtverhältnisse zugunsten des Handels und zu Lasten der Hersteller stattgefunden hat. Während die bisherigen empirischen Studien, welche die ausgeübte Macht betrachteten, zu keinem einheitlichen Ergebnis kommen, unterscheiden Ailawadi, Borin und Farris zwischen potentieller und ausgeübter Macht, die durch verschiedene Mehrwertkonstrukte operationalisiert werden. Es zeigt sich anhand der Analyse von 14 Industriebereichen der Konsumgüterbranche, daß die geringe resultierende Machtverschiebung nahezu vollständig auf wenige Unternehmen zurückzuführen ist, welche wiederum zu einem großen Teil auf Konkurrenzkämpfe zwischen Handelsunternehmen beruht. Insgesamt konnte die Hypothese sich zugunsten des Handels verschiebender Machtverhältnisse nicht bestätigt werden. (Oliver Jost)

BROWN, J. R., LUSCH, R. F., NICHOLSON, C. Y., **Power and Relationship Commitment: Their Impact on Marketing Channel Member Performance, Journal of Retailing, 4 (1995), S. 363-392,** ist eine Studie zum Einfluß von Macht auf die Qualität der Beziehungen der Partner im Distributionskanal. In einer Befragung von 203 Agrargerätehändlern wurden folgende Konstrukte gemessen und kausalanalytisch untersucht: 1) Macht, 2) direkte und indirekte Art der Machtvermittlung, 3) instrumentale und normative Verpflichtungen gegenüber dem Partner, 4) Leistungsqualität des Herstellers aus der Sicht des Händlers. Macht ist definiert als die Fähigkeit, den Partner aufgrund des Besitzes knapper Ressourcen zu beeinflussen. Die direkte Machtvermittlung erfolgt z.B. durch konkrete, vertraglich geregelte Belohnungs- oder Zwangsmaßnahmen, indirekte Machtvermittlung fußt dagegen auf Experten- und Informationsmacht oder auf der Vorbildfunktion des Herstellers für den Händler. Instrumentale Verpflichtungen sind etwa finanzielle Anreize und Strafen, normative Pflichten basieren auf Normen und Werten. Die Analyse ergibt, daß 1) im Fall eines ausgeglichenen Machtverhältnisses und bei Herstellerdominanz ein unmittelbarer Zusammenhang zwischen Machtvermittlung und wahrgenommenen Eigenschaften besteht, 2) bei Händlerdominanz dagegen nur ein mittelbarer Zusammenhang zwischen diesen beiden Konstrukten besteht. Im letzteren Fall intensiviert der Händler bei indirekter Machtvermittlung seine normativen Verpflichtungen, was dann erst zu einer signifikanten Verbesserung der wahrgenommenen Qualität der Herstellerleistung führt. (Margit Binsack)

FEIGE, S., **Handelsorientierte Markenführung, Strategien zur Profilierung von Konsumgüterherstellern beim Handel, Frankfurt / Main 1996, (339 Seiten),** beschäftigt sich mit Strategien der handelsorientierten Markenführung. Die Industrie ist beim Vertrieb von Markenartikeln aufgrund zunehmender Konzentration, zentralisierter Verhandlungenen sowie verbesserter Informationstechnologien im Handel zunehmend auf seine Bereitschaft, die eigenen Marken zu plazieren, angewiesen. Handelsorientierte Markenführung, welche die Absatzmittler zur Listung und Unterstützung der eigenen Marken vor denen der Konkurrenz bewegt, ist gefordert. Empirische Basis der Arbeit von Feige ist eine Untersuchung auf sieben Konsumgütermärkten (Mineralwasser, alkoholfreies Bier, Molkereiprodukte, Fruchtsäfte, Schokoriegel, Weinbrand und Geschirrspülmittel), mit dem Ziel, wirksame Strategien zur Erreichung der zentralen Ziel- und Erfolgsgröße `Listung´ (Verfügbarkeit der Marke in den Verkaufsstellen des Handels) herauszuarbeiten und Handlungsempfehlungen für den Einsatz des Marketinginstrumentariums zu generieren. Hierbei spielen sowohl direkt auf den Absatzmittler wirkende Maßnahmen (Hersteller-Push) als auch indirekt wirkende Maßnahmen (Consumer-Pull) eine zentrale Rolle. (Constanze Hess)

HUNT, K. A., **The Relationship Between Channel Conflict and Information Processing, Journal of Retailing, 4 (1995), S. 417-436.** Gegenstand der Analyse ist die Wahrnehmung von Konflikten zwischen Distributionspartnern. Hunt unterscheidet funktionale und dysfunktionale Konflikte. Er definiert funktionale Konflikte als solche, die langfristig für alle Beteiligten gewinnbringend sind. Die Qualität der Geschäftsbeziehung wird entscheidend davon bestimmt, ob ein Konflikt vom Partner als funktional bzw. als dysfunktional wahrgenommen wird. Die Frage, welche kognitiven Prozesse zu dieser Wahrnehmung führen, beantwortet Hunt mit Hilfe der Theorie des kategorialen Lernens und kombiniert individuelle Informations- und Verarbeitungsprozesse mit der Theorie des Organisationalen Lernens. Er kommt zu dem Ergebnis, daß vergangene Konflikte und Erfahrungen mit dem Partner zur Bildung von Gedächniskategorien führen, welche die Speicherung neuer Infomationen maßgeblich beeinflussen. Ist z.B.

die Beziehung zum Partner positiv, so steigt die Wahrscheinlichkeit, daß aktuelle Konflikte als funktional wahrgenommen werden. Solche individuellen Kategorien werden laut Hunt ebenso auf der organisatorischen Ebene gebildet. Diese organisationalen Schemata fungieren als übergeordnetes Raster für die Verarbeitung neuer Informationen durch die Mitarbeiter. Hunt modelliert diesen Informationsverarbeitungsprozeß unter Berücksichtigung von Inkongruenzen zwischen den individuellen und organisationalen Schemata und leitet schließlich konkrete Managementimplikationen ab. (Margit Binsack)

INGENE, Ch. A., PARRY, M. E., **Coordination and Manufacturer Profit Maximisation: The Multiple Retail Channal, Journal of Retailing, 2 (1995), S. 129-152,** untersuchen in ihrem Beitrag das Preissetzungsverhalten innerhalb eines zweistufigen Vertriebskanals zwischen einem Hersteller und mehreren unabhängigen Händlern, die das Produkt dieses Herstellers vertreiben. Anhand des von ihnen aufgestellten Modells sollen sowohl die Vertriebskanalbreite als auch die Verteilung der Gewinne auf Hersteller und Händler optimiert werden. Im Gegensatz zu bisherigen Untersuchungen, die sich auf die dyadische Beziehung "Hersteller - Händler" bezogen, bei der keine weiteren Kosten für die Koordination des Vertriebskanals anfallen, betrachten Ingene und Parry multiple und damit realistischere Hersteller-Händler-Beziehungen und bestimmen im Ergebnis den optimalen Preis, bei dem unter Berücksichtigung der Nebenbedingung erhöhten Koordinationsaufwands der Gewinn für den Hersteller maximal ist. Dieser Preis determiniert wiederum die Verteilung der Gewinne zwischen Hersteller und Händlern, wobei das Modell gestattet, daß die Händler generell unterschiedlich hohe Gewinne realisieren. (Constanze Hess)

MOHR, J., SOHI, R., **Communication Flows in Distribution Channels: Impact on Assessment of Communication Quality and Satisfaction, Journal of Retailing, 4 (1995), S. 393-419,** betrachtet die Kommunikation zwischen Distributionspartnern im Computermarkt und geht der Frage nach, ob die Eigenschaften des Kommunikationsflusses (Frequenz, Richtung und Formalitätsgrad) die wahrgenommene Qualität der Interaktion beeinflussen und wie diese auf die generelle Zufriedenheit mit der Kommunikation wirkt. Ferner wird die Beziehung zwischen Formalitätsgrad und Kommunikationsstörungen, wie Informationsverzerrung oder -vorenthaltung, analysiert. Die Autoren weisen zum Beispiel nach, daß sich die Kommunikationsfrequenz positiv auf die wahrgenommene Kommunikationsqualität auswirkt und daß Frequenz und Zweiseitigkeit der Kommunikationsaktivität die Zufriedenheit mit der Interaktion steigern. Ein höherer Strukturierungsgrad der Kommunikation, etwa durch Formalisierung, mindert die Informationsverzerrung und -vorenthaltung seitens der Händler. Der Beitrag zeigt darüber hinaus, wie in der Praxis Kommunikation beurteilt, Probleme identifiziert und gemessen werden können, womit er konkrete Unterstützung für das Beziehungsmanagement liefert. (Margit Binsack)

SMITH, G.E., VENKATRAMAN, M.P., WORTZEL, L.,H., **Strategic Marketing Fit in Manufacturer-Retailer Relationships: Price Leaders Versus Merchandise Differentiators, Journal of Retailing, 3 (1995), S. 297-315.** Während sich die traditionellen Betrachtungen von Vertriebskanal-Machtverhältnissen auf die Beziehung zwischen Hersteller, Händler und deren relative Machtverteilung konzentrieren, also eine intradyadische Sichtweise haben, gehen die Autoren von einer inter-dyadischen Sichtweise aus, in der einer gleichartigen Ausrichtung von Hersteller- und Händlerstrategie wesentliche Bedeutung zukommt. Darin schlagen die Autoren ein sogenanntes Hersteller-Händler-Strategisches-Marketing-Fit-Modell (SMF) vor, das die Kompatibilität und Deckungsgleichheit von Marketingstrategien analysiert. Kernthese des Modells ist, daß konsistente Ziele, Strategien und Aktivitäten zwischen Herstellern und Händlern den Erfolg beider fördern, wobei die strategische Herausforderung für beide Seiten in der gemeinsamen Anstrengung zu sehen ist, was zu einem Machtanstieg der Dyade führt. Als Strategien betrachten die Autoren Preisführerschaft und Differenzierung. Eine empirische Untersuchung von TV-Herstellern und -Händlern bestätigt die Implikationen des Modells, wobei sich die Differenzierungsstrategie aus Händlersicht als überlegen herausstellte. (Oliver Jost)

4 STANDORT UND INTERNATIONALISIERUNG

ALEXANDER, N., **Expansion within the Single European Market: A motivational structure, The International Review of Retail, Distribution and Consumer Research, 4 (1995), S. 472-487.** Der Beitrag untersucht die Motive, die für unterschiedliche Internationalisierungsstrategien von großen Handelsbetrieben in Großbritannien verant-wortlich sind. Die Literatur zur Internationalisierung unterscheidet zwei fundamentale Ansätze: reaktive und proaktive Internationalisierung. Reaktive Internationalisierung basiert auf der Annahme, daß der Inlandsmarkt bereits einen hohen Sättigungsgrad aufweist und die Wachstumsperspektiven gering sind. Die geringen Aussichten, im Inlandsmarkt anhaltendes Wachstum erzielen zu können stellen die Hauptmotivationsquelle für eine reaktive Internationalisierungsstrategie dar. Die proaktive Internationalisierung sieht den internationalen Markt als eine Gelegenheit an, die das Unternehmen nutzen muß bevor der Inlandsmarkt seine Sättigungsgrenze erreicht. Der Autor befragte die Führungskräfte der 200 größten Handelsunternehmen Großbritanniens bezüglich ihrer Motive zur Internationalisierung und dabei insbesondere der Expansion innerhalb der EU. Das Ergebnis zeigt im Gegensatz zu früheren Studien, daß die befragten Unternehmen eher der proaktiven Internationalisierungsstrategie folgen. (Marcel Paulssen)

BIENERT, M. L., **Standortmanagement Methoden und Konzepte für Handels- und Dienstleistungsunternehmen, Wiesbaden 1996.** Ein ungünstiger Standort eines auf Kundenverkehr angewiesenen Handelsbetriebes läßt Chancen anderer Erfolgsfaktoren unwirksam werden. Eine Standortentscheidung ist wegen des komplex vernetzen Systems, das die Qualität eines Standortes ausmacht, und wegen des knappen und meist nur sequentiell gegebenen Angebots potentieller Standorte schwierig. Die Entscheidung bindet langfristig Kapital und ist schwer revidierbar. Standortentscheidungen des Handels besser zu unterstützen, ist eine vielversprechende Aufgabe, mit der sich die Handelsforschung schon lange befaßt. Die Praxis hat aber theoretische, formalisierte Forschungsergebnisse bisher kaum akzeptiert. Entscheidungsgrundlagen sind immer noch unscharfes Erfahrungswissen und allenfalls Checklisten und Ratings. Bienert hat das herausgefordert. Er will die Theorielosigkeit der Praxis und die Praxisferne der Wissenschaft durch einen neuen Anlauf überwinden. Er ermittelt die Faktoren von Standortqualität und verbindet sie zu einem noch überschaubaren Beurteilungssystem, das Chancen auf Nutzung in der Praxis bietet. Die Arbeit basiert auf einer umfassenden und aktuellen Theoriegrundlage, die durch Integration einer umfassenden internationalen Literaturanalyse entstanden ist, auf problemadäquaten Vorschlägen zur Lösung bisher offengebliebener standortanalytischer Probleme, auf eigenen empirisch-exploratorischen Untersuchungen, die bestehende Wissenslücken schließen, auf der praxisorientierten Entwicklung einer eigenen Methodik zur Standortanalyse und insbesondere zum laufenden Standortcontrolling sowie auf einem umfangreichen, in einer Praxiskooperation selbst erhobenen, empirischen Fallbeispiel zur Demonstration seiner Methodik des Standort- bzw. Filialcontrolling. Das Buch ist sehr anregend für die Praxis und die weitere Forschung. (Volker Trommsdorff)

SAMUOLIS, M. E., MORGANOSKY, M.A., **International service offerings by catalogue retailers, The International Review of Retail, Distribution and Consumer Research, 2 (1996), S. 147-160,** untersuchten mit Hilfe quantitativer und qualitativer Verfahren internationale Serviceangebote der 80 umsatzstärksten US-Versandhandelsunternehmen und setzen diese in Beziehung zu den Charakteristika dieser Unternehmen. Unter internationalen Serviceleistungen sind solche Leistungen zu verstehen, die den internationalen Bestell-, Einkaufs- und Verschiffungsprozeß für Versandkunden erleichtern. Mit Hilfe der Inhaltsanalyse von Katalogen wurden drei Gruppen internationaler Serviceleistungen identifiziert: Telefoninformationen, Informationen über Verschiffungsmöglichkeiten sowie generelle Informationen zum Kauf von Versandware. Unter Anwendung der Diskriminanzanalyse wurden Gruppen von Versandhandelsunternehmen identifiziert (hohes versus niedriges Angebot internationaler Serviceleistungen, hohe versus niedrige durchschnittliche Bestellmengen, hohes versus niedriges Absatzvolumen). Im Ergebnis wurde festgestellt, daß Versandhandelsunternehmen im Elektronikbereich und Unternehmen mit hohen Bestellmengen häufiger internationale Serviceleistungen anbieten. (Constanze Hess)

5 WERBEBUDGETIERUNG

D'SOUZA, G., ALLAWAY, A., **An Empirical Investigation of the Advertising Spending Decisions of a Multiproduct Retailer, Journal of Retailing, 3 (1995), S. 279-296.** Die Autoren schlagen ein dreistufiges Vorgehen zur Analyse des Marketing Mix in einem Mehrprodukt-Handels-System vor. Während traditionelle Verfahren der Entscheidungsanalyse auf der Annahme einer korrekten Modellspezifikation beruhen, ist die Auswahl eines Modells zentraler Bestandteil ihres Vorgehens. Im ersten Schritt werden multiple Zeitreihen zur Modellspezifikation herangezogen. Anschließend findet die Wahl der Funktionsform, die Schätzung der Parameter und die Anwendung verschiedener Modelltests statt. Schließlich werden anhand des erhaltenen Modells verschiedene alternative Marketingstrategien hinsichtlich ihrer Auswirkung analysiert. Als Ergebnis erhalten D'Souza und Allaway, daß hinsichtlich des Gewinns eine "gute" Allokation des Werbebudgets auf bestimmte Marken und Medien von größerer Bedeutung ist, als eine Variation des Gesamtwerbebudgets. (Oliver Jost)

6 PREISPOLITIK ALLGEMEIN

FISCHER, C. **Verbundorientierte Preispolitik im Lebensmittelhandel: Ein Ansatz zur computergestützten Nutzung von Informationen über das Verbundkaufverhalten der Kunden am Point of Sale, Berlin 1995, (330 S.),** befaßt sich mit dem Verbundkaufverhalten von Handelskunden. Diese kaufen selten nur ein einzelnes Produkt. Der Handel darf daher die Elemente des Sortiments nicht isoliert betrachten, sondern muß diese Verbundeffekte in das ökonomische Kalkül einbeziehen. Ziel ist das Wissen um Verbundeffekte zu nutzen, um daraus konkrete Handlungsempfehlungen im Rahmen absatzpolitischer Entscheidungen zu geben, speziell um preispolitische Entscheidungen zu stützen. Das im Wettbewerb der Handelsbetriebe bedeutendste Marketinginstrument scheint der Preis zu sein. Diese These findet allgemeinen Konsens. Dennoch erkennt der Autor an, das der Aufbau eines USP und die Beachtung anderer Einflußgrößen zunehmend Relevanz erlangen. Ausgangspunkt war die Erkenntnis, daß trotz schon lange währender wissenschaftlicher Auseinandersetzung mit dem Thema der nachfrageorientierten Verbundheiten eine praktische Umsetzung und Anwendung der gewonnenen Erkenntnisse nur vereinzelt und experimentell gelungen ist. Im Mittelpunkt steht die Konzeptionierung und Implementierung von VORES, einem Softwarepaket zur verbundorientierten Unterstützung preispolitischer Entscheidungen. Untersuchungsobjekt war der Lebensmitteleinzelhandel in der Bundesrepublik Deutschland. Zunächst identifiziert der Autor die wichtigsten zukünftigen Problemfelder des Handels, ordnet diese hierarchisch und arbeitet die mangelnde handelsbetriebliche Professionalität als Kernproblem heraus. Des weiteren wird die Integration Nachfrage-Verbunde in preispolitische Entscheidungen diskutiert, sowie Akzeptanz- und Nutzungsbarrieren computergestützter Entscheidungssysteme. Die Ergebnisse dieser Auseinandersetzung finden Eingang in VORES. Entscheidungsunterstützung soll sowohl bei der Planung zukünftiger preispolitischer Maßnahmen gegeben werden als auch Kontrollentscheidungen erleichtern. VORES wertet systematisch Kassendaten aus. In einer umfangreichen empirischen Untersuchung wurde VORES auf Praktikabilität geprüft. Es ergeben sich Anhaltspunkte für die Effizienz einer verbundorientierten Preispolitik. (Andrea Bookhagen)

VILCASSIM, N. J., CHINTAGUNTA, P. K., **Investigating Retailer Product Category Pricing from Household Scanner Panel Data, Journal of Retailing, 2 (1995), S. 103-128,** zeigen, wie Scanner-Paneldaten dazu verwendet werden können, den optimalen Periodenpreis von Marken innerhalb einer Produktkategorie zu bestimmen. Preisentscheidungen werden durch viele Faktoren beeinflußt. Neben der Bestimmung des Preises jeder einzelnen Marke müssen Preisänderungen aufgrund von Verkaufsförderungsmaßnahmen geplant werden. Vilcassim und Chitagunta stellten anhand von Nielsen-Daten fest, daß Preissenkungen einer Yoghurtmarke auf Absatz und Gewinn der gesamten Produktkategorie ausstrahlen und zwar verstärkt, wenn parallel zur Preissenkung weitere Verkaufsförderungsmaßnahmen ergriffen werden. Das Logitmodell der Markenwahl und vorhandene Scanner-Paneldaten können durch die Berücksichtigung der zahlreichen Interdependenzen als Unterstützung für Händler bei ihrer gewinnmaximalen Preisfindung dienen. (Constanze Hess)

7 SONDERANGEBOTS-PREISPOLITIK

BETTS, E., McGOLDRICK, P.J., **The strategy of the retail 'sale': typology, review and synthesis, The International Review of Retail, Distribution and Consumer Research, 3 (1995), S. 303-332,** konstatieren, daß das Thema „Sonderangebot“ (sales) in der Handels- und Marketingliteratur im Vergleich zur psychologischen, ökonomischen und juristischen Literatur vernachlässigt wurde. Deutschsprachige Literatur wird dabei nicht zur Kenntnis genommen. Erst jetzt werde das Thema beachtet, worüber ein englischsprachiger Literaturüberblick Auskunft gibt. „Sonderangebot“ wird definiert und in den Kontext der preislichen Verkaufsförderung eingeordnet. Preissenkungen werden nach deren Dauer und Ausdehnung über das Sortiment kategorisiert. Der Beitrag schließt mit einem Ausblick auf die erforderliche künftige Handelsforschung, einschließlich einer Prüfung der Sonderangebots-Vorteile nach harten und weichen Kriterien des Strategieerfolgs im Handel. (Volker Trommsdorff)

FOLKES, V., WHEAT, R., **Consumers' Price Perceptions of Promoted Products, Journal of Retailing, 3 (1995) S. 317-328.** Preispromotion führt zu einer Steigerung der Verkäufe des betreffenden Produkts. Jedoch zeigt sich, daß Konsumenten weniger zu Wiederkäufen neigen, wenn die Promotionsphase beendet ist. Das ist darauf zurückzuführen, daß Promotions die Preiswürdigkeitswahrnehmung und damit auch die Zahlungsbereitschaft verringern. Dies mag auf einige Promotiontypen zutreffen, allgemein ist die Aussage jedoch nicht möglich. Folkes und Wheat untersuchen anhand zweier Experimente die Bedingungen, unter denen die Preiswürdigkeitswahrnehmung variiert. Dabei betrachten sie zum einen unterschiedliche Promotiontypen, wie Rabatte, Coupons und Sales, zum anderen unterschiedliche Zeitpunkte, zu denen die Konsumenten die Ersparnis, die durch die Promotion entsteht, erhalten. Als Ergebnisse der Experimente ist festzuhalten, daß die Rabatt-Promotion eine im Vergleich zur Coupon- und Sales-Promotion geringere Senkung der Preiswürdigkeitswahrnehmung hervorruft. Weiterhin fällt die Senkung der Preiswürdigkeitswahrnehmung stärker aus, wenn die durch die Promotion verursachte Ersparnis zeitgleich mit dem Kauf stattfindet, d.h. daß ein zeitliches Auseinanderfallen von Kauf und Ersparniswirkung ein Absinken der Preiswürdigkeitswahrnehmung verhindert. (Oliver Jost)

GREENLEAF, E. A., **The Impact of Reference Price Effects on the Profitability of Price Promotions, Marketing Science, 1 (1995), S. 82-104.** Der Beitrag beschreibt die

Wirkung von Referenzpreisen auf den Verkaufserfolg von Sonderangebotsaktionen im Einzelhandel. Referenzpreise sind Preise vorangegangener Perioden. Sie beeinflussen insofern die Nachfrage, als das der Konsument die Güte seines Kaufs an der Differenz zwischen seinem (subjektiv wahrgenommenen) Referenzpreis und dem aktuellen Preis mißt. Aktionsgewinne entstehen, wenn der Referenzpreiseffekt einer Aktion die Verluste, die durch die sinkende Nachfrage in der Folgeperiode entstehen, übersteigt. Mittels linearer und dynamischer Programmierung zeigt Greenleaf, wie der Gewinn von Preisaktionen über die Zeit maximiert werden kann. Am Beispiel eines Einzelhändlers in den USA entwickelt er für eine Erdnußbuttermarke optimale Preis- und Timingstrategien für wiederkehrende Promotionsaktionen unter Berücksichtigung der Kosten, Zinsen und Absatzwirkungen in Folge von Referenzpreiseffekten. Der Autor formuliert schließlich ein phasenorientiertes Strategiekonzept für den Spezialfall, daß der Händler über einen begrenzten Zeitraum günstigere Einkaufspreise erzielen kann. Dieses Konzept beinhaltet Phasen höherer und niedriger Promotion-Intensität. Preisniveau, Aktionsfrequenz und -timing variieren in den jeweiligen Phasen. (Margit Binsack)

KARANDE, K., KUMAR, V., **The Effect of Brand Characteristics and Retailer Policies on Response to Retail Price Promotions: Implications for Retailers, Journal of Retailing, 3 (1995), S. 249-278.** Die Preispromotion einer Marke führt zu einer Steigerung der Verkaufszahlen dieser Marke. Die Ursachen dafür liegen zum einen in einem Anstieg der Käufe bereits vorhandener Kunden und der Gewinnung neuer Kunden für diese Marke. Zum anderen finden Wechsel sowohl von Konkurrenzprodukten zur promoteten Marke, als auch zwischen Handelsgeschäften statt. Nachdem sich eine Vielzahl von Autoren mit dem Effekt der Preispromotion auf die promotete Marke beschäftigt haben, betrachten Karande und Kumar die Preispromotion auch unter anderen Gesichtpunkten. Stand bisher die Liquidation des Lagerbestandes als Ziel im Vordergrund, so werden jetzt Maximierung der Verkäufe der Produktkategorie und Maximierung des Gewinns der Produktkategorie als Ziele betrachtet, was eine Berücksichtigung des Wechselverhaltens notwendig macht. Auf Basis von Scanner-Daten für drei Produktkategorien untersuchen Karande und Kumar den Einfluß von Marken- und Händlercharakteristika auf die Verkäufe sowohl der promoteten Marke als auch der Konkurrenzmarken. Der Anayse zugrunde gelegt ist eine Betrachtung der Preis- und Kreuzpreiselastizität der Marken. Der wesentliche Beitrag dieser Untersuchung ist es, Händlern Regeln zur Ausgestaltung von Preispromotion unter Berücksichtigung der jeweiligen Zielsetzung zu geben. (Oliver Jost)

MULHERN, F. J., PADGETT, D. T., **The Relationship Between Retail Price Promotions and Regular Price Purchases, Journal of Marketing, 4 (1995), S. 83-90,** Sonderangebote sollen den Abverkauf regulär gepreister Waren stimulieren. Daß dieses Ziel erreicht wird, konnte in empirischen Studien nachgewiesen werden, allerdings stets auf aggregiertem Niveau. Inwiefern der einzelne Konsument regulär gepreiste Waren kauft, obwohl der Grund seines Geschäftsbesuches eine Angebotsaktion war, zeigen die bisherigen Studien nicht. Hier setzen die Autoren an. Folgende Hypothesen wurden aufgestellt: (1) Auf individueller Ebene gibt es einen positiven Zusammenhang zwischen Angebotskäufen und Käufen regulär gepreister Waren. Es ist (2) wahrscheinlicher, daß Kunden, die ein Geschäft wegen eines Angebotes aufsuchen, ein oder mehrere regulär gepreiste Produkte kaufen, als daß sie gar keine derselben kaufen. (3) Kunden, die ein Geschäft wegen eines Angebotes aufsuchen, kaufen mit höherer Wahrscheinlichkeit die Angebotswaren als andere Kunden und wählen (4) mit geringerer Wahrscheinlichkeit sonst auch genau dieses Geschäft, um ihre Einkäufe zu tätigen. Um die Hypothesen zu prüfen und die Effekte von Angebotsaktivitäten des Handels zu quantifizieren, wurden Informationen über das Bündel der von einzelnen Kunden gewählten Produkte gesammelt, sowie deren Gründe für die Wahl der Einkaufsstätte erhoben - Daten, die kein Scanner und kein Panel liefert. Der vermutete positive Zusammenhang zwischen der Wahl regulär gepreister Waren und der Wahl von Angebotswaren konnte auf individueller Ebenen nachgewiesen werden. Der Einsatz kurzzeitiger Angebotsaktionen als wichtiges Marketinginstrument des Handels ist also gerechtfertigt. Aufbauend auf den Ergebnissen der Studie leiten die Autoren Handlungsempfehlungen für den Handel ab. (Andrea Bookhagen)

SCHMALEN, H., PECHTL, H., SCHWEIZER, W., **Sonderangebotspolitik im Lebensmitteleinzelhandel, Stuttgart 1996, (272 S.),** Sonderangebote haben im Einzelhandel in den letzten Jahren zunehmend an Bedeutung gewonnen und somit schon fast alltäglichen Charakter erhalten. Über die Effizienzbeurteilung von Sonderangeboten herrscht jedoch keine einheitliche Meinung. Die Autoren untersuchen in ihrem Buch die Wirkung von Sonderangebotsaktionen im Lebensmitteleinzelhandel auf die Nachfrage, wobei den möglichen Ausstrahlungseffekten der aktioniert angebotenen Produkte auf Produkte, die nicht Gegenstand der Aktion sind, besondere Bedeutung zukommt. Nach dem theoretischen Teil (Kapitel 2), der im wesentlichen auf Erkenntnissen der mikroökonomischen Theorie beruht, wird im Rahmen der empirischen Untersuchung an Scanner-Daten die Wirkung von Sonderangeboten über verschiedene Sortimentsteile untersucht. Die Analyse beinhaltet umfangreiche deskriptive Auswertungen und Modellierungen (Kapitel 4-6). Bei den Modellanalysen wird zwischen Primäreffekten, die das aktionierte Produkt betreffen (Kapitel 4), Substitutionseffekten, welche die Austrahlung des aktionierten Produktes auf andere Produkte erfaßt (Kapitel 5) und Verbundeffekten (Kapitel 6) unterschieden. (Oliver Jost)

SCHMALEN, H., PECHTL, H., **Die Absatzwirkung von Sonderangebotsaktionen im Lebensmitteleinzelhandel, Zeitschrift für Betriebswirtschaft, 6 (1995), S. 587-608,** ist die Vorabveröffentlichung eines Inputs in das eben besprochene Buch von Schmalen et al. Basierend auf Scanner-Daten wird die Absatzwirkung von Sonderangebotsaktionen bei Kaffee untersucht. Im Vorfeld wurden mit Hilfe zweier Strukturmodelle aus individuellen Verhaltensreaktionen mögliche Absatzeffekte von Sonderangeboten abgeleitet. Neben dem Primäreffekt auf den Absatz des aktionierten Produktes interessierte ein Sekundäreffekt - der sowohl komplementär als auch substitutiv ausgeprägt sein kann - auf andere Produkte derselben Warengruppe. Im Rahmen der empirischen Analyse, die insgesamt 91 Sonderangebotsaktionen bei 51 Kaffeeprodukten aus 9 Markenfamilien umfaßte, ließ sich nur eine geringe Anzahl der Nachfrager der Warengruppe Kaffee zu Käufen von Sonderangeboten verleiten. Sekundäreffekte auf nicht aktionierte Produkte waren ebenfalls nur in geringem Maße vorhanden. Kurzfristig führen Sonderangebote aufgrund fehlender Verbundeffekte zu Verlusten, langfristig sind sie jedoch als defensives Marketinginstrument notwendig, um die Geschäftsstättentreue von Stammkunden und Sonderangebotsjägern zu erhalten. (Constanze Hess)

8 KONSUMENTENVERHALTEN

JARRATT, D.G., **A shopper taxonomy for retail strategy development, The International Review of Retail, Distribution and Consumer Research, 2 (1996), S. 196-215,** beschäftigt sich mit der Identifikation von Variablen, die geeignet sind, unterschiedliche Käufertypen im Handel zu beschreiben. Die ermittelten Käufersegmente können vom Handel dazu verwendet werden, abgestimmte Strategien für bestimmte Handelsgebiete zu entwickeln. Nach einer Darstellung bisheriger Käufertypologien aus der Literatur erfolgt die Vorstellung der eigenen empirischen Untersuchung. Ziel ist es, das Einkaufsverhalten und damit zusammenhängend die Einflußfaktoren, die dieses begünstigen, zu verstehen, um Händlerstrategien für spezifische Segmente ableiten zu können. Es wurden insgesamt 14 Variablen, die das Einkaufsverhalten beeinflussen, identifiziert und zu drei kaufverhaltensrelevanten Aspekten verdichtet: das Einkaufsangebot, die Einkaufsumgebung und der begleitende Service. Ergebnis der empirischen Untersuchung war eine Kategorisierung der Käufer in sechs Cluster (have to shoppers, moderate shoppers, service shoppers, experiential shoppers, practical shoppers, product shoppers), denen die genannten Aspekte unterschiedlich wichtig waren. Diese Form der Typologisierung soll es Händlern ermöglichen, Segmentgrößen, Einkaufsmotive und das Informationsverhalten unterschiedlicher Käufertypen zu identifizieren und erleichtert damit die Auswahl und gezielte Bearbeitung der relevanten Marktsegmente. (Constanze Hess)

KNOX, S., WALKER, D., **Empirical Developments in the Measurement of Involvement, Brand Loyalty and their Structural Relationships in Grocery Markets, Cranfield Working Papers 12, 1995.** Ziel des Beitrages ist es, bisherige Theorien zum Involvement und zur Markentreue zu vereinigen und in einem Gesamtmodell anhand einer Längsschnittstudie im Lebensmitteleinzelhandel zu überprüfen. Das Involvement-Konstrukt wird dabei mit dem mehrdimensionalen Meßansatz von MITTAL et. al. (1989) operationalisiert. Zur Operationalisierung von Markentreue wird ein Index, verwendet der den Anforderungen von JACOBY&OLSON (1976) gerecht wird. In einem Kausalmodell wird das Hypothesensystem getestet. Als Ergebnis kann festgehalten werden, daß der Ansatz von MITTAL et. al. (1989) zur Involvementmessung nicht validiert werden konnte, als Determinanten des Markeninvolvements lediglich das Produktgruppeninvolvement und das wahrgenommene Risiko identifiziert werden. Trotzdem konnte gezeigt werden, daß in den untersuchten Produktkategorien ein kausaler Zusammenhang zwischen Markentreue und Involvement besteht. (Marcel Paulssen)

MITCHELL, V. W., McGOLDRICK, P. J., **Consumers' risk-reduction strategies: a review and synthesis, The International Review of Retail, Distribution and Consumer Research, 1 (1996), S. 1-33.** Die Marketingwissenschaft, ebenso die Marketing-Praxis, beschäftigt sich schon lange mit dem Konstrukt des wahrgenommenen Risikos bei der Produkt-, Marken- oder Einkaufsstättenwahl der Konsumenten, insbesondere mit deren Messung. Weniger Augenmerk wurde gelegt auf die Reduzierung dieses Risikos durch den Konsumenten. Daher haben die Autoren über hundert Aufsätze der letzen dreißig Jahre ausgewertet und insgesamt 37 unterschiedliche Strategien identifiziert, wie Konsumenten ihr wahrgenommenes Risiko reduzieren; die achtzehn häufigsten werden kurz beschrieben. Dabei werden (a) Strategien, welche die Gewißheit steigern, daß die Kaufentscheidung nicht fehlschlägt von solchen unterschieden, die (b) die Konsequenzen eines Fehlschlags zu mindern versuchen. Eine Vielzahl der in der Literatur gefunden Strategien wird von den Autoren denen der ersten Art zugerechnet. Kurz wird auf die Messung der Risikominderung eingegangen, ehe der Beitrag mit einem Ausblick auf zukünftig notwendige Forschung schließt. (Andrea Bookhagen)

SWINYARD, W. R., **The impact of shopper mood and retail salesperson credibility on shopper attitudes and behaviour, The International Review of Retail, Distribution and Consumer Research, 4 (1995), S. 488-504,** diskutiert den Einfluß von Käuferstimmungen und Glaubwürdigkeit des Verkäufers in Verkaufssituationen. Die Glaubwürdigkeit des Kommunikators ist schon lange Forschungsobjekt. Beginnend mit LORGE (1936) gibt es eine Vielzahl von Untersuchungen, die zeigen konnten, daß glaubwürdige Quellen oder Verkäufer überzeugender und erfolgreicher sind als weniger glaubwürdige Quellen. Stimmungen sind kurzlebig, weniger intensiv als Emotionen und nicht auf ein bestimmtes Objekt gerichtet. Viele Untersuchungen konnten nachweisen, daß Stimmungen signifikanten Einfluß auf das Verhalten nehmen. Allerdings fehlen Untersuchungen, welche die Wirkung von Stimmungen in Verkaufssituationen untersuchen. Aus der Literatur zu Stimmungen entwickelt der Autor vier Hypothesen zum Einfluß von Stimmungen in einer Verkaufssituation. Diese Hypothesen werden in einem Experiment mit einer drei-faktoriellen Varianzanalyse getestet. Die unabhängigen Variablen dabei sind: Käuferstimung (gut vs. schlecht), Glaubwürdigkeit des Verkäufers (glaubwürdig vs. nicht glaubwürdig) und als Kontrollvariable unterschiedliche Produktgruppen (Videorecorder vs. Füllfederhalter). Als abhängige Variablen wurden die Glaubwürdigkeit des Verkäufers, die Qualität des Einkaufserlebnisses und die Kaufintention für das jeweilige Produkt auf Rating-Skalen gemessen. Als Ergebnis läßt sich festhalten, daß die Stimmung keinen signifikanten Haupteffekt auf die Einschätzung des Verkäufers und die Kaufintention ausübt. Stimmungen wirken jedoch in Interaktion mit anderen Variablen wie der Glaubwürdigkeit des Verkäufers. (Marcel Paulssen)

WOODSIDE, A.G., TRAPPEY III, **Customer Portfolio Analysis among Competing Retail Stores, Journal of Business Research, 35 (1996), S. 189-200.** Der Beitrag beschäftigt sich mit der Customer Portfolio Analysis. Zur Segmentierung von Konsumenten nach ihrem Beitrag zu Umsatz und Gewinn sowie nach Art und Länge ihrer Beziehung zu einer Handelsorganisation. Neukunden, loyale Kunden, Überläufer und

Nichtkunden könnten das Ergebnis einer solchen Segmentierung darstellen. Der Beitrag untersucht, welche Assoziationen sich im Langzeitgedächtnis der Konsumenten zu verschiedenen, miteinander konkurrierenden Handelsbetrieben befinden. Die Kernhypothese lautet, daß diese Assoziationen davon abhängen, welchem Segment die Konsumenten angehören. Diese Hypothese konnte in einer Querschnittsanalyse mit 317 telefonischen Befragungen von Supermarktkunden bestätigt werden. (Marcel Paulssen)

9 ÖKOLOGIE

SIELER, C., SEKUL, S., **Ökologische Betroffenheit als Auslösefaktor einer umweltorientierten Unternehmenspolitik im Handel, Marketing Zeitschrift für Forschung und Praxis, 3 (1995), S. 177-185.** Die mit steigendem Umweltbewußtsein immer lauter werdende Forderung nach aktiver Beteiligung am Umweltschutz traf in der Vergangenheit fast ausnahmslos die Industrie und die Verbraucher. Produktion und Konsum galten als Verursacher wachsender Umweltverschmutzung. Erst seit Verabschiedung der Verpackungsverordnung (1991) wird auch die ökologische Verantwortung des Handels diskutiert. Für eine umweltorientierte Unternehmenspolitik seitens der Industrie konnte die sogenannte ökologische Betroffenheit bereits 1990 von Kirchgeorg als zentrale Determinante und Auslösefaktor identifiziert und empirisch bestätigt werden. Diese steht für die bei der Leistungserstellung von Unternehmen verursachten Umweltbelastungen. Der Handel nimmt nur im Ausnahmefall (Reifeprozesse während der physischen Distribution, Service- oder Reparaturarbeiten) Einfluß auf die physischen Eigenschaften von Gütern, die ökologische Betroffenheit des Handels scheint zunächst gering. Die Autoren untersuchen die ökologische Betroffenheit des Handels in seiner Funktion als Gate-Keeper. Der Handel kann in dieser Funktion die Konsummöglichkeiten der Verbraucher ebenso beeinflussen wie das Verhalten der vorgelagerten Institutionen, die auf eine Weiterleitung ihrer Waren durch den Handel angewiesen sind. Somit kann der Handel, wenn auch nur mittelbar, Einfluß nehmen auf die Umweltbeeinträchtigungen durch Produktion und Konsum. Das Gate-Keeper-Konzept verwenden die Autoren, um die Interventionsmöglichkeiten des Handels und entsprechend dessen ökologische Betroffenheit aufzuzeigen, nicht aber, um die Inhalte und die Intensität derselben zu erklären. Hier wird das Anspruchsgruppenkonzept herangezogen, wonach jedes Unternehmen als gesellschaftliche Institution verstanden wird, deren Zweck nicht nur die Gewinnerzielung ist sondern auch die Befriedigung verschiedenster Ansprüche von verschiedensten Anspruchsgruppen. Sanktionen einzelner Anspruchsgruppen schränken die Handlungsmöglichkeiten des Handels ein. Auf die Sanktionspotentiale der Anspruchsgruppen - unterteilt in marktliche und sozio-politische Anspruchsgruppen - gehen die Autoren vertiefend ein. Gleichgesinnte Interessen verschiedener Anspruchsgruppen können sich zu Koalitionen zusammenschließen oder verspätet auf Umwegen über andere Anspruchsgruppen wirksam werden. In Anlehnung an die Diffusionstheorie beschreiben die Autoren kurz einen Lebenszyklus ökologischer Ansprüche. Abschließend wird kurz die Frage beantwortet, wie der Handel auf die ökologischen Forderungen der Anspruchsgruppen reagieren kann, um drohende Legitimationseinbußen zu verhindern und langfristig die Existenz zu sichern. (Andrea Bookhagen)

Autorenverzeichnis

AHLERT, Dieter, Prof. Dr., Lehrstuhl für Betriebswirtschaftslehre, insbesondere Distribution und Handel, Westfälische Wilhelms-Universität Münster; Geschäftsführender Direktor, Institut für Handelsmanagement (IfHM), Westfälische Wilhelms-Universität Münster

ALBERS, Sönke, Prof. Dr., Institut für Betriebswirtschaftslehre, Lehrstuhl für Marketing, Christian-Albrechts-Universität zu Kiel

BILLEN, Peter, Dipl.-Kfm., Wissenschaftlicher Mitarbeiter, Lehrstuhl für Marketing, Universität Trier

BRAUN, Daniela, cand. rer. oec., Fakultät für Wirtschaftswissenschaft, Angewandte Betriebswirtschaftslehre IV (Marketing), Ruhr-Universität Bochum

BRUHN, Manfred, Prof. Dr., Lehrstuhl für Betriebswirtschaftslehre, insbesondere Marketing und Unternehmensführung, Wirtschaftswissenschaftliches Zentrum der Universität Basel

BURMANN, Christoph, Dr., Habilitand, Institut für Marketing, Westfälische Wilhelms-Universität Münster

DAUTZENBERG, Philipp, Dr., Forschungsinstitut für Absatz und Handel, Universität St. Gallen

ESCH, Franz-Rudolf, Dr., Privatdozent, Lehrstuhl für Marketing an der Justus-Liebig-Universität Giessen, Dozent an der Universität des Saarlandes, der Hochschule St. Gallen und der Universität Innsbruck

FEIGE, Stephan, Dr., Abteilung Unternehmenplanung, Keramag AG, Ratingen

FEND, Lars, Dipl.-Kfm., Wissenschaftlicher Mitarbeiter, Lehrstuhl für Betriebswirtschaftslehre, Ludwig-Maximilians-Universität München

KLEINALTENKAMP, Michael, Prof. Dr., Fachbereich Wirtschaftswissenschaft, Insitut für Allgemeine Betriebswirtschaftslehre, Freie Universität Berlin

KOPPE, Peter, Mag., Wissenschaftlicher Mitarbeiter, Institut für Absatzwirtschaft, Wirtschaftsuniversität Wien

KRAFFT, Manfred, Dr., Habilitand, Institut für Betriebswirtschaftslehre, Lehrstuhl für Marketing, Christian-Albrechts-Universität zu Kiel

LANG, Herbert, Dipl.-Kfm., Wissenschaftlicher Mitarbeiter, Lehrstuhl für Betriebswirtschaftslehre mit Schwerpunkt Absatzwirtschaft, Universität Passau

GAMPER, Albert, Dr., Institut für Handel, Absatz und Marketing, Universität Innsbruck

GEPPERT, Dietmar, Dipl. Wirtsch.-Ing., Selbständiger Berater und Lehrbeauftragter für Electronic Marketing an der Fakultät Wirtschaftswissenschaften, Technische Universität Dresden

GREIPL, Erich, Prof. Dr., METRO Vermögensverwaltung GmbH & Co. KG, Düsseldorf

GRÖPPEL, Andrea, Dr., Privatdozentin, Universität-Gesamthochschule-Paderborn, Lehrstuhl für Betriebswirtschaftslehre, insbesondere Absatz-, Konsum- und Verhaltensforschung

HAMMANN, Peter, Prof. Dr., Fakultät für Wirtschaftswissenschaft, Angewandte Betriebswirtschaftslehre IV (Marketing), Ruhr-Universität Bochum

MARSCHNER, Hubert F., Prof. Dr., Institut für Handel, Absatz und Marketing, Universität Innsbruck

MEFFERT, Heribert, Prof. Dr. Dr. h.c., Institut für Marketing, Westfälische Wilhelms-Universität Münster

MEYER, Anton, Prof. Dr., Lehrstuhl für Betriebswirtschaftslehre, Ludwig-Maximilians-Universität München

MEYER-OHLE, Hendrik, Dr., Philipp-Franz-von-Siebold-Stiftung, Deutsches Institut für Japanstudien, Tokyo

MÜLLER, Stefan, Prof. Dr., Lehrstuhl für Marketing, Fakultät Wirtschaftswissenschaften, Technische Universität Dresden

OLBRICH, Rainer, Dr., Wissenschaftlicher Hochschulassistent, Lehrstuhl für Betriebswirtschaftslehre, insbesondere Distribution und Handel, Westfälische Wilhelms-Universität Münster

PECHTL, Hans, Dr., Habilitand, Lehrstuhl für Betriebswirtschaftslehre mit Schwerpunkt Absatzwirtschaft, Universität Passau

PECHTL, Hans, Dr., Habilitand, Lehrstuhl für Betriebswirtschaftslehre mit Schwerpunkt Absatzwirtschaft, Universität Passau

REINKE, Bodo, Dr., Wissenschaftlicher Mitarbeiter, Lehrstuhl für Betriebswirtschaftslehre, insbesondere Distribution und Handel, Westfälische Wilhelms-Universität Münster

RUDOLPH, Thomas, Dr., Forschungsinstitut für Absatz und Handel, Universität St. Gallen

SCHENK, Hans-Otto, Prof. Dr., Lehrstuhl für Betriebswirtschaftslehre, Absatz und Handel, Gerhard Mercator Universität-Gesamthochschule Duisburg

SCHMÄH, Marco, Dipl. Wi.-Ing., Wissenschaftlicher Mitarbeiter, Fachbereich Wirtschaftswissenschaft, Insitut für Allgemeine Betriebswirtschaftslehre, Freie Universität Berlin

SCHMALEN, Helmut, Prof. Dr., Lehrstuhl für Betriebswirtschaftslehre mit Schwerpunkt Absatzwirtschaft, Universität Passau

SCHÖGEL, Marcus, Dipl.-Kfm., Wissenschaftlicher Mitarbeiter, Forschungsinstitut für Absatz und Handel, Universität St. Gallen

SCHRÖDER, Hendrik, Dr., Privatdozent, Dozent am Lehrstuhl für Betriebswirtschaftslehre, insbesondere Distribution und Handel, Westfälische Wilhelms-Universität Münster; Lehrstuhlvertretung, Lehrstuhl für Marketing, Universität Gesamthochschule Essen.

SCHWEIGER, Günter, Prof. Dr., Institut für Absatzwirtschaft, Wirtschaftsuniversität Wien

TEBBE, Carola, Dipl.-Kffr., Wissenschaftliche Mitarbeiterin, Fakultät für Wirtschaftswissenschaft, Angewandte Betriebswirtschaftslehre IV (Marketing), Ruhr-Universität Bochum

THELEN, Eva M., Dr.,Universitätsassistentin, Insitut für Handel, Absatz und Marketing, Universität Innsbruck

TÖPFER, Armin, Prof. Dr., Fakultät Wirtschaftswissenschaften, Lehrstuhl für Marktorientierte Unternehmensführung, Technische Universität Dresden

TOMCZAK, Torsten, Prof. Dr., Forschungsinstitut für Absatz und Handel, Universität St. Gallen

WEBER, Stephan Maria, Dipl.-Kfm., Doktorand, Lehrstuhl für Betriebswirtschaftslehre, insbes. Marketing und Unternehmensführung, Wirtschaftswissenschaftlichen Zentrum der Universität Basel

WÖLLENSTEIN, Stephan, Dr., Abteilung „Marketingstrategie", Volkswagen AG; bis Mai 1995: Wissenschaftlicher Mitarbeiter am Institut für Marketing, Westfälische Wilhelms-Universität Münster

WOODSIDE, Arch G., Prof., Professor of Marketing, Tulane Universität, New Orleans

WORATSCHEK, Herbert, Dr., Privatdozent, Lehrstuhlvertretung, Lehrstuhl für Marketing, Ernst-Moritz-Arndt-Universität Greifswald

ZENTES, Joachim, Prof. Dr., Institut für Internationales Marketing, Universität des Saarlandes